RUDOLF STEINER
UND DIE GRUNDLEGUNG DER NEUEN MYSTERIEN

Rudolf Steiner 1917

SERGEJ O. PROKOFIEFF

Rudolf Steiner und die Grundlegung der neuen Mysterien

VERLAG FREIES GEISTESLEBEN

Anregungen zur anthroposophischen Arbeit 11

CIP-Kurztitelaufnahme der Deutschen Bibliothek

Prokof'ev, Sergej O.:
Rudolf Steiner und die Grundlegung der neuen Mysterien / Sergej O. Prokofieff. [Übers. aus d. Russ. von Ursula Preuss]. – 2., erw. u. durchges. Aufl. – Stuttgart : Verlag Freies Geistesleben, 1986.
(Anregungen zur anthroposophischen Arbeit ; 11)
Aus d. Ms. übers.

ISBN 3-7725-0763-8

NE: GT

Zweite, erweiterte und durchgesehene Auflage 1986.
Übersetzung aus dem Russischen von Ursula Preuß

Satz: Utesch Satztechnik GmbH, Hamburg
Druck: Kammler, Stuttgart

«Diese anthroposophische Bewegung ist nicht ein Erdendienst, diese anthroposophische Bewegung ist in ihrer Ganzheit mit all ihren Einzelheiten ein Götter-, ein Gottesdienst.»

Aus Rudolf Steiners Eröffnungs-
vortrag der Weihnachtstagung
vom 24. Dezember 1923.

Inhalt

Vorbemerkung des Verlags zur ersten Auflage

Die Veröffentlichung einer Arbeit, die wie die folgende so dicht und so unmittelbar die Äußerungen Rudolf Steiners über die okkulten Zusammenhänge seines Lebens und seines Werkes wiedergibt und verarbeitet, bedarf einer verlegerischen Bemerkung. Was den Autor bewegt hat, seine Gedanken über diese Zusammenhänge, die sich nur dem umfassenden Überblick über das Gesamtwerk Rudolf Steiners erschließen, der anthroposophisch orientierten Öffentlichkeit zu übergeben, berührt er im Vorwort selbst. Er nennt seine Darstellungen einen «Versuch, die Grundlegung der neuen Mysterien im Zusammenhang mit dem Lebensweg Rudolf Steiners und seiner Kulmination, der Weihnachtstagung des Jahres 1923/24, so zu betrachten, daß ihr Verständnis weiter vertieft werden kann».

Wer einen Versuch, wie den erwähnten, unternimmt, wird um seine Vorläufigkeit wissen. Er stellt seine Ausführungen ausdrücklich in den Schutz des Lesers, der sie erarbeiten will. Die richtige Einschätzung der hier berührten Anregungen, in denen der Autor den inneren Lebensweg Rudolf Steiners und die spirituelle Begründung der Anthroposophischen Gesellschaft zusammenzuschauen versucht und die er umfassend und engagiert vorträgt, setzt nicht nur die Kenntnis der vielschichtigen und komplexen anthroposophischen Grundbegriffe voraus, sondern ebenso diejenige Selbstlosigkeit und Nüchternheit, unter der allein die genannten tiefen Zusammenhänge *erarbeitet* werden können. Darin liegt auch der Grund, warum die vorliegende Darstellung trotz ihres Umfangs und ihres Gewichts in dem bescheidenen Rahmen der Reihe «Anregungen zur anthrosophischen Arbeit» erscheinen soll. – So ist auch ihre Publikation selbst ein Versuch. Sie läßt sich nur als «Studienmaterial» rechtfertigen, das zur individuellen gedanklichen Erarbeitung einlädt.

Der Leser wird auf dem Hintergrund der Ausführungen, die doch weitreichende Aspekte des Wirkens von Rudolf Steiner berühren, den selbstlosen, ja sensiblen Stil gewahren, mit dem Sergej Prokofieff den schwierigen, bedeutungsvollen Inhalt behandelt. Zugleich eröffnet dieser Stil Räume für die Form des sehr persönlichen Umgangs, eines ursprünglichen Erlebens, das die Lektüre unmittelbar zum Mitvollzug hinführen kann. – Mit gleicher Zurückhaltung, die möglichst viel vom russischen Originalton bewahren wollte, hat Ursula Preuß – in relativ kurzer Zeit – die Übersetzung bewerkstelligt. Wir möchten für ihre hingebungsvolle, engagierte Mitarbeit herzlich danken.

So hoffen wir, daß dieser «Versuch», einen doch im gegenwärtigen Mitteleuropa seltenen Klang zum Verständnis der von Rudolf Steiner gestifteten neuen Mysterien zugänglich zu machen, auf dem anthroposophischen Arbeitsfeld in «guten Händen» Früchte tragen und hier die Form der Aufnahme finden wird, in der die individuelle Urteilskraft Gestalt gewinnt.

Vorwort

Es nähert sich die Menschheit dem Ende des Jahrhunderts und damit den Ereignissen, die nach den Aussagen Rudolf Steiners für die ganze zukünftige Erdenentwicklung die größte Bedeutung haben werden. Das Bewußtsein von der Unaufschiebbarkeit der Aufgaben, die, wenn man auf dieses Jahrhundertende hinschaut, heute vor der Anthroposophischen Gesellschaft und jedem einzelnen Anthroposophen stehen, veranlaßte den Autor, dieses Buch zu schreiben, das nur für Mitglieder der Anthroposophischen Gesellschaft gedacht ist.

Die volle Verwirklichung dieser Aufgaben, die *in unserem Jahrhundert zu geschehen hat,* und die Rolle, welche dabei gerade den Anthroposophen zukommt, hängt unmittelbar, das ist die tiefe Überzeugung des Autors, mit der Verwirklichung des geistigen Impulses zusammen, der mit der Weihnachtstagung von 1923/24 in die Welt getreten ist.

Ein wesentlicher Schritt auf dem Wege zu diesem Ziele kann für jeden Anthroposophen die Erkenntnis sein, daß die Weihnachtstagung ein Mysteriengeschehen ist – der Anfang der neuen Mysterien, der Michael-Mysterien des esoterischen Christentums, deren Entwicklung für die ganze zukünftige Geisteskultur schicksalsentscheidend sein wird.

Als besonders wichtig erscheinen in dem Zusammenhang die beiden in den letzten Jahren zu diesem Thema veröffentlichten Bücher ‹Die Weihnachtstagung als Zeitenwende› von R. Grosse und ‹Mysterienströmungen in Europa und die neuen Mysterien› von B. C. J. Lievegoed. Neben der früher erschienenen Schrift ‹Der Grundstein› von F. W. Zeylmans van Emmichoven stellen diese Bücher die Weihnachtstagung in den Mittelpunkt des anthroposophischen geistigen Lebens, in dem Bemühen, einer möglichst großen Zahl von Anthroposophen ein wahres Verständnis ihres Mysteriencharakters zu vermitteln. Sie wurden aus der Erkenntnis heraus geschrieben, daß nur das richtige Verständnis des esoterischen Charakters der Weihnachtstagung und die Verbindung mit ihr der Anthroposophischen Gesellschaft als dem Träger der anthroposophischen Bewegung heute die Kräfte verleihen kann, welche sie braucht, um die ihr übertragene Aufgabe zu erfüllen.

In der vorliegenden Arbeit wird der Versuch unternommen, die Grundlegung der neuen Mysterien im Zusammenhang mit dem Lebensweg Rudolf Steiners und seiner Kulmination, der Weihnachtstagung des Jahres 1923/24, so zu betrachten, daß ihr Verständnis weiter vertieft werden kann.

Die Grundlage bilden vier Referate, welche der Autor Weihnachten 1979 gehalten hat. Ihr Ziel war, die Weihnachtstagung als den Höhepunkt von Rudolf Steiners Lebensweg und zugleich als das wichtigste Ereignis darzustellen, das sich im 20. Jahrhundert auf *dem physischen Plan* ereignet hat. Die spätere schriftliche Ausarbeitung dieser Referate führte zu einer beträchtlichen Ausweitung ihres Inhaltes, der jedoch für den Autor im Laufe der Arbeit immer mehr den Charakter eines einheitlichen Ganzen annahm, das sich organisch in sieben Kapiteln entfaltete.

Dieses Buch wendet sich an denjenigen, der sich die Grundlagen erarbeitet hat und tiefer in das esoterische Wesen der Anthroposophie eindringen will. So wird die Kenntnis einer ganzen Reihe von Büchern und Vorträgen Rudolf Steiners (insbesondere der christologischen und Karma-Vorträge), der wichtigsten Etappen seines Lebensweges, der Entwicklungsgeschichte der anthroposophischen Bewegung und der Anthroposophischen Gesellschaft sowie der schon genannten Bücher über die Weihnachtstagung vorausgesetzt; auch wird bei der Beschreibung der irdischen Tätigkeit Rudolf Steiners im ersten Kapitel der Hauptakzent nicht so sehr auf die äußeren Ereignisse gelegt – diese mögen dem Leser in ausreichendem Maße aus anderen Quellen bekannt sein – als auf den Charakter der inneren, okkulten Ereignisse, die hinter den äußeren Tatsachen stehen.

Um den Haupttext nicht zu sehr zu belasten, wurden weitere Aspekte, die sich im Laufe der Arbeit natürlicherweise ergaben, gesondert im Anhang behandelt. Das Ziel dieser verhältnismäßig umfangreichen Bemerkungen und Ergänzungen ist, den Leser zur Vertiefung und zu weiterem eigenem Studium der entsprechenden Fragen anzuregen.

Im ganzen gesehen mögen auch für diese Arbeit die Worte gelten, die am Anfang des Buches von Zeylmans van Emmichoven stehen: «Manches wird zunächst nur angedeutet werden können, und das Wichtigste läßt sich wohl überhaupt nicht in feste Form bringen, weil es sich um etwas Fortwirkendes handelt, das sich erst in ferner Zukunft voll offenbaren kann. Doch vielleicht wird zwischen den Zeilen ein Bild dieses Zukünftigen aufleben können.»

Es ist noch hinzuzufügen, daß die Bedeutung und Schwierigkeit der zu untersuchenden Fragen es erforderte, ein sehr umfangreiches Material durchzuarbeiten, so daß manches Detail nicht die endgültige Form erhalten konnte. Der eigentliche gedankliche Inhalt scheint dem Verfasser jedoch mit ausreichender Klarheit dargestellt zu sein. Und so mag diese Arbeit auch in der vorliegenden Form jedem Anthroposophen, der eine persönliche und lebendige Beziehung zur Weihnachtstagung als dem wahren Mittelpunkt der anthroposophischen Bewegung in der Welt und zu Rudolf Steiner, ihrem Begründer, sucht, eine Hilfe sein.

Hier möchte der Verfasser auch der Übersetzerin Frau Dr. Ursula Preuß seinen allerherzlichsten Dank aussprechen für ihre selbstlose Arbeit, die den Inhalt dieses Buches dem mitteleuropäischen Leser zugänglich gemacht hat.

Ostern 1981/Ostern 1986 — Sergej O. Prokofieff

DAS MYSTERIUM
VON RUDOLF STEINERS LEBENSWEG

1. Die Lehrjahre

«Wer war Rudolf Steiner?» Das ist eine Frage, die früher oder später nicht aus Neugierde, sondern voller Staunen und Verehrung in jedem erwacht, der seine Werke auf den theoretischen oder praktischen Gebieten kennt. Gingen doch von ihnen außerordentlich anregende und fruchtbare Impulse aus. Suchen wir nach Quellen für eine Antwort auf diese Frage, wer Rudolf Steiner war, finden wir zunächst Erinnerungen von Zeitgenossen, die Rudolf Steiner begegnet sind und deren Leben sich durch diese Begegnung völlig verändert hat, so daß es sich ihnen rückblickend in eine Periode vor und eine nach diesem Ereignis gliederte. Sie vermitteln uns die stets von Wärme erfüllte schicksalsgestaltende Wirkung, die von Rudolf Steiner ausging.

Andere, die Biographen, betonen das Phänomen seines riesigen Werkes: 350 gedruckte Bücher, 42 schriftlich abgefaßt, fast 300 das gesprochene Wort wiedergebend; dann aber auch seine epochemachenden Bauten, die weltweit verbreitete Pädagogik (Waldorfschulen), anthroposophische Medizin, biologisch-dynamische Landwirtschaft, Heilpädagogik, Eurythmie, Sprachgestaltung, die Mysteriendramen, nicht zuletzt aber die Idee gesellschaftlicher Erneuerung: die Dreigliederung des sozialen Organismus.

Je mehr wir uns gerade in diesem Sinne mit seinem Werk und seinem Leben beschäftigen, um so mehr werden wir uns bewußt, daß die Weisheit, die er unserer Zeit gebracht hat, aus Quellen fließt, die erst durch ihn wieder zu strömen begannen; denn er erweist sich als bewußter Bürger nicht nur unserer sinnlichen, sondern auch der dieser sinnlichen zugrundeliegenden übersinnlichen Welt. Wir erkennen in ihm einen Eingeweihten. Doch verlieren wir ihn damit nicht im selben Augenblick, wenn wir die Frage «Wer war Rudolf Steiner?» nicht noch tiefer und eindringlicher stellen?

Aus der alten Geschichte und aus bruchstückhafter Überlieferung wissen wir von den großen Eingeweihten der Vergangenheit. Das Leben solcher Eingeweihter unterscheidet sich von anderen Lebensläufen: Jede Einzelheit ihres Lebens ist sinnerfüllt, bar jeder Zufälligkeit. Die umfassende Erfahrung vieler Generationen geistig suchender Menschen, die Erfahrung einer ganzen Kulturepoche findet in ihnen ihre höchste Synthese und wird so auf eine höhere Stufe gehoben. Ihr Leben wird zum Urbild auch für viele zukünftige Generationen. Die Bilder von Zarathustra, Hermes und Moses leuchten uns wie wunderbare Sterne aus der Tiefe der Vergangenheit entgegen, ihren Einfluß aber können wir über viele Jahrhunderte, ja mitunter auch Jahrtausende verfolgen. Sie sind Kulturschöpfer, Religionsgründer, sie gehen neue Wege. Aber seit dem Beginn der christlichen Ära verblassen ihre eindrucksvollen Lebensbilder und -mythen, sie treten in den Schatten, ihre Wirksamkeit verschwindet, dafür taucht eine gleichsam neue, mehr äußerliche, allgemeine Menschheitskultur auf. Aus den ersten christlichen Jahrhunderten dringt zwar noch die Kunde wahrer Eingeweihter zu uns: von Manes, Parzival, Lohengrin, aber auch von Heiligen. Sie wirken noch bis zu einem gewissen Grade in der Mitte der Menschen, sind aber nicht immer personenhaft-biographisch faßbar.

Wir ahnen zwar, daß die großen Eingeweihten auch weiterhin wirken, im Verborgenen, hinter den Kulissen der äußeren Geschichte. So wissen wir von Christian Rosenkreuz und von anderen. Aber sie treten nicht mehr aus der Verborgenheit unter die Menschen. Näher zu unserer Gegenwart finden wir den letzten Ausklang echten Wissens bei den europäischen Mystikern des 16. bis 18. Jahrhunderts. Die Gestalten von Paracelsus, Jakob Böhme, St. Martin und Swedenborg erscheinen vor uns. Aber sie sind schon keine Eingeweihten mehr im strengen Sinne. Und im 19. Jahrhundert? Das unmittelbare Schauen in die geistigen Welten verliert sich mehr und mehr, die Gestalt des Eingeweihten verhüllt sich gänzlich im Schleier des Geheimnisses und des Schweigens.

Während der direkte Zugang zu einer höheren Welt fast vollständig verschlossen scheint, tritt an der Wende zweier Jahrhunderte, des 19. zum 20., wie der erste Strahl einer neuen lichten Epoche mitten unter die immer mehr in der Finsternis der Geistlosigkeit versinkende Menschheit Rudolf Steiner als Geistesforscher. Ein bisher unbekannter Strom des Lichtes «neuer Offenbarungen» ergießt sich in die Welt, die tiefsten Geheimnisse der christlichen Esoterik erscheinen vor uns und erfüllen unser gesamtes Leben mit neuem Sinn und Inhalt. Die großen Eingeweihten der Vergangenheit werden dadurch erst wieder in ihrem Ewigkeitsglanz und ihrer Größe sichtbar. Aus den verblaßten Gestalten der alten Überlieferungen werden sie zu realen Führern der Menschheit, ältere Brüder gleichsam, die Rudolf Steiner unwandelbar und stetig auf seinem geistigen Wege geleiten. Mehr noch, er erweist sich als der Verwirklicher der okkult-christlich-rosenkreuzerischen Ideale, denn aus innerer Freiheit, mit dem Einsatz seines ganzen Wesens, erschließt er, befeuert von den Impulsen des eben seine Herrschaft antretenden Zeitgeistes Michael, den Menschen einen neuen, zeitgemäßen Einweihungsweg. Diesen Weg, der den Menschen wiederum mit der verlorenen Welt der Götter verbinden soll, fügt Rudolf Steiner der gesamten Menschheitskultur ein. Damit wird dieser Einweihungsweg jedem einzelnen Menschen zugänglich, wenn er sich bemüht, die alten Mysterienworte zu vernehmen, die heute wieder aus den geistigen Welten ertönen: «Ändert euren Sinn, das Himmelreich ist nahe herbeigekommen.»[1]

Wer war Rudolf Steiner? Ist das Leben Rudolf Steiners nicht wie das Leben aller großen Eingeweihten ein Mysterium, dem wir uns nur in Ehrfurcht nähern können? Und wird nicht sein eigener Lebensgang zum Urbild des modernen Einweihungsweges, des Weges, den das in der Bewußtseinsseele voll entwickelte Ich eines jeden Menschen in gleicher urbildlicher Gebärde gehen sollte? Schon Friedrich Rittelmeyer, einer seiner Zeitgenossen und Schüler, der ihn tief verstand, sagte: «Ohne daß Rudolf Steiner davon sprach, gewann man den Eindruck, wie ein solches Leben lange vorbereitet ist, wie im rechten Augenblick die nötigen Helfer geschickt werden, wie alles sich zusammenfügt zu einem Unternehmen, das weisheitsvoll wissend in die Menschheitsgeschichte eingreift. Die äußere Welt hat davon gar keine Ahnung. Das Leben eines Menschheitsführers, der auf höchstem Gebiet eine Mission hat, ist ein Kunstwerk, an dem Menschen und Engel zusammenarbeiten.»[2]

In der Betrachtung von Rudolf Steiners Lebensgang wollen wir behutsam den Versuch machen, den Schleier von den verborgenen Schichten seines Lebens und den Geheimnissen der Weihenacht von 1923 ein wenig zu lüften. Denn in den Geschehnissen dieser Tage sehen wir eine Vollendung und zugleich einen neuen Anfang.

Ausgehend von der Tatsache, daß Rudolf Steiner den unserer Zeit gemäßen Einweihungsweg von der ersten bis zur letzten Stufe selbst durchschritten hat, wollen wir die Offenbarung des Geheimnisses seines Lebens zuerst in seinen eigenen Aussagen suchen, wie wir sie in seinen Büchern und Vorträgen finden. Wir werden uns dabei auf jene Schlüsselaugenblicke und -beziehungen beschränken, die ein Licht in die tieferen Gründe dieses Lebens werfen und zugleich die Weihnachtstagung als das wahre Grundstein-Mysterium unserer Zeit in neuer Weise enthüllen können. Vor uns wird dann der unauflösbare Zusammenhang zwischen diesen beiden Mysterien, der Biographie und der Weihnachtstagung, erstehen, in denen von Anfang an irdische und kosmische Mächte walteten.

In seinem ersten Leitsatz spricht Rudolf Steiner das Wesen des anthroposophischen Einweihungsweges auf folgende Weise aus: «Anthroposophie ist ein Erkenntnisweg, der das Geistige im Menschen zum Geistigen im Weltenall führen möchte.»[3]

Konkret bedeutet das, daß der Mensch, der diesen Weg geht, lernen soll, schon hier in der Erdensphäre die kosmischen Kräfte und Gesetze, die aus der göttlich-geistigen Welt herrühren und unbewußt in ihm walten, mehr und mehr bewußt zu durchschauen. Zugleich hat aber der Mensch auch sein eigenes Leben bis in die unbedeutendsten Alltäglichkeiten seines Handelns zum Ausdruck kosmischer Wechselbeziehungen zu gestalten. Im Erkennen sich wandelnd und erweiternd, nähert er sich so Stufe um Stufe seinem Ursprung und damit dem hohen geistigen Wesen, das seit dem Mysterium von Golgatha sich mit der Erdensphäre verbunden hat, dem Christus. In der realen Begegnung mit dem Christus vollendet sich der ganze vorangehende Schulungsweg, wie er urbildhaft von Rudolf Steiner praktiziert wurde. In ihr ist der Schüler zum Lehrer geworden; als persönlicher Zeuge und Diener Christi kann er nunmehr offen vor die ganze Welt treten, kann er selber Seelen zu jenen heiligen Pforten führen, durch die sich der vom Christus gesandte Heilige Geist ausgießt, zum Heile der zukünftigen Erdenentwicklung.

Elemente dieses neuen anthroposophischen Einweihungsweges finden wir auch in älteren, rosenkreuzerischen Traditionen. So wußten schon die mittelalterlichen Rosenkreuzer von der Beziehung bestimmter Stufen des geistigen Weges zu gewissen Lebensaltern. Die erste Lebensepoche, die sie bis zum 21. Lebensjahr rechneten, nannten sie die Lehrjahre, die zweite vom 21.–42. Jahre die Gesellenjahre und die dritte nach dem 42. Jahre die Meisterepoche.[4]

Rudolf Steiner nennt einmal die erste Epoche von der Geburt bis zum 21. Jahre den Lebensabschnitt, in dem «karmische Forderungen» auftreten.[5] Die Epoche vom 21.–42. Jahre ist ihm die «Sonnenepoche». In dieser Lebenszeit durchlebt der gewöhnliche Mensch zwar unbewußt, der Eingeweihte jedoch voll bewußt, das «innere Mysterium seines Ich», das ist in einem umfassenden Sinne das «Wesen des Sonnenmysteriums». Natürlich tritt das erste Ich-Erlebnis lange vor dem 21. Jahr im Menschen auf, aber die innere Wesenheit des eigenen Ich in seinen kosmischen Beziehungen zur Sonne zu erleben, das ist für den Geistesschüler erst von diesem Alter an möglich. Und schließlich ist die dritte Epoche eine «Zeit der Realisierung», wo der Eingeweihte als Lehrer vor die Menschheit treten kann, da er für seine geistige Mission nun herangereift ist und mit ihrer «Erfüllung» beginnen kann. Rudolf Steiner sagte am Anfang dieser dritten Epoche seines Lebens selbst: «Ich hatte nun auch das vierzigste Jahr erreicht, vor dessen Eintritt im Sinne der Meister niemand öffentlich als *Lehrer des Okkultismus* auftreten darf.* (Überall, wo jemand früher lehrt, liegt ein Irrtum vor.)»[6]

Jede dieser drei großen Epochen zerfällt in drei kleinere von sieben Jahren. Mehrmals beschreibt Rudolf Steiner in seinen Vorträgen und Büchern die kosmischen Gesetzmäßigkeiten, die die geistigen Grundlagen des menschlichen Lebens bilden und die in ihm als Siebenjahresrhythmus wirken. Für uns sind hier drei Gesetzmäßigkeiten besonders wichtig: die Entwicklung der neun Wesensglieder des Menschen im Zusammenhang mit dem Gang der Kulturepochen der Menschheit seit der atlantischen Zeit und der Einfluß, der jeweils von einem bestimmten Planeten auf diese gemeinsame Entwicklung ausgeübt wurde.

Wir können diese Beziehungen schematisch so darstellen:

Lebensalter	*Wesensglieder*	*Kulturepochen*	*Planetensphären*
1– 7	Physischer Leib	Atlantis	Mond
7–14	ätherischer Leib	altindische Epoche	Merkur
14–21	astralischer Leib	altpersische Epoche	Venus
21–28	Empfindungsseele	babylonisch-chaldäisch-ägyptische Epoche	}
28–35	Verstandes- oder Gemütsseele	griechisch-lateinische Epoche	} Sonne
35–42	Bewußtseinsseele	gegenwärtige Epoche	}
42–49	Geistselbst	germanisch-slawische Epoche	Mars
49–56	Lebensgeist	amerikanische Epoche	Jupiter
56–63	Geistesmensch	–	Saturn

Danach wirkt der gesamte unser Sonnensystem umgebende Kosmos auf den Menschen (GA 243).

Diesen Entwicklungsgesetzen unterliegt jeder Mensch, auch der Eingeweihte, für ihn aber bedeuten sie noch mehr, für ihn werden die Lebensalter in den Sphären der Inspiration «differenzierte Auffassungsorgane».[7] Schaut er etwa in der Inspiration auf sein Leben zwischen dem 14. und

* Hier und im folgenden Hervorhebungen vom Autor.

21. Jahre hin, so offenbart sich ihm einmal das Wesen des menschlichen Astralleibes seinem kosmischen Ursprung nach, zum zweiten das Wesen der altpersischen Kultur und ihrer Geheimnisse als einer Kultur, die vor allem den menschlichen Astralleib entwickelt hat, und schließlich die Geheimnisse der Venussphäre und ihrer Wesenheiten.

Rudolf Steiner betont: «Man ist heute nämlich in der Initiation in einem gewissen Sinne von seinem Lebensalter abhängig.»[8] Ganz konkret beschreibt er das am 1. Juni 1924 in Stuttgart: «Aber aus eigener Anschauung im Zusammenhang die Dinge sehen [die in der Sphäre des Saturn vor sich gehen]* kann man erst, wenn man das 63. Lebensjahr überschritten hat. Nun werden Sie begreifen, warum ich erst jetzt spreche über etwas, was mit dem Saturndasein zusammenhängt.»[9]

Mit diesen Worten weist uns Rudolf Steiner auf die Rolle hin, die in seinem eigenen Leben die verschiedenen Epochen in Beziehung auf das Erkennen bestimmter kosmischer Geheimnisse spielen. Deshalb wird eine Betrachtung der persönlichen Entwicklung Rudolf Steiners in Verbindung mit den Jahrsiebten seines Lebens uns zweifellos helfen können, ein tieferes Verständnis seiner Individualität, seiner Mission und seiner Lehre zu gewinnen.

Die Hauptquelle bei der Betrachtung von Rudolf Steiners Leben ist seine Autobiographie, die er in den Jahren 1923–25 geschrieben und ‹Mein Lebensgang› genannt hat. Trotz der recht leicht verständlichen Form der Darstellung enthält diese Autobiographie jedoch viele Hinweise auf die verborgenen Kräfte der Entwicklung, die im Erdenleben Rudolf Steiners wirkten. Deshalb haben wir uns bemüht, jedes Wort mit der größten Aufmerksamkeit aufzunehmen und bei der Schilderung bestimmter Erlebnisse jeden Hinweis auf Epochen oder Lebensjahre besonders zu beachten. Bei einem solchen einfühlenden Lesen kann in vielen Zeilen jenes tief Esoterische, das das wahre Fundament dieses Lebens ist, empfunden werden.

Eine wesentliche Hilfe für das Verständnis des ersten Jahrsiebts im Leben Rudolf Steiners wie überhaupt der Lebensjahre jedes Menschen kann die Beschreibung dieser Epoche in der Broschüre ‹Die Erziehung des Kindes vom Gesichtspunkt der Geisteswissenschaft› sein. Rudolf Steiner sagt dort, daß bis zu sieben Jahren beim Kind der physische Leib aufgebaut wird. In dieser Epoche formen die äußeren Eindrücke und

* Die in eckigen Klammern gesetzten Ergänzungen sind Erläuterungen des Autors.

Einflüsse, gleichsam von außen, die noch sehr plastische Leiblichkeit des Kindes zum Instrument seines Willens, der sich dann in allen Epochen des späteren Lebens realisieren wird. «Denn ein solcher Wille muß eine Stütze in den vollentwickelten Formen des physischen Leibes haben.»[10]

Es wirken also alle äußeren Eindrücke, die ganze Umgebung des Kindes in diesem Alter unbewußt auf seine Leiblichkeit, so daß sie in der Folgezeit Stütze sein kann für die Willensimpulse, die sich in dieser Epoche begründen, jedoch erst viel später voll ins Bewußtsein treten und ihre Verwirklichung erfahren. Daher kann jedes Geschehen während dieses Lebensalters als grundlegend und symptomatisch für die in der Folgezeit sich entwickelnden Willensimpulse des Menschen betrachtet werden.

Rudolf Steiner wurde am 27. Februar 1861 in Kraljevec (heute in Kroatien/Jugoslawien) geboren, einem kleinen Ort in jenem Gebiet, das zwischen Mittel- und Osteuropa liegt, während seine Eltern selber aus Niederösterreich kamen. «So ist es gekommen, daß mein Geburtsort weit abliegt von der Erdgegend, aus der ich stamme.»[11] So spricht Rudolf Steiner selbst in seiner Lebensbeschreibung über die Diskrepanz zwischen den Einflüssen seiner Vererbung und seines Geburtsortes. Rudolf Steiner stammt aus einer Vererbungsströmung Mitteleuropas, die Träger der fünften nachatlantischen Epoche und besonders des Ich-Impulses ist. Doch er wird an der Grenze Osteuropas geboren, wo in der zukünftigen, der sechsten nachatlantischen Kulturepoche sich die Kultur des Geistselbst, des höheren Ich des Menschen entwickeln soll. So spricht schon die physische Geburtskonstellation Rudolf Steiners von seiner Mission, den Weg zu bahnen von dem irdischen Ich des Menschen zu seinem wahren höheren Ich. Und wir dürfen wahrhaftig an diese Geburtskonstellation Rudolf Steiners als an ein tiefstes Bild seines Grundimpulses denken, als an das Bild, das ihm bis in seine Leiblichkeit eingeprägt wurde.

Später, in einem Vortrag für Russen, spricht er von der geistigen Bedeutung seines Geburtsortes mit folgenden Worten: «Es ist das eine symbolische Angabe, meine lieben theosophischen Freunde, aber symbolisch gesprochen – ich brauchte mich nur leiten zu lassen von dem, was als ein unmittelbarer Impuls in der gegenwärtigen Inkarnation vorhanden war, mißversteht es nicht, es gibt ja nur eine Tatsache wieder –: diejenigen, welche die äußeren Träger zum Beispiel jenes Blutes waren, aus dem ich stamme, sie stammten aus deutschen Gegenden Österreichs; *da konnte ich nicht geboren werden.* Ich selber bin in einer slawischen Gegend, in der Gegend, die vollständig fremd war dem ganzen Milieu und der ganzen

Eigentümlichkeit, aus der meine Vorfahren stammen, geboren. So drängte sich mir – ich will das nur symbolisch anführen – im Ausgangspunkt meiner gegenwärtigen Inkarnation sinnbildlich von selber auf, daß wir in Mitteleuropa den Beruf hatten, uns loszulösen von allem Spezialinteresse die Theosophie ...»[12]

Im Jahre 1863 zogen Rudolf Steiners Eltern in die kleine Bahnstation von Pottschach in Nieder-Österreich. In diesem Ort am Fuß der Alpen mit seiner wunderbaren Umgebung verbringt er den größten Teil des ersten Jahrsiebts seines Lebens. Die stärksten Eindrücke machen in dieser Zeit einerseits die Schönheit und Erhabenheit der umgebenden Natur, andererseits die kleine Welt der Eisenbahnstation, wo sein Vater arbeitet.

So tritt von der ersten Kindheit an der Gegensatz von Natur und Technik, in tieferem Sinne von Geist und Materie, als zwei bislang nicht vereinbarte Weltbereiche kräftig in das Leben Rudolf Steiners. Er prägt sich dem Bewußtsein des Kindes ein, noch mehr aber seinem Unterbewußtsein, wo er, wieder den weiteren Weg Rudolf Steiners vorbereitend, gleichsam das Bestreben hervorruft, diesen Gegensatz in einer höheren Synthese zu vereinigen.

Den Angaben Rudolf Steiners folgend, kann man in diesem Gegensatz von Natur und Technik auch das zweifache Wirken der Mondenkräfte sehen: einmal durch die Naturgeister, die in ihrer Mehrheit während der alten Mondenentwicklung[13] entstanden sind und die Aufgabe haben, die Impulse der kosmischen Weisheit, die auf dem alten Monde errungen wurden, auf die Erde zu bringen, was sich vor allem in der von hoher Weisheit durchdrungenen Schönheit der Natur ausdrückt; zum anderen haben diese Elementargeister Naturdämonen zu Gegnern, die vor allem in den von Menschen entwickelten technischen Erfindungen wirken, worauf Rudolf Steiner z. B. in den Vorträgen über das Fünfte Evangelium hinweist. Dort beschreibt er, wie zur Zeit der Sonnenfinsternis die Monddämonen aus der von den Menschen geschaffenen Technik herauskommen.[14] So sehen wir, daß die stärksten Eindrücke, die Rudolf Steiner in dieser Epoche empfängt, unmittelbar mit den verborgen wirkenden Mondenkräften in seiner Umgebung verbunden sind.

Schließlich ist noch ein wichtiges Ereignis in dieser Lebensepoche Rudolf Steiners zu nennen, das auch wie eine prophetische Vorschau auf seine zukünftige Mission gesehen werden kann: das erste Erleben von Erkenntnisgrenzen und zugleich der Wunsch, sie zu überwinden, im Zusammenhang mit der dem Kind unzugänglichen Spinnerei, wohin es die Eisenbahnwaggons häufig verschwinden sah, in die einzudringen ihm aber persönlich nicht möglich war.

Wenn man Rudolf Steiners Beschreibung seiner ersten vierzehn Lebensjahre in seiner Autobiographie mit dem vergleicht, was er später in der Broschüre ‹Die Erziehung des Kindes vom Gesichtspunkt der Geisteswissenschaft› darlegte, so kann man bis in kleinste Details einen erstaunlichen inneren Einklang finden. In dieser Broschüre spricht Rudolf Steiner davon, wie das Kind gemäß den kosmischen Gesetzen und Kräften, die objektiv in dieser Zeit in ihm wirken, zu erziehen ist. Er selbst konnte dann diese Kräfte, die dank dem karmisch vorbestimmten Ablauf der Ereignisse in seiner Kindheit und Jugend völlig ungehindert auf ihn einwirkten, im Erwachsenenalter hellsichtig schauen. So lassen sich, wenn wir die Lebensbeschreibung Rudolf Steiners bis zu seinem 14. Jahr lesen, in den dort dargestellten Ereignissen die Keime finden für fast alle später in der anthroposophischen Pädagogik auftauchenden Prinzipien.

Die zweite Epoche im Leben Rudolf Steiners beginnt 1868 mit der Übersiedlung seiner Eltern nach Neudörfl im Burgenland. In diesem Jahre wird Rudolf Steiner sieben Jahre, ein Einschnitt in die Entwicklung jedes Kindes, da jetzt die Geburt des Ätherleibes stattfindet. Der Ätherleib ist nach dem physischen Leibe das erste übersinnliche Glied des Menschen, das sich bis zu der Zeit langsam von seinen ätherischen Hüllen gelöst hat und nun ein eigenständiges Leben zu führen beginnt.

Für Rudolf Steiner ist dieser innere Prozeß, die «Geburt» seines ersten übersinnlichen Gliedes, zugleich der Anfang übersinnlichen Erlebens. Bald nach dem Wegzug aus Pottschach erlebt er im Stationsgebäude, wie ihm die Verwandte erscheint, die in demselben Augenblick, weit von ihm entfernt, gestorben ist. Darüber spricht er selbst am 16. Februar 1913 in einem Berliner Vortrag[15] und führt aus, daß das sein erstes hellsichtiges Erlebnis gewesen sei. Das Charakteristische dabei ist, daß Rudolf Steiner hier ein ätherisches Erlebnis hatte, da im Todesaugenblick und in den wenigen darauf folgenden Tagen die Seele des Verstorbenen in der geistigen Welt noch vom Ätherleib umhüllt wird. Aber von dieser Zeit an offenbart sich Rudolf Steiner auch die ganze Welt der Elementargeister der Natur. Deshalb sagt er später in demselben Vortrag von seinem damaligen Leben: «Und der Knabe lebte etwa von jenem Zeitpunkt ab mit den Geistern der Natur, die ja in einer solchen Gegend ganz besonders zu beobachten sind, mit den schaffenden Wesenheiten hinter den Dingen, in derselben Weise, wie er die äußere Welt auf sich wirken ließ.»[16] Von den Folgen dieser ersten übersinnlichen Erlebnisse spricht Rudolf Steiner auch in seiner Autobiographie, wo er deutlich den Zusammenhang herstellt mit dem Anfang des zweiten Jahrsiebts: «Ich hatte zwei Vorstellungen, die zwar unbestimmt waren, die aber schon vor meinem achten Lebensjahr in meinem Seelenleben eine große Rolle spielten. Ich unterschied Dinge und Wesenheiten, ‹die man sieht›, und solche, ‹die man nicht sieht›.»[17]

Im Laufe der folgenden Jahre, nach dem Umzug nach Neudörfl, wächst die Intensität der Erfahrung des Lebens in der geistigen Welt, so daß er bald von sich sagen kann: «Nur das muß ich auch sagen: ich lebte gerne in dieser Welt. Denn ich hätte die Sinnenwelt wie eine geistige Finsternis um mich empfinden müssen, wenn sie nicht Licht von dieser Seite bekommen hätte.»[17] In diesen Worten kann man auch die Veränderungen im Hellsehen wahrnehmen, die sich in den folgenden Jahren vollzogen. Sie brachten mit sich ein viel intim-persönlicheres Erleben der Natur in Neudörfl, als es in Pottschach gewesen war. Wenn man die Beschreibung der beiden Landschaften in der Autobiographie vergleicht, dann kann man den Unterschied lebhaft fühlen. Der Charakter dieses intensiven und geistig-bewußten Lebens mit der Natur um Neudörfl wurde später von Rudolf Steiner in der Erzählung von Felicia Balde in dem Mysteriendrama «Die Prüfung der Seele» (5. Bild) in eine poetische Form gegossen.

In der ‹Erziehung des Kindes› unterstreicht Rudolf Steiner, daß für die Entwicklung des Kindes im zweiten Jahrsiebt das Leben mit der Natur sowie der Kunst und Religion eine besonders große Bedeutung habe. Alles, was in dieser Epoche in der Hinsicht versäumt wird, ist später nicht nachzuholen und erscheint als diese oder jene Unregelmäßigkeit in der Entwicklung des Ätherleibes, was wiederum Charaktermängel oder Defekte im emotionalen Bereich oder im allgemeinen Gesundheitszustand im ganzen späteren Leben zur Folge hat. Bedenkt man das, so ist es besonders eindrucksvoll, wie Rudolf Steiner gerade zu dieser Zeit die ersten Impulse sowohl von der Kunst als auch von der Religion empfängt. Denn er wird, im Gegensatz zu der Lebensweise seiner Familie, Ministrant in der Kirche von Neudörfl, wobei er das übersinnliche Element der katholischen Messe ungewöhnlich stark erlebt. Auf der anderen Seite empfängt er durch den Geometrie-Lehrer seiner Schule die ersten Kunstimpulse. «Ich verdanke ihm auch sonst sehr viel. Er brachte mir das künstlerische Element. Er spielte Violine und Klavier. Und er zeichnete viel. Beides zog mich stark zu ihm hin ... Besonders das Zeichnen liebte er; und er veranlaßte mich, schon im neunten Jahr mit Kohlestiften zu zeichnen.»[17]

Etwas später wird Rudolf Steiner durch den Arzt aus Wiener-Neustadt mit den großen Vertretern der deutschen Literatur bekanntgemacht: Goethe, Schiller, Lessing – und andererseits durch den Geistlichen von Neudörfl mit dem Kopernikanischen Weltsystem, das, wie aus den Vorträgen Rudolf Steiners bekannt ist, das physisch-ätherische Bild des Weltalls darstellt, im Unterschied zu dem Ptolemäischen System, das sein astralisches Bild ist.[18]

Daß mit der Entwicklung des Ätherleibes sich für den heranwachsenden Knaben in dieser Zeit auch neue soziale Beziehungen anknüpfen, können wir nacherleben, wenn wir lesen, wie Rudolf Steiner beim Holzsammeln die Bauern der Gegend traf, wie sie ihm in ihren Gesprächen ihre Lebenserfahrungen mitteilten und dabei oft «nicht darauf achteten, daß sie ein Kind vor sich hatten».[19]

Neben diesen Menschenbegegnungen hatte Rudolf Steiner in dieser Epoche noch eine Begegnung ganz anderer Art, die Begegnung mit der Geometrie. Das Kind, das bis zu dieser Zeit ganz einsam war bei seinen Wahrnehmungen der geistigen Welt und das unter der Unmöglichkeit litt, sie innerlich-objektiv zu begründen, es gewinnt nun durch die Geometrie einen inneren Beweis von der Gesetzmäßigkeit, die in übersinnlichen ebenso wie in sinnlichen Erlebnissen waltet. «Die Wirklichkeit der geistigen Welt war mir so gewiß wie die der sinnlichen. Ich hatte aber eine Art Rechtfertigung dieser Annahme nötig. Ich wollte mir sagen können, das Erlebnis von der geistigen Welt ist ebenso wenig eine Täuschung wie das von der Sinnenwelt. Bei der Geometrie sagte ich mir, hier darf man etwas wissen, was nur die Seele selbst durch ihre eigene Kraft erlebt; *in diesem Gefühl fand ich die Rechtfertigung, von der geistigen Welt, die ich erlebte, ebenso zu sprechen wie von der sinnlichen.*»

Dabei muß man sagen, daß die geometrischen Formen besonders gut mit bestimmten Strömungen des Ätherleibes zusammenklingen, dessen Kräfte sich gerne in deren innerer Betrachtung beleben. Deswegen sagt Rudolf Steiner, «daß man seelisch in der Ausbildung rein innerlich angeschauter Formen leben könne, ohne Eindrücke der äußeren Sinne, das gereichte mir zur höchsten Befriedigung». Die Geometrie des ätherischen Leibes, die man anschauen kann «ohne Eindrücke der äußeren Sinne» und die in der sinnlichen Geometrie ihre genaue Entsprechung hat, sie brachte ihm wahre Freude: «Ich weiß, daß ich an der Geometrie das Glück zuerst kennengelernt habe.»

Aber aus diesem Erlebnis der Geometrie erwuchsen ihm schon in der nächsten Periode seines Lebens konkrete Aufgaben, und es ist hier der Anfang einer wichtigen Eigenart seiner zukünftigen Mission. «In meinem Verhältnis zur Geometrie muß ich das erste Aufkeimen einer Anschauung sehen, die sich allmählich bei mir entwickelt hat. Sie lebte schon mehr oder weniger unbewußt in mir während der Kindheit und nahm um das zwanzigste Lebensjahr herum eine bestimmte vollbewußte Gestalt an.» Von dieser Anschauung sagte er: «Ich fühlte, so wie Geometrie muß man das Wissen von der geistigen Welt in sich tragen.»

Es ist erstaunlich, welches Licht diese Worte auf den weiteren Weg Rudolf Steiners werfen, der als erster in der Geschichte der Geistesforschung der Menschheit das Geisteswissen auf objektiv wissenschaftliche Grundlagen stellte und damit eine *Wissenschaft* vom Geiste begründete.

Etwa in die Mitte dieser Epoche fällt noch ein wesentliches Ereignis: sein Eintritt im Jahre 1872 nicht ins Gymnasium, sondern in die Realschule in Wiener-Neustadt. Von außen gesehen kam dieser Entschluß durch den Wunsch des Vaters zustande, der ihn zum Eisenbahn-Ingenieur machen wollte. Innerlich gesehen jedoch war ein tiefer karmischer Sinn in diesem Geschehen, den Rudolf Steiner erst ein halbes Jahrhundert später in dem Vortrag vom 19. Juli 1924 in Arnheim deutete. In diesem Vortrag sagte er, wenn er in das damals von Zisterziensern geleitete Wiener-Neustädter Gymnasium gekommen wäre, wäre er sicher Priester in diesem Orden geworden. So hat auch dieses Ereignis eine bestimmende Bedeutung für den künftigen Weg Rudolf Steiners, der ganz und gar im Geiste der heraufkommenden neuen Michael-Epoche nicht von außen, sondern von innen, aus der vollen inneren Freiheit sein eigenes, mit keiner historischen Tradition verbundenes, tief innerliches Verhältnis zum Christentum finden oder, anders gesagt, der den Zugang zum Christus-Impuls unmittelbar in derjenigen Sphäre erringen sollte, wo er geistige, nicht zu leugnende Realität ist.

Auch in diese Realschuljahre fallen wichtige Ereignisse. Eines kann man den ersten selbständigen Versuch Rudolf Steiners nennen, in die Haut des materialistischen Drachen zu steigen, um ihn von innen kennenzulernen, um aus innerem Erfühlen heraus das zu erfüllen, worauf ihn sieben Jahre später sein Lehrer als auf seine wichtigste Aufgabe innerhalb seiner ganzen geistigen Mission hinweisen wird. Das ereignete sich, als er den Aufsatz des Direktors der Realschule «Die Anziehungskraft betrachtet als eine Wirkung der Bewegung» und später sein Buch über dasselbe Thema kennenlernte. Dieser Aufsatz, der aus den rein materialistischen Impulsen der Epoche hervorgegangen war und den Rudolf Steiner zu der Zeit nicht voll verstehen konnte, da er höhere Mathematik enthielt, weckte in ihm die tiefe Sehnsucht, ihn zu verstehen: «Ich hatte nichts in mir, was in irgendeiner Art dazu drängte, mich zu dieser Anschauung zu bekennen; aber ich hatte das Gefühl, es werde eine große Bedeutung für mich haben, wenn ich das auf diese Art Ausgesprochene verstehen werde.» So erwachte schon am Anfang seines Lebensweges der Wunsch, die Kräfte der Epoche kennenzulernen, die die Herrschaft über die Menschheit in der Zukunft an sich reißen wollen.

Ein anderes wichtiges Erlebnis in dieser Epoche war die Begegnung mit dem Lehrer der darstellenden Geometrie, von dem Rudolf Steiner in den Karmavorträgen eingehender sprechen wird.[20] Hier sehen wir, wie er nochmals seine Beziehung zur Geometrie durchlebte, aber jetzt nicht auf einer ätherisch-bildhaften, sondern mehr auf einer gedanklich-bewußten Ebene, was, da er gleichzeitig sich mit den Grundlagen der Mathematik und Physik bekanntmachte, in ihm den intensiven Wunsch weckte, «an die Natur heranzugehen, um eine Stellung zur Geistwelt zu gewinnen, die in selbstverständlicher Anschauung vor mir stand».[21] Darin deutet sich schon der Übergang zur dritten Epoche an, an deren Anfang man die Worte stellen kann: «Ich sagte mir, man kann doch nur zurechtkommen mit dem Erleben der geistigen Welt durch die Seele, wenn das Denken in sich zu einer Gestaltung kommt, die an das Wesen der Naturerscheinungen herangelangen kann.»

Erst in dieser Zeit beginnt Rudolf Steiner auch, sich mit den Unterrichtsgegenständen erfolgreich auseinanderzusetzen: «Erst im zweiten Halbjahr der zweiten [Klasse] ging es besser. Da war ich erst ein guter Schüler geworden.» Das geschah, als er 14 Jahre alt geworden war. In dieser Zeit beginnt er auch langsam die deutsche Rechtschreibung zu beherrschen. In seinen Karma-Vorträgen sagt er später, wie ungewöhnlich viel es für seine okkulte Entwicklung bedeutet hat, daß er erst so spät lernte, orthographisch richtig zu schreiben.[22]

In dieser zweiten Epoche, die unter dem Zeichen des Merkur steht, dessen Kräfte vor allem den Ätherleib gestalten und damit die spätere physische *Gesundheit* des Menschen, mag auch der Grund gelegt worden sein für seine gute physische Gesundheit, etwa durch den täglichen Weg von Wiener-Neustadt nach Neudörfl während der ganzen Realschulzeit (1872–79). Er sagte später über diese Fußmärsche, die er im Winter durch tief verschneite Felder fast ohne Weg machen mußte: «Ich kann nicht anders sagen, als daß es mein Glaube ist, der gewisse Grad von Gesundheit, den ich selber jetzt habe, sei vielleicht zurückzuführen auf die sonstigen Anstrengungen, die mit dem Besuch der Realschule verbunden waren.»[23] Von den sieben in der Realschule verbrachten Jahren standen drei noch unter dem direkten Einfluß der Merkurkräfte.

Nun beginnt die dritte Epoche im Leben Rudolf Steiners. In dieser

Epoche beginnt der junge Mensch, so wird es in der ‹Erziehung des Kindes› dargestellt, mit der endgültigen Ausgestaltung und dem Selbständigwerden des eigenen Gedankenlebens. Die Neigung, die Denkkräfte auszubilden, ist einer der entscheidenden Züge dieser Phase, da zu dieser Zeit die Venuskräfte vorherrschen und der Astralleib entwickelt wird, der der Träger der Denkkräfte im Menschen ist. Für Rudolf Steiner beginnt diese Epoche seines Lebens damit, daß er sich besonders intensiv mit Kant auseinandersetzt, dessen Hauptwerk ‹Die Kritik der reinen Vernunft› ihm mit 14 Jahren in die Hände fällt. Durch Kant treten Grundfragen vor ihn hin, Fragen, die mit dem Wesen des Denkens zusammenhängen, mit seiner Rolle in der menschlichen Entwicklung, mit seinen Möglichkeiten, aber auch mit den Problemen der Überwindung jener Erkenntnisgrenzen, bei denen die Philosophie Kants stehenblieb und mit ihr die ganze westeuropäische Kultur: «In den Ferienzeiten wurde die Kant-Lektüre eifrig fortgesetzt. Ich las wohl manche Seite mehr als zwanzigmal hintereinander. Ich wollte zu einem Urteil darüber kommen, wie das menschliche Denken zu dem Schaffen der Natur steht.»[24] In diesen Worten deutet sich schon dasjenige Denken an, das Rudolf Steiner später zu seiner ‹Philosophie der Freiheit› führt, zum Erleben der Wirklichkeit der Welt, die aus der Verbindung von Idee und Wahrnehmung hervorgeht.

«Auf der anderen Seite beschäftigte mich unaufhörlich die Tragweite der menschlichen Gedankenfähigkeit. Ich empfand, daß das Denken zu einer Kraft ausgebildet werden könne, die die Dinge und Vorgänge der Welt wirklich in sich faßt.» Damit kommt zum Ausdruck, wie er in dieser Zeit um ein neues Denken zu ringen beginnt, das er für die ganze Menschheit erkämpfen soll. Von nun an nehmen die Probleme des Denkens in all ihren Aspekten eine zentrale Stellung in seinem gesamten geistigen Forschen ein: Wie kann man das Denken so verwandeln und verstärken, daß es ein geeignetes Mittel wird, um in die übersinnlichen Welten einzudringen, und zugleich eine Stütze, die dem übersinnlichen Erkennen dieselbe Authentizität verleiht, wie sie der mathematischen Wahrheit innewohnt? Jedoch führte ihn ein solcher Kampf um das Wesen des Denkens unweigerlich zu einer Betrachtungsweise, bei der schon das Denken selbst auf seine höhere Quelle hinzuweisen beginnt, auf die Frage nach dem menschlichen Ich, die erst Licht werfen kann auf seine Geheimnisse und Möglichkeiten. So bereitete sich ein bedeutender Wendepunkt in der Entwicklung Rudolf Steiners vor: der Übergang von den Problemen des Denkens zu denen des Ich, von Kant zu Fichte. Genau mit 14 Jahren beginnt Rudolf Steiner aber auch seine «mehr als 15jährige Tätigkeit als

Erzieher und Privatlehrer». Das gab ihm die Möglichkeit, ganz unmittelbar mit den Entwicklungsprozessen der Seelenkräfte des Menschen in Berührung zu kommen, die vornehmlich mit dem Astralleib verbunden sind: «...ich war genötigt, mich in einem früheren Lebensalter mit praktischer *Seelenkunde* zu beschäftigen. Ich lernte die Schwierigkeiten der menschlichen Seelenentwicklung an meinen Schülern kennen.»

So näherte sich Rudolf Steiner allmählich dem Jahre 1879, dem Anfang der neuen Michael-Epoche, einer Epoche, von der an ein neuer Strom übersinnlicher Offenbarungen aus der Höhe der Sonnensphäre zu der Menschheit kommen sollte, um ihr den Impuls für die geistige Erneuerung zu geben. Nachdem Michael, der mächtige Erzengel der Sonne, die gegnerischen Mächte in der Geistwelt besiegt hat, muß die Menschheit allmählich dasselbe gemäß dem Urbild des Sieges Michaels über den Drachen für die Erdensphäre vollbringen. Um diesen Sieg zu erlangen, muß der Mensch heute vor allem das Wirken der Widersachermächte aus dem Denken, aus dem Verstand vertreiben, der so tief im Materialismus versunken ist, und durch die Spiritualisierung des Denkens die Vereinigung mit der Sphäre Michaels erreichen, damit auf der Grundlage dieser neuen Verbindung mit dem Geiste eine wahrhaft spirituelle Kultur begründet werde. So kann es uns nicht erstaunen, daß dieses Jahr, das für die ganze Entwicklung der Menschheit auf der Erde so wichtig ist, auch in der inneren Entwicklung Rudolf Steiners von großer Bedeutung war.

Im Jahre 1879 ziehen die Eltern nach Inzersdorf bei Wien. Im Sommer dieses Jahres lernt er bei Beginn seines Studiums in Wien das Werk Fichtes kennen, und es steht die Frage vor ihm: Was ist das Ich? Es ist das Grundproblem des westlichen Geisteslebens. Die Suche nach einer Antwort wird für sein weiteres Tun richtunggebend.

Die Mission Rudolf Steiners kann darin gesehen werden, die Geisteswissenschaft als Wissenschaft vom höheren Ich des Menschen zu begründen und den Weg zu ihm zu zeigen. Die wichtigste Errungenschaft zur Verwirklichung der Geisteswissenschaft war in jener Zeit die neue Anschauung vom Wesen des «Ich»: «Meine Bemühungen um naturwissenschaftliche Begriffe hatten mich schließlich dazu gebracht, in der Tätigkeit des menschlichen ‹Ich› den *einzig möglichen Ausgangspunkt für eine wahre Erkenntnis zu sehen.*» Aber eine solche Anschauung von der zentralen Bedeutung des «Ich» im Erkenntnisprozeß stellte Rudolf Steiner noch vor eine andere Aufgabe: den Weg vom «Ich» zur Welt, zur Natur wiederum zu finden, was Rudolf Steiner in jener Epoche so formulierte: «Vorher hatte ich mich damit geplagt, für die Naturerscheinungen Begriffe zu finden, von denen aus man einen solchen für das ‹Ich› finden könne. Jetzt wollte ich umgekehrt von dem Ich aus in das Werden der Natur einbrechen. Geist und Natur standen damals in ihrem vollen Gegensatz vor meiner Seele. Eine Welt der geistigen Wesen gab es für mich. Daß das Ich, das selbst Geist ist, in einer Welt von Geistern lebt, war für mich unmittelbare Anschauung. Die Natur wollte aber in die erlebte Geisteswelt nicht herein.» Mit diesen Worten weist Rudolf Steiner deutlich auf eine andere, wichtige Seite seiner zukünftigen Erdenmission: Natur und Geist durch den Ich-Impuls zu vereinigen und damit den Weg anzulegen zur Spiritualisierung der Menschheitskultur. Dieses Ziel fordert fast übermenschliche Anstrengungen, und er wird es erst im 40. Jahre erreichen, wenn zugleich die Zeit für ihn gekommen ist, als Lehrer vor die Welt zu treten.

Es ist nicht zufällig, daß Rudolf Steiner diese zwei Grundaufgaben seiner Zukunftsmission im Zusammenhang mit dem Ich-Impuls gerade im Jahre 1879, dem Jahr des Beginns der neuen Michael-Epoche, erstmalig aufgreift, denn die geistigen Ereignisse, die sich zu dieser Zeit hinter den irdischen Erscheinungen vollziehen, sind so bedeutsam, daß sie sich auch in der Erdensphäre, in der Menschenwelt, widerspiegeln müssen. Auch für den Erzengel Michael ist, wie wir von Rudolf Steiner wissen, die Tatsache, daß er abermals die Führung der Menschheit auf sich nimmt, ein tief bedeutungsvolles Ereignis, eine Wende in seinem eigenen Werden, die ihn hinfort mit der Erdenentwicklung in besonderer Weise verbindet. Rudolf Steiner beschreibt in dem Vortrag vom 17. Februar 1918 in München diesen geistigen Prozeß mit den Worten: «Als die Mitte des 19. Jahrhunderts noch nicht ganz herangekommen war, so im Beginn der vierziger Jahre des 19. Jahrhunderts, da schickte sich ... der Erzengel Michael an, nach und nach aus einem bloßen Erzengel ein Zeitgeist zu werden, eine solche Entwicklung zu erlangen, daß er eingreifen könne in das Leben der Menschen nicht nur vom Standpunkte des Überirdischen, sondern unmittelbar vom Standpunkte des Irdischen aus.»[25]

Aus den verschiedenen Beschreibungen, die Rudolf Steiner von den drei unteren Hierarchien gegeben hat, wissen wir, daß die Engelwesen das Geistselbst entwickelt haben und in einer besonderen Beziehung zum menschlichen Astralleib stehen, die Erzengel zum Ätherleib und die Archai – die Zeitgeister – zum physischen Leib, da sie schon zum Geistesmenschen aufgestiegen sind. So muß sich Michael bis zum Range eines Zeitgeistes erheben, um auf den ganzen Menschen bis in seinen physischen Leib zu wirken oder, wie Rudolf Steiner sagt, um sich in die Erdensphäre hinabbegeben zu können.

Aber mit diesem Herabstieg Michaels bis in die Erdensphäre ist noch etwas anderes verbunden. Rudolf Steiner beschreibt (in dem Vortrag vom 2. Juni 1907), wie die Natur der Wesen aus der Hierarchie der Archai aus sieben Gliedern besteht, deren unterstes dasjenige ist, das dem vierten Wesensglied des Menschen entspricht: dem Prinzip des Ich.[26] Das hängt damit zusammen, daß die Archai, die nach geisteswissenschaftlicher Terminologie auch Geister der *Persönlichkeit* genannt werden können, die ersten Ich-Wesen in unserem Kosmos sind, die schon auf dem alten Saturn ihre «Menschenstufe» durchgemacht und in dieser Zeit die Disposition zur Ich-Entwicklung in der Erdenepoche in den von der Hierarchie der Throne gebildeten Keim des menschlichen physischen Leibes gelegt haben. Wenn wir uns nun bewußt machen, daß Michael in seiner Eigenschaft als Zeitgeist, d. h. als ein Wesen, dessen unterstes Glied das Prinzip des Ich ist, sich in die Erdensphäre begibt, also unmittelbar dorthin, wo seit der alten lemurischen Zeit das Ich jedes einzelnen Menschen ist[27], dann können wir sagen: Dieser Herabstieg, der sich im Jahre 1879 vollzog, gibt Michael auch die Möglichkeit, in der Eigenschaft als Zeitgeist das Ich des Menschen aus seinem eigenen Bereich heraus zu erreichen. Alle Fragen, die im Menschen nach dem Geheimnis des Ich auftauchen, inspiriert Michael seit dem Jahre 1879 aus der an die Erde unmittelbar angrenzenden Sphäre. So können wir sagen: die oben beschriebenen Erlebnisse Rudolf Steiners im Jahre 1879 im Zusammenhang mit den Ich-Problemen, die unlösbar mit seiner weiteren Erdenmission verbunden sind – sie sind das direkte Ergebnis der Inspiration, die er zu der Zeit von Michael selbst empfängt.

Aber dieses Jahr, das für die Menschheit so bedeutungsvoll ist und das etwa in die Mitte von Rudolf Steiners dritten Lebensabschnitt fällt, des Jahrsiebts, in dem der Mensch vor allem die Kräfte des Astralleibes entwickelt und sich ihrer bewußt wird, es bringt ihm nicht nur ein zentrales Erleben des Ich-Problems, sondern auch außerordentlich bedeutsame okkulte Erlebnisse. Er spricht in einer mehr äußerlichen Form so darüber: «Ich arbeitete nunmehr [im Sommer 1879] immer bewußter daran, die unmittelbare *Anschauung*, die ich von der geistigen Welt hatte, in die Form von *Gedanken* zu gießen.»[28] In diesen Worten kann man schon die Eigenart des neuen Hellsehens der Michael-Epoche fühlen. Über den Gegenstand seines geistigen Schauens in jener Zeit spricht Rudolf Steiner in den Aufzeichnungen von Barr: «In diese Zeit [die Epoche der Bekanntschaft mit Fichte, d. h. in das Jahr 1879] fiel – und dies gehört schon zu den äußeren okkulten Einflüssen – die völlige Klarheit über die Vorstellung der Zeit. Diese Erkenntnis stand mit den Studien in keinem Zusammenhang und wurde ganz aus dem okkulten Leben her dirigiert. Es war die Erkenntnis, daß es eine mit der vorwärtsgehenden interferierende rückwärtsgehende Evolution gibt – die okkult-*astrale*. Diese Erkenntnis ist die Bedingung für das geistige Schauen.»[29] Nachdem er einen solch entscheidenden Schritt auf seinem geistigen Wege gemacht hatte, war auch die Fähigkeit, den Verstorbenen über den Tod hinaus zu folgen, voll entwickelt: «Ich schaute ... die geistige Welt als Wirklichkeit. Mit aller Anschaulichkeit offenbarte sich mir an jedem Menschen seine geistige Individualität ... Den gestorbenen Menschen verfolgte ich weiter auf seinem Wege in die geistige Welt hinein.»[30]

Nachdem er sich so die Lebensaufgabe aus *seinen eigenen Kräften* gestellt und die Reife in der bewußten Entwicklung dieser Kräfte erlangt hatte, die für ihre Verwirklichung notwendig waren, war der Schüler bereit, dem Boten des Lehrers zu begegnen, denn, so schreibt er: «Nicht sogleich begegnete ich dem M. [Meister], sondern zuerst einem von ihm Gesandten.»[31]

Und wir müssen die Begegnungen des 18jährigen Rudolf Steiner mit dem Kräutersammler Felix Koguzki (1833–1909) als ein besonders wichtiges Ereignis des Jahres 1879 ansehen, denn er war für ihn der erste Mensch, mit dem er offen über seine inneren Erlebnisse sprechen konnte. Das war eine bedeutende Hilfe, da die geistige Einsamkeit, die schon in früher Kindheit begonnen hatte, in dieser dritten Lebensepoche in besonderem Maße gewachsen war: «Und so ging es mir damals überall mit meiner Anschauung von der geistigen Welt. Man wollte von ihr nichts hören.»[32] Mit diesem einfachen Menschen aus dem Volk «konnte man über die geistige Welt sprechen wie mit jemand, der darin Erfahrung hatte ... Er offenbarte sich so, als ob er als Persönlichkeit nur das Sprachorgan wäre für einen Geistesinhalt, der aus verborgenen Welten heraus sprechen wollte. Wenn man mit ihm zusammen war, konnte man tiefe Blicke in die Geheimnisse der Natur tun.» Er «war in die Geheimnisse der Wirksamkeit aller Pflanzen und ihres Zusammenhanges mit dem Kosmos und mit der menschlichen Natur vollkommen eingeweiht. Ihm war der Umgang mit den Geistern der Natur etwas Selbstverständliches, das ohne Enthusiasmus vorgebracht wurde, doch um so mehr Enthusiasmus erweckte.»[33]

Äußerlich war Rudolf Steiners Leben in dieser Epoche einerseits mit seinen Studien auf der Technischen Hochschule ausgefüllt, wo «die offiziellen Studien auf Mathematik, Chemie, Physik, Zoologie, Botanik, Mineralogie und Geologie gerichtet waren»[34], andererseits machte er im ersten Hochschuljahr die Bekanntschaft mit Karl Julius Schröer, der Vorlesungen über die Geschichte der deutschen Literatur hielt. Diese Begegnung war tief karmisch begründet.[35]

In der Persönlichkeit Schröers begegnete Rudolf Steiner einem hervorragenden Vertreter der deutschen Kultur des 19. Jahrhunderts, dem er wesentliche Erkenntnisse auf ästhetischem Gebiete verdankte. «An ihm zog der *Mensch* an ... Es war bei ihm wie in einer idealistischen Oase innerhalb der trockenen materialistischen deutschen Bildungswüste.»[36] In dieser Zeit ging Schröer ganz in dem Studium von Goethes Werk auf. «Sein ganzes Sinnen und Leben war Goethe zugewendet. Er arbeitete an der Ausgabe und Einleitung des zweiten Teiles des ‹Faust› und hatte den ersten Teil bereits erscheinen lassen.»[37]

Später äußerte sich Rudolf Steiner über seine intimeren Gespräche mit Schröer über Goethe: «Ich hatte wirklich immer, wenn ich so allein mit Schröer saß, das Gefühl, daß noch ein Dritter anwesend war: Goethes Geist.» Die tiefe Achtung und Liebe, die Schröer zu dem großen Dichter hegte, teilte sich auch Rudolf Steiner mit und vertiefte ihre freundschaftlichen Beziehungen. Später wurde er durch die Empfehlung von Schröer zu der Arbeit an der Herausgabe von Goethes naturwissenschaftlichen Schriften herangezogen. Auf sie konnte er sich dann in seinen ersten erkenntnistheoretischen Schriften beziehen, als er seine geisteswissenschaftliche Methode entwickelte.

So hat die Begegnung mit Schröer im inneren wie äußeren Leben eine große Bedeutung gehabt. Trotzdem konnte er ihm nur bis zu einem gewissen Grade folgen: «Schröer war Idealist ... Er fühlte Leben in dem Dasein der Ideen. Für mich war das Leben des Geistes *hinter* den Ideen.» Hier besteht ein grundlegender Unterschied zwischen Schröer und Rudolf Steiner. So wird die Tragödie der besten Geister der zweiten Hälfte des 19. Jahrhunderts sichtbar, denn sie konnten den Zugang zu der neuen Michael-Geistigkeit, die im Jahre 1879 neuerlich zu wirken begann, noch nicht finden. Sie konnten zu dem *realen* Geist, zu seinem Wesen trotz der hohen und schönen Ideenwelt nicht durchdringen. So gesehen ist die Begegnung mit Schröer wie ein Zeichen, das die Weltenlenkung auf Rudolf Steiners Lebensweg errichtete, ein Zeichen, das auf den Sinn und die Bedeutung seiner eigenen Mission hinwies und ihm bedeutete, daß er sich im Grunde nur auf seine eigenen Kräfte verlassen könne.

Dank dieser äußeren und inneren Erlebnisse war er am Ende seines dritten Jahrsiebts und am Beginne seiner Sonnenperiode (21.–42. Jahr) für die Begegnung mit dem vorbereitet, den er später «seinen Lehrer» nannte. Mit dieser Begegnung ist die Epoche der Lehrjahre Rudolf Steiners abgeschlossen und vor ihm liegt – entsprechend der rosenkreuzerischen Tradition – die Stufe des Gesellen.

Diese Begegnung trägt bereits die Züge des neuen Einweihungsprinzips. Das Wesen dieses Prinzips besteht darinnen, daß der Schüler stets den ersten Schritt machen muß und daß erst dann die Antwort der geistigen Welt erfolgt. In den Worten Christi «Klopfet an, so wird euch aufgetan» ist dieses Prinzip für alle künftigen Zeiten ausgesprochen. Auch in Parzivals Einweihung ist es enthalten, wenn er in der Gralsburg aus Mitleid und Liebe als erster die Frage nach dem Sinn der Vorgänge stellen muß.

Von der bedeutsamen Begegnung, die nicht lange, nachdem er zwanzig Jahre alt geworden war, stattfand, sagte er: «Mein Felix war gewissermaßen nur der Vorherverkünder einer anderen Persönlichkeit, die sich eines Mittels bediente, um in der Seele des Knaben, der ja in der spirituellen Welt darinnen stand, die regulären, systematischen Dinge anzuregen, mit denen man bekannt sein muß in der spirituellen Welt. Es bediente sich jene Persönlichkeit... eigentlich der Werke Fichtes, um gewisse Betrachtungen daran anzuknüpfen, aus denen sich Dinge ergaben, in welchen doch die Keime zu der ‹Geheimwissenschaft› gesucht werden könnten, die der Mann, der aus dem Knaben geworden ist, später schrieb. Und manches, aus dem die ‹Geheimwissenschaft› geworden ist, wurde damals in Anknüpfung an Fichtes Sätze erörtert.»[38] Wie Schuré mitteilt, zeigte der Lehrer damals Rudolf Steiner auch die zwei Hauptgegner, mit denen er sich auf dem geistigen Wege werde zu messen haben: mit dem Stier der öffentlichen Meinung und dem Drachen der materialistischen Naturwissenschaft.[39] In diesen zwei Bildern lassen sich die zwei geistigen Widersacher Luzifer[40] und Ahriman leicht erkennen. Schon von früher Jugend an fühlte Rudolf Steiner, daß es seine Mission sei, in die Haut des Drachen zu schlüpfen, um ihn zu besiegen. Jetzt wurde das, was er so viele Jahre in seinem Innern getragen hatte, von dem Lehrer in das volle Bewußtseinslicht gehoben und bekräftigt.

Durch die Begegnung mit dem «Lehrer» wurde alles, was Rudolf Steiner bis zu dem Zeitpunkt spirituell erlebt hatte, systematisiert und gleichsam auf eine neue Stufe gehoben. Von jetzt an nimmt die innere Erfahrung die Strenge und Objektivität an, die den Wissenschaften der Geometrie und Mathematik eigen sind: «Eine geistige Schauung stellte sich mir vor die Seele hin, die nicht auf einem dunklen mystischen Gefühl beruhte. Sie verlief vielmehr in einer geistigen Betätigung, die an Durchsichtigkeit dem mathematischen Denken sich voll vergleichen ließ. Ich näherte mich der Seelenverfassung, in der ich glauben konnte, ich dürfe die Anschauung von der Geisteswelt, die ich in mir trug, auch vor dem Forum des naturwissenschaftlichen Denkens für gerechtfertigt halten. Ich stand, als diese Erlebnisse durch meine Seele zogen, in meinem zweiundzwanzigsten Lebensjahre.»[41] So war Rudolf Steiner durch diese intensive innere Entwicklung und durch die okkulten Erfahrungen, die er bei der Arbeit an Fichte machte, den man den «Philosophen des Ich» nennen kann, für die nächste, die Sonnenperiode seines Lebens vorbereitet. In dieser Zeit sollten alle Kräfte dem Rätsel des Menschenwesens gewidmet werden oder dem Geheimnis des Ich, in dem alle Weisheit vom Menschen zusammenfließt. Vor ihm stand die Aufgabe, «Wissenschaft und Religion wieder zu verknüpfen. Gott in die Wissenschaft und die Natur in die Religion einzuführen.»[42] Aber das Mysterium des Ich ist, geistig betrachtet, nicht vom Sonnenmysterium zu trennen und deshalb ebensowenig vom Christus-Mysterium. Denn der Christus als der Weltenlogos durchgeistigt alle Natur, durchdringt mit seinem Lichte die geistigen Welten und wirkt zugleich als göttliche Person im verborgensten allerheiligsten Inneren des wahren Ich des Menschen. Nur da der Christus sich durch das Mysterium von Golgatha mit der Erde vereinigt hat und seitdem auch in jedem einzelnen menschlichen Ich wirkt, kann er Geisteswelt und Natur verbinden.

Als sich Rudolf Steiner an der Schwelle der nächsten großen Lebensepoche befand, stand vor ihm die Aufgabe, das Wirken des Logos in der Natur und im menschlichen Ich zu erkennen und das Geheimnis dieses Wirkens zu unmittelbarem geistigen Anschauen zu bringen.

2. Die große Sonnenperiode

Am Beginn der nächsten großen Epoche im Leben Rudolf Steiners vollziehen sich auch deutliche äußere Veränderungen. Er zieht endgültig nach Wien und beginnt auf Empfehlung Schröers im Jahre 1882 mit der schon erwähnten Herausgabe der naturwissenschaftlichen Schriften Goethes in der ‹Deutschen Nationalliteratur› von Kürschner. Schon seit 1880 beschäftigt sich Rudolf Steiner mit den naturwissenschaftlichen Arbeiten Goethes.[1] Jetzt bietet sich ihm die Gelegenheit, auch die «Literarische Gesellschaft» kennenzulernen. Er schreibt eine Einführung zu Goethes Botanik, Zoologie, Geologie und Farbenlehre für Kürschners Sammelwerk. Die naturwissenschaftlichen Anschauungen Goethes konnten die von Rudolf Steiner lange gesuchte Grundlage für eine Vereinigung von Natur und Geist abgeben. Sie machten den Übergang von der Natur- zur Geisteswissenschaft oder «modernen Theosophie» (Anthroposophie) möglich, zu der Rudolf Steiner mit dieser Arbeit den Grundstein legte. Später schreibt er darüber: «Wer diese Einführungen liest, wird darin schon die theosophischen Ideen in dem Gewande eines philosophischen Idealismus finden können.»[2]

Innerlich nähert sich Rudolf Steiner dem kosmischen Sonnenmysterium, dem Logosmysterium. Darüber sagt er in seiner Autobiographie: «In dem ‹Logos› lebt die Menschenseele; wie lebt die Außenwelt in diesem Logos: das ist schon die Grundfrage meiner ‹Erkenntnistheorie der Goetheschen Weltanschauung›. [An diesem Buch arbeitete er in der Mitte der achtziger Jahre.] Es bleibt so für meine Schriften ‹Wahrheit und Wissenschaft› und ‹Philosophie der Freiheit›.»[3] Diese Worte machen deutlich, wie bereits am Anfang seiner Sonnenperiode die Frage nach der Wechselbeziehung zwischen der Welt und dem Logos, und dem Logos und der Menschenseele vor Rudolf Steiner stand. Wie ein roter Faden zieht sich das Ringen um eine Antwort durch die nächsten drei Jahrsiebte im Leben Rudolf Steiners, um am Ende der Epoche seine Erfüllung und Krönung zu erfahren.

Während der Sonnenperiode des menschlichen Lebens vom 21. bis 42. Jahre wird vom 21. bis 28. Jahre die Empfindungsseele entwickelt, vom 28. bis 35. Jahre die Verstandesseele, vom 35. bis 42. die Bewußtseinsseele. In dieser Zeit werden jedoch nicht nur die Sonnenkräfte erlebt, sondern auch ihre Gegenmächte. In dem Vortrag vom 22. März 1909 in Berlin[4] führt Rudolf Steiner aus, wie Luzifer vor allem in der Empfindungsseele wirkt, in der Verstandesseele Ahriman und wie in der Zukunft, die in unserer Zeit schon in hohem Maße gegenwärtig ist, durch die Verführung des «Ich» des Menschen die Asuras in der Bewußtseinsseele Platz greifen werden. So ist es verständlich, daß in der Zeit zwischen dem 21. bis 27./28. Lebensjahre Luzifer in besonders verführerischer Weise an den Menschen herantritt.

Rudolf Steiner hatte in dieser Zeit innere Erlebnisse besonderer Art durch die Bekanntschaft mit Menschen, die noch am Ende des 19. Jahrhunderts ganz aus Vergangenheitsimpulsen lebten. Die erste derartige Bekanntschaft machte er schon in der Mitte der vorhergehenden Epoche seines Lebens: K. J. Schröer lebte ganz und gar in der reinen Welt der platonischen Ideen, alles um ihn atmete den edelsten Idealismus. Aber es verbarg sich darin auch eine gewisse Einseitigkeit der Weltanschauung, was sich an seinem Verhältnis zu Goethe zeigte, den er zwar vergötterte, dessen Bemühungen um eine Erneuerung der Erkenntnisfähigkeit er aber nicht folgen konnte.

Rudolf Steiner weist darauf hin[5], daß die fünfte nachatlantische Epoche die Aufgabe hat, die freie Imagination und eine auf Phänomenologie aufgebaute Naturforschung zu entwickeln. Wenn die Wahrnehmung auf diese zweierlei Weisen richtig entwickelt wird, dann werden die Versuchermächte Luzifer und Ahriman langsam überwunden werden. Schon bei Goethe finden sich diese beiden Anschauungsweisen im Keim: die Welt der freien Imagination im «Faust», die Urphänomenologie in den naturwissenschaftlichen Studien. Nur im Gleichgewicht beider Kräfte kann sich die Entwicklung richtig vollziehen. Dieses Gleichgewicht war bei Schröer nicht vorhanden. «Schröer selbst stand der Naturwissenschaft fern.»[6]

Betrachten wir Rudolf Steiners Leben in dieser Wiener Zeit, so finden wir ihn einerseits bei ernsthaften naturwissenschaftlichen Studien – er besucht unter anderem das Laboratorium von Reitlinger[7] –, andererseits verkehrt er weiter bei Schröer, dessen Lebenselement die Kunst ist, und drittens wird er mit der pessimistischen jungen Dichterin M. E. delle Grazie bekannt. In ihrem Kreis, dem viele Theologie-Professoren angehören, herrscht eine tiefe Verehrung für den Geist des Mittelalters und eine völlige Ablehnung Goethes.

Diese vielfältigen Beziehungen vermittelten ihm das Erleben, wie Wissenschaft, Kunst und Religion abgelöst sind von den lebendigen Quellen des Geistes und wie sie, unfähig, zu einem realen Erleben des Geistes zu gelangen, sich schließlich Kräften überlassen müssen, die zur Einseitigkeit und endgültigen Isolation führen. Wir dürfen annehmen, daß aus dem bewußten Leben in der geistigen Welt heraus Rudolf Steiner schon damals die Notwendigkeit, Wissenschaft, Kunst und Religion zu vereinigen, mit Schärfe vor Augen trat, zumal ihm auch die bewußtere Suche nach dem Geiste, wie er sie bei den Wiener Theosophen um Marie Lang kennenlernte, durch ihre unbestimmt mystische Stimmung fremd blieb. Daran änderte die warme Freundschaft, die ihn mit Rosa Mayreder in diesem Kreise verband, nichts. Er suchte «das Zusammensein mit dem Geiste durch die vom Geiste durchleuchteten Ideen.»[8] So ist es auch zu verstehen, daß Sinnetts «Esoterischer Buddhismus», das erste theosophische Werk, das Rudolf Steiner durch einen Freund in die Hände bekam, auf ihn einen abstoßenden Eindruck machte.[9] Erst in Friedrich Eckstein begegnete er einem großen Kenner des klassischen Okkultismus und der Kabbala.

Das Erleben dieser verschiedenartigen geistigen Vergangenheitsströmungen, die alle weiterhin führend sein wollten, verwandelte sich für Rudolf Steiner in okkulte Erlebnisse, deren Beschreibung er das ganze 11. Kapitel seiner Autobiographie widmete. Er sagte dort: «Am Ende dieses meines ersten Lebensabschnittes stellte sich in meinem Innern die Notwendigkeit ein, zu gewissen Orientierungen der Menschenseele ein deutlich-sprechendes Verhältnis zu gewinnen. Eine dieser Orientierungen war die Mystik. So wie diese in den verschiedenen Epochen der geistigen Entwicklung der Menschheit, in der orientalischen Weisheit [M. Lang], im Neuplatonismus [F. Eckstein], im christlichen Mittelalter [der Kreis um delle Grazie], in den kabbalistischen Bestrebungen, mir vor das Seelenauge trat, konnte ich, durch meine besondere Veranlagung, nur schwer ein Verhältnis zu ihr gewinnen.»[10]

Wenn man dieses Kapitel aufmerksam liest, kann man deutlich empfinden, daß Rudolf Steiner die Mystik nur dort bejahte, wo sie sich von den Kräften Luzifers, von denen der Mystiker stets bedroht ist, vollkommen befreit hatte, denn in der Mystik «muß man eben das Verhältnis des Menschen zum Geistigen ganz dem ‹subjektiven Fühlen› überlassen»; aber in der Willkür des Subjektiven herrscht Luzifer. Und Rudolf Steiner schreibt weiter: «Indem ich mir dieses vor das Seelenauge stellte, wurden die Kräfte in meiner Seele, die zur Mystik in innerer Opposition standen, immer stärker.» In dieser Aussage kann man wahrnehmen, wie er in jener Zeit mit dem ersten Versucher der Menschheit rang, was er dann so beschrieb: «*Diesem Lebenskonflikt* im eigenen Innern diejenige Klarheit zu schaffen, die schließlich über ihn erhebt, bestand keine große Schwierigkeit.» Mit diesen einfachen Worten konstatiert Rudolf Steiner seinen inneren Sieg über die versucherischen Kräfte Luzifers.

Das Jahr 1888, in dem Rudolf Steiner das erste Jahrsiebt seiner Sonnenepoche beendete, war ein besonders wichtiges Jahr. Er schreibt darüber: «In dieser Zeit – um 1888 herum – ward ich auf der einen Seite zur *scharfen geistigen Konzentration* durch mein inneres Seelenleben gedrängt; auf der anderen stellte mich das Leben in einen ausgebreiteten geselligen Verkehr hinein.»[11] Wir sehen, wie stark er die Gegensätzlichkeit der zwei Strömungen fühlte, in denen er von früher Jugend an lebte, und wie die Forderung, sie zu vereinigen und so den rosenkreuzerischen Einweihungsweg in Zukunft zu vollenden, allmählich drängender wird. Später sagt er noch über diese Zeit: «So führte ich ein inneres Leben, das in gar keinem Zusammenhange stand mit der Außenwelt, in die meine Interessen doch wieder intensiv verflochten waren.»

Diese Intensivierung des inneren Lebens aber verstärkte noch die Suche nach Formen des Denkens, die geeignet waren, geistige Erlebnisse auszudrücken, das Denken so umzuwandeln, daß es das Geistige erfassen kann.

Die Arbeit an den naturwissenschaftlichen Werken Goethes half Rudolf Steiner in seiner wachsenden Einsamkeit. Goethes Weltanschauung war für seine Umgebung etwas Fremdes: «Ich fand niemanden, zu dem ich von diesen Anschauungen hätte sprechen können.»[12] Und weiter: «In der Stimmung, die auf meiner Seele aus solcher Vereinsamung mit Anschauungen lastete, fand ich nur innere Erlösung, indem ich immer wieder das Gespräch las, das Goethe mit Schiller geführt hatte, als die beiden aus einer Versammlung der naturforschenden Gesellschaft in Jena zusammen weggingen... Und Goethe zeichnete vor Schillers Augen mit ein paar Strichen seine ‹Urpflanze› hin.» Diese ‹Urpflanze› in ihrer sinnlich-übersinnlichen Form bedeutete endlich den direkten Übergang zur Welt der reinen Imaginationen. Nun konnte er sagen: «Goethes Naturanschauung stellte sich mir als eine geistgemäße vor die Seele.» Goethes Naturanschauung ließ ihn auch erkennen, daß die Zeit gekommen war, über seine eigenen Geisterlebnisse zu schreiben. Dies kommt in seiner Autobiographie klar zum Ausdruck: «In meinem Innern ergab sich durch die ausführliche Einleitung, die ich zum zweiten Bande der von mir herauszugebenden naturwissenschaftlichen Werke Goethes zu schreiben hatte, die Nötigung, meine Anschauung von der geistigen Welt in die Form einer gedanklich durchsichtigen Darstellung zu bringen.»[13] Auf mehreren Seiten führt Rudolf Steiner dann einen Auszug aus dieser Einleitung an, wo das Wesentliche des neuen Verhältnisses des Menschen zur geistigen Welt, wie er es in jener Zeit errungen hatte, dargestellt wird. «Indem sich das Denken der Idee bemächtigt, verschmilzt es mit dem Urgrunde des Weltdaseins; das, was außen wirkt, tritt in den Geist des Menschen ein: er wird mit der objektiven Wirklichkeit auf ihrer höchsten Potenz *eins. Das Gewahrwerden der Idee in der Wirklichkeit ist die wahre Kommunion des Menschen.* – Das Denken hat den Ideen gegenüber dieselbe Bedeutung wie das Auge dem Lichte, das Ohr dem Ton gegenüber. Es ist Organ der Auffassung.»[14] Diese Worte, die Rudolf Steiner im Jahre 1888 niederschrieb, kann man als die Summe des grandiosen Ringens um das Wesen des Denkens ansehen, das er mit vierzehn Jahren begann. Sie zeugen davon, daß der Kampf um das neue Denken, das sich nicht mehr im Widerspruch zu der geistigen Erfahrung befindet, sondern, im Gegenteil, das Tor zur geistigen Welt bildet, gewonnen ist! Gewonnen für die ganze Menschheit. Diese historische Tat war der erste Schlag gegen den zweiten Feind der Menschheit – Ahriman. Es war der erste Schritt im Kampf um die Befreiung der menschlichen Intelligenz aus seiner Macht, der erste Schritt der menschlichen Intelligenz auf ihrem Wege in die Sphäre Michaels.[15] Der endgültigen Befestigung dieses Sieges wird das zweite Jahrsiebt der Sonnenperiode im Leben Rudolf Steiners gewidmet, bis der Höhepunkt mit dem Erscheinen der «Philosophie der Freiheit» erreicht ist, dem *ersten michaelischen* Buch in der fünften nachatlantischen Epoche.

Das Ende dieses Abschnittes in seinem Leben, sagt Rudolf Steiner, war auch «die Zeit, in der sich mir über die wiederholten Erdenleben *konkrete* Anschauungen immer mehr herausbildeten ...»[16] Daß er zu der gleichen Zeit eine klare Anschauung seiner eigenen vergangenen Inkarnationen gewann, können wir der Erklärung entnehmen, die er später in Arnheim[17] zu den Worten gab, die er im Jahre 1888 nach dem Vortrag «Goethe als Vater einer neuen Ästhetik» in der Wiener Goethe-Gesellschaft zu Professor Neumann gesprochen hatte. Sie sagt uns aber auch, in welchem Maße sich in jener Zeit Rudolf Steiner dem Sonnenmysterium des Ich genähert hatte, denn nur in ihm ist die Quelle der Erkenntnis, aus der heraus der Wesenskern des Menschen geschaut werden kann, wie er von Inkarnation zu Inkarnation schreitet.

Doch trotz der tiefen Einblicke in die geistige Welt konnte Rudolf Steiner in dieser Zeit Natur und Geist, Äußeres und Inneres nicht endgültig zu einer höheren Einheit verbinden. Die geistige Anschauung war ihm etwas Selbstverständliches, aber das äußere Leben enthielt viele unbeantwortete Fragen: «So war ich denn als Siebenundzwanzigjähriger voller

‹Fragen› und ‹Rätsel› *in bezug auf das äußere Leben der Menschheit,* während sich mir das Wesen der Seele und deren Beziehung zur geistigen Welt in einer in sich geschlossenen Anschauung in immer bestimmteren Formen vor das Innere gestellt hatte.»[18] Diese Anschauung fand ihren endgültigen Ausdruck in der Mitte seines folgenden Lebensjahrsiebts in der ‹Philosophie der Freiheit›.

Am Anfang dieses neuen Jahrsiebts gehen wiederum wichtige Veränderungen im äußeren Leben Rudolf Steiners vor sich. Er zieht nach Weimar, um an dem neugegründeten Goethe-Schiller-Archiv mitzuarbeiten, so daß er den größeren Teil dieses Jahrsiebts in der Stadt Goethes verbringt. Hier, an diesem Orte, dessen Atmosphäre die Keime künstlerischer Impulse in sich trug, vollendete Rudolf Steiner die Arbeit an seiner eigenen Kunstanschauung: «So erlebte ich gerade damals in Weimar das Kunststreben so, daß ich über das meiste mein eigenes Urteil in mir trug, oft recht wenig in Übereinstimmung mit dem der anderen.»[19] Hier wird Rudolf Steiner mit einem großen Kreis verschiedenartigster Persönlichkeiten bekannt, die sehr unterschiedliche, ja gegensätzliche Weltanschauungen vor seine Seele stellen, so daß er gleichsam aus diesen Einzelteilen das wahre Gesicht der Epoche und der in ihr wirkenden, sich gegenseitig bekämpfenden Kräfte gestalten und erkennen kann. Doch alle diese Begegnungen können die innere Einsamkeit Rudolf Steiners nicht mildern. Ebenso wie in Wien interessieren sich seine Freunde auch hier nicht für sein geistiges Ringen: «Ich mußte, was mit meinen Anschauungen vom Geistigen zusammenhing, ganz allein mit mir abmachen. Ich lebte in der geistigen Welt; niemand aus meinem Bekanntenkreis folgte mir dahin ... Das war meine ‹Einsamkeit› damals in Weimar, wo ich in einem so ausgebreiteten geselligen Verkehr stand.»[20]

Im zweiten Vortrag des Zyklus «Die okkulten Grundlagen der Bhagavad-Gita» (GA 146) spricht Rudolf Steiner davon, wie die richtig durchlebte Einsamkeit den Schüler auf die zweite Erkenntnisstufe, die der Inspiration hebt. Im weiteren Verlauf der Vorträge bringt er dann dieses Erleben mit den zwei in der Weimarer Zeit von ihm geschriebenen Büchern ‹Wahrheit und Wissenschaft› und ‹Philosophie der Freiheit› in Zusammenhang, so daß wir auch persönliche Erlebnisse in all dem ahnen können. Aber gerade in dieser Einsamkeit, die für ihn die Grundvoraussetzung für das richtige Beherrschen der Inspiration ist, hatte er die tiefsten geistigen Erlebnisse. In dieser Zeit entwickelt sich die Verstandes- und Gemütsseele im Menschen. Dadurch leben im gewöhnlichen Menschen unbewußt, dem Eingeweihten aber bewußt, allmählich die Kräfte der vierten nachatlantischen Kulturepoche auf mit ihrem Höhepunkt, der auch der Höhepunkt der Menschheitsentwicklung ist: dem Mysterium des Sonnenwesens, dem Mysterium von Golgatha.

Gleichzeitig erstehen Widersachermächte. Denn gerade die Verstandes- und Gemütsseele ist das Wesensglied, in dem seit jeher Ahriman, der im Sinne von Rudolf Steiners Vortrag vom 11. November 1918[21] ein Sonnendämon genannt werden kann, seine Gegenkräfte entfaltet. Mit dem Erleben dieser Polarität war aber für Rudolf Steiner ein hohes individuelles Erlebnis verbunden. In den Karma-Vorträgen nach der Weihnachtstagung spricht er zu den Anthroposophen über die tiefen kosmischen Geheimnisse seines Lebens, auf die hier hinzuschauen ist. Schon in der vorhergehenden Lebensepoche hatte Rudolf Steiner in voller Klarheit geschaut, wie er selber in früheren Inkarnationen unmittelbar mit der Sphäre Michaels verbunden war. Aber die Kenntnis der früheren Erdenleben geht über das Erkennen des Lebens zwischen Tod und neuer Geburt hinaus. Und so war es für Rudolf Steiner eine okkulte Tatsache, daß er, als das Mysterium von Golgatha auf der Erde stattfand, mit Michael in der Sonnensphäre weilte. Jetzt begegnete er Ihm bei seiner ersten Inkarnation während der neuen Michael-Epoche in der Sonnenstunde seines Lebens auf der Erde. Und wie er während des Mysteriums von Golgatha zu der großen Sonnenstunde der Menschheit mit Michael in der Sonnensphäre weilte und von dort das Mysterium von Golgatha schaute, so ist er jetzt abermals an der Seite Michaels in der großen Sonnenstunde seines Erdenlebens, als dieser, «gewissermaßen nacherlebend den großen Vorgang des Christus Jesus selber»[22], auf die Erde steigt und hier den Kampf mit den ahrimanischen Widersachern führt, einen Kampf, an dem auch Rudolf Steiner als wahrer Schüler Michaels teilnimmt.

Rudolf Steiner sagt über die Erlebnisse dieser Lebensepoche in dem Vortrag vom 12. August 1924 in Torquay (England): «Wenn man in der Zeit, die unmittelbar auf das Hereinbrechen des Michael-Einflusses folgte, und mit solchen Jugendgenossen lebte, daß man damals, also in den achtziger, neunziger Jahren, wo die Michael-Herrschaft begonnen hat, hinter den Kulissen des äußeren Geschehens sich geltend zu machen, seine Gemüts- oder Verstandesseele auszubilden hatte – Sie wissen, die bildet man aus so zwischen dem achtundzwanzigsten und fünfunddreißigsten Jahr –, so lebte man ja, wenn man so recht in dieser Gemüts- und Verstandesseele lebte, außerhalb der physischen Welt. Am meisten ist der Mensch, wenn er sich erlebt, bewußt erlebt in der Gemüts- oder Verstandesseele, außerhalb der physischen Welt... Was heißt das? Das heißt, man konnte dadurch, daß man mit der Verstandes- oder Gemütsseele außerhalb der physischen Welt lebte, in der Region, in der Sphäre leben, in die hinein gerade Michael ins irdische Leben eintrat... Da war ein dünner Schleier und hinter diesem dünnen Schleier, da war eine an unsere physische Welt stark angrenzende Welt. Das war das Eigentümliche vom Ende des 19. Jahrhunderts... Es war in der Tat etwas Geheimnisvolles mit diesem Zeitalter vom Ende des 19. Jahrhunderts. Hinter einem Schleier spielten sich gewaltige Erscheinungen ab, die sich alle herumgruppierten um das Geistwesen, das wir als Michael bezeichnen. Da waren mächtige Anhänger Michaels, Menschenseelen, die dazumal nicht im physischen Leib waren, sondern zwischen dem Tod und einer neuen Geburt standen, aber auch mächtige dämonische Gewalten, die sich auflehnten unter ahrimanischen Einflüssen gegen das, was durch Michael in die Welt kommen sollte.»[23] Und weiter: «Dadurch [durch die Fähigkeit, in die geistige Welt einzudringen] mußte ich drinnenstehen in dieser Welt hinter dem Schleier, mit der ganzen Verstandes- und Gemütsseele, in dieser Region des Michael, mußte mit durchmachen, was sich da abspielte.»

So durchlebte Rudolf Steiner zwei dramatische Ereignisse in der kosmischen Geschichte Michaels: einmal in der Sonnensphäre, wo er Zeuge ist, wie ihm die kosmische Intelligenz zur Zeit des Mysteriums von Golgatha entfällt; und zum anderen – neunzehn Jahrhunderte später – zu Beginn der neuen Michael-Epoche den harten Kampf, den Michael nun in der Erdensphäre führt gegen die ahrimanischen Geister um die schon in den vorhergehenden Jahrhunderten Ahriman zugefallene kosmische Intelligenz und für die wahre Freiheit des menschlichen Geistes.

Dieses innere Wesen von Michaels Kampf mit dem Drachen fand seinen Ausdruck am Anfang der neuen Michael-Epoche in der ‹Philosophie der Freiheit›. Hier ist es nicht möglich, auf dieses großartigste Werk des menschlichen Geistes in unserer Zeit genauer einzugehen. Aber man muß sagen, daß dieses Buch, richtig verstanden, in der Zukunft eine mächtige Waffe sein wird, mit deren Hilfe Michael in den Seelen und Geistern der Menschen gegen Ahriman kämpfen kann. Denn Michael ist der Repräsentant des Prinzips der Freiheit im Kosmos: «Michael ist der Geist, der mit der Freiheit der Menschen im eminentesten Sinne arbeitet.»[24] Der erste Teil dieses Buches beschreibt uns den Weg der menschlichen Seele, auf dem sie die Michael entfallene, ursprünglich kosmische Intelligenz aus den Klauen Ahrimans befreien und den Menschen durch das «reine Denken» zu der Sphäre Michaels führen kann. Der zweite Teil zeigt den Weg zur wahren moralischen Freiheit, in deren Sphäre allein der Mensch ein echter Nachfolger und Diener Michaels werden kann. Dieses Buch ist wie der erste Sonnenstrahl einer neuen Epoche, wo der Mensch sich aus der physischen Welt von seinem irdischen Ich zu seinem höheren Ich erhebt, das sich als Geistselbst aus dem gereinigten Astralleib entwickelt und verwandelt werden kann in die göttliche Sophia.[25] Denn Michael wendet sich an das werdende Geistselbst des Menschen.

In den Worten: «Michael will, daß der Mensch ein *freies Wesen* ist, das in seinen *Begriffen und Ideen* auch einsieht, was ihm als Offenbarung von den geistigen Welten aus wird»[26], kann man die Quintessenz der ‹Philosophie der Freiheit› sehen. Später sagt Rudolf Steiner in demselben Vortrag vom 19. Juli 1924: «Michael begeistert die Menschen mit Michael selber, ... damit man denken kann und zugleich spiritueller Mensch sein; *denn das bedeutet erst die Michael-Herrschaft.*» Aber das ist auch das Ziel der ‹Philosophie der Freiheit›. So ist dieses Buch, recht gelesen, ein echtes okkultes Übungsbuch. Seine Gedankenformen sind wie reine Kristalle, der Inhalt ist *voller Leben,* wie Rudolf Steiner mehrfach bemerkt. Denn obwohl es ganz aus der fünften nachatlantischen Kultur hervorgeht, bereitet es uns schon auf die sechste vor, in der der Mensch nicht nur mit seinem physischen Gehirn denken wird, sondern auch mit dem ätherischen. Denn «im letzten Drittel des 19. Jahrhunderts steigt Michael von der Sonne auf die Erde herunter und will die Erdenintelligenz der Menschen ergreifen.»[27] Und die ‹Philosophie der Freiheit› ist in gewissem Sinne das erste Herabsteigen Michaels in die irdische Intelligenz des Menschen. So steht auch für Rudolf Steiner dieses Buch wie eine Brücke zwischen dem individuellen menschlichen Denken und der Welt des objektiven Geistes.

Nachdem nun dieser Abgrund überwunden war, konnte Rudolf Steiner an die Gestaltung rein geistiger Ideen gehen: «Der weitere Weg konnte nunmehr nur in einem Ringen nach einer Ideengestaltung für die geistige Welt selbst sein... Ein innerliches Ringen nach einer solchen Ideenbildung ist der Inhalt der Episode meines Lebens, die ich von meinem dreißigsten bis zum vierzigsten Jahre durchgemacht habe.»[28]

Aber noch ein anderes Problem war jetzt in dieser Weimarer Zeit zu lösen. «Ich mußte empfinden, wie wenig ich im Grunde bis dahin mit einer Außenwelt gelebt hatte, ... daß mir eine vertraute Welt bis dahin nur die geistige, die ich im Innern anschaute, gewesen ist. Mit dieser Welt konnte ich mich leicht verbinden. Und meine Gedanken gingen damals oft nach der Richtung, mir selbst zu sagen, wie schwer mir der Weg durch die Sinne zur Außenwelt während meiner ganzen Kindheit und Jugendzeit geworden ist[29], ... die Sinneswelt hatte für mich etwas Schattenhaftes, Bildhaftes. Sie zog in Bildern vor meiner Seele vorbei, während der Zusammenhalt mit dem Geistigen durchaus den echten Charakter des Wirklichen trug. Das alles empfand ich am meisten in dem Anfang der neunziger Jahre in Weimar. Ich legte damals die letzte Hand an meine ‹Philosophie der Freiheit›... Alles, was mir durch die äußere Welt gekommen war, hatte nur den Charakter einer Anregung.»[30]

Dieses Erfassen der äußeren Welt bedeutete jedoch, zu der ihr zugrundeliegenden geistigen Realität vorzudringen, in jene Sphäre also, aus der heraus Ahriman die ganze Menschheit in bezug auf die äußere physische Welt in die Irre führen will. Ein solches Ergreifen der physischen Welt war für Rudolf Steiner der *innere* Sieg über Ahriman.

In dem Ringen mit den ahrimanischen Mächten hatte Rudolf Steiner schon zu Beginn dieser Epoche im Jahre 1888 einen ersten Sieg auf dem Gebiete des Denkens davongetragen (s. S. 42). Als Ergebnis dieses aus eigener Seelenkraft errungenen Sieges stand im nächsten Jahrsiebt das kosmische Urbild vor ihm von Michaels Kampf mit dem Drachen in der an die Erde unmittelbar angrenzenden Sphäre. Der Kampf selber aber wurde, da er nun im Irdischen weiterzuführen war, noch härter. Denn es war Ahriman gelungen, der einseitigen Weltanschauung des Materialismus zur Herrschaft zu verhelfen. Zur Überwindung Ahrimans in dieser Sphäre mußte Rudolf Steiner die objektive Erkenntnis der geistigen Grundlagen der physischen Welt erringen. Mit anderen Worten: es war, so wie ihm der Lehrer in der Jugend gewiesen hatte, die Zeit gekommen, «in die Haut des Drachen zu kriechen», um ihn zu überwinden. Das vollzog Rudolf Steiner in der zweiten Hälfte seiner Weimarer Zeit, indem er sich in die Ideenwelt Ernst Haeckels und Friedrich Nietzsches vertiefte; denn in ihr wurde wie in einem Spiegel der verborgene Kampf, den die Widersachermächte führten, sichtbar.

Mit Ernst Haeckel stand die zeitgenössische Naturanschauung vor Rudolf Steiner, die im 19. Jahrhundert, der Epoche des tiefsten Herabsteigens der Menschheit in die Materie, die Evolutionslehre geschaffen hatte. Diese war die bedeutendste Errungenschaft des *freien* Menschengeistes, aber sie wurde auf der vollständigen und konsequenten Verneinung des Geistes errichtet. In der Art, wie Ahriman das naturwissenschaftliche Denken mit seinen Kräften durchdrang und es für seine Ziele einsetzte, müssen wir den ernstesten Versuch sehen, die ganze Erdenentwicklung in seine Gewalt zu bekommen.

Im Antlitz Nietzsches offenbarte sich Rudolf Steiner dagegen die Tragödie des menschlichen «Ich», das sich selbst im tiefsten Punkt der Entwicklung während der stärksten Verstrickung an die Materie erlebt und sich nicht zu einem neuen Erfassen des Geistigen erheben kann. Nietzsche war der tragische Geist, der in strenger Ehrlichkeit vor sich selbst die naturwissenschaftliche Denkungsart als die Grundkraft seiner

Zeit ansehen mußte und, da er ihren ahrimanischen Charakter nicht überwinden konnte, am Kampf zerbrach. Sein individuelles Schicksal wurde damit zum Zeichen für die Zukunft, die Ahriman für die ganze Menschheit vorbereitet und die nur abgewendet werden kann, wenn das heutige naturwissenschaftliche Denken in seiner ahrimanischen Form so beherrscht wird, daß es, aufs neue vergeistigt, zum Diener der wahren Ziele der Menschheit wird. Um der Menschheit einen neuen Zugang zum Geiste zu erschließen, um das materialistische naturwissenschaftliche Weltbild Haeckels in das geisteswissenschaftliche der «Geheimwissenschaft» umzuwandeln, mußte Rudolf Steiner diesen dornigen Weg gehen, die Ideenwelt dieser zwei Männer innerlich *vollkommen nachzuerleben.* Und er tat das so intensiv, daß seine Feinde noch lange seine Schriften über Haeckel und Nietzsche zum Anlaß nahmen, um über ihn das Gerücht zu verbreiten, er sei ein materialistischer Haeckelianer oder antichristlicher Nietzscheaner. Er war weder das eine noch das andere. Er mußte nur diesen Erkenntnisweg bis zum Schluß gehen, um bei der Begegnung mit Ahriman ihn schließlich mit seiner eigenen Waffe zu besiegen.

Das geschah am Ende der Weimarer Lebensepoche und brachte eine tiefe innere Wende. «Am Ende meiner Weimarischen Zeit hatte ich sechsunddreißig Lebensjahre hinter mir. Schon ein Jahr vorher hatte in meiner Seele ein tiefgehender Umschwung seinen Anfang genommen. Mit meinem Weggang von Weimar wurde er einschneidendes Erlebnis. Er war ganz unabhängig von der Änderung meiner äußeren Lebensverhältnisse, die ja auch eine ganz große war. Das Erfahren von dem, was in der geistigen Welt erlebt werden kann, war mir immer eine Selbstverständlichkeit; das wahrnehmende Erfassen der Sinneswelt bot mir die größten Schwierigkeiten. Es war, als ob ich das seelische Erleben nicht so weit in die Sinnesorgane hätte ergießen können, um, was diese erlebten, auch vollinhaltlich mit der Seele zu verbinden. Das änderte sich völlig vom Beginne des sechsunddreißigsten Lebensjahres angefangen. Mein Beobachtungsvermögen für Dinge, Wesen und Vorgänge der physischen Welt gestaltete sich nach der Richtung der Genauigkeit und Eindrücklichkeit um. Das war sowohl im Wissenschaftlichen wie im äußeren Leben der Fall.»[31] Von nun an konnte Ahriman ihn nicht mehr über das Wesen der physischen Welt täuschen. Und das öffnete Rudolf Steiner den Zugang zu den geistigen Bereichen, die der sinnlichen Welt zugrunde liegen und die den meisten Menschen durch Ahriman verhüllt werden. Er erkannte das Wesen des Materiellen und den grundlegenden Irrtum, in dem die moderne Wissenschaft sich in bezug auf die Materie befindet.

Über die Art seines geistigen Erlebens in dieser Zeit sagt Rudolf Steiner:

«Man geht im Beobachten der physischen Welt ganz aus sich heraus; und man kommt gerade dadurch mit einem gesteigerten geistigen Beobachtungsvermögen wieder in die geistige Welt hinein.» Dieses Eindringen in das verborgene geistige Wesen der materiellen Welt ist ein deutliches Zeichen dafür, daß Rudolf Steiner beginnt, in die Welt der Intuition einzutreten. Denn in der modernen Einweihung ist das bewußte Erleben der geistigen Welt, die die Grundlage der materiellen bildet, nur dem intuitiven Bewußtsein möglich.

Nachdem er im Innern den Sieg über Luzifer und Ahriman errungen hat, kommt er abermals, jedoch auf einer höheren Ebene, an das Grundproblem der rosenkreuzerischen Einweihung heran: «So waren damals die geistige und die sinnenfällige Welt in ihrer vollen Gegensätzlichkeit mir vor die Seele getreten.» Das ganze letzte Jahrsiebt der Sonnenepoche von Rudolf Steiners Leben ist der Lösung dieser Frage gewidmet, «... die ganze Welt, außer dem Menschen, ist ein Rätsel, das eigentliche Welträtsel; und der *Mensch ist selbst die Lösung.*»

Hier ist der Übergang zu der letzten und schwersten Etappe von Rudolf Steiners Einweihung. Er steht vor der Pforte zum Wesenskern des Menschen, seinem Ich, in dem seit dem Mysterium von Golgatha der Christus wirkt. Nur aus der Kraft des Christus im Menschen-Ich wird sich heute durch ein von Sinnesfesseln befreites Denken die Wiedervereinigung von Natur und Geist vollziehen. So führt Rudolf Steiners Weg von seinem Lehrer in der Jugend zum Erzengel Michael und endlich von Michael, dem «Antlitz Christi», zu dem Christus selbst!

Rudolf Steiner tritt jetzt in das dritte Jahrsiebt der Sonnenperiode seines Lebens ein, in die Epoche der Entwicklung der Bewußtseinsseele, in die Zeit, in der der einzelne Mensch die Stufe der fünften nachatlantischen Kulturepoche erreicht. Es ist das Wesen dieser Kulturepoche, daß sich in ihr die führenden göttlich-geistigen Hierarchien zurückziehen, damit die Menschheit, von den Göttern verlassen, sich die Freiheit erringe, um sich dann aus *eigenem* Willen den Weg zurück in die geistige Welt, die wahre Heimat des Menschen, zu erkämpfen. Einen solchen Prozeß macht auch Rudolf Steiner in dieser Epoche durch. Er erlebt, wie die geistigen Mächte, die ihn bis dahin führten und hinter ihm stehend seinen Weg erleuchteten, gleichsam zurücktreten, und so muß er nun auch in voller geistiger Einsamkeit selbst, nur mit Hilfe *seines eigenen* inneren Lichtes den Weg finden und aus der vollen inneren Freiheit das verwirklichen, was die Menschheit erst in näherer oder fernerer Zukunft erreichen wird: die neue Verbindung mit der geistigen Welt durch das Ich-Prinzip, durch die in ihm wirkende Christus-Kraft.

«All dieses, das mit meinem Seelen-Umschwung verbunden war, zeigte sich im Zusammenhang mit einem Ergebnis möglicher Selbstbeobachtung... Ich fühlte, wie das Ideelle des vorangehenden Lebens nach einer gewissen Richtung zurücktrat und das Willensmäßige an dessen Stelle kam... Der Wille nahm in dem Maße zu, als das Ideelle abnahm.» Über dieses Zurücktreten der geistigen Mächte, die bis zu der Zeit hinter ihm standen, sagt Rudolf Steiner: «Mit dem geschilderten Seelenumschwung muß ich meinen zweiten größeren Lebensabschnitt abschließen. Die Wege des Schicksals nahmen einen anderen Sinn an als bis dahin. Sowohl während meiner Wiener wie auch während der Weimarischen Zeit wiesen die äußeren Zeichen des Schicksals in Richtungen, die mit dem Inhalt meines inneren Seelenstrebens ineinanderliefen.»[32]

Man kann hier an Parzivals, des frühen Vertreters der fünften Kulturepoche, Jahre der «Gottferne» erinnert werden. Die in dieser fünften Epoche waltende Gottverlassenheit ermöglicht es den Widersachermächten, sich mit besonderer Gewalt auf die Menschheit zu stürzen, und während sie vorher mehr einzeln gewirkt hatten, beginnen sie jetzt, es gemeinsam zu tun, und zwar im sozialen Bereich. Dort versuchen sie, der Christus-Kraft in verstärktem Maße entgegenzuwirken und ihr die Führung des in die Epoche der Freiheit eintretenden Menschen streitig zu machen. Damit bringt dieser Lebensabschnitt Rudolf Steiner, der Luzifer und Ahriman zu seiner Zeit im eigenen Innern übewunden hatte, eine erneute Begegnung im sozialen Bereich, in den sie schon Zerstörungsprozesse hineingetragen haben.

Er muß das innerlich erleben, was er später in dem Seitenmotiv der plastischen Gruppe darstellte (gemeint ist die Darstellung der bis zum Eingreifen des Christus-Impulses zusammenwirkenden Gestalten von Luzifer und Ahriman auf dem linken Nebenmotiv); er muß durch das Hindurchgehen durch den Abgrund des Seins zu dem vordringen, was in ihrem Zentralmotiv dargestellt wird, wo das Bild des kosmischen Menschheitsrepräsentanten vor uns erscheint. Durch sein Eintreten in das soziale Leben der Neuzeit vernichtet der Christus die in ihr wirkenden gemeinsamen Anstrengungen von Luzifer und Ahriman. Sie aber werden als Folge ihrer Einseitigkeit das tragische Schicksal erleiden, das sie sich selbst im Kosmos bereitet haben. Luzifer stürzt sich in den Abgrund, und Ahriman fesselt sich selbst mit Fesseln aus verdichteten Sonnenstrahlen.

Äußerlich beginnt diese neue Epoche im Leben Rudolf Steiners mit seinem Umzug nach Berlin, wo er Redakteur der Zeitschrift «Magazin» wird, die er 1897 erwirbt. «Ich wollte nicht ‹verstummen›, sondern so viel sagen, als zu sagen möglich war»,[33] – das waren Rudolf Steiners Gründe für den Erwerb der Zeitschrift, mit anderen Worten: «Es lag in der Natur der Sache, daß sich für die von mir im ‹Magazin› inaugurierte Richtung langsam ein Leserkreis sammelte... Ich wollte der jungliterarischen Richtung einen geistigen Untergrund geben, stand auch tatsächlich in dem lebendigsten Verkehre mit den aussichtsvollsten Vertretern dieser Richtung.»[34] Durch diese Zeitschrift taucht Rudolf Steiner sogleich in das dichteste soziale Leben der Zeit ein. Er nimmt persönliche Beziehungen zu einer großen Anzahl von Menschen auf, die die verschiedensten geistigen oder auch ungeistigen Strömungen vertreten. In seiner Zeitschrift äußert er sich zu fast allen aktuellen geistigen, kulturellen, historischen, sozialen, politischen, künstlerischen und wissenschaftlichen Richtungen. Allein das Titelverzeichnis der Aufsätze, die er in jener Zeit schreibt, ist beeindruckend.

Zugleich bahnt sich auch die Verbindung mit der Arbeiterklasse in Berlin an. «Ich war Lehrer an der Berliner Arbeiterbildungsschule geworden. Ich lehrte Geschichte und auch Naturwissenschaften. Meine durchaus idealistische Geschichtsmethode und meine Lehrweise wurde bald den Arbeitern sympathisch und auch verständlich. Mein Zuhörerkreis wuchs. Ich wurde fast jeden Abend zu einem Vortrage gerufen.»[35]

Während Rudolf Steiner so die im sozialen Bereich treibenden geistigen Kräfte und die sie repräsentierenden Klassen und Gruppen praktisch kennenlernt, macht er auf seinem okkulten Weg eine Krisis durch, denn als steter Zeuge der geistigen Hintergründe alles Zeitgeschehens erlebt er mit, wie in diesen letzten Jahren des «finsteren Zeitalters», des Kali Yuga, der Kampf der Mächte des Lichtes und der Finsternis sich zu unerhörter Gewalt steigert. Später sagt er: «Ich schaue zurück auf das, was ich von 1897 bis 1900 ausgesprochen habe, als auf etwas, das gegenüber der Denkweise der Zeit hat einmal ausgesprochen werden müssen; und ich schaue andererseits zurück als auf etwas, in dem ich meine intensivste geistige Prüfung durchgemacht habe. Ich habe gründlich kennengelernt, wo die vom Geiste wegstrebenden Kultur-auflösenden, Kultur-zerstörenden Kräfte der Zeit liegen. Und aus dieser Erkenntnis hat sich mir vieles zu der Kraft hinzugesetzt, die ich weiterhin brauchte, um aus dem Geiste heraus zu wirken.»[36]

Wie schon früher erscheinen vor ihm die «zerstörerischen und zersetzenden» Kräfte der zeitgenössischen Kultur in ihrer Doppelgestalt. Luzifers Antlitz taucht auf zwischen den Bildern der damaligen Berliner Bohème, die ihr Leben in poetischen Tag-Träumen und nächtlichen Zechereien verbrachte, aber auch in dem Streben von Persönlichkeiten wie J. H. Mackay, einem idealistischen Anarchisten, der seine sozialen

Ideen *«nur mit geistigen Mitteln»*[37] verwirklichen wollte, und Max Stirner, auf dessen Angesicht zu lesen war, wie der luziferische Wille darauf brannte, sich aus der Höhe seines «sozialen Egoismus» in den Abgrund zu stürzen. Von diesen erschütternden Begegnungen im sozialen Bereich sagt Rudolf Steiner: «Das Schicksal hatte nun mein Erlebnis mit J. H. Mackay und mit Stirner so gewendet, daß ich auch da untertauchen mußte in eine Gedankenwelt, die mir zur *geistigen Prüfung* wurde... Damals nun, um 1898 herum, sollte meine Seele... in eine Art Abgrund gerissen werden... Ein inneres Bewegtsein, das alle meine Seelenkräfte in Wogen und Wellen brachte, war damals mein inneres Erlebnis.»

Jedoch Gewaltigeres noch wartet auf Rudolf Steiner: Ahriman, der Fürst der Finsternis selbst, tritt ihm entgegen, nun aber nicht mehr nur als Irreführer auf dem individuellen Einweihungsweg, sondern als Weltenkraft, die die gegenwärtige Zivilisation in den Abgrund des Materialismus und des geistigen Todes reißen will, so die entwicklungsgemäß im Menschen wirkenden geistigen Mächte bekämpfend. Die Einseitigkeit in der Erkenntnis der Welt und des Menschen, die Ahriman im Laufe der menschlichen Entwicklung hervorgerufen hat und die aus dem Gebiete der Erkenntnis in das Soziale eingedrungen ist als Summe aller zerstörerischen Impulse, steht in aller Deutlichkeit vor seinem inneren Auge: «Da ist Einseitigkeit in der Erkenntnis nicht bloß der Anlaß zu abstrakter Verirrung, da ist geistlebendiger Verkehr mit Wesen, was in der Menschenwelt Irrtum ist. Von ahrimanischen Wesenheiten habe ich später gesprochen, wenn ich in diese Richtung weisen wollte. Für sie ist absolute Wahrheit, daß die Welt Maschine sein müsse. Sie leben in einer Welt, die an die sinnenfällige unmittelbar angrenzt. Mit meinen eigenen Ideen bin ich keinen Augenblick dieser Welt verfallen. Auch nicht im Unbwußten. Denn ich wachte sorgfältig darüber, daß sich all mein Erkennen im *besonnenen* Bewußtsein vollzog. Um so bewußter war auch mein innerer Kampf gegen die dämonischen Mächte, die nicht aus der Naturerkenntnis Geistanschauung, sondern mechanistisch-materialistische Denkart werden lassen wollten. Der nach geistiger Erkenntnis Suchende muß diese *Welten erleben... Ich mußte mir damals meine Geistanschauung in inneren Stürmen* retten. Diese Stürme standen hinter meinem äußeren Erleben.»[38] Diese Worte zeigen, daß Rudolf Steiners Ringen mit den Widersachermächten eine ganz besondere Intensität erreichte, als er nicht nur ohne äußere Unterstützung, die er nie gefunden hatte, sondern auch ohne die innere auskommen mußte, die ihm bis zum Beginn der Berliner Jahre gewährt worden war. Es ging jetzt darum, seine individuelle Einweihung durch eine letzte große Anstrengung für den Bau der unzerstörbaren

Brücke zwischen der Welt der Natur und der Welt des Geistes zu vollenden, der Welt, die Ahriman zu einer Maschine machen will, und der Welt, die Luzifer von der Erde losreißen und auf den Schwingen der Phantastik und Mystik des Gefühlslebens in sein eigenes Reich tragen will.

Diese Aufgabe zu erfüllen und in den ungeheuren geistigen Gewitterstürmen das eigene Hellsehen zu bewahren, war nur möglich mit Hilfe dessen, der als das zentrale, alles umfassende Prinzip zwischen die zwei zerstörerischen Mächte tritt, die die Menschheit in den Abgrund reißen wollen, sie überwindend und ins Gleichgewicht bringend. «Ich konnte in dieser Prüfungszeit nur weiter kommen, wenn ich mit meiner Geist-Anschauung die Entwicklung des Christentums mir vor die Seele rückte.»

So nähert sich Rudolf Steiner in stärksten geistigen Kämpfen dem Mittelpunkt der Weltentwicklung, der Urquelle des Lichtes, das seit der Zeit des Mysteriums von Golgatha die Menschheitsentwicklung erleuchtet. «Ich mußte mich, nachdem die Prüfungszeit mich harten Seelenkämpfen ausgesetzt hatte, selber in das Christentum versenken, und zwar in der Welt, in der das Geistige darüber spricht.» Und weiter: «Was damals im Anschauen des Christentums in meiner Seele vorging, war eine starke Prüfung für mich. Die Zeit von meinem Abschiede von der Weimarer Arbeit bis zu der Ausarbeitung meines Buches ‹Das Christentum als mystische Tatsache› ist von dieser Prüfung ausgefüllt. Solche Prüfungen sind die vom Schicksal gegebenen Widerstände, die die geistige Entwicklung zu überwinden hat.»

Und Rudolf Steiner überwand diese Widerstände! Am Ende der großen Sonnenperiode seines Lebens stand er als Eingeweihter, der den geistigen Sieg errungen und den langen Weg seiner eigenen Einweihung vollendet hatte, vor dem tiefsten Geheimnis des Sonnenmysteriums, des kosmischen Ich-Mysteriums, das die Brücke bildet zwischen der Welt des Geistes und der Welt der Natur. Er stand unmittelbar vor der Wesenheit, die die Sonnensphäre umfaßt und belebt und deren Tat auf Golgatha das größte Geschehen der gesamten Erdenentwicklung ist.

Aus dem Erkenntniskeim war unmittelbare geistige Begegnung geworden. Rudolf Steiner spricht darüber in folgender Weise: «Um die Wende des Jahrhunderts wurde der Keim immer mehr entfaltet. Vor dieser Jahrhundertwende stand die geschilderte Prüfung der Seele. Auf *das geistige Gestanden-Haben vor dem Mysterium von Golgatha* in innerster ernstester Erkenntnis-Feier kam es bei meiner Seelen-Entwickelung an.» Wollen wir selbst eine Ahnung von der Art dieser Begegnung gewinnen, so können wir sie im 5. Kapitel der «Geheimwissenschaft» finden, wo der neue christlich-rosenkreuzerische Einweihungsweg beschrieben ist. Sein

Höhepunkt ist die Begegnung mit dem Christus, die sich in der höchsten Sphäre der Intuition vollzieht. Es heißt da: «Der Geistesschüler wird dadurch in das erhabene Geheimnis selbst eingeweiht, das mit dem Christus-Namen verknüpft ist. Der Christus zeigt sich ihm als das große menschliche Erdenvorbild. – *Ist auf solche Art durch Intuition der Christus in der geistigen Welt erkannt, dann wird auch verständlich, was sich auf der Erde geschichtlich abgespielt hat in der vierten nachatlantischen Entwicklungsperiode der Erde. Wie zu dieser Zeit das hohe Sonnenwesen, das Christus-Wesen, in die Erdenentwicklung eingegriffen hat und wie es nun weiter wirkt innerhalb dieser Erdenentwicklung, das wird für den Geistesschüler eine selbsterlebte Erkenntnis.* Es ist also ein Aufschluß über den Sinn und die Bedeutung der Erdenentwicklung, welchen der Geistesschüler erhält durch die Intuition.»[39]

Aus diesen Worten entnehmen wir, daß sich dem Schüler das Wesen des Mysteriums von Golgatha und die wahre Bedeutung des Christentums erst dann offenbart, wenn er in der Sphäre der Intuition dem Christus selbst begegnet ist. Und wie ähnlich ist doch diese Beschreibung den oben angeführten Worten vom Ende des 26. Kapitels seiner Autobiographie. Wir können deshalb sagen: die Begegnung mit dem Christus, die Rudolf Steiner etwa im Jahre 1899 hatte,[40] gleicht genau der, die er später am Ende des 5. Kapitels der «Geheimwissenschaft» beschrieb. In diesem Augenblick vollendete Rudolf Steiner seine christlich-rosenkreuzerische Einweihung: *er erlebte die persönliche Begegnung mit dem Christus in der Sphäre der Intuition.*

Damit ist die dritte und letzte Stufe auf dem rosenkreuzerischen Einweihungsweg erreicht, die Stufe des Lehrers. Sie vereinigt in einer höheren Synthese den äußeren und den inneren Weg, die Strömung der Magier und die der Hirten, zweier Weltimpulse, die in den zwei Stammbäumen zum Ausdruck kommen, die im Lukas- und im Matthäus-Evangelium beschrieben werden. Auf dem Weg, den Rudolf Steiner beschritt, offenbart sich der Christus, der seit dem Mysterium von Golgatha mit der Erde vereinigt ist, der Menschheit als der Geist der Erde, der die Welt der Natur um uns durchdringt und belebt und der gleichzeitig als göttliche Person, als das wahre Ich jedes Menschen und der ganzen Menschheit geheimnisvoll in dem Allerheiligsten jeder Menschenseele zugegen ist.

Die Art dieser Zusammenführung der zwei Strömungen auf dem christlich-rosenkreuzerischen Einweihungswege müssen wir jedoch noch genauer betrachten. Dazu müssen wir uns dem Ausgang dieser zwei Mysterienströmungen in sehr alter Zeit zuwenden. Sie hängen zunächst einmal mit den zwei Auswandererzügen aus der alten Atlantis zusammen: mit dem nördlichen, der hauptsächlich den äußeren Weg ausgestaltete, den Aufstieg in den Makrokosmos, und dem südlichen, der den Weg nach innen entwickelte, durch Versenken in die Tiefen der eigenen Seele. Der nördliche Weg stand im Zusammenhang mit den sogenannten Sonnenmysterien, in denen der Schüler vor allem mit den gegnerischen Mächten Ahrimans ringen mußte, des Sonnendämons, was in dem Kampf zwischen Zoroaster und Angra mainju seinen stärksten Ausdruck fand. Auf dem zweiten Weg, der mehr mit den Mondenmysterien verbunden war, mußte der Schüler mit Luzifer kämpfen, dem inneren Versucher der Menschheit, dem Jahve in der Mondensphäre gegenübersteht. Als ein Abbild dieses Ringens mit dem Versucher können wir den Kampf Buddhas mit Mara sehen vor seiner Erleuchtung unter dem Bodhi-Baum.

In seinem letzten Osterzyklus im Jahre 1924, «Das Osterfest als ein Stück Mysteriengeschichte der Menschheit»,[41] beschreibt Rudolf Steiner von einer besonders wichtigen Seite aus das esoterische Wesen der zwei Mysterienströmungen, wo er sie auch Herbstesmysterium und Frühlungsmysterium nennt. Er schildert ausführlich, daß das Wesen der Sonnen-Herbstes-Mysterien, die er am Beispiel der Adonis-Mysterien betrachtet, in der Kenntnis des Geheimnisses von Tod und Auferstehung bestand und in dem Wissen um den nachtodlichen Aufstieg der Seele in die Sternensphären. Deshalb wußte man in diesen Mysterienstätten auch um das Wesen der den Menschen umgebenden äußeren Natur, die man als das physische Abbild der großen Welt des geistigen Makrokosmos erlebte. Das Hauptziel aller Mysterien dieser Strömung war das Eingehen des Neophyten in die Sonnensphäre, daß er sich dort vereinige mit dem hohen Sonnengeiste, dem Herrscher über das Sonnenreich, mit dem Christus. In diesen Mysterien wurde die Vereinigung mit dem kosmischen Christus als dem Urquell des ewigen makrokosmischen Lebens und der wahren Unsterblichkeit als das letzte Ziel des ganzen Einweihungsprozesses angesehen.

Ganz anders war jedoch der geistige Weg in den Frühlings-Monden-Mysterien. Hier versenkte sich der Neophyt vornehmlich in sich selbst, in die Tiefen seiner eigenen Seele und bewegte sich auf diesem Wege zu jenem unsterblichen Teil seines eigenen Wesens hin, der niemals aus der geistigen Welt durch die Geburt (oder die Empfängnis) in das Erdensein hinabsteigt. Der Neophyt gelangte auf diesem Wege zu seinem vorgeburtlichen Leben, hauptsächlich jenem Teil, der sich in der Mondensphäre vollzieht, wo die Seele vor ihrer neuen Verkörperung auf der Erde unter der Anleitung der Mondenlehrer der Weisheit aus dem gesamten planetarischen Kosmos ihren Ätherleib gestaltet.

Der Schüler der Monden-Frühlings-Mysterien erlebte daher mit besonderer Intensität, wie der Ätherleib aus den Kräften des planetarischen Umkreises gebildet wird. Durch das Leben in den Kräften und Prozessen der Mondensphäre konnte er sich allmählich mit dem Wesen des Mondenlichtes (in seinem geistigen Aspekt) vereinigen und sich so mit einer Hülle von Mondenlicht umhüllen, oder, wie Rudolf Steiner sagt, er empfing eine Art «Mondenleib» und konnte mit seiner Hilfe aus der Sphäre des Mondes in die Sonnensphäre blicken und damit die geistige Sonne schauen.

Ähnlich dem Mond, der bei Vollmond der Träger des Sonnenlichtes ist, wurde der Schüler, wenn er das Ziel dieser Mysterien erreichte, zum Träger der geistigen Sonnenkräfte, zum Träger der Christus-Kräfte, zum Christophorus.

So gelangten die Geistesschüler sowohl in den Sonnen- wie den Mondenmysterien durch das Erkennen des Äußeren oder des Inneren, wenn auch auf verschiedenen Wegen, zu demselben Ziele: Zu der Vereinigung mit dem kosmischen Christus in der Sonnensphäre. Jedoch auf der Erde war es bis zum Mysterium von Golgatha nicht möglich, die zwei Wege zu vereinigen. Erst durch seinen Opfergang von der Sonne auf die Erde brachte der Christus allen Menschen die Möglichkeit, gleichzeitig die Früchte *beider* Mysterienströmungen bei ihrer endgültigen Vereinigung im realen Erleben seines Wesens *in der Erdensphäre* zu empfangen.

Seit der Vereinigung des Christus mit der Erdensphäre ist es jedoch nicht mehr möglich, ihn in alter Weise in der Sonnensphäre zu finden, und das hatte für die oben beschriebenen Mysterienströmungen bedeutsame Folgen. Denn das letzte Ziel dieser zwei Mysterienwege war unerreichbar geworden, da man es heute weder durch ein tranceartiges noch ekstatisches Aufsteigen in die Sonnensphäre erreichen kann, wie das im Altertum geschah, sondern nur durch die bewußte Verbindung mit dem Christus in der Erdensphäre. Wo dieses nicht geschah und die beiden Strömungen sich weiterhin getrennt fortsetzten, ohne das neue Christus-Erlebnis, wurden sie bald von Widersachermächten beherrscht. So wird die erste Strömung, von ahrimanischen Kräften durchsetzt, bis zum heutigen Tag in der Hauptsache von bestimmten westlichen Bruderschaften gepflegt, die, nach den Worten Rudolf Steiners, eine Art von «okkultem Materialismus» der schlimmsten Art entwickeln, von dem die heutige materialistische Wissenschaft nur ein schwacher Abglanz ist und der geeignet ist, die Menschheit auf schnellstem Wege in das endgültige Verderben zu führen. Die zweite Strömung, von Luzifer usurpiert, lebt in verschiedenen mystischen Bestrebungen weiter, die, vornehmlich im

Osten, aber jetzt auch schon im Westen, die Lösung vom Leibe durch Trance oder Ekstase pflegen und die am Ende dazu führen, daß der Mensch sein individuelles Ich verliert und gleichzeitig die Möglichkeit, das Ziel der Erdenentwicklung zu erreichen.

Im Gegensatz zu diesen beiden Strömungen war das Hauptziel aller wahrhaft christlichen Mysterien und vor allem der esoterischen Schulen der echten Rosenkreuzer stets die Verbindung dieser zwei Hauptströme durch die Begegnung mit dem Christus in der Erdensphäre. Und dieses Ziel des christlich-rosenkreuzerischen Weges in seiner erneuerten Form, gemäß der neuen Michael-Epoche, erreichte Rudolf Steiner um die Jahrhundertwende, als er durch die individuelle Begegnung mit dem Christus in der Sphäre der Intuition die Vorbereitung zur Verwirklichung seiner hohen Mission unter den Menschen vollendet hatte. Diese persönliche Begegnung mit dem Christus-Wesen ist aber zugleich die geistige Summe seiner inneren Entwicklung im Laufe der Sonnenperiode seines Lebens.

Nun ist es notwendig, noch einen Blick auf das Wesen des Einweihungsweges zu werfen, den er in dieser Zeit vollendete. Wir bemerkten, daß der Hellseher, der auf der Stufe der Inspiration auf seine verschiedenen Lebensalter zurückschaut, durch sie hindurchdringen kann zu den geistigen Wesen der einzelnen historischen Epochen der Menschheitsentwicklung und ebenso zu den mit ihnen zusammenhängenden kosmischen Geheimnissen. So kann der Eingeweihte, der in der Inspiration sein erstes Lebensjahrsiebt schaut, auch die Geheimnisse der Atlantis wahrnehmen, da auf der alten Atlantis vor allem der menschliche physische Leib entwikkelt wurde, mit dem zweiten Jahrsiebt die Geheimnisse der ersten nachatlantischen Kultur usw. Daraus folgt, daß Rudolf Steiner nach der Beendigung seines sechsten Jahrsiebts auf alle Kulturepochen der Menschheit zurückblicken und für die fünfte Kulturepoche die Weisheit der vergangenen Jahrhunderte erneuern konnte. Wir sehen also, daß Rudolf Steiner im eigentlichen Sinne das realisierte, was er selbst in dem Vortrag vom 27. September 1911 in Neuchâtel[42] als die Einweihung von Christian Rosenkreuz beschrieb. So wie Christian Rosenkreuz im 13. Jahrhundert von den zwölf Lehrern inspiriert wurde, von denen sieben die atlantische Weisheit und fünf die der fünf nachatlantischen Epochen in sich trugen, so durchschritt auch Rudolf Steiner, aber jetzt auf neue Weise gemäß der gegenwärtigen Michael-Epoche, nicht aus den Traditionen der alten Mysterien, sondern auf rein innerem, meditativem Wege, selbständig den Einweihungsweg, und er realisierte ihn in dem neuen michaelischen Geiste durch die übersinnliche Begegnung mit dem Christus.

Man kann dieses wichtigste Ereignis im Leben Rudolf Steiners, das sich um die Jahrhundertwende vollzog, in direktester Weise als das gleiche bezeichnen wie *das Erlebnis des Paulus vor Damaskus*, welches im okkulten Sinne auch die persönliche Begegnung mit dem Christus in der geistigen Welt bedeutet. Diese Begegnung kann auf der Ebene der Imagination stattfinden – das war bei Paulus der Fall und kann sich heute als die Begegnung mit dem ätherischen Christus vollziehen; und in der Sphäre der Inspiration, wo Christus sich als der große Sonnengeist offenbart, der dem Hellseher in der Gestalt des Großen Hüters der Schwelle erscheint; und endlich in der Sphäre der Intuition (das beschreibt Rudolf Steiner am Ende des 5. Kapitels der ‹Geheimwissenschaft›), wo diese Begegnung das wahre Ziel des christlich-rosenkreuzerischen Geistesweges ist. Durch sie wurde auch die Einweihung des Christian Rosenkreuz im 13. Jahrhundert vollendet. Das wird durch die Tatsache erhellt, daß die zwölf den Einweihungsprozeß so gestalteten, daß durch ihn der Leib des dreizehnten «ganz durchscheinend» wurde. Und in der ‹Geheimwissenschaft› weist Rudolf Steiner ausdrücklich darauf hin, daß nur das intuitive Erleben bis in den physischen Leib des Menschen wirkt.[43] Demgemäß vollzieht sich auch bei der Einweihung von Christian Rosenkreuz die zentrale Begegnung in der Sphäre der Intuition.

An all dem wird auch der Fortschritt sichtbar, der für den heutigen Eingweihten im Vergleich mit der Epoche des Paulus möglich ist. Denn das Erleben des Christus, das Paulus, die Zukunft prophetisch vorwegnehmend, in der Imagination hatte und das ihm von oben geschenkt wurde wie eine «Gnade Gottes», was damit zusammenhing, daß er nach Rudolf Steiner ein vorzeitig Geborener war[44], ein solches persönliches Erleben des Christus kann auf dem bewußt durchschrittenen Einweihungswege in der neuen Michael-Epoche bis zu der Begegnung mit seiner kosmischen Wesenheit in der Sphäre der Intuition führen. Über diesen Unterschied in den erkenntnismäßigen Möglichkeiten der zwei Epochen in der Entwicklungsgeschichte der Menschheit sagt Rudolf Steiner genauer: «Dasjenige, was dem Paulus für einen bestimmten Punkt der Christus-Erkenntnis aufgegangen war, das kann, wenn wir den Okkultismus unserer Tage vertiefen, für weitere Felder der Christus-Erkenntnis dem Menschen aufgehen. Denn indem das Schauen des Paulus ausgedehnt wird von dem Mysterium von Golgatha auf seine drei Vorstufen [gemeint sind die drei kosmischen Opfer des Christus, seine dreimalige vorirdische Durchdringung der Wesenheit des nathanischen Jesus zur Vorbereitung des Mysteriums von Golgatha (siehe auch das 3. Kapitel dieses Buches)], indem es ausgedehnt wird von dem, was bei Paulus fast nur die Wahrnehmung ist des Jesus von Nazareth, auf das Leben des Christus Jesus, dann wird gewissermaßen die Paulinische Methode *von einem einzigen Zentrum aus* über die ganze große Erscheinung des Christus-Jesus-Lebens verbreitet. Indem wir auf diese Weise heute durch hingebungsvolle okkulte Forschung in die Lage kommen können, die Paulinische Methode gleichsam allgemein zu machen für die Christus-Erkenntnis, hat sich ein wirklicher Fortschritt in der Erkenntnis des Christus vollzogen.»[45] Wir sehen, wie die sogenannte «Paulinische Methode» von dem einen Zentrum ausging, der persönlichen Begegnung mit dem Christus in der geistigen Welt im Bereich der Imagination, wie aber diese Methode heute bis zur Sphäre der Intuition ausgedehnt werden kann (was auch schon – wenn auch unter anderen Bedingungen – bei der Einweihung von Christian Rosenkreuz im 13. Jahrhundert stattfand). In der zeitgenössischen Einweihung ist also eine Weiterentwicklung der «Paulinischen Methode» möglich und ihre Anwendung auf immer weitere Erkenntnissphären vom Wesen des kosmischen Christus.

Im Hinblick auf die von uns festgestellte tief bedeutungsvolle Übereinstimmung zwischen der Einweihung von Christian Rosenkreuz und Rudolf Steiner können wir die Annahme aussprechen: der geheimnisvolle Lehrer, den Rudolf Steiner in früher Jugend am Beginn der Sonnenepoche seines Lebens traf, *war Christian Rosenkreuz selbst.* Denn außer dem beschriebenen Einweihungsweg gibt es noch einige indirekte Beweise für diese Annahme. So die Tatsache, daß der Lehrer den Schüler im Zusammenhang mit Fichte auf die Weisheit hinwies (siehe S. 36), aus der später die ‹Geheimwissenschaft› hervorging, von der Rudolf Steiner sagt, daß sie eine Frucht der Rosenkreuzerweisheit sei (siehe Vorwort zur 6. Auflage). Weiterhin sagt er in dem Vortrag vom 27. September 1911 in Neuchâtel: «Heute ist Christian Rosenkreuz wiederverkörpert.»[46] In dem folgenden Vortrag vom 28. September 1911 stellt er dar, wie Christian Rosenkreuz seine Schüler auswählt[47]: Ein Mensch schickt sich an, etwas zu unternehmen, das seinen Tod zur Folge haben kann, aber im letzten Augenblick greift Christian Rosenkreuz in den Ablauf der Ereignisse auf besondere Weise ein und rettet den Menschen. Das soll im Schüler das Gefühl wecken: ohne dieses Geschehen wäre ich gestorben. Einen solchen Vorfall gibt es auch im Leben Rudolf Steiners. Darüber schreibt Fr. Rittelmeyer: «Daß er einmal von einem ‹Meister› plötzlich gerettet wurde, als er etwas zu tun im Begriff war, das ihm ‹den Tod gebracht hätte›, hat er mir später erzählt.»[48] Und am Ende des Vortrages vom 18. Dezember 1912 in Neuchâtel wird von Rudolf Steiner ausgesprochen: «Und derjenige, *der Christian Rosenkreuz nahestehen darf,* blickt voll bewundernder Ehrfurcht darauf hin, wie folgerichtig Christian Rosenkreuz selber die große, ihm auferlegte Mission erfüllt hat, die für unsere Zeit als die rosenkreuzerisch-christliche ihm zugewiesen worden ist.»[49]

Diese Worte kann man sicher auch in rein geistigem Sinne auffassen. Doch dann sind sie zugleich ein Hinweis auf den Charakter der Beziehung zwischen Rudolf Steiner und seinem Lehrer. Friedrich Rittelmeyer schreibt, daß er auf seine Frage, ob er seinen Lehrer manchmal sehe, geantwortet habe: «Das brauche ich nicht.» Dazu bemerkt Rittelmeyer: «Er fühlte sich in der Fähigkeit, jederzeit eine geistige Berührung herzustellen auch ohne äußere Gegenwart, ganz sicher.»[50] Diese Worte Rittelmeyers, die auf Grund persönlicher Gespräche niedergeschrieben wurden, stimmen mit der Aussage Rudolf Steiners in dem Vortrag vom 14. August 1911 überein: «Wenn da draußen in der Welt in ihrem Menschengewand die *heutigen* Führer der Menschheit herumgehen, dann werden sie in der äußeren exoterischen Welt nicht erkannt. Und reden wir auf dem Boden der Geisteswissenschaft von den Meistern der Weisheit und des Zusammenklanges der Empfindungen, dann würden sich die Menschen oftmals wundern, in welcher einfachen schlichten Menschlichkeit durch alle Länder diese Meister der Weisheit und des Zusammenklanges der Empfindungen kommen. Sie sind vorhanden auf dem physischen Plan. Die wichtigsten Lehren aber erteilen sie nicht auf dem physischen Plan, sondern ... auf dem Geistplan. Und derjenige, der sie hören will, um Lehren von ihnen zu empfangen, der muß *nicht nur* den Zugang zu ihnen haben als zu ihrem physischen, fleischlichen Leibe, sondern als zu ihrer Geistgestalt.»[51] Die geistige Beziehung, die im Sinne dieser Worte einmal zwischen Rudolf Steiner und Christian Rosenkreuz hergestellt wurde, blieb in den folgenden Jahren bestehen, nahm jedoch entsprechend den weiteren Stufen von Rudolf Steiners Lebensgang einen immer tieferen und umfassenderen Charakter an.[52]

So können wir wiederholen: Die persönliche Begegnung mit dem Christus, die Rudolf Steiner um die Jahrhundertwende hatte, gleicht in streng okkultem Sinne dem Erlebnis des Paulus vor Damaskus. Nun führt Rudolf Steiner in seinen Vorträgen aus, daß Paulus nur dank diesem Erlebnis die Worte sprechen konnte, die seitdem Grundprinzip und Ziel jeder wahren christlichen Einweihung sind: «Nicht ich, der Christus in mir.» Auf diese Worte, die in der heutigen Einweihung eine besondere Bedeutung haben, da sie in unserer Epoche aus dem *voll entwickelten Ich des Menschen* hervorgehen müssen, das den Christus-Impuls in freiem Opferwillen in sich aufnimmt, weist Rudolf Steiner mehrmals als auf das Grundprinzip des Einweihungsweges der neuen Michael-Epoche hin.

Denn Michael hat ein ganz besonderes Verhältnis zum Ich des Menschen (s. S. 33), und so ist er der Geist, der den Menschen impulsieren will, das Wort «Nicht ich, der Christus in mir» bewußt zu verwirklichen.

Das ist auch der Grund, warum Rudolf Steiner später gerade diese Mysterienformel immer wieder gebraucht: «Der Weg, der den Menschen geboten wird, immer mehr und mehr wahr zu machen die Worte: Nicht ich, der Christus in mir ...»[53] Und am 20. Mai 1923 in Oslo: «Und wir dürfen auch dasjenige, was wir aus der geistigen Welt mit Hilfe derjenigen Macht, die durch das Mysterium von Golgatha vom Himmel auf die Erde herabgestiegen ist, gewinnen, wir dürfen es nach dem Mysterium von Golgatha als das Wort Christi ansehen. Wir dürfen wahrmachen das Wort des Paulus: ‹Nicht ich, sondern der Christus in mir.› Ja, der Christus in mir als Mensch, wenn wir als Menschen sprechen von den geistigen Welten.»[54]

Im okkulten Sinne bedeutet das: Wer diese Paulus-Worte in sich verwirklicht, opfert sein irdisches Ich dem Christus, damit er aus seiner physischen Hülle spreche.* Und blicken wir nun wieder auf das Leben Rudolf Steiners, so erkennen wir: In diesem Augenblick, wo er am Ende seiner großen Sonnenepoche das paulinische Damaskuserlebnis bewußt durchlebte und so das Wort «Nicht ich, der Christus in mir» realisierte, da brachte er ein wahres geistiges Opfer: *er opferte als Eingeweihter sein irdisches Ich der Wesenheit des Christus. In dieser Tat haben wir die erste Stufe des Opferganges von Rudolf Steiner.*

Mit diesem bedeutendsten Geschehen in seiner geistigen Entwicklung ist die große Sonnenperiode beendet. Das Sonnengeheimnis, das Geheimnis des Sonnen-Logos selbst offenbart sich ihm hier, da er den Logos in der Christus-Wesenheit unmittelbar schaut. Dieses Erleben ist die Krönung seines Einweihungsweges.

Von nun an wirkt der Christus selbst durch das «Ich» Rudolf Steiners, und das findet seinen Ausdruck darin, daß sein ganzes weiteres Leben im höchsten Sinne *Dienst* ist für die Christus-Wesenheit, ein Dienst, dessen Grundprinzip in dem Mysterienwort des Christus ausgesprochen ist: «Ich bin der Weg, die Wahrheit und das Leben.»

«Ich bin der Weg» – auf dieser Stufe ist der wahre Dienst *Nachahmung* Christi[55], sie ist der einzige Weg, auf dem seiner Wesenheit in Wirklichkeit gedient werden kann. Wie er selbst der Welt und der Menschheit auf der Erde diente bis zum Kreuzestod, so muß auch der Mensch, der diese Stufe des Schauens erreicht hat, ihm dienen.

* Siehe Nachwort am Ende des Buches.

«Ich bin die Wahrheit» – ein solcher Dienst in der Nachfolge kann heute nur durch das richtige Erkennen der vollen kosmischen Wahrheit des Christus erfolgen. Nur durch die reale *Erkenntnis* des Christus ist es heute möglich, ihm zu dienen, mit anderen Worten, voll bewußt, in absoluter Freiheit. Denn nur die Erkenntnis der ganzen Fülle der Wahrheit in Christus macht den Menschen frei. «Erkennet die Wahrheit, und sie macht euch zu freien Menschen», sagt Christus.

Und das letzte Wort: «Ich bin das Leben» – ein solcher Dienst muß sich auf das Leben des christlich-rosenkreuzerischen Eingeweihten auswirken; alle Geschehnisse in seinem Leben werden von dieser Zeit an mehr und mehr ein mikrokosmisches Abbild der großen makrokosmischen Ereignisse im Leben des Jesus Christus auf der Erde und damit ein Urbild des Lebensweges jedes wahrhaft christlichen Eingeweihten. Denn nicht eine Lehre war das wichtigste, was Christus auf die Erde brachte, es war seine göttliche Person, sein Leben selbst während der drei Jahre in den drei Hüllen des Jesus von Nazareth, durch die die ganze Fülle des makrokosmischen Lebens unseres Kosmos unmittelbar in die Erdensphäre getragen wurde. Über den Zusammenhang der kosmischen Kräfte mit dem Leben des Christus Jesus auf der Erde sagt Rudolf Steiner: «Immer stand der Christus unter dem Einfluß des ganzen Kosmos ... der ganze Geist des Kosmos wirkte in den Christus Jesus herein ... Was da als ein Wesen auf der Erde wandelte, das sah allerdings wie ein anderer Mensch aus. Die wirksamen Kräfte darin aber waren die kosmischen Kräfte, die von Sonne und Sternen kamen; sie dirigierten den Leib. Und je nach der Gesamtwesenheit der Welt, mit welcher die Erde zusammenhängt, geschah das, was der Christus Jesus tat ... So angesehen erscheint der Wandel des Christus Jesus als der irdische Ausdruck eines bestimmten Verhältnisses des Kosmos zu den Kräften des Menschen ... In Wahrheit liegt die Sache so, daß in dem Christus sich der ganze Kosmos ausspricht.»[56]

Aber als was erscheint dann das Leben des Christus? «Aus was ist das Erdendasein des Christus erwachsen?», fragt Rudolf Steiner im 3. Vortrag des Zyklus über das Fünfte Evangelium in Oslo, und er antwortet: «Es ist erwachsen aus den tiefsten Leiden, aus einem Leiden, das hinausgeht über alle menschliche Vorstellungsfähigkeit von Leiden.»[57] Auf dem Grunde des Erdenlebens des Christus Jesus liegt ein grenzenloses *Opfer*, das Opfer des Gottes, der zur Rettung der Menschheit Mensch werden wollte, damit der Sinn der Erdenentwicklung erfüllt werde, des Gottes, der das höchste aller denkbaren Opfer brachte aus dem erhabensten und reinsten Prinzip der *Freiheit*. So müssen wir auf das Erscheinen des Christus schauen als auf eine freie Tat, die für unser Menschsein geschehen ist.

Dieses hohe Prinzip des Opfers, das im Namen alles Hohen und Wahren gebracht wird, in voller Bewußtheit und voller Freiheit, ist das Grundprinzip der christlichen Einweihung, das in der Form, die dem Geist unserer Zeit entspricht, auch heute der christlich-rosenkreuzerischen Einweihung zugrunde liegt, wo auf den höheren Stufen der wahre Christus-Dienst zugleich auch Christus-Nachfolge ist.

Wie der Christus Jesus sein kosmisches Sein um der Menschen willen opferte und Mensch wurde, so muß auch der heutige christlich-rosenkreuzerische Eingeweihte auf der entsprechenden Stufe seines geistigen Weges sein irdisches Eigensein, die Kräfte seiner Hüllen der makrokosmischen Wesenheit, der Christus-Wesenheit, der Wesenheit des Kosmos opfern.

Von nun an steht das Leben des Eingeweihten unter dem Zeichen des Opfers. Alle geistigen Kräfte, die er aus eigener Anstrengung durch die Umwandlung der Hüllen sich erarbeitet hat, werden den höheren Mächten im Namen der Weiterentwicklung der Menschheit geopfert werden. So ist es auch unsere weitere Aufgabe, Rudolf Steiner auf dem Weg des Opferdienstes in der Epoche seines offenbaren Wirkens unter den Menschen zu folgen.

3. Der Weg des Menschheitslehrers

An der Grenze zweier Jahrhunderte, während einer tiefen Krisis in der Erdenentwicklung, tritt Rudolf Steiner erstmals als Menschheitslehrer an die Öffentlichkeit und beginnt mit der Verwirklichung seiner wichtigsten Aufgabe: der Erde dasjenige zu bringen, was im Jahre 1899 mit dem Ende des «dunklen Zeitalters», des Kali Yuga, als geistige Offenbarung auf die Welt kommen wollte und was allein der menschlichen Entwicklung frische Kräfte für das neue Sich-Erheben zum Geiste geben kann. «Mir schwebte damals vor, wie die Jahrhundertwende ein neues geistiges Licht der Menschheit bringen müsse.»[1] Mit diesen Worten beginnt Rudolf Steiner die Beschreibung seiner nächsten Lebensepoche.

Unter dem Zeichen des Mars, der Sphäre des lebendigen Wortes, sollte Rudolf Steiner die neue spirituelle Weisheit in die Erdenentwicklung tragen, zu der Zeit, da für ihn die Epoche des Geistselbst (42.–49. Lebensjahr) beginnt, dessen Kräfte wie die Strahlen einer geistigen Sonne ihn von dieser Zeit an umhüllen, mit Feuerkraft seine Worte erfüllend, in denen nun vor die Welt tritt, was als Früchte der christlichen Rosenkreuzer-Einweihung in ihm herangereift ist.

Diese Epoche (bis 1910) wird häufig auch als die erste Phase der Entwicklung der Anthroposophie angesehen.[1a] Als ihr Anfang gilt das Jahr 1902, als Rudolf Steiner der Theosophischen Gesellschaft beitrat, da – wie er später selbst sagte – zu dieser Zeit nur in ihr ein einigermaßen vorbereitetes Auditorium zu finden war, vor dem offen über okkulte Themen gesprochen werden konnte.[2] Aber dieser Beitritt zur Theosophischen Gesellschaft hatte noch eine tiefere Bedeutung.

«Die Theosophische Gesellschaft ist 1875 in New York gegründet worden durch H. P. Blavatsky und H. S. Olcott. Diese erste Gründung trug einen ausgesprochen westlichen Charakter.»[3] Jedoch bald nach ihrer Begründung gelangte sie unter den Einfluß bestimmter östlich-tibetanischer Bruderschaften und nahm infolgedessen langsam eine unverhohlen östliche Orientierung an. Im Gegensatz dazu vertrat Rudolf Steiner von Anfang an einen *neuen* Okkultismus. Indem er nun der Aufforderung nachkam, die deutsche Sektion der Theosophischen Gesellschaft zu leiten, gab er diesem traditionellen, östlich tingierten Okkultismus die Möglichkeit, unter Wahrung seiner Kontinuität in der Gegenwart doch das Neue in sich aufzunehmen. Das ist außerordentlich bedeutsam für die Entwicklung des Geisteslebens der Menschheit. «An deren Wiege [der Theosophischen Gesellschaft] waren echte Initiatoren gestanden, und *dadurch* ist sie, wenn auch die nachfolgenden Ereignisse eine gewisse Unvollkommenheit gegeben haben, *vorläufig* ein Instrument für das spirituelle Leben der Gegenwart.»[4] So hoffte Rudolf Steiner, daß die Kräfte der neuen Offenbarungen, die durch ihn in die Theosophische Gesellschaft einströmten, diese allmählich umgestalten und abermals in den Dienst allgemein-menschlicher Weltinteressen stellen würden, von denen sie schon zur Zeit Blavatskys abgewichen war, als sie eine ausgesprochen nichtchristliche Färbung annahm. «Als ich der Einladung in die Gesellschaft folgte, war diese die einzige ernstzunehmende Institution, in der reales Geistesleben vorhanden war. Und wären Gesinnung, Haltung und Wirken der Gesellschaft so geblieben, wie sie damals waren, mein und meiner Freunde Austritt hätte nie zu erfolgen gebraucht. Es hätte nur innerhalb der Theosophischen Gesellschaft die besondere Abteilung ‹Anthroposophische Gesellschaft›[5] offiziell gebildet werden können.»[6]

Das Wesentliche aber ist – wie schon gesagt –, daß Rudolf Steiner von Anfang an als Eingeweihter einer vollkommen neuen Art in die Theosophische Gesellschaft eintrat, als Repräsentant des modernen westlichen christlich-rosenkreuzerischen Okkultismus, vor allem aber als der Verkünder christlich-esoterischer Weisheit. «Nachdem auf diese Art sozusagen das erste Eis gebrochen war [durch die Veröffentlichung des östlichen Okkultismus in den Werken H. P. Blavatskys], kam auch die Zeit, in der gesprochen werden durfte aus den Quellen des westlichen Okkultismus heraus ...»[7], dessen Besonderheit seine Ausrichtung auf das Allgemein-Menschliche war. Rudolf Steiner stellte deshalb seine Arbeit von Anfang an auf die Grundlage rein objektiver spiritueller Erkenntnisse, deren Inhalte sich gleichermaßen an die Menschen des Ostens und des Westens wenden. Damit realisierte er das Prinzip der christlich-rosenkreuzerischen Esoterik, das als zeitgemäßer Träger des Christus-Impulses stets zu *allen* Menschen spricht, so wie die Sonne allen Gegenden der Erde ihr Licht spendet. «So drängte sich mir ... von selber auf, daß wir in Mitteleuropa den Beruf hatten, loszulösen von allem Spezialinteresse die Theosophie, so daß sie in Mitteleuropa wirklich vor uns steht wie eine Göttin, wie etwas ganz, ganz von allem Menschlichen losgelöstes Göttliches, das ebenso viel zu tun hat mit dem Menschen, der *da* lebt wie mit jenem, der *dort* lebt, und das wird immer bleiben müssen.»[8]

Von Anfang an hält Rudolf Steiner in der gerade erst begründeten deutschen Sektion der Theosophischen Gesellschaft zahlreiche Vorträge und Vortragszyklen, in denen er vor den erschütterten Zuhörern die ganze Größe und Tiefe der christlich-rosenkreuzerischen Esoterik enthüllt, die auch die bedeutendsten Wahrheiten der östlichen Weisheit mit einschließt, die aber durch den Grundimpuls der Erdenentwicklung, den Christus-Impuls, erhellt und neu belebt werden. Von allem Anfang an steht der Christus im Mittelpunkt: «So stellt sich für die anthroposophische Weltanschauung in das ganze Tableau von Wiederverkörperung, vom Wesen des Menschen, der Betrachtung des Kosmos und so weiter das Christus-Wesen hinein wie ein Mittelpunkt. Und wer im richtigen Sinne diese anthroposophische Weltanschauung betrachtet, der sagt sich: Ich kann alles das betrachten, aber verstehen kann ich es erst, wenn für mich das ganze Bild auf den großen Brennpunkt, den Christus, hinzielt. Ich habe verschieden gemalt die Wiederverkörperungslehre, die Lehre von den Menschenrassen, von der Planeten-Entwicklung und so weiter, aber ich habe hier von einem Punkt das Wesen des Christus gemalt, und dadurch wird über alles andere Licht verbreitet. Es ist ein Bild, das eine Hauptfigur hat, und alles andere wird darauf bezogen, und ich verstehe Bedeutung und Ausdruck der anderen Figuren nur, wenn ich die Hauptfigur verstehe.»[9] Und über das Verhältnis von westlicher zu östlicher Weisheit sagt Rudolf Steiner: «Es gibt keine Weisheit des Ostens, die nicht eingeflossen wäre in den Okkultismus des Westens, und in der rosenkreuzerischen Lehre und Forschung finden Sie restlos alles, was die großen Weisen des Ostens jemals bewahrt haben. Nichts, nichts von dem, was man wissen kann aus der Weisheit des Ostens, fehlt in der Weisheit des Westens. Es ist der Unterschied ... nur der, daß die Weisheit des Westens die gesamte östliche Lehre, die gesamte östliche Weisheit, die gesamte östliche Forschung zusammennehmen muß und, ohne irgend etwas von ihr verlorengehen zu lassen, sie zu beleuchten hat mit dem Lichte, das durch den Christus-Impuls in der Menschheit entzündet worden ist.»[10]

Bald nachdem er seine Tätigkeit innerhalb der Theosophischen Gesellschaft aufgenommen hat, schreibt er seine grundlegenden geisteswissenschaftlichen Werke, stellt er in der «Theosophie» (im Jahre 1904) die okkulte Gliederung des Menschen dar sowie seine nachtodlichen Schicksale und gibt – zum ersten Male in der westlichen Welt – eine Begründung der Lehre von der Reinkarnation als Teil der christlichen Esoterik. In dem folgenden Buche ‹Wie erlangt man Erkenntnisse der höheren Welten› (1904–1908) stellt er den neuen modernen, westlichen Einweihungsweg dar. Und endlich faßt er den unermeßlichen Reichtum spirituellen Wissens, das in den Büchern, Artikeln und Vorträgen jener Epoche enthalten ist und das ein allumfassendes Bild der Weltevolution gibt, in einem abgeschlossenen Ganzen zusammen, das man eine Enzyklopädie des neuen christlichen Okkultismus nennen kann – in der ‹Geheimwissenschaft im Umriß› (1909). Das alles wird in strengster naturwissenschaftlicher Gedankenform gegeben, so daß jeder Mensch es *verstehen* kann, der mit offener Seele die Stimme der Weltenweisheit vernehmen will, die aus jedem seiner Worte, aus jeder kleinsten Zeile spricht, die er in jener Zeit schreibt. In dieser Epoche wird der Grundstein für die wahre *Wissenschaft* vom Geiste gelegt.

Jedoch der neue Geistimpuls, der durch Rudolf Steiner wirkte, der Reichtum, die ungewöhnliche Objektivität und Strenge seiner geistigen Forschungen paßten den Leitern der damaligen Theosophischen Gesellschaft ganz und gar nicht, denn vom Jahre 1906 an war die Gesellschaft in wachsendem Maße zum bloßen Werkzeug in den Händen jener östlich-tibetanischen okkulten Bruderschaften geworden, über deren Intentionen sich Rudolf Steiner im dritten Teil der Aufzeichnungen von Barr (GA 262) und in vielen Vorträgen des Jahres 1915 (GA 254) deutlich ausspricht. Für diejenigen, die solche Spezialinteressen verfolgten, wurde er mit seinem kompromißlosen Eintreten für die eine, alle Menschen gleichermaßen betreffende Wahrheit allmählich zu einem unüberwindlichen Hindernis. Das führte am Ende dazu, daß er im Januar 1913 aus der Theosophischen Gesellschaft ausgeschlossen wurde. Es ist besonders wichtig hier zu bemerken, daß Rudolf Steiner nicht selber austrat, sondern daß er *ausgeschlossen wurde*.[11] Das zeigt die tiefe Tragödie der Theosophischen Gesellschaft, die sich, unfähig, die neue geistige Offenbarung aufzunehmen, von ihrer eigenen Zukunft abwandte und dadurch späterhin anderen Mächten verfiel als denen, die sie einst hervorbrachten. Durch den Ausschluß erwies sich die Theosophische Gesellschaft als Trägerin eines alten traditionellen Okkultismus, die sich nun der letzten Möglichkeit beraubte, sich mit den Kräften zu verbinden, die die Menschheitsentwicklung rechtmäßig leiten. Darin kann man eine echte Tragödie im Geistesleben der Menschheit sehen, die einen weitreichenden Einfluß auf das weitere Schicksal Europas hatte.[12]

Dadurch werden auch die Vorwürfe widerlegt, Rudolf Steiner hätte das Schicksal der von ihm begründeten Bewegung nicht mit einer so «zweifelhaften» Vereinigung verbinden sollen, als die die Theosophische Gesellschaft später vielen erschien. Er selbst sagte, daß das sein Karma gewesen sei. Er sollte dem traditionellen Okkultismus, der bereits stark von den Kräften ergriffen war, die der rechtmäßigen Entwicklung feindlich gegenüberstehen, eine letzte Möglichkeit geben, sich zum Lichte durchzuringen.

Neben der kaum zu ermessenden Tätigkeit der Einführung und Grundlegung der neuen Geisteswissenschaft schenkte er von Anfang an der rein esoterischen Arbeit große Aufmerksamkeit. In vielen Städten Deutschlands und den benachbarten Ländern entstehen neue Kreise von Menschen, die sich mit den Fragen der neuen spirituellen Kultur beschäftigen und den Weg der Geistesschülerschaft betreten wollen. In diesen Gruppen hält Rudolf Steiner die wichtigsten Vortragszyklen jener Zeit. Und in diesen Gruppen beginnt er etwa um 1905 sogenannte «ES» (Esoterische Stunden) zu geben, die es den fortgeschritteneren Schülern möglich machen, mit den Quellen der neuen Offenbarungen unmittelbar in Berührung zu kommen.

Etwas später nimmt Rudolf Steiner noch einen weiteren Zweig esoterischer Arbeit auf, die Form der kultischen Handlung, worüber er im 36. Kapitel seiner Lebensbeschreibung spricht. Hier prägte er die Resultate seiner eigenen, rein anthroposophischen Forschungen in kultische Formen, während er sich hinsichtlich der äußeren Ordnung einer okkulten Gesellschaft anschloß, die nach dem Freimaurertum orientiert war und die ihm ihr Diplom des höchsten Grades selbst angeboten hatte zugleich mit dem Recht, selbständig symbolisch-kultische Handlungen vorzunehmen. Indem Rudolf Steiner das Diplom annahm, wollte er einer anderen Strömung traditioneller Esoterik, diesmal westlicher Richtung, die Möglichkeit geben, den Zugang zu der neuen spirituellen Weisheit zu finden, die vom letzten Drittel des 19. Jahrhunderts an in die Menschheit kommen sollte: «Und so war ich auch dafür, daß, wenn irgendmöglich, Neu-Entstehendes an historisch Vorhandenes anknüpfe.»[13] Spätere Mißverständnisse sowie Angriffe auf Rudolf Steiner zeigten jedoch in tragischer Weise, daß auch der westliche Okkultismus nicht in der Lage war, ein richtiges Verhältnis zu der neuen Geistesforschung zu finden.

Trotz dieser Schwierigkeiten erkraftete in der Zeit bis zum Ersten Weltkrieg die Arbeit der einzelnen Kreise, so daß allmählich das vollständige *praktische* System eines westlichen Mysterienweges ausgebildet wurde und die durch diese esoterische Arbeit verbundenen Schülergruppen eine esoterische Schule bildeten.

Das war in großen Zügen die erste Periode der Tätigkeit Rudolf Steiners als Menschheitslehrer. Wie aber war in dieser Zeit seine eigene Entwicklung? Im vorigen Kapitel sprachen wir von dem zentralen Erlebnis Rudolf Steiners in der Sphäre der Intuition, das er um die Jahrhundertwende als Vollendung seines ganzen vorangehenden geistigen Weges hatte.

Es war mit diesem Erlebnis aber noch weiteres verbunden. Mehrmals beschreibt er in seinen Vorträgen, daß die Welt der Intuition, die ihm zu dieser Zeit besonders zugänglich wurde, sich bis zu der kosmischen Grenze erstreckt, welche das obere Devachan von der folgenden Weltsphäre trennt, von dem Buddhi-Plan oder der «Welt der Vorsehung». In dem Vortrag vom 25. Oktober 1909 in Berlin sagt er, daß «der Mensch ... hinaufgeht zwischen dem Tode und einer neuen Geburt bis zu dem oberen Devachan oder der Vernunft-Welt. Dort sieht er hinein in höhere Welten, in denen er nicht selber drinnen ist, und sieht jene über ihm stehenden Wesenheiten in diesen höheren Welten wirken.»[14] Von diesen «Wesenheiten» heißt es: «Während der Mensch sein Leben zubringt in Welten vom physischen Plan bis zum Devachan-Plan, ist es das Normale einer Bodhisattva-Wesenheit, daß sie bis in den Buddhi-Plan hinaufgeht, was wir in Europa die Welt der Vorsehung nennen.»[15]

Aus diesen und vielen ähnlichen Hinweisen in den verschiedensten Vorträgen folgt, daß der Eingeweihte, der den Weg des Verstorbenen bis an die Grenzen der Sphäre der Intuition (des oberen Devachan) verfolgt, einen Blick in noch höhere Sphären werfen kann. Wenn wir uns nun den oben beschriebenen Geistesweg Rudolf Steiners nochmals bewußt machen, so darf die Vermutung ausgesprochen werden, daß das majestätische Bild, das Rudolf Steiner in dem Berliner Vortrag vom 25. Oktober 1909 beschreibt – die Gestalt des Christus als Sonne die zwölf Bodhisattvas erleuchtend, die ihn in der Welt der Vorsehung umgeben –, erstmals in der Zeit zwischen 1899 und 1901 vor dem geistigen Blick Rudolf Steiners aufgetaucht ist. Denn nachdem er sich um die Jahrhundertwende bis zum Anschauen des Christus in die Sphäre der Intuition, bis zur Grenze zwischen dem oberen Devachan und dem Buddhi-Plan erhoben hatte, konnte er als Eingeweihter vollziehen, was mitunter auch einem Nichteingeweihten im nachtodlichen Leben möglich ist: er konnte zur Anschauung des Buddhi-Planes vordringen. So erkannte Rudolf Steiner das Wesentliche der östlichen Lehre von den Buddhas und Bodhisattvas und ihrer Beziehung zu dem Christus Jesus, und diese Erkenntnis veranlaßte ihn während des Winters von 1901–02, schon *vor* seinem Eintritt in die Theosophische Gesellschaft, vor der literarischen Gesellschaft der «Kommenden» einen Vortragszyklus mit dem Titel «Von Buddha zu Christus» zu halten. In diesem Zyklus versuchte er zu zeigen, «welch einen gewaltigen Fortschritt das Mysterium von Golgatha gegenüber dem Buddha-Ereignis bedeutet und wie die Entwicklung der Menschheit, indem sie dem Christus-Ereignis entgegenstrebt, zu ihrer Kulmination kommt.»[16] Parallel zu diesem Vortragszyklus hält Rudolf Steiner einen anderen in der Theosophischen Bibliothek des Grafen Brockdorff in Berlin. Dieser Zyklus wird später zu dem Buch ‹Das Christentum als mystische Tatsache und die Mysterien des Altertums› umgearbeitet, in dem dem Verhältnis von Christus und Buddha ein großer Teil des Kapitels «Die ägyptische Mysterienweisheit» gewidmet ist.[17]

Hier müssen wir uns kurz vergegenwärtigen, wie Rudolf Steiner diese erhabenen Wesenheiten, die im Osten Bodhisattvas genannt werden, charakterisiert. Wir beschränken uns bei dieser Frage, die zu den kompliziertesten der Geisteswissenschaft gehört und die er mehrmals von den verschiedensten Gesichtspunkten aus berührt, auf einen Aspekt, der uns hilft, den inneren Entwicklungsweg von Rudolf Steiner selbst zu verstehen:

Ein Bodhisattva ist ein Wesen kosmischer Ordnung, das die Grenzen der eigentlichen menschlichen Entwicklung überschritten hat. Er nähert sich bereits der Evolution der Engel und befindet sich in einem Entwicklungsstrom, in dem sein Bewußtsein bis zur Buddhi-Sphäre reicht. Oder anders gesagt: Ein Bodhisattva steht auf einer Entwicklungsstufe, welche die übrige Menschheit auf natürliche Weise erst auf dem Jupiter erreichen wird. Das kommt in der Tatsache zum Ausdruck, daß der Bodhisattva schon jetzt bewußt aus seinem Ich heraus *gemeinsam* mit einem Wesen aus der Hierarchie der Angeloi an der Umgestaltung seines Astralleibes zum Geistselbst arbeiten kann.[18] Bei dieser Arbeit wird er von einem Wesen aus einer höheren Hierarchie, der Hierarchie der Archangeloi, *inspiriert*.[19] Wenn diese Arbeit sich der Vollendung nähert, begibt sich der Bodhisattva auf die Erde zur *vollständigen* menschlichen Verkörperung,[19a] d. h. er macht diejenige Stufe durch, die Rudolf Steiner die Stufe des «menschlichen Buddha» nennt.[20] Während dieser letzten Verkörperung arbeitet der Bodhisattva gemeinsam mit einem Wesen aus der Hierarchie der Angeloi und erreicht endlich die Stufe des Geistselbst (die Erleuchtung unter dem Bodhi-Baum). Damit vollendet er den folgenden Zyklus der Weltentwicklung und muß sich nicht mehr auf der Erde verkörpern. Von nun an arbeitet das Wesen aus der Hierarchie der Angeloi nicht mehr an seinem Astralleib,[21] der zu dem leuchtenden Leib des Geistselbst geworden ist (Nirmanakaya).[22] Die weitere Evolution des Buddha besteht nun darin, daß er, ausgehend von seinem Geistselbst als dem Ich-Prinzip, gemeinsam mit einem Archangelos[23] an seinem Ätherleib arbeitet und allmählich diesen in den Lebensgeist umwandelt. Infolgedessen reicht sein Bewußtsein bis zur Sphäre des Nirwana, und er beginnt eine Entwicklung, die die übrige Menschheit erst auf der Venus erreichen wird. Bei dieser Arbeit wird er von noch höheren hierarchischen Wesen als den Archangeloi inspiriert.

Gestützt auf diese Mitteilungen können wir uns einem der bedeutendsten Mysterien des Lebensweges von Rudolf Steiner nähern. Adolf Arenson deutete dieses erstmals in dem Vortrag[24], den er zum 5. Jahrestag von Rudolf Steiners Tod hielt, an. Dort führt er aus, wie von einem bestimmten Augenblick an das Wesen des neuen Bodhisattva, der den Buddha aus dem Geschlecht der Sakya nach vollbrachter Mission abgelöst hat, durch Rudolf Steiner zu wirken beginnt. Es ist das der Bodhisattva, der hundert Jahre vor dem Beginn des Christentums, es vorbereitend, durch Jeshu ben Pandira wirkte, und der in dreitausend Jahren der neue Buddha sein wird, der Maitreya-Buddha: «Ein Bringer des Guten durch das Wort, durch den Logos ... der alles, was er hat, in den Dienst des Christus-Impulses stellen wird.»[25]

Wir können sagen: Den Kreis der zwölf Bodhisattvas in ihrer Gesamtheit erlebte Rudolf Steiner in allumfassendem geistigem Anschauen in der Buddhi-Sphäre an der Wende zweier Jahrhunderte (2000 Jahre nach dem Erdenleben des Jeshu ben Pandira), und dieses Erlebnis weckte in ihm ein tiefes Verständnis für das Besondere der Mission des führenden Bodhisattva unserer Zeit, des zukünftigen Maitreya-Buddha. Durch diesen wirkt stets das *gesamte* Kollegium der Zwölf, das ein lebendiges Ganzes bildet, von dem jeder einzelne Bodhisattva ein unauswechselbarer Teil ist.

Wie schon oben gesagt, wirkt der Bodhisattva vorzugsweise mit dem Geistselbst – dem gereinigten und umgewandelten Astralleib. Deshalb können wir vermuten, daß *die Durchdringung des Astralleibes von Rudolf Steiner* durch den neuen Bodhisattva in der Zeit um 1902–1903 begonnen hat, als Rudolf Steiner in sein siebentes Lebensjahrsiebt eintrat, das zu dem Prinzip des Geistselbst eine besondere Beziehung hat. Das ist zugleich eine weitere Bestätigung der Worte Rudolf Steiners, daß der Bodhisattva *bereits* verkörpert sei und daß er *zu Beginn* des 20. Jahrhunderts geboren wurde.

Wenn wir anerkennen, daß diese Verbindung Rudolf Steiners mit dem neuen Bodhisattva eine reale okkulte Tatsache ist, dann kann das auf einige Stellen seiner Autobiographie ein ganz neues Licht werfen. So schreibt er am Ende des 32. Kaptitels: «Ich hatte ja auf der einen Seite zwar ein vollkommenes Drinnenstehen in der Geist-Welt; aber ich hatte etwa 1902, und für vieles auch noch die folgenden Jahre, zwar Imaginationen, Inspirationen und Intuitionen. Doch schlossen sich diese erst allmählich zu dem zusammen, was dann in meinen Schriften vor die Öffentlichkeit trat.» Und am Anfang des folgenden 33. Kapitels kommt er noch einmal darauf zurück, als wolle er die Aufmerksamkeit des Lesers mit aller Intensität gerade auf diese Jahre lenken: «Für mich waren die Jahre etwa von 1901 bis 1907 oder 1908 eine Zeit, in der ich mit allen *Seelenkräften* unter dem Eindruck der an mich *herankommenden* Tatsachen und *Wesenheiten* der Geistwelt stand.» Wenn wir uns bewußt machen, daß die «Seelenkräfte» vor allem mit dem astralischen Leib in Beziehung gebracht werden müssen, und wenn wir die Aussage «die an mich herankommenden Wesenheiten der Geistwelt» ganz wörtlich nehmen, dann wird das Gesamtbild für uns sehr viel klarer. Sogar die Frage, warum das Wort «Wesenheiten» in der Mehrzahl gebraucht wird, beantwortet Rudolf Steiner in seinen Vorträgen. Denn *durch* den einen Bodhisattva, der seit dieser Zeit Rudolf Steiner unmittelbar inspiriert, wirkt auf ihn auch der ganze Kreis der Bodhisattvas in ihrer Gesamtheit. Rudolf Steiner drückt das so aus: «Man kann von einer immer und immer wiederkehrenden Verkörperung des Bodhisattva sprechen, muß aber wissen, daß der Bodhisattva hinter all den Menschen, in denen er sich verkörpert, gestanden hat als Teil derjenigen Wesenheit, die selber die personifizierte Allweisheit *unserer* Welt ist.»[26] Und etwas früher in demselben Vortrag erklärt Rudolf Steiner, was das Wort «Wesenheit» hier bedeutet: «Jene Wesenheit ... bezeichnet man mit einem aus dem Orientalischen heraus geprägten Ausdruck als Gesamtheit der Bodhisattvas. Die christliche Anschauung würde sie als Heiligen Geist bezeichnen.» Daraus wird deutlich, daß durch den einen Bodhisattva, der Rudolf Steiner inspirierte, die gesamte Loge der zwölf Bodhisattvas auf ihn wirkte, die in ihrer Gesamtheit den Leib des Heiligen Geistes bildet. Im 6. Vortrag über das Lukas-Evangelium heißt es: «Und in dem Wortgebrauch der vorderasiatischen Sprachen würde man von einer solchen Wesenheit wie einem auf der Erde verkörperten Bodhisattva gesagt haben: Sie ist erfüllt mit dem Heiligen Geist.» So kann man sagen, daß von dieser Zeit an Rudolf Steiner durch den Bodhisattva unmittelbar von dem Heiligen Geist inspiriert wird, der sich auf dem Buddhi-Plan als Zwölfheit offenbart.[27]

Nun ist noch ein weiterer Aspekt hinzuzufügen. In dem schon genannten Vortrag vom 22. März 1909 in Berlin sowie in anderen Vorträgen sagt Rudolf Steiner mit aller Entschiedenheit, daß es das wichtigste Ziel der Geisteswissenschaft ist, Verständnis für das größte Ereignis der Erdenentwicklung, für das Mysterium von Golgatha, zu erwecken. Dann fährt er fort: «Und diejenigen, welche begriffen haben, daß der Fortschritt der Menschheit abhängt von dem *Begreifen* des großen Ereignisses von Golgatha, das sind die, welche als die Meister der Weisheit und des Zusammenklanges der Empfindungen vereinigt sind in der großen führenden Loge der Menschheit. Und wie einstmals in einem lebendigen Welten-Symbole die feurigen Zungen herniederschwebten auf die Gemeinde, so waltet das, was der Christus selber den Heiligen Geist genannt hat, als das Licht über der Loge der Zwölf. Der Dreizehnte ist der Führer der Loge der Zwölf. Der Heilige Geist ist der große Lehrer derjenigen, die wir die Meister der Weisheit und des Zusammenklanges der Empfindungen nennen. Sie also sind diejenigen, durch die seine Stimme und seine Weistümer in diesem oder jenem Strom auf die Erde zur Menschheit herniederfließen. Was zusammengetragen wird an Weistümern durch die geisteswissenschaftliche Bewegung, um die Welt und die Geister darin zu verstehen, das fließt durch den Heiligen Geist in die Loge der Zwölf, und das ist zuletzt das, was die Menschheit zum selbstbewußten freien Verständnis des Christus und des Ereignisses von Golgatha nach und nach bringen wird.»[28] Und aus anderen Vorträgen Rudolf Steiners[29] wissen wir, daß dieses Bild der Zwölf, die von dem Dreizehnten durch den Heiligen Geist geführt werden, auf die Loge der Bodhisattvas in der Buddhi-Sphäre hinweist. So sind diejenigen, die Rudolf Steiner die «Meister der Weisheit und des Zusammenklanges der Empfindungen» nennt und die in der großen Loge der Menschheitsführung vereinigt sind, das Kollegium der Bodhisattvas.[30]

Auch die Bezeichnung «Meister der Weisheit und des Zusammenklanges der Empfindungen» sagt das aus, denn der wahre «Zusammenklang der Empfindungen» – die Empfindung hängt vor allem mit dem Astralleib zusammen – ist nur möglich, wenn dieser, wie bei dem Bodhisattva, in das Geistselbst umgewandelt worden ist. Ein solcher Astralleib wird damit zur «Jungfrau Sophia»[31], d. h. ein Gefäß der Weisheit des Heiligen Geistes, der die Zwölf leitet und der von dem Dreizehnten ausgeht als seinem Quell.

Das wirft auch ein neues Licht auf die Ausführungen vom 26. Dezember 1909 in Berlin: «Was wir in der anthroposophischen Bewegung tun, das ist nicht etwa einer Willkür entsprossen, das ist nicht irgendeinem bloß von diesem oder jenem Menschen aufgestellten Programm entsprossen. Spirituelles Leben geht zuletzt zurück auf diejenigen Quellen, die wir bei jenen Individualitäten suchen, welche wir nennen die ‹Meister der Weisheit und des Zusammenklanges der Empfindungen›. Und bei ihnen finden wir die Impulse, wenn wir sie richtig suchen, wie wir von Epoche zu Epoche, von Zeitalter zu Zeitalter wirken sollen. Es ist ein großer Impuls in der letzten Zeit aus der geistigen Welt zu uns gekommen. Und heute ... sei in unserem Kreise hingewiesen auf diesen wichtigen Impuls, sozusagen auf eine Weisung, welche uns im Laufe der letzten Jahre aus der geistigen Welt wie eine *Maßnahme des astralischen Planes* zugeflossen ist. Und unter diesem Impuls hat sich unsere anthroposophische Bewegung hier in Mitteleuropa entwickelt. Ungefähr in folgender Weise könnten wir diesen Impuls in menschliche Worte kleiden: Siehe hin auf das, was sich in der äußeren Welt zuträgt: die Worte der Evangelien werden immer mehr und mehr mißverstanden ...»[32] Weiter spricht Rudolf Steiner von dem neuen Christus-Verständnis, von dem neuen Verständnis des Mysteriums von Golgatha in der anthroposophischen Bewegung.

Und in der durch Notizen überlieferten esoterischen Stunde vom 14. November 1906 in Berlin heißt es ganz ausdrücklich: «Die großen Meister der Weisheit und des Zusammenklanges der Empfindungen leiten uns bei unserem inneren Ringen um Erkenntnis»[33] – wobei zu bedenken ist, daß das «uns» sich hier wohl vor allem auf Rudolf Steiner selbst bezieht. Zudem weist diese Aussage darauf hin, daß durch den zukünftigen Maitreya-Buddha der *gesamte* Kreis der Bodhisattvas, die große Loge der «Meister der Weisheit und des Zusammenklanges der Empfindungen», auf Rudolf Steiner einwirkte. Deshalb konnte er in der Folgezeit von zwölf Weltanschauungen sprechen oder von der Betrachtung jeder einzelnen Erscheinung von zwölf Standpunkten aus.

Nun ist im Zusammenhang mit dem Gesagten noch besonders hervorzuheben, daß außer der hier angeführten Definition der «Meister der Weisheit und des Zusammenklanges der Empfindungen» als Kollegium der Bodhisattvas in der Sphäre der Vorsehung auch andere große Menschheitslehrer «Meister der Weisheit und des Zusammenklanges der Empfindungen» genannt werden können. Denn auch sie werden aus dieser Sphäre inspiriert und haben zu ihr eine unmittelbare Beziehung. Folgende Worte Rudolf Steiners machen das deutlich: «Wir sprechen von Verkörperungen von Bodhisattvas, wenn wir die Namen Skythianos, Zarathustra und Buddha nennen»[33a].

In diesem Sinne kann man von allen diesen erhabenen Lehrern sagen, daß sie von dem Heiligen Geist gesandt oder von ihm überschattet wurden. Zu ihnen gehört auch Manes, der im 4. Jahrhundert nach Christi Geburt die geistige Gemeinschaft anführte, an der auch die drei oben erwähnten Lehrer teilhatten. In diesem Kollegium wurde beschlossen, die Weisheit aus der Sphäre der Bodhisattvas in die Menschheit zu bringen, was im weiteren in erster Linie durch die Rosenkreuzerströmung verwirklicht wurde. Dazu sagt Rudolf Steiner: «Damals wurde in diesem Kollegium festgestellt der Plan, wie alle Weisheit der Bodhisattvas der nachatlantischen Zeit immer stärker hineinfließen kann in die Zukunft der Menschheit. Und was damals als der Plan zukünftiger Erdenkulturentwickelung beschlossen worden ist, das wurde bewahrt und dann herüber getragen in jene europäischen Mysterien, welche die Mysterien des Rosenkreuzes sind. In den Mysterien des Rosenkreuzes verkehrten immer die Individualitäten des Skythianos, des Buddha, des Zarathustra. Sie waren in den Schulen des Rosenkreuzes die Lehrer; Lehrer, die ihre Weisheit deshalb der Erde als Gaben schickten, weil durch diese Weisheit der Christus in seiner Wesenheit begriffen werden sollte.» Und ferner: «So blickte der europäische Kenner der Initiation [und heute bezieht sich das in erster Linie auf Rudolf Steiner selbst] immer hinein in der Zeiten-Wende, zu den wahren Gestalten der großen Lehrer aufschauend. Von Zaratas, von Buddha, von Skythianos, von ihnen wußte er, daß durch sie einströmte in die Kultur der Zukunft diejenige Weisheit, die immerdar von den Bodhisattvas gekommen ist und die verwendet werden soll, um zu begreifen das würdigste Objekt alles Verstehens – den Christus...» (s. o.). Und schließlich gehört zu dieser Versammlung auch Christian Rosenkreutz, der Gründer und Leiter der rosenkreuzerischen Strömung in der Welt, einer Strömung, durch die die Weisheit der Bodhisattvas ständig hineinströmen soll in die ganze europäische Zivilisation.[34]

Am Ende dieser Betrachtung ist nun auch auf den 10. Vortrag des Zyklus über das Matthäus-Evangelium hinzuweisen, wo Rudolf Steiner in einer Form, die keine andere Erklärung zuläßt, davon spricht, daß der neue Bodhisattva, ihn inspirierend, durch ihn wirkt; man muß nur an Stelle des «wir» ein «ich» setzen: «Und wenn die Essäerlehre in unserer Zeit wieder erneuert werden soll, wenn wir leben wollen nicht im Geiste einer Tradition von einem alten Bodhisattva, sondern im Sinne des lebendigen Geistes eines neuen Bodhisattva, so müssen wir uns ebenso inspirieren lassen von dem Bodhisattva, der einst der Maitreya-Buddha werden wird. Und dieser Bodhisattva inspiriert uns so, daß er darauf aufmerksam macht: Die Zeit rückt heran, wo der Christus in neuer Form, in einem *ätherischen* Leibe, eine Gnade sein wird für diejenigen Menschen, welche durch eine neue Essäerweisheit die neuen Kräfte entwickeln in der Zeit, wo die Wiederkunft des Christus im ätherischen Gewande an die Menschen belebend herantreten wird. Ganz im Sinne des inspirierenden Bodhisattva, der der Maitreya-Buddha werden soll, wollen wir reden... Wir sprechen es mit den Formeln aus, die wir kennenlernen aus der Inspiration des Bodhisattva selber, wie die künftige Erscheinung des Christus sein wird.»[35]

So begann, wie schon oben gesagt, das Eindringen der Kräfte des Bodhisattva in den Astralleib Rudolf Steiners um 1902/03. Dieser Prozeß setzte sich etwa bis zur Mitte dieser Lebensperiode fort, bis 1906–07. Im Jahre 1906 hält Rudolf Steiner einen Vortragszyklus in Paris, über den er später in seiner Autobiographie sagt: «Für mich ist zunächst die Zeit bis zu meinem Pariser Zyklus von Vorträgen etwas als Entwicklungsvorgänge in der Seele Geschlossenes ... Es wurde von mir in diesem Vortragszyklus das gegeben, was ich an den für das Menschenwesen *leitenden* spirituellen Erkenntnissen als in mir ‹reif› empfand.»[36] Und dann spricht er genauer darüber, was das «Reifwerden» der spirituellen Erkenntnisse eigentlich bedeutet.

In diesem Jahr erklärte Rudolf Steiner einer Gruppe russischer Freunde, die später an dem Pariser Zyklus teilnahmen, seine Bereitschaft zu einer Reise nach Rußland. «Wir verabredeten für Juni 1906 einen Vortragszyklus auf einem Gute bei Kaluga» – erinnert sich Marie Steiner.[37] Diesen Entschluß zu einer Reise nach Rußland kann man als symptomatisch ansehen. Rudolf Steiner will in der Mitte der Lebensepoche, die unter dem Zeichen des Geistselbst steht, das Land besuchen, wo in der sechsten Kulturepoche das Prinzip des Geistselbst erstmals in der Menschheitsentwicklung als historisch-soziale Tatsache realisiert werden soll.[38]

In der Mitte des folgenden Jahres findet der Theosophische Kongreß in München statt, auf dem die ersten Grundlagen der anthroposophischen Kunst gelegt werden und wo Rudolf Steiner den mächtigen Zyklus «Die Theosophie des Rosenkreuzers» hält. Über den Pariser Zyklus von 1906 spricht er am Ende des 37. Kapitels seiner Autobiographie und über den Münchner Kongreß von 1907 in der Mitte des 38. Kapitels. Folglich liegt zwischen diesen beiden Ereignissen die Zeit, auf die sich die tief bedeutungsvollen Worte beziehen, mit denen er das 38. Kapitel seiner Lebensbeschreibung beginnt: «In dem folgenden wird die Darstellung meines Lebensganges von einer Geschichte der anthroposophischen Bewegung schwer zu trennen sein.»

Von dieser Zeit an ist das *persönliche* Leben Rudolf Steiners nicht mehr von der anthroposophischen Bewegung, von seiner spirituellen Mission zu trennen, und das bedeutet, daß er sein persönliches Leben und auch alle Früchte seiner individuellen Entwicklung dem Geistesstrom vollständig hingeopfert hat, der sich durch ihn aus der erhabenen Wesenheit ergießt, die wir den Bodhisattva nannten.[39] Aber das persönliche Leben wurzelt im Astralleib. Denn der menschliche Astralleib ist der Träger der persönlichen Impulse. Wenn wir das wissen, können wir mit voller Klarheit empfinden, welches Opfer hinter diesen einfachen Worten steht, mit denen Rudolf Steiner das *letzte* Kapitel seiner Lebensbeschreibung beginnt.

Rudolf Steiner opferte als Eingeweihter seinen irdischen Astralleib, indem er ihn der hohen geistigen Wesenheit des Bodhisattva und in weiterem Sinne dem ganzen Kreis der oben genannten Meisterindividualitäten, die mit der hohen Sphäre des Heiligen Geistes verbunden sind, zur Verfügung stellte, und die von nun an durch ihn sprachen. Diese Tat ist die *zweite* Stufe auf dem großen Opferweg Rudolf Steiners. Das vollzog sich zwischen 1906–1907, etwa in der Mitte seines 7. Lebensjahrsiebts, das unter dem Zeichen der Kräfte des Geistselbst steht; mit diesem Ereignis hat auch die Autobiographie «*Mein* Lebensgang» ihren folgerichtigen Abschluß erreicht. Denn das Wort «mein» kann Rudolf Steiner von nun an nicht nur auf sich, als Erdenmensch, anwenden, sondern auch auf die durch ihn wirkenden kosmischen Wesenheiten.[40]

Von dieser Zeit an (1907) beginnt die Wesenheit des Bodhisattva sich immer stärker in den Astralleib Rudolf Steiners einzuleben. Dieser Prozeß dauert bis zum Beginn der nächsten Lebensperiode, d.h. etwa drei Jahre, und das ist die Zeit, wo er unter dem Einfluß des in ihm wirkenden Bodhisattva-Impulses seine besonders tiefen christologischen Vortrags-Zyklen hält: «Das Johannes-Evangelium» (Hamburg, 12 Vorträge), «Die Apokalypse des Johannes»(Nürnberg, 12 Vorträge). Dann folgt der Vortrag in Berlin, wo er eingehend über die «Meister der Weisheit und des Zusammenklanges der Empfindungen» spricht: «Das Weihnachtsmysterium» (22. Dezember 1908), darauf «Die Christus-Tat und die widerstrebenden geistigen Mächte» (22. März 1909), «Geistige Hierarchien und ihre Widerspiegelung in der physischen Welt» (Düsseldorf, 10 Vorträge), «Das Johannes-Evangelium im Verhältnis zu den drei anderen Evangelien» (Kassel, 14 Vorträge) und endlich «Das Lukas-Evangelium» (Basel, 10 Vorträge), der Vortragszyklus, den Rudolf Steiner hielt in dem Jahre, da der Christus in ätherischer Gestalt in die Sphäre der Menschen eintrat.[41] In diesem Zyklus offenbarte Rudolf Steiner auch erstmals das Geheimnis der zwei Jesusknaben. Das war zugleich der Anfang des Fünften Evangeliums.[42]

Man kann denken, daß die Inspiration des Bodhisattva Rudolf Steiner zu seinen tiefsten christologischen Vortragszyklen bewegte, wenn wir uns die folgende Aussage in Erinnerung rufen: «Wenn die gegenwärtige Menschheit sich nicht direkt hinaufwenden kann zu den Bodhisattvas, um mit den geistigen Augen der Bodhisattvas den Christus anzuschauen, so muß die Menschheit eben noch bei diesen Bodhisattvas in die Schule gehen, um dasjenige zu lernen, was dann den Christus zuletzt begreiflich machen kann.»[43]

Um das Jahr 1910 geht das Einleben des Bodhisattva in den Astralleib Rudolf Steiners seiner Vollendung entgegen. A. Arenson sagt darüber in seinem Vortrag «Als der Bodhisattva den Menschen *bis zu seinem Äther-*

leib durchdrungen hatte, trat dieser mit seiner Mission vor die Menschheit hin.»[44] Arenson weist hier auf die Tatsache hin, daß der Erzengel, der den Bodhisattva inspiriert (s. S. 71), von nun an nicht nur wie schon früher auf den Astralleib des Menschen, sondern auch auf seinen Ätherleib einwirkt. Arenson fährt fort: «Und dann ist er [der Bodhisattva] hier... und jeder kann ihn erkennen, der etwas von der Mission des Bodhisattva weiß.»

Aber was ist die Hauptaufgabe dieses Bodhisattva in unserer Zeit? «Er, der nahezu alle hundert Jahre einmal verkörpert gewesen ist seitdem [d. h. seit dem Beginn seiner Mission im Menschen als Bodhisattva], *er ist auch jetzt verkörpert und wird der eigentliche Verkünder des Christus im ätherischen Gewande sein.*»[45]

Um dieses größte Ereignis des 20. Jahrhunderts vorzubereiten, ist die Anthroposophie auf der Welt. «So erfassen wir jetzt Geisteswissenschaft in einem ganz anderen Sinn. Wir lernen, daß sie etwas ist, was uns eine ungeheure Verantwortung auferlegt, denn sie ist eine Vorbereitung auf das ganze konkrete Geschehen des Wiedererscheinens des Christus.»[46]

Im Februar 1910 vollendet Rudolf Steiner sein 49. Jahr (sieben mal sieben). Infolgedessen tritt er in die neue Lebensepoche des Lebensgeistes, des umgewandelten Ätherleibes, und im Januar desselben Jahres verkündigt er zum ersten Male den ätherischen Christus, das wichtigste spirituelle Ereignis des 20. Jahrhunderts. Von dem Augenblick an erklingt dieses Thema für die europäische Menschheit das ganze Jahr hindurch wie eine mächtige Glocke, zu Wachheit und Erkenntnis aufrufend und die alten Worte Johannes des Täufers erneuernd: «Ändert den Sinn, denn das Himmelreich ist nahe herbeigekommen.»

Staunenerregend ist die Entschiedenheit und Kraft dieser Offenbarung des neuen Bodhisattva, die in der Hauptsache im Jahre 1910 stattfindet (die Vorträge dieses Jahres über den ätherischen Christus füllen einen ganzen Band [GA 118]), während Rudolf Steiner innerlich aus dem Wirkungsbereich des Geistselbst in den Bereich des Lebensgeistes übergeht. Deswegen müssen wir den Worten besondere Aufmerksamkeit widmen, mit denen er selbst die Veränderungen charakterisiert, die in diesem Jahre in ihm vor sich gehen. Im letzten Vortrag des Zyklus «Die Offenbarungen des Karma», den Rudolf Steiner am 28. Juli 1910 hält, sagt er: «So sehen wir den Gang der Menschheitsentwicklung, indem sich Menschheitskarma und Karma der höheren Wesenheiten auslebt. Und wir begreifen jetzt auch, wie sich der Plan der Entwicklung zum einzelnen menschlichen Karma stellt. Nehmen wir an, eine übermenschliche Individualität hätte im Jahre 1910 dieses oder jenes gewirkt, das dann auf dem physischen Plan durch einen Menschen ausgeführt wurde, so ist dadurch ein Kontakt geschlossen zwischen dieser übermenschlichen Individualität und dem Menschen. Der Mensch ist dann verwoben in das Karma der höheren Wesenheiten.[46a] Das ist eine abgeschlossene Korrespondenz. Dann strömt ihm aber zu aus den höheren Welten eine Strömung, die ihm etwas in sein Leben hineinbringt, darin hat er nun einen neuen Posten, der zu seinem Karma hinzugefügt ist und der nach der einen oder anderen Seite den Ausschlag gibt. So wird menschliches Karma befruchtet von dem allgemeinen Karma, das durch die Welt strömt.»[47]

In dieses Jahr und in die nächst folgenden Jahre (also von 1909 bis 1911) fallen alle wesentlichen Mitteilungen über das Wesen und die Bedeutung der Bodhisattvas: 1909 die Zyklen Nr. 7, 9, 10, 17; 1910 im März ein Zyklus von elf Vorträgen in Wien unter dem Titel «Makrokosmos und Mikrokosmos» (GA 119), in dem Rudolf Steiner eingehend von der Bedeutung der Welt der Vorsehung (des Buddhi-Plans) für die okkulte Entwicklung spricht, d. h. der Welt, aus der der Bodhisattva seine Impulse schöpft; im September der Zyklus 15, wo er direkt auf den ihn inspirierenden Bodhisattva weist, 1911 Zyklus 18, wo abermals von den «Meistern der Weisheit und des Zusammenklanges der Empfindungen» gesprochen wird; und schließlich der Zyklus «Von Jesus zu Christus», einer der bedeutendsten christologischen Zyklen, wo er erstmals das Wesen des Mysteriums der Auferstehung enthüllt, das in besonderer Weise mit den Geheimnissen des Ätherleibes zusammenhängt und demzufolge mit dem Erscheinen des ätherischen Christus. Denn Christus, der nach dem Mysterium von Golgatha im physischen Leibe auferstand, aufersteht heute im 20. Jahrhundert im ätherischen Leibe. In diesem Zyklus weist Rudolf Steiner auch auf die Wesenheit des neuen Bodhisattva hin, der der Maitreya-Buddha werden soll. Außerdem werden in dieser Zeit in den verschiedensten europäischen Städten Einzelvorträge zu diesem Thema gehalten. (Von den letzteren sind die Vorträge von 1911 besonders wichtig, die in GA 130 gesammelt wurden.)

Im Jahr 1910 gibt Rudolf Steiner diesem neuen Mysterium des ätherischen Christus in seinem ersten Mysteriendrama «Die Pforte der Einweihung» (in der Rede der Theodora im ersten Bild) auch einen künstlerischen Ausdruck. Und im Jahre 1911 kommt sein Buch «Die geistige Führung des Menschen und der Menschheit» heraus. In diesem Buch spricht er zum ersten Mal öffentlich von dem Geheimnis der zwei Jesusknaben und dem neuen Erscheinen des Christus. Er übergibt damit der Welt die Tatsachen, deren Kenntnis für jeden weiteren Fortschritt der Menschheit unabdingbar notwendig ist, und zieht hier gleichsam selbst die Summe der ersten Epoche seiner Tätigkeit als Menschheitslehrer.

Im Zusammenhang mit dem Thema der Wiederkunft ist an die Äußerungen Rudolf Steiners vom 27.9. 1911 (GA 130) zu erinnern über den ständig aus der geistigen Welt wirkenden *Ätherleib* des Christian Rosenkreutz: «Alles, was als Theosophie (Anthroposophie) verkündet wird, wird vom Ätherleib des Christian Rosenkreutz gestärkt und diejenigen, die Theosophie verkündigen [d. h. vor allem Rudolf Steiner selbst], lassen sich überschatten von diesem Ätherleib, der auf sie wirken kann, sowohl wenn Christian Rosenkreutz inkarniert ist als auch dann, wenn er nicht inkarniert ist.» Aber wozu führt in unserer Zeit diese Überschattung durch den Ätherleib des Christian Rosenkreutz? Rudolf Steiner drückt das in folgenden Worten im selben Vortrag aus. «Das 20. Jahrhundert hat aber die Mission, diesen Ätherleib [des Christian Rosenkreutz] so mächtig werden zu lassen, daß er auch exoterisch wirken kann. Die von ihm überschattet werden, dürfen das Ereignis erleben, das Paulus vor Damaskus erlebte.» Zieht man in Betracht, daß sich die Erscheinung des ätherischen Christus in künstlerischer Form im ersten Mysteriendrama findet, das *durch* Rudolf Steiner gegeben wurde und welches das *«rosenkreuzerische»* genannt wird, so nähern wir uns um einen weiteren Schritt jener geistigen Realität, welche hinter all' diesen Tatsachen steht. Weiter sagt Rudolf Steiner: «Die Arbeit der Rosenkreuzer ist es, die es möglich macht, die Äthererscheinung des Christus zu haben.» So bekommen wir eine Empfindung jener Harmonie und des Zusammenklanges, in welchen die die Menschheit führenden geistigen Mächte zum Wohle der ganzen Erdenentwicklung gemeinsam wirken.[48] Denn sie alle müssen sich vereinigen, um gemeinsam das größte geistige Ereignis, die Wiederkunft Christi, vorzubereiten, als deren Bote für die Menschheit des 20. Jahrhunderts Rudolf Steiner, auserwählt durch die Weltenlenkung selbst, wirkte[49].

Das achte Jahrsiebt, das unter dem Zeichen des Lebensgeistes steht, ist zugleich die Epoche der mächtigen Einwirkungen aus der Jupitersphäre, der Sphäre der kosmischen Weisheit. Zugleich ist es die Epoche der künstlerischen Ausgestaltung dieser Weisheit. Rudolf Steiners Ätherleib wird in dieser Zeit von einem Lebensgeist überglänzt, der ganz von den Sonnenkräften durchdrungen ist. Aus diesen Ätherkräften[50] kann er in jener Zeit so starke und umfassende Impulse auf künstlerischem Gebiet geben, daß seine Biographen diese Epoche oftmals die zweite Phase der Entwicklung der Anthroposophie oder die Epoche des Eindringens der anthroposophischen Impulse in den Bereich der Kunst nennen.

Von 1910 an und etwa bis zur Mitte dieser Lebensepoche schreibt Rudolf Steiner seine vier Mysteriendramen (jährlich ein Drama), die in eindrucksvollen Bildern den Weg des modernen Menschen durch die Einweihung zum Geiste darstellen. Die geistigen Kämpfe, die die handelnden Personen mit den entwicklungshemmenden Mächten Luzifers und Ahrimans führen, kann man auch als den Widerhall jener Kämpfe empfinden, die Rudolf Steiner selbst mit diesen Feinden der menschlichen Entwicklung in der Epoche führte, die ihn auf seine Mission vorbereitete.

Das künstlerische und okkulte Gewebe der Mysteriendramen ist ungewöhnlich verwickelt und vielschichtig. Rudolf Steiner sagte, wenn sie vollständig verstanden worden wären, dann hätte er keine Bücher mehr schreiben, keine weiteren Vorträge mehr halten müssen. Durch den Beginn des ersten Weltkriegs wurde, ebenso wie viele andere Anfänge jener Zeit, diese Tätigkeit Rudolf Steiners unterbrochen.

Im Zusammenhang mit der Einstudierung der Mysteriendramen werden dank der Wirksamkeit Marie von Sivers' zu der Zeit die Grundelemente der Kunst der Rezitation oder Sprachgestaltung und im Jahre 1912 die ersten Impulse auf dem Gebiet der Eurythmie gegeben. Auch vermag Rudolf Steiner in dem Zyklus «Okkulte Physiologie» (Prag 1911, GA 128) aus den Kräften seines Ätherleibes Anregungen für eine neue Heilkunst zu geben und damit die Grundlagen für die zukünftige anthroposophische Medizin.

Diese Epoche eröffnet jedoch noch andere Möglichkeiten. Hat das erste Jahrsiebt seiner Tätigkeit als Menschheitslehrer ihn durch das Geistselbst vor allem mit der Hierarchie der Angeloi verbunden, so entsteht in diesem zweiten Jahrsiebt durch den Lebensgeist eine besondere Beziehung zu der Hierarchie der Archangeloi. Diese Beziehung gestattet es ihm nun, in das Wirken dieser hohen Wesenheiten als Führer von Völkern, und hier vor allem der europäischen Völker, erkennend einzudringen. So hält er schon in der Mitte des Jahres 1910 (d. h. im ersten Jahr seines neuen Jahrsiebts) einen Vortragszyklus in Oslo über «Die Mission einzelner Volksseelen im Zusammenhang mit der germanisch-nordischen Mythologie» (GA 121), wo er ein majestätisches Bild der geistigen Konfiguration der europäischen Völker vor uns hinstellt, so wie es der Eingeweihte in der Erzengelsphäre zu schauen vermag.

In diesem Jahr hält Rudolf Steiner außerdem den Vortragszyklus «Die Geheimnisse der biblischen Schöpfungsgeschichte» (GA 122) mit dem okkulten Kommentar zu den ersten Versen der «Genesis», die von Moses aus der Kraft des ihm einverwobenen *Ätherleibes* des Zarathustra geschrieben worden ist.[51]

Im Jahre 1912 schafft Rudolf Steiner auch den Kreis der Meditationen des «Seelenkalenders», der den Schüler allmählich durch das Miterleben der geistigen Prozesse in der Natur zu einem Erleben des ätherischen Christus führen soll. Aus den reinsten ätherischen Kräften entstand jede Meditation dieses kleinen, aber in Wahrheit unschätzbaren Buches.

Und endlich wird im September 1913 mit dem Bau des ersten Goetheanum begonnen, das für fast alle bildenden Künste geistige Impulse brachte – für die Architektur, Plastik und Malerei – und das, die Kunst der Zukunft vorwegnehmend, eine harmonische Verbindung ihrer ästhetischen und geistigen Grundlagen ermöglichte.

So war in großen Zügen die Tätigkeit Rudolf Steiners von der äußeren Seite betrachtet. Innerlich vollzieht sich in dieser Lebensepoche ein neues Mysterium.

Im September 1909 hielt Rudolf Steiner in Basel den Vortragszyklus über das Lukas-Evangelium.[52] In diesem Zyklus brachte er die ersten Fakten aus dem Fünften Evangelium und enthüllte erstmals – wie oben gesagt – das Geheimnis der zwei Jesusknaben. Was aber war das eigentlich Neue, verglichen mit seinen früheren Veröffentlichungen? Davon, daß Zarathustra, der Begründer der altpersischen Kultur, sich später als Jesus von Nazareth verkörperte, hatte er schon in früheren Zyklen (GA 112, 8. Vortrag; GA 113, 5. Vortrag) gesprochen, ebenso von den Wechselbeziehungen zwischen Christus und Buddha, wenngleich nicht so eingehend wie in dem Basler Zyklus (z. B. GA 112, 14. Vortrag). *Prinzipell neu* ist, daß hier erstmals auf jene himmlische Wesenheit hingewiesen wird, die Rudolf Steiner als die Seele des nathanischen Jesusknaben bezeichnet und von der er sagt, daß sie der in lemurischer Zeit vor dem Sündenfall zurückgehaltene *ätherische Leib* der Urmenschheit sei, der ätherische Leib Adams in seinem paradiesischen Zustand. Dieses Ereignis wurde in der Bibel verhüllt mit den Worten zum Ausdruck gebracht, daß es der verführten Menschheit verboten ist, von den Früchten des Lebensbaumes zu essen. Im Basler Zyklus wird das so dargestellt: «Der luziferische Einfluß kam heran [in der lemurischen Epoche] und erstreckte seine Wirkungen auch in den astralischen Leib dieses Hauptpaares [Adam und Eva]... Den physischen Leib mußte man durch alle die Geschlechter herunter sich fortpflanzen lassen, aber von dem *Ätherleib* behielt man in der Leitung der Menschheit etwas zurück. Das drückte man eben dadurch aus, daß man sagte: Die Menschen haben genossen von dem Baume der Erkenntnis des Guten und Bösen, das heißt, was von dem luziferischen Einfluß kam. Aber es wurde auch gesagt: Jetzt müssen wir ihnen die Möglichkeit nehmen, auch zu genießen von dem Baume des Lebens! Das heißt, es wurde eine gewisse Summe von Kräften des Ätherleibes zurückbehalten. Die flossen jetzt nicht auf die Nachkommen herunter. Diese

Urkräfte der Adam-Individualität wurden aufbewahrt. Sie waren da, und sie wurden jetzt als ‹provisorisches Ich› dahin geleitet, wo dem Joseph und der Maria das Kind geboren wurde ...»[52a]

So haben wir die folgende geistige Konstellation in bezug auf diesen Zyklus:

1. Im Jahre 1909 hat der *ätherische* Christus in der geistigen Umgebung der Erde zu wandeln begonnen.[53]
2. In der zweiten Hälfte des Jahres 1909 beginnt das achte Jahrsiebt im Leben Rudolf Steiners, das von dem Lebensgeist, dem umgewandelten Ätherleib, «überschattet» wird.
3. Am 18. September 1909 (d. h. fast genau vier Jahre vor der Grundsteinlegung des ersten Goetheanum) spricht Rudolf Steiner im Basler Zyklus erstmals über einige Fakten aus dem Fünften Evangelium, u. a. über die Seele des nathanischen Jesus, der vor allen Dingen ein Träger der kosmischen Ätherkräfte der Menschheit ist, die nicht an dem Sündenfall teilhatten.

So verbindet Rudolf Steiner innerlich das Ereignis des ätherischen Christus, das Fünfte Evangelium und das Mysterium der nathanischen Jesus-Seele zu einem einheitlichen Ganzen.

Aber diese Anfangskonstellation kann noch wesentlich vertieft werden durch das, was Rudolf Steiner in dem 5. Vortrag des Zyklus «Die Bhagavad-Gita und die Paulusbriefe» sagt: «Als Paulus seine Erscheinung vor Damaskus hat, da ist dasjenige, was ihm erscheint, der Christus. Der Lichtschein, in den sich der Christus kleidet, ist der Krischna»[54] oder, mit anderen Worten, dasjenige Himmelswesen, das sich später im nathanischen Jesusknaben verkörperte. Und Rudolf Steiner fährt fort: «... Christus hat den Krischna zu seiner eigenen Seelenhülle genommen, durch die er dann *fortwirkt* ...» Das ist ein Hinweis auf den tiefen Zusammenhang zwischen der «leiblichen» Auferstehung Christi und der nathanischen Seele. Aber wenn ihre Mitwirkung bei der «leiblichen» Auferstehung des Christus so bedeutsam war, ist es dann möglich, daß sie an der ätherischen Auferstehung Christi im 20. Jahrhundert nicht teilnimmt, wo sie doch selbst vor allem eine himmlisch-ätherische Natur hat? Kann man wirklich annehmen, daß diese himmlische Wesenheit gemeinsam mit dem Christus seinen Erdenweg bis zum Mysterium von Golgatha geht und daß sie sich nach demselben dem Paulus vor Damaskus als die Lichteshülle des Auferstandenen zeigt, «durch die er dann fortwirkt», um bei dem entscheidenden Ereignis der fünften nachatlantischen Kulturepoche von dem getrennt zu sein, dem sie seit der lemurischen Zeit opfervoll gedient hatte?[55]

Dieser Gedanke kann weiter vertieft werden. Im Oktober 1913, genau zehn Tage nach der Grundsteinlegung für das erste Goetheanum, hält Rudolf Steiner seinen, man kann sagen, ersten vollständigen Vortragszyklus über das Fünfte Evangelium (die übrigen Einzelvorträge zu diesem Thema sind nur Ergänzungen oder Weiterentwicklungen dessen, was als Grundlage des Fünften Evangeliums in diesem Zyklus von fünf Vorträgen dargelegt wurde), in dem der Hellseher das umfassende Bild der wesentlichsten Ereignisse der Evangelien vor uns hinstellt, so wie sie ihm in unserer Zeit in der Akasha-Chronik vor das geistige Auge traten. Es ist dies auch der *einzige* Zyklus, in dem Rudolf Steiner das Bild fast *aller* Ereignisse von Palästina so *vollständig* für uns zeichnet. (In den Evangelienzyklen ist ein solch vollständiges Bild nicht gegeben.) In diesem Sinne kommen die fünf Vorträge dem am nächsten, was man eine Art «anthroposophischen Evangeliums* nennen könnte. In diesen Vorträgen betont Rudolf Steiner als das Wesentliche aller von ihm dargestellten Ereignisse, daß sie sich im Laufe von 33 Jahren auf dem *physischen* Plan abspielten. Die verschiedenen geistigen Wesenheiten, von denen im Fünften Evangelium gesprochen wird, waren jedoch an den einzelnen Ereignissen höchst verschieden beteiligt. Buddha nahm z. B. während der ersten 12 Jahre auf die intensivste Weise teil, Zarathustra 30 Jahre lang,** und die höchste Wesenheit – der Christus – drei Jahre lang. Es wird aber eine Wesenheit in diesem Fünften Evangelium genannt, die durch die *ganze* 33jährige Epoche hindurchging, das war die Seele des nathanischen Jesus.

Nun bleibt noch die Frage zu stellen: Warum gibt Rudolf Steiner die ersten Mitteilungen aus dem Fünften Evangelium gerade im Zusammenhang mit dem Lukas-Evangelium? Schon beim Lesen des Evangeliums selbst können wir wahrnehmen, daß der Evangelist Lukas vom Geheimnis der nathanischen Seele weiß, denn er beschreibt ihren Stammbaum bis hin zu *Adam*, zu Gott und weist damit auf ihre göttliche Abstammung in der lemurischen Epoche hin sowie auf ihren Zusammenhang mit dem Urvater der Menschheit, mit Adam. Woher empfing Lukas eine solch tiefe Erkenntnis? Dazu sagt er selbst: «Wie uns das gegeben haben, die es

* Im dritten Vortrag dieses Zyklus sagt Rudolf Steiner selbst, daß das «Fünfte Evangelium» das «anthroposophische Evangelium» sei.

** Hier ist *insgesamt* die Beteiligung Zarathustras an den palästinensischen Ereignissen gemeint, wie sie im Matthäus-Evangelium beschrieben ist. Unmittelbar an der Bereitung der Hüllen zur Verkörperung des Christus nahm dagegen Zarathustra im Laufe von *achtzehn* Jahren teil, das heißt von der Zeit seiner Vereinigung mit dem nathanischen Jesusknaben an, worauf das Lukas-Evangelium hindeutet (Kap. 5, Vers 42–50).

von Anfang selbst gesehen und Diener des Wortes gewesen sind.»[56] Diese Worte des Evangelisten werfen die schwerwiegende Frage auf: Wer waren diese «Selbstseher» des Logos, des Wortes, die ihm von Anfang an dienten? Um eine Antwort zu finden, müssen wir noch von einer anderen Seite an diese Frage herangehen.

Im 4. Vortrag des Zyklus über das Lukas-Evangelium spricht Rudolf Steiner von dem besonders tiefen Wissen des Apostels Paulus um das Geheimnis der nathanischen Seele und damit um den Zusammenhang zwischen dem alten und dem neuen Adam. Im ersten Korinther-Brief dieses Apostels lesen wir: «So heißt es auch in den heiligen Schriften: Der erste Mensch, Adam, wurde verkörpert in eine lebentragende Seelenhülle, der letzte Adam in eine lebenerzeugende Geistgestalt. Aber als erster wird nicht angezogen der Geistesleib, sondern der Seelenleib, danach der Geistesleib.»[57]

Mit diesen Worten wird das Geheimnis der nathanischen Seele enthüllt, denn sie ist «die lebendige Seele» (im Gegensatz zur übrigen Menschheit, die dem Tode verfallen war und so durch die Verkörperungen gehen mußte), und der Christus ist der Geist, der da lebendig macht! Diese Worte weisen einerseits auf das Geheimnis der Vergangenheit, auf die nathanische Seele («der Seelenleib war der erste»), und andererseits auf das Geheimnis der Zukunft («danach der Geistesleib»), auf den Christus selbst; das findet auch seinen Ausdruck auf dem physischen Plan in der Tatsache, daß die nathanische Seele sich auf der Erde während 30 Jahren erst hat vorbereiten müssen auf den Empfang des Christuswesens. Diese zwei Geheimnisse im Zusammenhang mit der nathanischen Seele konnte Paulus unmittelbar erkennen, da ihm der Christus bei Damaskus in der Hülle des Krischna erschienen war. Und er gab dem Evangelisten Lukas diese Erkenntnisse weiter: «Das hat schon Paulus gewußt; das liegt in dem, was sich hinter seinen Worten verbirgt. Und das hat auch Lukas, der Schreiber des Lukas-Evangeliums, der ein Paulus-Schüler war, gewußt.»[58] Ebenso ist es aus der kirchlichen Tradition bekannt, daß Lukas sein Evangelium nach den Worten des Apostels Paulus niedergeschrieben hat.[59] Doch das letztere scheint im Widerspruch zu stehen zu den oben angeführten Worten von Lukas, denn obwohl er sein Evangelium unmittelbar unter der Führung des Apostels Paulus geschrieben hat, so können seine Worte doch nicht Paulus zugeschrieben werden, denn dieser kann es nicht «von Anfang an» selbst gesehen haben.

Wer aber war *von Anfang an* der «wahre Diener des Wortes» und hat es selbst gesehen, d. h. von dem Anfang an, auf den im Stammbaum des Lukas-Evangeliums hingewiesen wird? Das kann nur die nathanische

Seele gewesen sein! Wenn diese Tatsache anerkannt wird, dann kann ein helles Licht auf das Herkunftsgeheimnis des dritten Evangeliums fallen: es ist das Ergebnis der direkten Einwirkung der nathanischen Seele durch Paulus auf Lukas, so daß er ihr tiefes Geheimnis in dem Stammbaum enthüllen konnte.[60]

Man kann aber auch in dem allgemeinen Charakter dieses Evangeliums die Wirkungen der Inspiration der nathanischen Seele deutlich empfinden, denn die Gesinnung der tätigen Liebe und des Trostes, die dieses Evangelium der Menschheit bringt, das «Prinzip der Liebe, des Mitleids, der Einfalt, ja bis zu einem gewissen Grade der Kindlichkeit»[61], das jeden seiner Sätze durchdringt, und auch der starke Einfluß, den es auf die Kunst ausgeübt hat, all das ist das Ergebnis ihrer Einwirkung. Und es entsteht ein deutliches Bild, wenn wir noch den Zusammenhang dieses Evangeliums mit dem Buddhismus hinzunehmen, der nach den Worten Rudolf Steiners in ihm in reinster und erneuerter Form wieder auflebt, dadurch, daß der Nirmanakaya, der völlig gereinigte Astralleib des Buddha, den Astralleib des nathanischen Jesusknaben bis zum 12. Jahre durchdringt. So kann nun zusammenfassend gesagt werden: im Jahre 1909 tritt der ätherische Christus in die Erdenentwicklung ein, und mit ihm die himmlisch-ätherische Wesenheit der nathanischen Seele. Zu derselben Zeit beginnt Rudolf Steiners achtes Lebensjahrsiebt, das Jahrsiebt des Lebensgeistes, wo der Mensch für alles Ätherische besonders empfänglich ist. Deshalb kann er gerade zu der Zeit erstmals Tatsachen des Fünften Evangeliums enthüllen, ausgehend vom Lukas-Evangelium, dem Evangelium, das unter der Mitwirkung der nathanischen Seele selbst geschrieben wurde. Und unter den ersten Offenbarungen des Fünften Evangeliums ist das Geheimnis ihrer himmlischen und irdischen Schicksale. Alles das weist auf den realen Zusammenhang hin, der zwischen dem Fünften Evangelium und der nathanischen Seele besteht. Und wer könnte dem Eingeweihten besser helfen, die Ereignisse in der Akasha-Chronik zu lesen, als jene himmlische Wesenheit, die *selbst,* während der 33 Jahre, da sie der Sonnenwesenheit des Christus sich opfernd diente, alle Ereignisse dieses Evangeliums miterlebte! So kann mit aller Entschiedenheit gesagt werden: wie wir auf der Erde vier Evangelien haben, das Evangelium des Johannes, Lukas, Markus und Matthäus, so haben wir mit dem Fünften Evangelium das Evangelium derjenigen Wesenheit, die Rudolf Steiner die himmlische Seele des nathanischen Jesus nennt.

Dabei ist besonders zu beachten, daß kein einziger der Evangelisten der *Autor* seines Evangeliums im eigentlichen Sinne ist. Rudolf Steiner sagte oft, daß sie die Ereignisse von Palästina gleichsam von vier verschiedenen Seiten darstellten, wobei jeder das beschrieb, was ihm sein eigenes Schauen offenbarte. In diesem Sinne tritt die nathanische Seele *nicht* als Autor des Fünften Evangeliums auf, sondern als diejenige Wesenheit, dank der das Fünfte Evangelium durch Rudolf Steiner auf die Erde kommen konnte. Und wie nach der «leiblichen» Auferstehung des Christus die nathanische Seele Lukas durch den Apostel Paulus zum Schreiben seines Evangeliums inspirierte, so inspirierte die nathanische Seele Rudolf Steiner nach der «ätherischen» Auferstehung des Christus im Jahre 1909, die Geheimnisse des Fünften Evangeliums zu enthüllen, die er durch sie in der Akasha-Chronik hatte lesen können.

Um dies zu bestätigen, wenden wir uns den außerordentlich wichtigen Worten Rudolf Steiners zu, die er am 19. Septemer 1914 sprach, genau ein Jahr nach der Grundsteinlegung des ersten Goetheanum: «Und dazumal [bei der Grundsteinlegung des ersten Goetheanum] war es, daß ich zum ersten Male die Worte sprechen durfte, von denen ich nicht nur zu wissen vermeine, sondern mit all den Sicherheiten, mit denen man so etwas wissen kann, wirklich zu wissen glaube, daß sie gehört wurden aus den göttlich-geistigen Höhen *von jener Wesenheit, die der Träger* des die Menschen harmonisch zusammenführenden *Christus werden sollte.* Es gehört, meine lieben Freunde, zu den erhabensten Augenblicken, die ich erleben durfte im Laufe unserer Bewegung, als ich zum ersten Male sprechen durfte die Worte:

‹Amen – AUM.
Es walten die Übel,
Zeugen sich lösender Ichheit,
Von andern erschuldete Selbstheitschuld,
Erlebet im täglichen Brote,
In dem nicht waltet der Himmel Wille,
Da der Mensch sich schied von Eurem Reich
Und vergaß Euren Namen,
Ihr Väter in den Himmeln.›»[62]

Aber eine solche Wesenheit, «die der Träger des Christus werden sollte», gibt es in der ganzen Weltentwicklung nur eine: es ist die nathanische Seele. So teilt uns Rudolf Steiner hier selbst mit – und betont in diesem Falle seine Gewißheit noch besonders –, daß diese Worte des alten kosmischen Gebetes der Menschheit, mit dem im Grunde das Fünfte Evangelium beginnt, von ihm aus den göttlich-geistigen Höhen unmittelbar *von der nathanischen Seele selbst* gehört wurden. Deshalb soll dieses Evangelium «als das uralteste, weil das makrokosmische Evangelium, wie ein

Echo nun entgegenklingen ... dem mikrokosmischen Evangelium des Ostens». Denn vom Osten kamen die vier Evangelien des Christus, der «im physischen Leibe» auferstanden ist, die «Evangelien der Verkündigung». Von nun an kommt ihm vom Westen das Fünfte Evangelium des Christus entgegen, der «im ätherischen Leibe» auferstanden ist, das «Evangelium der Erkenntnis».[63]

Zu dieser neuen *Erkenntnis* der Wesenheit des Christus, die uns im Fünften Evangelium enthüllt wird, gehört auch das Wissen davon, daß dieses Evangelium durch den Stammbaum, der bis zu Adam, zu Gott hinaufreicht und damit in die tiefste Menschheits-Vergangenheit, bis zur lemurischen Epoche, die eine Wiederholung des alten Mondes ist, nicht nur den Impuls des Lukas-Evangeliums enthält, sondern es weist uns diese neue Erkenntnis des Christus auch unmittelbar auf den Impuls des Johannes-Evangeliums[64] und damit auf den Impuls, der von dem *Christus selbst* ausgeht, von dem «neuen Adam». Denn Johannes, der von Christus selbst eingeweiht worden war als sein Schüler, vermochte als einziger während des Mysteriums von Golgatha am Kreuz zu stehen, das heißt den Weg des Christus vom Abendmahl bis Pfingsten bewußt zu durchleben, während die übrigen Apostel eine Epoche des herabgedämpften Bewußtseinszustandes durchmachten.[65] Er konnte durch die Inspiration des Christus das tiefste Evangelium schreiben und am Ende das Bild des zukünftigen Jupiter-Daseins in der Apokalypse entwerfen.[66] So können wir das Lukas-Evangelium mehr mit dem Mond in Beziehung setzen, das Johannes-Evangelium mit dem Jupiter. Diese zwei Impulse vereinigt dann das Fünfte Evangelium, von dem Rudolf Steiner sagt, daß es «mit dem Mond und dem Jupiter»[67] verbunden ist, mit der Vergangenheit und mit der Zukunft, aber das heißt, mit dem, was die Zeit umfaßt: mit der Ewigkeit.[68]

So ist das Fünfte Evangelium die ewige Offenbarung des Christus von seiner eigenen Wesenheit, die Rudolf Steiner der ganzen Menschheit in unserer Zeit durch die Vermittlung der nathanischen Seele enthüllt hat. Diese dient weiterhin opfervoll der Christus-Wesenheit in den geistigen Welten und erscheint jetzt, nachdem sie dem Paulus vor Damaskus als leuchtende Hülle des Auferstandenen erschienen ist, von den Kräften des lebenden Christus durchdrungen, als das kosmische Urbild der zukünftigen Menschheit. Wie ein göttlicher Widerschein der fernen Zukunft zeigt sich uns heute diese Seele: als Bild der Menschheit, die sich aus dem Abgrund des Sündenfalls erhebt und aus voller Opferfreiheit zu dem alleinigen Leib, der alleinigen Hülle des das Weltall belebenden Geistes wird, des göttlichen Ich der Menschheit, der Christus-Wesenheit. Das ist die Verwirklichung des hohen Ideales des Gottmenschentums, das schon Wladimir Solovjeff unbestimmt ahnte, eines Gottmenschentums, das es dem Menschen möglich machen wird, sich als 10. Hierarchie zu verwirklichen.

Dieser ewige Charakter des Fünften Evangeliums bedingt auch die Eigenart der Struktur seines aus fünf Vorträgen bestehenden Hauptzyklus, den Rudolf Steiner in Oslo hielt. Dieser ist so gestaltet, daß nach einem ersten einführenden Vortrag im zweiten Vortrag die Ereignisse von Pfingsten bis zum Mysterium von Golgatha dargestellt werden. Hier wirkt die Inspiration des Christus selbst, der uns aus der Zukunft entgegenkommt. Das ist auch der Grund, warum die Ereignisse in diesem Vortrag in umgekehrter Reihenfolge beschrieben werden, denn es bewegt sich alles aus der Zukunft auf uns zu, aus der Jupitersphäre, deren Bild das Pfingstfest ist, an dem sich der kosmische Geist der Liebe, der auf dem Jupiter bis in die Naturerscheinungen hinein herrschen wird, auf die Apostel herabsenkte. In den folgenden drei Vorträgen haben wir dann die «richtige» Abfolge der Ereignisse. In dem ersten Vortrag wird geschildert, was sich während der drei Jahre von der Taufe im Jordan bis zum Mysterium von Golgatha ereignete. Das ist die Zeit, in der die Christus-Wesenheit durch die Seele des nathanischen Jesus wirkte. Hier haben wir es mit dem Gleichgewicht zwischen der Zukunft und der Vergangenheit zu tun, mit dem Gleichgewicht, in dem der Sinn des Erdendaseins seine Verwirklichung erfährt. In dem 2. Vortrag wird die Vergangenheit dargestellt, d. h. das Leben des Jesus vom 12. bis 30. Jahre, bis zur Taufe im Jordan. Und der letzte Vortrag ist der *Vereinigung* von Zukunft und Vergangenheit gewidmet. Es wird zunächst geschildert, wie Jesus vor der Taufe im Jordan über seine wichtigsten Erlebnisse während des vorangegangenen Lebens zu seiner Mutter spricht. Dann folgt die Beschreibung der Taufe und der anschließenden Versuchung in der Wüste, wo der Christus Jesus für die Zukunft der ganzen Erde die entwicklungshemmenden dunklen Kräfte der Vergangenheit überwindet. Abschluß und Höhepunkt dieses Vortrags ist die Umwandlung des großen, uralten makrokosmischen Vaterunsers durch den Christus-Jesus in das mikrokosmische Vaterunser, in dem uns sowohl das mikrokosmische Bild der Zukunft gegeben wird, welche die Vergangenheit erlöst, als auch das große Bild von der Rettung der Erde durch die Kräfte des Christus-Impulses. An diesem Wendepunkt der Erdenentwicklung wirken die Christus-Wesenheit und die nathanische Seele zusammen. Die Zukunft verbindet sich mit der Vergangenheit. Der neue Adam verbindet sich mit dem alten, der Impuls der Liebe mit dem der Weisheit. Und an diesem

Punkte entsteht der Impuls des Fünften Evangeliums, des Evangeliums der Ewigkeit. Deshalb ist es auch als «Evangelium der Erkenntnis» von dem ewigen Licht der Liebe und des Opfers durchdrungen. Denn die gesamte Weisheit der Menschheitsevolution, die in voller Reinheit in der himmlischen Seele des nathanischen Jesus bewahrt[69] und durch die «Erdenweisheit» des Zarathustra verstärkt worden ist, wird in das mächtige Sonnen-Ich des Christus aufgenommen und von ihm umgewandelt. Nach dem Mysterium von Golgatha ergießt sie sich als Strom kosmischer Liebe in die Welt, einer Liebe, die jedes Wort des Fünften Evangeliums durchdringt und im Pfingstfest ihren vollen Ausdruck findet, so wie es Rudolf Steiner in dem zweiten Vortrag des Zyklus darstellt. Dieses tiefste Geheimnis der Weltentwicklung wird vielleicht am besten durch die folgenden Worte aus der «Geheimwissenschaft im Umriß» wiedergegeben: «Weisheit ist die Vorbedingung der Liebe; Liebe ist das Ergebnis der im ‹Ich› wiedergeborenen Weisheit»[70] – und das ist auch das Wesen des Fünften Evangeliums.

Als von einem der «erhabensten Augenblicke», die er im Laufe der Entwicklung der anthroposophischen Bewegung erlebte, so spricht Rudolf Steiner von dem Augenblicke, da er bei der Grundsteinlegung des ersten Goetheanum «als erstes des Fünften Evangeliums» die Worte lesen durfte, die er selbst nannte «die makrokosmisch widerklingende Stimme des uralt ewigen Gebetes»[71], das ihm von der Wesenheit der nathanischen Seele selbst aus den hohen Sonnensphären mitgeteilt worden ist. Mit diesem Gebet, mit diesem kosmischen Vaterunser, das damals zum ersten Male in der Geschichte der Menschheit auf dem physischen Plan erklang, beginnt die Reihe von Vorträgen, die Rudolf Steiner über das Fünfte Evangelium gehalten hat.

Warum empfing Rudolf Steiner diese erhabenen Worte gerade von der Wesenheit der nathanischen Seele, wie ist der Zusammenhang zwischen ihr und diesem uralten Menschheitsgebet? Eine erste Antwort auf diese Frage finden wir in dem 4. Vortrag über das Fünfte Evangelium (4. Oktober 1913), in dem uns berichtet wird, daß Jesus von Nazareth, als er auf seinen Wanderungen mit einem heidnischen Kultus in Berührung kam, in hohe geistige Sphären entrückt wurde, wo ihm zum ersten Mal von der geheimnisvollen Stimme der Bath-Kol das «makrokosmische Vaterunser» verkündet wurde.

Aber der Zusammenhang zwischen der Weisheit der nathanischen Seele und diesem «uralt ewigen Gebet» erstreckt sich noch weiter und enthüllt bedeutungsvolle Geheimnisse des gesamten Menschheitswerdens. Es handelt sich hier um ein mächtiges Flehen um Hilfe und Erlösung, das seit der lemurischen Zeit ununterbrochen von der Menschheit, die durch den Sündenfall in das irdische Reich gestürzt worden ist, wo sie mehr und mehr den Kräften Luzifers und Ahrimans verfällt, zu den Göttern emporsteigt. Diesen Schrei der Qual und Verzweiflung, das Flehen um Rettung hörte die göttlich-sonnenhafte Wesenheit des Christus, und sie faßte aus Gnade und grenzenlosem Mitleid den Entschluß, der Menschheit zu Hilfe zu kommen und ihr durch das Mysterium von Golgatha einen neuen Impuls zum Aufsteigen aus dem Reich des Todes zu geben.

Eine aufmerksame Betrachtung der sieben Verse des makrokosmischen Vaterunsers zeigt, daß es aus zwei Teilen besteht.[72] Im ersten Teil (‹Es walten die Übel...›) fleht die Menschheit die höheren Welten um Rettung an, da sie infolge des Sündenfalls des Ich des Menschen im astralischen, ätherischen und physischen Leib dem Tod verfallen ist. Im zweiten Teil (‹In dem nicht waltet...›) ruft sie den Christus selbst an und betet zu ihm um göttliche Erlösung, wobei sie sich ihm nicht unmittelbar zuwendet, sondern den ihm opfernd dienenden himmlischen Hierarchien (‹Ihr Väter in den Himmeln...›). (Die unmittelbare Hinwendung zu dem Christus aus der Erdensphäre wurde erst nach dem Mysterium von Golgatha möglich.) Die fallende Menschheit wendet sich zunächst an die erste Hierarchie, die den Willen des Vaters repräsentiert, danach an die zweite Hierarchie, das Reich des Sohnes, und – endlich – an die dritte Hierarchie, die das Geheimnis vom Namen des Heiligen Geistes verwaltet.

So ruft die in den Abgrund versinkende Menschheit alle neun Hierarchien an und betet durch sie zu dem Christus um Rettung für das Ich des Menschen, das den Kräften der Erde und des Bösen immer mehr verfällt. Als endgültige Antwort des gesamten hierarchischen Kosmos auf diesen Anruf vollzieht sich auf der Erde das Mysterium von Golgatha, das die wahrhaft rettende Tat für das tiefste Wesen des Menschen-Ich ist und dem die bedeutungsvolle Szene der Umwandlung des makrokosmischen in das mikrokosmische Vaterunser durch den Christus Jesus vorausgeht.

Wenn wir nun alles soeben Gesagte zusammenhalten mit der Beschreibung der drei vorchristlichen Christus-Opfer durch die nathanische Seele, der Opfer, die nach den Worten Rudolf Steiners das Mysterium von Golgatha in den geistigen Welten[73] während der vorangehenden Epochen vorbereiteten und die zugleich die Stufen waren, auf denen sich «das Himmelreich» (in der Person des Christus und der ihm sich opfernd dienenden nathanischen Seele) allmählich der Erde näherte[74] als Antwort auf das Flehen der in den Abgrund versinkenden Menschheit, – wenn wir dies alles im Bewußtsein haben und uns abermals dem *gesamten* Text des makrokosmischen Vaterunsers zuwenden, dann taucht das folgende Bild vor uns auf. (Wir betrachten die vier Anrufe im ersten Teil zunächst in umgekehrter Reihenfolge.)

Auf den ersten Ruf der Menschheit um Rettung und Heilung des physischen Leibes – in dem die Sinnesorgane als der älteste Teil schon auf dem alten Saturn durch die erste Hierarchie geschaffen wurden – antwortete die nathanische Seele als eine «erzengel-*artige*» Wesenheit[75], am Ende der lemurischen Epoche[76]. (Dieser Anruf steht in dem Gebet als vierter, siehe Seite 95 in der Zeichnung rechts.) Sie antwortete auf dieses Flehen, indem sie aus der hohen Sonnensphäre heraus ihre eigenen ätherischen Kräfte opferte, damit die Christus-Wesenheit in ihnen als in einer Hülle den physischen Leib des Menschen heilen konnte.

Im dritten Anruf des Gebetes um Rettung und Heilung des ätherischen Leibes (der das Zusammenspiel der Lebensorgane bewirkt, die von der zweiten Hierarchie auf der alten Sonne geschaffen worden sind) antwortete die himmlische nathanische Seele am Anfang der atlantischen Epoche, indem sie aus der Planetensphäre heraus ihre ätherischen Kräfte opferte, damit die Christus-Wesenheit in ihnen die Heilung des ätherischen Leibes des Menschen vollziehen konnte.

Auf die zweite Bitte des Gebetes um Rettung und Heilung des astralischen Leibes (dessen Grundkräfte Denken, Fühlen und Wollen von der dritten Hierarchie auf dem alten Mond in ihn gelegt worden sind) antwortete die himmlische nathanische Seele am Ende der atlantischen Epoche aus der an die Erde angrenzenden Sphäre heraus abermals mit dem Opfer ihrer ätherischen Kräfte, indem sie sich dabei der Sonnen-, Monden- und Erdenkräfte bediente, damit die Christus-Wesenheit in ihnen als in einer Hülle auch die Heilung des menschlichen Astralleibes vollziehen konnte.

So haben wir in den drei Teilen des makrokosmischen Vaterunsers vor allem die Bitte an die nathanische Seele, aus den geistigen Welten herabzusteigen. Diese nähert sich darauf der Erde über drei kosmische Stufen, um sich als Antwort auf die erste Bitte auf dem physischen Plan in der Person des nathanischen Jesusknaben zu verkörpern. Damit opfert sie sich noch einmal der Christus-Wesenheit hin, dieses Mal jedoch um der Rettung des Ich des Menschen willen.

Der zweite Teil des Gebetes ist, wie schon gesagt, die flehende Bitte der Menschheit, die sie durch die neun Hierarchien an die Christus-Wesenheit richtet, die allein das Ich des Menschen vor dem Verderben retten und so der Erdenevolution Sinn und Ziel verleihen kann. Auch die Christus-Wesenheit erhört wie die nathanische Seele die dreifache Bitte der in den Abgrund versinkenden Menschheit und steigt über drei Stufen zur Erde herab. Dieses Herabsteigen hat Rudolf Steiner mehrmals so beschrieben: Am Anfang war die Christus-Wesenheit in der höchsten geistigen Sphäre, über dem Weltenwillen, der der kosmische Schöpfergrund unseres Weltalls ist. (Im Johannes-Evangelium wird dieser Zustand mit den Worten zum Ausdruck gebracht: «Den göttlichen Weltengrund hat nie ein Mensch mit Augen geschaut. Der eingeborene Sohn, der im Schoß des Weltenvaters war, er ist der Führer zu diesem Schauen geworden.»[77]) Das ist jener erhabene Aspekt des Christus, von dem die alten heiligen Rishis sagten: Vishva-Karman[78], er ist über unserer Sphäre. In dem Vortrag vom 25. Dezember 1923 spricht Rudolf Steiner eingehend davon, wie die höchste Sphäre, zu der der Eingeweihte in der ersten Epoche nach der großen atlantischen Katastrophe vordringen konnte, die Sphäre der ersten Hierarchie war, der Seraphim, Cherubim, Throne. In dem Zyklus von 1909[79] über die geistigen Hierarchien stellt er dar, daß die Wirkenssphäre der Seraphim und Cherubim der Tierkreis selbst ist. Das weist darauf hin, daß die Christus-Wesenheit auf dieser Stufe durch den Tierkreis *hindurch* wirkt, aus der Sphäre, die auch die Sphäre des makrokosmischen Prinzips des Welten-Ich ist[80], woher in der lemurischen Epoche die Jahve-Elohim den Grundimpuls zum Schaffen des individuellen Ich des Menschen erhielten.[81] Aus dieser höchsten makrokosmischen Ich-Sphäre, die sich über den Seraphim, Cherubim, Thronen befindet, wirkte ursprünglich die Christus-Wesenheit.[81a] An diesen erhabensten Aspekt seiner Wesenheit wendet sich zuallererst die im Abgrund versinkende Menschheit und bittet den Christus, ihr durch die Vermittlung der ersten Hierarchie um eine kosmische Stufe näher zu kommen. Und in Mitleid mit der Menschheit steigt der Christus aus seinen uns unvorstellbaren Höhen um eine Stufe näher herab. Die Christus-Wesenheit tritt damit in den Tierkreis ein, in die Sphäre der ersten Hierarchie, die auch die Sphäre der Schöpferwelt des kosmischen Willens ist.

Abermals dringt der Ruf der im Abgrund versinkenden Menschheit zu dem Christus, aber diesmal mit Hilfe der zweiten Hierarchie, die in ihrer Gesamtheit das große *Sonnenreich* bildet. Und auf diesen Ruf hin steigt der Christus in ihre Sphäre, in die Sphäre der Sonne hinab, wo er sich als der große Sonnengeist offenbart, als Ahura-Mazdao, die große astrale Aura der Sonne[82], die Zarathustra einst schaute.

Endlich tönt der Ruf um Hilfe und Rettung zum dritten Male aus der Tiefe herauf, diesmal zu der Sphäre des Geistes, der dritten Hierarchie. Und der Christus steigt abermals um eine Stufe tiefer, näher zur Menschheit herab, in die Sphäre der dritten Hierarchie, die Ätherhülle der Erde, wo er sich Moses durch seinen Diener Jahve[83] in dem brennenden Dornbusch auf dem Sinai in den Elementen offenbart und ihm seinen geheimen *Namen* nennt: «Ejeh asher ejeh», «Ich bin der Ich-Bin»[84].

So sehen wir, wie durch die vier Anrufe des ersten Teiles des makrokosmischen Vaterunsers die hohe Erzengelwesenheit der nathanischen Seele aus den Sonnenhöhen bis zu ihrem Erscheinen in der physischen Welt herabsteigt, wobei sie der Christus-Wesenheit bei jedem Schritt ihres kosmischen Herabsteigens das Opfer ihrer ätherischen Kräfte bringt und damit den physischen, ätherischen und astralischen Leib des Menschen rettet, um endlich durch ihre Verkörperung auf der Erde auch die Rettung des Ich des Menschen möglich zu machen.

Als Antwort auf die drei Anrufe des zweiten Teiles steigt die Christus-Wesenheit selbst durch alle neun Hierarchien zur Menschheit herab, um in Erhörung der ersten Bitte (im ersten Teil) durch die Taufe im Jordan in die ihr schon auf der Erde als Opfer bereitete Hülle des nathanischen Jesus einzugehen und damit das Menschen-Ich und mit ihm das Ziel der ganzen Erdenentwicklung zu retten. Der erste Anruf (im ersten Teil) wendet sich zur Rettung des Menschen-Ich gleichermaßen an die Christus-Wesenheit und an die nathanische Seele, da die Antwort ihre Vereinigung auf dem *physischen Plan* ist. Das geschieht bei der Taufe im Jordan, wo die Christus-Wesenheit in die Hüllen des Jesus von Nazareth eingeht, denn nur dank dieser endgültigen Vereinigung der beiden Strömungen, der makrokosmischen (der Weg des Christus) und der mikrokosmischen (der Weg der nathanischen Seele), kann das menschliche Ich gerettet und der ganzen Evolution der Impuls zum Wiederaufstieg gegeben werden. Das ist der tiefere Gehalt dieses kosmischen Gebetes.

Nun müssen wir noch beachten, daß die Reihenfolge der Bitten zur Rettung der einzelnen Glieder des Menschenwesens in dem ersten Teil des Gebetes (Ich, astralischer, ätherischer, physischer Leib) in umgekehrtem Verhältnis zu der zeitlichen Abfolge steht, in der um die Rettung gebeten wird (die Rettung des physischen Leibes in lemurischer Zeit, des ätherischen und astralischen Leibes in atlantischer Zeit und des Ich in der vierten nachatlantischen Epoche). Diese Änderung der Zeilenfolge des Gebetes hängt außer mit dem Geheimnis, das den *Inhalt* betrifft und auf das wir schon hingewiesen haben, noch mit einem *Kompositionsgeheimnis* zusammen. Wenn wir die Reihenfolge betrachten, in der sich das Gebet zuerst den verschiedenen Wesensgliedern des Menschen zuwendet und darauf den göttlichen Weltenkräften, dann erhalten wir als Aufeinanderfolge:

Ich	Amen – AUM Es walten die Übel	1. Anruf	I. Teil
↓		↑	
Astral. Leib	Zeugen sich lösender Ichheit	2. Anruf	
↓		↑	
Äther. Leib	Von andern verschuldete Selbstheitschuld	3. Anruf	
↓		↑	
Phys. Leib	Erlebet im täglichen Brote	4. Anruf	
Wille	In dem nicht waltet der Himmel Wille	1. Anruf	II. Teil
↓		↓	
Reich	Da der Mensch sich schied von Eurem Reich	2. Anruf	
↓		↓	
Name	Und vergaß Euren Namen Ihr Väter in den Himmeln.	3. Anruf	

Hier haben wir im ersten Teil den zur Erde, auf die physische Welt führenden Abstieg der Menschheit von dem Augenblick an, da im alten Lemurien die Geister der Form (die Elohim) sie mit dem Ich-Prinzip begabten; der zweite Teil gibt den dadurch notwendig gewordenen «Abstieg» des Makrokosmos durch die drei jeweils drei Hierarchien umfassenden hierarchischen Sphären: des Vaters (Wille), des Sohnes (Reich) und des Geistes (Name) und gleichzeitig durch den Saturn-, Sonnen- und Monden-[85] bis zum Erdenzustand, wo für die Menschheit nun auch die äußeren Bedingungen für das Erlangen des Ich gegeben sind.

Diese zwei absteigenden Ströme, der mikrokosmische und der makrokosmische, finden ihren Ausdruck einmal in der nathanischen Seele, die zur Erde herabgestiegen ist zur Vorbereitung des Mysteriums von Golgatha als himmlisches Menschheitsurbild, das sich stufenweise im Kosmos Hüllen bereitete, um sich später als der nathanische Jesusknabe auf der Erde zu verkörpern.[86] Der zweite Strom ist das Bild des makrokosmischen Weges des Christus, der zur Erde herabgestiegen ist, um das Mysterium von Golgatha zu vollbringen. So ist das makrokosmische Vaterunser in seiner Komposition das Bild für die absteigende Evolution in ihren zwei Hauptaspekten: dem menschlichen und dem kosmischen. Und die größte Bedeutung, die das Erscheinen des Christus auf der Erde und das Mysterium von Golgatha haben, besteht darin, daß sich von nun an die große absteigende Evolution des Menschen und des Kosmos dadurch, daß sich das Christus-Wesen mit der Erde verbunden hat, in eine aufsteigende Evolution verwandelt.

Als der entscheidende Wendepunkt in der Entwicklung des Menschen und des Kosmos aber wird von Rudolf Steiner im 5. Vortrag des Zyklus über das Fünfte Evangelium der Augenblick bezeichnet, als der Christus Jesus das makrokosmische Vaterunser in das mikrokosmische umwandelte: «Und jetzt kam ihm die Stimme der Bath-Kol in den Sinn, und er wußte, daß erneuert werden müßten die urältesten Formeln und Gebete; er wußte, daß nun der Mensch *von unten hinauf* suchen mußte den Weg in die geistigen Welten.»[87]

Schon der Name «mikrokosmisches Vaterunser» läßt uns empfinden, daß das, was früher beim «Absteigen» von den Göttern aus dem Kosmos heraus geleitet wurde, nunmehr, beim Aufsteigen, nicht mehr von außen kommen kann, sondern aus dem Allerinnersten der Wesenheit des Menschen, aus dem frei gewordenen Ich des Menschen, aus dem Allerheiligsten, in dem heute, seit dem Mysterium von Golgatha, der Christus wohnt und wohin er die Fülle der geistigen Kräfte des Vaters getragen hat.

Das ist auch der Grund, warum der Christus in der ersten Zeile des Gebetes die Mehrzahl in die Einzahl umwandelte. Dadurch sollte auf den großen Übergang der Menschheit von der Epoche der kosmischen Notwendigkeiten zu der Epoche der individuellen Freiheit hingewiesen werden, von den Kräften der Vergangenheit zu den Kräften der Zukunft oder, mit anderen Worten, auf die Entwicklung, in deren Mittelpunkt das Mysterium von Golgatha steht als die Ewigkeitstat, die die ganze Evolution unseres Kosmos umspannt. In erneuerter Form, entsprechend dem von «unten hinaufgehenden», neuen Aufsteigen in die geistigen Welten, wurde der Menschheit das mikrokosmische Vaterunser gegeben, dessen Impulse in allen künftigen Zeiten in der Menschheit wirken werden. So steht in dem mikrokosmischen Vaterunser das Bild des Kosmos und der Menschheit vor uns, die wiederum aufsteigen, da sie sich mit den Christus-Kräften durchdringen (siehe rechts).

Im ersten Teil des Gebetes haben wir das neue Aufsteigen des Kosmos durch die Sphären des Geistes, des Sohnes und des Vaters und gleichzeitig durch den Jupiter-, Venus- und Vulkanzustand. Das wird dadurch ermöglicht, daß der Christus, der sich durch das Mysterium von Golgatha mit der Erde vereinigt hat, sie allmählich zu dem aufsteigenden Evolutionsweg führt, auf dem sie selbst eine Sonne werden, sich aus einem Planeten in einen Stern verwandeln soll. Und im zweiten Teil haben wir entsprechend dem Bild des Aufsteigens der von Christus durchdrungenen mikrokosmisches Vater Unser

I. Teil	↓	Vater unser, der Du bist in den Himmeln,
	Name	Geheiligt werde Dein Name,
	↓	
	Reich	Dein Reich komme zu uns,
	↓	
	Wille	Dein Wille geschehe wie oben in den Himmeln also auch auf Erden.
II. Teil	Phys. Leib	Unser alltägliches Brot gib uns heute,
	↓	Und vergib uns unsre Schuld,
	Äther. Leib	wie wir vergeben unsren Schuldigern,
	↓	
	Astralleib	Und führe uns nicht in Versuchung,
	↓	Sondern erlöse uns von dem Bösen.
	Ich	Amen

Menschheit das gleichzeitige Aufsteigen des himmlischen Urbildes der Menschheit, der nathanischen Seele, die dem Christus als Hülle dient.[88]

Aber diese grandiose Zukunftsperspektive, die der Christus Jesus in das mikrokosmische Vaterunser gelegt hat, kann in unserer Zeit nicht voll verwirklicht werden ohne die freie und bewußte Beteiligung der Menschheit, die sich in der Zukunft nur dann in der richtigen Weise weiterentwickeln wird, wenn sie eine reale *Erkenntnis* der Vergangenheit gewinnt, und diese tönt uns aus dem makrokosmischen Vaterunser entgegen. Deshalb sind diese zwei Gebete vom esoterischen Standpunkt aus untrennbar verbunden. Das ist auch der Grund, warum der Text des makrokosmischen Vaterunsers, das sich an die kosmische Vergangenheit der Erde und der Menschheit wendet, zum erstenmal bei der Grundsteinlegung des ersten Goetheanum erklingen mußte, des einzigen neuzeitlichen Baues, der ganz auf die Zukunft der Welt ausgerichtet ist und dessen Errichtung der erste Schritt der Menschen in der Epoche der menschlichen Freiheit auf dem Wege zur Verwirklichung der erhabenen Ziele sein sollte, die in dem mikrokosmischen Vaterunser vor die Menschheit hingestellt worden sind.

Deshalb müssen wir nun, nachdem wir den esoterischen Gehalt und die Bedeutung dieses Gebetes betrachtet haben, auf das Geschehen eingehen, in dessen Verlauf das makrokosmische Vaterunser das erste Mal auf dem physischen Plan gelesen und in seiner kosmischen Bedeutung enthüllt wurde. Das geschah am 20. September 1913 in Dornach bei der Grundsteinlegung des ersten Goetheanum. Wenn wir die geistige Bedeutung dieses Ereignisses erfassen können, dann wird uns das eine Hilfe sein, tiefer in das Mysterium von Rudolf Steiners Lebensweg einzudringen.

Rudolf Steiner hat später oft ausgesprochen, daß sich die Lage der Anthroposophie in der Welt mit der Begründung des Goetheanum verändert hat, da sie mit ihrem Zentrum auf dem physischen Plan gleichsam eine geistig-soziale Grundlage erhielt. Diese bildete sich durch das, was aus den spirituellen Mysterienformen des ersten Goetheanum zu jedem Menschen sprach, was auch äußerlich *sichtbar* als Zentrum der Lichteskräfte in Erscheinung trat, was seine Kräfte offen in die Welt verströmte, dadurch aber auch die ganze Last der Gegnerschaft der Mächte der Finsternis auf sich nahm. Rudolf Steiner wußte von Anfang an, daß mit der Begründung des Goetheanum die Schwierigkeiten bei der Entwicklung der Anthroposophie von seiten der Mächte, die der rechtmäßigen Menschheitsevolution feindlich gegenüberstehen, bedeutend zunehmen würden. «Wir wissen, was wir zu tun haben, und warum dieser Stein [der Grundstein des ersten Goetheanum], der Erkenntnis, Liebe und starke Kraft bedeuten soll, warum dieser Stein für zahlreiche Gegner auch wird werden müssen ein Stein des Anstoßes und des Ärgernisses ... Daher werden wir richtige Wachsamkeit brauchen und mutig stehen auf unserem Posten!»[89] In diesen Worten kann man schon die ganze Schwere und Tragik des Kampfes um die weitere Entwicklung der Anthroposophie in der Welt empfinden, die Rudolf Steiner mit dem Entschluß zum Bau des Goetheanum bewußt auf sich nahm. Deshalb war die Mysterienhandlung der Grundsteinlegung für Rudolf Steiner mit einem ungeheuren Opfer verbunden. Er brachte es, um der Begründung des Zentrums der neuen Mysterien willen, zu deren physischem Mittelpunkt nun das Goetheanum werden sollte.

Man kann sich jedoch nur allmählich der spirituellen Bedeutung dieser Tat Rudolf Steiners nähern, die in der Grundsteinlegung des ersten Goetheanum ihren Ausdruck fand, in dem Ereignis, das auch die Kulmination seines achten Lebensjahrsiebts bedeutete und etwa in dessen Mitte stattfand.

Ehe wir uns jedoch dieser Frage zuwenden, wollen wir insbesondere den Mysteriencharakter dieses Geschehens betrachten.

Schon der Ort der Grundsteinlegung und seine Umgebung waren von alters her mit vielen geistigen Strömungen verbunden, die Europa nach den verschiedensten Richtungen durchkreuzten, wodurch sich im Laufe der Zeit die besondere Eigenart seiner geistigen Konfiguration bildete.

Bereits in uralten Zeiten befand sich ein Druidenheiligtum in der Nähe von Dornach. Später ließen sich in jener Gegend irische Mönche nieder, die das irische Christentum verbreiteten. Eines ihrer Zentren befand sich weiter im Nordwesten, im Elsaß, und auch Parzival hatte in dieser Gegend entscheidende Erlebnisse auf seiner Suche nach dem heiligen Gral. Im 16. Jahrhundert wirkte Paracelsus in Basel, der seine Inspirationen aus der Rosenkreuzerweisheit empfing. Und im Jahre 1499 fand bei Dornach eine Schlacht statt, die von entscheidender Bedeutung für die Erhaltung und Freiheit der Schweiz war, jenes europäischen Staates, zu dessen Entstehen die reinsten Impulse der neuen fünften nachatlantischen Epoche beigetragen haben. Alle diese Strömungen und Ereignisse hinterließen zweifellos ihre Spuren in der geistigen Aura dieses Ortes, der so reich war an den verschiedenartigsten geistigen und okkulten Traditionen.

Dies alles stand sicher vor dem inneren Auge Rudolf Steiners, als er, nach Beendigung des Basler Zyklus über das Markus-Evangelium im Herbst 1912, seine Reise ins Elsaß zu Edouard Schuré in Dornach unterbrach, wohin sich Marie von Sivers und einige nahe Freunde zu einem kurzen Erholungsaufenthalt begeben hatten.

Aber noch anderes trat damals vor den inneren Blick Rudolf Steiners. Wie Rudolf Grosse in seinem Buch anführt, erscheinen die Erinnerungen von Marie Steiner an den ersten Morgen in Dornach ungewöhnlich bedeutsam: «Aber am anderen Morgen erwachte Rudolf Steiner wie nie zuvor. Verstört, wie zermalmt, ganz umdüstert; es lag eigentlich kein Grund dazu vor, so etwas geschah ihm nie, dem trotz ewiger Hetze in ewiger Harmonie Lebenden. Es ging vorüber, trotzdem hatte ich das Gefühl, das im Laufe der Zeit oft wiedergekehrt ist: er hat in jener ersten Nacht manches vorausgeschaut, was in Gedanken zu bewegen er sich verbieten mußte.»[90]

Was tauchte in dieser Nacht vor Rudolf Steiner auf? Die Vorschau auf die schwere Zukunft, die nicht in Worten zu fassende Tragik seines weiteren Weges für die Menschheit mit der Folge von Opfern, durch die allein es möglich wurde, die Aufgabe seines Erdenlebens zu verwirklichen? Das können wir nur ahnen. Mit Bestimmtheit läßt sich allein sagen: Der Weg, den Rudolf Steiner bereits um die Jahrhundertwende betreten hatte, er erreichte in dieser Zeit gleichsam eine noch höhere Stufe, die von erhabenen Offenbarungen und tiefster Tragik erfüllt ist. «Basel hat ein günstiges theosophisches Karma»[91], mit diesen einfachen und doch so stark zu Herzen gehenden Worten brachte Rudolf Steiner Dr. Emil Grosheintz gegenüber das Wesentliche seines Entschlusses zum Ausdruck, an dieser Stelle das Zentrum der anthroposophischen Bewegung zu errichten.

Versenken wir uns in die Worte, die bei der Grundsteinlegung an dem Herbstabend des 20. September 1913 auf dem Dornacher Hügel von Rudolf Steiner ausgesprochen wurden, und empfinden wir ihre kosmische Bedeutung, dann taucht vor uns das Bild einer *echten Mysterienhandlung* auf, die gleichzeitig auf dem physischen und dem ätherischen Plan vollzogen wurde. Und je mehr man versucht, den Mysteriencharakter dieses Aktes der Grundsteinlegung in seiner geistig-physischen Realität zu erleben, umso stärker wird das Gefühl, daß an jenem Abend nicht nur in die geistige Aura des Dornacher Hügels, nicht nur in seinen Boden, sondern in die Entwicklung des gesamten westlichen Geisteslebens der Same jenes neuen Strebens zum Geiste gelegt wurde, der in der Folgezeit, nachdem er durch die Metamorphose von *Geburt*, *Wachstum*, *Tod* und *Auferstehung* gegangen ist, zu Weihnachten 1923/24 Frucht getragen hat.

Diese zwei Mysterien, das Mysterium der Grundsteinlegung des ersten Goetheanum und das der Weihnachtstagung von 1923/24, erscheinen uns wie durch eine geheime geistige «Erbfolge» verbunden, deren Geheimnis aufzudecken wir später versuchen wollen. Vorläufig können wir nur sagen: Das, was materiell in die Erde des Dornacher Hügels versenkt wurde, es war das «Symbol der menschlichen Seele», die den neuen Einweihungsweg betritt, den Weg der neuen Mysterien, deren Sinn und Inhalt erst zehn Jahre später auf der Weihnachtstagung von 1923/24 von Rudolf Steiner vollständig enthüllt worden ist.

Nachdem wir so die zwei wichtigsten Ereignisse, die am 20. September 1913 in Dornach stattgefunden haben – die Grundsteinlegung des ersten Goetheanum und die erste Lesung des makrokosmischen Vaterunsers –, einzeln betrachtet haben, müssen wir ihrem Zusammenhang noch von einer anderen Seite nachgehen. Denn ihre Verbindung in *einer* Mysterienhandlung ist tief bedeutungsvoll. Rudolf Steiner sagt dazu folgendes in dem 4. Vortrag über das Fünfte Evangelium in Oslo: «Es gibt ja okkulte Verpflichtungen. Und einer solchen okkulten Verpflichtung folgend hatte ich damals mitzuteilen, was durch die verwandelte Stimme der Bath-Kol Jesus von Nazareth dazumal vernahm...»[92] Mit diesen Worten betont er die tief okkulte Bedeutung der *Verbindung* dieser zwei Ereignisse, und die Worte, die unmittelbar bei der Grundsteinlegung gesprochen wurden, werfen Licht auf das Wesen dieser Verbindung: «Wenn wir hören können den Sehnsuchtsruf der Menschheit nach dem Geiste und errichten wollen den Wahrbau, von dem aus verkündet werden soll immer mehr und mehr die Botschaft vom Geiste... dann verstehen wir uns an diesem Abend richtig.»[93]

Es ist die Hauptaufgabe der Menschheit in der fünften nachatlantischen Kulturepoche, die volle innere Freiheit zu erringen. Deshalb ist sie, etwa vom 15. Jahrhundert an, allmählich von den Göttern verlassen worden. Aber diese Gottverlassenheit führte im Laufe der Zeit dahin, daß die Seele heute diesen Zustand nicht mehr ertragen kann. Aus den unterbewußten seelischen Kräften der Menschheit tönt der neue Ruf nach dem Geiste zu den höheren Welten. Denn die Menschheit steht gegenwärtig vor der Wahl: entweder den Weg zu dem neuen Geisteslicht zu finden oder endgültig unter den Einfluß der Verfalls- und Vernichtungsprozesse zu geraten. In diesem Sinne sind die Anthroposophie als die heutige «Urbotschaft» vom Geiste, als ein realer spiritueller Impuls, der die Menschheit in die Epoche der Freiheit und der Verwirklichung der hohen Ideale des mikrokosmischen Vaterunsers führen will, und jener «Wahrbau», aus dem sie in die Welt leuchten soll, die reale Antwort auf diesen Ruf, der heute die Seelen der Menschen erschüttert. Der Akt der Grundsteinlegung ist die irdische Fortsetzung jener kosmischen Taten, die mit dem Absteigen der Menschheit zusammenhängen und von denen uns das makrokosmische Vaterunser spricht. Sie führten zu dem erhabensten Geschehen der Weltentwicklung: zu dem Mysterium von Golgatha, durch das die Christus-Wesenheit sich mit der Erde verbunden hat, der ganzen Erdenentwicklung Sinn und gleichzeitig einen mächtigen Impuls zum Wiederaufsteigen gebend. Den endgültigen Ausdruck aber dieses Impulses stellt das mikrokosmische Vaterunser dar. So können wir die Grundsteinlegung als die erste Opfertat erkennen, die, ausgehend von dem auf der Erde errungenen freien Willen des Menschen, dem Wiederaufsteigen dient, die durch die Aufnahme der Kräfte des Christus, der von nun an in der Erdensphäre wirkt, zur neuen Vereinigung mit dem Geiste führen soll.

Deshalb konnte Rudolf Steiner bei der Zeremonie der Grundsteinlegung mit Recht sagen: «... wir müssen das Bewußtsein in uns tragen, hinauszuschauen in *weite, weite Zeitenkreise*, um gewahr zu werden, wie sich die Mission, deren Wahrzeichen werden soll dieser Bau, einreihen wird der *großen Mission der Menschheit* auf unserem Erdenplaneten.»[94] Zwei Tage später (am 22. September 1913) wiederholt Rudolf Steiner diesen Gedanken vor einem größeren Zuhörerkreis: «Als verantwortungsvolle Handlung muß diese Grundsteinlegung schon aus dem Grunde empfunden werden, weil wir ja wirklich mit Recht uns an diesem vorgestrigen Abend erinnern durften, damit auch den Eckstein für unser Bewußtsein gelegt zu haben, daß dasjenige, was wir wollen, sich einreiht in das, was wir als die Erdenmission empfinden.»[95]

Abschließend können wir dieser Frage noch chronologisch nachgehen. Im Herbst des Jahres 1912, nach Beendigung des Basler Zyklus über das Markus-Evangelium (24. September 1912), faßt Rudolf Steiner den Entschluß, das Goetheanum in Dornach zu errichten; das geschieht genau ein Jahr vor der Grundsteinlegung. In den folgenden Weihnachtstagen von 1912/13 hält Rudolf Steiner in Köln den Vortragszyklus «Die Bhagavad Gita und die Paulusbriefe». Hier spricht er in dem 5. Vortrag vom 1. Januar 1913 über Krischna und über die Beteiligung der nathanischen Seele an dem Erlebnis des Paulus vor Damaskus. In der Mitte des Jahres 1913, im Mai und Juni, ist in dem Helsingforser Zyklus «Die okkulten Grundlagen der Bhagavad Gita» Krischna das Hauptthema, wobei Rudolf Steiner in dem 7. Vortrag dieses Zyklus den Hinweis gibt, daß er im Jahre 1909 in Basel in dem Zyklus über das Lukas-Evangelium deswegen noch nicht über das Geheimnis des Zusammenhanges von Krischna und der nathanischen Seele gesprochen habe, weil er *dieses* damals noch nicht kannte. Am 20. September 1913 findet die erste Lesung des makrokosmischen Vaterunsers als Anfang des Fünften Evangeliums bei der Grundsteinlegung statt. Vom 1. Oktober 1913 an wird der erste Zyklus über das Fünfte Evangelium (in Oslo) gehalten, und von dieser Zeit an folgt in den verschiedensten Städten Europas ein Vortrag über dieses Thema dem anderen, bis zum Beginn des ersten Weltkriegs. Weihnachten 1913 hält Rudolf Steiner in Leipzig den Vortragszyklus über «Christus und die geistige Welt – Von der Suche nach dem heiligen Gral». Hier spricht er in drei Vorträgen bis zum vorletzten Tag des Jahres 1913 über ein weiteres Geheimnis der nathanischen Seele im Zusammenhang mit ihren drei übersinnlichen Opfern als kosmischer Vorbereitung des Mysteriums von Golgatha. In den folgenden Monaten treten diese zwei Themen, das des Fünften Evangeliums und das der drei kosmischen Opfer der nathanischen Seele, bis zum Sommer 1914 parallel auf, mitunter schließen sie sogar unmittelbar aneinander an. So knüpft Rudolf Steiner gleich zu Beginn des Vortrags vom 5. März 1914 in Stuttgart die Betrachtung der drei vorchristlichen Opfer des Christus-Geistes unmittelbar an die Betrachtung des Fünften Evangeliums an. In dem Pariser Vortrag vom 27. Mai 1914 werden diese zwei Themen dann zu einem Ganzen verbunden. Hier entwirft Rudolf Steiner zunächst ein umfassendes Bild der drei vorchristlichen Christus-Opfer durch die nathanische Seele, um danach die Geschichte des Erdenlebens des Jesus von Nazareth bis zum Mysterium von Golgatha darzustellen. Außerdem liest er abermals den Text des makrokosmischen Vaterunsers.

Damit nähern wir uns dem Verständnis des Opfers, das Rudolf Steiner mit dem Bau des ersten Goetheanum brachte und dessen Ausgangspunkt die Grundsteinlegung vom 20. September 1913 in Dornach bildete. Auf dieses tiefe Mysterium von Rudolf Steiners Lebensweg hat Rudolf Grosse in seinem Buch hingedeutet: «Schon gleich im ersten Jahr des Bauens, im Juli 1914, kommt einem aus Rudolf Steiners Worten das Geheimnis des Lebens, die Beziehung des Baues zum Ätherleib des Menschen entgegen. Die besondere Ätherhülle, welche die alten wahren Mysterienstätten umgeben hatte, war hier von Anfang an vorhanden. Es verdichtet sich immer mehr die Empfindung einer tiefgehenden ätherischen Beziehung zwischen Bau und Baumeister, die als Hülle wie eine Notwendigkeit gewoben werden mußte, um die höchsten Impulse einer neuen Mysterienstätte aufnehmen und empfangen zu können.»

Diese Worte weisen uns auf ein Opfer hin, das die wirkliche Grundlage des späteren Baues bildete und das darin bestand, daß Rudolf Steiner *Kräfte seines Ätherleibes* für die Bildung einer geistigen Hülle um den Dornacher Hügel hingeben mußte, einer Hülle, wie sie in alten Zeiten alle wahren Mysterienorte umgab und die jenen erhabenen geistigen Impulsen als Gefäß dienen sollte, welche an diesem Ort sich herabsenken wollten, damit er das Zentrum des Geisteslebens der westlichen Menschheit werden könne.

Aber jene geheimnisvolle Beziehung «zwischen Bau und Baumeister» wurde erst nach dem Brand deutlich sichtbar. Dazu sagt Rudolf Grosse: «Der Vernichtungsbrand, das *Hinwegsterben* dieses Baues mußte daher eine tiefe Wirkung, einen furchtbaren Schlag auf die physische und ätherische Hülle des Baumeisters zur Folge haben. Das konnten nur diejenigen wahrnehmen, welche die Mysterien-Geheimnisse des Dornacher Hügels ahnten.»[96] Über diesen furchtbaren Schlag, der durch den Brand des Goetheanum seinem ätherischen Leibe versetzt wurde, spricht Rudolf Steiner selbst in dem Brief vom 15. Oktober 1924 an Marie Steiner: «... Ich sagte Dir ja schon vor längerer Zeit, wie seit Januar 1923 die Verbindung der höheren Glieder meiner Wesenheit mit meinem physischen Körper nicht mehr voll war, ich verlor gewissermaßen im Leben im Geistigen den unmittelbaren Zusammenhang mit meiner physischen Organisation. Nicht mit der physischen Welt. Im Gegenteil: die gesunde Beurteilungsmöglichkeit dieser wurde immer stärker und auch umfassender ...»[97]. Und elf Tage später, in einem anderen Brief, schreibt Rudolf Steiner abermals: «Ich bin ja nun einmal, wie Du weißt, seit Januar 1923 meinem physischen Leib sehr entfremdet. *Daher* ist ja notwendig geworden, die immer mehr eintretende Pflege.»

So sehen wir, daß auf dem Grunde des Goetheanum-Baues als dem künftigen Zentrum der neuen christlichen Mysterien, die unter der direkten Leitung des führenden Zeitgeistes selbst stehen sollten[98], das große Opfer Rudolf Steiners liegt, *der als Eingeweihter die Kräfte seines Ätherleibes* für den Bau des Zentrums des neuen Geisteslebens *hingab.*

Das ist die dritte Stufe des Opferweges Rudolf Steiners, die darin bestand, daß er den führenden Mächten der Weltentwicklung die geistigen Kräfte, die er sich auf dem Wege seiner individuellen Entwicklung in seinem Ätherleibe hatte erringen können, hingab, auf einen persönlichen Nutzen durch diese Kräfte verzichtend, damit sie von den höheren Mächten zum Wohle der gesamten Menschheitsentwicklung verwendet werden konnten.

Aber dieses Opfergeschehen, das Rudolf Steiner am Tage der Grundsteinlegung des ersten Goetheanum begann, stand auch in einer besonderen Beziehung zu der himmlischen Wesenheit der nathanischen Seele und ihrer Aufgabe in der Menschheitsentwicklung. Denn was ist diese Aufgabe der nathanischen Seele im Kosmos? Als Antwort auf diese Frage können wir sagen: Sie ist das *kosmische Prinzip des ätherischen Opfers.* Viermal opferte sie der Sonnenwesenheit des Christus ihre Ätherkräfte: dreimal im Kosmos und einmal auf der Erde, ihr als Hülle dienend! Als nun in der gegenwärtigen, neuen Epoche der menschlichen Freiheit, zu der Zeit, da die Menschheit am tiefsten in den Abgrund des Materialismus versunken war, Rudolf Steiner um der Begründung des neuen Mysterienzentrums und der Wiedervereinigung der Menschheit mit dem Geiste willen den Entschluß faßte, wenn auch in einem mehr mikrokosmischen Zusammenhang, so doch dem Wesen nach dasselbe Opfer zu bringen, das die nathanische Seele auf makrokosmische Weise dreimal in den geistigen Welten und einmal auf der Erde dargebracht hat, kann man da noch daran Zweifel hegen, ob die nathanische Seele selbst bei dem Opfergeschehen zugegen war, Rudolf Steiner helfend und segnend?

Es ist deutlich zu bemerken, wie *im Herbst 1912* nach dem Entschluß zum Bau des Goetheanum in Dornach die Offenbarungen der nathanischen Seele über ihre Wesenheit und ihre kosmischen Schicksale immer intensiver werden. Bis schließlich im Augenblick der Grundsteinlegung Rudolf Steiner das makrokosmische Vaterunser von ihr *selbst* empfängt, das Gebet, welches das Wesen ihrer Beziehung zu dem Christus und zur Menschheit zum Ausdruck bringt und welches gleichzeitig der Anfang des Fünften Evangeliums ist, dessen Offenbarung von diesem Augenblick an bis zum Beginn des Ersten Weltkriegs folgen sollte. In all dem kann man die nathanische Seele als den Vermittler gleichsam der kosmischen Antwort der geistigen Welt und des Christus auf das ätherische Opfer und jenes Gelöbnis sehen, von dem Rudolf Steiner bei der Grundsteinlegung als von einem Gelöbnis zum Dienste für die große Erdenmission spricht, das aber bedeutet, für die Christus-Wesenheit, von der die Erdenentwicklung ihre kosmische Mission und ihr Ziel erhält. Und jene Bitte um Segen für die heilige Handlung, mit der sich Rudolf Steiner bei der Grundsteinlegung an alle neun Hierarchien wendet, sie richtet sich auch an die nathanische Seele. Es sprach Rudolf Steiner von der Widerspiegelung ihrer kosmischen Opfer in seinem Tun damals mit den folgenden Mysterienworten: «So werde verhüllt!»[99] Er wies durch diese Worte gleichzeitig darauf hin, *wie* die Opferhandlung dieses Augenblicks sich in die Reihe der Opfertaten jener hohen Wesenheiten eingliedern sollte, die im ununterbrochenen Dienste für die Christus-Wesenheit die Menschheitsentwicklung aus geistigen Welten leiten.

Vom Anfang des Bauens an, das sogleich nach diesem 20. September einsetzte, konnte man empfinden, daß alles, was mit der Errichtung des Goetheanum zusammenhing, lebendig war, von Leben durchdrungen. Wie aus einem Samen wuchs das Goetheanum stetig aus dem Grundstein empor, der gemäß seinem esoterischen Wesen sich als wahres «Symbol der menschlichen Seele» erwies. Es folgte nicht den Gesetzen der toten mineralischen Welt, sondern den Wandlungsgesetzen der Metamorphose, wie sie der ätherischen Pflanzenwelt eigen sind. Dieser in der Geschichte der europäischen Baukunst einmalige Bau war wirklich ein *lebendiges* Wesen. Deshalb konnte Rudolf Steiner nach dem Brand sagen: «Das Goetheanum ist ... hinweggestorben»[100]. Diese ganz besondere Beziehung zum Goetheanum empfanden damals auch viele andere Mitarbeiter. So schreibt der russische Schriftsteller Andrej Belyj, der von 1914–15 an dem Bau mitarbeitete: «... Im Winter schnitzten wir unseren sich unter der Kuppel auftürmenden Mars fertig; den Frühling und Sommer 1915 arbeiteten wir am Jupiter; Jupiter und Mars, das sind unsere Formen[101]; ich liebe sie wie meine eigenen kleinen Kinder, und doch werde ich sie nicht mehr sehen: wenn ich sie wiedersehe, werden sie sich in einem anderen Verhältnis darbieten; ich werde sie von unten sehen: ich werde nicht wieder unter die Kuppel emporsteigen. So lebt denn wohl, ihr Formen, in die ich einen Teil meines Lebens hämmerte: jetzt sind sie dort oben, hoch, hoch oben, ein Teil meiner Seele ist über mir selbst!»[102]

Die oben skizzierten esoterischen ebenso wie bestimmte äußere Gründe berechtigen zu der Annahme, daß das Goetheanum irgendwann im Jahre 1917 oder zu Beginn des Jahres 1918 hätte vollendet werden sollen. Aber der im August 1914 ausbrechende Krieg machte das unmöglich. Der Bau schritt sehr viel langsamer vorwärts und war auch im Jahre 1922 noch nicht ganz vollendet.

Aus verschiedenen Mitteilungen Rudolf Steiners kann man den Eindruck gewinnen, daß Europa in der Zeit vor Ausbruch des Krieges in geistiger Beziehung vor einer bestimmten Alternative stand. Auf der einen Seite wurden die Mächte der Finsternis, die die Menschheit in den Abgrund reißen wollen, immer stärker, auf der anderen Seite leuchtete seit dem Jahre 1899, dem Ende des Kali-Yuga, die neue Geistesoffenbarung wie ein erster Strahl des Lichtes in den durch den Materialismus des 19. Jahrhunderts verdunkelten, von dichten Wolken bedeckten Himmel Europas. Welchen Weg würde die Menschheit gehen? Diese Entscheidung mußte für das zukünftige Schicksal Europas im 20. Jahrhundert ausschlaggebend sein, dem Jahrhundert, in dem sich das erhabenste Ereignis der fünften nachatlantischen Epoche vollzieht: das Erscheinen des Christus im Ätherischen. Der Beginn des ersten Weltkriegs war eine schreckliche Antwort auf diese Alternative. Das neue Geisteslicht ablehnend, stürzte sich Europa in den Abgrund. Von diesem Zeitpunkt an verloren viele Vergangenheitsimpulse, die am Anfang des Jahrhunderts noch zu Hoffnungen berechtigen konnten, ihre Kraft.[103] Und dem ganzen 20. Jahrhundert drohten die vielen Katastrophen, von denen der erste Weltkrieg bei weitem nicht die schrecklichste war. Er bestimmte jedoch den Charakter der weiteren katastrophalen Entwicklung, die nun der ganzen Menschheit ungeheures Elend zu bringen droht.

Rudolf Steiner wußte, daß Europa mit diesem schicksalhaften Ereignis den ersten Schritt zum «Krieg aller gegen alle» machte. Aber je entschiedener Europa der zukünftigen Katastrophe entgegen ging, desto drängender wurde die Aufgabe, ein Gegengewicht zu schaffen, dem kommenden Elend als die einzig mögliche Abhilfe sozial wirksame Impulse entgegenzustellen, Impulse, als deren Urquell sich das bewußte Schauen in den geistigen Welten erwies. Das bedingte die neue dritte Etappe in der Entwicklung der Anthroposophie – sie mußte nach außen gehen, in die Umwelt, und in allen wichtigen menschlichen Lebensbereichen sozial wirksame Impulse geben, vor allem auf pädagogischem, medizinischem, religiösem, wissenschaftlichem sowie dem eigentlich sozialen Felde.

Ehe wir die Beschreibung von Rudolf Steiners achtem Lebensjahrsiebt beschließen, ist noch zu bemerken, daß es ihm in den Kriegsjahren – neben einer Vielzahl neuer geisteswissenschaftlicher Untersuchungen über das Leben zwischen dem Tod und einer neuen Geburt, einem Thema, das im Zusammenhang mit den schrecklichen Ereignissen jener Jahre besonders aktuell war und dem er die Mehrzahl seiner Vorträge widmete – gelang, endlich volle Klarheit bei seinen Forschungen auf dem Gebiet der Dreigliederung des Menschenwesens zu gewinnen. Die Anschauung von den drei Systemen des menschlichen Organismus, des Kopf-, des rhythmischen und des Stoffwechselsystems, wurde ausgestaltet, wodurch schließlich das physisch-ätherische Urphänomen, das der Bildung und Gestalt des menschlichen Leibes zugrunde liegt, klar erkennbar wurde. Das, was Goethe einstmals für das Pflanzenreich leistete und worum er sich für das Tierreich bemühte, vollbrachte Rudolf Steiner nun für den Menschen, den Angehörigen des höchsten Naturreiches. In dieser Gliederung des menschlichen Organismus haben wir die reinste ätherisch-physische Uridee des Menschen. Im Jahre 1917 erhielt diese Lehre ihre für die breite Öffentlichkeit bestimmte Formulierung in dem Buch «Von Seelenrätseln». Dieses Werk sowie der Prager Vortragszyklus von 1911 (GA 128) bildeten eine sichere Grundlage für die etwas später (1920) entstehende anthroposophische Medizin. Und endlich konnte Rudolf Steiner dank aller dieser geisteswissenschaftlichen Forschungen nun zu den Erkenntnissen vordringen, die er dann auf der Weihnachtstagung von 1923–24 in die ersten Abschnitte der drei Teile des «Grundsteines», der wichtigsten anthroposophischen Meditation, gelegt hat. So zog er, nachdem er am 25. Dezember 1923 die drei ersten Abschnitte aller drei Teile der Meditation gelesen hatte, mit folgenden Worten gewissermaßen die Summe seiner geisteswissenschaftlichen Forschungen der Kriegsjahre: «Wenn ich heute zurückschaue gerade auf dasjenige, was geholt werden konnte aus den Geisteswelten, während die furchtbaren Kriegsstürme die Welt durchwogten, so muß dieses paradigmatisch zusammengefaßt werden in dieser Dreiheit von Sprüchen, die eben an Euer Ohr getönt haben.»[104]

Am Übergang zweier Jahrsiebte seines Lebens, am Anfang und am Ende des Jahres 1917, hält Rudolf Steiner zwei Vortragszyklen. Im ersten, «Bausteine zu einer Erkenntnis des Mysteriums von Golgatha» (GA 175), spricht er im 1. Vortrag vom 6. Februar 1917 abermals und mit ganz besonderer Innigkeit von dem Kommen des Christus im Ätherischen, davon, daß der Christus selbst nicht nur als Herr zu den Menschen kommt, sondern als Bruder, als liebender Freund, der nicht nur Trost und Kraft bringt, sondern auch Willen und rechtes Handeln. Jedes Wort dieses Zyklus – dessen vierter Vortrag auf den Tag fiel, als Rudolf Steiner 56 Jahre alt wurde – ist gleichsam von dem warmen, goldenen Licht der Wintersonne erfüllt, deren Kräfte stetig wachsen. Am Ende des Jahres jedoch finden, wie ein Bild der Schatten der Gegenwartsereignisse, die sich den hellen, belebenden Strahlen der wachsenden Sonne entgegenstellen, die zwei Zyklen «Das Karma des Materialismus» (GA 176) und «Der Sturz der Geister der Finsternis» (GA 177) statt. Diese zwei Gegensätze, die wachsende Sonne und die sich ihr umso stärker widersetzenden Schatten, nehmen gleichsam die ganze Größe und Tragik dieses letzten *vollständigen* Jahrsiebts von Rudolf Steiners Leben voraus.[105] Denn in dieser Epoche steht er ganz besonders unter der Einwirkung der Saturnsphäre, und gleichzeitig durchdringen ihn die feurigen und leuchtenden Kräfte des Geistesmenschen, die das Ziel der Evolution unseres Kosmos sind.

Zu dieser Zeit beginnt für Rudolf Steiner auch eine ganz besondere Beziehung zu den höchsten Geistern der dritten Hierarchie, den Archai, den Zeitgeistern, die in unserem Sonnensystem die Träger des Prinzips des Geistesmenschen sind, vor allem zu dem höchsten unter ihnen, zu dem Geist unserer Zeit, der heute die Führung der westlichen Menschheit hat, zu Michael. Das bedeutet natürlich nicht, daß er sich erst jetzt unter die direkte Führung Michaels stellt. Mit diesem hohen führenden Geist ist er schon während seiner vorangegangenen Leben tief verbunden gewesen. In diesem Leben jedoch zeigte sich ihm diese Führung mit der größten Klarheit. Das begann in seinem ersten Sonnenjahrsiebt und erreichte schon im zweiten Sonnenjahrsiebt die Stufe objektiven bewußten Schauens, durch das er zu der Erkenntnis seiner Mission als eines Opferdienstes für diesen hohen Geist kommen konnte.

Als Rudolf Steiner sein neuntes Lebensjahrsiebt begann, das unter dem besonderen Einwirken der Saturnkräfte steht, näherte er sich einer gewissen Vollendung seiner irdisch-kosmischen Wanderung durch die Planetensphären und damit geistig den Grenzen des Sonnensystems. Hier können die Inspirationen des ganzen göttlichen Makrokosmos empfangen werden, und erst hier traten die großen allumfassenden Geheimnisse der Sonnensphäre Michaels, die die Grundlage der gesamten Menschheitsentwicklung bilden, in ihrer wahren Urgestalt vor ihn hin. «... Denn will man das durchschauen, was sich gerade auf die Michael-Geheimnisse bezieht, was ja von der geistigen Region der Sonne aus wirkt, dann muß man von der Erde aus in die Weltengeheimnisse hinaufschauen durch die *Saturn*-Weisheit. Dann muß man jene Dämmerung in der geistigen Welt verspüren können, in ihr leben können, die von dem den Saturn beherrschenden Oriphiel herrührt, der zur Zeit des Mysteriums von Golgatha der führende Erzengel war und der wieder der führende Erzengel sein wird, nachdem die Michael-Zeit abgelaufen sein wird.»[106]

Aber in unserer Zeit wirkt Michael aus der Erdensphäre, in die er im Jahre 1879 herabstieg, auf die irdischen Ereignisse ein und da vornehmlich in der sozialen Sphäre, unmittelbar unter den Menschen. Hier entfaltet sich jetzt der entscheidende Kampf um das zukünftige Schicksal der Menschheit. Das ist der wahre Kampf Michaels mit dem Drachen, an dem nun auch die Menschen teilnehmen müssen, da wir in der Epoche der Freiheit leben. Denn der Ausgang dieses Kampfes liegt zu allererst in den Händen der Menschen. Deshalb ist es notwendig zu erkennen, wodurch in unserer Epoche der Freiheit die Situation kritisch geworden ist, und da müssen wir uns mit dem allergrößten Ernst bewußt machen, daß heute nicht nur die Menschen von den Göttern abhängig sind, sondern auch *die Götter von den Menschen.*[107] Deshalb sollte sich die Anthroposophie, die von Michael auf die Erde gesandt wurde, immer dort an seine Seite stellen, wo sein Kampf mit den Widersachermächten besonders schwer ist und wo die Menschen aus Mangel an Verständnis für die wahren Zusammenhänge der Ereignisse ihm am wenigsten zu Hilfe kommen, das heißt nicht nur auf dem gedanklichen Gebiet, wie es in der «Philosophie der Freiheit» der Fall ist, sondern auch im Sozialen.

In zwei Hauptrichtungen sollte sich in dieser Zeit die Tätigkeit Rudolf Steiners entfalten. Auf der einen Seite waren die spirituellen michaelischen Impulse in verschiedene Bereiche des kulturellen Lebens einzugliedern, ganz besonders in den sozialen Bereich, der in unserer Zeit in hohem Grade von den Mächten usurpiert worden ist, die gegen Michael kämpfen. Zum anderen begründete Rudolf Steiner die neue Wissenschaft der «okkulten Soziologie», die sich als Führungskraft für die Entwicklung der *richtigen* Aktivität im Äußeren erweisen konnte und die, aus der christlichen Esoterik der Gegenwart hervorgehend, zum Ziele hatte, wenigstens bei einigen Menschen ein wirkliches okkultes soziales Verständnis für die Zeitereignisse zu entwickeln.

Dieses okkult-soziale Thema wurde von der zweiten Hälfte des Jahres 1916 an das Hauptthema der Vorträge Rudolf Steiners. Es erforderte eine umfassende Untersuchung der geistigen Grundlagen unserer Epoche. Obwohl in diesen umfangreichen Vorträgen, die in der Zeit von 1916 bis 1921 zum größten Teil in Dornach gehalten wurden, das eigentlich christologische Thema nicht überall in den Vordergrund tritt, kann man trotzdem alle Vorträge jener Zeit unter dem einen, allen gemeinsamen Titel zusammenfassen: Das Wirken des Christus-Impulses im 20. Jahrhundert, betrachtet vom Standpunkt der Michael-Sphäre. Denn gerade in unserer Zeit, wo der ätherische Christus im Leben der Menschen gegenwärtig ist, gewinnt sein Wort: «Wo zwei oder drei in meinem Namen versammelt sind, da bin ich mitten unter ihnen»[108], eine ganz besondere Bedeutung. Und so lebt der Christus-Impuls in der Gegenwart vor allem im Sozialen, im Zusammenleben der Menschen. Er wirkt dort in der

Form, wie er von Michael dargelebt wird, der der Verkünder des Christentums der Zukunft ist, des Christentums der Epoche der menschlichen Freiheit.

Deshalb setzt sich Rudolf Steiner in dieser neuen Lebensepoche, die man insbesondere eine michaelische nennen kann, als Hauptaufgabe, ein richtiges sozial-okkultes Verständnis für die grundlegenden Ereignisse der Epoche zu entwickeln und die Absichten der in ihnen wirkenden geistigen Mächte aufzudecken, die in der Gegenwart Michael das Recht streitig machen wollen, die Menschheit zu führen. Der Inhalt gerade dieser Vorträge ist geeignet, die *rechte Bewußtseinswachheit* herbeizuführen und Verständnis für die geistigen Impulse zu wecken, die bis zum Ende des 20. Jahrhunderts, ja bis in das 21. Jahrhundert hinein gegeneinander ankämpfen werden. Und obwohl wir, wie schon gesagt, den Namen des Christus oder des Michael nicht so oft in ihnen finden, so kann man trotzdem empfinden, wie buchstäblich durch jedes Wort die zur Wachsamkeit auffordernde Stimme des Michael-Christus (s. «Anthroposophische Leitsätze» [GA 26], 2, 11, 24) selbst tönt: «Was schlafet ihr? Steht auf und betet, damit der Versucher euch nichts anhaben kann.»[109] «Stehet auf und seid wachsam», das war das geistige Hauptmotiv der Vorträge jener Jahre. Aber die Wachsamkeit erwies sich trotzdem als ungenügend. Natürlich konnte Rudolf Steiner über vieles, das sich seinem inneren Blick enthüllte, nicht offen sprechen: zu stark erinnerte Dornach an eine belagerte Festung nicht nur im physischen, sondern auch im spirituellen Sinne. Und recht schwach waren noch die geistigen Kräfte der Menschen. Trotzdem ergibt sich aus einzelnen Bemerkungen, die in den verschiedenen Vorträgen jener Epoche zu finden sind, ein fast vollständiges Bild der geistigen Mächte, die damals im ersten Viertel des Jahrhunderts hinter den Kulissen die Ereignisse bestimmten und lenkten, und auch vieles, was heute, im letzten Viertel des 20. Jahrhunderts, an herrschenden geistigen Einflüssen zu beobachten ist, wird durchschaubar. Es ist in diese Vorträge viel Prophetisches, auf die Zukunft Weisendes hineingelegt worden, das in jener Zeit nur wenige Anthroposophen vollständig verstehen konnten. Rudolf Steiner wandte sich damals in hohem Maße vorausblickend an die Anthroposophen des letzten Viertels des 20. Jahrhunderts, der Zeit, in der diejenigen geistigen Mächte und Strömungen endgültig in Erscheinung treten werden, deren Quellen wir suchen, ausgehend vom letzten Drittel des 19. Jahrhunderts, und zu deren Verständnis wir uns durchringen müssen.

In diesem Sinne sind diese Vorträge auch in unserer Zeit aktuell, ja vielleicht sogar aktueller als damals, vor einem halben Jahrhundert.

Neben das soziale Thema der Jahre 1916–1921 trat, etwa seit dem Jahre 1921, das kosmologische Thema. Dieses bildete damit gleichsam die andere Seite der Offenbarungen Michaels, denn Michael ist vor allem ein kosmischer Sonnengeist, ein Geist, der in seiner Eigenschaft als führender Zeitgeist der Gegenwart im Zentrum aller kosmischen Wechselbeziehungen unseres Systems steht. So gesehen sind heute das okkult-soziale und das kosmologische Thema die Grundlage für das rechte *Handeln* des Menschen in der Welt, ein Handeln, bei dem der Mensch von dem wahren Verständnis seines Zusammenhanges mit den anderen Menschen einerseits und mit dem geistigen Kosmos andererseits ausgehen muß.

«Liebe Gott und liebe deinen Nächsten»[110], diese zwei grundlegenden christlichen Gebote können auf eine neue Art verwirklicht werden, entsprechend der Epoche der menschlichen Freiheit: nicht dadurch, daß die Menschen sich einem Gebot unterordnen, sondern durch ihr *Verständnis*. Der Impuls dazu kommt unmittelbar von Michael aus der Sonnensphäre. Dies ist der Beginn des neuen michaelischen Christentums, dem die vollkommene Übereinstimmung des Irdischen und des Himmlischen zugrunde liegen muß, denn nur diese kann das *rechte* soziale Handeln herbeiführen, ein Handeln, das, da es aus der menschlichen Freiheit hervorgeht, sich in voller Harmonie mit den die Menschheit führenden geistigen Mächten des Kosmos befindet.

Aber in dieser michaelischen Lebensepoche enthüllt Rudolf Steiner auch das kosmische Mysterium Michaels. Die Mitteilungen über dieses Mysterium, die in dieser Zeit beginnen, werden bis zum Ende von Rudolf Steiners Lebensweg immer häufiger, umfassender, gewaltiger. Sie erreichen ihren Höhepunkt in der Offenbarung der grundlegenden kosmischen Geheimnisse Michaels in den Karma-Vorträgen, den Michael-Briefen und in der Begründung der ersten Klasse der Freien Hochschule, die als himmlisch-irdische Einrichtung direkt unter Michaels Leitung steht. Man kann sagen, daß dieses «Michael-Thema», das von Anfang an in der anthroposophischen Bewegung vorhanden war[110a], in dieser Epoche eine einzigartige Konkretheit und Bedeutung gewinnt.

So stellt Rudolf Steiner am 17. Februar 1918 in München in einem Vortrag mit dem Thema «Zeichen der Zeit. Michaels Kampf und seine Widerspiegelung auf Erden» die Wiederholung der Ereignisse in der historischen Entwicklung der Menschheit eingehend dar, und im Oktober desselben Jahres hält er in Dornach einen Zyklus von sechs Vorträgen mit dem Thema «Der Entwickelungsgang der Menschheit in seinen drei Kräfteströmungen. Der Zusammenhang des luziferisch-ahrimanischen Impulses mit dem Christus-Jahve-Impuls» (GA 184). Hier schildert er die

Wechselwirkung dieser drei Impulse im historischen Werden der Menschheit. Dabei stellt er ganz besonders deutlich die Aufgabe dar, durch das Christus-Prinzip ein Gleichgewicht herzustellen zwischen dem Luziferischen und Ahrimanischen. Einige Zeit später, etwa in der Mitte von Rudolf Steiners neuntem Lebensjahrsiebt, gegen Ende des Jahres 1919, erreicht das Michael-Thema eine besondere Intensität. Auf der einen Seite spricht Rudolf Steiner im Laufe des Jahres 1919 in vielen Städten von der zukünftigen Erdenverkörperung Ahrimans an der Wende zweier Jahrtausende und von den Folgen dieses Ereignisses für das Schicksal der gesamten Weltkultur. Auf der anderen Seite hält er im November desselben Jahres den ersten großen Vortragszyklus, der ganz dem Michael-Thema gewidmet ist: «Die Sendung Michaels. Die Offenbarung der eigentlichen Geheimnisse des Menschenwesens» (GA 194). Dieser Zyklus wird von Rudolf Steiner genau ein Jahr nach den Vorträgen über den «Entwickelungsgang der Menschheit in seinen drei Kräfteströmungen ...» gehalten, und er scheint bis zu einem gewissen Grad ihre Fortsetzung zu sein, da hier das Gleichgewicht zwischen Luzifer und Ahriman durch den Christus-Impuls abermals das Thema bildet, aber gleichsam unter dem Aspekt neuer Offenbarungen Michaels, des Geistes, der die Menschen zu diesem Gleichgewicht führt. Das weitere Schicksal der Erdenentwicklung hängt davon ab, ob dieses Gleichgewicht gefunden wird.[110b]

«Ich bin bei euch alle Tage bis an das Ende der Erdenzeiten», diese Worte des Christus nimmt Rudolf Steiner als Grundlage und fährt dann, sie kommentierend, fort: «Das heißt aber: Ich habe mich euch nicht nur geoffenbart in den Tagen, in denen die Evangelien geschrieben sind, ich werde durch meinen Taggeist Michael hereinsprechen zu euch immerdar, wenn ihr den Weg zu mir sucht».[111] In diesen zwei Zeilen wird der Charakter der neuen Michael-Offenbarung der Gegenwartsepoche sichtbar. In dem folgenden Vortrag sagt Rudolf Steiner über diese Offenbarung: «Jetzt leben wir in der Zeit der Michael-Offenbarung. Die ist ebenso da wie die anderen Offenbarungen. Aber sie drängt sich dem Menschen nicht mehr auf, weil der Mensch in seine Freiheitsentwicklung eingetreten ist. Wir müssen der Offenbarung des Michael entgegenkommen. ... Verkennen Sie nicht, was in dieser Michael-Offenbarung, wenn die Menschen sich durch Freiheit ihr nähern würden, für die Menschen der Gegenwart und der nächsten Zukunft gegeben wäre.» Nach diesen Worten wendet sich Rudolf Steiner konkreten Fragen zu, wie: Was heißt «michaelisch denken», was ist «der Michaels-Weg, der seine Fortsetzung in dem Christus-Weg findet?» Und was bedeutet «Michael-Kultur» als die wahre Kultur der Menschheitszukunft, wo «man nicht abstrakten Stoff und abstrakten Geist haben wird, sondern Geist, Seele und Leib ineinanderwirkend.»

Der innere Höhepunkt dieses Zyklus ist jedoch zweifellos das Ende des 2. Vortrags vom 20. November, wo Rudolf Steiner das Geheimnis der zwei wichtigsten kosmischen Missionen Michaels schildert, der alten und der neuen, aus denen zwei seiner bedeutendsten Offenbarungen hervorgegangen sind. Die eine bereitete das Mysterium von Golgatha vor. Von ihr sprechen die ersten Verse des Johannes-Evangeliums: «Es lebte in der alten Zeit das Wort in geistiger Weise, aber das Wort ist Fleisch geworden und hat unter uns gewohnet.» Die zweite hat erst 1879, seit dem Anfang der neuen Michael-Epoche begonnen, wirksam zu werden. Sie verkündet: «Und das Menschenfleisch muß wiederum durchgeistigt werden, damit es fähig werde, im Reiche des Wortes zu wohnen, um zu schauen die göttlichen Geheimnisse.» So «ist die Fleischwerdung des Wortes die erste Michael-Offenbarung, die Geistwerdung des Fleisches muß die zweite Michael-Offenbarung sein.»

Mit diesen Worten ist das tiefe Geheimnis des menschlichen physischen Leibes und seines zukünftigen Zusammenhanges mit dem Michael-Christus-Impuls im wesentlichen ausgesprochen. Vollständig offenbarte sich dieses Geheimnis Rudolf Steiner erst in dieser Lebensepoche, als er unter dem Zeichen des Geistesmenschen stand.[112]

Jetzt gewinnt das Schauen Rudolf Steiners in der Michael-Sphäre eine besondere Kraft und Tiefe, und er empfängt von dort immer neue Offenbarungen, so daß gerade diese Seite seiner geistigen Forschungen besonders deutlich hervortritt und uns, sich weiterentwickelnd, noch einen Aspekt seiner Mission offenbart: sie zeigt uns Rudolf Steiner als Boten des gegenwärtigen führenden Zeitgeistes.

Emil Bock hat einmal von Rudolf Steiner gesagt, daß er des Erzengels Michael rechte Hand gewesen sei. Das ist eine reale okkulte Tatsache. Schon in dem Vortrag vom 28. Mai 1910 weist Rudolf Steiner darauf hin, daß dies prinzipiell möglich ist. Damals führte er an dem Beispiel des Heerführers Miltiades folgendes aus: «Sehen wir zum Beispiel auf Miltiades oder irgendeine andere Persönlichkeit: Da hatten sie zu stehen auf dem großen Plan der Geschichte ihres Volkes; da war dies oder jenes durch das Karma der höheren Mächte bedingt – und da wurden sie hingestellt auf ihren Posten. In ihr einzelkarmisches Konto strömte ein, *was der ganzen Menschheit zuteil werden sollte.* Und indem sie es ausführten, indem sie Taten und Leistungen daran anschlossen, wurde es ihr Einzelkarma. – So leben und weben wir auch mit unserem einzelnen

Karma in dem Makrokosmos als eine kleine Welt, als ein Mikrokosmos.»[113]

An diesem Beispiel können wir sehen, wie sich in den großen Weltereignissen das Karma der einzelnen menschlichen Individualität mit dem Karma der höheren Wesenheiten verknüpft. So wurde auch das Karma Rudolf Steiners mit dem Karma Michaels verbunden. Mit anderen Worten: um durch Rudolf Steiner zu wirken, mußte Michael sein Karma auf sich nehmen. Denn ohne die Erdenwirksamkeit dieses seines größten Schülers und Boten wäre die Lage Michaels im 20. Jahrhundert in bezug auf die Welt der Menschen und die Welt bestimmter Götter äußerst schwierig geworden. So wird der Mensch in der neuen Epoche der Freiheit berufen, gleichsam prophetisch seine Zukunft vorwegzunehmen und bewußt mit den Göttern zu arbeiten, die heute, dem Beispiel des Christus folgend, ihre übersinnlichen Schicksale mit den Schicksalen der Erdenmenschheit verbinden wollen.

Wie schon gesagt, widmete sich Rudolf Steiner in dieser Zeit neben den sozial-okkulten Themen, die vor allem die Anthroposophen befähigen sollten, ein rechtes Verständnis für die geistigen Grundlagen der Gegenwartsereignisse zu entwickeln, der Aufgabe, den wichtigsten praktischen Lebensbereichen neue Impulse zu geben, ganz besonders denjenigen, in denen die antimichaelischen Mächte stark wirkten. Das war vor allem auf dem sozialen, pädagogischen, naturwissenschaftlichen, medizinischen und religiösen Gebiet der Fall, das heißt dort, wo in alten Zeiten die grundlegenden Impulse aus den Mysterienstätten gekommen waren.

Diese Tätigkeit Rudolf Steiners brachte der Gesellschaft nun auch den Zustrom einer großen Zahl jüngerer Mitglieder, die hofften, die Anthroposophie auf wissenschaftlichen Spezialgebieten anwenden zu können. Daraufhin begann wie eine Antwort auf diese von außen kommenden Anforderungen eine stürmische Entwicklung der sogenannten anthroposophischen Tochterinstitutionen.

Ende 1918 beginnt außerdem die Entwicklung der sozialen Dreigliederung, von der Rudolf Steiner sagte, daß sie von Michael selbst gewollt wurde.[114] Der Dreigliederungsgedanke wird dann im folgenden Jahre in dem Buch «Die Kernpunkte der sozialen Frage» und in einer Reihe von Abhandlungen weiterentwickelt, die im Jahre 1920 unter dem Titel «In Ausführung der Dreigliederung des sozialen Organismus» herauskommen. Und es werden seit 1919 Versuche unternommen, die Idee der Dreigliederung im praktischen Leben des damaligen Europa zu verwirklichen.

In der Mitte des Jahres 1919 werden auch die ersten Impulse zur geisteswissenschaftlichen Erneuerung der Erziehungskunst gegeben, aus denen sich die Waldorfpädagogik entwickelt.

Dann hält Rudolf Steiner am Ende des Jahres 1919 den ersten naturwissenschaftlichen Kurs. Die Vertiefung und Weiterführung auf diesem Gebiet eröffnet in den folgenden Jahren bedeutende Perspektiven der geisteswissenschaftlichen Erneuerung der Naturwissenschaften. Und 1920 beginnt die Entwicklung der anthroposophischen Medizin, die zur Begründung des Klinisch-Therapeutischen Institutes in Arlesheim durch Ita Wegman führte.

Im Jahre 1921[115] wird der erneuernde Impuls der Anthroposophie als der neuen Offenbarung des Christus im 20. Jahrhundert auch auf religiösem Gebiet wirksam, und im Jahre 1921/22 wird die Christengemeinschaft begründet, an deren Spitze Friedrich Rittelmeyer steht.

So haben die anthroposophischen Impulse bereits bis zum Jahre 1922 in den verschiedensten fachwissenschaftlichen Bereichen vielversprechende, tiefe Wurzeln gefaßt. Aber während viele dieser anthroposophischen Tochtergründungen sehr bald die schönsten Früchte zu tragen begannen, brachte die Breitenentwicklung der Anthroposophie doch auch erhebliche Schwierigkeiten mit sich. Diese entstanden nicht nur durch die wachsende äußere Gegnerschaft, sondern vor allem dadurch, daß viele Anthroposophen, die anthroposophische Impulse mit Begeisterung in wichtige Lebens- und Tätigkeitsbereiche hineintrugen, aus ungenügender Vorbereitung das eigentliche Wesen der Anthroposophie doch nicht erkannt hatten. Sie hatten nicht verstanden, daß der Anthroposophie von Anfang an *ein tief esoterischer Charakter* eigen war und ist, den sie immer bewahren wird, auch dort, wo ihre Impulse in praktische Lebensbereiche hineinwirken.

Durch dieses nicht genügende Verständnis des Wesens der Anthroposophie kam es in wachsendem Maße zu Fehlern, und die Folgen waren zerstörend für die Gesellschaft. Die zunehmende Feindschaft gegenüber der anthroposophischen Bewegung war ein Ausdruck dieser Tatsache. In dem Vortrag vom 12. April 1924 in Dornach weist Rudolf Steiner darauf hin: «Denn im Jahr 1918 hatten wir ja diese Gegnerschaft noch nicht. Wir hatten selbstverständlich einzelne Gegner. Um die kümmerte man sich nicht und brauchte sich nicht zu kümmern. Aber eigentlich sind die Gegner erst seit dem Jahre 1918 ins Kraut geschossen.» Und am 16. April 1924 heißt es:

«Und so ist es gekommen, daß etwa vom Jahre 1919 ab – nachdem ja während der Kriegsjahre die Führung der Anthroposophischen Gesellschaft schwierig war – allerlei Bestrebungen innerhalb der Anthroposophischen Gesellschaft aufgetreten sind, Bestrebungen, hervorgegangen aus den und jenen Ambitionen innerhalb des Mitgliederkreises, welche im Grunde der eigentlichen anthroposophischen Sache gegenüber abträglich gewirkt haben, abträglich in dem Sinne, daß dadurch gerade, ich möchte sagen, die Feindseligkeit der Außenwelt in besonderem Maße hervorgetreten ist.»[116]

Und dann legt Rudolf Steiner dar, wie er damals den einzelnen Anthroposophen die Möglichkeit geben mußte, diese Fehler zu machen, damit sie in der Folgezeit, wenn sie auf die von ihnen hervorgerufenen unheilvollen Folgen blicken würden, sie in aller Freiheit als solche erkennen könnten. Die neue Esoterik verlangt, die Freiheit jedes Menschen absolut zu achten; aber man muß sich klarmachen, was das Rudolf Steiner selbst kostete! Man erinnere sich hier nur an das Scheitern der Dreigliederungsbewegung im Jahre 1919! Die Fehler und Schwierigkeiten, die im Zusammenhang mit der Ausweitung der Tätigkeitsfelder der Anthroposophie auftraten, waren unter anderem eine Folge der Tatsache, daß zu Beginn des ersten Weltkrieges jede esoterische Arbeit in der Gesellschaft hatte eingestellt werden müssen, gerade als die Situation ein rein esoterisches Verhältnis zur Anthroposophie forderte. Das lastete schwer auf Rudolf Steiner, als jetzt nach fünf Jahren die Anthroposophie in jene Sphären eintrat, wo die Michael bekämpfenden Mächte besonders stark waren. Es wäre notwendig gewesen, sich mit der Anthroposophie nicht nur als einer kulturell-spirituellen Strömung zu verbinden, sondern sie als eine rein esoterische in sich aufzunehmen. Dies geschah jedoch in jener Zeit nicht unbedingt in jedem Falle.

Daraus erwuchs in jenen Jahren für Rudolf Steiner die Aufgabe, in der sozialen Wirklichkeit auf geistig-historischem Plan jene hohe Synthese des Äußeren und Inneren zu verwirklichen, die er gegen Ende des 19. Jahrhunderts, bis 1899, während seines christlich-rosenkreuzerischen Einweihungsweges in sich vollzogen hatte, so daß er danach im Jahre 1901 als Lehrer vor die Menschheit hatte treten können. Diese hohe Synthese aber konnte nur durch einen neuen *esoterischen Impuls* in der anthroposophischen Bewegung verwirklicht werden.

Die durch den Krieg unterbrochene rein esoterische Arbeit mußte dafür auf einer neuen Stufe wieder ins Leben gerufen werden. Denn nur sie konnte die volle Harmonie zwischen den ursprünglichen, rein spirituellen Quellen der Anthroposophie und ihrer Ausbreitung in die verschiedensten Spezialgebiete menschlichen Wissens herstellen. Zudem war der esoterischen Arbeit, die den rosenkreuzerischen Grundcharakter gewahrt hatte, eine entschiedenere Ausrichtung auf die Michael-Sphäre hin zu geben; denn seitdem Michael in der Erdensphäre wirkte, sollten wahre esoterische Impulse in alle sozialen Aktivitäten und Lebenspraktiken der Menschen hineingetragen werden.

Der Grund der geheimnisvollen Tatsache, daß das erste Goetheanum bis zu seinem tragischen Untergang weder eröffnet noch *eingeweiht* worden ist, mag wohl im Zusammenhang mit dieser neuen Aufgabe gesehen werden, betonte doch Rudolf Steiner nachdrücklich, als er im September 1920 einen Hochschulkurs im Goetheanum durchführte, daß dieser Kurs in keinem Falle als Eröffnung des Goetheanum anzusehen sei: «Am 26. September [dem Beginn des Kurses] ist nicht eine Eröffnung etwa unseres Goetheanums ... Die Eröffnung des Goetheanums liegt weit in der Zukunft draußen»[117], sagte er damals.

Über die Bedingungen, unter denen die Einweihung und Eröffnung hätte stattfinden können, sprach sich Rudolf Steiner erst nach dem Brand aus. In dem Aufsatz «Das Goetheanum in seinen 10 Jahren» vom 18. März 1923 schrieb Rudolf Steiner: Die Eröffnung des Goetheanums «sollte erst dann stattfinden, wenn einmal eine Veranstaltung möglich geworden wäre, deren Ganzes mit der ursprünglichen Bauidee vollkommen im Einklang gestanden hätte».[118] Aber worin besteht denn die «ursprüngliche Idee» des Goetheanum? Diese Idee ist die Anthroposophie, denn Rudolf Steiner hat mehrfach gesagt, daß das Goetheanum die sichtbare Anthroposophie auf dem physischen Plan sei und daß die «ursprüngliche Idee» dieses Baues dieselben übersinnlichen Quellen habe wie die gesamte Geisteswissenschaft und unter «Veranstaltungen» im Goetheanum, von denen hier gesprochen wird, ist das ganze komplizierte, vielgestaltige Leben der Gesellschaft zu verstehen, das seinerzeit ein Mittler war zwischen der Anthroposophie in ihrem ideal-geistigen Aspekt (der auch in den Formen des Goetheanum selbst zum Ausdruck kam) und der übrigen äußeren Welt, in die diese anthroposophischen Impulse Eingang finden sollten, entweder direkt oder mit Hilfe von Büchern oder öffentlichen Vorträgen oder durch die Erneuerung der verschiedenen wissenschaftlichen, künstlerischen oder religiösen Richtungen der Epoche. So sollte mit der Zeit die äußere Tätigkeit, die vom Goetheanum ausging, jenen tief esoterischen Impulsen vollkommen entsprechen, welche die äußeren Formen des Baues geprägt hatten.

Aus dem allen können wir ersehen, was das Goetheanum werden sollte. In voller Harmonie das Äußere und Innere verbindend – und das ist nur durch reale esoterische Arbeit möglich –, sollte es einmal als das Mysterienzentrum unserer Zeit eingeweiht und eröffnet werden, als Mittelpunkt der neuen, dem Michael-Christus dienenden Esoterik des Westens.

Jedoch blieb trotz aller Anstrengungen Rudolf Steiners in dieser Richtung die Wachsamkeit der Mitglieder zu schwach, die geistigen Kräfte reichten nicht aus, sie wurden durch die katastrophalen Ereignisse und die Schwierigkeiten jener Zeit zu stark gehemmt, die Widersachermächte erwiesen sich als stärker. Und in der Silvesternacht des Jahres 1922 ereignete sich die Tragödie. Das Goetheanum wurde von einem Feuermeer verschlungen. So konnte die Synthese als Krönung eines langen Weges und ungeheurer Arbeit nicht durch eine stetig voranschreitende Entwicklung erreicht werden.

Und doch sollte sie verwirklicht werden, aber jetzt als reine Opfertat, die aus einem ungeheuren, an Verzweiflung grenzenden Schmerz erwuchs. Deshalb kann man sagen, daß diese Synthese noch viel größer, noch bedeutender erscheint. Das neue Mysterienzentrum sollte aus den Flammen des vom Feuer verzehrten Goetheanum geboren werden. Sein Fundament sollte durch das größte denkbare Opfer geschaffen werden, das Menschen möglich ist – Rudolf Steiner brachte es für die gesamte Menschheit.

Indem wir uns diesem tragischen Kapitel in der Geschichte der anthroposophischen Bewegung nähern, stoßen wir auch auf die Frage, die oft unter Anthroposophen aufgetreten ist: «War es denn nicht möglich, die Tragödie abzuwenden? Wußte es der Doktor denn nicht?» Wenn wir uns auf alles stützen, was in den vorangehenden Kapiteln ausgeführt worden ist, müssen wir die eindeutige Antwort geben: Rudolf Steiner *wußte* um das herankommende Unglück (GA 125). Er wußte es vor allem deshalb, weil schon bei der Grundsteinlegung das Schicksal des Goetheanum auf die intimste Weise mit dem Schicksal seines eigenen Ätherleibes verbunden worden war. Dessen Schicksal mußte Rudolf Steiner selbstverständlich kennen. Warum jedoch schwieg er damals? – das mag als zweite Frage auftauchen. Aber auch diese kann jetzt beantwortet werden: Das Goetheanum *konnte nicht von außen geschützt werden.* Seit Ausbruch des Krieges wurde es Tag und Nacht ununterbrochen bewacht. Alle äußeren Maßnahmen, die man zum Schutze des Goetheanum treffen konnte, waren getroffen worden. Aber die Hauptgefahr lag nicht dort. Die Hauptgefahr bestand in der immer schwächer werdenden Wachsamkeit der Mitglieder der Gesellschaft, deren Aktivität unter dem Druck der schweren äußeren Ereignisse und der wachsenden Schwierigkeiten nachgelassen hatte – sie waren eingeschlafen ... Trotz aller Anstrengungen in den Jahren von 1916 bis 1921 war es Rudolf Steiner nicht gelungen, durch seine Vortragstätigkeit das notwendige Bewußtsein und das rechte soziale Verständnis in der Mitgliedschaft zu erwecken. Nun zeigten sich die

Folgen auf schicksalhafte Weise. Das Goetheanum und die mit ihm verbundenen ätherischen Kräfte Rudolf Steiners verloren angesichts der wachsenden Macht der Gegner den notwendigen geistigen Schutz von Seiten der Anthroposophen. Denn das Goetheanum, das aus rein geistigen und okkulten Gesetzen heraus begründet und errichtet worden war, konnte nicht einfach von außen durch äußere Umstände vernichtet werden – das wäre sonst schon lange vor 1922 geschehen –, sondern nur, wenn der innere Schutz durch die Gesellschaftsmitglieder versagte. In diesem Falle konnte die Tragödie in jedem Augenblick eintreten. Dann war es unmöglich, sie durch irgendwelche äußere Maßnahmen abzuwenden. Rudolf Steiner wußte das wie kein anderer.

Was aber konnte er tun? Laut, offen von der kommenden Gefahr zu sprechen, war nicht möglich, und nicht nur deswegen, weil dadurch das esoterische Grundgesetz, in der Epoche der Freiheit niemals auf den Willen eines Menschen direkt einzuwirken, verletzt worden wäre, sondern auch deshalb, weil das keine Hilfe gewesen wäre. Denn Rettung hätte nur die *innere* Aktivität der Gesellschaftsmitglieder bringen können, und diese war nicht in genügendem Maße vorhanden.[119]

Einmal hat Rudolf Steiner trotzdem offen von der drohenden Gefahr gesprochen. Das geschah am 23. Januar 1921. Daran erinnerte Rudolf Steiner fünf Tage nach dem Brand in seinem ersten Vortrag für die Arbeiter am Goetheanum: «Es ist schwer, etwas über den Schmerz auszusprechen, den ich empfinde. Ich weiß ja, daß Sie innig Anteil nehmen an der Sache, und ich brauche daher nicht viele Worte zu machen. Es darf aber doch vielleicht, nicht wahr, bei dieser Gelegenheit ein wenig darauf aufmerksam gemacht werden, daß ich ja schon am 23. Januar 1921 hier in diesem Saale eine Stelle vorlesen konnte aus einer Broschüre, wo geschildert war der Ausspruch eines Gegners – man kann schon sagen, Feindes –, denn dieser Ausspruch hat ja dazumal gelautet: ‹Geistige Feuerfunken, die Blitzen gleich nach der hölzernen Mäusefalle zischen, sind also genügend vorhanden, und es wird schon einiger Klugheit Steiners bedürfen, versöhnend zu wirken, damit nicht eines Tages ein richtiger Feuerfunke der Dornacher Herrlichkeit ein unrühmliches Ende bereitet.›»[120]

Asja Turgenieff, die alle diese Ereignisse miterlebte und die auch zugegen war, als jene Worte vorgelesen wurden, zitiert sie ebenso in ihren Erinnerungen und schreibt dann über den Abend des 23. Januar 1921: «Was hinter diesen Worten stand, wurde im dumpfen Gefühl der Ohnmacht von uns nicht verstanden, und die Widerstandskraft zur Abwehr gegenüber dem nahenden Verhängnis fehlte – ein Versagen wie in den ersten Kriegstagen, als Dr. Steiner versuchte, uns zur Wachsamkeit gegenüber den Ereignissen aufzurufen.»[121]

In dieser Situation konnte Rudolf Steiner nur eines tun: immer aufs neue zur Wachsamkeit und Verantwortlichkeit aufrufen und die entsprechenden Erkenntnisgrundlagen geben. Und das tat er in jenen Jahren mit besonderer Intensität. Es genügt in diesem Zusammenhang, auf die umfassenden Vortragszyklen hinzuweisen, die er im Jahre 1922 hielt, so zum Beispiel den «Wiener Kongreß» im Juni, den «Französischen Kurs» im September, den «Pädagogischen Jugendkurs» im Oktober sowie weitere zahlreiche Vorträge und Zyklen in verschiedenen Städten Europas.

Trotzdem ist auch dieses Mal ebenso wie in den ersten Kriegstagen der Appell Rudolf Steiners nicht in genügendem Maße gehört worden, und die Tragödie konnte nicht abgewendet werden. Wir müssen deshalb als Tatsache hinnehmen, daß die Mitglieder der Anthroposophischen Gesellschaft weder das physische Goetheanum bewahren konnten noch die in es hineingeopferten Kräfte des Lehrers selbst! Und es war Rudolf Steiner, den dieser Schlag am schwersten traf, denn er wurde seinem eigenen Ätherleib zugefügt, und die Mächte der Finsternis wußten das. Rudolf Steiner war es, der in dem Chaos von Kraftlosigkeit und Verzweiflung, das nach dem Brand um sich griff, nicht zuließ, daß die geistige Arbeit auch nur für einen Augenblick unterbrochen wurde. Alles, was für den auf den Brand folgenden Tag geplant war, wurde in der festgelegten Weise durchgeführt. Denn Rudolf Steiner wußte besser als irgend jemand sonst, daß die Kräfte, die wenige Stunden zuvor das Goetheanum vernichtet hatten, nach einer Bruchstelle auch seiner anthroposophischen Arbeit suchten. Wir können nur entfernt ahnen, was es ihn als Eingeweihten und als Menschen kostete, die Arbeit ohne Unterbrechung fortzusetzen, und wir erkennen in diesem Handeln die ungewöhnliche Höhe und die Macht über sich selbst, die er in jener Zeit erreichte.

Aber was Rudolf Steiner ertragen konnte, das konnte die Gesellschaft nicht bewältigen. Deshalb verstärkten sich nach dem Brand die Prozesse, die von ihrem inneren Verfall zeugten. Das mußte er am Anfang der Rede, mit der er am 24. Dezember 1923 die Weihnachtstagung eröffnete, feststellen: «Der Blick, den Sie auf unserer Stätte zuerst wiederum entfalten konnten, als Sie den Dornacher Goetheanumhügel bestiegen, fiel auf den Trümmerhaufen des vor einem Jahre zugrundegegangenen Goetheanums. Und im wahrsten Sinne des Wortes ist ja dieser Anblick das so tief zum Herzen sprechende Symbolum für die äußere Offenbarung nicht nur unseres Arbeitens, unseres Strebens hier und in die Welt hinaus auf anthroposophischem Boden, sondern es ist dieser Blick auf einen Trümmerhaufen vielfach heute symptomatisch für die Weltverhältnisse überhaupt.»[122]

Es ist anzunehmen, daß die Spaltung in der deutschen Gesellschaft und die Absonderung der sogenannten «Freien Anthroposophischen Gesellschaft», in der sich besonders jüngere Mitglieder zusammenschlossen, ein Anlaß für diese von tiefer Tragik erfüllten Worte waren. Rudolf Steiner hatte Ende Februar 1923 während der Stuttgarter Tagung, vor diese Tatsache gestellt, seine Einwilligung geben müssen, und während er noch im November 1923 in Holland in Anwesenheit von Zeylmans van Emmichoven seinen tiefen Zweifel darüber ausdrückte, ob er auch weiterhin mit der Gesellschaft werde verbunden bleiben können[123], bekannte er auf der Weihnachtstagung: «Es war aus dem Grunde ein schwerer Entschluß, weil im Grunde genommen ein solcher Rat allen Grundfesten der Anthroposophischen Gesellschaft widersprach ... Es war eine Anomalie. Und es war vielleicht eins der bedeutsamsten Symptome, die dann einflossen in den Entschluß, Ihnen hier zu sagen, daß ich die anthroposophische Bewegung in der Anthroposophischen Gesellschaft nur weiterführen kann, wenn ich selber in der Anthroposophischen Gesellschaft, die hier neu begründet werden soll, den Vorsitz übernehmen kann.»[124]

Aber ungeachtet aller dieser niederdrückenden Ereignisse richtete Rudolf Steiner seine Tätigkeit stärker denn je auf die Überwindung der sich mehrenden Schwierigkeiten und Hindernisse, durch positive Arbeit und ganz besonders durch die Weiterentwicklung der Anthroposophie selbst. So behandelte er von März 1923 an bis zum Ende des Jahres das Thema der anthroposophischen Erneuerung der wichtigsten christlichen Jahresfeste. Der Anfang dazu wurde mit dem Zyklus «Der Jahreskreislauf als Atmungsvorgang der Erde und die vier großen Festeszeiten» (GA 223) gemacht. Damit setzte Rudolf Steiner dem von außen kommenden Negativen soviel Positives entgegen, wie er nur irgend aus den geistigen Quellen der Anthroposophie schöpfen konnte. Er deckte seinen Zuhörern in diesen Vorträgen die wahren okkulten Grundlagen der großen christlichen Feste auf. Das richtige Miterleben des Jahreslaufes sollte die inneren Kräfte wecken, die geeignet waren, mit allem Tragischen und Unerträglichen der Situation fertig zu werden.

In der Ausarbeitung dieses Themas nimmt die Darstellung der okkulten Bedeutung des herbstlichen Michael-Festes einen besonderen Platz ein. Man kann sagen, daß dieses zum ersten Mal auch in der äußeren Geschichte des Christentums den ihm gebührenden Sinn und Inhalt erhält. Seitdem gehört das Michael-Fest, das von Rudolf Steiner für die ganze Menschheit errungen worden ist, als ein wesentlichstes Element zu dem inneren Leben jedes Anthroposophen, ebenso wie die anderen erneuerten Feste: Weihnachten, Ostern, Pfingsten und der Johanni-Tag. In einer grandiosen Imagination tritt Michael selbst als neuer Zeitgeist vor die Menschheit hin, gebieterisch mit seinem feurigen Schwerte auf das höhere Ich des Menschen weisend, an das er sich von nun an wendet.[125]

Ende Januar 1923 beginnt Rudolf Steiner mit einer Reihe von Einzelvorträgen, die ein vertieftes Verständnis für das Wesen und die Aufgaben der anthroposophischen Bewegung und der Anthroposophischen Gesellschaft sowie ein größeres Bewußtsein von ihrem Verhältnis zueinander wecken sollen. Im Juni desselben Jahres hält er dann in Dornach einen ganzen Zyklus von acht Vorträgen zu diesem Thema mit dem Titel «Die Geschichte und die Bedingungen der anthroposophischen Bewegung im Verhältnis zur Anthroposophischen Gesellschaft» (GA 258), wo er einen Überblick über die Entwicklung der Anthroposophie gibt, von den ersten Schritten innerhalb der Theosophischen Gesellschaft bis zum Jahre 1923.

Mitte Juli dieses Jahres taucht für eine kurze Zeit noch einmal das soziale Thema auf (GA 225), und danach folgt abermals eine ganze Reihe von mächtigen Zyklen und Einzelvorträgen, die von verschiedenen Aspekten aus die Vielgestaltigkeit der Beziehungen zwischen dem Menschen und dem Kosmos behandeln. Dazu gehören: «Initiations-Erkenntnis» (Penmaenmawr), «Der Mensch als Zusammenklang des schaffenden, bildenden und gestaltenden Weltenwortes» (Dornach), «Der übersinnliche Mensch, anthroposophisch erfaßt» (Den Haag).

Dieses ganze Jahr über bereitet Rudolf Steiner außerdem die vollständige Neugestaltung der Gesellschaft vor. In ausgedehnter Tätigkeit werden nationale Gesellschaften in verschiedenen Ländern begründet und organisiert, aus denen auf der Weihnachtstagung von 1923/24 die Allgemeine Anthroposophische Gesellschaft mit dem Zentrum in Dornach hervorgehen sollte.

Und endlich geht dieses von ungewöhnlichen Anstrengungen und intensivster Arbeit erfüllte Jahr mit einem der bedeutendsten Zyklen Rudolf Steiners zu Ende, mit den «Mysteriengestaltungen» (GA 232), wo zum ersten Mal in der Menschheitsgeschichte das Wesen der wichtigsten westlichen Mysterien enthüllt wird, deren Gehalt bis zu der Zeit ihres Niederganges am Anfang unserer Ära sorgfältig gehütet und bewahrt worden war. In geheimgehaltenen Heiligtümern und Tempeln der Vergangenheit hatten nur Eingeweihte Zutritt zu ihnen gefunden. In diesen Vorträgen werden Geheimnisse offenbart, die auch nach dem endgültigen Niedergang des europäischen Mysterienlebens nicht in die äußere Geschichte eingegangen, sondern von ihren letzten Hierophanten in jene Welt getragen worden waren, aus der sie einstmals auf der Erde erschienen waren. Die Bilder der bedeutendsten Mysterienstätten des Altertums treten in erstaunlicher Konkretheit vor uns hin: Hibernia, Samothrake, Eleusis, Ephesus – Mysterien, die die Entwicklung der westlichen Kultur bis zum Beginn der christlichen Ära bestimmten und die im mittelalterlichen Rosenkreuzertum ihre Fortsetzung fanden.

Erst nach der Weihnachtstagung enthüllte Rudolf Steiner in den Karma-Vorträgen, woher er dieses tiefe Wissen von den alten Mysterien auf die Erde geholt hatte: Er hatte es unmittelbar aus der übersinnlichen Schule Michaels gebracht. Denn was er in diesem Zyklus darlegte, das war die irdische Wiederholung dessen, was Michael selbst im Übersinnlichen vor der zu ihm gehörenden Versammlung von Menschenseelen und geistigen Mächten vollbracht hatte.[126] Mit einem gleichsam nichtmenschlichen, mit einem kosmischen Ton hat Rudolf Steiner in dem Vortrag vom 20. Juli 1924 in Arnheim von der allumfassenden Rede gesprochen, die Michael einst vor den Seinen in der hohen übersinnlichen Schule gehalten hat, als er vom Niedergang der alten und der Notwendigkeit neuer Mysterien auf der Erde kündete, wobei er sich *vor allem* an den wandte, der als sein größter Schüler dieses auf der Erde verwirklichen sollte, das aber heißt, an denjenigen, der Weihnachten 1923 den Grund für das Zentrum der neuen Michael-Mysterien auf der Erde legte:

«Seitdem das Menschengeschlecht in menschlicher Gestalt die Erde bevölkert, hat es auf der Erde Mysterien gegeben: Sonnen-Mysterien, Merkur-Mysterien, Venus-Mysterien, Mars-Mysterien, Jupiter-Mysterien, Saturn-Mysterien. In diese Mysterien haben die Götter ihre Geheimnisse hineingesendet; dort sind dazu geeignete Menschen eingeweiht worden. So daß man auf der Erde wissen konnte, was auf Saturn, Jupiter, Mars und so weiter vor sich geht und wie dieses, was dort vor sich geht, in die Menschheitsentwickelung auf der Erde hineinwirkt. Eingeweihte, Initiierte, die in den Mysterien mit den Göttern verkehrten, hat es immer gegeben. In instinktiver alter hellseherischer Weise haben die Initiierten das aufgenommen, was in den Mysterien durch Impulse an sie herangekommen ist. Das ist – so sagte Michael zu den Seinen – bis auf wenige Traditionen hin auf der Erde verschwunden; das ist nicht mehr da. Die Impulse können nicht mehr in die Erde hineinfließen. Einzig und allein in der untergeordnetsten Region, in der Fortpflanzungsregion, hat noch Gabriel die Macht, die Mondeneinflüsse in die Entwicklung der Menschheit hineinkommen zu lassen. Mehr oder weniger sind die alten Traditionen von der Erde verschwunden und damit die Möglichkeit, die ins Unterbewußtsein und damit in die verschiedenen Leiblichkeiten der

Menschen hineingehenden Impulse zu pflegen. Wir aber schauen nunmehr zurück auf alles das, was einstmals wie eine Gabe des Himmels in den Mysterien an Menschen herangebracht worden ist, wir überblicken einmal dieses wunderbare Tableau, wir schauen in den Zeitenlauf hinunter: Wir finden da die Mysterienstätten, wir sehen, wie die himmlische Weisheit in diese Mysterien hineingeströmt ist, wie Menschen von ihr initiiert worden sind, wie gerade von unserer geweihten Sonnenstätte aus die kosmische Intelligenz über die Menschen so heruntergekommen ist, daß die großen Lehrer der Menschheit Ideen, Gedanken, Begriffe gehabt haben, die spirituell waren, die ihnen aber eininspiriert waren von unserer geweihten Sonnenstätte aus. Das ist von der Erde verschwunden. Wir sehen es, indem wir auf alte Epochen der Erde zurückschauen, wir sehen es nach und nach von der Erdenentwickelung verschwinden in der Alexanderzeit und ihrer Nachwirkung, und unten sehen wir, unter den Menschen, allmählich die irdisch gewordene Intelligenz sich ausbreiten. Aber wir haben ja diesen Anblick, der uns geblieben ist: wir schauen hin auf die Geheimnisse, in die einstmals die Initiierten der Mysterien eingeweiht worden sind. Bringen wir sie uns zum Bewußtsein! Bringen wir es denjenigen geistigen Wesenheiten, die um mich herum niemals in einem Erdenleibe erscheinen, sondern nur in ätherischer Art leben, zum Bewußtsein. Bringen wir es aber auch denjenigen Seelen, die in Erdenleibern oftmals auf der Erde waren, jetzt aber gerade da sind und zur Michael-Gemeinschaft gehören, bringen wir es diesen Menschenseelen zum Bewußtsein. Entwerfen wir die große *Initiaten-Lehre,* die einstmals auf die alte Art auf die Erde durch die Mysterien niedergeströmt ist, – entwerfen wir sie vor den Seelen derjenigen, die auf intelligente Art mit Michael verbunden waren.»[127]

Und Rudolf Steiner fährt fort: «Und da wurde durchgenommen, wenn ich mich eines irdischen, in einem solchen Zusammenhange fast trivial klingenden Ausdruckes bedienen darf –, da wurde durchgenommen die alte Initiationsweisheit.»

Diese alte Mysterienweisheit, die noch der Epoche des Menschheitsabstiegs angehörte, der Epoche des makrokosmischen Vaterunsers, sollte jetzt den Menschen eröffnet werden, damit sie in der großen Mysterienhandlung der Weihnachtstagung von 1923 in die Weisheit der neuen Mysterien umgewandelt werden könne, der Mysterien, die zu der Verwirklichung des mikrokosmischen Vaterunsers in der Epoche der Freiheit des Menschen führen.[128]

Als die Weihnachtstagung stattfand, war Rudolf Steiner fast 63 Jahre alt. Nach den Entwicklungsgesetzen der Lebensjahrsiebte überschreitet der Mensch zu dieser Zeit die Grenzen der Saturnsphäre. Nunmehr der Einwirkung des gesamten Kosmos gegenüber offen, stand Rudolf Steiner vor der unausweichlichen Notwendigkeit, die schwerste Entscheidung seines Lebens zu fällen, denn er, der irdische Vertreter der spirituellen Weisheit, die in der anthroposophischen Bewegung in Erscheinung trat, sah gerade damals die Unmöglichkeit, diese anthroposophische Strömung in die Menschheit zu leiten. Die Gesellschaft, deren Hauptaufgabe es gewesen wäre, die Früchte dieser Bewegung zu pflegen und in die Welt zu tragen, hatte sich als untaugliches Instrument erwiesen: Die Anthroposophische Gesellschaft «hat sich im Laufe der Zeit nicht als dasjenige herausgestellt, was mit einer echten, wahren Pflege des Anthroposophischen zusammenhängen kann»[129], sagte Rudolf Steiner selbst. So fand er sich vor die schwere Alternative gestellt, entweder die Gesellschaft aufzulösen und damit die Möglichkeit aufzugeben, die Anthroposophie in breite Menschenkreise einzuführen, oder sie dadurch vollkommen umzugestalten, daß er mit dem Vorsitz auch ihre irdischen Angelegenheiten in seine Hände nahm. Eine Entscheidung für die Auflösung der Gesellschaft bedeutete, schon am Beginne der neuen Epoche das Erreichen jener großen sozialen Ziele aufzugeben, die Michael, der Zeitgeist selbst, der Menschheit gesetzt hatte. Rudolf Steiner entschied sich für die zweite Alternative und brachte sich damit selbst zum Opfer.

Es ist nicht möglich, dem Mysterium von Rudolf Steiners Lebensweg näher zu kommen, wenn es nicht gelingt, die volle Bedeutung dieses Entschlusses und die Größe des daraus folgenden Opfers zu verstehen. Denn mit dieser Entscheidung stand Rudolf Steiner vor dem wahren Golgatha seines Lebens.

Es ist schon mehrfach beschrieben worden, was dieser Entschluß Rudolf Steiners bedeutete, als er, der bis zu dem Zeitpunkt nur der Repräsentant der spirituellen Weisheit, der Lehrer und Ratgeber gewesen war, nun mit dem Vorsitz auch alle irdischen Angelegenheiten der Gesellschaft zu verantworten hatte. Und wir wissen auch, daß als Antwort auf diesen Schritt jene geistigen Mächte, die die anthroposophische Bewegung bis dahin durch ihn in der Welt gelenkt und geleitet hatten, von dieser Führung hätten zurücktreten können. Am 18. Juli 1924 stellt das Rudolf Steiner in einem Vortrag in Arnheim folgendermaßen dar: «Man darf schon sagen: Was zu Weihnachten übernommen worden ist, war in gewissem Sinne ein Wagnis. Denn es war eine gewisse Eventualität vorhanden: diese, daß vielleicht – dadurch daß die Leitung der Anthroposophischen Gesellschaft unmittelbar zusammengebracht wurde mit der

Vertretung des spirituellen Weisheitsgutes – jene geistigen Mächte, welche in der geistigen Welt die anthroposophische Bewegung leiten, ihre Hände hätten abziehen können.» Diese Worte zeigen deutlich, daß Rudolf Steiner mit dieser Entscheidung seine ganze Erdenmission aufs Spiel setzen mußte. Er sollte etwas vollbringen, dessen Folgen selbst er, der große Eingeweihte, nicht kannte. Und so taucht hier die Frage auf: Warum wußte er das nicht?

An diesem Punkte berühren wir das tiefste Wesen der neuen christlichen Mysterien und gleichzeitig den verborgenen Keim der zukünftigen Menschheitsevolution, das Geheimnis der Menschheit als der zehnten Hierarchie. Deshalb müssen wir in dieser Tat Rudolf Steiners etwas sehen, das machtvoll in die Zukunft weist. Denn was ist dieses Wesen der Menschheit als zehnte Hierarchie, als der Hierarchie, die das Prinzip der Freiheit und der Liebe im Kosmos darstellen soll? Rudolf Steiner beschreibt es so, daß der Mensch in der Zukunft nur das im Kosmos wird wirken können, was nicht durch irgendeinen äußeren Antrieb entsteht, sondern allein aus seinem eigenen inneren, von Christus durchdrungenen Wesenskern.

Schon bei der Weltschöpfung durch die Elohim begegnet uns dieses große hierarchische Prinzip: «... und die Elohim sprachen: Es werde Licht! Und es ward Licht. Und es sahen die Elohim, daß das Licht gut war ...»[130] Ein wahrhaft hierarchisches Handeln aus Freiheit verwirklicht zunächst einen rein aus dem Innern kommenden Impuls und läßt Erkenntnis und Beurteilung folgen. Das sind auch die Voraussetzungen für ein Handeln aus Liebe. Es ist dieses große hierarchische Prinzip der Freiheit und der Liebe, welches durch das Mysterium von Golgatha von dem Christus auf die Erde gebracht und den Menschen eingepflanzt worden ist, damit es sich durch die zukünftigen Erdenverkörperungen auf Jupiter, Venus und Vulkan weiterentwickeln kann.

Aber wie konnte der Christus dieses göttliche Prinzip in die Erdenevolution hineintragen? Nur wenn die christliche Tradition sich mit der Geisteswissenschaft verbindet, kann sie unserer Zeit eine Antwort auf diese Frage geben. Aus göttlichem Mitleiden ist der Christus von der Sonne zur Erde herabgestiegen und hat sich durch die Taufe im Jordan in die Hüllen des Jesus verkörpert. Die kosmische Christus-Wesenheit verbrachte drei Jahre auf der Erde, damit sie das Schicksal der Menschheit bis zum Ende teile. Der Christus ist aus einem Gott ein Mensch geworden. Der Sohn Gottes wird zum Menschensohn. Dieser grandiose Prozeß, der nur aus grenzenloser Liebe und unendlichem Mitleid mit den Menschen möglich war, er erreichte seinen Höhepunkt in der von tiefer Dramatik erfüllten Szene im Garten von Gethsemane, als der Christus nicht nur von seinen Jüngern verlassen wurde, sondern durch seine endgültige Vereinigung mit den Hüllen des Jesus auch von jenen makrokosmischen Vaterkräften, die er um der Rettung der Menschen willen zu opfern beschlossen hatte.* Er ist allein. Die Welt der Götter und die Welt der Menschen ziehen sich von ihm zurück. In der absoluten Freiheit dieser Einsamkeit beschließt er, das Prinzip der reinen kosmischen Liebe auf Erden zu verwirklichen. Und als dieser höchste Entschluß der ganzen Entwicklung unseres Kosmos vollzogen ist, da erweckt der Vater, in dessen göttlicher Person alle Hierarchien beschlossen sind, selbst den Christus zu einer Fülle kosmischer Kraft, größer als die, die er durch seinen Herabstieg auf die Erde für die Errettung der Welt dahingegeben hatte.**

Nur durch die makrokosmische Tat des Christus konnte der Keim jener göttlichen Liebeskraft, die sich in voller Freiheit darlebt, in die Menschen gelegt werden, damit sie von nun an die Menschheit allmählich für ihre Mission im Kosmos als zehnte Hierarchie vorbereite, als eine Hierarchie, die einst zu kosmischem Schaffen berufen werden wird, zu einem Schaffen allein aus sich heraus. Deshalb ist seit dem Mysterium von Golgatha jenes hohe hierarchische Prinzip der Freiheit und Liebe auch die Grundlage jeder wahren christlichen Einweihung. Wir treffen ein Bild dieses Prinzips später bei Parzival, als er im Gralsschloß als *erster* die Frage stellen, das heißt den ersten Schritt aus voller innerer Freiheit tun muß, sich allein vom Prinzip der Liebe und des Mitleids leiten lassend. Vollzieht der Mensch diesen Schritt aus seiner Einsamkeit und Freiheit heraus so, daß er damit der Verwirklichung der Weltenziele dient, dann antwortet die geistige Welt, ist das nicht der Fall, dann schweigt sie. Und in derselben Weise wird die Menschheit auf ihre eigene Verantwortung in der Zukunft im Kosmos schöpferisch wirken.

Dieses Prinzip hat Rudolf Steiner in dem Buch ‹Wie erlangt man Erkenntnisse der höheren Welten› als dritte, sogenannte «Luftprobe» beschrieben, wo der Geistesschüler in voller innerer Freiheit, nur von Mitleid und Liebe bewegt, handeln muß. Erst wenn diese Probe bestanden ist, kann der Strebende in den Bereich der geistigen Welt, welcher der «Tempel der höheren Erkenntnis» genannt wird, eintreten.

Rudolf Steiner hat auf den verschiedenen Stufen seines Einweihungs-

* Rudolf Steiner hat diese Szene im 9. Vortrag des Zyklus über das «Markus-Evangelium» eingehend beschrieben.

** Das ist der Sinn der Worte des Apostels Paulus, daß der Vater den Christus nach seinem Tode auferweckte (1. Korintherbrief, Kap. 15, V. 15).

weges mehrmals diese Prüfung erfahren. Das erste Mal in früher Jugend vor der Begegnung mit dem Meister, dann am Ende der Berliner Epoche, schließlich bei der Grundsteinlegung des ersten Goetheanum; und jedesmal, wenn die Opferhandlung vollzogen war, antwortete die geistige Welt mit besonders bedeutenden geistigen Offenbarungen. Jetzt sollte das auf der einem verkörperten Menschen erreichbaren höchsten Stufe geschehen. Der Eingeweihte sollte eine Tat vollbringen, die das mikrokosmische Bild dessen ist, was der Christus mit dem Mysterium von Golgatha makrokosmisch vollzogen hat. Auf dem historischen Plan, vor allen Menschen, zum ersten Mal seit dem Beginn der Epoche der Freiheit, in die die Menschheit am Anfang des 15. Jahrhunderts eingetreten ist, vollbrachte Rudolf Steiner eine Handlung, welche den edelsten Kräften entsprungen ist, die seit dem Mysterium von Golgatha im Menschen erwachen können und die ihn als Angehörigen der zehnten Hierarchie ausweisen.

In Freiheit und Liebe, ohne sich auf etwas Äußeres zu stützen, nicht auf die Welt der Menschen und nicht auf die der Götter, sondern allein aus dem Christus-Impuls im eigenen Herzen faßte Rudolf Steiner den Entschluß, den Vorsitz in der Gesellschaft zu übernehmen und damit sein geistiges Schicksal mit ihr zu verbinden, hier auf der Erde und in den geistigen Welten. Im Betrachten dieser Tat berühren wir das entscheidende Geheimnis im Leben Rudolf Steiners, und wir müssen die Frage stellen: Was bedeutete es für Rudolf Steiner im okkulten Sinne, die Leitung der irdischen Angelegenheiten der Gesellschaft auf sich zu nehmen und damit die bis dahin getrennte Anthroposophische Gesellschaft und anthroposophische Bewegung zu einer Einheit zu verbinden? Es bedeutete im wahren Sinne des Wortes, daß Rudolf Steiner von da an vor der geistigen Welt zugleich die volle okkulte Verantwortung für das Handeln jedes Gesellschaftsmitgliedes auf sich nahm. Jedes Mitglied ist frei wie vordem. Seine Verbindung mit der zu einer Einheit verschmolzenen anthroposophischen Bewegung und Anthroposophischen Gesellschaft beruht allein auf seinem *Verständnis* für das Wesen der Weihnachtstagung. Trotzdem treffen von nun an die Folgen jeder – im Zusammenhang mit der Bewegung stehenden – unrichtigen Handlung, sogar der vergangenen, auch Rudolf Steiners Schicksal unmittelbar. Das ist die Bedeutung der Tatsache, daß Rudolf Steiner *das Karma der Anthroposophischen Gesellschaft* auf sich genommen hat.

In ihrer ersten Veröffentlichung der Materialien zur Weihnachtstagung schreibt Marie Steiner: «Zunächst war jeder, der diese Tagung mitgemacht hat, über sich selbst wie hinausgehoben, in seinem Innersten durchwärmt und zugleich erschüttert. Aber ein Schicksal waltete über dem Ganzen, das in anderen Daseinssphären hat ausgetragen werden müssen. Der Ausgang hat gezeigt, was es für Dr. Steiner bedeutet hat, *unser Karma auf sich zu nehmen.* Darin liegt die tiefe Esoterik, die mit jener Opfertat verbunden ist.»[131]

Aber fragen wir noch einmal, was heißt – im okkulten Sinne – das *Karma* eines Menschen, einer Menschengruppe, einer ganzen Gesellschaft *auf sich nehmen?* Und wir werden uns, da es sich um eine christliche Mysterientat handelt, an das makrokosmische Urbild wenden müssen, an den Lebensweg des Christus Jesus selbst. Denn was geschah im Kreuzestod Christi, in dem Augenblick, als sich aus dem vom Speer durchbohrten Leib des Erlösers das Blut ergoß? In dem Augenblick nahm der Christus das Karma der *ganzen Menschheit* auf sich. Verwundet vom Speer des von Sünden schwer belasteten Menschheitskarma, floß sein Blut, das nach den Worten Rudolf Steiners ein Abbild des «überschüssigen, egoistischen Blutes» der Menschheit ist[132], als freies Opfer zur Erde. Bis *in den physischen Leib* (bis dahin wirkt Karma) hat er die Folgen des Menschheitskarma durch seinen Kreuzestod kosmisch gesühnt. Er hat der Menschheit die Möglichkeit gegeben, den Todeskräften, den Folgen ihrer Sünden, nicht endgültig zu verfallen.

Durch die Betrachtung dieses makrokosmischen Ereignisses können wir verstehen, daß ein diesem ähnliches mikrokosmisches Geschehen sich stets als ein Abbild seines großen Urbildes erweisen muß und nur durch dieses verstanden werden kann. *Das, was der Christus für die ganze Menschheit tat, als er ihr Karma auf sich nahm, das tat Rudolf Steiner für die Mitglieder der Anthroposophischen Gesellschaft* als ein wahrer Schüler des Christus Jesus auf der Weihnachtstagung. So spiegelt sich der Makrokosmos im Mikrokosmos. So folgt der irdische Lehrer als Schüler in den Fußstapfen des kosmischen Lehrers. Dessen sollte sich jedes Mitglied der Gesellschaft bewußt sein.

Nur dann können wir richtig verstehen, was Marie Steiner weiter schreibt: «Aber unser menschliches und Gesellschaftskarma entlud sich auf ihn – und zwar unmittelbar nach Abschluß der Weihnachtstagung. Denn am letzten jener Tage, dem 1. Januar 1924, erkrankte er schwer und ganz plötzlich. Es war *wie ein Schwerthieb,* der sein Leben traf...»[132a] Diese Krankheit, die ihn «wie ein Schwerthieb» traf – und das ist eine wirklichkeitsgemäße imaginative Vorstellung –, war das bis in den physischen Leib sich auswirkende schwere Karma der Anthroposophischen Gesellschaft. Und mit dem vollen Ernst, der einer solchen Überzeugung angemessen ist, müssen wir sagen: Wenn wir wirklich verstehen, was es im tiefsten okkulten Sinne bedeutet, das Karma anderer Menschen auf sich zu nehmen, dann *mußte* Rudolf Steiner erkranken, denn dieses beides kann man nicht voneinander trennen. So wie einstmals der Christus am Kreuze vom Speer des schweren Menschheitskarma durchbohrt worden ist, so wurde auch seines Schülers physischer Leib von dem «Schwert» des schweren Karma der Anthroposophischen Gesellschaft durchbohrt.

Die Krankheit, die ihn am letzten Tage der Weihnachtstagung traf, war demnach eine besondere, keine gewöhnliche. In ihr lebte Rudolf Steiner bis in seinen physischen Leib das Karma *anderer* Menschen aus.[133] In den körperlichen Leiden des Lehrers traten die karmischen Mängel der Gesellschaft, die in ihr begangenen Fehler, Irrtümer und Unzulänglichkeiten der einzelnen Mitglieder in die äußere Erscheinung, sie wurden *im Physischen sichtbar.*[133a] Nur wenn wir das verstehen und nicht allein mit dem Kopf, sondern wenn wir es in die tiefsten Impulse unserer Seele und unseres Herzens aufnehmen, nur dann werden wir das Opfer ermessen lernen, das Rudolf Steiner auf der Weihnachtstagung brachte. Es ist ihr tiefstes Mysterium, daß er *für die Errichtung eines Zentrums der neuen Michael-Mysterien, welche die Menschheit wiederum zu einer Vereinigung mit dem Geiste führen und damit ihr geistiges und kulturelles Leben erneuern können, die Kräfte seines physischen Leibes hingegeben hat.*

Mit dieser vierten und höchsten Stufe von Rudolf Steiners Opferweg wurde nun auch auf dem *historisch-sozialen Plane* jene allumfassende Synthese des Äußeren und des Inneren, des Exoterischen und des Esoterischen erreicht, von der oben gesprochen wurde.[134] Von nun an konnte die michaelische Esoterik direkt in die verschiedenen Bereiche menschlichen Wissens einfließen, um mit der Zeit zur Erneuerung der westlichen Kultur in michaelischem Geiste zu führen. Im Zusammenwirken des esoterischen Vorstandes und der von Esoterik durchdrungenen Sektionen am Goetheanum, die auf der Weihnachtstagung begründet worden waren, haben wir diese vollständige und harmonische Verbindung zweier Arten geistigen Arbeitens in einer Gründung, die gleichzeitig auch ein Zentrum für die neuen Mysterien war.[135]

Aus Liebe zur Menschheit hat Rudolf Steiner so, in tiefster Einsamkeit, losgelöst von den ihn bis dahin führenden geistigen Mächten, allein vom Christus-Geist durchdrungen, an jenem letzten Tag der Weihnachtstagung bis zu den Folgen für seinen physischen Leib seine Opfertat vollendet.[136] Die geistige Welt beantwortete diese Tat mit einem mächtigen kosmischen Ja! Als ob sich auf einmal alle Schleusen des Himmels geöffnet hätten, so beschenkte Michael, der erhabene Führer der Gegenwartsepoche, seinen größten Diener auf Erden erneut mit einer uns kaum faßbaren Fülle geistiger Offenbarungen, die er durch seinen Mund der Menschheit zuströmen ließ.

Wer sich ganz der Tiefe und Vielgestaltigkeit der neuen Offenbarungen hingibt, die sich durch ihn aus der Michael-Sphäre ergossen, wer versucht, diese schon ein halbes Jahrhundert zurückliegende Zeit in sich aufleben zu lassen, der kann auch heute noch empfinden, was sich damals ereignete. Und wer damals das Glück hatte, Rudolf Steiner unmittelbar in die Augen zu schauen, der konnte durch seine physische Hülle, die schon nicht mehr seine Hülle war, die hinter ihm stehende und durch ihn sprechende geistige Welt sehen – allen voran Michael mit den Seinen. Von nun an, so schreibt Rudolf Grosse, «... war Rudolf Steiner von der Lenkung der Menschheits-Geschicke in einer Art aufgenommen, bestätigt und einer neuen Geisteswürde zugeführt worden, welche eine Erhöhung und Vollmacht-Übertragung an ihn bedeutete, die sich unserer Vorstellung entziehen ...»[137]

Die Worte Rudolf Steiners selbst, mit denen er von seinem großen Siege, von dem bedeutendsten Ereignis seines Lebens, von der großen Antwort des Geisteskosmos auf seine Opfertat im Namen der Menschheit gesprochen hat, lauten:

Paris, 23. Mai 1924: «Ich darf heute schon auf die außerordentlich bedeutsame Tatsache hinblicken, ... daß seit der Weihnachtstagung der geistige Impuls, der aus den spirituellen Welten herunter kommen muß, wenn die anthroposophische Bewegung ihren richtigen Fortgang nehmen soll, durchaus gewachsen ist, so daß unsere anthroposophische Bewegung seit unserer Weihnachtstagung immer esoterischer und esoterischer werden konnte und es weiter werden wird ...»[138]

Dornach, 22. Juni 1924: «Heute darf gesagt werden: in der geistigen Welt ist die Entscheidung dahin getroffen worden, daß gerade seit jener Weihnachtstagung die Quellen der geistigen Welt mehr eröffnet sind als vorher.»[139]

Arnheim, 18. Juli 1924: «Es darf gesagt werden: Mit einer größeren Gnade, mit einem höheren Wohlwollen kommen diese geistigen Mächte demjenigen entgegen, was durch die anthroposophische Bewegung fließt.»[140]

Torquay, 12. August 1924: «Man darf sagen: Mit vollem Wohlwollen sehen unausgesetzt seit der Begründung der Anthroposophischen Gesellschaft am Goetheanum jene geistigen Mächte, von denen wir unsere Offenbarungen haben, mit einem noch größeren Wohlwollen sehen sie auf uns herab, als das früher der Fall war ...»[141]

London, 24. August 1924: «Nun darf aber gesagt werden, daß durchaus die Sache sich so dargestellt hat, daß nicht nur etwa seit der Weihnachtstagung kein Zurückstauen der Offenbarungen aus der geistigen Welt vorliegt, sondern im Gegenteil, daß sogar die geistige Welt mit einer viel größeren Wohlgefälligkeit herabsieht auf dasjenige, was durch die anthroposophische Bewegung in der Anthroposophischen Gesellschaft geschieht und daß die Gaben aus der geistigen Welt eigentlich seit dieser Weihnachtstagung wesentlich reicher geworden sind, *so daß wir also auch in dieser esoterischen Beziehung durchaus mit voller Befriedigung auf die Weihnachtstagung zurückblicken dürfen.»*[142]

Das, worüber Rudolf Steiner nun sprach, war die Offenbarung jener tiefen Geheimnisse der Michael-Sphäre, die sich seit den achtziger und neunziger Jahren des 19. Jahrhunderts seinem inneren Schauen erschlossen hatten, über die zu sprechen jedoch nicht möglich gewesen war. Erst jetzt, nachdem er das Opfer der Weihnachtstagung gebracht hatte, konnten die Michael bekämpfenden ahrimanischen Dämonen Rudolf Steiner nicht mehr daran hindern, die ganze Tiefe der Mysterien des Zeitgeistes Michael, welche die wichtigsten Geheimnisse des spirituell-historischen Werdens der Menschheit in der Gegenwart berühren, vor den Menschen zu enthüllen. Rudolf Steiner äußerte sich darüber folgendermaßen:

«Und sehen Sie, auch im Schoße der anthroposophischen Bewegung mußte vieles noch weiter fortgetragen werden, was gewissermaßen Michael-Geheimnis geblieben ist. Dazu gehörten vor allen Dingen diejenigen Wahrheiten, die sich auf solche historischen Zusammenhänge bezogen. Seit einiger Zeit kann über diese Dinge rückhaltlos gesprochen werden. Es sind nun seit Monaten Möglichkeiten vorhanden – gerade auch für mich ist es möglich geworden –, über diese Dinge rückhaltlos zu sprechen. Daher geschieht es und ist geschehen und soll auch hier geschehen... Denn das hängt zusammen mit der Enthüllung der Michael-Geheimnisse, die in dieser Weise, wie ich es Ihnen beschrieben habe, sich abspielten... In der Tat, durch alles dasjenige, was namentlich seit der Weihnachtstagung der Anthroposophischen Gesellschaft zu geben möglich geworden ist, durch die Art und Weise, wie es mir gestattet ist, seit jener Zeit selber okkult zu arbeiten – es sind ja nicht neue Dinge, man kann im Okkulten nicht Dinge, die man gestern entdeckt hat, sofort heute mitteilen, es sind alte Dinge... – aber hinzugekommen ist, daß die Dämonen [die Gegner Michaels] schweigen müssen, welche [mich] vorher die Dinge nicht haben aussprechen lassen.»[143] So wurde durch ein größtes Opfer das Recht erkämpft, der Menschheit diejenigen Offenbarungen zu bringen, ohne die sie sich nicht weiterentwickeln könnte.

Erst nachdem Rudolf Steiner auf der Weihnachtstagung sein Karma mit dem der Anthroposophen verbunden hatte, konnte er noch während der Tagung selbst seine eigene Vergangenheit und in den folgenden Vorträgen ihre Vergangenheit, ihr Karma den Anthroposophen enthüllen, denn nun sprach er, wenn er von ihrem Karma sprach, zugleich auch von dem, was unauflöslich mit seinem eigenen Schicksal zusammenhing. Nun konnte er ihnen die Geheimnisse der Michael-Sphäre mitteilen, soweit sie das geistig-historische Werden der Menschheit betreffen oder die Schicksale der Anthroposophen als Michaeliten, als die wahren Anhänger Michaels. Er offenbarte ihnen sodann die Mysterien der kosmischen Wesenheit des führenden Zeitgeistes und erreichte dadurch eine noch höhere Stufe in der Verwirklichung seiner Aufgabe und in seinem Dienen.

Denn was vollbrachte Rudolf Steiner in jener Zeit? Wenn wir die nach Umfang und Tiefe beispiellose Vortragstätigkeit betrachten, die auf die Weihnachtstagung folgte, wenn wir uns deutlich vorstellen, was es bedeutet, in kurzen neun Monaten 338 Vorträge und 68 Reden in fast allen Wissensbereichen zu halten, damit jedes einzelne Gebiet umzugestalten, es mit mächtigen zukunftsweisenden Impulsen zu versehen, und dadurch unübersehbare geistige Horizonte vor den Anthroposophen und durch sie vor der ganzen Menschheit zu eröffnen, dann werden wir verstehen, was sich damals ereignete.

Rudolf Steiner hat mit seinem eigenen Leben seit der Weihnachtstagung die zweite kosmische Michael-Offenbarung auf der Erde verwirklicht, von der er vier Jahre früher in dem Vortrag vom 22. November 1919 gesprochen hatte: «Die Fleischwerdung des Wortes ist die erste Michael-Offenbarung.»[144] «Und die Zeit muß kommen, da das Fleisch wiederum zum Worte wird und lernet im Reich des Wortes zu wohnen», das ist die zweite Michael-Offenbarung. Sie gilt für das Leben Rudolf Steiners nach der Weihnachtstagung. Denn seine physischen Kräfte versiegten mit jedem Tage mehr, der irdische Leib schmolz gleichsam dahin, schwand dahin, aber durch ihn hindurch klang das Weltenwort immer mächtiger und mächtiger, das Wort Michaels, *der nunmehr selbst durch ihn sprach*, der selbst durch ihn die erste Klasse der Freien Hochschule für Geisteswissenschaft begründete als den wahren Mittelpunkt der neuen Michael-Mysterien, die seitdem unter seiner unmittelbaren Führung stehen.

Nachdem er neun Jahrsiebte und neun planetarisch-hierarchische Sphären durchschritten hatte, trat Rudolf Steiner nach der Weihnachtstagung in die *zehnte Sphäre* ein, die Sphäre des zukünftigen Geistesmenschentums. Es ist das Geheimnis seiner letzten Lebensepoche, daß er mit der Lebenszeit, die ihm noch gegeben war, den Menschen gezeigt hat, was es bedeutet, auf der Erde die zweite Michael-Offenbarung zu verwirklichen, auf der die Menschheitszukunft beruht.

Nun müssen wir noch genauer auf die letzten Lebensmonate Rudolf Steiners und auf das tragische Geheimnis seines Scheidens eingehen. Warum sprach Rudolf Steiner bis zum letzten Augenblick nicht nur nicht über sein Weggehen, sondern wiederholt mit Nachdruck von seiner Genesung, warum sprach er davon, daß seine Tätigkeit fortgesetzt werden würde, daß noch so vieles zu tun sei, daß er noch so vieles Wichtige zu dem schon Mitgeteilten hinzuzufügen habe, um es weiter zu entwickeln, zu bereichern? Bis zum letzten Augenblick glaubten alle in der Gesellschaft an seine Genesung, und er nährte ihre Hoffnung ... Und plötzlich das Weggehen, unerwartet; tief tragisch das vollständige Schweigen – nicht ein Wort auf die Fragen, kein Hinweis oder bewußtes «Nein».

Der Hingang jedes Menschen ist ein Geheimnis, handelt es sich jedoch um den Hingang eines großen Eingeweihten, dann wird dieses Ereignis zu einem Mysterium. Alles bisher Gesagte kann uns aber bei dem Versuch helfen, es ein wenig zu erhellen.

Besinnen wir uns noch einmal auf den besonderen Charakter von Rudolf Steiners Krankheit, so können wir erkennen, daß diese Krankheit nicht *seine eigene* Krankheit war, sondern die geistige der Gesellschaft, die nur äußerlich sichtbar wurde in den physischen Leiden des Lehrers. Diese karmische Krankheit der Gesellschaft, die Krankheit von nicht erlöstem, schwierigem Karma, sie verzehrte allmählich den physischen Leib Rudolf Steiners. Das zeigt deutlich, daß die Heilung von Rudolf Steiners Krankheit nicht mehr *von ihm* abhing. Er konnte sich nicht selbst heilen, da seit der Weihnachtstagung seine physische Hülle ihm *nicht* mehr gehörte. Äußere medizinische Hilfe konnte ihm deshalb auch nicht gebracht werden. Sicher brauchte er für seine Pflege seine Freunde und Ärzte – Ita Wegman, Ludwig Noll und andere konnten seine Leiden zeitweilig lindern, aber sie waren trotz aller aufopfernden Bemühungen nicht imstande, ihn vollständig zu heilen, sie konnten die Ursache seiner Erkrankung nicht beseitigen, denn diese lag nicht bei ihm, sondern bei der Gesellschaft.

Daraus wird verständlich, warum es Rudolf Steiner bald nach der Weihnachtstagung so wichtig war, den Gesellschaftsmitgliedern ihre eigene Vergangenheit zu enthüllen. Denn die Menschen, die in der Anthroposophischen Gesellschaft zusammengeschlossen waren, kamen aus den verschiedensten Strömungen, die sich in der Vergangenheit nicht selten sogar bekämpft hatten. Sie hatten ein schwieriges und oftmals nicht erlöstes Karma mitgebracht. Gerade diese im Unterbewußten wirkenden Impulse des nicht erlösten Karma hatten dazu geführt, daß die Gesellschaft 1923 nicht mehr als Instrument für die Verwirklichung der spirituellen Impulse der anthroposophischen Bewegung in der Welt dienen konnte, sondern eher ein Hindernis darstellte, das ihre rechte Verbreitung unter den Menschen erschwerte.

Von Anfang an, seitdem er als Lehrer hervorgetreten war, hatte jedoch Rudolf Steiner durch sein Schauen in die Geheimnisse der Michael-Sphäre gewußt, daß nur durch die Vereinigung von Repräsentanten so vieler geistiger Strömungen und Mysterien der Vergangenheit der wahre Keim für die zukünftige Spiritualisierung der Menschheit gelegt werden konnte. Deshalb hat er vom Beginn seiner anthroposophischen Tätigkeit an, noch im Schoße der Theosophischen Gesellschaft, versucht, in seiner Umgebung ein starkes Bewußtsein für diese Fragen zu wecken. Noch im Jahre 1924 erinnert Rudolf Steiner in seinen Vorträgen mehrmals an die Versuche von 1902, eine Vortragsreihe über «Praktische Karmaübungen» zu halten. Diese Versuche waren damals an der feindseligen Ablehnung mehrerer leitender theosophischer Persönlichkeiten gescheitert. Trotz dieses ersten Mißerfolges hat Rudolf Steiner sich in der Folgezeit bemüht, besonders vom Jahre 1905 an, seine Arbeit so zu gestalten, daß die Anthroposophen die Möglichkeit erhielten, dieses alte Karma auszugleichen und zu bereinigen. Denn die finsteren Widersachermächte benutzten das unausgeglichene Karma für ihre Zwecke. In der Zukunft wollte Rudolf Steiner dann durch die Begründung der Michael-Mysterien auf dem physischen Plan dazu übergehen, daß nun auf *bewußte* Weise *neues Karma* im Geiste der Michael-Impulse unter den Anthroposophen begründet werden könne. Die intensive esoterische Tätigkeit, die sich unter Rudolf Steiners Leitung zunächst innerhalb der Theosophischen Gesellschaft, dann in der Anthroposophischen Gesellschaft bis zu dem tragischen Abbruch durch den Beginn des ersten Weltkrieges entwickelte, war sein bedeutendster Versuch in jener Zeit, den Anthroposophen die Möglichkeit zu geben, in diesem Sinne an ihrem Karma zu arbeiten.

Der nächste Versuch war die Errichtung des Goetheanum. Denn das gemeinsame Arbeiten an diesem einzigartigen Bau für das neue Geistesleben bot wiederum eine Gelegenheit, altes Karma in Ordnung zu bringen und neues zu begründen.[145] Aber auf tragische Weise wurde den Anthroposophen das Goetheanum auf dem physischen Plan genommen...

Nun, nachdem Rudolf Steiner das Karma der Anthroposophen um den Preis physischen Leidens auf sich genommen hatte, konnte er ihnen ihre eigene Vergangenheit mitteilen in der Hoffnung, daß es ihnen dadurch gelänge, bewußt an ihrem Karma zu arbeiten. Er hoffte, daß solche Erkenntnisse ihnen die Kraft geben würden, die aus der Tiefe alter Zeiten aufsteigenden Impulse der Feindschaft und Disharmonie zu überwinden, ihr altes Karma, wenn nicht voll zu sühnen, so doch teilweise auszugleichen, es zu reinigen, zu durchlichten und bewußt für ein neues Karma zu arbeiten, das er ihnen nach der Weihnachtstagung als das gemeinsame Michael-Karma offenbart hatte.[146] Dies hätte auch *Rudolf Steiner Heilung bringen können.* Denn das nicht bereinigte Gesellschaftskarma war die wahre Ursache seiner Krankheit. Rudolf Steiner hoffte bis zum letzten Augenblick seines Erdenlebens, daß dieses verstanden würde. Er sprach von seiner Genesung, denn er glaubte, daß die Gesellschaft durch ihr Verständnis der Impulse der Weihnachtstagung sich um ihre Realisierung bemühen würde, daß die Anthroposophen, der Hauptforderung Michaels folgend, untereinander ein neues Karma begründen und ihm dadurch *die Möglichkeit geben würden, wieder gesund zu werden* und noch einige Zeit bei ihnen zu bleiben.

Aber das ist nicht geschehen. Die Gesellschaft konnte nicht *in ausreichendem Maße* das alte Karma überwinden und zum Begründen eines neuen vorstoßen. Die Gesellschaft bot Rudolf Steiner nicht die Möglichkeit, weiterhin auf dem physischen Plan zu bleiben. Denn hier war die Liebe zu ihm nicht genug. Hier war notwendig, durch das rechte *Verständnis* dessen, was sich auf der Weihnachtstagung ereignet hatte, den Willen zu entwickeln, alles Persönliche zu überwinden und mit Rudolf Steiner sein Kreuz zu tragen, das heißt zum bewußten Mitarbeiter in der Karmasphäre zu werden.

Und in dem Augenblick, da die Bemühungen der Gesellschaft in dieser Hinsicht sich als nicht ausreichend erwiesen, mußte Rudolf Steiner diese Welt verlassen, in vollem Schweigen verlassen, ohne ein einziges Wort der Billigung oder des Tadels. Denn sein Schweigen sagte aus: Das, was ihr nicht zu tun vermochtet, als ich mit euch war, das müßt ihr nun ohne mich vollbringen, in vollkommener Freiheit und Einsamkeit, ohne meine unmittelbare Führung. Ihr müßt es jetzt vollbringen durch das, was aus euren Herzen entstehen kann, wenn sie von den Impulsen des Michael-Christus, die von der geistigen Welt durch mich in die Weihnachtstagung gelegt wurden, durchdrungen sind. Denn in diesen Impulsen bleibe ich weiter mit euch verbunden, da mein Karma durch die Weihnachtstagung unlöslich mit eurem Karma verbunden ist. Und wenn ihr diesen Impulsen der Weihnachtstagung treu bleibt und sie in genügendem Maße verwirklicht, dann werde ich unter euch vollenden können, was noch unvollendet zurückgeblieben ist.[147]

Aus diesem schweigenden, aber umso deutlicher sprechenden Weggehen Rudolf Steiners vom physischen Plan sollte jeder Anthroposoph, der sich mit Rudolf Steiner verbunden fühlt und durch ihn mit denjenigen geistigen Mächten, welche die anthroposophische Bewegung führten und weiter führen und mit denen Rudolf Steiner auch nach seinem Tode verbunden blieb – jeder Anthroposoph sollte aus der Tragik und Größe dieses Geschehens den allerstärksten Impuls empfangen, an der Verwirklichung der Ziele der Weihnachtstagung zu arbeiten, in dem Bewußtsein, daß Rudolf Steiner dadurch die reale Möglichkeit geschaffen wird, wiederum zu uns zu kommen und auch auf der Erde, unter uns, für die Vollendung seines «Werkes» zu wirken.

In dem Vortrag vom 29. August 1923 in Penmaenmawr hat sich Rudolf Steiner einmal über die Möglichkeit ausgesprochen, ob der Nachfolger der alten Bodhisattvas auch in Zukunft unter den Menschen wirken werde: «Daher wird die Menschheit auch vergeblich warten auf die Ankunft eines der Nachfolger der alten Bodhisattvas. Denn ob ein Bodhisattva da ist oder nicht für die Menschheit, hängt ja davon ab, ob die Menschheit ihm *Verständnis* entgegenbringt oder nicht».[148] Und weiter: «... nicht die Menschen haben auf den Bodhisattva zu warten, sondern der Bodhisattva muß auf das Verständnis warten, das ihm die Menschheit entgegenbringt, bevor er ihr in seiner Sprache sprechen kann; denn die Menschheit ist in die Epoche der Freiheit eingezogen.» Diese Gesetze der Weltenlenkung gelten jedoch auf allen Ebenen des Daseins, und so hängt die Möglichkeit für Rudolf Steiner, öffentlich am Ende des 20. Jahrhunderts auf der Erde zu wirken, heute auch davon ab, ob ihm genügend *Verständnis* entgegengebracht wird, Verständnis vor allem für die Weihnachtstagung von 1923/1924, seiner wichtigsten Begründungstat unter den Menschen. *Denn heute haben wir nicht auf Rudolf Steiner zu warten, sondern Rudolf Steiner muß auf uns warten. Und er wartet auf uns!*

Da aber Rudolf Steiner seit der Weihnachtstagung bis hin zu seinem eigenen Karma mit den Schicksalen der Anthroposophischen Gesellschaft auf der Erde verbunden ist, kann heute nur die Anthroposophische Gesellschaft ihm reale Bedingungen für ein weiteres Wirken in ihr zur Begründung der zweiten und dritten Klasse der esoterischen Schule und für die Vollendung seiner Mission schaffen: das auf der Weihnachtstagung begründete neue michaelische Zentrum der christlichen Mysterien. Es ist dieses Zentrum schon begründet, aber noch nicht vollendet.[149] Und die Möglichkeit seiner Vollendung hängt heute von den Mitgliedern der Anthroposophischen Gesellschaft selbst ab, von ihrem Verständnis für die Grundimpulse der Weihnachtstagung und ihrer Bereitschaft, in ihrem

Geiste weiterzuarbeiten.[150] Denn Rudolf Steiner sprach immer wieder von dem Weiterwirken der Weihnachtstagung.[150a] Und dieses Weiterwirken bis in unsere Zeit ist das sicherste Zeichen der geistigen Gegenwart Rudolf Steiners, ein Zeichen, das die Anthroposophische Gesellschaft all diese Jahre in Wahrheit durch die Zugehörigkeit von Seelen begleitete, die in ihrer anthroposophischen Arbeit aufrichtig danach streben, diesem Grundimpuls treu zu bleiben. *Denn wir müssen Rudolf Steiner die Möglichkeit bieten, wiederum unter uns zu wirken!*

Das Schicksal der Anthroposophie in der Welt hängt heute von der Verwirklichung der Impulse der Weihnachtstagung ab. Deshalb kann es auch nicht verwundern, daß es im Zusammenhang mit diesem für das Geistesleben der westlichen Menschheit *wichtigsten Ereignis des 20. Jahrhunderts auf dem physischen Plan* zu tragischen Auseinandersetzungen innerhalb der Anthroposophischen Gesellschaft gekommen ist. Aber diejenigen Anthroposophen, die heute vom «Mißlingen» der Weihnachtstagung sprechen, fördern dadurch bewußt oder unbewußt die Impulse der Gegenmächte, welche Rudolf Steiner daran hindern wollen, seine Aufgabe zu vollenden, und welche damit die Anthroposophie von den geistigen Mächten, die sie seit der Weihnachtstagung führen, trennen und ihr die Möglichkeit rauben wollen, dasjenige zu verwirklichen, wozu diese geistigen Mächte sie zur Erde gesandt und wofür sie ihr durch die Weihnachtstagung den Segen gegeben haben.[150b] Unser Verhältnis zur Weihnachtstagung ist deshalb der Prüfstein für unser Verhältnis zu Rudolf Steiner selbst und zur Anthroposophie in ihrem tiefsten esoterischen Wesen.

Zum Abschluß dieser Skizze von Rudolf Steiners Lebensweg wollen wir zu dem Gesichtspunkt zurückkehren, von dem unsere Betrachtung ausging. Wir sagten: Die geistige Höhe, die ein Eingeweihter erreicht, beruht auf dem Grade, bis zu welchem sein Leben die großen Gesetze offenbart, die unserem Kosmos zugrunde liegen. Während der Menschheitsentwicklung konnten diese nur einmal *vollständig* auf den physischen Plan treten, damals in jenen drei Jahren, als die Christus-Wesenheit die Hüllen des Jesus von Nazareth bewohnte. Deshalb hängt seit jenem Ereignis die Größe eines Eingeweihten, besonders eines christlichen, der den Rosenkreuzer-Weg gegangen ist, von dem Grade ab, bis zu welchem er sein individuelles Leben zu einem echten mikrokosmischen Abbild des makrokosmischen Weges des Christus Jesus machen kann.

Da Rudolf Steiner diesen Weg gegangen ist, müssen wir uns noch einmal kurz mit der zweiten Hälfte seines Lebens beschäftigen und sehen, wie sie sich zu diesem makrokosmischen Urbild der neuen Einweihung, die seit der jetzigen Michael-Epoche erstmals für die Menschheit erreichbar ist, verhält.

Wie wir schon früher sagten, besteht der große Opferweg des Christus darinnen, daß er in Antwort auf die Rufe der im Abgrund versinkenden Menschheit beschließt, zu ihrer Rettung zu ihr herabzusteigen. Auf seinem kosmischen Weg zur Erde offenbart sich der Christus als erstes in den makrokosmischen Kräften des Welten-Ich als Vishva-Karman, während er jenseits der Tierkreissphäre weilt, danach als Ahura-Mazdao in den makrokosmischen Astralkräften, deren Sphäre sich von der Sonne bis zu den Fixsternen erstreckt, endlich in der Sphäre der makrokosmischen Ätherkräfte als «Ejeh asher ejeh», der «Ich bin der Ich Bin»; hier wirkt er bereits in den Elementen, die unter dem Einfluß der der Erde benachbarten Mondsphäre stehen. Das sind die drei kosmischen Stufen, durch die der Christus sich der Erde näherte, bis nach der Taufe im Jordan sein großes Sonnenwesen im Laufe dreier Jahre in die Hüllen eines Menschen tauchte, sich stufenweise mit ihnen verbindend. Gott wurde Mensch.

Um der Menschen willen ist das Gotteswesen Christus bereit, seine ihm seit der Weltschöpfung eigenen Kräfte zu opfern und sich dem nicht zu erfassenden Ausmaß an Schmerz und Leiden zu weihen, wie es uns das Fünfte Evangelium offenbart hat.

Denn um bei der Taufe im Jordan als Ich in die drei irdischen Hüllen des Jesus von Nazareth einzugehen, mußte der Christus die makrokosmischen Kräfte seines Ich zurücklassen.* Diese Kräfte hatten die heiligen Rishis einst jenseits der Grenzen ihrer Sphäre geahnt. Als sich der Christus in den Astralleib des Jesus von Nazareth senkte, opferte er die Kräfte seines makrokosmischen Astralleibes, die Zarathustra einstmals als die leuchtende geistige Sonnenaura geschaut hatte (das ist auch der Grund, warum der Christus Jesus den Aposteln in der Nacht erschien, als er auf den Wassern wandelte). Später dann, als der Christus ganz in den Ätherleib des Jesus einging, entsagte er seinem makrokosmischen Ätherleib, den Moses in den Flammen des Sinai geschaut hatte (weshalb bei der Verklärung Moses wiederum erscheint). Und endlich hat der Christus auf alle seine makrokosmischen Wesenskräfte verzichtet, als er sich im Garten von Gethsemane vollständig mit der physischen Hülle des Jesus von Nazareth verband.[151] Er entsagte seiner makrokosmischen Größe, aller

* In vielen künstlerischen Darstellungen der Taufszene wird diese Tatsache durch eine Gruppe von Engeln zum Ausdruck gebracht, die an der anderen Seite des Jordan zurückbleiben.

ihm vom Weltenbeginn eignenden Vaterkräfte und wurde so vom Gottessohn zum Menschensohn, der sich vollständig mit dem physischen Leib eines Menschen vereinigte, um ihn auf Golgatha zu opfern; denn nur indem der Christus den Tod erfuhr, konnte er ihn überwinden und sich dadurch mit der gesamten Erdensphäre verbinden!

Wir sehen, wie *vier* makrokosmische Opfer die Grundlage des Erlösungsweges des Christus bilden. Mit der Taufe im Jordan beginnend, opfert er Schritt für Schritt die kosmischen Kräfte seines Ich, sodann seines Astralleibes, darauf seines Ätherleibes und als letzten im Mysterium von Golgatha seinen physischen Leib, der nach der Nacht von Gethsemane wirklich *sein Leib* ist, denn er ist der einzige der Götter des Kosmos, der bis zum Letzten das Mysterium der Verkörperung, des Todes und der Auferstehung kennt.[152] So steht der makrokosmische Weg des Christus durch drei Jahre seines Lebens in den Hüllen des Jesus von Nazareth vor uns, wie ihn uns die Geisteswissenschaft zeigt.

Mit größter Ehrfurcht können wir nun die Harmonie zwischen diesem Weg und dem Lebensweg Rudolf Steiners wahrnehmen, der durch seine *vier* Lebensopfer sich als ein großer irdischer «Nachfolger» des Christus Jesus erwiesen hat, da er den leitenden Mächten der Erdenentwicklung, die nach dem Mysterium von Golgatha von dem Christus selbst geführt werden, um 1899 die Kräfte seines Ich hingab, um 1907 die Kräfte seines Astralleibes, von 1913 an die Kräfte seines Ätherleibes und zuletzt in den Weihnachtstagen von 1923/24 die Kräfte seines physischen Leibes, so daß wir sagen können: in wahrhaftiger Größe und Schönheit offenbart sich uns der Lebensweg Rudolf Steiners, der als Mensch unter uns lebte, unter den Menschen des 20. Jahrhunderts, und dessen Leben wir mit dem der größten Eingeweihten der vergangenen Zeiten vergleichen können, der Eingeweihten, die uns zwar durch Legenden und Überlieferungen bekannt sind, die jedoch erst durch die Geiteswissenschaft konkrete Gestalt und Kraft für uns gewinnen.

So haben wir im Lebensweg Rudolf Steiners das *tiefste Mysterium des 20. Jahrhunderts*, einen Weg, der uns als wirkliches Urbild der neuen Einweihung dienen kann.

Und wir können sagen: Derjenige, der auf eine so erhabene Weise dem dreijährigen Opferweg des Christus Jesus auf der Erde nachfolgen konnte, der folgt auch nach seinem Tode ohne Zweifel dem Christus auf seinem weiteren Wege durch die geistigen Reiche. Darum können wir diese Skizze vom *Mysterium des Lebensweges Rudolf Steiners* mit den Worten beschließen, mit denen Rudolf Grosse das vorletzte Kapitel seines Buches ‹Die Weihnachtstagung als Zeitenwende› abschließt: «Wenn im 20. Jahrhundert der ätherische Christus durch die Menschheit geht, dann geht auch jener mit ihm, der die Weihnachtstagung im Geiste der Christus-Sonne als einen Welten-Zeitenwende-Anfang in unsere Welt hineingestellt hat.»

DIE GEBURT DER NEUEN MYSTERIEN

Erstes Goetheanum 19

4. Das irdische und das übersinnliche Goetheanum

Wenn wir heute das irdische Wirken Rudolf Steiners als Ganzes in seiner Größe und Mannigfaltigkeit betrachten, dann treten uns zu allererst seine zwei bedeutendsten Taten vor Augen, die zu den wichtigsten Einschnitten in der Entwicklung der anthroposophischen Bewegung und der Anthroposophischen Gesellschaft wurden: die Grundsteinlegung sowie der Bau des ersten Goetheanum und die Weihnachtstagung von 1923/24.

Es ist schon im ersten Teil dieses Buches versucht worden, auf den Mysteriencharakter dieser zwei großen Taten und die besondere, geheimnisvolle Beziehung hinzuweisen, die zwischen ihnen besteht. Während wir jedoch diese Ereignisse zunächst mehr vom Gesichtspunkt ihrer Beziehung zum Lebensgang Rudolf Steiners aus betrachteten, müssen wir uns nun in das eigentliche Schicksal des Goetheanum selbst vertiefen und das Geheimnis seines Zusammenhanges mit der Weihnachtstagung noch von einem anderen Standpunkt aus anschauen, damit diese zwei Ereignisse als die zwei Grundsteine erkennbar werden, die dem Zentrum der neuen Michael-Mysterien zugrunde gelegt wurden. Darüber hinaus ist zu fragen, welche Bedeutung diese Mysterien für das heutige Geistesleben der westlichen Welt haben und welchen Platz sie in diesem einnehmen.

Ehe wir uns jedoch mit diesen Fragen beschäftigen, wenden wir uns nochmals den vier großen Lebensopfern Rudolf Steiners zu. Dabei gehen wir von der Tatsache aus, daß jedes einzelne Opfer vornehmlich eines der vier Glieder des menschlichen Wesens betraf. Eine ganz bestimmte innere Beziehung wird zwischen den zwei ersten, besonders aber den zwei folgenden Opfern sichtbar. Können wir diese verstehen, so gewinnen wir einen wichtigen Ausgangspunkt für die weitere Betrachtung.

Von den vier grundlegenden Gliedern der menschlichen Wesenheit ist nur das Ich als Mittelpunkt und Wesenskern jedes Menschen Träger seiner individuellen, nur ihm eigenen Besonderheiten und Eigenschaften. Durch das Ich trägt jeder Mensch seinen eigenen individuellen Mikrokosmos in sich, der in dem ganzen Weltall einmalig und unwiederholbar ist. Anders verhält es sich mit dem Astralleib. Dieser ist der Träger des Gefühlslebens und der Emotionen innerhalb der menschlichen Wesenheit, ihrer Antipathien und Sympathien wie auch ihres Gedankenlebens. In dieser Sphäre ist der Mensch jedoch nicht so innerlich abgeschlossen wie in seinem Ich, da die Gefühle und Gedanken auch in anderen Menschen aufleben oder einen Widerhall finden können, obwohl der Mensch, wenn er sich astralisch auslebt, trotzdem weiterhin in den Grenzen seines individuell-persönlichen Daseins bleibt. Was nun den Ätherleib betrifft, so macht jeder Mensch durch ihn den Schritt nach außen, über die Grenzen seines individuellen, abgesonderten Wesens hinaus. Dank seinem Ätherleib tritt jeder Mensch aus seinem persönlichen Abgeschlossensein hinaus in ein Soziales hinein, geht er eine Verbindung mit der einen oder anderen Gruppe von Menschen ein, die karmisch mit ihm verbunden sind: mit der Familie, mit Menschen in seiner Umgebung usw. Auf diese soziale Funktion des Ätherleibes weist das mikrokosmische Vaterunser hin[1]: «Und vergib uns unsere Schuld, wie auch wir vergeben unsern Schuldigern.» Es ist der Ätherleib, durch den wir zu Menschen oder ganzen Menschengruppen in Beziehung treten.

Noch tiefer dringt der Mensch durch seinen physischen Leib in das soziale Leben der Menschen ein. Während er durch seinen Ätherleib ein Glied einer bestimmten Menschengruppe ist, hat er durch seinen physischen Leib teil an dem allgemein menschlichen Element, durch ihn wird er ein Glied der ganzen Erdenmenschheit. Mit den Worten «Unser tägliches Brot gib uns heute» wird das in dem mikrokosmischen Vaterunser zum Ausdruck gebracht. Hier werden wir darauf hingewiesen, wie für *jedes* menschliche Wesen die Notwendigkeit besteht, durch das tägliche Brot das physische Leben zu erhalten und wie dadurch die Menschheit gleichsam in einem einheitlichen Organismus zu einer lebendigen und ungeteilten Einheit verbunden wird. So sind die zwei ersten Glieder, Ich und astralischer Leib, mehr mit dem individuell-persönlichen Prinzip im Menschen verknüpft, die zwei anderen aber, ätherischer und physischer Leib, mit dem, was allgemein menschliche Bedeutung hat, was notwendigerweise im Sozialen seinen Niederschlag findet.

Daraus ergibt sich, daß die zwei ersten Opfer Rudolf Steiners, die er um 1899 und 1907 vollbrachte, vornehmlich die Kräfte des Ich und des astralischen Leibes betrafen und so einen mehr intimen, individuell-persönlichen Charakter haben, wodurch ihnen nichts von ihrer allgemein menschlichen Bedeutung als Taten im Dienst der die Menschheit führenden geistigen Mächte genommen ist. Jedoch gerade diese Tatsache war andererseits der Grund, weshalb das Wissen um sie verhältnismäßig spät und nur dank indirekter Hinweise Rudolf Steiners selbst bekannt werden konnte.[2]

Die zwei letzten Opfer waren für Rudolf Steiner – wie wir im ersten Teil dargestellt haben – stärker mit dem ätherischen und physischen Leibe verknüpft. Infolgedessen haben sie einen ganz anderen Charakter und unterscheiden sich von den zwei ersten Opfern grundlegend dadurch, daß Rudolf Steiner sie nicht allein vollbringen konnte, sondern nur im Zusammenwirken mit anderen Menschen.

Gerade dieser *okkult-soziale Charakter* der zwei letzten Opfer – ihre wichtigste Eigenart – war nicht nur für die weitere Entwicklung der anthroposophischen Bewegung auf der Erde von entscheidender Bedeutung, sondern auch für die Anthroposophische Gesellschaft selbst, und das heißt für das weitere Schicksal der Anthroposophie heute.[3] Dadurch wurden sie zu der festen Grundlage, auf der das Zentrum der neuen Michael-Mysterien in unserer Welt ins Dasein treten konnte, in deren Tempel heute *jeder* Mensch eintreten kann, der guten Willens ist und der sich in Freiheit der höheren Entwicklung und dem Opferdienst zum Wohle der Welt weihen will.

Es gibt noch einen anderen Aspekt, durch den wir einen Hinweis auf die geheimnisvolle Beziehung erhalten können, die zwischen der Grundsteinlegung, dem Bau und weiteren Schicksal des ersten Goetheanum und der Weihnachtstagung von 1923/24 besteht.

Versenkt man sich in die Mysterienworte, die bei der Grundsteinlegung des ersten Goetheanum von Rudolf Steiner gesprochen wurden, liest man die Erinnerungen der verschiedenen Persönlichkeiten über diesen Abend des 20. September 1913 in Dornach und lebt man sich dann in die plastisch-imaginativen Formen des ersten Goetheanum ein, dann kann man ihre enge Verwandtschaft mit der anthroposophischen Meditation «Menschenseele ...», die auf der Weihnachtstagung von Rudolf Steiner gegeben wurde, und mit dem allgemeinen Charakter der Tagungsgestaltung empfinden.[4]

In seinem Buch «Der Grundstein» faßt Zeylmans van Emmichoven die Betrachtung des Zusammenhanges zwischen dem ersten Goetheanum und der Grundstein-Meditation mit folgenden Worten zusammen: «Schon an dem dreifachen Aufruf der Menschenseele kann man die erschütternde Tatsache erleben, daß es Rudolf Steiner möglich geworden ist, die gewaltigen Imaginationen, die im Goetheanum-Bau lebten – dann durch verzehrende Flammenkräfte hindurchgingen, um aufzusteigen in geistige Höhen –, herunterzuholen und jetzt in inspirativer Form als Grundsteinspruch zurückzubringen.»[5] So werden wir mit wenigen Worten direkt auf die rein *esoterische* Beziehung hingewiesen, die zwischen diesen zwei Ereignissen besteht, ohne deren Kenntnis wir uns kein Verständnis für das Wesen des auf der Weihnachtstagung begründeten Zentrums der neuen Mysterien erwerben können.

In jedem Menschen, der die Bauformen des ersten Goetheanum zum ersten Male sieht, kann ein ganz besonderes Gefühl aufsteigen. Es beruht auf dem unmittelbaren Eindruck, den dieser Bau auf uns machen kann. Stellen wir uns vor, daß wir ihn aus einiger Entfernung betrachten, vielleicht von einem der Hügel aus, die Dornach umgeben, so daß wir die ganze umgebende Landschaft frei überblicken können und in ihrem Mittelpunkt den Doppelkuppelbau, mit silbrigem Schiefer bedeckt, der im Licht der untergehenden Sonne leicht flimmert. Wenn wir versuchen, uns dieses Bild recht deutlich vorzustellen, taucht in uns unwillkürlich das Gefühl auf: in ihm verbirgt sich ein Geheimnis.

Und tatsächlich hat kein einziges Bauwerk der Weltarchitektur solch widersprüchliche Empfindungen hervorgerufen wie das Goetheanum, das der Anlaß war für eine ganze Skala menschlicher Gefühle, von aufopferungsvoller, tiefer Liebe bis zu fanatischem Haß. Bei einem solchen ungewöhnlichen Verhältnis zu diesem Gebäude taucht die Frage auf: was ist der Grund für eine solche «Scheidung der Geister»? Liegt er in dem Bau selbst oder in den Menschen, die mit ihm in Berührung kommen?

Während der zehnjährigen Bautätigkeit am Goetheanum hat Rudolf Steiner oft über den Sinn und die Bedeutung dieses Baues gesprochen, sowohl über ihn als Ganzes wie auch über die einzelnen Elemente und Teile. Und wir können unter den vielfältigen Äußerungen Rudolf Steiners zu diesem Thema auch die Antwort auf unsere Frage finden. Sie lautet: «Und der Bau wird Mensch.» In diesen lakonischen Worten, die Rudolf Steiner zu der Radierung des südlichen rosa Glasfensters des Goetheanum gegeben hatte, haben wir einen Hinweis auf die ganz besondere Beziehung, die zwischen dem Bau und dem Geheimnis jedes einzelnen Menschen, jedes Menschenlebens besteht. So erschließt uns eine solche Ansicht des ersten Goetheanum das Verständnis dafür, daß die Beziehung zu ihm im Grunde genommen eine im tiefsten Sinne verwandtschaftliche ist oder daß sie, allgemeiner ausgedrückt, das Verhältnis jedes Menschen zur *Selbsterkenntnis* darstellt, insofern als jenes verborgene, innere Wesen des Menschen, das er auf dem Wege der Selbsterkenntnis sucht, zum ersten Male auch dem äußeren Blick in den Architekturformen des Goetheanum sichtbar geworden ist. Und so wird deutlich, daß der Grund für die «Scheidung der Geister» nicht in dem Bau und seinen ungewöhnlichen Formen zu suchen ist, sondern in den Menschen. Denn so verschieden wie die Einstellung der Menschen zur Selbsterkenntnis ist, so verschieden ist ihre Beziehung zu dem ersten Goetheanum. Das ist auch der Grund, warum Rudolf Steiner einmal über das Goetheanum sagte, daß das Tragischste an seinem Untergang nicht einmal das sei, daß es den Anthroposophen auf dem physischen Plan genommen worden sei, sondern daß die ganze westliche Menschheit des Anschauens seiner Formen beraubt worden sei, eines Anschauens, in dem sich ihr der Weg zur wahren Selbsterkenntnis erschließen konnte.

Aus all dem ersehen wir, daß es unmöglich ist, das Wesen dieses Baues zu verstehen, ohne in das Geheimnis des Menschen selbst einzudringen. Es lassen uns aber zahlreiche Angaben der Geisteswissenschaft den Schleier ein wenig lüften. Wir wollen einen Aspekt der Menschheitsentwicklung, der damit zusammenhängt, besonders hervorheben.

Aus verschiedenen Schilderungen Rudolf Steiners wissen wir, daß es zwei Erlebnisse gibt, die nur der Mensch haben kann und die ihn radikal von allen göttlichen Wesenheiten im Kosmos unterscheiden, obgleich diese unendlich viel höher stehen als der Mensch: Weder Geburt noch Tod, in dem Sinne, wie sie der Mensch auf der Erde durchmacht, gibt es für die Götter in der geistigen Welt. Diese Erlebnisse gehören ausschließlich zum Menschen, der die Verkörperung in der physischen Welt sucht. Deshalb enthüllt sich uns das Geheimnis des menschlichen Lebens nur durch die Erkenntnis von Geburt und Tod. Wir dürfen sie uns nur nicht als irgendwelche Tore vorstellen, durch die die menschliche Seele in die Erdensphäre herein- und wiederum hinausgelassen wird. Die Kräfte der Geburt und des Todes durchziehen vielmehr das ganze Menschenleben auf der Erde und haben nur eine Art Kulmination am Beginn und Ende des Lebens. Was ist aber das Wesen dieser wichtigsten Ereignisse des menschlichen Lebens?

Mit der *Geburt* erlischt das höhere Ich des Menschen, in dem er als dem kosmischen Ich bis zum Herabsteigen in den irdischen Leib lebte; damit wird aber sein individuelles Ich geboren, das durch das ganze physische Leben mit den Wahrnehmungen der Sinneswelt verbunden ist und durch dessen allmähliche Entwicklung auf der Erde sich der Mensch mit der Zeit seine wahre innere Freiheit erringen wird.

Der *Tod* ist der Geburt entgegengesetzt: unser niederes, irdisches Ich, das durch die Wahrnehmungen der äußeren Sinne gefesselt wurde, erlischt, und das Bewußtsein des Menschen für sein höheres Ich erwacht, wodurch er sich in das kosmische Leben eingliedern kann.

Auf Grund dieser zwei wichtigsten Erlebnisse, die der Mensch während seines Erdenlebens hat, entstanden im Laufe der Zeit zwei Mysterienströmungen. In der einen strebte man danach, durch die Erkenntnis

In Übersetzungen aus dem Sanskrit bezeichnet man als „höheres kosmisches Ich" das „Selbst" der Kräfte der Geburt in das Geheimnis einzudringen, wie der Mensch aus dem vorirdischen in das irdische Dasein tritt. Und in der anderen suchte man durch die Erkenntnis des Todes das Geheimnis vom Aufstieg der Seele in die geistigen Welten zu ergründen.

Im Jahre 3001 vor Christi Geburt begann die finstere Zeit des Kali Yuga. In dieser dunklen kosmischen Epoche tauchte die Menschheit, um die innere Freiheit zu erringen, endgültig in die Sphäre der Materie unter. Darum wurden von diesem Zeitpunkt an die Geburtsmysterien vorherrschend. Diese führten den Menschen allmählich durch die Individualisierung seines Bewußtseins in die physisch-materielle Welt hinein, in der er, um der Freiheit willen, seine Verbindung mit den übersinnlichen Welten aufgab: die Todesmysterien wurden den Geburtsmysterien zum Opfer gebracht.

Von dieser Grundtendenz des Kali-Yuga, sich in die Materie zu versenken, zeugt das Auftauchen der Pyramidenform in der ägyptischen Architektur bald nach dem Beginn der Epoche. Ebenso spricht die ungefähr zu dieser Zeit auftretende ägyptische Sitte, den Leib des Verstorbenen zu mumifizieren, deutlich davon, wie das Wissen von den Mysterien des Todes sich langsam verdunkelte.[6]

Später, in der Blütezeit des alten Griechenland, geht das Wissen von den Todesmysterien endgültig verloren. Das nachtodliche Leben der Seele wird für eine direkte geistige Wahrnehmung immer unzugänglicher. Die Geburtsmysterien werden führend, der Tod aber beginnt Furcht einzuflößen. Tief tragisch klingen die Worte des griechischen Heroen, in denen gleichsam das Weltempfinden dieser Epoche zusammengefaßt wird: «Lieber ein Bettler auf der Erde als ein König im Reiche der Schatten.» Zugleich macht die Menschheit jedoch gerade in dieser Zeit eine kurze, aber erstaunlich harmonische Epoche ihrer Entwicklung durch, in der sie innerlich das Gleichgewicht der Erdenkräfte erlebt. Sie ist zwar schon in beträchtlichem Maße in deren Banne, faßt sie jedoch auf ungewöhnlich durchgeistigte Weise auf, so daß wir es im griechischen Tempel mit irdischer Materie zu tun haben, die im Gleichgewicht der Kräfte der Schwere und der Leichte, des Himmels und der Erde und in der Gestalt des vergöttlichten Menschen zur vollen Harmonie mit dem Geiste gebracht worden ist. Ganz und gar auf der Erde stehend, aber sich im Einklang fühlend mit den sie durchdringenden und gestaltenden geistigen Mächten, so tritt uns der Mensch in der griechischen Kunst entgegen.

Der Einfluß der Geburtsmysterien erweist sich aber in dem Volke als ganz besonders stark, das in einem hohen Grade die folgende 5. nachatlantische Kulturepoche vorbereiten sollte. Das waren die Römer. Als sie die Jurisprudenz zu entwickeln begannen, indem sie die Prinzipien des «jus civile» festlegten, waren sie die ersten, die von den Rechten der einzelnen Persönlichkeit sprachen und damit den Grund legten für die soziale Selbstbestimmung des individuellen menschlichen Ich, wobei sie die Impulse dazu aus dem Wissen um die Geheimnisse der Geburtsmysterien schöpften. Sie fanden auch als erste die Architekturform, die das Wesen dieser Mysterien am stärksten zum Ausdruck bringt. Es ist die Kuppelform, die wohl in dem römischen Pantheon, dem Tempel aller Götter, am vollkommensten verwirklicht worden ist. Hier führt uns die Kuppelform, die unsere Hauptesorganisation abbildet und deren Urbild die Kuppel des menschlichen Kopfes ist, in das Wesen der Geburtsmysterien selbst ein. Das menschliche Haupt ist unbeweglich. Es thront erhaben über dem menschlichen Leib, der sich in ständiger Bewegung befindet. So wie dieses ist auch die Kuppel vollkommen unbeweglich und in ihren architektonischen Formen nur den Gesetzen des Raumes, der materiellen Welt unterworfen, was sie zu einem Sinnbild jenes intellektualistischen Prinzips macht, das später zu dem vorherrschenden unter den Menschen werden sollte.

Auf der anderen Seite ist die Kuppel wie das menschliche Haupt zugleich ein Abbild jener Sternensphäre, die, indem sie ihn beständig umkreist, den Erdenmenschen auf sein Leben vor der Geburt hinweist, auf jenes Sternensein, an dem er vor seinem Herabsteigen auf die Erde teil hatte. Jedoch erscheint in der Kuppel dieses geistige Dasein nur als dunkle Erinnerung. Denn mit der Angleichung an die Sternensphäre begrenzt die Kuppel zugleich auch den Gesichtskreis des Menschen und läßt ihn nicht durch diese Sphäre hindurch zur Welt des reinen Geistes vordringen. Deshalb erleben wir in der Kuppelform den Menschen gleichzeitig wie losgelöst von seiner Sternenheimat, die er nun nicht mehr in sich erlebt, sondern von außen durch die toten Raumesgesetze betrachtet. Im Pantheon befindet sich der Mensch im Zentrum der Kuppel. Und obwohl die Götter noch um ihn sind, faßt er sie doch mehr und mehr in einer äußerlichen, abstrakten Weise auf, da er sich allmählich von der Bindung an sie befreit.

So begrenzt die Kuppel den Gesichtskreis des Menschen nach und nach auf die Wahrnehmungen, die nur den leiblichen Sinnen möglich sind, und der Mensch bereitet sich dadurch, daß er in sich erlebt, wie das kosmische Bewußtsein erlöscht und das irdische erwacht, in wachsendem Maße darauf vor, ein rein irdisches, zugleich aber auch vollkommen freies Wesen zu werden. Sogar als später die Kuppelform in das Christentum einzudringen begann, bediente man sich ihrer vor allem beim Bau von

Taufkirchen, von Rundkirchen, die durch ihre Form auf das Geheimnis der Taufe hinweisen, in der man das symbolische Bild der Geburt des Menschen aus dem Geistigen sah. Seit dem Beginn der Epoche der Bewußtseinsseele aber erhebt sich über der ganzen christlichen Welt die Kuppel des Petersdomes als Symbol des endgültigen Sieges der Geburtsmysterien, durch den der Mensch ein Wesen geworden ist, das die Wahrheit ausschließlich auf dem physischen Plan sucht und sich selbst bestimmt. In diesem Sinne ist die spätere stürmische Entwicklung des Materialismus letztlich eine Folge der nun schon in Verfall geratenen und entarteten, einstmals jedoch so mächtigen und tief geistigen Geburtsmysterien, deren esoterisches Prinzip in den Worten «Ex deo nascimur» zum Ausdruck kommt; die ihnen entsprechende architektonische Form aber ist die Kuppel.

Ganz anders verhält es sich mit den Mysterien des Todes, deren Kenntnis die Menschheit mit dem Beginn des Kali-Yuga verlieren mußte, als sie sich endgültig mit der materiellen Welt verband. Da das Wissen langsam erlosch, daß der Tod der Erwecker zum wahren höheren Leben sein kann, war es der Menschheit auch nicht mehr möglich, zu dem geistigen Prinzip des Todes vorzudringen, und sie wurde schließlich fast vollständig von ihrer geistigen Heimat, von den höheren übersinnlichen Welten abgetrennt und mußte den gegnerischen Mächten Luzifers und Ahrimans mehr und mehr verfallen. Mit anderen Worten: es stand damals die Menschheit vor der realen Möglichkeit, daß das Ziel der Erdenentwicklung nie erreicht, sondern der Tod sich der menschlichen Seelen endgültig bemächtigen werde.[6a] Nur eines konnte sie retten: wenn eine neue Erkenntnis des Todes als Mysterium der Verwandlung des niederen sterblichen in das höhere unsterbliche Ich, in das Geistselbst in ihre Entwicklung hineingetragen würde.[7]

Diese große Tat, der Erdenevolution ihren kosmischen Sinn wiederzugeben, vollbrachte der Christus Jesus, der, als er im Mysterium von Golgatha die Todeskräfte besiegte, der Menschheit das wahre Antlitz des Todes zeigte als Mysterium des Aufsteigens zu dem höheren Leben, als Auferstehung des individuellen Ich des Menschen zu dem ewigen, unzerstörbaren Sein in den Sternenwelten.[7a]

In der Architektur fanden diese neuen Todesmysterien ihren vollkommensten Ausdruck in den romanischen und gotischen Domen, denen die Kreuzform als Symbol des Todes zugrunde liegt, so wie der Altar in der Form des Grabes erbaut wurde, die damit eine Erinnerung an das Mysterium von Golgatha sind. Der Mensch aber, der unter das Gewölbe eines gotischen Domes tritt, kann deutlich empfinden, wie alles in ihm sich nach oben, in die Höhe, zu den geistigen Welten richtet. Hier kommt zu der Unbeweglichkeit der räumlichen Architektur das Element der Zeit, der Bewegung hinzu. Die Zeit nimmt den Kampf mit dem Raum auf. Die Seele möchte sich gleichsam aus der Dunkelheit des Leibes befreien, seine Kräfte bezwingen und die sie bindenden Raumesgesetze mit Hilfe des Impulses der Zeit, der ihr durch die Verbindung mit dem Christus geschenkt worden ist, überwinden.[8] Die gotische Architektur ist dynamisch, sie gleicht einer seelischen Flamme, die den materiellen Stoff verbrennt und der Schwelle des Todes zustrebt, als die man den Altar im Osten in der Form des Grabes empfinden kann. Nur jenseits dieser Schwelle ist die endgültige Vereinigung mit dem Geist, mit dem höheren kosmischen Sein möglich. So führt uns der gotische Dom vom Kreuz, an dem das irdische, niedere Ich des Menschen gekreuzigt wird, zur Auferstehung im jenseitigen Leben im höheren kosmischen Ich. Damit findet das «In Christo morimur», das esoterische Prinzip des neuen Todesmysteriums, im gotischen Dom seine vollkommenste exoterische Verwirklichung.

In der Folgezeit existierten die Kuppel und das Kreuz als die zwei architektonischen Formen für die zwei grundlegenden Mysterien des menschlichen Lebens in der europäischen Baukunst nebeneinander. Auf der anderen Seite trat schon seit den frühesten christlichen Zeiten die dringende Notwendigkeit immer deutlicher hervor, diese zwei Mysterien wirklich zu vereinigen, oder anders gesagt, das Prinzip des «Per spiritum sanctum reviviscimus», welches das neue Erwachen der Seele in den höheren Welten ausdrückt, künstlerisch zu verwirklichen. Denn mit diesem Prinzip ist die Möglichkeit gegeben, nicht erst nach dem Tode, sondern schon *während des Erdenlebens* im Bewußtsein einen Weg zum Geistselbst, dem höheren Ich des Menschen, zu finden. Es ist aber das Geistselbst – entsprechend der Terminologie des esoterischen Christentums – der Funke der göttlichen Sophia oder des Heiligen Geistes im Menschen.[9]

Bis zum Ende des Kali-Yuga konnte jedoch eine solche Synthese, die sich auf die lebendige Metamorphose des menschlichen Bewußtseins gründet, nicht organisch verwirklicht werden. Deshalb erwiesen sich die Versuche, die in dieser Richtung gemacht wurden, letzten Endes nur als mehr oder weniger intellektualistische Kombinationen des Prinzips des «Ex deo nascimur» mit dem «In Christo morimur», ohne zu dem neuen Prinzip des «Per spiritum sanctum reviviscimus» aufzusteigen. Ein bedeutendes Beispiel dafür ist die im 6. Jahrhundert erbaute Sophien-Kathedrale in Konstantinopel. Sie ist ein Beispiel für den Versuch, das griechi-

Geistselbst - Manas - Isis

sche Kreuz – die Form des griechischen Kreuzes lag von Anfang an dem Plan der Sophien-Kathedrale zugrunde – mit der Kuppelform zu kombinieren, ohne daß eine organische Synthese erreicht wurde, sondern nur eine äußere Kombination der zwei genannten Prinzipien, wobei nichts Neues entstehen konnte. In einem tieferen Sinne war der Grund hierfür, daß es in jener Zeit der menschlichen Seele noch nicht möglich war, durch das wirkliche innerliche *Erwachen* im Geiste zu einem unmittelbaren Erleben der übersinnlichen Welten nicht in einem ekstatischen, sondern in einem klaren, wachen Bewußtsein zu gelangen.

Die Möglichkeit, das neue höhere Bewußtsein durch das «Per spiritum sanctum reviviscimus» und damit diese harmonische Synthese zu erreichen, erhielt die Menschheit erstmals nach dem Ende des Kali Yuga im Jahre 1899. Da öffneten sich ihr gleichsam die kosmischen Tore, die in die höheren Welten führen, und es ist seither jedem menschlichen Ich die Möglichkeit gegeben, schon während des Lebens im physischen Leibe die Vereinigung mit seinem höheren, seinem kosmischen Ich zu suchen.

Das menschliche Ich kann heute, wenn es die neue Christus-Offenbarung im 20. Jahrhundert in sich aufnimmt, ein wirkliches Erwachen im Geiste erleben, eine vollbewußte Wiedervereinigung mit den höheren geistigen Welten, die es einst verlassen mußte, um die individuelle Freiheit in der Welt der Materie zu erlangen.

Das Aufsteigen in die höheren Welten durch das Sich-Durchdringen mit dem Christus-Impuls, dieses neue Prinzip ist uns auch in den plastisch-architektonischen Formen des Doppelkuppelbaues gegeben worden, wo gleichsam die Kuppelform selbst in Bewegung kommt, was sich in dem ständigen inneren Weiterströmen der plastischen Formen von der großen Kuppel zur kleinen und zurück ausdrückt.

Deshalb nimmt die Zeit hier nicht den Kampf mit dem Raum auf wie in der gotischen Kathedrale, sondern sie vergeistigt ihn und gibt damit der Materie selbst die Möglichkeit zur Vergöttlichung, zur Eingliederung in das Reich des ewigen Geistes. Was die menschliche Seele betrifft, so zeigt uns diese in die Formen des Goetheanum geprägte Metamorphose das Bild des sich vergeistigenden menschlichen Intellekts, des menschlichen Denkens, das sich von den Fesseln des Raumes, aus der Gefangenschaft der unbeweglichen, sich in der Materie verhärtenden Gedanken befreit und sich in ein innerlich bewegliches, lebendiges Denken verwandelt, das seinen Urquell in dem ewig lebendigen und schaffenden Geiste sucht, der sich im Menschen als das ihn überleuchtende Geistselbst zeigt. So können wir sagen: im Goetheanum wird das Unbewegliche beweglich, das Tote lebendig, denn die Beweglichkeit seiner Kuppelform zeigt uns das Bild der sich belebenden menschlichen Gedanken[10], ihre Erlösung aus dem Reiche des Todes durch ihre Auferstehung im Reiche des Geistes.

So eröffnet sich im Betrachten der plastischen Formen des Goetheanum der Weg, der den Menschen in voller Freiheit von seinem irdischen zu seinem höheren Ich führt, vom irdischen zum höheren Bewußtsein. Dabei zeigt uns die kleine Kuppel des Goetheanum das Bild des menschlichen Ich als Mikrokosmos, wie es, sich von der Vergangenheit zur Zukunft durch sieben nachatlantische Kulturen entwickelnd, den Christus in sich aufnimmt, der in der plastischen Gruppe im Osten des Gebäudes und entsprechend darüber in der Malerei der kleinen Kuppel dargestellt ist. Denn nur der Christus-Impuls gibt dem Menschen die Möglichkeit, die Vereinigung mit dem Makrokosmos zu suchen. Sein Bild – das höhere, kosmische Ich des Menschen – ist der großen Kuppel durch ihre sieben Säulenpaare eingeprägt, welche die gesamte Weltevolution vom alten Saturn bis zum Venus-Dasein vor uns hinstellen, und durch das Bild von der Erschaffung der Erdenwelt durch die Elohim, die den Menschen aus dem Kosmos heraus mit seinem Ich-Bewußtsein begaben. Im ganzen gesehen erscheint in der lebendigen Metamorphose der beiden Kuppeln Wesen und Ziel der ganzen menschlichen Entwicklung vor uns: Nachdem der Mensch die Aufgabe der Mysterien der Geburt erfüllt hat, indem er vollständig auf den physischen Plan herabgestiegen ist und auf ihm sein individuelles Ich gefunden hat, nimmt er nun in einem freien Akt der Liebe den Christus-Impuls in sich auf und sucht mit seiner Hilfe abermals den Aufstieg. Er strebt danach, nicht erst nach dem Tode, *sondern im Leben* den Weg zum Makrokosmos zu finden und dank der Christus-Kraft sein individuelles, göttliches Ich-Bewußtsein dort voll zu bewahren.

Das wahre *Erwachen* im Geiste sucht heute die menschliche Seele! Sie sucht noch im Leben den Tod, um im Mysterium der Auferstehung zum höheren Ich zu gelangen, der Auferstehung, die allein den Menschen in das geistig göttliche Sein der Sternenwelten führen kann. Und als eine große Antwort des Kosmos auf dieses tiefste Streben der Seele der gegenwärtigen Menschheit kamen die architektonischen Formen des ersten Goetheanum auf die Erde, durch die dem Menschen zum ersten Mal in unserer Zeit die Möglichkeit geboten wurde, nicht nur das «Ex deo nascimur» und «In Christo morimur» wahrzunehmen, sondern auch ihre vollständige und harmonische Vereinigung in dem «Per spiritum sanctum reviviscimus», die der Mensch im freien Aufstieg zu seinem höheren Ich, zum Geistselbst, durch das vollbewußte Hindurchgehen durch das Mysterium des Todes in Christus finden kann.

Das ist auch der Grund, warum das Goetheanum ursprünglich keine Kreuzform hat, sie ist nicht seinem Plan zugrunde gelegt, wie das bei den gotischen Domen oder der Sophien-Kathedrale der Fall war. In ihm entsteht die Kreuzform organisch aus der lebendigen Metamorphose der Seele, aus ihrem Drang, sich noch im Leibe mit den höheren Welten, mit der göttlich-geistigen Urheimat zu vereinigen. Deshalb tritt im Goetheanum nicht durch ein äußeres Dogma, sondern durch lebendige Metamorphose zur Hauptachse des Baues (West-Ost) die durch die Vereinigung der zwei Kuppeln, des Mikrokosmos und des Makrokosmos, entstandene Querachse, die im Unterschied zur Hauptachse, welche die Notwendigkeit der Weltentwicklung ausdrückt, ein Ergebnis des freien Tuns des Menschen ist: seines Willens, aufzusteigen vom niederen zum höheren Ich dadurch, daß er in Freiheit den Christus-Impuls in sich aufnimmt, die Herrschaft des Geistes in sich verwirklicht: «Per spiritum sanctum reviviscimus!»

So steht in den plastischen Formen des ersten Goetheanum das tiefste Geheimnis des Menschseins vor uns, das Geheimnis des Menschen, der im Geiste zum höheren Leben erwacht, da er die Mysterien der Geburt und des Todes in ihrer endgültigen Synthese, die nur in dem Mysterium der Ewigkeit[11], dem Mysterium des in Ewigkeit lebendigen Geistes erreicht werden kann, bewußt in sich vereinigt. Das Goetheanum zeigt uns das Bild des Menschen in seinem ewigen und göttlichen Aspekt. Und so wie der menschliche Leib nach den Worten des Apostels Paulus der Tempel des Heiligen Geistes[12] ist, der als Träger der göttlichen Weisheit des gesamten Kosmos in diesem Leibe lebt – das Resultat der Arbeit, die alle neun göttlich-geistigen Hierarchien seit der Zeit des alten Saturn an ihm vollbracht haben –, so ist auch das Goetheanum das wahre Haus der «Anthropos-Sophia», der aus dem Heiligen Geist geborenen Weisheit vom Menschen, wo diese kosmische Weisheit zum ersten Mal auf dem physischen Plan auch für irdische Menschenaugen sichtbar geworden ist.

Deshalb wurde im Goetheanum im Mittelpunkt des Kreuzes das Rednerpult aufgestellt. Von diesem Ort aus sollte die Anthroposophie für die Gegenwartsmenschen als die wahre Geistesbotschaft der Weisheit vom Menschen verkündet werden, als das Wort des Geistes selbst. Die Formen des Goetheanum sollten wie die plastische Verkörperung dieses Wortes sein, wie sprechende, lebende Formen, wie ein Kehlkopf, der durch die Liebe und den Willen der Menschen für die Rede der Götter geschaffen worden ist. Rudolf Steiner äußerte sich darüber in dem Vortrag, den er am 31. Dezember 1923, am Jahrestag des tragischen Untergangs, hielt: «Und wäre unser Goetheanum ganz fertig geworden, dann wäre auch vom

Eintritte im Westen der Blick gefallen auf jene Statue, in der der Mensch die Aufforderung gefunden hätte, sich selber als kosmisches Wesen zu wissen, hineingestellt zwischen die Mächte des Luziferischen und die Mächte des Ahrimanischen, in innerer, gottgetragener Wesensausgleichung. Und blickte man auf die Formen der Säulen, der Architrave, so sprach das eine Sprache, eine Sprache, welche die Fortsetzung der vom Podium aus in Ideen Geistiges wie interpretierenden Sprache war. Die Worte klangen weiter entlang den Formen, die plastisch ausgestaltet waren. Und oben in der Kuppel waren zu sehen jene Szenen, welche die Menschheitsentwicklung dem geistigen Blick nahebringen konnten.»[13]

So sollte der Mensch schon durch das Anschauen der plastischen Formen und der Farben des ersten Goetheanum, wenn er sich meditativ in sie versenkte, allmählich fähig werden, ihre Sprache in sich zu *hören* als Sprache des *in ihm erwachenden Geistes,* als das Wort der Götter des Kosmos, das sich zu

«Dem eignen Ich
Zu freiem Wollen ...» *(III,9–10)**

wendet, das die tiefsten Geheimnisse seines eigenen Wesens vor ihm enthüllt und Vergangenheit, Gegenwart und Zukunft der Weltentwicklung umfaßt.

Lebendiges, ätherisches Götterwort, das sich in physischen Formen offenbart, das in unserer Zeit durch sein erwachendes höheres Ich zum Menschen sprechen will – das war das erste Goetheanum. Es war die Verkörperung der Anthroposophie selbst, ein wahres Haus des Wortes, in dem jeder Mensch sein eigenes Wesen gleichsam in seinem himmlischen Urbild erleben konnte.[14] Das sollte das Goetheanum für jeden Anthroposophen sein, und das war es vor allem für Rudolf Steiner selbst.

Zahlreiche Aussagen von ihm zeugen beredt davon: «... denn man wird sehen in den Formen, die als künstlerische – ich möchte sagen – Eindrucksformen uns da umgeben, den Abdruck dessen, was in lebendigen Worten getan, gesagt, gewirkt werden soll in unserem Bau. Ein lebendiges Wort ist es – ist unser Bau!» (7. Juni 1914).[15] «Unser Bau soll durch seine Innenformen sprechen, aber sprechen soll er die Sprache der Götter» (17. Juni 1914).[16] «Belauschen wir die Organe der Götter, die sie selbst geschaffen haben, als sie als Elohim der Erde den Menschen gegeben haben, belauschen wir die ätherischen Formen der Pflanzen und

* Diese Zeilen gehören zum Text der «Grundstein-Meditation», der im Anhang (S. 385 ff.) mit der verwendeten Zeilennumerierung wiedergegeben ist.

bilden wir nach diese ätherischen Formen der Pflanzen, dann schaffen wir, wie die Natur im Menschen den Kehlkopf zum Sprechen geschaffen hat, so schaffen wir die Kehlköpfe, durch die die Götter zu uns sprechen können» (17. Juni 1914). «Das wird in uns lebendig werden, das werden wir da empfinden: Hier sitzest du und die Geister der Welt sprechen zu dir», denn das Goetheanum «ist das Haus der Sprache, das sprechende Haus, das in all seinen Wänden lebendige Haus» (17. Juni 1914). Dieses Geheimnis des ätherischen Wortes, das durch die Formen des Goetheanum sprach und das von besonderer Art war, kam hauptsächlich darin zum Ausdruck, daß das Goetheanum in seinem innersten Wesen mit den ersten Worten des Johannes-Evangeliums zusammenhing, worauf Rudolf Steiner in dem Vortrag vom 2. Dezember 1923 in Dornach, drei Wochen vor dem Beginn der Weihnachtstagung, hingewiesen hat: «Ist doch dieses Goetheanum eine Stätte gewesen, in der gesprochen hat werden wollen, immer wieder und wiederum auch gesprochen worden ist, über diejenigen Dinge, die zusammenhängen mit dem Beginne des Johannes-Evangeliums: ‹Im Urbeginne war das Wort. Und das Wort war bei Gott. Und ein Gott war das Wort.›»[17]

Es war aber mit dem Goetheanum noch ein weiteres Mysterium verknüpft, über das wir schon früher im Zusammenhang mit der Beschreibung des dritten, ätherischen Opfers von Rudolf Steiner gesprochen haben. Denn das tiefste Geheimnis des ersten Goetheanum besteht darin, daß es nicht nur nach dem Metamorphosenprinzip des Pflanzenreiches erbaut worden ist und die Gesetzmäßigkeiten eines Lebewesens in sich barg, sondern daß es *selbst ein lebendes Wesen war,* d. h. ein Wesen, das einen physischen und einen *ätherischen* Leib hatte. Rudolf Grosse weist in seinem Buch «Die Weihnachtstagung als Zeitenwende» auf dieses Geheimnis hin, das mit der Grundsteinlegung, dem Bau und später dem Untergang des ersten Goetheanum zusammenhängt: «Die klare und direkte Konsequenz des Satzes ‹das Goetheanum ist vorher hinweggestorben› [d. h. hinweggestorben vor seiner wirklichen Eröffnung], kann nicht anders als so lauten: *also hat es als lebendiges Wesen vorher existiert!*»[18]

Von der Möglichkeit einer solchen «lebendigen Architektur», eines Tempels, der ein lebendes Wesen ist, spricht auch die folgende Äußerung Rudolf Steiners selbst: «Dazu ist unser Zeitalter da, daß es den Anfang macht mit einer Tempelkunst, die laut zu den Menschen der Zukunft sprechen kann: Der Tempel, das ist der Mensch, der Mensch, der in seiner Seele den Geist empfängt.»[19] Das Wesen einer solchen Baukunst, die jedoch nur derjenige erschaffen kann, der wirklich in die Mysterien nicht nur des physischen, sondern auch des ätherischen oder *Lebensleibes* des

Menschen eingedrungen ist, charakterisiert Rudolf Steiner besonders deutlich in dem Vortrag vom 29. Dezember 1914 in Dornach: «Wir lernen sozusagen das Äußerlichste unseres Wesens, das, was durch die Wirkung unseres Ätherleibes auf unseren physischen Leib vorgeht, in einem räumlichen Linien- und Kräftesystem kennen... Wenn wir hier schematisch die äußersten Grenzen unseres physischen Leibes meinen, so schieben wir die innere Gesetzmäßigkeit, die dem physischen Leib aufgeprägt wird durch den Ätherleib, hinaus, außer uns, und dadurch entsteht die Baukunst. Alles, was an Gesetzen in der Zusammenfügung der Materie baukünstlerisch vorhanden ist, ist auch durchaus zu finden im menschlichen Leibe. Ein Hinausprojizieren der eigenen Gesetzmäßigkeit des menschlichen Leibes außer uns in den Raum ist die Baukunst, die Architektur...»[20]

Auf dieses Geheimnis der Wechselwirkung des physischen und ätherischen Prinzips in den Formen und Farben des ersten Goetheanum weisen auch die Seitenflügel des vierten südlichen Glasfensters hin, wo in Pfirsichblütenfarbe, in der Farbe des ätherischen Leibes des Menschen, ein Menschenantlitz als Entsprechung zu dem Westportal des Goetheanum dargestellt ist[21], – auf diesem Glasfenster ist aber in dem Zentralmotiv das Bild des Menschen gegeben, der den ätherischen Christus erlebt.

Nun müssen wir uns fragen, was an dem Goetheanum selbst, an seinen äußeren architektonischen Formen der konkrete Ausdruck seines verborgenen Wesens, seiner Ähnlichkeit mit der menschlichen physisch-ätherischen Organisation war, mit dem, was der Christus mehrfach in den Evangelien «den Tempel des menschlichen Leibes» nennt; worin trat dieses lebendige, wesenhafte physisch-ätherische Prinzip des ersten Goetheanum im Äußeren in Erscheinung? Um eine Antwort auf diese Frage zu finden, müssen wir uns bewußt machen, daß dem menschlichen Leibe als solchem in erster Linie zwei verschiedene materielle Substanzen zugrunde liegen: feste und flüssige. Aus den festen und den flüssigen Substanzen baut der Mensch seinen *sichtbaren* physischen Leib auf. Wobei das feste Prinzip im eigentlichen Sinne Ausdruck der physischen Gesetzmäßigkeit ist, das flüssige Prinzip dagegen in seiner ständigen Beweglichkeit – der Bewegung des Blutes und der Säfte – ein sichtbares Bild der ätherischen Gesetzmäßigkeit des menschlichen Organismus, ein äußerer Ausdruck der Tätigkeit seines Ätherleibes.[22] Rudolf Steiner hat wiederholt dargestellt, daß in dem festen Element, das die physische Gestalt des Menschen bildet, die Wirkungen und Einflüsse der Fixsterne und vor allem des Tierkreises vorzugsweise zum Ausdruck kommen. Der physischen Gestalt des Menschen liegt, soweit sie aus festen Substanzen gebildet ist, die Gesetzmäßigkeit des Tierkreises, die Gesetzmäßigkeit des räumlichen Kosmos, die Zwölfheit zugrunde.[23] In den Lebensorganen des menschlichen Organismus, die in ihren Bewegungen und ihrer dauernden Beweglichkeit mit dem flüssigen Element verbunden sind, kommen die Kräfte des menschlichen Ätherleibes zum Ausdruck, in dem die *Taten* der Sterne wirksam sind, die Planetenbewegungen, die ständig sich bewegenden Kräfte der Planeten, die Gesetzmäßigkeit des zeitlichen Kosmos, die Siebenheit.

In zahlreichen Vorträgen schildert Rudolf Steiner, wie das Wesen der materiell unbeweglich-festen Gestalt des Menschen aus zwölf Raumesgliedern besteht, die auf die zwölf Tierkreiszeichen zurückgehen; und wie das flüssig-beweglich-ätherische Wesen des Menschen unter der Einwirkung von sieben «zeitlichen» Gliedern steht, die auf die sieben Hauptplaneten unseres Sonnensystems zurückgehen[24], denn die Hauptgesetzmäßigkeit des physischen Leibes ist eine räumliche und die des Ätherleibes eine zeitliche.[25] Der Ätherleib befindet sich in dauernder Bewegung, Verwandlung, Metamorphose. Der physische Leib dagegen ist unbeweglich und unwandelbar, was die Verhältnisse und Beziehungen betrifft, die seine zwölf Grundelemente zueinander haben. Diese zweifache Art von Gesetzmäßigkeiten[26] des menschlichen Organismus aber ist in höchstem Maße in den plastischen Formen und den Farben des ersten Goetheanum verwirklicht.[27]

Wir dürfen jedoch die Bewegung, die Metamorphose der pflanzenhaft-ätherischen Formen des Goetheanum nicht als etwas formal Symbolisches oder «nur Architektonisches» auffassen, sondern als den Ausdruck der ihm eigenen rein ätherischen Gesetzmäßigkeit, ähnlich der Bewegung der Säfte in den Pflanzen oder des Blutes im Menschen. Darin kommt physisch sichtbar seine geistig-ätherische Realität zum Ausdruck, die Realität des Goetheanum als eines lebenden Wesens. Man kann sagen, daß im Goetheanum jene tief verborgenen kosmischen Gesetze äußerlich sichtbar geworden sind, nach denen der Mensch täglich unbewußt dadurch, daß er feste und flüssige Substanzen aufnimmt, seinen physischen Körper aufbaut und seinen ätherischen, seinen leiblich-wäßrigen unterstützt. Deshalb spielen in ihm die Zwölfheit als Ausdruck des physisch-festen Prinzips und die Siebenheit als Ausdruck des ätherisch-lebendigen Prinzips eine besondere Rolle. Wobei in der kleinen Kuppel mehr das Prinzip der Zwölfheit in Erscheinung tritt: unten 12 Throne, 12 Säulen und Kapitelle und oben in der Kuppel zweimal sechs Eingeweihte[28], die die nachatlantische Evolution repräsentieren; in der großen Kuppel ist in der Hauptsache das Prinzip der Siebenheit wirksam, weshalb hier die

Gesetze der Metamorphose und Bewegung besonders stark in Erscheinung treten: zweimal sieben Säulen und zweimal sieben Kapitelle aus sieben Holzarten, die die ganze planetarische Entwicklung vom alten Saturn bis zum Venuszustand darstellen, in der Kuppel die sieben schaffenden Elohim und die Darstellung der sechs Schöpfungstage, die von dem Kuppelkreis als dem siebenten Tag eingeschlossen werden, an dem die Elohim das von ihnen früher Geschaffene gleichzeitig anschauen können. So herrscht in der kleinen Kuppel mehr die Gesetzmäßigkeit des Tierkreises, in der großen dagegen die der Planeten.

Schließlich sollte die plastische Gruppe im Osten des Gebäudes aufgestellt werden und in dieser Umgebung Christus darstellen, wie er aus der makrokosmischen Ich-Sphäre kommt[29], aus der Sphäre jenseits des Tierkreises, vom Osten nach dem Westen durch alle Planetensphären und alle Epochen der Erdenentwicklung[30] schreitet, bis er im 20. Jahrhundert im Ätherleibe erscheint, dessen Gesetzmäßigkeit – auf der Siebenheit aufgebaut – in der großen Kuppel dargestellt ist.[31]

Zusammenfassend kann man sagen, daß das Goetheanum, das den kosmischen Gesetzen des physischen und ätherischen Prinzips gemäß errichtet worden ist, gleichsam das Bild des idealen Menschen sein sollte, der sich, aus physischem und ätherischem Leib bestehend, in einem göttlichen Schlafzustand befindet[32], in den die höheren Glieder – astralischer Leib und Ich – durch die bewußte Arbeit der Menschen hineingetragen werden müssen, der Menschen, die von der Anthroposophie und ihren aus der Imagination, Inspiration und Intuition geschöpften geistigen Erkenntnissen ganz und gar durchdrungen sind. Nur durch diese Tätigkeit konnte das Goetheanum in Wahrheit das «Haus des Wortes» werden, «... der Wahrbau, von dem aus verkündet werden soll immer mehr und mehr die Botschaft vom Geiste.»[33] Deshalb hat Rudolf Steiner auch immer betont, daß man an das Goetheanum unter keinen Umständen nur mit dem Verstand herangehen darf, daß man es nicht «erklären» kann, denn seine Formen sollten nicht mit dem Denken, sondern in das Gefühl und den Willen aufgenommen werden. Zum Erleben und zur Verwirklichung der Weltenziele sollte dieser Bau anregen. In seinen Notizen zum Vortrag vom 20. Juni 1914 drückt das Rudolf Steiner auf die folgende Weise aus: «Die Menschen brauchen zunächst nur zu *wollen* im Weiterschreiten von Säule zu Säule. Das *Gefühl* für das Leben erwacht im rechten Sinn, wenn sie die Säulen verstehen. In der Kuppel = die Seele. In den Formen = der Leib ...»[34]

Aus der Weisheit des ganzen Kosmos geschaffen, sollte das Goetheanum den Menschen zur völligen Verwandlung seines Fühlens und Wollens führen, ihn zu reiner Liebe und zum Opferdienst für die geistigen Mächte anregen, die die Menschheit leiten. So war das Goetheanum als Ganzes mit seinem Mittelpunkt, der plastischen Gruppe im Osten, wahrhaftig ein Tempel für die in ihm ruhende, schlafende neue Isis[35], die göttliche Sophia, die ein Bild für das höhere Ich des Menschen, sein Geistselbst ist. Und diese neue Isis, die göttliche Sophia, die in einen heiligen Tempelschlaf versunken war, sie sollte durch diejenigen Menschen erweckt werden, die aus einem durch die Farben und Formen des Goetheanum innerlich verwandelten Fühlen und Wollen handelten, damit sie dann im Geiste des Wortes, von dem uns der Anfang des Johannes-Evangeliums spricht, einen starken, von Liebe durchdrungenen und durchleuchteten Willen zu rechtem sozialem Handeln in die Welt tragen könnten. Denn das Goetheanum, das auf der Liebe und dem Opferwillen der Menschen errichtet wurde, die von der kosmischen Weisheit der Anthroposophie durchdrungen waren, sollte zum geistigen Zentrum innerhalb der Gegenwartsmenschheit werden, aus dem neue Impulse zu einem sozialen Wirken in der Welt ausgehen.

So müssen wir das erste Goetheanum als ein lebendes Wesen ansehen, und wir sollten wie zu einem ganz und gar lebendigen Wesen eine innere Beziehung zu ihm suchen.[35a] Dann aber steht die Geschichte seiner irdischen und übersinnlichen Schicksale wie ein ganzer Lebenszyklus vor uns, beginnend mit dem Versenken des Samens in die Erde, über die Stadien der Geburt, der Entwicklung, des Wachsens und des Todes bis zu seiner Auferstehung in geistiger Gestalt.

Schon die Beschreibung der Vorgänge vom 20. September 1913 in Dornach ebenso wie die esoterischen Worte Rudolf Steiners im Zusammenhang mit der Grundsteinlegung des ersten Goetheanum sprechen davon, daß es sich hier von Anfang an um etwas Lebendiges handelte. Wie ein echter Same, aus dem später das ganze Gebäude des Goetheanum emporwuchs, wurde der doppelte Dodekaeder des Grundsteins in die Erde versenkt, in dessen Form – ähnlich dem Pflanzensamen, in dem schon die ganze zukünftige Pflanze enthalten ist – das Grundprinzip des künftigen Baues verborgen war. Bei seiner Rede zur Grundsteinlegung sagte Rudolf Steiner über diesen Grundstein: «Als Sinnbild der Menschenseele, die sich weiht unserem großen Werk, haben wir geformt diesen Stein. Er ist uns Sinnbild in seiner doppelten Zwölfgliedrigkeit der strebenden, als Mikrokosmos in den Makrokosmos eingesenkten Menschenseele. Anthropos, der Mensch, wie er sich herleitet von Wesenheiten der göttlich-geistigen Hierarchien. So ist Sinnbild dieser unser Eckstein unserer eigenen Seele, die wir einverleiben dem, was wir als richtiges geistiges Streben für die Gegenwart erkannt haben.»[36]

Wenn wir nun die Urkunde aufmerksam betrachten, die in diesen Grundstein hineingelegt wurde, dann können wir empfinden, wie alles in diesen Texten und Zeichnungen lebendig ist, von echtem, ätherischem Leben erfüllt. Darauf weisen schon die zwei obersten Buchstaben hin: IN, die R. Grosse als «Jesus von Nazareth» entziffert. Damit können wir sie als Hinweis auf die Seele des nathanischen Jesus auffassen. Denn diese ist ja das ideale, kosmische Urbild der Menschenseele, das Urbild der ganzen Menschheit, das einmal auf ihre früheste Vergangenheit zurückweist, als dieses Urbild im Schoße der Hierarchien vor dem Sündenfall gerettet wurde, und zum anderen auf die fernste Zukunft, auf das Bild der Menschheit, die vollkommen von dem Christus durchdrungen ist. Denn als der Christus Paulus bei Damaskus erschien, geschah das in der leuchtenden Aura der nathanischen Seele. Dieses Urbild der menschlichen Seele finden wir im Zentrum der Urkunde in der Form der zwei Dodekaeder dargestellt, die uns in einem kosmischen Bilde zeigen, wie das reinste Wesen der Menschenseele seit der lemurischen Zeit im Schoße der göttlich-geistigen Hierarchien ruht, deren ätherische Kraftströme sie gleichsam liebevoll umwehen und tragen und etwas wie eine göttliche Schale, einen kosmischen Gral um sie bilden. Die Buchstaben jedoch, welche in dieses Bild der menschlichen Seele eingetragen sind und welche die drei wichtigsten Rosenkreuzerworte darstellen, weisen machtvoll auf die Zukunft hin als Bild des Menschen, der von den Christus-Kräften ganz und gar durchdrungen ist. Das Wort «Anthropos» aber über ihm, es ist ein Hinweis auf die Gegenwart, wo der Mensch erstmals als ein individuell freier durch seine Verbindung mit dem Christus den Übergang von der kosmischen Vergangenheit zur kosmischen Zukunft vollzieht. Der Mensch, Anthropos, von dem der Grundstein hier spricht als «dem im Geist sich suchen wollenden, dem in der Weltenseele sich fühlen wollenden, im Welten-Ich sich ahnenden Menschen», er vollbringt durch die Umwandlung seines Fühlens und Wollens aus der Geistesweisheit heraus in Freiheit den Übergang vom passiven Verweilen im Schoße der Hierarchien in der Vergangenheit zu einem aktiven Schaffen mit ihnen in der Zukunft.[37] Aus diesem in das «verdichtete Reich der Elemente» versenkten Grundstein, der zugleich ein wahres «Sinnbild der Menschenseele» ist, wuchs dann wie aus einem lebendigen Samen in natürlicher physisch-ätherischer Metamorphose der ganze Bau empor, der nach den Worten Rudolf Steiners «... in allen seinen Formen *eine Verkörperung des spirituellen Wesens ist, dem wir zugetan sind.*»[38]

Neun Jahre wurde an dem Goetheanum gebaut. Drei Epochen von je drei Jahren dauerte sein Wachstum; jede an dem Prozeß teilnehmende Seele konnte selbst innerlich mit seinen Formen wachsen und dadurch in sich ein wahres Erwachen des Geistes erleben. Denn es erwies sich die Teilnahme an dem Bau des ersten Goetheanum selbst als ein wirklicher Einweihungsweg. Das hat eine der Beteiligten, Margarita Woloschina, in einem Brief nach Rußland, den sie im Jahre 1914 aus Dornach schrieb, zum Ausdruck gebracht: «... ich schaute auf den Tempel, wie er vor der untergehenden Sonne leuchtete; ich dachte, daß jeder, der es nur irgend möglich machen kann, der fähig ist zu sehen und zu empfinden, hier sein sollte. Es zerreißt mir das Herz, daß nicht alle Welt an seiner Errichtung auf dem physischen Plan teilnehmen kann. Mit ihm zu wachsen, sich in alle Details einzuleben – das ist ein Einweihungsweg... Seit den Zeiten Hierams hat es nichts Vergleichbares gegeben. ‹Er ist fürwahr die Verkörperung des Wesens, dem wir dienen›, sagte der Doktor in Wien... Ich bedauere es, daß ich nicht von Anfang an hier war, man muß ihn täglich wachsen sehen...»[39]

So wuchs das Goetheanum allmählich wie in einem natürlichen Wachstumsprozeß bis zur Silvesternacht des Jahres 1922/23 heran, als es auf tragische Weise durch die Macht des Feuerelementes dem physischen Plan entrissen wurde, und trat dann, nachdem es wie ein lebendes Wesen den Prozeß des Todes und der Entkörperung durchgemacht hatte, während der Weihnachtstagung als rein geistige Realität in Erscheinung, als *Geist des Goetheanums,* über den Rudolf Steiner sich zu der Zeit mehrmals mit solch unglaublicher Konkretheit und Direktheit äußerte, daß unwillkürlich der Eindruck entsteht, daß wir es von dem Augenblick an mit einem geistig auferstandenen Goetheanum zu tun haben, mit einem Geist des Goetheanums, der Rudolf Steiner nicht nur zum Schaffen der Grundstein-Meditation inspirierte, sondern der auch als eine unmittelbare übersinnliche Realität ständig vor seinem inneren Auge stand, gleichsam die Weihnachtstagung übersinnlich durchdringend und überschattend. Um das nachzuempfinden, mag es genügen, hier nur wenige Äußerungen Rudolf Steiners anzuführen. So sagte er bereits am 27. Dezember 1923 im Gespräch mit dem holländischen Anthroposophen van Leer als Erwiderung auf dessen Äußerung, daß die Anthroposophen nach dem Brand kein Goetheanum mehr hätten: ‹Wir sind nicht der Ansicht, daß wir kein Goetheanum haben... Aber wir sind der Ansicht, daß das Goetheanum geblieben ist... Wir *stehen da als Goetheanum in der Seele,* als seelisches Goetheanum... Man *kann* sagen: Seelisch blieb der Bau... Vor unserem geistigen Blick steht das Goetheanum da!›[40] Später, am 31. Dezember

1923, sagt Rudolf Steiner in dem Vortrag, der am Jahrestag des Brandes gehalten wurde: «Das Goetheanum konnte uns genommen werden. Der Geist dieses Goetheanums kann uns, wenn wir wirklich ehrlich und aufrichtig wollen, nicht genommen werden.» Und schließlich äußerte sich Rudolf Steiner über dieses Geheimnis des «auferstandenen» Geistes des Goetheanum ganz ausdrücklich am Ende der Weihnachtstagung, als er auf die Dankesworte hin, die damals Klaus Werbeck im Namen aller auf der Weihnachtstagung anwesenden Anthroposophen ausgesprochen hatte, noch einmal das Wort ergriff: «Aber meine lieben Freunde, was hier geschehen ist, ich weiß es, ich durfte es sagen, denn es ist gesagt worden unter voller Verantwortung im Aufblick zu dem Geist, der da ist und sein soll und sein wird der Geist des Goetheanums. In seinem Namen habe ich mir in diesen Tagen manches Wort zu sprechen erlaubt, das nicht so stark hätte ausfallen dürfen, wenn es nicht im Hinaufblick zu dem Geiste des Goetheanums, zu dem guten Geiste des Goetheanums gesprochen worden wäre. Und so lassen Sie mich auch denn diesen Dank entgegennehmen im Namen des Geistes des Goetheanums, für den wir wirken, streben, arbeiten wollen in der Welt.»[41]

Wenn wir alle diese einzelnen Äußerungen Rudolf Steiners zusammenfassen, so können wir empfinden, wie sie ein höchst bedeutungsvolles Problem vor uns hinstellen, das man vielleicht in folgende Worte fassen kann: Was ist seitdem dieses «auferstandene Goetheanum», was heißt «Geist des Goetheanums», was wird seine Bedeutung für die weitere Entwicklung der anthroposophischen Bewegung und der Anthroposophischen Gesellschaft sein?

Um eine Antwort auf diese außerordentlich wichtigen Fragen zu finden, müssen wir uns zunächst dem Schicksalstag des 31. Dezember 1922 innerlich zuwenden und uns fragen: Was ist in einem tieferen, esoterischen Sinne an jenem tragischen Tage geschehen, als das irdische Goetheanum durch das Feuerelement für immer dem physischen Blick der Menschen entschwand? Da müssen wir uns mit besonderer Aufmerksamkeit dem Inhalt jenes Vortrags zuwenden, der damals zum letzten Male im großen Saal des Goetheanum in besonderer Harmonie mit seinen Formen erklang, so daß jeder Anwesende erleben konnte, wie als Antwort auf die vom Podium erklingenden Worte in seinem Innern die lebendigen Formen des Goetheanum selbst auflebten und zu sprechen begannen «eine Sprache, welche die Fortsetzung der vom Podium aus in Ideen Geistiges wie interpretierenden Sprache war»; wie sie antworteten auf das, was in den Worten des Vortrags selbst den Seelenblick des Zuhörers hinlenkte «auf den Aufstieg aus irdischen Gebieten in Sternengebiete, die ausdrücken den Willen und die Weisheit, das Licht des geistigen Kosmos». Dieser mächtige Vortrag bildete den Abschluß eines Zyklus von zwölf Vorträgen mit dem Titel «Das Verhältnis der Sternenwelt zum Menschen und des Menschen zur Sternenwelt». Er wurde von November bis Dezember 1922 im Goetheanum gehalten und trug auch den Titel «Die geistige Kommunion der Menschheit». In ihm kommt Rudolf Steiner, nachdem er das Wesen des Jahreslaufs vom okkulten Standpunkt aus betrachtet hat, indem er die physisch-ätherischen Prozesse unseres Planeten in ihrem Verhältnis zum physisch-ätherischen Organismus des Menschen darstellte, zu dem eigentlichen Höhepunkt des ganzen Zyklus. Er spricht davon, wie der Mensch, wenn er feste Substanzen für den Aufbau seines physischen Körpers zu sich nimmt, in sich das Wesensprinzip der Sternenwelt erleben kann, der Fixsternwelt, die in der Hauptsache durch die Zwölfheit des Tierkreises repräsentiert wird: «Wir nehmen das Sternenwesen, das Himmelswesen in uns auf mit dem Stoff der Erde, der im Erdenwirken enthalten ist. Aber wir müssen uns bewußt sein, daß wir als Menschen *in unserem Wollen, in unserem von Liebe durchzogenen Wollen dasjenige, was Stoff geworden ist, in Geist zurückwandeln,* eine wirkliche Transsubstantiation vollziehen, wenn wir uns unseres Darinnenstehens in der Welt bewußt werden, so daß das gedanklich-geistige Leben in uns lebendig wird.»[42]

Und dann spricht er davon, daß der Mensch, indem er zum Aufbau seines physischen Leibes flüssige Erdensubstanzen aufnimmt, die in ihrer Beweglichkeit Ausdruck des menschlichen Ätherleibes sind, in diesen flüssigen Substanzen die *Taten* der Sterne erleben kann oder, anders gesagt, die Siebenheit der Planetenbewegungen. Nachdem er so das Wesen dieses Prozesses beschrieben hat, weist Rudolf Steiner darauf hin, daß durch sein bewußtes Durchdringen mit wahrem Fühlen der Mensch auch die von ihm aufgenommenen flüssigen Substanzen in reinen Geist verwandeln kann. Dann fährt er fort: «Während ich der Sterne Wesen und Weben im *Wollen* sehen kann, wie es sich liebend wandelt in den spirituellen Gehalt der Zukunft, so sehe ich im *Fühlen* sich weise wandeln dasjenige, was mir hier auf der Erde gegeben wird, indem ich in dem, was meinen Säfteorganismus durchdringt, aufnehme das Abbild der Himmelstaten» (d. h. der Planetenbewegungen). Und wenn sich der Mensch ganz mit dem Wesen der Imagination, Inspiration und Intuition durchdrungen hat, die ihm durch die Geisteswissenschaft zugänglich geworden sind, dann kann der so in die Welt hineingestellte Mensch «sich wollend und fühlend erleben. Hingegeben an das Allwalten des ihn umgebenden Weltendaseins, des kosmischen Daseins, kann er erleben dasjenige, was durch ihn ausgeführt wird *in dem großen Tempel des Kosmos als Transsubstantiation,* in dem er opfernd darinnensteht in rein geistiger Art. Was sonst nur abstrakte Erkenntnis wäre, wird zu einem fühlenden und wollenden Verhältnis zur Welt. Die Welt wird zum Tempel, die Welt wird zum Gotteshaus. Der erkennende Mensch [d. h. der Mensch, der sich mit Imagination, Inspiration und Intuition durchdrungen hat], sich aufraffend im Fühlen und Wollen, er wird zum *opfernden Wesen. Das Grundverhältnis des Menschen zur Welt steigt auf vom Erkennen zum Weltenkultus, zum kosmischen Kultus.*»

Zum Abschluß des Vortrags gibt Rudolf Steiner zwei mantrische Sprüche, die gleichsam in konzentrierter Form das Wesen der geistigen Kommunion des Menschen enthalten, die das eigentliche verheißene Erdenziel ist. Denn die Erde, als physisch-ätherisches Wesen der Vergangenheit zugehörig, kann ihre Zukunft, die in ihrer Verwandlung zu geistigem Sein besteht, nur erlangen, wenn der Mensch den kosmischen Kultus vollzieht und sie so in Geist verwandelt. Diese zwei Sprüche lauten:

«Es nahet mir im Erdenwirken,
In Stoffes Abbild mir gegeben,
Der Sterne Himmelswesen:
Ich seh' im Wollen sie sich liebend wandeln.

Es dringen in mich im Wasserleben,
In Stoffes Kraftgewalt mich bildend,
Der Sterne Himmelstaten:
Ich seh' im Fühlen sie sich weise wandeln.»

Versenkt man sich nun noch tiefer in die Bedeutung dieses kosmischen Kultus, dessen Wesen darin besteht, daß die physisch-festen und lebendig-ätherischen Substanzen durch das Fühlen und Wollen des Menschen, der ganz von höherer Erkenntnis durchdrungen ist, in reinen Geist verwandelt werden, dann kann man seine tiefe innere Verwandtschaft mit den tragischen Ereignissen der Silvesternacht des Jahres 1922–23 empfinden.

Schon als das Goetheanum noch im Bau war, begannen jene mächtigen Imaginationen, Inspirationen und Intuitionen auf plastisch-künstlerische Weise in Erscheinung zu treten, aus denen früher die «Geheimwissenschaft im Umriß» hervorgegangen war. Aber im Goetheanum waren sie zum lebendigen, sprechenden, ätherisch gestaltenden Wort geworden, zum Götter-Wort, das sich an den Menschen wendet (siehe S. 157). So haben wir im Goetheanum die für das physische Auge des Menschen sichtbar gewordene *erste* große Michael-Offenbarung: «Und das Wort ist Fleisch geworden.»[43] Das Götterwort, das schon in der «Geheimwissenschaft im Umriß» verkündigt worden war, ist in den Formen des Goetheanum in realer Weise «Fleisch geworden», weshalb dieses das wahre «Haus des Wortes» werden konnte, «... eine Verkörperung des spirituellen Wesens, dem wir zugetan sind.»[44]

In der Nacht des Silvestertages jedoch wurde das Goetheanum, das in seinen grundlegenden architektonischen Formen die Gesetzmäßigkeit der Fixsterne widerspiegelte und in den beweglichen, metamorphosierenden Formen die kosmischen Taten der Planeten, damit aber das Wesen des physisch-ätherischen Prinzips des Menschen, als es im Feuerelement den feierlichen Akt «der Transsubstantiation in dem großen Tempel des Kosmos» durchmachte, zu reinem Geist, zum Geist des Goetheanum.

Das Goetheanum, das als eine Willensliebestat in der Welt errichtet worden war, von Menschen gebaut, die die neuen Geistesoffenbarungen in sich aufgenommen hatten, ging in Übereinstimmung mit dem Weltenkarma in den großen Tempel des Kosmos ein, sich mit ihm identifizierend, und es wurde dadurch zu dem Urbild der *zweiten* großen Michael-Offenbarung, nach der alles, was «Fleisch» ist, in der Zukunft wiederum Geist werden und im Reiche des Geistes wohnen soll[45], und gleichzeitig wurde es zum Urbild der wahren Kommunion, dem «Beginn des eines der Menschheit der Gegenwart gemäßen kosmischen Kultus», der in den Menschen ein neues Fühlen und ein neues Wollen erweckt. So sollte durch den Willen des Weltenkarma das größte Böse in Gutes verwandelt werden. Was das Weltenkarma auf diese Weise hat geschehen lassen, es wurde der ganzen Menschheit als das große Urbild gegeben, wie in der Zukunft, die schon in unserer Zeit begonnen hat, *auf rein geistige Weise* im Innern jedes einzelnen Menschen, der nach geistiger Erkenntnis strebt, eine echte geistige Kommunion, die Verwandlung von *Stoff in Geist* sich vollziehen kann. Und das ist der Anfang des Vergeistigungsprozesses der Erde. Was einstmals durch Menschenhaß, durch den zeitweiligen Sieg der Mächte der Finsternis über die Mächte des Lichtes herbeigeführt worden ist, das soll in der Zukunft den Menschen auf rein geistige Weise als Urbild der tiefsten Liebe und des starken Opferwillens dienen. Das größte Böse sollte durch das «von Liebe durchzogene Wollen» in Impulse zum starken Guten und inneren Opfer umgewandelt werden, es sollte in den Impuls des christlichen Mitlebens und Sich-Einfügens in das Seinsprinzip der Welt verwandelt werden, wo der Akt der Kommunion zu einem geistigen Sich-Vereinigen mit den Kräften des lebenden Christus wird, der seit dem Mysterium von Golgatha als der neue Geist der Erde wirkt, die der

Mensch allein durch die Verbindung mit den Christus-Kräften vergeistigen und retten und wodurch er es ihr ermöglichen kann, die Keime des zukünftigen Jupiterzustandes in sich aufzunehmen.

Ein solches Verständnis von Wesen und Bedeutung des vernichtenden Goetheanumbrandes für die ganze weitere Menschheitsentwicklung auf der Erde kann Licht werfen nicht nur auf den tieferen Zusammenhang zwischen dem tragischen Geschehen und der Weihnachtstagung von 1923/24, sondern auch auf die geistigen Grundlagen des Mysteriums der letzten Monate in Rudolf Steiners Erdenleben, wo er uns als Eingeweihter und als Mensch an einem großen Beispiel zeigte, was es auf höchster Stufe bedeutet, in einem individuellen Menschenleben aus reinster Liebe und freiem Opfer das in Gutes zu verwandeln, was als tragisches Urbild in der Silvesternacht des Jahres 1922/23 für die ganze Menschheit in Erscheinung getreten ist.[46]

Und noch etwas anderes steht im Zusammenhang mit den Ereignissen jener Nacht. In dem Vortrag, den Rudolf Steiner am 31. Dezember 1923, dem Jahrestag des Brandes, in Dornach hielt, beschreibt er eingehend, wie die mittelalterlichen Lehrer der Rosenkreuzer als Wesentlichstes lehrten, daß der Mensch aus dem physisch-festen Leib besteht, in dem, ihn schaffend und gestaltend, die höchsten Wesenheiten der ersten Hierarchie wirken; es hat der Mensch jedoch in ihrer Sphäre nur ein mineralisches Sein; sie lehrten weiter, daß der Mensch als einen Ausdruck des ätherischen Leibes flüssige Substanzen in sich trägt, in denen die hohen Wesenheiten der zweiten Hierarchie wirken, doch in ihrer Sphäre hat der Mensch nur ein pflanzenhaftes Sein; danach wurde der Schüler belehrt, wie die luftförmigen Substanzen vor allem ein Ausdruck des Astralleibes sind, zu dem die Wesenheiten der dritten Hierarchie hinabsteigen, in deren Schoß der Mensch jedoch noch ein tierhaftes Sein hat. Und schließlich unterwies der Rosenkreuzer-Meister den Schüler so, daß ihm hinfort klar war: «er lebt auf der Erde lediglich durch dasjenige, was er als Wärmeelement in sich trägt. Damit aber empfand der Rosenkreuzer-Schüler die Wärme, die er in sich trägt, die physische Wärme, die er in sich trägt, als das eigentlich Irdisch-Menschliche. Und immer mehr lernte er verwandt fühlen mit dieser physischen Wärme die Seelenwärme und die Geisteswärme. Und ... in dem Augenblick, wo dem Schüler des Rosenkreuzer-Meisters dieses Geheimnis vom Zusammenhang des Wärmeelementes mit dem Menschlich-Irdischen aufgegangen war, in diesem Momente wußte er *sein Menschliches an das Geistige anzuknüpfen.*»[47] Und dann konnte der Schüler seinem Meister sagen: «Ich gehe jetzt von dir mit dem größten Troste, der mir auf Erden hat werden können. Denn dadurch, daß du mir gezeigt hast, daß der irdische Mensch sein Element wahrhaftig in der Wärme hat, dadurch hast du mir die Möglichkeit gegeben, mit meinem Physischen anzuknüpfen an das Seelische und Geistige. In die festen Knochen, in das flüssige Blut, in die luftförmige Atmung bringe ich nicht hinein das Seelische. In das Wärmeelement bringe ich es hinein. Und eine ungeheure Ruhe war es, mit der die also Unterwiesenen in jenen Zeiten von ihren Meistern hinweggingen. Und aus der Ruhe des Antlitzes, die ausdrückte das Ergebnis des großen Trostes, aus der Ruhe des Antlitzes entwickelte sich allmählich jener milde Blick, aus dem die Sprache des Himmels sprechen kann.» So fand hier eine Unterweisung statt, «welche den ganzen Menschen ergriffen hat, eine Unterweisung, welche die menschliche Seele *an die Sphäre des Kosmisch-Geistigen hat anknüpfen lassen ihr eigenes Wesen*». Das letztere aber war nur möglich durch die Erkenntnis der verborgenen Natur der *Wärme* oder des *Feuers*, in dem das freie Menschen-Ich auf der Erde gefunden werden kann. Deshalb kann man die Unterweisungen jener mittelalterlichen Rosenkreuzer-Meister als die Lehre vom *Feuer-* oder *Wärmeelement* bezeichnen, dem einzigen Element, in dem der Mensch sich als innerlich geschlossenes, individuelles, mit dem Ich begabtes Wesen erleben kann.[48]

Die Beschreibung der Unterweisungen der mittelalterlichen Rosenkreuzer-Meister vollendete Rudolf Steiner am 31. Dezember 1923 mit der Erinnerung an seinen letzten Vortrag, den er genau ein Jahr vorher gehalten hatte: «Es hat ja sollen, als ich zum letzten Mal auf dem Podium stehen durfte, das im Einklange mit dem ganzen Bau dort aufgerichtet war, es hat ja sollen der Blick der damaligen Zuhörer, der Seelenblick, hingelenkt werden auf den Aufstieg aus irdischen Gebieten in Sternengebiete, die ausdrücken den Willen und die Weisheit, das Licht des geistigen Kosmos. *Ich weiß, Pate standen dazumal manche von den Geistern, die im Mittelalter also ihre Schüler lehrten, wie ich es Ihnen beschrieben habe.*»[49]

Und erinnern wir uns auch, um ein volles Bild jenes Schicksalsabends zu erhalten, wie das Feuer, welches das erste Goetheanum verzehrte, erst etwa eine Stunde nach Beendigung des Vortrags entdeckt wurde, als der Rauch der Flammen schon den Zwischenkuppelraum erfüllte und dann von innen und außen, von allen Seiten hervordrang. Die Eurythmistinnen aber hatten, wie Assja Turgenieff berichtet[50], als sie sich zur Abendvorstellung vorbereiteten, schon vor der Eurythmie-Aufführung, d. h. *einige Stunden vor* dem Vortrag, ein seltsames Brausen gehört: das Geräusch der das Holz verzehrenden Flammen zwischen den doppelten Wänden des Goetheanum.

Jetzt haben wir die einzelnen Elemente, aus denen das wahre Bild der Ereignisse jenes tragischen Abends sich vor unserem inneren Blick gestalten kann. Wenn wir versuchen, uns dieses Bild zu vergegenwärtigen, dann können wir Rudolf Steiner sehen, wie er in der Mitte des Goetheanumbaues auf dem Rednerpult steht. Von dort spricht er über die große kosmische Kommunion des Menschen, davon, daß die Welt zum Tempel wird und in ihm alles Ätherisch-Physische sich in reinen Geist verwandelt, wodurch der Erdenentwicklung ihre kosmische Zukunft gegeben wird, die nur durch das freie, opfernde Tun des Menschen auf der Erde erreicht werden kann, des Menschen, der in Taten der Liebe, die aus bewußtem Opferwillen erwächst, «den Akt der Transsubstantiation in dem großen Tempel des Kosmos» vollzieht. Zur gleichen Zeit stehen im Halbkreis um Rudolf Steiner in der an die Erde grenzenden geistigen Welt die mittelalterlichen Rosenkreuzer-Meister, die als Zentrales und Tiefstes das große Geheimnis des *Feuerelementes* lehrten, in dem der Mensch den Zusammenhang seiner eigenen Natur mit der Göttersphäre, mit der geistig-kosmischen Sphäre findet und sich so in seinem Allerheiligsten als individuelles, freies, von dem Christus durchdrungenes Ich erlebt. Diese mittelalterlichen Meister der «Feuerlehre» stehen hier als «Paten» der Taufe, die seit dem Mysterium von Golgatha nicht mehr durch Wasser, sondern durch Geist und *Feuer*[51] vollzogen wird. Und rings herum, zwischen den doppelten Wänden des Goetheanum, flammt und tobt schon das Feuerelement, wenn auch die Menschen es noch nicht wissen... Aber derjenige sieht es, der mit übermenschlicher Würde in diesem Augenblick am Pult steht und der Menschheit das Geheimnis der kosmischen Kommunion mit dem Geiste enthüllt, das Geheimnis der Zukunftsverheißung der Erde.[52] Und es sehen es ebenso die geistig um ihn stehenden «Paten», die echten Rosenkreuzer-Meister, die aus den «Sterngebieten» zu dieser großen Feuertaufe erschienen sind.

Wenn man versucht, die geistig-physische Realität dieser Szene mit dem inneren Blick zu erfassen, dann kann ihr Miterleben als mächtiger Antrieb zur Arbeit an der Verwirklichung dieser «Tat im Geiste» dienen, als deren Urbild, das auf ewig in die Akasha-Chronik eingetragen ist, sie seitdem im Kosmos erscheint. Diese Erinnerung kann heute in der Seele jedes Anthroposophen den Impuls zur inneren geistigen Kommunion wecken, die es ihr ermöglicht, «ihr eigenes Wesen an die Sphäre des Kosmisch-Geistigen anzuknüpfen», den Impuls zur Kommunion an «dem Willen, der Weisheit und dem Licht des geistigen Kosmos». Der erste Schritt auf dem Wege zur Verwirklichung dieses hohen Zieles muß das wahrhaftige *Treuegelöbnis* dem Geiste des Goetheanum gegenüber sein, das jeder Anthroposoph in seinem Herzen dem Geiste gegenüber ablegen kann, der heute aus jenen kosmischen Sphären heraus wirkt, in die der Mensch durch den «kosmischen Kultus» eintreten soll.[53] Denn wenn «all dasjenige, was unser Verhältnis zur Welt ist, zunächst sich als kosmischer Kultus erkennt im Menschen, [dann ist] das der erste Anfang dessen, was geschehen muß, wenn Anthroposophie ihre Mission in der Welt vollziehen soll».[54]

Ein Pfand dafür, daß die Anthroposophie ihre Mission in der heutigen Welt erfüllen kann, ist jenes Treuegelöbnis dem Geist des Goetheanum gegenüber, von dem Rudolf Steiner am Ende des Abendvortrags vom 31. Dezember 1923 in Dornach in so bedeutungsvollen Worten sprach: «Würdig werden wir nur durch dasjenige, das uns immerhin auferlegt ist dadurch, daß wir dieses Goetheanum bauen durften, wenn wir uns heute in der Erinnerung das Gelöbnis ablegen, jeder vor dem Göttlich-Besten, das er in der Seele trägt, treu zu bleiben den *geistigen Impulsen,* die ihre äußere Form in jenem Goetheanum gehabt haben. Dieses Goetheanum konnte uns genommen werden. Der Geist dieses Goetheanums kann uns, wenn wir wirklich ehrlich und aufrichtig wollen, nicht genommen werden. Und er wird uns am wenigsten genommen, wenn wir in dieser ernstfeierlichen Stunde, die uns nur noch kurze Zeit trennt von dem Zeitpunkte, da vor einem Jahre herausloderten die Flammen aus unserem geliebten Goetheanum, wenn wir in diesem Augenblicke nicht nur den Schmerz erneut empfinden, sondern aus diesem Schmerz heraus uns geloben, jenem Geiste treu zu bleiben, dem wir diese Stätte durch zehn Jahre hindurch aufbauen durften. Dann, meine lieben Freunde, wenn dieses innere Gelöbnis uns ehrlich, aufrichtig heute aus dem Herzen quillt, wenn wir den Schmerz, das Leiden verwandeln können in den Impuls der Tat, *dann werden wir auch das traurige Ereignis verwandeln in Segen.* Der Schmerz kann dadurch nicht geringer werden, aber es obliegt uns gerade, aus dem Schmerze heraus den Antrieb zur Tat, zur *Tat im Geiste* zu finden.

Und so, meine lieben Freunde, schauen wir zurück auf die furchtbare Feuerflamme, die uns mit so unsäglicher Trauer erfüllte. Fühlen wir aber heute, den besten göttlichen Kräften in uns selbst uns angelobend, die heilige Flamme in unseren Herzen, die geistig erleuchten und wärmen soll dasjenige, was mit dem Goetheanum gewollt war, indem wir diesen Willen forttragen durch die Fortschrittswellen der Menschheit.»

Diese «geistigen Impulse», die zur «Tat im Geiste» anregen, dieser Geist des Goetheanums, der «die heilige Flamme in unseren Herzen» entzünden soll, geben uns die reale Möglichkeit, in der rechten Weise jenen hohen Aufgaben und Zielen entgegenzuarbeiten, die von dem Weltenkarma selbst an jenem Schicksalstag, am Silvesterabend des Jahres 1922/23, vor die ganze Menschheit hingestellt worden sind.

So haben wir den feurigen Untergang des ersten Goetheanum von seiner unmittelbaren geistig-physischen Realität aus betrachtet. Nun müssen wir jedoch noch von einem anderen Standpunkt aus auf dieses Ereignis eingehen. Denn es ist auch Teil eines verborgenen okkult-historischen Zusammenhanges, der fast die ganze Entwicklungsgeschichte der westlichen Menschheit umfaßt, beginnend mit der Epoche des griechischen Altertums. Und auch diese okkult-historischen Wechselbeziehungen standen während des Brandes in all ihrer Tiefe und Bedeutung vor Rudolf Steiner. In dem Vortrag vom 2. Dezember 1923 sagt er, daß in den folgenden Worten «sich die Goetheanumflammen wie zu Schriftzeichen verdichten . . . :

«Schaue den Logos
Im sengenden Feuer.
Finde die Lösung
In Dianens Haus.

Die Feuer-Akasha vom Silvesterabend spricht schon sehr deutlich diese Worte neben vielem anderen.»[55]

Die zwei ersten Verse dieses Vierzeilers hängen, wie schon gesagt, mit der zweiten Michael-Offenbarung zusammen, die sich im Goetheanumbrande zeigte. Die zwei folgenden Verse führen uns in das tiefe Geheimnis des historischen Menschheitswerdens ein, insofern als es mit der kosmischen Entwicklung Michaels zusammenhängt. Sie stellen aber auch eine ganz konkrete Aufgabe vor uns hin.

Später, in dem Vortrag vom 31. Dezember 1923, spricht Rudolf Steiner deutlicher über dieses Geheimnis: «Es war schon in diesem Goetheanum für den, der empfinden konnte, eine Erinnerung an den Tempel von Ephesus zu sehen.»[56] Deshalb müssen wir uns den ephesischen Mysterien zuwenden, wenn wir die hier gestellte Aufgabe lösen wollen.

Ein wichtiges Charakteristikum des Tempels von Ephesus und der Artemis-Mysterien – so stellt es Rudolf Steiner dar – ist ihr verborgener Zusammenhang mit dem Anfang des Johannes-Evangeliums. Besonders eingehend spricht er in dem Zyklus «Mysteriengestaltungen» darüber, der unmittelbar vor der Weihnachtstagung gehalten wurde und wo der Vortrag vom 2. Dezember der Beschreibung der ephesischen Mysterien gewidmet war: «Und derjenige, der, ausgerüstet mit dem imaginativen Anschauen der Weltgeschichte, herantritt an diese bedeutungsvollen Worte ‹Im Urbeginne war der Logos . . .›, der wird durch einen inneren Weg immer und immer wiederum verwiesen nach dem alten Tempel der Diana in Ephesus. Und für dasjenige, was als ein Rätsel aus den ersten Versen des Johannes-Evangeliums herausklingt, für das wird gerade der in die Weltgeheimnisse bis zu einem gewissen Grade Eingeweihte verwiesen auf die Mysterien des Artemis-, des Dianen-Tempels in Ephesus.»[57] Das Wesentliche des Rätsels bestand darin, daß der ephesische Einweihungsweg den Schüler vom Erleben des sich in den menschlichen Sprachorganen offenbarenden Mikrologos allmählich zu der Tätigkeit des das ganze Universum durchströmenden Makrologos vordringen ließ, von dem der Anfang des Johannes-Evangeliums spricht.

In dem Vortragszyklus, den Rudolf Steiner während der Weihnachtstagung unter dem Titel «Die Weltgeschichte in anthroposophischer Beleuchtung und als Grundlage der Erkenntnis des Menschengeistes» hielt, wird das Wesen der ephesischen Mysterien noch eingehender dargestellt, diesmal unter dem Aspekt ihrer historisch-geographischen Wechselbeziehungen und in ihrer Bedeutung für die weitere Entwicklung des europäischen Geisteslebens.

Aus den verschiedenen Darstellungen, die in diesem Vortragszyklus von den Mysterien von Ephesus gegeben werden, wollen wir einige Gesichtspunkte, die für unsere Betrachtung besonders wichtig sind, herausgreifen. So stellt Rudolf Steiner in dem dritten Vortrag dieses Zyklus dar, wie der Schüler, wenn er sich mit dem Tempelbild der Diana identifiziert hatte, zu einem geistig-kosmischen Miterleben mit den ihn umgebenden Naturprozessen gelangen konnte, denn «. . . indem man sich hineinfühlte in das Bildnis der Artemis, bekam man innerlich die Anschauung seines Zusammenhanges mit den Ätherreichen. Man fühlte sich eins mit der Sternenwelt, mit den Vorgängen in der Sternenwelt. Man fühlte nicht die irdische Substantialität innerhalb der menschlichen Haut, man fühlte sein kosmisches Dasein. Man fühlte sich im Ätherischen.»[58] Weiter wird dargestellt, wie eine solche Erkenntnis der Sternenwelten den Schüler dazu führte, in die Geheimnisse der kosmischen Vergangenheit der Erde einzudringen.

Später, in dem fünften Vortrag, spricht Rudolf Steiner davon, wie die ephesischen Mysterien die Mittler zwischen den älteren Mysterien des Ostens und den eigentlichen griechischen Mysterien waren. Dadurch dienten sie gleichsam als Bindeglied zwischen dem Osten und dem Westen, denn sie waren ein Mysterien-Zentrum, wo die Geistesweisheit bis zu einer verhältnismäßig späten Zeit in völlig unberührter Reinheit und in vollem Gleichgewicht zwischen den griechischen Mysterien, die einen mehr luziferischen Charakter hatten, und den Mysterien des Ostens, die zunehmend in Verfall gerieten und deshalb unter ahrimanischen Einfluß kamen, bewahrt wurde. Rudolf Steiner sagt von diesem Gleichgewicht: «... daß ja in einer gewissen Weise in Griechenland die Welle des Zivilisationslebens angekommen war auf eine luziferische Art, in Asien drüben sie zurückgeblieben war auf eine ahrimanische Art; in Ephesus war der Ausgleich.»

Dank dieser Eigenart konnten die ephesischen Mysterien auf der einen Seite die tiefste Tradition der älteren östlichen Mysterien in Reinheit bewahren, und andererseits war es ihnen möglich, der modernen Menschheit, deren Entwicklung nur im Gleichgewicht zwischen den Mächten Luzifers und Ahrimans rechtmäßig verlaufen kann, den Weg zu bereiten.

Noch eine Eigenart der ephesischen Mysterien war für die weitere Erdenentwicklung von besonderer Bedeutung. Sie bestand darin, daß jene Geheimnisse des geistigen Kosmos, die sich in den alten Mysterien nur durch das Miterleben des Jahreskreislaufs erschlossen, dem Schüler der Mysterien von Ephesus bereits unabhängig von den Naturprozessen und durch die innerliche Verstärkung seiner Seelenkräfte zugänglich wurden. «Da waren ... die Mysterienschüler auf ihre eigene Reife, nicht mehr auf den Jahreszeitenlauf angewiesen. *Da war zuerst die erste Spur von Persönlichkeit aufgetreten.*» Diese Worte Rudolf Steiners weisen uns darauf hin, daß besonders in den ephesischen Mysterien das Prinzip des «Ex deo nascimur» – aus dem Göttlichen entspringt die einzelne menschliche Persönlichkeit – zu einem ganz realen Erlebnis für den Schüler werden konnte.

So sehen wir, wie die Mysterien von Ephesus insgesamt danach strebten, die Menschheit einerseits durch das Erleben jener kosmischen Wahrheiten, von denen die Worte am Anfang des Johannes-Evangeliums sprechen, auf das künftige Mysterium von Golgatha vorzubereiten und andererseits darauf, daß die Menschheit ganz in die Erdensphäre versinken sollte, um dort die Impulse zur individuellen Freiheit zu erlangen.[59] Von daher wird die besondere Stellung verständlich, die diese Mysterien in der ganzen weiteren Menschheitsentwicklung für die Verwirklichung des rechten Überganges aus der Mysterienepoche in die Epoche der intellektuellen oder philosophischen Erkenntnis haben sollten. Auch auf die Absichten jener Widersachermächte, die hinter der schrecklichen Tat

Herostrats standen, kann ein solches Verständnis der Bedeutung der ephesischen Mysterien für die zukünftige Menschheitskultur einiges Licht werfen. Denn der Brand des Tempels im Jahre 356 v. Chr. vernichtete nicht nur die letzte reine Oase des Mysterienlebens jener Zeit, sondern er sollte überhaupt das Entstehen geistiger Mysteriengrundlagen in Europa zur Vorbereitung seiner zukünftigen «intellektuellen Mission» verhindern, da die hinter Herostrat stehenden «dämonischen Wesenheiten... im Grunde genommen vorhatten, kein Spirituelles hinüber zu lassen in diese europäische Zivilisation».[60] Aber auch damals wurde diese große Tragödie, die das Weltenkarma hatte geschehen lassen, auf eine eigene Weise in Gutes verwandelt, so daß sich der rechte Übergang von der alten Mysterienweisheit zu der neuen, mehr intellektuell-philosophischen Entwicklungsepoche der westlichen Menschheit trotz allem vollziehen konnte.

Diesen Weltenübergang zu verwirklichen, der nicht *unmittelbar* durch die Wirksamkeit der ephesischen Mysterien herbeigeführt werden konnte, der jedoch die ganze folgende geistige Evolution der westlichen Menschheit bedingen sollte, wurde damals Aristoteles (384–322) von der Weltenführung aufgetragen. Ihm, der in seiner vorhergehenden Verkörperung selbst ein Schüler der ephesischen Mysterien gewesen war[61] und damals tief in ihr verborgenes Wesen hatte eindringen können, wurde jetzt die Aufgabe zuteil, der Menschheit den stärksten Impuls zur weiteren individuellen Entwicklung zu geben, einen Impuls, der in der Epoche des zeitweiligen Erlöschens der Mysterienweisheit die Menschheit allmählich auf das rechte Heraufkommen des Ich-Prinzips und die zukünftige Epoche der Freiheit vorbereiten sollte.

Aristoteles war achtundzwanzig Jahre alt, als der Brand des Tempels von Ephesus sich ereignete, mit dem ein Weltenzeichen gegeben wurde, daß von nun an alle Mysterienweisheit von der unmittelbaren Menschheitsführung zurücktreten sollte. Und tief erschütternd ist jenes universalhistorische Gespräch, das damals zwischen dem hochbetagten Plato und dem jungen Aristoteles geführt wurde, ein Gespräch, von dem Rudolf Steiner unmittelbar aus der Akasha-Chronik wußte und über das er sich mit folgenden Worten äußerte: «Dir hat manches nicht so richtig geschienen, wie es von mir dir und den anderen Schülern vorgetragen worden ist. Was von mir dir und den anderen Schülern vorgetragen worden ist, ist aber schließlich der Extrakt uralt heiliger Mysterienweisheit. Aber die Menschen werden im Laufe ihrer Entwicklung eine Form, eine Gestalt, eine innere Organisation annehmen, die sie nach und nach zu etwas allerdings Höherem führen wird, als wir jetzt haben im Menschen, die aber unmöglich macht, daß der Mensch entgegennimmt dasjenige, was Naturwissenschaft in der Art, wie ich es heute geschildert habe, bei den Griechen war. – Das machte Plato dem Aristoteles klar. – Und deshalb will ich mich eine Zeitlang zurückziehen, sagte Plato, und dich dir selbst überlassen. Versuche in der Gedankenwelt, für die du besonders veranlagt bist, und die die Gedankenwelt der Menschen durch viele Jahrhunderte werden soll, versuche in Gedanken auszubilden, was du hier in meiner Schule aufgenommen hast.» Und Rudolf Steiner fügt noch hinzu: «Aristoteles und Plato blieben getrennt, und Plato führte damit einen hohen geistigen Auftrag gerade durch Aristoteles aus.»[62] Und so konnte Aristoteles, dank diesem «hohen geistigen Auftrag», die reine Mysterienweisheit Platos in der Sprache klar umrissener, geistiger und zugleich irdischer Begriffe darlegen, die nach und nach «die Gedankenwelt der Menschen durch viele Jahrhunderte» werden sollten. Die gesamte Mysterienweisheit jener Zeit wurde auf diese Weise von Aristoteles in streng logische, intellektuell-abstrakte Formen gegossen, die in der Zukunft die Grundlage für die rein menschliche Fähigkeit des Denkens werden sollten. Und dadurch, daß diese Weisheit jetzt einen mehr begrifflichen Charakter annahm und in der Folgezeit in Europa und Asien verbreitet wurde, erhielt die europäische Menschheit einen allerstärksten Impuls zum Hinabsteigen in die materielle Welt eingepflanzt; es geschah dieses Einpflanzen jedoch mit voller Zustimmung der die Erdenentwicklung leitenden geistigen Mächte, so daß die Weisheit der Mysterien, nachdem diese selbst die unmittelbare Menschheitsführung aufgegeben hatten, doch noch wie in feinstem, konzentriertem Extrakt weiterhin bei der Menschheit bleiben konnte, um sie auf den rechten Gebrauch der Verstandeskräfte einerseits und andererseits auf ein wirkliches Begreifen der Natur der sie umgebenden materiellen Welt vorzubereiten, wo sie nun die harte Schule der Ich-Werdung durchmachen sollte.

Alles das kann man empfinden, wenn man die Philosophie von Plato und Aristoteles innerlich vergleicht, und die Ergebnisse eines solchen Vergleiches faßt Rudolf Steiner in folgenden Worten zusammen: «Wenn ein moderner Mensch mit einer wirklichen, richtigen geistigen Empfindung auf Grundlage einer gewissen Meditation Plato liest, dann fühlt er nach einiger Zeit so, wie wenn sein Kopf etwas höher als der physische Kopf wäre, wie wenn er etwas herausgekommen wäre aus seinem physischen Organismus... Bei Aristoteles ist das anders. Bei Aristoteles wird man niemals die Empfindung gewinnen können, daß man durch die Lektüre außer den Körper kommt. Aber wenn man den Aristoteles auf Grundlage einer gewissen meditativen Vorbereitung liest, dann wird man das Gefühl haben: er arbeitet gerade in dem physischen Menschen. Der physische Mensch kommt gerade durch Aristoteles vorwärts.»[63]

Durch diese Worte wird deutlich, daß die mehr imaginative Philosophie Platos, die noch ganz im Geiste des Einweihungsprinzips der alten Mysterien wirkte[64], eine teilweise Entkörperung des Menschen hervorrief. Die Philosophie des Aristoteles dagegen, die in ihrer mehr menschlich-logischen Form auch den inneren Zusammenhang mit den Mysterien bewahrte, rief dagegen die Tendenz zu einer stärkeren Verkörperung, zu einem intensiveren Eindringen des Menschen in seinen Körper hervor, wodurch der europäischen Menschheit der Impuls zu einer neuen Entwicklung gegeben wurde, die für sie viele Jahrhunderte lang die wichtigste sein sollte, wovon Plato in dem angeführten Gespräch zu Aristoteles sprach. So kann man sagen, daß Aristoteles mit seiner Philosophie den ersten Versuch machte, nicht nur mit seinem ätherischen, sondern auch mit seinem physischen Gehirn zu denken. Plato schöpfte noch aus den ätherischen Denkkräften die Impulse zur Bildung seiner Lehre. Nicht nur aus den ätherischen, sondern auch aus den irdischen Kräften des physischen Gehirnes versuchte Aristoteles, die neue Hülle für die kosmische Weisheit des Altertums zu schaffen.[65] Denn nur dadurch, daß der menschliche Geist tiefer in den physischen Leib, in die physische Materie eintauchte, konnte die Menschheit schließlich zum Erringen der vollen inneren Freiheit und zum Erwachen des individuellen Ich geführt werden.

Noch von einer weiteren Seite müssen wir diesen äußerst wichtigen Übergang betrachten, der von Aristoteles vollzogen wurde. In viel älteren Zeiten, beispielsweise der ägyptisch-chaldäischen Kulturepoche, finden wir eine Erdenmenschheit, die noch vollständig unter der Führung der geistigen Welt steht; wobei diese Führung in jener Epoche vor allem dadurch möglich war, daß der Mensch damals noch in hohem Grade deutliche Erinnerungen an jene Imaginationen, in denen er vor seiner Geburt gelebt hatte, in sich wachrufen und unmittelbare geistige Impulse für sein Erdenleben aus ihnen schöpfen konnte. Ausdruck dieses Zustandes sind viele mythologische Bilder der verschiedenen Völker.

Bereits während der griechischen Kulturepoche wurden die Erinnerungen an die vorirdischen Imaginationen schwächer. Bei Pythagoras und Heraklit sind sie noch relativ lebendig. Aber zur Zeit Platos geht das unmittelbare Erleben dieser Imaginationen so stark verloren, daß sogar Plato schon nicht mehr so viel über die Welt der Imaginationen spricht wie über die Welt der Ideen.

Trotzdem hatten die Griechen noch ein deutliches Empfinden dafür, daß der Ursprung ihrer Ideen, ihrer Gedankenkräfte nicht in diesem irdischen Leben, sondern in dem vorgeburtlichen Leben zu suchen ist, in der Welt der lebendigen Imaginationen. Diesen besonderen Charakter des griechischen Denkens beschreibt Rudolf Steiner folgendermaßen: «Die Denkkraft, die... die Griechen entwickelten,... war so, daß, indem man durch die Geburt durchging, die Bilder der Erlebnisse vor der Geburt gewissermaßen verloren gingen; aber jene Denkkraft blieb noch, die man vor der Geburt brauchte, um mit diesen Bildern einen vernünftigen Sinn zu verbinden. Das ist das Eigentümliche bei dem griechischen Denken, daß es ganz verschieden ist von unserem sogenannten normalen Denken. Denn dieses griechische Denken ist das, was man lernen kann an dem Verarbeiten der Imaginationen, die man gehabt hat vor der Geburt. An die Imaginationen vor der Geburt erinnerte man sich wenig, aber das Wesentliche, was da blieb, war der Scharfsinn, den man brauchte vor der Geburt, um sich zurechtzufinden in der Welt, über die man sich Imaginationen machte.»[66] Auf diese Weise blieb in der allgemeinen griechischen Kultur an Stelle der Imaginationen ein lebendiges Denken erhalten. Die Griechen erlebten, daß die Quelle dieses Denkens sich im vorirdischen Dasein befand.

Einige Denker bewahrten sich sogar noch eine dunkle Erinnerung an die vorgeburtlichen Imaginationen. Zu den letzteren gehörte bis zu einem gewissen Grade Plato selbst. Daher seine bewundernswerte Beziehung zu den Ideen ganz wie zu lebenden Wesen, denn direkt hinter ihnen waren wie im Dämmerlicht die Bilder der Imaginationen, der Gedankenwesen für ihn wahrnehmbar. Das ist auch der Hauptgrund, warum die Lehre von der Präexistenz der Seele, die unmittelbar in die Lehre von der Wiederverkörperung überging, gerade Plato so vertraut war.[67] Denn er empfand: dort, in dem vorirdischen Dasein, in der Welt der Imaginationen, sind die wahren Quellen der von ihm erlebten Ideen. Dieses Erleben Platos kann man auch mit folgenden Worten wiedergeben: meine Gedanken, meine Ideen werden im Grunde nicht von mir geschaffen, sondern sie strömen mir aus den göttlich-geistigen Welten zu, in denen ich bis zu meinem Herabstieg auf die Erde weilte.

Aber ein solches lebendiges Denken, das seine Kräfte noch ganz und gar aus der geistigen Welt schöpfte, in der die Seele bis zur Geburt weilt, hätte den Menschen niemals zu wahrer innerer Freiheit führen können. Denn ein solches Denken wirkte, soweit es noch durch die Kraft der Imagination belebt wurde, in hohem Maße mit der Notwendigkeit einer Naturkraft. Soweit sich der Mensch durch die hinter seinem Denken stehende geistige Kraft der Imagination anregen ließ, dachte er noch nicht selbst, während er doch gerade, um seine Freiheit und die volle Entwicklung des individuellen Ich-Bewußtseins zu erlangen, eben diese unmittelbare Einwirkung der Imaginationen entschieden zurückweisen mußte. Mit anderen Worten: er brauchte einen Übergang von dem lebendigen Denken, das seine Wirklichkeit in sich hat, zu jenem Denken, das nur *eine Widerspiegelung, ein Bild* der Wirklichkeit ist. Denn «ein Spiegelbild ist eben ein bloßes Bild, das drängt die Seele nicht, das zwingt die Seele nicht».[68] Denn «in dem Zeitalter, in dem das Bewußtsein dahin tendiert, Spiegelbilder zu haben, in dem Zeitalter kann sich zugleich der Impuls der Freiheit ausbilden. Durch alles übrige würde der Mensch gedrängt, etwas zu tun. Wenn er in solchen bewußten Vorstellungen lebt, die Bilder sind und nur Bilder sind, die nur eine Wirklichkeit abspiegeln, nicht eine Wirklichkeit sind, kann ihn keine Wirklichkeit bedrängen. In diesem Zeitalter kann er seinen Impuls der Freiheit ausbilden.» Es mußte die Denkkraft, die noch von Imaginationen durchdrungen war, versiegen. «Und das ist gerade die Entwicklung des vierten nachatlantischen Zeitraumes, der... bis in das 15. nachchristliche Jahrhundert hereinging, das ist gerade das Wesentliche, daß diese Denkkraft abnimmt.»[69] Und den Weg zu dieser neuen Entwicklung anzulegen, das eben war die Aufgabe von Aristoteles. Deswegen mußte er dafür Sorge tragen, daß vor allem das Wissen um die Quellen des imaginativen Denkens in der Menschheitsevolution für eine gewisse Zeit vergessen wurde, d.h. die Lehre von der Präexistenz der Seele vor der Geburt in der geistigen Welt und damit im Grunde genommen auch die Lehre von der Wiederverkörperung.

Die Lehre von der Präexistenz der Seele und die Lehre von der Wiederverkörperung in ihrer alten vorchristlichen Form finden wir bei Plato.[70] Aber wir finden sie nicht mehr bei Aristoteles.[71] Das stellt Rudolf Steiner folgendermaßen dar: «Für Aristoteles war, bevor der Mensch in der physischen Welt ins Dasein tritt, der Geist des einzelnen Menschen, der einzelnen menschlichen Persönlichkeit, als solcher überhaupt nicht vorhanden, sondern der Geist kommt unmittelbar, indem ein Mensch auf dem physischen Plane entsteht, als eine Neuschöpfung aus der geistigen Welt. Das ist etwas, was man nicht anders bezeichnen kann als eine ‹Schöpfung der Gottheit›, die unmittelbar aus der geistigen Welt heraus hinzugefügt wird zu dem, was von Vater und Mutter her entsteht... Der Geist des Menschen also... ist vorher überhaupt nicht da gewesen. Der Gott schafft ihn [bei der irdischen Geburt].*... Von einem Zurückkom-

* Aristoteles' Ansichten über die Herkunft des menschlichen Geistes sind nach Rudolf Steiner ein Hinweis, daß er das geistige Prinzip des «Ex deo nascimur» mit besonderer Kraft erlebt haben muß.

men des Geistigen ... wieder in eine leibliche Verkörperung in die physische Welt kann nicht die Rede sein.»[72,73]

Darum ist Aristoteles der Wegbereiter des künftigen Christentums, da «es gerade die Aufgabe des Christentums war, für eine Weile zurücktreten zu lassen diese Entwicklungswelle, die in dem Menschen das Bewußtsein von den wiederholten Erdenleben erweckt».[74] Denn die alte Wiederverkörperungslehre war weder mit der wahren menschlichen Freiheit noch mit einem wirklichen individuellen Ich-Bewußtsein vereinbar. Dies konnte sich in der Menschheit nur auf der Grundlage des Christus-Impulses entwickeln, der durch das Mysterium von Golgatha in die Erdenentwicklung kommen und dem Aristoteles den Weg bereiten sollte. Deshalb mußte das Wissen um die wiederholten Erdenleben in seiner alten Form für eine gewisse Zeit verlöschen, damit es dann, neunzehn Jahrhunderte nach dem Mysterium von Golgatha am Ende der dunklen Zeit des Kali Yuga, in neuer, wissenschaftlicher Form der Menschheit abermals gegeben werden konnte, nun in einer Form, die dem voll entwickelten freien Ich angemessen ist. Diesen Gedanken spricht Rudolf Steiner folgendermaßen aus: *«Diese wissenschaftliche Begründung für die Reinkarnation ist aber niemals vor unserer Zeit geschaffen worden,* so daß wir in bezug auf die Geistlehre eben jetzt an dem *Wendepunkt* stehen, daß im Grunde genommen erst durch die Geisteswissenschaft in wahrer und echt prinzipieller Weise über Aristoteles hinauszukommen ist.»[75] Das geschah, wie wir gesehen haben, weil die Menschheit bis zum Ende des Kali Yuga durch die harte Schule des individuellen und freien Ich-Werdens in der Erdenwelt gehen sollte, dazu aber mußte sie lernen, diese Erdenwelt wirklich als notwendiges Mittel für ihre geistige Entwicklung zu schätzen. Ein solches Bewußtsein konnte jedoch nur dann entstehen, wenn der absolute Wert und die Einmaligkeit des einzelnen menschlichen Lebens empfunden wurde. Diesen Impuls sollte Aristoteles geben. Er sollte die Aufmerksamkeit der ganzen Menschheit auf die Sinneswelt lenken, *denn zu dieser Welt sollte der Christus bald herabsteigen,* um den neuen Impuls für den folgenden Aufstieg zu geben. Deshalb sagt Rudolf Steiner von Aristoteles, daß, obwohl dieser nur eine einzige Verkörperung des Menschen auf der Erde annimmt, trotzdem «... dieses einzige Erdenleben seine gute Bedeutung, seine große Wichtigkeit» für den Menschen hat, denn «... Aristoteles legt Wert darauf, daß er eine menschliche Verkörperung annimmt und daß es ein *Ziel der Gottheit* ist, ... den Menschen in einen menschlichen Erdenleib hineinzuführen.» Und so fährt Rudolf Steiner fort: «Aristoteles wertet die sinnliche Welt nicht um ihrer selbst willen, sondern als Bedingung für das Aufsteigen in die geistige Welt. Das durchgöttlichte, das durchgeistigte Sinnliche doch in gewisser Weise anzuerkennen, dazu führt das abendländische Empfinden immer. Und wenn der Materialismus das auch für eine Zeit verleugnete, im Gemüte lebte das doch und muß immer vorhanden bleiben, solange die Grundbedingungen des abendländischen Geistes vorhanden sind. *Und in Aristoteles lebte das als Voraussetzung für die Gesamtevolution der Menschheit.*»[76]

Und so mußte in der Zeit vor dem Mysterium von Golgatha aus einem echt christlichen Impuls die Lehre von der Wiederverkörperung in ihrer vorchristlichen Form vor der europäischen Menschheit verborgen werden. Mit dem Beginn des 20. Jahrhunderts jedoch sollte sie ihr aufs neue gegeben werden, aber jetzt aus den tiefsten Quellen der neuen Offenbarung des Christus, der vom 20. Jahrhundert an als Herr des Karma erscheint[77], dessen Gesetze die Grundlage der individuellen menschlichen Entwicklung durch die wiederholten Erdenleben bilden.[78] Das ist auch der Grund, warum es Rudolf Steiner als die wichtigste Aufgabe der Anthroposophie bezeichnet, dem europäischen Bewußtsein die wahre Lehre von Reinkarnation und Karma in ihrer neuen und von nun an tief christlichen Form zu bringen. Diese Lehre sollte durch die Anthroposophie allmählich das ganze soziale Leben durchdringen und zur Grundlage der Seelenkonfiguration jedes modernen Menschen werden, denn das ist zugleich der erste Schritt zu einer zukünftigen spirituellen Kultur.[79]

Für die weitere Betrachtung der Weltmission von Aristoteles ist es notwendig, besonders zu betonen, daß er ganz und gar in dem Geiste wirkte, den er sich während seiner vorhergehenden Verkörperung zur Zeit seiner Schülerschaft in Ephesus erworben hatte: dem ausgeprägten Gleichgewicht zwischen dem luziferischen und ahrimanischen Elemente. Denn durch seine strengen Gedanken-Formen gelang es ihm, einerseits den luziferischen Schein zu vermeiden, der der gesamten antiken Kultur eigen war[80], und andererseits der Gefahr zu entgehen, unter den Einfluß Ahrimans zu geraten, da seine Naturbetrachtung durch seine Verbindung mit dem Mysterienwesen stets geisterfüllt war. Dieses Gleichgewicht zwischen den luziferischen und den ahrimanischen Impulsen konnte er dann wie ein Ferment in die weitere europäische Zivilisation hineingeben.[81]

Seine wichtigste Aufgabe jedoch war, die Voraussetzungen für das Erscheinen der menschlichen Intelligenz in der Erdenentwicklung zu schaffen und so diese allmählich von der kosmischen Intelligenz loszulösen. «In dem Aristotelismus lag... die Loslösung, die Herausschälung der irdischen Intelligenz von der kosmischen Intelligenz. In dem, was man dann später die Logik des Aristoteles nannte, liegt die Herausschälung jenes Gedankengerippes, das dann *menschliche* Intelligenz in allen folgenden Jahrhunderten wurde.»[82]

So vollzog Aristoteles für alle künftigen Jahrhunderte den Übergang von den alten Mysterien zur Philosophie.

Die Philosophie des Aristoteles aber ergoß sich während der ersten Jahrhunderte und während des ganzen Mittelalters wie ein feiner, nie abreißender Strom durch das gesamte Geistesleben des Westens, und viele Generationen von Philosophen und Denkern lernten durch sie zunächst ein mehr persönliches, später ein voll individuelles Denken ausbilden, ohne doch den Zusammenhang mit den übersinnlichen Quellen dieser Philosophie abreißen zu lassen.

Diesen vom kosmischen Standpunkt aus so notwendigen Übergang zu dem zukünftigen Bewußtseinszustand der westlichen Menschheit konnte Aristoteles nur deswegen vollziehen, weil er während der letzten Epoche des Erzengels Michael lebte, der als Verwalter der kosmischen Intelligenz Aristoteles und Alexander aus der übersinnlichen Welt zu ihren mächtigen Taten inspirierte, und zwar dadurch, daß er «von dem geistigen Sonnenbereiche aus solche Zeichen auf die Erde heruntergeschickt hat, daß sie auf der einen Seite zu den Alexandertaten, auf der anderen Seite zur aristotelischen Philosophie begeistern konnten; daß sie sozusagen die letzte Phase von inspirierter, von spiritueller Intelligenz auf der Erde bewirken konnten ...»[83] Diese aus dem Kosmos inspirierte michaelische Intelligenz erschien in der Philosophie des Aristoteles wie ihr verborgener esoterischer Kern, und es ist das eigentliche Wunder seiner Philosophie, daß sie zwar bereits in hohem Grade der Form nach menschlich, in ihrem verborgenen tieferen Gehalt jedoch noch ganz von der geistigen Welt inspiriert war, denn nur eine solche Philosophie konnte der Menschheit ermöglichen, in rechtmäßiger *geistiger* Weise den Übergang zum freien, individuellen Denken zu vollziehen, d.h. den Weg zu beschreiten, der dahin führen konnte, einmal aus voller innerer Freiheit den Impuls des Mysteriums von Golgatha aufzunehmen.

Deshalb ist das irdische Werk von Aristoteles, das ganz und gar von Michael, dem Antlitz Christi, und auch von dem durch ihn wirkenden Sonnenwesen des Christus selbst inspiriert worden ist, erstaunlicherweise in den folgenden Zeiten in Europa erhalten geblieben. Und viele spätere Generationen von Denkern sahen Aristoteles als den großen Philosophen an, der die Menschheit auf das Mysterium von Golgatha vorbereitete. Davon zeugen insbesondere die Schriften der Lehrer der Hochscholastik, die noch im 13. Jahrhundert in Aristoteles den «praecursor Christi in naturalibus» sahen, so wie in Johannes dem Täufer den «praecursor Christi in gratuitis».[83a]

Bevor wir die Betrachtung von Aristoteles' Bedeutung und Stellung in der Weltentwicklung abschließen, müssen wir noch auf ein besonders wichtiges Ereignis hinweisen, das nicht nur wie ein großes Zeichen im Schicksal von Aristoteles selbst steht, sondern das auch einen besonders tiefen Einfluß auf das Schicksal der sich zur Freiheit entwickelnden Menschheit hatte. Infolge dieses Ereignisses fand Aristoteles einen Weg, auf dem die göttliche Weisheit von den Geheimnissen des Kosmos, obwohl die Menschheit sich allmählich von der Führung der geistigen Welt entfernte und die alten Mysterien erloschen, noch für viele lange Jahrhunderte, wenn auch in abstrakter Form, erreichbar blieb. Deshalb kann gerade dieses Ereignis uns als Schlüssel zum Verständnis des Wesens der aristotelischen Mission dienen. Es kann uns helfen zu verstehen, warum der Übergang von der Mysterienerkenntnis zur philosophischen Erkenntnis, den Aristoteles durchzuführen hatte, vom geistigen Standpunkt aus auf rechtmäßige Weise durch ihn vollzogen wurde, d.h. in voller Harmonie mit den die Menschheit führenden geistigen Mächten.

Die Beschreibung dieses bedeutungsvollen Ereignisses im Leben von Aristoteles finden wir in dem Vortrag, den Rudolf Steiner am 22. April 1924 in Dornach gehalten hat. Er schildert, wie in Aristoteles durch die Begegnung mit den samothrakischen Kabirenmysterien eine *Erinnerung* an seine vergangene Verkörperung als Schüler der ephesischen Mysterien auftauchte, was bewirkte, daß er durch die Weisheit der ephesischen Mysterien, die als Folge der dämonischen Tat Herostrats durch das Feuerelement in den die Erde umgebenden ätherischen Kosmos eingegangen war, unmittelbar aus der kosmisch-ätherischen Sphäre inspiriert werden konnte. Und diese rein kosmische Inspiration, die in die übersinnlichen Sphären des geistigen Ephesus eingegangen war, rief in Aristoteles den Impuls zur Bildung des «Welten-Alphabetes» seiner zehn Kategorien hervor, die, äußerlich zugänglich und gleichzeitig tief esoterisch, wie ein goldener Faden der Ariadne in der Folgezeit die Menschheit auf ihren verschlungenen und komplizierten Wegen zum Verstehen der umgebenden Welt der Natur begleiteten und die eine echte Fackel für die in die Materie versinkende Menschheit waren, denn diese aristotelischen Kategorien «...enthielten dasjenige, was durch die Intelligenz hinaufführen soll in die geistige Welt».[84]

Weil Aristoteles' und Alexanders Wille tief von dem Impuls durchdrungen war, Michael und seiner Sphäre zu dienen, konnte die weisheitsvolle göttliche Führung das größte Böse, das Herostrat vollbracht hatte, in Gutes verwandeln und im Sinne der Weiterentwicklung der ganzen Menschheit nutzen.

Das waren die Auswirkungen dieses Ereignisses für die Weltentwicklung. Für unsere Betrachtung ergibt sich noch ein wichtiger Aspekt, wenn wir verstehen, was das Wesen dieses Erlebnisses war, durch das Aristoteles die Kategorien schaffen konnte; denn dieses Verständnis läßt uns eine wesentliche, charakteristische Eigenart des aristotelischen Geistes erkennen; es ist das die Eigenart, daß der Impuls der *Erinnerung* in besonderem Maße in seiner Seele wirkte. Wir haben gesehen, daß Aristoteles zwar in seiner Philosophie darauf verzichtete, die Präexistenz der Seele[85] zu lehren, daß diese Philosophie aber nichtsdestoweniger innerlich vollständig auf einer gerade ihr eigenen ganz besonderen *Kraft des Denkens* begründet war, und diese Kraft des Denkens war in ihrer mehr innerlichen Natur gerade eine *Erinnerung* an das vorirdische Sein. Aristoteles erlebte zwar nicht mehr so wie Plato hinter den Ideen die konkreten Imaginationen aus dem vorgeburtlichen Leben, und in diesem Sinne waren die Ideen für ihn keine selbständigen Wesenheiten (Gedankenwesen), jedoch der *Denkprozeß selbst war für ihn eine Art Erinnerung,* denn in seinem Denken wirkten Kräfte, die eine Erinnerung waren an die Gedankenkräfte der Seele, die ihr vor dem Herabsteigen auf die Erde eigen sind. Und in dem Maße, in dem Aristoteles noch über ein lebendiges Denken verfügte (und das tat er), war dieses selbst noch *Erinnerung,* Erinnerung an das Leben der Seele in der geistigen Welt. So sehen wir auch, daß der wichtigste Impuls im Zusammenhang mit dem Schaffen der zehn Kategorien der Impuls der *Erinnerung* an sein Leben während der vergangenen Verkörperung war, denn er bewirkte, daß Aristoteles diese Kategorien durch die Inspiration des nunmehr aus Ätherfernen wirkenden Tempels von Ephesus empfangen konnte.[86] Und schließlich trägt die aristotelische Philosophie als Ganzes in hohem Grade den Stempel der letzten wahren *Erinnerung* an die uralte Mysterienweisheit. «Und bei Aristoteles erscheint uns schon alles wie in logische Formen hinein – man kann in diesem Falle nur sagen – verabstrahiertes altes Weisheitsgut, in Begriffe gebrachte lebendige Welten. Trotzdem atmet, weil *Aristoteles sozusagen eben an dem Schlußtor der alten Strömung steht,* trotzdem atmet in Aristoteles noch etwas von dem, was altes Weisheitsgut war.»[87] Bei diesen Worten kann man erleben, wie Aristoteles einer der letzten war, der noch *Erinnerungen* an die Größe der Urweisheit hatte und der versuchte, ihr solche Gedankenformen zu geben, in denen sie auch während der ganzen späteren Menschheitsentwicklung weiterleben konnte. Aus all dem wird deutlich, daß die seelische Grundstimmung der Persönlichkeit des Aristoteles, der am Übergang zweier Epochen der Weltentwicklung lebte, der *Erinnerung* entsprach, durch die er auch in dieser Verkörperung mit den Mysterien verbunden war, ohne jedoch ihr Schüler oder im eigentlichen Sinne ein Eingeweihter zu sein.

Und dann ereignete sich das Mysterium von Golgatha als Wendepunkt der ganzen Erden-Weltentwicklung. Aristoteles und sein Schüler Alexander als die treuesten Anhänger des Erzengels Michael erlebten es in seiner hohen Sonnensphäre mit. Da schauten sie den Weggang des Christus von der Sonne, um auf der Erde das Mysterium von Golgatha zu vollbringen. Und dieses tief erschütternde Miterleben des Mysteriums von Golgatha vom kosmischen Standpunkt aus erweckte in den Seelen von Aristoteles und Alexander den mächtigen Impuls, der «...die Forderung... war..., in einer ganz neuen Weise anzufangen, nicht das fortzusetzen, was auf der Erde war, sondern in einer neuen Weise anzufangen. Dadurch ergibt sich natürlich auch eine Art von Fortsetzung. Es wird nicht das Alte aus der Welt geschafft, aber ein mächtiger neuer Impuls, das Christentum auf eine besondere Weise in die Erdenzivilisation einzuführen, das war es, womit sich Alexander und Aristoteles durchsetzt hatten.»[88] «Sie sahen den Christus nicht ankommen auf Erden; sie sahen ihn Abschied nehmen von der Sonne. Aber all dasjenige, was sie erlebten, gestaltete sich bei ihnen zu jenem Impuls: Unter allen Umständen muß dahin gearbeitet werden, daß die neue Michael-Herrschaft, der Alexander und Aristoteles mit allen Fasern ihrer Seele haben treu bleiben wollen, daß die neue Michael-Herrschaft ein nicht nur tief begründetes, sondern auch ein intensives Christentum bringen sollte. 1879 sollte sie beginnen, drei bis vier Jahrhunderte dauern.»

Aber mit dem Weggang des Christus von der Sonne vollzog sich noch ein wichtiges kosmisches Ereignis. Die Weltenintelligenz, die Michael seit Ewigkeiten im Kosmos verwaltete, indem er sie aus seinem hohen Sonnengebiete in die Köpfe der Menschen lenkte, sie sollte jetzt seine Sonnensphäre verlassen und zur Erde übergehen, um dort allmählich Eigentum der Menschen selbst zu werden, da sich nach und nach ein vollkommen individuelles Denken auf der Erde entwickeln sollte oder, in anderen Worten, den Menschen das Ziel gesetzt war, die Gedanken selbst hervorzubringen und sich nicht mehr aus dem Kosmos heraus durch sie inspirieren zu lassen. Das wurde erst um das 8. Jahrhundert nach Christi Geburt möglich, als die kosmische Intelligenz, nachdem sie im Anschluß an das Mysterium von Golgatha die Sphäre Michaels verlassen hatte, endgültig die Erde erreichte. Davon zeugt das Werk von Scotus Erigena, der einer der ersten Philosophen der Menschheit war, der seine Gedanken selbst hervorbrachte.

Dieses Herabsteigen der kosmischen Intelligenz auf die Erde beobachtete Aristoteles auch aus der Sonnensphäre. Er sah, wie damit die Zeit vorbereitet wurde, wo die Menschheit mit dem Beginn der Epoche der Bewußtseinsseele, sich gänzlich auf die Kräfte der ihr eigen gewordenen Intelligenz stützend, sich endgültig von der geistigen Welt abwenden und, um die volle innere Freiheit zu erringen, sich der schrecklichen Gefahr aussetzen würde, diese michaelische Intelligenz, die ihr Eigentum geworden war, zu ahrimanisieren.

Um die künftige Epoche der Bewußtseinsseele und ebenso die zukünftige neue Michael-Herrschaft richtig vorzubereiten, wo sich der kosmischen Intelligenz zum ersten Mal, seitdem sie aus seiner Sphäre herabgesunken war, die Möglichkeit eröffnen sollte, zu Michael zurückzukehren und dadurch die seit dem 8. Jahrhundert getrennte Welt der Menschen und Götter wieder zu verbinden, die Welt der Natur und des Geistes, verkörperte sich Aristoteles abermals im 13. Jahrhundert als der größte Philosoph des Mittelalters, als der Hauptvertreter der mittelalterlichen Scholastik, der Dominikaner Thomas von Aquino (1225–1274).[89] Denn jetzt sollte Thomas von Aquino an der Schwelle zur Epoche der Bewußtseinsseele dasjenige, was im 4. Jahrhundert vor Christi Geburt als Philosophie des Aristoteles geschaffen worden und was noch aus der Mysterieninspiration und der kosmischen Intelligenz hervorgegangen war, neu begründen, ausgehend von *rein irdischen Fähigkeiten,* denn die kosmische Intelligenz war von jetzt an auf der Erde.

Tief bedeutungsvoll ist in dem Zusammenhang die Tatsache, daß sich der Vorgang, wie einst Plato im 4. Jahrhundert vor Christi Geburt als Folge des Gesprächs zwischen ihm und Aristoteles gleichsam stärker in den Hintergrund getreten war und seinem größten Schüler das Feld überlassen hatte, jetzt wiederholt. Aber dieses Mal geschah das im Übersinnlichen, über der Erde, als am Ende des 12. und am Beginn des 13. Jahrhunderts die Platoniker aus der Schule von Chartres, die gerade erst in die übersinnliche Welt aufgestiegen waren und in deren Lehren der letzte Abglanz der alten Mysterien gelebt hatte, da sie ihre Weisheit noch aus der Inspiration der kosmischen Intelligenz Michaels geschöpft hatten, den zur Erde herabsteigenden künftigen Dominikaner-Scholastikern, mit Thomas von Aquino an der Spitze, die Leitung der irdischen Angelegenheiten der Menschen übergaben. «Eure Aufgabe ist es jetzt, den Intellekt zu pflegen im aufgehenden Bewußtseinsseelen-Zeitalter»[90], so sagten sie damals zu den Seelen, denen es oblag, auf der Erde die Grundlagen dafür zu schaffen, daß die Menschheit in der rechten Weise in die Epoche der Freiheit eintreten könne, und die zugleich die erste Etappe der Verchristlichung der irdisch gewordenen kosmischen Intelligenz Michaels herbeiführen sollten.

So stand in Wirklichkeit eine gigantische Aufgabe damals vor Thomas von Aquino und seinem alten Freund und Lehrer Albertus Magnus: die aristotelische Philosophie, deren Quellen noch ganz aus der Inspiration der kosmischen Intelligenz Michaels stammten, in christlichem Geiste nur aus seiner eigenen Individualität heraus neu zu schaffen.

Albertus Magnus hatte mit dieser Arbeit schon am Anfang des 13. Jahrhunderts begonnen, und es war seine Aufgabe, den Weg für seinen großen Schüler vorzubereiten[91], der sie dann fortführen und zur Kulmination bringen sollte. Diese Arbeit forderte von Thomas von Aquino ein solch intensives, individuelles Umarbeiten des gesamten aristotelischen Gedankenerbes, daß daraus das feinste und eindringlichste menschliche Denken hervorging, das überhaupt möglich ist. Die kosmische Intelligenz Michaels, die seit dem 13. Jahrhundert eine menschliche geworden war, sie erreichte hier ihre höchste Entwicklung und Entfaltung. Der Grund dafür liegt darin, daß «die Dominikaner nicht das persönliche Intelligenzprinzip anders ausgestalten ... konnten als in möglichster Treue zur Michael-Sphäre».[92] «Von der Scholastik ... ging nun alles moderne intelligente Streben aus, insofern es nicht von dem Arabismus okkupiert worden ist.»[93] So legte die Scholastik in der Gestalt des Thomas von Aquino und des Albertus Magnus die sichere Grundlage für das moderne intelligente Streben, das sich dann in der späteren Epoche der Bewußtseinsseele entfalten konnte. Ohne die Tätigkeit dieser zwei Persönlichkeiten wäre der richtige Beginn dieser Epoche nicht möglich gewesen. Denn weder die Lehre der Platoniker aus der Schule von Chartres noch die aristotelische Lehre in ihrer alten Form konnten die richtigen Grundlagen für die Epoche der Freiheit schaffen, da sie auf die eine oder andere Weise durch die übersinnliche Weisheit inspiriert worden waren. Nur in der Scholastik des Thomas von Aquino, die vollständig auf der irdischen, aber ungewöhnlich plastischen und innerlich beweglichen menschlichen Intelligenz gegründet war, konnte die sichere Stütze für die Epoche gefunden werden, wo der Mensch in der Entfremdung von der göttlich-geistigen Welt aufgerufen werden sollte, nur aus sich selbst heraus schöpferisch tätig zu sein.

Aus all dem sehen wir, was die wichtigste charakteristische Eigenschaft des Geistes von Thomas von Aquino war. Denn so wie bei Aristoteles ein dauernder Prozeß des *Erinnerns* grundlegend für das Seelenleben war, so befand sich auf dem Grunde des Seelenlebens des Thomas von Aquino der Impuls zu unaufhörlichem *Besinnen*, einem solchen Besinnen, das es ihm tatsächlich ermöglichte, zu dem *Sinn* des Gegenstandes vorzudringen. In seinem Innern – so verstand es Thomas von Aquino – entzaubert der Mensch den Sinn der äußeren Dinge durch den Prozeß des *«Besinnens»*[94] über sie. Nur eine solche Seelenhaltung konnte Thomas zu einer so erstaunlichen Technik des individuellen Denkens führen (die auch andere Vertreter der Hochscholastik besaßen), dessen Niveau, nach den Worten Rudolf Steiners, seitdem nie wieder erreicht wurde innerhalb der Menschheit und von dem in der Folgezeit «alles moderne intelligente Streben ausging».

Diese wahrhaftig titanische Gedankenarbeit des Thomas von Aquino zur Vorbereitung der zukünftigen Menschheit, der fünften nachatlantischen Kulturepoche, vollzog sich während eines unaufhörlichen und äußerst harten Kampfes mit den widerstrebenden Mächten Luzifers und Ahrimans, die in dieser Zeit ganz besonders jenen geistigen Entwicklungsstrom zu verfälschen suchten, in dem Thomas von Aquino führend darinnenstand, so daß das Gleichgewicht zwischen diesen Mächten, das Aristoteles einst gleichsam auf natürliche Weise herbeigeführt hatte, hier in einem zähen und schmerzlichen Kampf erreicht werden mußte. Der Grund für diese Veränderung liegt in der Tatsache, daß an der Schwelle der Epoche der Freiheit der Einfluß Luzifers und Ahrimans auf die Weltentwicklung bedeutend zugenommen hatte, denn die kosmische Intelligenz, die während der aristotelischen Epoche noch vollständig durch die übersinnlichen Mächte verwaltet worden war, stand nun dem Menschen selbst auf der Erde zur Verfügung, und den Widersachermächten war dadurch die Möglichkeit gegeben, sie an sich zu reißen. Deshalb «... war die große Frage, die ... im 13. Jahrhundert tief unten in den Seelen der Begründer der Scholastik saß – die brennende Frage: *Was geschieht mit der Michael-Herrschaft?»*[95]

Von zwei Seiten drohte damals Gefahr. Einerseits trat zu der Zeit der alte, vom Arabismus okkupierte Aristotelismus des Averroes, des Avicenna und anderer arabischer Philosophen auf, in deren Seelen noch im Verborgenen die mächtigen Impulse wirkten, die einst in der vorderasiatischen Kultur am Hofe des Harun als Raschid in Bagdad gewaltet hatten. Dieser vom Arabismus okkupierte und deshalb seinem Wesen nach dem Christentum ganz fremde Aristotelismus kam später über Afrika und Spanien nach Europa. In diesem Strom äußert sich deutlich ein luziferisches Element, denn die Araber versuchten, den Aristotelismus in der Form zu verbreiten, die nur in der Epoche vor dem Mysterium von Golgatha angemessen war, als die kosmische Intelligenz noch Michael zugehörte und das Denken auf der Erde aus dem Kosmos inspirierte. Die

Mächte aber, die das, was nur in der Vergangenheit das Richtige war, auch in aller Zukunft in unrechtmäßiger Weise verbreiten wollen, sind luziferische Mächte. Und mit diesen mußte Thomas von Aquino real kämpfen, als er für die ganze Menschheit die rein christliche Lehre von der Unsterblichkeit der Seele verteidigte, als er für jeden einzelnen Menschen die Möglichkeit verteidigte, auch nach dem Tode sein individuelles Prinzip in der geistigen Welt zu bewahren – sein Ich.

Auf der anderen Seite traten die gegnerischen Kräfte Ahrimans hervor. Sie kamen vor allem in der Strömung des Nominalismus zum Ausdruck, der in der Welt der Ideen nur Namen und inhaltsleere Hülsen für die einzelnen Wahrnehmungen sehen wollte. Der Nominalismus, der vom Beginn der Epoche der Bewußtseinsseele an rechtmäßig herrschen sollte, versuchte hier beinahe zweieinhalb Jahrhunderte früher aufzutreten, um der Menschheit die Möglichkeit zu rauben, in der Zukunft ihre individuelle Intelligenz Michael wieder zur Verfügung zu stellen. So versuchte Ahriman, den richtigen Eintritt des Menschen in die zukünftige Epoche der Freiheit zu verfälschen.

Diese zwei grandiosen Schlachten wurden damals von Thomas von Aquino und den anderen Scholastikern geschlagen. Und damit war vor dem Beginn der Epoche der Bewußtseinsseele das Gleichgewicht zwischen Luzifer und Ahriman wiederum hergestellt. Dieses Gleichgewicht konnte jedoch nur erreicht werden, weil Thomas von Aquino tief durchdrungen war von dem Michael-Christus-Impuls, den er in sich aufgenommen hatte, als er in der geistigen Welt die zwei größten kosmischen Ereignisse in der Geistesentwicklung der Menschheit miterlebt hatte. Von dem ersten Ereignis haben wir schon gesprochen, dem Mysterium von Golgatha selbst, das er in der hohen Sonnensphäre erlebte. Das zweite war die Vereinigung der Christus-Wesenheit mit ihrem Lebensgeist in der an die Erde grenzenden übersinnlichen Welt im Jahre 869.[96] Dieses Ereignis erlebte Aristoteles zu der Zeit mit, als er gemeinsam mit Alexander in der übersinnlichen Welt Harun al Raschid und seinem Ratgeber begegnete. Da fand ein echter «Geisteskampf»[97] zwischen Aristoteles, der dem Michael-Christus-Impuls dienen wollte, und dem Aristotelismus statt, der ganz in den Dienst des das Christentum bekämpfenden Arabismus gestellt worden war.[97a] Auf diesem übersinnlichen Konzil faßten Aristoteles und Alexander, erfüllt von dem Licht, das von der übersinnlichen Vereinigung der Wesenheit des Christus mit ihrem Lebensgeist ausging, den unerschütterlichen Entschluß: auf der Erde die Geistesströmung zu begründen, die «den Aristotelismus und das Alexandertum ins Christentum durch die Impulse der Michael-Herrschaft herüberführt».[98]

So konnte Aristoteles, da er die zwei größten Ereignisse der Weltentwicklung in der geistigen Welt unmittelbar miterlebt hatte, in seiner folgenden Inkarnation[99] «... das Sichhineinstellen in die geistige Zivilisationsentwicklung dessen, was *christlicher Aristotelismus* war und ist und was vorzubereiten hatte das neue Zeitalter des Michael – ...»[100] verwirklichen. Gemäß den Hinweisen Rudolf Steiners ist das Wesentliche dieser Vorbereitung der neuen Michael-Epoche – die erst im letzten Drittel des 19. Jahrhunderts beginnen sollte –, daß Thomas von Aquino, nachdem er dem Aristotelismus in seiner Lehre die individuell-persönliche Form gegeben hatte, der das Erleben der menschlichen Persönlichkeit, des individuellen Ich im rein christlichen Sinne zugrunde lag, mit aller Schärfe die wichtigste Frage der mittelalterlichen Scholastik zu stellen vermochte. Das ist die Frage, von deren Beantwortung noch in unserer Zeit sowohl das gesamte Schicksal der westlichen Welt abhängt als auch das Grundproblem der neuen Epoche der Michael-Herrschaft, die im Jahre 1879 begonnen hat. Diese Grundfrage können wir heute aus der Kenntnis der Anthroposophie so formulieren: Kann die kosmische Intelligenz, die zur Erde herabgesunken und menschliche Intelligenz geworden ist und die seit Beginn der Neuzeit immer stärker von den ahrimanischen Mächten usurpiert wird, Michael wieder zurückgegeben werden?

Thomas von Aquino faßte diese Frage in der folgenden Weise auf. Er erlebte einerseits, wie er selbst tief durchdrungen war von dem Impuls, Michael-Christus zu dienen, und in ihm der Wille lebte, den Aristotelismus in diesem Geiste weiterzuentwickeln, soweit das in seiner Zeit möglich war, und andererseits empfand er, wie die Intelligenz, nachdem sie aus der Michael-Sphäre in die Erdensphäre herabgesunken war, eine Art Sündenfall durchgemacht hatte, wie sie der Erbsünde verfallen war. Sie konnte nun nicht mehr als gänzlich irdische Intelligenz zur Sphäre des reinen Geistes, zur Sphäre der göttlichen Offenbarung vordringen. Sie konnte auf der Erde die größte Scharfsinnigkeit und Freiheit erlangen – die wichtigsten Glaubenswahrheiten, d. h., die Geheimnisse übersinnlicher Natur waren jedoch unerreichbar für sie.

Diese tief tragische Spaltung in jener Zeit hing damit zusammen, daß in den Offenbarungswahrheiten noch immer die Weisheit der Eingeweihten lebte – wenn auch in abstrakter Form –, eine Weisheit, die aus den ersten vier nachchristlichen Jahrhunderten stammte, aber auch aus älteren Zeiten, als Michael noch über die kosmische Intelligenz herrschte und den Menschen die Offenbarungen aus seiner Sonnensphäre hinabsandte. Bei der verstandesmäßigen Auseinandersetzung mit seiner Umwelt bediente sich der Mensch jener Zeit jedoch bereits überall *seiner eigenen Intelli-*

genz, die im wesentlichen die bis zum 13., 14. Jahrhundert endgültig zur Erde herabgesunkene kosmische Intelligenz Michaels war.

Deshalb können wir bis zum 8., 9. nachchristlichen Jahrhundert im Grunde genommen nicht von einer solchen Teilung sprechen und noch weniger in älteren Epochen. Aristoteles zum Beispiel kannte noch nichts Vergleichbares, denn zu seiner Zeit waren Offenbarung und Erkenntnis noch untrennbar verbunden und hatten ein und diesselbe Quelle im außerirdischen Kosmos. Nach den Worten Rudolf Steiners empfingen die Menschen «... die geistigen Offenbarungen – und mit diesen zusammen die Ideen. So daß man nicht die Ideen als etwas ansah, was man selbst ausgestaltet, sondern als etwas, was mit der Spiritualität den Menschen geoffenbart wird.»[101]

Was nun Thomas von Aquino betrifft, so stand diese Grundfrage schon im 13. Jahrhundert, dringend eine Lösung fordernd, in ihrem ganzen Umfang und ihrer vollen Bedeutung vor ihm: wie kann die von der ganzen Menschheit errungene, aber der Sünde verfallene, individuelle menschliche Intelligenz erlöst werden, wie kann sie mit der großen Erlöserkraft durchdrungen werden, die der Christus Jesus auf die Erde gebracht hat? Wie kann der Christus selbst in die menschliche Intelligenz eintreten? Das war die wichtigste Frage der Hochscholastik.

Am Ende des 2. Vortrags über die Philosophie des Thomas von Aquino stellt Rudolf Steiner diese Frage folgendermaßen dar: «Im Grunde lebt die Frage der Christologie in dieser Frage der Hochscholastik. Und was nicht gelöst werden konnte für die Hochscholastik, das war die Frage: Wie tritt der Christus in das menschliche Denken ein? Wie wird das menschliche Denken durchchristet? Wie führt der Christus das eigene menschliche Denken hinauf in die Sphäre, wo es zusammenwachsen kann mit dem, was nur der geistige Glaubensinhalt ist?»[102] Mit anderen Worten: wie kann das menschliche Denken wiederum Zugang finden zur geistigen Welt, damit die auf die Erde hinabgesunkene kosmische Intelligenz Michael zurückgebracht und dadurch dem ganzen westlichen Geistesleben der Impuls gegeben werden kann, sich zum Geiste zu erheben, sich mit den göttlich-übersinnlichen Welten zu vereinigen?

Zur Zeit der Hochscholastik konnte diese Frage nicht gelöst werden. Das war erst in der neuen Epoche der Michael-Herrschaft möglich, die 1879 begann.

Als Vorbereitung jedoch auf diese Zeit brachte die Trennung der Welt in eine Sphäre der Offenbarung und eine Sphäre der Erkenntnis, der die Scholastiker angehörten, ihnen und vor allem Thomas von Aquino noch eine sehr wichtige Aufgabe, die – neben all dem, was wir schon im

Zusammenhang mit der Tätigkeit Thomas von Aquinos angeführt haben – in besonderer Weise mit der geistigen Konstellation des Jahres 1250 zusammenhing.[103]

Mehrfach charakterisiert Rudolf Steiner in seinen Vorträgen der Jahre 1910–13 von den verschiedensten Seiten die geistige Bedeutung des Jahres 1250. Für uns ist hier besonders wichtig, daß er das Jahr 1250 als die dunkelste Periode in der ganzen Geschichte des Kali Yuga darstellt. In dieser Zeit war der unmittelbare Zugang von der Erde zu den höheren Welten sogar für die höchsten Eingeweihten verschlossen. Eine undurchdringliche geistige Finsternis lag für eine kurze Zeit über der Erde. Nichtsdestoweniger war diese Epoche in der Weltentwicklung notwendig, denn an der Schwelle zur Weltepoche der menschlichen Freiheit, die im Jahre 1413 beginnen sollte, mußte die ganze Menschheit eine kurze Periode der vollständigen Abtrennung von den höheren übersinnlichen Welten durchmachen. Es ist deshalb nicht verwunderlich, daß jene Mächte, die gegen die rechtmäßige Menschheitsentwicklung kämpften, gerade diese Zeit für ihre Zwecke zu nutzen suchten. Fünfundzwanzig Jahre alt war Thomas von Aquino im Jahre 1250, als er seinen grandiosen Kampf einerseits mit dem arabisierten Aristotelismus[104] und andererseits mit dem Nominalismus begann. Aber dieser Kampf mit den luziferischen und ahrimanischen Mächten, die in diesen zwei Strömungen wirkten, hing zusammen mit einem anderen nicht weniger schweren Kampf, den Thomas von Aquino in mehr innerlicher Weise mit diesen zwei Versuchern der Menschheit führen mußte, damit diese Mächte nicht dadurch, daß sie das Vakuum des Jahres 1250 und seine Folgen ausnutzten, die Menschheit auf den Weg locken konnten, auf dem es ihr nicht möglich geworden wäre, in rechtmäßiger Weise in die Epoche der Freiheit einzutreten und das individuelle Ich später richtig zu entwickeln.

Von diesem zweiten Kampf, den die Dominikaner-Scholastiker und allen voran Thomas von Aquino und Albertus Magnus fast ihr ganzes Leben lang führen mußten, können wir eine ungefähre Vorstellung bekommen, wenn wir uns bewußt machen, was Rudolf Steiner in dem Vortrag vom 15. August 1922 in Dornach sagte (GA 213). Er stellt eingehend dar, wie die unvermeidliche Teilung der Welt in die Sphäre der Offenbarung und die der Erkenntnis, welche für die Menschheit in jener Zeit bestand, später, mit dem Beginn der Epoche der Bewußtseinsseele zur Folge hatte, daß sich Luzifer eines dieser Gebiete schließlich weitgehend aneignete, was zu einer einseitigen luziferischen Mystik führte. Das andere Gebiet jedoch, von Ahriman okkupiert, trat in der Folgezeit als die moderne ahrimanisierte Wissenschaft auf. Was aber als Angriff der Widersachermächte für die 5. nachatlantische Epoche, in deren Verlauf nach den Worten Rudolf Steiners die ganze Menschheit die Begegnung mit dem Bösen bewußt erleben soll[105], um im Widerstand die Kräfte des Ich für die weitere Evolution zu entwickeln, rechtmäßig war, das entsprach keineswegs den Gesetzen der vorangehenden 4. nachatlantischen Epoche. Wenn es den Widersachermächten gelungen wäre, in den dem geistigen Vakuum des Jahres 1250 folgenden Jahren der dafür noch nicht reifen Menschheit eine luziferisierte Mystik einerseits und eine ahrimanisierte Wissenschaft andererseits aufzudrängen, dann hätte sich die Menschheit im 13. Jahrhundert vor einer solchen Form des Bösen als gänzlich hilflos erwiesen, denn vor dem Beginn der Epoche der Bewußtseinsseele war die Menschheit noch nicht gerüstet, dem Bösen *bewußt* zu begegnen. Das Erleben der Kräfte des Bösen im unvorbereiteten Bewußtsein drohte aber die zarten Keime des Ich-Bewußtseins zu ersticken, die sich gerade erst zu regen begannen, des Ich-Bewußtseins, das später in der 5. nachatlantischen Epoche zum entscheidenden Merkmal der Menschheit werden sollte.

Angesichts dessen stand eine außerordentlich wichtige Aufgabe vor Thomas von Aquino und Albertus Magnus. Obwohl sie damals die zwei getrennten Gebiete, das Gebiet der Offenbarung und das der Erkenntnis nicht verbinden konnten, mußten sie doch das innere Gleichgewicht zwischen beiden halten, um die Widersachermächte daran zu hindern, sich ihrer vor dem Beginn der Epoche der Bewußtseinsseele zu bemächtigen.

Dieses für die weitere Menschheitsentwicklung notwendige Gleichgewicht wurde von Thomas von Aquino und Albertus Magnus auf zweierlei Weise erreicht. Einerseits sollten sie den Bereich der Offenbarung mit dem feinsten Begriffsgewebe durchdringen, was ihn davor schützte, daß er der luziferisierten Mystik anheimfiel. Dabei nahmen sie an, daß die wichtigsten Glaubenssätze nur von oben durch Offenbarung in die Welt gekommen seien, da sie alles menschliche Erkennen übersteigen und durch keine einzige gewöhnliche *menschliche* Fähigkeit erreichbar sind. Aber, nachdem sie «post factum» in das menschliche Bewußtsein aufgenommen worden sind, können sie dort mit Hilfe des feinsten und ungewöhnlich vollkommenen menschlichen Begriffssystems *begründet* werden. Andererseits strebten Thomas von Aquino und Albertus Magnus danach, bei ihren naturkundlichen Untersuchungen überall in der Natur den realen Geist zu sehen. So war die Welt der Natur für Albertus von Naturgeistern bevölkert, und Thomas schrieb über die geistigen Wesenheiten, die Intelligenzen, die in den äußeren Planeten und Sternen wirken. Dadurch wurde die Gefahr einer Ahrimanisierung der Naturerkenntnis abgewendet, und damit wurde der Menschheitsentwicklung neben ihren äußeren Siegen über den Arabismus und den Nominalismus auch das von Thomas und Albertus errungene innere Gleichgewicht zwischen den Mächten Luzifers und Ahrimans als mächtigste Gegenwirkung gegen die Impulse der Finsternis des Jahres 1250 verliehen.

Wenn man die Geschichte des Mittelalters vor und nach dem Jahre 1250 von diesem Gesichtspunkt aus betrachtet, dann kann man deutlich beobachten, wie sich allmählich drohende dunkle Wolken an dem Geisteshimmel Europas zusammenballten, je näher der Zeitpunkt rückte. So wurde einerseits die Epidemie der luziferisierten ekstatischen Mystik immer stärker. Es waren zu der Zeit sogar solche bedeutenden Mystiker wie beispielsweise Mechthild von Magdeburg oder im vorhergehenden Jahrhundert die heilige Hildegard nicht ganz frei von einem gewissen luziferischen Einfluß.[106] Andererseits trat in England Roger Bacon hervor (1214–1292)[107], der, von ahrimanischen Geistern dazu inspiriert, schon im 13. Jahrhundert versuchte, erste Keime dessen zu pflanzen, was erst viel später als ahrimanisierte Wissenschaft in der Menschheit in Erscheinung treten sollte.

Diesen zwei verderblichen Strömungen im 13. und 14. Jahrhundert stellt sich die Lehre des Thomas von Aquino wie ein unerschütterlicher Fels entgegen, denn sie hatte schon in der 2. Hälfte des 13. Jahrhunderts eine solche Autorität und einen solchen Einfluß in Europa, daß man sie in allen Klöstern studierte, wo sie sozusagen als Heilmittel gegen die einseitige Mystik diente und zugleich ein unüberwindliches Hindernis auf dem Wege solcher Persönlichkeiten wie Roger Bacon war.

Aber was die Vorbereitung der künftigen Epoche der Michael-Herrschaft betrifft, so erwies sich auch hier, wie wir gesehen haben, als das größte Verdienst der Scholastiker, daß die Grundfrage der Verbindung von Offenbarung und Erkenntnis, Glauben und Vernunft, Religion und Wissenschaft, anders gesagt, die Frage nach der Erlösung der menschlichen Intelligenz in all ihrer Schärfe und Tragik gestellt und innerlich besonders von den dominikanischen Scholastikern und vor allem von dem größten unter ihnen, von Thomas von Aquino, erlebt worden ist. «Diese Frage steht welthistorisch da in dem Augenblicke, als Thomas von Aquino 1274 stirbt. Bis zu diesem Momente konnte er sich nur durchringen zu der Frage. Die Frage steht mit aller Herzinnigkeit da in der europäischen Geisteskultur.»[108] So ging Thomas von Aquino in die geistige Welt, er hatte seine hohe geistige Aufgabe erfüllt und trug gleichzeitig den stärksten Impuls in sich, dieses große Menschheitsproblem zu lösen, von dessen Bewältigung das zukünftige Schicksal der Kultur der gesamten

Welt abhing, und er nahm den starken Willen mit, das zu tun, sobald es möglich sein würde.

Diese Aufgabe wurde dann von Rudolf Steiner gelöst. Schon seine «Philosophie der Freiheit», die im Jahre 1894 herauskam, brachte die Antwort auf die Grundfrage: wie kann die menschliche Intelligenz wiederum in die Michael-Sphäre eintreten, wie kann sie dadurch, daß der Christus-Impuls sie durchdringt, wieder erlöst werden. Mit anderen Worten: wie kann der Übergang vom Denken mit dem physischen Gehirn zu einem ätherischen Denken gefunden werden, einem Denken, das geeignet ist, den Menschen wiederum der geistigen Welt nahezubringen, jener Welt, in der seit dem Anfang des 20. Jahrhunderts der ätherische Christus durch die Menschheit schreitet. In der neuen Michael-Epoche wurde auf diese Weise der neue Weg zum Geist gebahnt. Es begann die neue Ära des Menschheitsaufstiegs, der Erlösung der Menschheit durch den Michael-Christus-Impuls.

Was Rudolf Steiner in seiner ‹Philosophie der Freiheit› mehr in philosophischer Form zunächst dargelegt hatte, das vollzog er später als den wahren Weltübergang von der Philosophie zu den neuen Mysterien; den Höhepunkt aber bildete die Weihnachtstagung von 1923/24, wo durch die Begründung der neuen michaelisch-christlichen Mysterien der stärkste Impuls zum Wiederaufsteigen der Menschheit in die geistigen Welten im Geiste von Michael-Christus gegeben wurde.

Und so stehen diese drei erhabenen Gestalten vor uns, die mit ihrem Wirken die ganze Entwicklung des westlichen Geisteslebens umspannen: Aristoteles – Thomas von Aquino – Rudolf Steiner. Alle drei handelten aus dem reinsten Michael-Christus-Impuls heraus, einem Impuls, der sich durch sie in der Erdenmenschheit verwirklichte und der die Menschheit im Geiste der großen Weltenziele der göttlichen Führung des Kosmos lenkt. Ohne die Tätigkeit dieser drei Persönlichkeiten wäre es wahrhaftig nicht möglich gewesen, die menschliche Freiheit und das individuelle Ich-Bewußtsein auf rechtmäßige Weise innerhalb der westlichen Zivilisation zu erringen. Es wären dagegen auf dem Wege zur Verwirklichung der Erdenziele und der Ziele der Menschheit als der zehnten Hierachie große Hindernisse aufgetreten. Denn diese drei Persönlichkeiten traten in den schwierigsten Augenblicken der letzten drei Jahrtausende auf und übten ihren Einfluß auf das Schicksal der ganzen folgenden Entwicklung aus. So steht Aristoteles als letzter an den Pforten des alten Mysterienwissens, jenen Pforten, die von seiner Zeit an sich vor der Menschheit schließen mußten, doch es sollte die *Erinnerung* an das, was sich hinter ihnen befindet, wie ein Ferment durch Aristoteles in die ganze weitere Entwicklung hineingetragen werden. Und deshalb sollte er, gleichsam prophetisch in die Zukunft weisend, den Übergang vom kosmisch-ätherischgeistigen Denken zu dem physisch-irdischen Denken vollziehen, zu den logisch-abstrakten Begriffen. Hier beginnt, um das freie individuelle Ich-Bewußtsein zu erringen, im Grunde die letzte Etappe des Weges, der die Menschheit in die Sphäre der Materie hineinführt und dessen tiefster Punkt um das Jahr 1250 erreicht wird.

In diesem Menschheitsaugenblick aber tritt Thomas von Aquino auf. Er entwickelt im Prozeß des *Besinnens* das zu jener Zeit schon vollständig menschheitlicher Besitz gewordene irdische Denken im Geiste des wahrhaft christlichen Zeitimpulses weiter und schafft damit die Vorraussetzungen für das Entstehen der wahrhaft christlichen Persönlichkeit. Damit bringt er das irdische, menschliche Denken zur größten Vollendung und bereitet die Grundlagen für die fünfte nachatlantische Kultur, für die rechtmäßige Entfaltung der Bewußtseinsseele in der Menschheit vor.[109]

Und schließlich tritt, am Anfang der neuen Epoche der Michael-Herrschaft, Rudolf Steiner auf, der, ausgehend von einem bewußten *Geist-Erschauen*, die in den vergangenen Jahrhunderten vollständig irdisch und menschlich-persönlich gewordene kosmische Intelligenz wiederum in die Sonnensphäre Michaels hinaufhebt. Er eröffnet damit eine neue Epoche der Menschheitsentwicklung, die Epoche der bewußten Vereinigung des Menschen mit der geistigen Welt. Man kann auch sagen: Rudolf Steiner gibt der Menschheit, die in der Neuzeit schon in ausreichendem Maße durch die Schule der Freiheit von der geistigen Welt und des Ich-Werdens gegangen ist, einen neuen Impuls, sich das lebendige, ätherische Denken zu erringen. Dies kann sie wiederum mit der Welt der Götter, mit der kosmischen Sphäre des Geistes verbinden, denn «Michaels Sendung ist, in der Menschen Äther-Leiber die Kräfte zu bringen, durch die die Gedanken-Schatten wieder *Leben* gewinnen; dann werden sich den belebten Gedanken Seelen und Geister der übersinnlichen Welten neigen.»[110]

Es ist besonders für den Anthroposophen notwendig, sich mit äußerster Klarheit Entstehungspunkt und Entwicklung des westlichen Geisteslebens, die ganze Bedeutung jenes staunenerregenden, ununterbrochenen geistigen Stromes bewußt zu machen, der sich von Aristoteles bis zu Rudolf Steiner erstreckt und weiter in die Zukunft hineingeht. Von diesem geistigen Strom, von dieser erstaunlichen Kontinuität, die die ganze Geschichte des westlichen Geisteslebens durchzieht, sagte Rudolf Steiner selbst: «In den siebziger, achtziger Jahren des 19. Jahrhunderts konnte angeknüpft werden mit neuem, unmittelbarem spirituellem Erkennen an dasjenige, was in den letzten Ausläufern anknüpfte an jene

Ereignisse, die ich Ihnen geschildert habe.[110a] Das ist ein wunderbarer Zusammenhang, denn man sieht daraus, daß die Alexanderzüge und der Aristotelismus da waren, um den Faden mit dem alten Spirituellen aufrecht zu erhalten, um Einschläge zu haben, die gerade reichen, bis neue spirituelle Offenbarungen kommen sollen.»[111]

So entfaltet sich das geistige Leben der westlichen Menschheit zwischen den zwei Säulen: Aristoteles und Rudolf Steiner, von denen der eine im Altertum noch von Michael aus dem Kosmos inspiriert wurde, während der andere sich, ausgehend von der inneren Freiheit und dem voll entwikkelten Ich-Bewußtsein, in der neuen Epoche der Michael-Herrschaft ganz und gar in den Dienst für den Michael-Christus-Impuls stellte. Wenn wir das irdische Wirken dieser drei Persönlichkeiten, dessen geistiger Mittelpunkt der Dienst für die hohe Michael-Sphäre bildet, im ganzen betrachten, so können wir sehen, wie das Michael-Mysterium, das mit dem himmlischen und irdischen Schicksal der von ihm verwalteten kosmischen Intelligenz zusammenhängt, sich in einer besonderen Weise in ihren Schicksalen widerspiegelt. Um jedoch diese außerordentlich wichtige Wechselbeziehung zu verstehen, muß man die zahlreichen Hinweise Rudolf Steiners beachten, daß der einzelne Mensch besonders im Element des Denkens das wahre individuelle Ich-Erlebnis findet, denn solche Hinweise decken die innere Beziehung und Verwandtschaft zwischen dem Schicksal des Ich und dem Schicksal der kosmischen Intelligenz Michaels auf. Sie sprechen davon, daß das Michael-Mysterium mit dem Ich-Mysterium unmittelbar verbunden ist.[112] Aufgrund dieser Tatsache aber können wir das Wirken der drei Persönlichkeiten noch von einer anderen Seite aus betrachten.

Es wurde schon gesagt, daß Aristoteles ein Mensch war, der in der letzten Epoche der Michael-Herrschaft seine Gedanken noch aus der geistigen Welt, unmittelbar aus der hohen Sonnen-Sphäre empfing. So erlebte er auch, daß die Quellen seines Ich-Bewußtseins sich in der göttlichen Welt befanden. Deshalb entsprechen die Worte der Grundstein-Meditation *(I,9–11)*:

«Das eigne Ich
Im Gottes-Ich
Erweset»

vollkommen seiner inneren Stimmung. Er trug noch eine lebendige Erinnerung an solche Erlebnisse auf jeden Fall in sich.

Ganz anders war es für Thomas von Aquino. Ihm erschien die Welt nicht in jener göttlichen Einheit, wie das bei Aristoteles der Fall war. Jetzt befindet sich, wie wir das schon beschrieben haben (s. S. 191f.), die michaelische Intelligenz auf der Erde, und auf ihrer Grundlage beginnt das individuelle Ich-Bewußtsein zu erwachen. Das eigene Ich des Menschen beginnt selbst Gedanken hervorzubringen und sich in diesem Hervorbringen seiner selbst bewußt zu werden. Deshalb teilte sich für Thomas von Aquino die Welt in zwei Teile: in das Gebiet der vom Verstand nicht zu erfassenden Offenbarung, vor allem der Offenbarung des neutestamentlichen Prinzips des «Ich Bin», des Welten-Ich des Christus, und in das Gebiet der Verstandeserkenntnis, wo der Mensch durch das Begreifen der ihn umgebenden äußeren Welt durch die Schule des individuellen Ich-Werdens geht. Das Problem ihrer Aussöhnung, die Vereinigung des Ich des Menschen mit dem Welten-Ich, war, wie wir gesehen haben, das Grundproblem der Hochscholastik, das jedoch, nach der tiefen Überzeugung Thomas von Aquinos, wegen des Sündenfalls der menschlichen Intelligenz während des Erdenlebens des Menschen nicht zu lösen war. Deshalb mußte der Mensch warten, bis er nach dem Tode in der jenseitigen Welt die Vereinigung des eigenen Ich mit dem Welten-Ich des Christus erlangen konnte, was im wesentlichen mit den Worten *(II,9–11)*:

> «Das eigne Ich
> Dem Welten-Ich
> Vereinen»

ausgedrückt werden kann.

Und schließlich haben wir in Rudolf Steiner einen Menschen vor uns, der sich aus seinem vollständig freien Ich zu den höchsten Stufen der modernen christlichen Einweihung erhob und der dadurch in der Tat die individuelle menschliche Intelligenz vergeistigen und sie, da sie mit der Christus-Kraft durchdrungen war, wiederum in die Michael-Sphäre tragen konnte, um von dort das Welten-Wesens-Licht zu empfangen, das dem freien Menschen-Ich in unserer Zeit die wahre Erkenntnis der Weltenziele unseres Kosmos und der Mission des Erdenmenschen bringt *(III,7–11)*. Deshalb können wir sagen, Rudolf Steiners Wirken ist die Realisierung dessen, was die der *menschlichen Intelligenz* zugängliche moderne Michael-Offenbarung genannt werden kann, von der Rudolf Steiner mit folgenden Worten spricht: «Michael will, daß der Mensch ein freies Wesen ist, das in seinen Begriffen und Ideen auch einsieht, was ihm als Offenbarung von den geistigen Welten aus wird.»[113] Eine solche Beschreibung der neuen Michael-Mysterien entspricht vollständig den Worten *(III,9–11)*:

«Dem eignen Ich
Zu freiem Wollen
Schenken.»

So können wir das oben Gesagte in folgender Weise zusammenfassen: Die Betrachtung dieser drei historischen Persönlichkeiten führt uns unmittelbar zu den zentralen Tatsachen der Menschheitsevolution, soweit sie in der Grundstein-Meditation zum Ausdruck kommen. Es kann aber dieser von uns aufgezeigte Zusammenhang noch bedeutend vertieft werden, wenn wir uns die Beziehung von Aristoteles, Thomas von Aquino und Rudolf Steiner zu Geist-Erinnern, Geist-Besinnen und Geist-Erschauen ins Gedächtnis rufen. Wir wollen uns dieser Frage noch einmal zuwenden, aber nun unmittelbar in Verbindung mit der Grundstein-Meditation.

Was ist «Geist-Erinnern» bei Aristoteles? Es beruht, wie wir schon sahen, darauf, daß bei ihm der Denkprozeß selbst, seine mächtigen Gedankenkräfte, eine lebendige Erinnerung an die geistigen Fähigkeiten der Seele waren, die sie vor ihrer Verkörperung im Leibe besitzt. Während des Denkprozesses hatte Aristoteles gleichsam ständig die Empfindung, daß sein Denken aus dem Göttlichen entspringt, und dieses Gefühl war in einem tieferen Sinne wie ein inneres und weitgehend auch unterbewußtes Erinnern an das vorirdische Sein. Deshalb war Aristoteles gerade das Erleben des «Ex deo nascimur» in Anwendung auf den Ursprung seiner Gedanken besonders vertraut.

Was bedeutet «Geist-Besinnen» für Thomas von Aquino? Wir haben gesehen, daß die ganze Welt ihm auf tragische Weise in das Gebiet der Offenbarung und das Gebiet der Erkenntnis geteilt erschien, dergestalt, daß für den im Leibe verkörperten Menschen ihre Vereinigung erst nach dem physischen Tode möglich war. Aber auch das konnte *nur* geschehen, wenn der Mensch schon während des Erdenlebens den Christus-Impuls in sich aufgenommen hatte. Deshalb sollte das rechte «Geist-Besinnen» den Menschen im Sinne des Thomas von Aquino zu dem wahren Erleben des «In Christo morimur», dem höchsten Ziel des wahrhaft christlichen Lebens führen.

Und schließlich ist das «Geist-Erschauen», dem Rudolf Steiner diente, ein unmittelbares vollbewußtes Vordringen des Menschen in die übersinnlichen Welten durch die wahre Erlösung des Denkens, die den Menschen zur Auferstehung im Geistselbst, seinem höheren Ich, führt. Deshalb können wir das wahre Wesen dessen, was wir im Falle Rudolf Steiners «Geist-Erschauen» nennen müssen, nur durch die Worte «Per spiritum sanctum reviviscimus» ausdrücken.

So besteht eine ausgeprägte Übereinstimmung zwischen den wichtigsten geistigen Bestrebungen dieser drei historischen Persönlichkeiten und der Grundstein-Meditation. Wenn wir nun in Betracht ziehen, daß die Meditation selbst die ganze Menschheitsentwicklung von der Vergangenheit zur Gegenwart und Zukunft zum Ausdruck bringt, dann kommen wir der Erkenntnis der wahren Bedeutung dieser drei Persönlichkeiten und ihrer Stellung in der Menschheitsentwicklung sehr nahe. Diese Erkenntnis kann uns aber auch helfen, uns der Einmaligkeit und Einzigartigkeit jener *menschlichen* Individualität bewußt zu werden, die, indem sie stufenweise eine individuelle und gleichzeitig allgemein-menschheitliche Entwicklung durchmachte, der Reihe nach als der größte Philosoph, der größte christliche Denker und der größte moderne Eingeweihte in der Welt erschien.

Aus all dem sehen wir, daß nur die Tatsache, daß er einen so langen und in vieler Hinsicht tragischen geistigen Weg gegangen ist, der ihn durch die schwierigsten Etappen des allgemeinen Menschheitswerdens führte, es ihm möglich machte, in der neuen Michael-Epoche nicht nur in seiner inneren Entwicklung die sieben Stufen der modernen christlich-rosenkreuzerischen Einweihung zu durchlaufen, sondern auch nach der Weihnachtstagung endgültig in den erhabenen Kreis der Meister der Weisheit und des Zusammenklanges der Empfindungen einzutreten.

Seit der Weihnachtstagung ist Rudolf Steiner ein Mitglied dieses großen Kollegiums. Jene Imagination, die er auf die Frage nach seiner Beziehung zu Christian Rosenkreuz nach der Weihnachtstagung gab, zeugt neben vielem anderen deutlich davon.[114] Damals ist er in den Kreis der Lehrer eingetreten, zu denen die größten Adepten der Menschheit gehören: Christian Rosenkreuz, Manes, Zarathustra, Buddha, Skythianos... Wenn man jedoch von Rudolf Steiner als einem Eingeweihten aus dem Kreis der «Meister der Weisheit und des Zusammenklanges der Empfindungen» spricht, muß man eine charakteristische Besonderheit beachten.

Betrachten wir die Eigenart der Einweihung der anderen Individualitäten dieses Kreises, so sehen wir, daß sie darin besteht, daß diese Individualitäten schon in alter Zeit aus dem allgemeinen Entwicklungsstrom der Menschheit heraustraten und einen Entwicklungs- und Einweihungsweg betraten, der alles das weit überragte, was ein einzelner Mensch unter gewöhnlichen Bedingungen erreichen konnte, denn jeder von ihnen mußte während seiner Einweihung etwas durchmachen, was der übrigen Menschheit vollständig unerreichbar war.

Was aber Rudolf Steiner betrifft, so steht in seiner Person eine Individualität vor uns, die in keiner einzigen früheren Inkarnation einen besonderen Einweihungsweg *außerhalb* des allgemeinen Menschheitsstromes ging, sondern die unveränderlich *mit* diesem Strome ging und die in ihrem Schicksal alle wichtigen Etappen der Menschheitsentwicklung miterlebte.

So verfügt *diese Individualität* bei der Morgenröte der babylonisch-chaldäischen-ägyptischen Epoche, zu Beginn des Kali Yuga, noch über ein elementares, altes Hellsehen. Zur Zeit des Heraklit, als das elementare Hellsehen, entsprechend dem Herannahen der Mitte des Kali Yuga, in der Menschheit abzunehmen beginnt, so daß der Zugang zu den höheren Erkenntnissen sich nur noch durch das Wirken der Mysterien erschließt, wird sie ihr Schüler in Ephesus, so wie Hunderte von alten Griechen damals Schüler verschiedenster Mysterien waren.

Später, als sie sich bald nach der Mitte des Kali Yuga in der Persönlichkeit des Aristoteles verkörpert, verliert sie, wie der größte Teil der damaligen Menschheit, die letzten Reste des alten Hellsehens endgültig, und in der dunkelsten Epoche des Kali Yuga, als Thomas von Aquino, legt sie ohne unmittelbares Schauen der höheren Welten den Grund für den rein menschlichen, irdischen Verstand, die individuelle Fähigkeit des Denkens.

Wir stehen hier vor der erstaunlichen Tatsache, daß der größte christliche Eingeweihte des 20. Jahrhunderts, Rudolf Steiner, in seinen vorhergehenden, für das Werden der Gegenwartsmenschheit so wichtigen Inkarnationen, nicht nur kein Eingeweihter war in der traditionellen Bedeutung des Wortes, sondern wie die Mehrheit der Menschen in jener Zeit auch kein Hellseher.

So sehen wir, daß es für alle Verkörperungen Rudolf Steiners vor allem charakteristisch ist, daß er unwandelbar den Entwicklungsweg der *ganzen* Menschheit geht. Diese Besonderheit des Geistesweges Rudolf Steiners führt uns zu dem wohl tiefsten Geheimnis seiner Individualität, einem Geheimnis, das wir versuchen wollen, mit folgenden Worten darzustellen. Als die geistigen Hierarchien, die die Menschheitsevolution leiten, um der Verwirklichung der menschlichen Freiheit und der vollen Entwicklung des Prinzips des Ich-Bewußtseins willen es zuließen, daß die dunklen Zeiten des Kali Yuga auf der Erde anbrachen, da stand die Hauptidee der menschlichen Entwicklung in dieser Epoche – das langsame Abfallen der Menschheit von den geistigen Welten, ihre Entwicklung zur Freiheit und zum Ich-Bewußtsein durch das Erleben des individuellen Denkens und schließlich ihr *bewußter und freier* Wiederaufstieg in die geistigen Welten – als Ziel vor ihnen.

Inwieweit der Weg, den die Menschheit im Laufe der letzten fünf Jahrtausende zurückgelegt hat, sich von jenen Zielen der höheren Hierarchien entfernt hat, in welchem Maße also die Verwirklichung ihrer Absichten dadurch erschwert wurde, daß die Menschheit den Gegenmächten zu stark verfiel – darüber kann sich heute jeder Anthroposoph ein Urteil bilden, wenn er die historische Entwicklung der Menschheit in dieser Epoche betrachtet. Was aber aus der Entwicklung im Idealfalle geworden wäre, was aus der Menschheit geworden wäre, wenn diese hohe hierarchische Idee ihrer Entwicklung sich vollständig in der Erdenwelt verwirklicht hätte – das finden wir in den *aufeinander folgenden Inkarnationen* Rudolf Steiners abgebildet. Mit anderen Worten: in der Folge der Inkarnationen Rudolf Steiners fand die göttliche Uridee der Hierarchien von der Entwicklung der Menschheit ihre vollständigste Verkörperung. Aber diese letzten Worte können wir nur aussprechen, wenn wir auf die geistigen Ergebnisse und Früchte des letzten Erdenlebens Rudolf Steiners schauen. Denn als er sich am 27. Februar 1861 in Mitteleuropa verkörperte, da war sein späterer geistiger Weg nicht absolut vorherbestimmt. Es betrat Rudolf Steiner zwar die Erdenwelt mit außergewöhnlichen geistigen Anlagen, doch war ihre vollständige Verwirklichung eine völlig offene Frage. Jedoch außerordentlich viel war mit der Erfüllung seiner Lebensaufgabe verbunden! Für Rudolf Steiner selbst bedeutete das: würde es ihm in der Epoche der Freiheit aus eigenen Kräften gelingen, seine Einweihung ganz zu vollziehen und für die gesamte Menschheit den Weg zum Erreichen jener Ziele zu bahnen, die ihr von den geistigen Hierarchien vor dem Kali Yuga gesetzt worden waren?

Für das hohe Kollegium der Meister der Weisheit und des Zusammenklanges der Empfindungen stellte sich das Problem so dar: vermag es wohl, *wenn auch nur ein Mensch,* der allein den allgemeinen menschlichen Entwicklungsweg gegangen ist, *mitten aus der Menschheit* zu ihrem Kreise emporzusteigen, zu dem Kreis der Individualitäten, die schon seit langem den Weg der übermenschlichen Entwicklung gehen? Denn Rudolf Steiner sollte, nachdem er seine Aufgabe erfüllt hatte, nicht so in ihren Kreis treten, wie das in der Vergangenheit die anderen hochentwickelten Individualitäten getan hatten, sondern er sollte auf dem Wege zu ihm gelangen, auf dem einmal *die ganze Menschheit in ihren Kreis eintreten soll.* Und er bahnte ihr als erster diesen Weg! Deshalb befindet sich jeder Anthroposoph, der heute im Sinne der anthroposophischen esoterischen Praxis übt, schon auf dem Wege, der ihn allmählich zu der Vereinigung mit diesem hohen Kollegium von Lehrern und Adepten, den Lenkern der Gegenwartsmenschheit, führt.

Und endlich stand vor den göttlich-geistigen Hierarchien selbst die Frage, ob wohl die Menschheit überhaupt die Entwicklung auf der Erde werde durchmachen können, deretwegen sie es zugelassen hatten, daß die dunkle Epoche des Kali Yuga auf der Erde begann. Denn wenn auch nur *ein* Mensch aus *dem Schoße der Menschheit* diese Entwicklung realisiert, d. h. wenn auch nur einer die «ew'gen Götterziele» *(III,7)* verwirklicht, die heute die Götter «Dem eignen Ich / Zu freiem Wollen / Schenken» *(III,9–11)*, so wäre das für die Götter selbst ein großes Unterpfand dafür, daß ihre hohe Idee in bezug auf die Menschheitsevolution sich auf der Erde verwirklichen wird. Die Tatsache, daß Rudolf Steiner als Repräsentant der Menschheit aus seiner individuellen Freiheit und seinem voll entwickelten Ich-Bewußtsein diese hohe Idee der Hierarchien durch seine innere Entwicklung verwirklichte, dies war der größte Trost für die geistigen Welten selbst, denn das zeigte, daß es bei der gegenwärtigen Lage der Menschheit auf der Erde *möglich* ist, wieder in freier und bewußter Weise in die höheren Welten aufzusteigen, daß die Menschheit diesen Weg wird gehen können.

Aus all dem können wir ersehen, was die Inkarnationenfolge Rudolf Steiners für die Menschheit bedeutet und in wachsendem Maße bedeuten wird. Denn er war, da er die verschiedenen historischen Epochen durchmachte, das ideale Urbild des geistigen Entwicklungsweges der Menschheit, indem er die Grundidee ihrer Entwicklung, die aus der Vergangenheit zur Gegenwart und Zukunft führt, auf die vollständigste Weise zum Ausdruck brachte[115] und ihren Höhepunkt (für den gegenwärtigen Zyklus der Entwicklung) in seinem letzten Erdenleben erreichte, das dank dieser Tatsache für lange Zeiten ein wahres *Urbild* der weiteren Entwicklung für die Gegenwartsmenschheit ist und ebenso für jeden einzelnen Menschen, der sich aufrichtig aus einem tiefen seelischen Bedürfnis um echte Geist-Erkenntnis bemüht. Das ist auch der Grund, warum Rudolf Steiner bei aller Höhe seiner eigenen Entwicklung jedem Anthroposophen so wunderbar nahe sein kann. Er ist in Wahrheit einer von uns und doch so unendlich erhaben über uns!

So können wir den tiefen inneren Einklang zwischen den drei letzten Inkarnationen Rudolf Steiners, die die Grundidee der gesamten irdischen Entwicklung der Menschheit zum Ausdruck bringen, und der Grundstein-Meditation, in der sich uns diese Idee in ihrer vollkommensten Form darstellt, als etwas ganz Natürliches und sogar Notwendiges empfinden. Das Wissen um diese gegenseitigen Beziehungen kann uns jedoch noch weiter führen, wenn wir uns erinnern, daß die Idee der Menschheitsevolution auf künstlerische Weise der Architektur des ersten Goetheanum eingeprägt wurde, so daß wir von einem Zusammenhang der Inkarnationen Rudolf Steiners mit den Formen des ersten Goetheanum selbst sprechen können.

Um aber auch diesen Zusammenhang zu erkennen, rufen wir uns nochmals das Wesen des Überganges von Plato zu Aristoteles in Erinnerung. Wir sprachen davon, daß Plato noch die letzten Nachklänge der Imaginationen empfing, die aus dem vorgeburtlichen Dasein, deren äußerer Ausdruck die Welt der Fixsterne und Planeten ist, ihm zuströmten. Dort, in den Sternen, suchte Plato die geistigen Quellen seiner Ideen. Aristoteles dagegen verwandelte, die gesamte Mysterienweisheit seiner Zeit umfassend, die übersinnlichen Ideen Platos in irdische menschliche Gedanken. Aus der gesamten Weisheit seiner Zeit führte er eine gigantische «Gedankenkuppel» auf, in der der Mensch zwar noch nicht das Herabsteigen der lebendigen Ideen, die aus den Weltenweiten kommen, unmittelbar schauen konnte, dafür aber gleichsam ihre Spiegelbilder, die an der inneren Oberfläche der Kuppel erschienen. So zeigte diese «Gedankenkuppel» dem Menschen die Abbilder der lebendigen Gedankenwesen und trennte ihn gleichzeitig von ihrem unmittelbaren Erleben ab. Kein unmittelbares Schauen, nur die *Erinnerung* an die vorirdischen Gedanken, an die vorirdische Gedankenkraft, an ihre Herkunft aus der göttlich-geistigen Welt bringt uns die aristotelische Philosophie. Sie ist eine geistige Kuppel, die auf der Grundlage der Erinnerung an das «ex deo nascimur» über der Menschheit aufgeführt worden ist.

Thomas von Aquino lebte mit der unaufhörlichen Hoffnung auf die Vereinigung der zwei Sphären: der Sphäre der göttlichen Offenbarung und der der menschlichen Erkenntnis. Eine solche Vereinigung konnte jedoch nach seiner festen Überzeugung für den Menschen erst nach dem Tod und unter der unabänderlichen Bedingung herbeigeführt werden, daß die Seele den Christus-Impuls jetzt auf der Erde in sich aufnehme. In dem Sinne war das ganze Leben des Thomas von Aquino ein ständiges *Besinnen* auf das «in Christo morimur». Und so bildete jene Idee, die auf dem Gebiet der Architektur in den nach oben, zum Himmel strebenden Formen der gotischen Architektur ihre vollkommenste Verwirklichung gefunden hat, die geistige Grundlage seiner Philosophie (s. S. 155). Deshalb ist es in diesem Zusammenhang tief bedeutungsvoll, daß Thomas von Aquino und Albertus Magnus im Jahre 1248 an der Zeremonie der Grundsteinlegung des berühmten Kölner Domes, der dann das größte Werk gotischer Architektur in Mitteleuropa werden sollte, persönlich teilnahmen.[115a]

Und betrachten wir als letztes das erste Goetheanum. Hier wurde in dem doppelkuppelig kreuzförmigen Bau eine höhere Synthese von Kuppel und Kreuz herbeigeführt, eine Synthese des Prinzips «ex deo nascimur» mit dem Prinzip «in Christo morimur». Denn den architektonisch-plastischen Formen lag das höchste Prinzip der geistigen Erneuerung zugrunde, das Prinzip «per spiritum sanctum reviviscimus», das Rudolf Steiner zum ersten Mal in der Menschheitsgeschichte durch das freie und bewußte *Geist-Erschauen* verwirklicht hat. Ein echter Tempel des neuen Geisteslebens, der auf der Grundlage der neuen Geistesoffenbarung errichtet worden war und eine wahre Erkenntnis des Menschen und des Kosmos in die Welt trug, zugleich auch die Erkenntnis des sie wieder vereinigenden zentralen Impulses der ganzen irdischen Entwicklung, des Christus-Impulses, das sollte das Goetheanum für die Gegenwartsmenschheit sein! Es sollte in Wirklichkeit für die modernen Menschen ein Weg zur Wiedergeburt im Geiste sein, ein Weg, der jeden Menschen zur bewußten und freien Vereinigung mit seiner ewigen himmlischen Heimat, mit dem göttlich-geistigen Kosmos führt.

Aber das Weltenkarma waltet über allem. Und wie ein feuriges Zeichen bei dem Tore stand, durch das die Menschheit aus der alten Epoche des Geistes heraustrat, um später in Freiheit und vollem Selbstbewußtsein auf das Mysterium von Golgatha zugehen zu können, so steht abermals ein feuriges Zeichen bei dem Tor, durch das die Menschheit dank dem rechten *Verständnis* des Mysteriums von Golgatha, das uns heute durch die Geisteswissenschaft vermittelt wird, wiederum in die geistige Welt eintreten soll, um dort die Begegnung mit dem ätherischen Christus zu erleben.

Wie ein Symbolum der großen kosmischen Evolution stehen über den beiden Opferflammen die Weltenworte: «Neid der Götter» – diese Worte konnte man, wie uns Rudolf Steiner mitteilt, in den Flammen des Tempels von Ephesus lesen, denn dieser Tempel wurde in der Epoche des makrokosmischen Vaterunsers niedergebrannt, als die Mächte, die sich der rechtmäßigen Entwicklung der Menschheit widersetzen, noch von außen an sie herantraten; «Neid der Menschen» – diese Worte konnte man geistig in den Flammen des Goetheanum lesen[116], denn in der Epoche des mikrokosmischen Vaterunsers, in der Epoche der Freiheit, treten die dämonischen Versuchermächte von innen an den Menschen heran.

Aber wie im Altertum die Weisheit der Weltenlenkung darin bestand, daß durch die kosmische Inspiration der rechtmäßigen Weltentwicklungsmächte und durch Aristoteles und Alexander, die sich ganz in den Dienst der Weltenziele stellten, Böses in Gutes verwandelt werden konnte, so kann auch in der Weltepoche der menschlichen Freiheit durch das bewußte Handeln *der Menschen selbst,* ausgehend von ihrem eigenen

Willen, sogar das größte Böse, die größte Tragödie der Weiterentwicklung der ganzen Menschheit dienen. Inspiriert von dem durch den Brand in ätherische Höhen emporgestiegenen Geist des Tempels von Ephesus, durch das geistige Ephesus, gibt Aristoteles, von höheren Mächten geführt, der Menschheit den mächtigsten Impuls, in die Sphäre der Freiheit und des Ich hinabzusteigen. Inspiriert von dem Geist des Goetheanum, der seit dem Brand real wirkt, gibt Rudolf Steiner in der ganzen Größe seines freien Opfers der Menschheit auf der Weihnachtstagung 1923/24 den mächtigsten Impuls zum Wiederaufsteigen zum Geiste, zu einer neuen spirituellen Kultur, in der die Menschheit, die das freie Ich erlangt hat, den Weltenzielen in rechter Weise zu dienen vermag.

So findet das Rätsel des Goetheanumbrandes seine Auflösung im Hause der Diana. So herrscht das Weltenkarma weise über allem. Und «wie durch Aristoteles und Alexander das Feuer von Ephesus benutzt worden ist, als es in ihren Herzen neu aufflammte, aber zunächst aufflammte im Äther draußen, von dem es ihnen erneut entgegentrug die Geheimnisse, die dann gefaßt werden konnten in Allereinfachstes –, wie da benutzt werden konnte das Feuer von Ephesus, so obliegt es uns, und werden wir auch schon imstande sein können, zu benutzen dasjenige, was – man darf es in aller Bescheidenheit sagen – auch in den Äther als die Flammen des Goetheanum das hinausgetragen hat, was durch Anthroposophie gewollt worden ist, weiter gewollt werden soll.»[117]

Hier sind wir endlich der Enthüllung des Geheimnisses nahe gekommen, das mit dem feurigen Untergang des Goetheanum verbunden ist, dem Geheimnis dessen, den Rudolf Steiner während der Weihnachtstagung den «Geist des Goetheanum» nannte, jenen Geist, in dessen Namen er damals, nach seinen Worten, vieles sagen konnte, das sonst nur in einer sehr viel schwächeren Form hätte gesagt werden können. Dabei müssen wir besonders beachten, was Rudolf Steiner in dem Vortrag vom 13. Januar 1924 in Dornach darlegte, wo er eingehend von dem Verhältnis der Eingeweihten der verschiedenen historischen Epochen zu dem Wesen des Astrallichtes sprach. Dort stellt er dar, wie zur Zeit der urpersischen Kultur die Eingeweihten ihre übersinnlichen Erkenntnisse in das Astrallicht einschrieben, indem sie sich vorzugsweise des festen Erdenelementes bedienten. Alles aber, was von ihnen in das Astrallicht eingeschrieben worden war, stieg dann bis zur Grenze der Mondensphäre auf, wurde dort von den Göttern entgegengenommen, kehrte darauf in verwandelter Form zurück und blieb in der Folgezeit in der Erdensphäre. Jedoch dasjenige, was so zurückgestrahlt wurde, war keine Wiederholung des Früheren, sondern gleichsam eine Antwort der Götter, eine Umarbeitung dessen, was von den Eingeweihten in das Astrallicht eingeschrieben worden war durch die geistige Welt. In der ägyptisch-chaldäischen Epoche bedienten sich die Eingeweihten des flüssigen Elementes zum Einschreiben in das Astrallicht, und die Saturnsphäre strahlte es zurück. In der griechisch-lateinischen Epoche geschah die Eintragung mit Hilfe des luftförmigen Elementes, und die Rückstrahlung ging von der Fixsternsphäre aus. In der fünften nachatlantischen Epoche schließlich erfolgten die Eintragungen durch das Wärmeelement, aber alles, was auf diese Weise in das Astrallicht übergegangen war, wurde *hinter* die Fixsternsphäre hinausgetragen und kehrte noch nicht zurück. Darauf trat die außerordentlich wichtige Frage vor Christian Rosenkreutz: Wie kann das, was von Eingeweihten durch den Wärmeäther in das Astrallicht eingeschrieben wurde, in der Gegenwart wieder von den Göttern entgegengenommen werden? Darüber sagt Rudolf Steiner in dem oben genannten Vortrag weiter: «Da kam es denn, daß Christian Rosenkreutz auf die Eingebung eines höheren Geistes[118] den Weg fand, doch nun die Rückstrahlung wahrzunehmen, trotzdem es sich handelte um Rückstrahlung durch den Wärmeäther. Das geschah dadurch, daß andere dumpfe, unterbewußte, schlafähnliche Zustände des Bewußtseins zu Hilfe genommen wurden, Zustände, in denen der Mensch auch normalerweise außer seinem Leibe ist.»[119] So hatten die mittelalterlichen Rosenkreuzer seit dem 14. Jahrhundert die Möglichkeit errungen, in der Rückstrahlung des Astrallichtes *aus der hinter* den Fixsternen liegenden Sphäre alle durch den Wärmeäther in das Astrallicht eingeschriebenen Erkenntnisse unserer fünften nachatlantischen Epoche in der von den Göttern umgewandelten Gestalt wahrzunehmen.

Aber das, was Christian Rosenkreutz in einem herabgedämpften Bewußtseinszustand vollbringen mußte, das kann nach dem Beginn der neuen Michael-Epoche nun in vollem Wachbewußtsein durchgeführt werden. Und das tat Rudolf Steiner. Nachdem er am Übergang vom 19. zum 20. Jahrhundert die neuesten Errungenschaften der Naturwissenschaften, vor allem die umfassende Evolutionstheorie Haeckels aufgenommen hatte, schrieb er alles das mit Hilfe der Methoden, die er später in dem Buche ‹Wie erlangt man Erkenntnisse der höheren Welten› dargelegt hat, durch den Wärmeäther in das Astrallicht ein und empfing seine Rückstrahlung danach *in vollem Bewußtsein* aus der Sphäre jenseits des Tierkreises.

In dem angeführten Vortrag vom 13. Januar 1924 beschreibt Rudolf Steiner diesen Prozeß eingehend, wobei er ihn zunächst an dem Beispiel des von den mittelalterlichen Rosenkreuzern Erreichten erklärt und dann dazu übergeht, seine eigene Erfahrung darzustellen. Im einzelnen sagte er: «In Rosenkreuzerschulen wurde zum Beispiel das Kopernikanische Weltensystem gelehrt; aber in besonderen Bewußtseinszuständen kamen die Ideen desselben so zurück, wie ich es in diesen Tagen hier erklärt habe. So daß in der Tat gerade von den Rosenkreuzern eingesehen wurde, daß dasjenige, was man zunächst in der modernen Erkenntnis erhält, erst gewissermaßen den Göttern entgegengetragen werden muß, damit sie es in ihre Sprache umsetzen und es den Menschen wiedergeben.

Daß das sein kann, ist ja bis in die Gegenwart geblieben. Denn es ist so, meine lieben Freunde: Studieren Sie heute, indem sie von dem hier gemeinten rosenkreuzerischen Initiationsprinzip berührt worden sind, den Haeckelismus mit all seinem Materialismus, studieren Sie ihn und lassen Sie sich durchdringen von dem, was Erkenntnismethoden sind nach ‹Wie erlangt man Erkenntnisse der höheren Welten?›: Was Sie in Haeckels ‹Anthropogenie› über die menschlichen Vorfahren in einer Sie vielleicht abstoßenden Weise lernen, lernen Sie es in dieser abstoßenden Weise, lernen Sie alles dasjenige darüber, was man durch äußere Naturwissenschaft lernen kann und tragen Sie das dann den Göttern entgegen, und Sie bekommen dasjenige, was in meinem Buche ‹Geheimwissenschaft› über die Evolution erzählt ist».

Und Rudolf Steiner fährt fort: «Das ist das Eigentümliche der Rosenkreuzerei, daß diese Rosenkreuzerei in einer Übergangszeit dabei stehen bleiben mußte, in gewisse traumhafte Zustände hineinzukommen und gewissermaßen die höhere Wahrheit desjenigen zu träumen, was die Wissenschaft nüchtern hier in der Natur findet. Das ist aber das Eigentümliche seit dem Beginn der Michael-Epoche, seit dem Ende der siebziger Jahre im letzten Drittel des neunzehnten Jahrhunderts, daß dasselbe, was während der alten Rosenkreuzer-Zeit in der geschilderten Weise erreicht worden war, nun in bewußter Weise erreicht werden kann. So daß man heute sagen kann: es braucht nicht mehr jenen anderen Zustand, der halbbewußt ist, aber es braucht einen höheren bewußten Zustand. Und dann, dann kann man mit den Naturerkenntnissen, die man sich erwirbt, hineintauchen in die höhere Welt, und das, was man sich als Naturerkenntnis erworben hat, das taucht einem entgegen aus der höheren Welt; indem man das ins Astrallicht Eingeschriebene wieder liest, taucht es einem entgegen in geistiger Realität.»

Auf diesem Wege konnte so die ‹Anthropogenie› Haeckels in jene «geistige Realität» umgewandelt werden, die in der ‹Geheimwissenschaft im Umriß› als Offenbarung der kosmischen Rede der Götter selbst enthalten ist[119a].

Mit dieser wahrhaft himmlischen Alchimie, diesem Umwandlungsprozeß, den Rudolf Steiner durchführte, ist jedoch noch ein weiteres Geheimnis unserer Zeit verbunden. Rudolf Steiner enthüllt uns auch dieses in dem Vortrag vom 13. Januar 1924. Es besteht darin, daß der Eingeweihte, wenn er das Erdenwissen auf die oben beschriebene Weise in die kosmische Sphäre trägt, *in der geistigen Welt Michael selbst begegnet.* Voraussetzung aber ist, daß er auf okkult-rechtmäßige und absolut bewußte Weise vorgeht – was erst seit dem letzten Drittel des 19. Jahrhunderts möglich ist. Rudolf Steiner stellt das mit folgenden Worten dar: «Und das, was man da tut, daß man hinaufträgt in eine geistige Welt die hier errungenen Naturerkenntnisse oder auch die Schöpfungen der naturalistischen Kunst oder auch die Empfindungen der naturalistisch im Innern der Seele wirkenden Religion – denn im Grunde ist ja auch die Religion naturalistisch geworden – indem man das alles hinaufträgt, begegnet man in der Tat, wenn man die Fähigkeit dazu entwickelt, Michael. Und so kann man sagen: Die Rosenkreuzerei ist dadurch gekennzeichnet, daß ihre erleuchtetsten Geister eine starke Sehnsucht hatten, Michael zu begegnen. Sie konnten es nur wie im Traume. Seit dem Ende des letzten Drittels des 19. Jahrhunderts können die Menschen in bewußter Weise im Geiste Michael begegnen.

Aber Michael ist eben eine eigenartige Wesenheit. Michael ist eine Wesenheit, die eigentlich nichts offenbart, wenn man ihr nicht aus emsiger geistiger Arbeit von der Erde aus etwas entgegenbringt. Michael ist ein schweigsamer Geist. Michael ist ein in sich verschlossener Geist. Während die anderen der regierenden Erzengel vielredende Geister sind – im geistigen Sinne natürlich –, ist Michael ein durchaus verschlossener Geist, ein wenig redender Geist, der höchstens spärliche Direktiven gibt. Denn das, was man von Michael erfährt, ist eigentlich nicht das Wort, sondern – wenn ich mich so ausdrücken darf – der Blick, die Kraft des Blicks. *Und das beruht darauf, daß eigentlich Michael sich am meisten zu tun macht mit demjenigen, was die Menschen aus dem Geistigen heraus schaffen. Er lebt in den Folgen des von den Menschen Geschaffenen.* Die anderen Geister leben mehr mit den Ursachen, Michael lebt mehr mit den Folgen. Die anderen Geister impulsieren im Menschen dasjenige, was der Mensch tun soll. Michael wird der eigentlich geistige Held der Freiheit sein. *Er läßt die Menschen tun, aber nimmt dann das, was aus Menschentaten wird, auf, um es weiter fortzutragen im Kosmos, um dasjenige, was Menschen damit noch nicht wirken können, weiterzuwirken im Kosmos.*»

Damit wird das Geheimnis enthüllt, wie an dem geistigen Prozeß, den der moderne Eingeweihte bewirkt, wenn er das von ihm auf der Erde errungene Wissen in den Kosmos hinaufträgt, *Michael selbst mitbeteiligt ist* und wie dieser Prozeß in unserer Zeit nur durch die bewußte Begegnung des Eingeweihten mit ihm in seiner hohen Sonnensphäre möglich ist.

So haben wir im ganzen gesehen den folgenden okkult-kosmischen Prozeß: Am Übergang zweier Jahrhunderte vertieft sich Rudolf Steiner mit aller Intensität in die Ergebnisse der zeitgenössischen Wissenschaft. Dann trägt er sie als Eingeweihter zu den Göttern in den Kosmos und erhält von ihnen diese Erkenntnisse der modernen Wissenschaft, in die Sprache der Götter verwandelt, zurück in der Gestalt der Weltenweisheit, die dem mächtigen Evolutionsbilde in der «Geheimwissenschaft im Umriß» zugrunde liegt. Darauf gibt er dieser Götterweisheit in den imaginativen Formen des Goetheanum eine leibliche Hülle. In ihr wird sie physisch sichtbar. Später, während des Brandes, gehen diese Formen durch die Substanz des Wärmeäthers abermals in das Astrallicht über und entfernen sich dann in die Weiten des Kosmos, bis hin zu der makrokosmischen Ich-Sphäre. Von dort empfängt sie Rudolf Steiner wieder, aber dieses Mal als hohes Gotteswort, als den lebendigen Geist des aus den Tiefen des Kosmos zurückkehrenden verwandelten Goetheanum.[120]

So wurde dieser Prozeß noch einmal vollzogen, aber dieses Mal auf einer höheren Stufe, denn es steigt kein irdisches, sondern bereits ein kosmisches Wissen durch den Goetheanumbrand abermals zu den Tiefen des Kosmos auf und kehrt wiederum als *lebendiger Geist des Goetheanum* zurück! Und an diesem kosmischen Prozeß nimmt Michael ein zweites Mal teil, diesesmal jedoch in einer unmittelbaren Weise.

Das kann man staunend bei den Worten Rudolf Steiners empfinden, die er während desselben Vortrages vom 13. Januar 1924 äußerte: «Wenn aber der Mensch aus seiner Freiheit heraus, angeregt durch das Lesen des Astrallichtes, bewußt oder unbewußt dies oder jenes tut, *so trägt Michael das, was menschliche Erdentat ist, in den Kosmos hinaus, daß es kosmische Tat wird. Er kümmert sich um die Folgen, andere Geister mehr um die Ursachen*».[121] Aber wir haben oben schon gesehen, daß das Goetheanum in seinen plastisch-architektonischen Formen die einstmals aus dem Astrallicht hervorgegangene Weisheit der «Geheimwissenschaft im Umriß» verkörperte. Deshalb vollbrachten die am Goetheanum arbeitenden Menschen aus ihrer Freiheit heraus die Tat, die im tiefsten Sinne durch das angeregt wurde, was von Rudolf Steiner im Astrallichte gelesen worden war.

Mit anderen Worten: die Folgen ihres Tuns trug Michael in den Kosmos, damit es *kosmische Tat* werde. Daß dieses tatsächlich so geschah, daß «die Sache» des Goetheanum tatsächlich nach dem Brand von Michael in die Weiten des Kosmos hinausgetragen wurde, um dann als *kosmische Tat* von dort zu den Menschen zurückzukommen, als lebendiger Geist des Goetheanum, der in der Michael-Sphäre auferstanden ist, sagen auch die Worte Rudolf Steiners aus, die er am 22. April 1924 zum Abschluß seines letzten Osterzyklus sprach: «... Was mehr oder weniger Erdensache vorher war, erarbeitet, gegründet wurde als Erdensache, das ist mit den Flammen hinausgetragen in die Weltenweiten. Wir durften, gerade weil uns dieses Unglück getroffen hat, in dem Erkennen der Folgen dieses Unglücks sagen: Nunmehr verstehen wir es, daß wir nicht bloß eine Erdensache vertreten dürfen, sondern eine Sache der weiten ätherischen Welt, in der der Geist lebt. Denn es ist die Sache vom Goetheanum eine Sache des weiten Äthers, in dem geisterfüllte Weisheit der Welt lebt.*Es ist hinausgetragen worden, und wir dürfen uns von den Goetheanum-Impulsen aus dem Kosmos hereinkommend durchdringen».*[122]

«Es ist hinausgetragen worden...» – diese Worte und die oben angeführten: «...so trägt Michael das, was menschliche Erdentat ist, in den Kosmos hinaus, daß es kosmische Tat wird...», sie stellen die erschütternde Realität der Ereignisse vor uns hin, die mit den irdischen und übersinnlichen Schicksalen des ersten Goetheanum zusammenhängen.

Und so können wir fragen: was ist dieser von Michael in den Kosmos hinausgetragene und von dort zurückgekommene lebendige Geist des Goetheanum? Rudolf Steiner äußert sich selbst darüber in dem von uns schon zitierten letzten Vortrag des Osterzyklus, den er bald nach der Weihnachtstagung in Dornach hielt. Dort sagt er nach den oben zitierten Worten (s. S. 207), daß heute die Anthroposophen dasjenige benutzen können, was durch den Brand des Goetheanum in die Weiten des Kosmos hinausgetragen wurde: «Es geht daraus hervor, daß wir durften als Jahrestrauerfeier um die Weihnachtsneujahreszeit, welche dieselbe ist, in der uns das Unglück hier getroffen hat, daß wir da durften einen neuen Impuls ausgehen lassen vom Goetheanum. Warum? Weil wir fühlen dürfen: Was mehr oder weniger Erdensache vorher war, erarbeitet, gegründet wurde als Erdensache, das ist mit den Flammen hinausgetragen in die Weltenweiten. Wir dürfen, gerade weil uns dieses Unglück getroffen hat, in dem Erkennen der Folgen dieses Unglücks sagen: Nunmehr verstehen wir es, daß wir nicht bloß eine Erdensache vertreten dürfen, sondern eine Sache der weiten ätherischen Welt, in der der Geist lebt. Denn es ist die Sache vom Goetheanum eine Sache des weiten Äthers, in dem geisterfüllte Weisheit der Welt lebt. Es ist hinausgetragen worden, und wir dürfen uns von den Goetheanum-Impulsen aus dem Kosmos hereinkommend durchdringen. Nehmen wir das, wie wir wollen, nehmen wir es als Bild. Das Bild bedeutet aber eine tiefe Wahrheit. Und diese tiefe Wahrheit wird eben in einfachen Worten dadurch ausgedrückt, daß man sagt: Das anthroposophische Wirken soll seit dem Weihnachtsimpuls mit einem esoterischen Zug durchdrungen sein. *Dieser esoterische Zug ist deshalb da, weil das, was irdisch war, durch das, was mitgewirkt hat im physischen Feuer, aber als Astrallicht, welches hinausstrahlt in den Weltenraum – weil das wiederum zurückwirkt hinein in die Impulse der anthroposophischen Bewegung, wenn wir nur in der Lage sind, diese Impulse aufzunehmen.* Dann, wenn wir das vermögen, dann empfinden wir in alledem, was in Anthroposophie lebt, ein wichtiges Glied darinnen. Und dieses eine wichtige Glied darinnen, das ist die anthroposophische Osterstimmung, die da niemals der Überzeugung sein kann, daß der Geist stirbt, sondern daß, *wenn er stirbt durch die Welt, er immer wieder auf ersteht.* Und an den aus ewigen Gründen immer wieder auferstehenden Geist muß sich Anthroposophie halten.»[123] Dieser Geist jedoch, der «durch die Welt stirbt», aber «immer wieder aufersteht» und an den sich die Anthroposophie von nun an halten muß – das ist der Geist des aus dem Kosmos auferstandenen Goetheanum, der seit der Weihnachtstagung als *das Prinzip der neuen michaelischen Esoterik* in der anthroposophischen Gesellschaft wirkt.

Aus der Michael-Sphäre erscheint uns der auferstandene Geist des Goetheanum aufs neue und überglänzt übersinnlich die Weihnachtstagung. Und er wirkt seit der Zeit in jedem Anthroposophen-Herzen, das sich aufrichtig in den Dienst dessen stellen will, dem schon das irdische Goetheanum geweiht war, als «Wahrzeichen geistigen Lebens der neueren Zeit»[124], was Rudolf Steiner die «große Mission der Menschheit auf unserem Erdenplaneten» nennt, der Menschheit, der es obliegt, einst wahre Christus-Menschheit zu werden, eine Gottesmenschheit, die das große Prinzip der Freiheit und der Liebe im Kosmos verkörpert.

Und ähnlich wie das irdische Goetheanum errichtet wurde, ausgehend von den reinsten Liebes- und Opferkräften der Menschen, die in dem einen Bewußtsein des hohen Dienstes für die gemeinsamen Geistesziele vereinigt waren, und wie das Goetheanum die Verkörperung des *sozial wirkenden* spirituellen Impulses in unserer Welt war – so ist auch der aus dem Kosmos hereinwirkende Geist des Goetheanum der Geist der neuen *Gemeinschaftsesoterik,* die ihrem Wesen nach wahre Michael-Esoterik ist! Es ist das Goetheanum in der physischen Welt durch den Tod gegangen und in der Welt des Geistes auferstanden. Es kann von nun an in der Menschheit als das neue esoterische Prinzip wirken und zugleich als *der übersinnliche Tempel der neuen Mysterien* in der Seele jedes Anthroposophen gefunden werden, der als ein Mensch guten Willens in dem Sinne jener Impulse aus der geistigen Welt arbeiten will, die uns auf der Weihnachtstagung 1923/24 gegeben wurden, gegeben «... im Aufblicke zu dem Geist, der da ist und sein soll und sein wird der Geist des Goetheanums ..., im Hinaufblick ... zu dem guten Geist des Goetheanums ..., für den wir wirken, streben, arbeiten wollen in der Welt.»[126]

Nur wenn wir in diesem Sinne arbeiten, können wir den Weg zu dem übersinnlichen Mysterientempel gehen, der seit der Zeit auf der Erde zu finden ist.

5. Die Weihnachtstagung 1923/24

«Daher kommt es, daß eigentlich diese Weihnachtstagung entweder für die anthroposophische Sache nichts oder alles ist.»

Rudolf Steiner, 6. 2. 1924

Am 24. Dezember 1923 wurde die Weihnachtstagung «zur Begründung der Anthroposophischen Gesellschaft in einer neuen Form» feierlich in Dornach eröffnet.[1] Dieses Ereignis sollte für die ganze weitere Entwicklung der Anthroposophie von grundlegender Bedeutung sein.

Am folgenden Tag, dem 25. Dezember, einem Dienstag, um 10 Uhr morgens, wurde die Grundsteinlegung der Allgemeinen Anthroposophischen Gesellschaft mit ihrem Zentrum in Dornach vollzogen.

Rudolf Steiner begann die Zeremonie mit einem meditativen Text, der ein Anruf der geistigen Welt an die menschliche Seele in unserer Zeit ist: «Menschenseele ...» Bevor dieser Text das erste Mal gelesen wurde, sagte Rudolf Steiner: «Zuerst aber mögen unsere Ohren von diesen Worten berührt werden, um in unserem Sinn zu erneuern aus den Zeichen der Gegenwart heraus das alte Mysterienwort: ‹Erkenne dich selbst›.» Diese von tiefer Bedeutung erfüllten Einleitungsworte sprechen nicht nur von der Kontinuität des Mysterienlebens, sondern sie führen uns auch sogleich zu dem eigentlichen Wesen des grundlegenden Mysteriums unserer Zeit, wo zum erstenmal innerhalb der Menschheit am Beginn der Epoche der menschlichen Freiheit öffentlich, auf dem physischen Plan, eine echte Mysterienhandlung vollzogen wurde, die das ganze alte Mysterienwesen «aus den Zeichen der Gegenwart», d. h. unter dem Zeichen des diese Gegenwart führenden Zeitgeistes Michael selbst erneuern sollte.[2]

Zeylmans van Emmichoven stellt seine Erinnerung an diesen Beginn in seinem Buch ‹Der Grundstein› so dar: «Schon aus der ersten Ansprache war durch die Art, wie Rudolf Steiner sie hielt und mit einem besonderen Zeichen begann, sofort ersichtlich, daß nun eine Tat vollzogen wurde, die in der ganzen Mysteriengeschichte der Menschheit eine neue Phase einleitete.»[3]

Versenken wir uns in die mächtigen, von kosmischen Kräften erfüllten Worte, die damals in der Erdenaura als die Grundstein-Meditation erklangen, so können wir auch heute noch, fast 60 Jahre nach dem Ereignis,

Schreinerei-Saal mit Bühne 192

innerlich erleben, daß dieses Geschehen in Wirklichkeit unvergänglich ist, daß damals ein realer Einweihungsakt vor den 700–800 anwesenden Mitgliedern der Anthroposophischen Gesellschaft in sieben Rhythmen vollzogen wurde, der nun in der Seele jedes Menschen, welcher sich um ein bewußtes inneres Nacherleben der sinnlich-übersinnlichen Ereignisse jener Tage auf dem Dornacher Hügel bemüht, geistig nachvollzogen werden kann. Denn was damals geschah, das ist eine reale *mystische Tatsache,* die Tatsache, daß es seitdem für die Menschen einen modernen Einweihungsweg gibt, der unmittelbar zu dem Tempel der *neuen christlichen Mysterien* führt.

Aber dasjenige, was in jenen Weihnachtstagen auf dem physischen Plan zwischen den schlichten Wänden der Schreinerei und seelisch in den Herzen und Seelen der Anwesenden vor sich ging, das vollzog sich auch geistig in der an die Erde angrenzenden übersinnlichen Welt, wo heute der Entscheidungskampf zwischen den lichten und den finsteren Mächten um die Führung der Menschheit stattfindet, der Kampf, der in der großen Imagination vom Kampf Michaels mit dem Drachen seinen bildhaften Ausdruck gefunden hat. So war das, was sich während der Weihnachtstagung auf allen drei Planen: dem physischen, dem seelischen und dem geistigen vollzog und was doch gleichzeitig eine unauflösliche Einheit bildete, etwas in Wirklichkeit vollständig Neues, es war tatsächlich ein *Anfang*, ein erster Versuch, aus der Mitte der Menschheit, auf der Seite der lichten Mächte an diesem schweren Kampf, der heute hinter den Kulissen der irdischen Ereignisse geführt wird, bewußt teilzunehmen.

Als *«Welten-Zeitenwende-Anfang,* dem wir uns widmen wollen zu hingebungsvoller Pflege des geistigen Lebens»[4], so charakterisierte Rudolf Steiner selbst dieses Geheimnis der übersinnlichen Natur der Weihnachtstagung in dem letzten Vortrag, am Abend des 1. Januar 1924. In diesen Worten, auf welche die Lesung der vollständigen Grundstein-Meditation folgte, haben wir einen unmittelbaren Hinweis auf die geistige Brücke, die im Laufe dieser Weihnachtstagung errichtet wurde und die das Geschehen der Weihnachtstage von 1923 mit der Urweihenacht der Zeitenwende verbindet.

Aus dem hohen «*WELTEN*-Schöpfer-Sein», das in unserem Weltenall von den Geistern der ersten Hierarchie repräsentiert wird (I. Teil), aus den Kräften der zweiten, der Sonnenhierarchie, die den «*ZEITEN*-Rhythmus» aus den «Weltenrhythmen» im unaufhörlichen Dienen für den kosmischen «Christus-Willen» schafft (II. Teil), und aus seiner vollen Verwirklichung an der «Zeiten-*WENDE*» (IV. Teil), welche den *ANFANG* des neuen Aeon des Geistes bedeutet, von dem die Geister der dritten Hierarchie «Dem eigenen Ich» des Menschen «Zu freiem Wollen» künden (III. Teil)[5] – aus diesem großen, kosmischen Ganzen erfließt die *geistige Realität*, die hinter den vier Worten steht, welche das eigentliche Wesen, wir können auch sagen, die Quintessenz dessen enthalten, was dann in dem vollständigen Text der Grundstein-Meditation folgt.

Zu dieser *Realität*, mit welcher der Impuls der Weihnachtstagung seinem ganzen Wesen nach untrennbar verbunden ist, will sie für jeden geistig strebenden Menschen das Tor bilden. Dies zu zeigen, ist das Ziel der weiteren Darstellung.

Mit den folgenden Worten weist Rudolf Steiner auf eine besonders wichtige Eigentümlichkeit der Weihnachtstagung, die sich bewußt zu machen, uns als Ausgangspunkt der weiteren Betrachtung dienen kann: «Damit, daß ich selber mich entschließen mußte, Vorsitzender der Anthroposophischen Gesellschaft zu werden, damit ist sozusagen etwas, was ich immer betont habe, rein auf den Kopf gestellt. Ich habe immer betont: Auf der einen Seite steht die anthroposophische Bewegung. Diese anthroposophische Bewegung war ja aufzufassen als die äußere Ausgestaltung dessen, was aus dem Inhalte der geistigen Anschauung hervorging, die zustandekommen konnte in der Weise, wie es Ihnen bekannt ist. Das war die anthroposophische Bewegung.[6] Dann gab es eine Anthroposophische Gesellschaft. Die war begründet, um in ihrer Art dasjenige, was von Anthroposophie kommt, sozusagen zu verwirklichen. Man mußte unterscheiden zwischen der anthroposophischen Bewegung und der Anthroposophischen Gesellschaft. Das ist seit der Weihnachtstagung nicht mehr so. Seit der Weihnachtstagung sind anthroposophische Bewegung und Anthroposophische Gesellschaft ein und dasselbe, sind durchaus identisch geworden. So daß seit der Weihnachtstagung gesagt werden muß: Früher war die anthroposophische Lehre da, die durch die anthroposophische Bewegung gepflegt wurde. Seit der Weihnachtstagung ist die Anthroposophische Gesellschaft einfach durch das, was sie da geworden ist, selber eine anthroposophische, ja sogar esoterische Sache. Seit der Weihnachtstagung haben wir die Anthroposophische Gesellschaft so aufzufassen, daß in ihr nicht nur Anthroposophie gelehrt wird, sondern daß alles, was getan wird, Anthroposophie ist. Anthroposophisches Tun ist seit der Weihnachtstagung dasjenige, was nicht mehr zu trennen ist von der Anthroposophischen Gesellschaft.»[7] Durch die Vereinigung der anthroposophischen Bewegung mit der Anthroposophischen Gesellschaft zu einem Ganzen dadurch, daß Rudolf Steiner den Vorsitz in der Gesellschaft auf sich nahm, das aber heißt die Mühen und die Verantwortung für alle ihre irdischen Angelegenheiten, durch diese echte Mysterienhandlung wurde etwas vollständig Neues geschaffen. Es wurde damit zum ersten Mal in der geistigen Geschichte der Menschheit eine rein spirituelle, esoterische Strömung mit den irdischen, exoterischen Formen, wie sie jeder freien Vereinigung von Menschen eigen ist, verbunden. Die Folge davon war, daß das esoterische Prinzip nun direkt in das soziale Leben der Menschen auf dem physischen Plan einfließen konnte, denn es war eine völlig öffentliche Gesellschaft in ihrer Mitte entstanden, durch die sich jedoch zur gleichen Zeit ein tiefer esoterischer Strom ergoß. «Deshalb mußte bei der Weihnachtstagung die volle Öffentlichkeit für die Gesellschaft in Anspruch genommen werden. [Aber] das wird durchaus nicht widersprechen der Tatsache, daß sie auf der anderen Seite um so mehr esoterisch wird.»[8]

Eine solche Verbindung von voller Öffentlichkeit und wahrer Esoterik finden wir sonst nirgends in der Geschichte der okkulten geistigen Bewegung der Menschheit. Durch diesen Akt wurde der ganzen künftigen Entwicklung die Möglichkeit verliehen, das esoterische Prinzip in ausnahmslos alle einzelnen Gebiete menschlichen Wissens und menschlicher Tätigkeit einfließen zu lassen, wodurch die realen Voraussetzungen für die Umwandlung der Gegenwartsstruktur und des gegenwärtigen Geisteslebens in michaelischem Geiste geschaffen wurden. Denn aus der Michael-Sphäre kommt heute der Impuls, nicht nur das geistige, sondern auch und vor allem das soziale Leben mit rechtmäßiger und gesunder Esoterik zu durchdringen. Das ist der Hauptunterschied zwischen der Weihnachtstagung und jenen Formen esoterischer Arbeit, die vor dem ersten Weltkrieg in der Anthroposophischen Gesellschaft bestanden.

Selbstverständlich kann hier nicht die Rede von «zweierlei» Esoterik sein. Das ist ein und dieselbe Hauptströmung westlichen Geisteslebens, die sowohl mit den christlich-rosenkreuzerischen Traditionen als auch mit der neuen Michael-Epoche zusammenhängt. Rudolf Steiner hat während der Weihnachtstagung bei der Behandlung des 5. Paragraphen der Statuten der Anthroposophischen Gesellschaft, bezüglich der Freien Hochschule für Geisteswissenschaft am Goetheanum, die in der Zukunft aus drei Klassen bestehen sollte, selbst auf diese Tatsache hingewiesen. Damals sagte er: «Bitte, erschrecken Sie nicht vor diesen drei Klassen, meine lieben Freunde. Die drei Klassen waren ursprünglich in der Anthroposophischen Gesellschaft schon da, *nur in einer anderen Form,* bis zum Jahre 1914.»[9] So war diese Esoterik ihrem inneren Wesen nach ein und dieselbe westliche Esoterik, sie trat jedoch auf der Weihnachtstagung – wie das aus den Worten Rudolf Steiners hervorgeht – in wesentlich anderer Form in Erscheinung als in der Vorkriegszeit. Auf die Bedeutung dieses Unterschieds müssen wir nun genauer eingehen.

Wenn wir die Formen betrachten, in denen die esoterische Arbeit verlief, die Rudolf Steiner noch im Schoße der Theosophischen Gesellschaft am Anfang unseres Jahrhunderts begonnen hatte, dann können wir empfinden, wie sie zunächst ganz im Rahmen westlicher Rosenkreuzer-Traditionen vor sich ging. Man arbeitete in kleinen Gruppen, die einerseits einen ziemlich exklusiven Charakter hatten und andererseits – wie das der neue Zeitgeist forderte – trotzdem für jeden, der zu jener Zeit in der Theosophischen Gesellschaft die Vertiefung in die Weltgeheimnisse in rosenkreuzerischem Geiste suchte, zugänglich waren.

So haben wir es bei dem Einweihungsweg, der damals recht kleinen Gruppen gegeben wurde, was Inhalt und Prinzipien anbelangt, schon mit reinster Anthroposophie zu tun, d. h. mit der Geisteswissenschaft, wie sie erst seit dem Jahre 1879, dem Beginn der neuen Michael-Epoche, entstehen konnte. Nichtsdestoweniger hatte alles in diesen kleinen, über die verschiedensten Städte und Länder verteilten Gruppen einen privaten und individuellen Charakter. Rudolf Steiner wirkte in ihnen als freier Lehrer des Okkultismus, der vor allem in der Eigenschaft eines idealen Vertreters der übersinnlichen Weisheit den aktuellen Bedürfnissen seiner Schüler entgegenkam und weniger eigene Initiative entfaltete. Deshalb entstanden bald für diejenigen, die nach größerer Vertiefung verlangten, sogenannte «esoterische Stunden». Später wurde zu diesen noch eine Kulthandlung hinzugefügt, die sich ebenso bei rein anthroposophischem Inhalt in der *Form* an eine der damals in Europa existierenden okkulten Strömungen freimaurerischer Orientierung anschloß.

Die wichtigsten Formen all dieser rein esoterischen Anfänge gingen auf frühmittelalterliche Rosenkreuzer-Traditionen zurück, als sich Schüler, denen das mehr äußerliche Kirchenchristentum nicht mehr genügte und die stattdessen eine wahre christliche *Erkenntnis* der Welt und des Menschen suchten, in kleinen, über Europa verteilten Gruppen um einen Lehrer scharten. So hatte sich das esoterische Leben des Westens tatsächlich, tief verborgen vor dem äußeren Blick, über viele Jahrhunderte entwickelt. Rudolf Steiner knüpfte an diese Traditionen an und hielt bis 1914 an ihnen fest.

Das, was auf der Weihnachtstagung begründet wurde, war demgegenüber etwas vollständig anderes. Hier trat die Esoterik in das *soziale Leben* ein; sie ist nicht länger der Besitz eines relativ kleinen Kreises von Menschen, die sich mit der übersinnlichen Welt vereinigen wollen. Von nun an ist sie nicht mehr eine persönliche Angelegenheit des Menschen, der nur seine *eigene* Entwicklung zu verantworten hat, sondern jetzt übernimmt der Mensch, der sich ihr anschließt, auch eine *soziale* Verantwortung für die Verwirklichung der übersinnlichen Impulse Michaels, der seit der Weihnachtstagung durch die Anthroposophische Gesellschaft *unmittelbar* wirkt. Deshalb hat Rudolf Steiner am 25. Dezember 1923 geäußert: «Und der rechte Boden, in den wir den heutigen Grundstein hinein verlegen müssen, der rechte Boden, das sind unsere Herzen in ihrem harmonischen *Zusammenwirken,* in ihrem guten, von Liebe durchdrungenen Willen, *gemeinsam* das anthroposophische Wollen durch die Welt zu tragen.»[10]

Durch das, was mit der Weihnachtstagung vollbracht wurde, ist die Anthroposophische Gesellschaft mit ihrem Kern der Freien Hochschule für Geisteswissenschaft zu einem sinnlich-übersinnlichen Organismus geworden, wo jede Individualität vollkommen frei ist und zugleich die volle Verantwortung für alles trägt, was mit der Realisierung der Absichten Michaels in unserer Welt zusammenhängt, so wie diese uns durch die moderne Geisteswissenschaft mitgeteilt worden sind. Damit wurde der Boden für eine sinnlich-übersinnliche Gemeinschaft von Menschen bereitet, die aktiv auf sozialem Felde handeln und gleichzeitig durch ein unsichtbares Band in der geistigen Welt dadurch verbunden sind, daß jeder einzelne an der Arbeit der ersten Klasse der Freien Hochschule für Geisteswissenschaft teilnimmt. Da diese eine Fortsetzung des esoterischen Impulses der Weihnachtstagung ist, vereinigt die Anthroposophische Gesellschaft, die mit der anthroposophischen Bewegung eine Einheit bildet, seit dieser Zeit auf rein spiritueller Grundlage die Seelen sowohl der Anthroposophen, die sich gerade auf der Erde befinden, als auch jener, die schon oder noch in der geistigen Welt weilen. Es kann seitdem zum Wohle der zukünftigen Entwicklung die freie Opferbereitschaft der Menschen den Boden für das Zusammenwirken der physischen und der geistigen Welt zum Ziele der irdischen Vervollkommnung bereiten.

Diese bewußte und freie Arbeit der Menschen an der Bildung von neuem Karma als der Grundlage für das gemeinsame Wirken der Menschenwelt und der Seelenwelt ist erst mit dem Beginn der neuen Michael-Epoche möglich geworden und auf der Weihnachtstagung als besonders wichtige und notwendige Aufgabe vor alle Anthroposophen hingetreten. So ist das bedeutendste Ergebnis der Weihnachtstagung, daß die geistige Welt unmittelbar durch jeden vom Geiste der Weihnachtstagung durchdrungenen Anthroposophen in der Menschheit zu wirken vermag. In der Weltepoche der menschlichen Freiheit, am Beginn des neuen lichten Zeitalters obliegt es uns – in aller Bescheidenheit und Selbsthingabe –, mit den Göttern und ebenso mit den in der geistigen Welt weilenden Seelen gemeinsam arbeiten zu lernen.

Aber ungeachtet der absoluten Ausnahmestellung, die die Weihnachtstagung durch ihre Bedeutung im geistigen Leben der modernen Menschheit einnimmt, und auch ungeachtet ihres prinzipiell anderen Charakters im Vergleich mit den Mysterientraditionen der Vergangenheit, gibt es doch ein Ereignis in der Weltgeschichte, das in gewissem Sinne als ihr Urbild angesehen werden kann.

Wir finden eine eingehende Beschreibung dieses Ereignisses in dem Buch Rudolf Steiners ‹Das Christentum als mystische Tatsache und die Mysterien des Altertums› und auch in dem Hamburger Vortragszyklus über das Johannes-Evangelium (GA 103). In diesen beiden Werken wird uns zunächst eine eingehende Beschreibung der alten vorchristlichen Einweihung gegeben, deren Wesen darin bestand, daß der Schüler nach langer Übung und vielen Prüfungen durch die Priester-Hierophanten in einen dreitägigen todesähnlichen Schlaf versenkt wurde. Dieses Geschehen bildete den Abschluß des langen Einweihungsprozesses und pflegte für den einzelnen außerordentlich gefährlich zu sein, da es mit einem fast vollständigen Herausgehen des ätherischen aus dem physischen Leibe verbunden war. In dem 4. Vortrag des genannten Zyklus äußert sich Rudolf Steiner folgendermaßen darüber: «Das war ein Vorgang, der sich oft in den Mysterien abgespielt hat: ein einzuweihender Mensch wird durch den Priester-Initiator in einen todähnlichen Schlaf gebracht, darauf wird der Betreffende durch die höheren Welten geführt, dann wird er wieder zurückgerufen durch den Priester-Initiator in seinen physischen Leib, und nunmehr ist er durch sein eigenes Erlebnis ein Zeuge der geistigen Welten.»[11] Aber diese Epoche der alten Einweihung mußte zu Ende gehen. Anstelle des gefährlichen Durchgangs durch den todähnlichen Tempelschlaf, der nur für wenige Auserwählte erreichbar war, sollte es der ganzen Menschheit, das aber heißt, *jedem* einzelnen Menschen möglich werden, zur Einweihung zu gelangen. Und das geschah durch den Christus Jesus. Durch das Mysterium von Golgatha kann auf rein innerem Wege, durch die Vereinigung mit dem Impuls des Christus der *rechte* Zugang zu den höheren Welten gefunden werden.[12] Das ist die größte Wende in dem gesamten Geistesleben der Erdenmenschheit.

Jedem großen Ereignis in der Weltentwicklung geht jedoch eine Zwischenstufe voraus, denn das Alte soll nicht durch das Neue in Wegfall kommen, sondern sich in etwas Höheres verwandeln. Deshalb mußte zwischen der alten vorchristlichen und der neuen christlichen Einweihung ein Übergang geschaffen werden, in dem sich die Vergangenheit und die Zukunft in einer harmonischen Einheit finden konnten. Mit anderen Worten, was im Altertum in der Tiefe der Mysterientempel verborgen und nur wenigen Auserwählten zugänglich war, das sollte nun an der Welten-«Zeiten-Wende» *(IV,1)** für die ganze Menschheit erreichbar werden, d.h. als sozial-okkulte Handlung frei in ihrer Mitte vor sich gehen. So steht die Einweihung des Lazarus, die offen vor der ganzen Menschheit noch in der alten Form durch den Christus Jesus vollzogen wurde und die doch zur gleichen Zeit schon eine *rein christliche Einweihung* war, als ein erster Lichtstrahl der neuen Epoche vor uns. Denn Lazarus war der erste Eingeweihte der Erdenentwicklung, der, *während er sich auf der Erde befand*, nachdem er durch einen todähnlichen dreitägigen Tempelschlaf gegangen war, von dem Christus Jesus selbst eingeweiht wurde. Und so wie einstmals der Christus an Lazarus vollzog, was sonst nur im verborgenen Allerheiligsten des Tempels vor sich ging, der Menschheit damit das Wesen des dreitägigen Tempelschlafs als das Grundgeheimnis der alten Einweihung offenbarend, so haben wir das kosmische Urbild dessen, was Rudolf Steiner auf der Weihnachtstagung vollbrachte, in der Einweihung des Lazarus zu suchen.

Was aber vollbrachte Rudolf Steiner? Um das zu verstehen, müssen wir uns zunächst dem Anfang seiner öffentlichen Tätigkeit als Menschheitslehrer zuwenden, als er zum ersten Mal über den neuen *christlich-rosenkreuzerischen Einweihungsweg* sprach, dessen Beschreibung vor allem sein Buch ‹Wie erlangt man Erkenntnisse der höheren Welten?› und das 5. Kapitel von ‹Die Geheimwissenschaft im Umriß› gewidmet ist. Seit der Zeit kann jeder Mensch diesen Weg gehen, wenn er die Hinweise in den genannten Büchern auf sein eigenes seelisches Leben anwendet. So haben wir hier die unserer Zeit entsprechende Form der Realisierung der mit dem Mysterium von Golgatha in der Menschheitsentwicklung bestehenden Möglichkeit, daß jeder Mensch auf seine ganz individuelle Weise durch seine Verbindung mit dem Christus-Impuls den Zugang zu dem christlichen Einweihungsweg finden kann. Was geschah jedoch darüber hinaus auf der Weihnachtstagung? Auf ihr offenbarte Rudolf Steiner den Anwesenden jene Erlebnisse, welche die Seele durchmacht, die den Einweihungsweg betritt, und er führte sie, wie wir noch zeigen werden, real durch diese Erlebnisse hindurch. Gleichsam auf universal-historischem Plan leitete Rudolf Steiner die Seelen der Anwesenden durch die sonst in

* Hier und im folgenden weist die erste (römische) Ziffer auf den entsprechenden Teil der Grundstein-Meditation hin, die zweite (arabische) Ziffer auf die entsprechende Zeile; s. Anlage S. 385 ff. mit dem vollständigen Text der Meditation.

den verborgenen Tiefen des Tempels der einzelnen Seele stattfindenden Vorgänge. Nicht nur Hinweise auf den neuen Geistesweg wurden gegeben, sondern die *Einweihung* als solche wurde zum ersten Mal inmitten der Menschheit als Grundlage für die spätere Einführung des Einweihungsprinzips in alle Gebiete menschlichen Lebens und menschlicher Praxis substantiell realisiert, damit sie ein sozial-wirksamer Faktor in ihnen werden könne; denn heute soll im Geiste der neuen Michael-Epoche das Einweihungsprinzip abermals Bestandteil der menschlichen Zivilisation werden.[13] Was Rudolf Steiner wiederholt in seinen Büchern und Vorträgen beschrieben hat, es wurde hier als *reale mystische Handlung,* als der einheitliche, in sich vollkommene Prozeß der neuen Einweihung vollzogen.

Worin bestand nun dieser Einweihungsprozeß? Wenn wir uns nochmals den alten Mysterien zuwenden, so können wir ihren Höhepunkt, das Erleben des dreitägigen «tod-ähnlichen» Tempelschlafes durch den Neophyten auf folgende Weise beschreiben: Der Schüler fand in dieser Zeit den unmittelbaren Zugang zur geistigen Welt und erlebte dort, was er ohne seine Einweihung normalerweise erst nach seinem physischen Tode durchgemacht hätte. Er ging demnach während des dreitägigen Tempelschlafes durch die Welt seines nachtodlichen Lebens hindurch. Ein solcher «todähnlicher» Schlaf (d. h. ein Schlaf, bei dem sich nicht nur der Astralleib und das Ich aus dem physischen Leib herausziehen, sondern auch der ätherische Leib) war nach dem Mysterium von Golgatha nicht mehr notwendig. Deshalb konnte z. B. der skandinavische Eingeweihte Olaf Åsteson[14] durch seine Verbindung mit dem Christus-Impuls in der Epoche nach dem Mysterium von Golgatha jenen Weg durch die nachtodlichen Welten, den der Neophyt in den alten Mysterien während der drei Tage ging, *ohne* das gefährliche Loslösen des ätherischen vom physischen Leibe durchleben, jedoch mit einem teilweise herabgedämpften Bewußtsein, – was in bildhafter Weise dadurch zum Ausdruck kommt, daß Olaf jene Erlebnisse während eines zwölftägigen Schlafes in der Weihnachtszeit hatte. Denn damals, vor dem Ende des Kali Yuga und dem Beginn der neuen Michael-Epoche, war es noch nicht möglich, das alles in klarem, wachem Bewußtsein zu erleben.[15]

Seit 1879 aber besteht diese Möglichkeit. Deshalb war es notwendig, daß Rudolf Steiner die alte Mysterienweisheit aus den Zeichen der Gegenwart erneuerte. Denn durch das, was der Neophyt in den alten Mysterien im Zustand des «todähnlichen» Schlafes durchmachte und Olaf Åsteson noch im herabgedämpften Bewußtsein «während des Schlafes», sollte der Mensch unserer Zeit im hellen wachen Tagesbewußtsein geführt werden.

Und das tat Rudolf Steiner während der Weihnachtstagung im Jahre 1923/24. Darum – das ist ein Grundmotiv dieser Tagung – rief er immer wieder zur Wachheit, zur Verstärkung und Aktivierung des Bewußtseins auf.

Darüber äußert sich Rudolf Steiner ausdrücklich am 29. Dezember 1923, einem Samstag, dem Tag des Saturn, in seinem Abendvortrag, in dem er auch besonders eindringlich von dem Zusammenhang der alten und neuen Offenbarung spricht. «Ich habe Ihnen ja an verschiedenen Orten öfter gesagt, daß dieses neue spirituelle Leben gerade am Ende der siebziger Jahre des 19. Jahrhunderts begonnen werden konnte in den ersten Andeutungen und dann mit dem Ende des Jahrhunderts immer mehr und mehr. Heute haben wir die Aufgabe, den vollen Strom des geistigen Lebens, der, ich möchte sagen, von den Höhen zu uns kommt, aufzufangen. Und so stehen wir heute drinnen in einem wirklichen Übergang der geistigen Menschheitsentfaltung. Und werden wir uns nicht bewußt dieser merkwürdigen Zusammenhänge [der Wirkung der aristotelischen Philosophie bis hin zum Jahre 1879] und dieser Anknüpfung an Früheres, dann schlafen wir eigentlich gegenüber den wichtigsten Ereignissen, die sich um uns herum im geistigen Leben abspielen. Und wieviel wird eigentlich heute wirklich geschlafen gegenüber den allerwesentlichsten Ereignissen! Anthroposophie sollte aber da sein, um den Menschen zu erwecken. Und ich glaube, für alle diejenigen, die jetzt hier bei dieser Weihnachtstagung versammelt sind, gibt es einen Impuls einer möglichen Erweckung.»[16] Diese Worte aber, die in einer Form geäußert wurden, die der Weltepoche der menschlichen Freiheit entspricht, sie erinnern uns an Worte, die zu anderer Zeit und unter anderen Umtänden gesprochen wurden und die doch seit der Zeit in der Menschheit als das neue Initiationsprinzip wirken: «Lazarus, unser Freund, schläft, aber ich gehe hin, um ihn aufzuwecken» (Joh. 11, 11). So soll das Verständnis der Weihnachtstagung die Menschen erwecken, damit sie in wachem Bewußtsein in dem lichten Zeitalter, das nun angebrochen ist, eine neue Begegnung mit der geistigen Welt erleben und *bewußt* durch das hindurchgehen können, was in den vorhergehenden Jahrhunderten für das volle menschliche Tagesbewußtsein noch nicht erreichbar war.[16a]

Von dem Einweihungsmysterium der Weihnachtstagung sprach Rudolf Steiner zu den Anthroposophen nur in seinem Abschlußvortrag am 1. Januar 1924, wo er das Schwellenerlebnis, d. h. den richtigen, zeitgemäßen Eintritt in die geistige Welt als den Sinn der ganzen Weihnachtstagung darstellte. Er weist hier zum ersten Mal auf das wichtige Geheimnis unserer Zeit hin, das damit zusammenhängt, daß die ganze Menschheit heute die Begegnung mit dem Hüter der Schwelle erlebt. Sofern die

Menschen jedoch nicht die inneren Kräfte haben, dem «Hüter» bewußt zu begegnen, müssen sie diese Begegnung im Schlafzustand durchmachen. Dann aber kann der Hüter der Schwelle sie, da ihr Seelenleben allem wahrhaft Geistigen zu fern geblieben ist, nicht in die höheren geistigen Welten einlassen. Ein solches bedrängendes und bedrückendes Bild hat der Eingeweihte in unserer Zeit unablässig vor sich: schlafende, materialistisch gesonnene Seelen um den strengen Hüter, der ihnen den Einlaß in die höheren Welten, den sie unbewußt suchen, versperrt. Zum Abschluß der Beschreibung dieser tief tragischen Szene heißt es: «Wenn man sich jetzt bei dieser Tagung hier einmal dies ernsthaftig gegenüber der eigenen Seele gestanden hat, dann wird diese Weihnachtstagung einen kräftigen Impuls in die Seele hineinsenden, der dann diese Seele hinaustragen kann zu kräftigem Wirken, wie es die Menschheit heute braucht, damit die nächste Inkarnation die Menschen so finde, daß sie wirklich dem Hüter der Schwelle begegnen können, – das heißt, daß die Zivilisation so werde, daß sie selbst als Zivilisation vor dem Hüter der Schwelle bestehen kann.»[17]

In diesen Worten haben wir den direkten Hinweis auf die soziale Mission des Einweihungsweges der Weihnachtstagung: die menschliche Zivilisation durch das rechte Handeln der Anthroposophen in der Welt auf das bewußte Stehen vor dem Hüter der Schwelle vorzubereiten. Und diese Tätigkeit zum Wohle der ganzen Menschheit, in strengem Dienst für die Impulse der Weihnachtstagung, wird ihren geistigen Ausdruck darin finden, daß der Hüter der Schwelle zu den schlafenden, materialistisch gesonnenen Gegenwartsseelen sprechen wird: «Bleibe draußen aus dem Geisterland ...», zu den Anthroposophen jedoch: «Du mußt zu dem *Vernehmen der Stimme aus dem Geisterland* den starken Mut, dich zu dieser Stimme zu bekennen, entwickeln, denn du hast begonnen zu wachen. Der Mut wird dich wach erhalten; die Mutlosigkeit allein könnte dich zum Einschlafen führen.»

Diese Stimme aus dem Geisterland aber erklingt auf der Weihnachtstagung vor allem in den sieben Rhythmen der Grundstein-Meditation, von der Rudolf Steiner am Morgen des 26. Dezember sagte: «Deshalb möchte ich ... auch heute vor Ihnen wiederholen wenigstens einen Teil der Worte, die *mit dem Willen der geistigen Welt* gestern zu Ihnen gesprochen worden sind.» Der Mut jedoch, den jeder Anthroposoph haben muß, sich offen zu dieser «Stimme» zu bekennen – es ist der Mut, den Impulsen der Weihnachtstagung zu dienen, die selbst unmittelbar aus jenen Sphären in die Welt gekommen ist, an deren Schwelle der strenge Hüter steht. Denn was auf der Weihnachtstagung geschehen ist, unterliegt nicht der Zeit, so wie alles, was aus den Bereichen jenseits der Schwelle kommt. Rudolf Steiner weist mit folgenden Worten darauf hin: «Wenn Sie zurückdenken an diese Weihnachtstagung, so werden Sie sich sagen müssen: Es ist da etwas gewesen, *was aus der geistigen Welt selber kam ...»*[18].

Stellen wir die zwei Aussagen Rudolf Steiners einander gegenüber: die eine vom 29. Dezember 1923 während des Abendvortrags: «Ich glaube, für alle diejenigen, die jetzt hier bei dieser Weihnachtstagung versammelt sind, *gibt es einen Impuls einer möglichen Erweckung»*; und die andere im Vortrag vom 1. Januar 1924, wo Rudolf Steiner von denjenigen Worten spricht, mit denen sich der Hüter der Schwelle heute an jeden Anthroposophen wendet, der sich ihm während des Schlafes nähert: «Du mußt zu dem Vernehmen der Stimme aus dem Geisterland den starken Mut entwickeln, dich zu dieser Stimme zu bekennen, *denn du hast begonnen zu wachen.»* Zusammengenommen sagen diese Worte deutlich aus, woher der Impuls der Weihnachtstagung kommt, der zum Wachen, zum Erwachen aufruft! Wenn wir *jedes* Wort Rudolf Steiners mit größter Aufmerksamkeit aufnehmen, dann werden wir fühlen: dieser Impuls kommt aus dem Bereich der Schwelle, *er geht von dem Hüter der Schwelle selbst aus,* der die Weihnachtstagung in unserer Zeit in die Welt treten ließ, damit der Mensch, indem er sich zu ihr «bekennt», zu «erwachen» beginne. Deshalb sind die Impulse der Weihnachtstagung, wenn der Mensch nur wirklich erwachen *will,* heute noch ebenso wirksam wie damals vor mehr als einem halben Jahrhundert. Denn das Erwachen soll uns in die geistige Welt führen, aus der die Weihnachtstagung hervorgegangen ist und von der der strenge Hüter jedem Menschen spricht, der sich seiner Schwelle bewußt nähert: «So stehe ich heute sichtbar vor dir, wie ich stets unsichtbar neben dir in der Sterbestunde gestanden habe. Wenn du meine Schwelle überschritten haben wirst, so betrittst du die Reiche, die du sonst nach dem physischen Tode betreten hast. Du betrittst sie mit vollem Wissen und wirst fortan, indem du äußerlich sichtbar auf Erden wandelst, zugleich im Reiche des Todes, das ist aber im Reiche des ewigen Lebens, wandeln.»[19]

So erweist sich die Weihnachtstagung, die selbst aus dem «Reiche des ewigen Lebens» stammt, als ein allerstärkster Impuls, der nicht nur einzelne Menschen, sondern stellvertretend für die ganze Menschheit die Gemeinschaft der dort Versammelten darauf vorbereitete, *gemeinsam und bewußt über die Schwelle in die geistige Welt einzutreten,* d. h. das in sich zu verwirklichen, wofür Rudolf Steiner in sieben Hauptrhythmen im Laufe der sieben Tage der Weihnachtstagung den Grund legte. Da nun aber die Weihnachtstagung Ewigkeitscharakter hat, so muß sie notwendigerweise auch jene Erkenntnisse enthalten, die der Seele zugänglich sind, die bewußt in den geistigen Welten lebt. In unserem Entwicklungszyklus jedoch sind, wie aus den Worten des Hüters der Schwelle hervorgeht, solche Erkenntnisse nur in zwei Fällen möglich: entweder auf natürliche Weise durch das Aufsteigen in diese Welten nach dem Tode oder durch eine richtig durchlaufene Geistesschülerschaft.

Und so müssen auch diese zwei Aspekte ein und desselben Prozesses den Mittelpunkt des esoterischen Gehaltes der Weihnachtstagung bilden, von dem ausgehend Rudolf Steiner in jenen Weihnachtstagen die anwesenden Mitglieder und mit ihnen alle Seelen, die mit der anthroposophischen Strömung verbunden sind, durch die sieben wichtigsten Etappen des menschlichen nachtodlichen Lebens zwischen zwei Verkörperungen und durch alle sieben Hauptstufen des neuen christlich-rosenkreuzerischen Einweihungsweges führte. Das aber sind diejenigen Erlebnisse, welche in alten Zeiten die Eingeweihten während des dreitägigen Tempelschlafes durchmachten. Damit ist in Wahrheit die alte Mysterienformel des «Erkenne dich selbst» erneuert worden!

Wir wollen der Beschreibung des Lebens der Seele nach dem Tode das 3. Kapitel der «Geheimwissenschaft im Umriß» zugrunde legen und einige Vortragsäußerungen Rudolf Steiners zu diesem Thema hinzufügen. Es ergibt sich dann folgendes Gesamtbild: Die 1. Etappe des nachtodlichen Seins umfaßt den Schwellenübergang in die geistige Welt im Augenblick des Todes sowie das Wahrnehmen des Lebenspanoramas in den folgenden drei Tagen, wobei sich der Ätherleib des Verstorbenen allmählich in die kosmischen Weiten auflöst. – Mit der 2. Etappe beginnt das eigentliche Aufsteigen in den Makrokosmos. Zunächst erwacht die Seele auf dem astralischen Plan oder in der imaginativen Welt. Hier erlebt sie das vergangene Leben nochmals in umgekehrter Reihenfolge, indem sie gleichzeitig einen Prozeß wahrer Selbsterkenntnis durchmacht. Keinerlei Illusionen, sie selbst betreffend, kann es dabei geben. Die Seele erkennt den wahren Wert ihres vergangenen Lebens vom Standpunkt des Kosmos aus gesehen; in majestätischen Imaginationen empfängt sie eine Beurteilung des Lebens durch die dritte Hierarchie, die Seelen-Geister. Ein solches Erleben erweckt in ihr das stärkste Bestreben, an der Verbesserung ihrer Mängel zu arbeiten, und dieses Gefühl bereitet sie langsam für das Leben in den höheren Sphären vor. In der Mondensphäre, aber auch in der Merkur- und Venussphäre macht die Seele weiterhin ähnliche Prüfungen durch. Sie alle sind verbunden mit einer langsamen Auflösung der niederen Teile des Astralleibes. – In der 3. Etappe steigt die Seele durch das kosmische Tor der Sonne aus der Seelenwelt in das Geisterland auf, sie tritt in das niedere Devachan oder die eigentliche Sonnensphäre ein.[20] Hier, in der Welt der Inspiration, arbeitet sie mit den Wesenheiten der zweiten Hierarchie, den Geistern des Lichtes, an der Umgestaltung der Erfahrungen, die sie in dem vergangenen Erdenleben gesammelt hat, in ihre künftigen Fähigkeiten, indem sie bei den Weltenrhythmen der kosmischen Sphärenmusik durch die vier Gebiete des niederen Devachan hindurchgeht. – In der 4. Etappe steigt die Seele im Kosmos weiter empor: sie tritt in das obere Devachan ein, in das Gebiet der kosmischen Intuition, wo sie, von ihren niederen Hüllen befreit, sich als reines Ich-Wesen erlebt. Jetzt verwandelt sich die Sphärenmusik für sie in das Weltenwort, in dessen Weltenkräften sich in ihr die Wesenheiten der ersten Hierarchie, die Kräfte-Geister, offenbaren, die durch die Sphären der oberen Planeten bis hin zu den Fixsternen wirken. Mit ihnen nimmt die Seele an der weiteren Ausgestaltung ihres künftigen Erdenlebens teil. Sie nähert sich dabei allmählich dem letzten Ziel ihrer Wanderung, der Weltenmitternacht, der großen Mitternachtsstunde des Seins. Da schaut die Seele, die sich bis an die Grenzen des oberen Devachan und die Welt des Buddhi erhoben hat, in den erhabenen Taten der ersten Hierarchie ihr zukünftiges Karma in seinem Zusammenhang mit dem Weltenkarma, dem Karma des ganzen Makrokosmos. Diese hohe Sphäre bildet den Höhepunkt des nachtodlichen Weges der Seele: hier schöpft sie nun die ersten Impulse zu dem folgenden Abstieg, der in eben diesem Augenblick für sie beginnt. – Zunächst steigt sie abermals in die Sonnensphäre hinab. Der zweite Aufenthalt in dieser Sphäre bildet die 5. Etappe der nachtodlichen Wanderung. Hier obliegt es der Seele, sich aus den Kräften der geistigen Sonne zusammen mit den höheren Geistern und den Seelen Verstorbener einen neuen Astralleib zu formen, wobei die Möglichkeit, an dieser Arbeit *bewußt* teilzunehmen, davon abhängt, wie weit sie sich in dem vergangenen Leben das Geistselbst-Prinzip erarbeitet hat. – Während der 6. Etappe geht die Seele durch die Mondensphäre, in der ein neuer Ätherleib zu bilden ist. Seine bewußte Ausgestaltung hängt jedoch davon ab, wie weit der Lebensgeist entwickelt werden konnte, über den nur der Mensch verfügt, der im vergangenen Leben den Weg der Geistesschülerschaft betreten hat. Deshalb führen höhere Wesen – in der Geisteswissenschaft Mondenlehrer genannt (Maharajas in der östlichen Terminologie) – diese Arbeit für den Menschen aus. – Auf der 7. Stufe endlich steigt die Seele, in tiefe Bewußtlosigkeit versunken, unmittelbar in die Erdensphäre hinab, wo sie sich mit dem Keim ihres zukünftigen physischen Leibes vereinigt. Da nur derjenige, der den Geistesmenschen bis zu einem gewissen Grade entwickelt hat, auf dieser Stufe sein Bewußtsein erhalten kann, wird hier die Arbeit für den Menschen von noch höheren geistigen Wesenheiten vollbracht, den sogenannten Herren des Karma (den Lipikas in der östlichen Terminologie), mit deren Hilfe der Mensch nun in das neue Erdenleben eintritt. Seine Sternenwanderung ist beendet.

Das sind – in Kürze – die sieben Etappen des nachtodlichen Seins der Seele zwischen zwei Verkörperungen. Nun wollen wir die zweite Möglichkeit des bewußten Lebens des Menschen in der geistigen Welt betrachten. Sie eröffnet sich durch den modernen christlich-rosenkreuzerischen Einweihungsweg, der auch durch sieben Stufen führt. Die genaue Beschreibung dieses Weges finden wir im 5. Kapitel der «Geheimwissenschaft im Umriß». Dort werden die sieben Stufen folgendermaßen aufgegliedert:[21]

1. das Studium der Geisteswissenschaft, wobei man sich zunächst der Urteilskraft bedient, welche man in der physisch-sinnlichen Welt gewonnen hat,
2. das Erwerben der imaginativen Erkenntnis,
3. das Erwerben der inspirativen Erkenntnis (das Lesen der verborgenen Schrift),
4. das Erwerben der intuitiven Erkenntnis (Arbeit am Stein der Weisen),
5. die Erkenntnis des Zusammenhanges von Makrokosmos und Mikrokosmos,
6. das Einswerden mit dem Makrokosmos,
7. die Seligkeit in Gott.

Mit diesem siebengliedrigen Pfad ist ein Einweihungsweg gegeben, der in seiner Gesamtheit den *ganzen* Menschen erfaßt. Demnach hat sich der Schüler auf der 1. Stufe, ausgehend von seinem gewöhnlichen wachen *Ich-Bewußtsein* und der ihm eigenen Urteilsfähigkeit, in die Lehren der Geisteswissenschaft zu vertiefen. – Auf der 2. Stufe muß er durch entsprechende geistige Übungen mit der Entwicklung seiner übersinnlichen Wahrnehmungsorgane oder Lotosblumen in seinem *Astralleib* beginnen, so daß er, wenn eine bestimmte Entwicklungsstufe erreicht ist, die imaginative Welt oder den astralischen Plan betreten kann. – Die folgende 3. Stufe hängt mit der Entwicklung der Geistorgane im *Ätherleib* zusammen. Während der Arbeit auf dieser Stufe werden zunächst die Erlebnisse des Astralleibes dem Ätherleib eingeprägt, im weiteren Verlauf bildet sich dann ein eigenes ätherisches Zentrum; das geschieht anfänglich im Kopfbereich, später bewegt es sich langsam zum Herzbereich hin, wo es zu einem neuen Zentrum für die Ströme des Ätherleibes wird. Damit erlangt dieser allmählich eine eigene, unabhängige Beweglichkeit gegenüber dem physischen Leib, wodurch im Schüler das Bewußtsein erwacht, das ihn in die Welt der Inspiration, des niederen Devachan, der Sphäre der Planeten und Fixsterne führt, wo er die Sternenschrift lesen lernt. – Auf der 4. Stufe schließlich beginnt der Schüler mit dem, was man in der abendländischen esoterischen Tradition seit jeher die «Arbeit am Stein der Weisen» genannt hat, d. h. mit der Arbeit an seinem *physischen Leib*. Dadurch wird eine teilweise Loslösung des ätherischen vom physischen Leib herbeigeführt, was zur Folge hat, daß der Geistesschüler nunmehr mit seinem Bewußtsein in die Welt der Intuition oder das höhere Devachan einzutreten vermag, wo er zum ersten Mal für würdig befunden wird, sein «wahres Ich» zu erleben, das allein in der Sphäre der Intuition wirklich erkannt werden kann; auf den vorhergehenden Stufen konnte der Schüler es nur durch die es umgebende ätherische bzw. astralische Hülle wahrnehmen.[22]

Hier in dieser hohen kosmischen Sphäre erlebt der Mensch die Begegnung mit dem Christus, der als das Urbild seines «wahren Ich» vor ihn hintritt, und dank dieser übersinnlichen Begegnung kann er nun in diesem Zeitenzyklus mit dem *wesenhaften* Umarbeiten seiner drei niederen in die drei höheren Glieder beginnen. Infolgedessen betreffen die drei folgenden Stufen des christlich-rosenkreuzerischen Einweihungsweges die höheren Wesensglieder des Menschen: das Geistselbst, den Lebensgeist und den Geistesmenschen. Wenn es sich also auf den vier ersten Stufen vor allem um *Erkenntnis* handelt (die natürlich auch bis zu einem gewissen Grade das Herausarbeiten der höheren Dreiheit im Menschen zum Ziel hat), so kann sich die weitere Entwicklung des Schülers nur durch die *wesenhafte* Umgestaltung seiner niederen Hüllen in die höheren vollziehen. Denn das Erreichen der 5. Stufe setzt bis zu einem bestimmten Grade eine solche Umwandlung des astralischen Leibes in das Geistselbst, die 6. Stufe die des ätherischen Leibes in den Lebensgeist und die 7. Stufe die Umwandlung des physischen Leibes in den Geistesmenschen voraus.

Der Zusammenhang zwischen den drei letzten Einweihungsstufen und den drei höheren Wesensgliedern des Menschen wird nach Hinweisen Rudolf Steiners noch besonders durch die Tatsache erhellt, daß diese Glieder die mikrokosmischen Abbilder der makrokosmischen Prinzipien von Geist, Sohn und Vater im Menschen sind. Wobei das *Prinzip des Geistes,* soweit es im Geistselbst in Erscheinung tritt, dem Menschen die ganze Fülle der kosmischen Weisheit (Sophia), vor allem aber die Erkenntnis des Zusammenhanges von Mikrokosmos und Makrokomos schenkt. Das *Prinzip des Sohnes*, das sich einst vollkommen in der Person des Christus Jesus auf der Erde verkörperte und das besonders durch den Lebensgeist des Menschen wirkt, gibt ihm die Möglichkeit, sich wahrhaftig mit dem Makrokosmos, der großen Welt zu vereinigen, von der der Mensch einst durch den Sündenfall abgetrennt wurde. Das *Vater-Prinzip* endlich, das sein Abbild im Geistesmenschen hat, führt den Menschen zu dem höchsten Zustand «der Seligkeit in Gott».[23]

So erweist sich das Aufsteigen zu den drei höchsten Stufen der geistigen Entwicklung als das bedeutendste Erreichnis für den verkörperten Menschen. Wie wir jedoch im weiteren sehen werden, ist dieses Aufsteigen *in vollem Bewußtsein*, d. h. so, wie es auf dem christlich-rosenkreuzerischen Einweihungsweg geschieht, erst durch das Mysterium von Golgatha möglich geworden. Denn erst durch den Eintritt des Christus-Impulses in die Erdenentwicklung konnten zu den vier ersten Stufen die drei folgenden hinzugefügt und diese damit für die ganze Menschheit zugänglich werden. Vor dem Mysterium von Golgatha vermochten nur jene Wesen, die der Erdenevolution im eigentlichen Sinne entwachsen waren und die bereits den Weg der kosmischen Entwicklung eingeschlagen hatten, zu einem bewußten und «natürlichen» Erleben dieser drei Stufen zu gelangen. Im 3. Kapitel dieses Buches wurde eingehender von diesen Wesen gesprochen, vor allem von jenen, die die Würde des Bodhisattva erlangt haben und die während der Entwicklung ihres Geistselbst ihre Kräfte aus dem unmittelbaren Anblick des Christus in der Buddhi-Sphäre schöpfen. Dieser Anblick enthüllt im tiefsten Sinne die Erkenntnis des Zusammenhanges von Makrokosmos und Mikrokosmos: dem makrokosmischen Christus-Wesen und dem mikrokosmischen Wesen der Bodhisattvas. Auf noch höherer Stufe befindet sich der Buddha. Er arbeitet bereits an der Entwicklung seines Lebensgeistes und erlebt dadurch, daß er in die Sphäre des Nirwana eingegangen ist, im umfassendsten Sinne die Vereinigung mit dem ganzen Sein, dem Makrokosmos. Und noch höher stehen die Dhyani-Buddhas[24], die sich während ihrer Arbeit an dem Prinzip des Geistesmenschen in einem Zustand befinden, der in menschlicher Sprache nur mit «Seligkeit in Gott» umschrieben werden kann.

Nun obliegt es uns, auf der Grundlage dieser Betrachtungen herauszuarbeiten, inwieweit das nachtodliche Seelensein, das sieben Etappen umfaßt, und der rosenkreuzerische Einweihungsweg, der auch aus sieben Stufen besteht, einander entsprechen. Die Entsprechung der vier ersten Stufen beider Formen des geistigen Seins – insoweit ein Prozeß des Aufsteigens in ihnen stattfindet – ist oben besprochen worden. Was nun die drei folgenden Stufen betrifft, so scheint zunächst keine Entsprechung vorzuliegen, da ja für die Seele des Verstorbenen in diesen Stufen ein langsames Absteigen zur Erde beginnt, für den Eingeweihten dagegen ein weiteres Aufsteigen in den Makrokosmos. Wenn wir jedoch in Betracht ziehen, daß die Seele in den drei letzten Phasen ihres nachtodlichen Seins nacheinander die Ausgestaltung ihres astralischen, ätherischen und physischen Leibes aus dem Kosmos durchmacht, dabei jedoch in immer tiefere Bewußtlosigkeit versinkt, da eine bewußte Teilnahme an diesen Prozessen voraussetzt, daß die höhere Dreiheit des Menschenwesens schon bis zu einem gewissen Grade real herausgearbeitet worden ist, dann wird deutlich, daß sich auch hier die zwei Formen des geistigen Seins entsprechen. So entwickelt der Eingeweihte auf diesen höchsten Stufen bewußt und frei jene Kräfte in sich, aus denen die Seele sich bei ihrem Abstieg zur Erde unbewußt, unter der Führung höherer Wesenheiten, ihre Hüllen für eine neue Verkörperung schafft. Dadurch wird für den Eingeweihten das bewußte Miterleben des Absteigens zu einem Prozeß des weiteren Aufsteigens. Denn es ist, wie die folgende Darstellung zeigen wird, das «Absteigen» der Seele zugleich ein mikrokosmisches Abbild des makrokosmischen Herabsteigens des Christus-Wesens zur Erde, durch das der ganzen Menschheit die Möglichkeit zum höchsten Geistesaufstieg geschenkt wurde.

Nun wollen wir auf das eigentliche Wesen der Weihnachtstagung eingehen, auf ihren Mysteriencharakter, der darin zum Ausdruck kommt, daß wir mit den sieben Hauptrhythmen, die im Laufe der sieben Weihnachtstage gegeben wurden, einerseits den sieben Stufen des geistigen Seins folgen können, durch das die Seele in der Zeit zwischen zwei Verkörperungen hindurchgeht, und andererseits den sieben Stufen des neuen christlich-rosenkreuzerischen Einweihungsweges. Dieser wurde damals als moderner Einweihungsweg öffentlich auf dem physischen Plan durch eine Tat verwirklicht, welche das neue Mysterienzentrum auf der Erde begründete, das unter dem *Zeichen des Michael-Christus* steht.

«Grundsteinlegung der internationalen Anthroposophischen Gesellschaft *durch* Rudolf Steiner», so wurde dasjenige im Programm genannt, was «nach dem Willen der geistigen Welt» am Dienstag, dem 25. Dezember 1923, an einem Tag, der unter dem Zeichen der kosmischen Marskräfte stand, durch Rudolf Steiner vollzogen wurde. Aus den Mitteilungen der Geisteswissenchaft wissen wir, daß die erste Hälfte der Erdenentwicklung bis zum Mysterium von Golgatha mit den Marskräften zusammenhängt. Deshalb war dieser Tag besonders geeignet für die Zusammenfassung der gesamten Mysterienweisheit der Vergangenheit, der Weisheit der ersten, absteigenden Hälfte der Erdenentwicklung, die in dem uralten Mysterienwort «Erkenne dich selbst» zum Ausdruck kommt, um sie dann in den sieben Einweihungsstufen der neuen Mysterien «aus den Zeichen der Gegenwart» heraus zu erneuern.

Seit den ältesten Zeiten strömte der Menschheit in den Einweihungsstätten aus den Tiefen des Kosmos Weisheit zu. Jetzt soll, neunzehn Jahrhunderte nach dem Mysterium von Golgatha der Mensch, der den Christus-Impuls in voller Bewußtheit und Freiheit in sich aufgenommen hat, diese Weisheit in den neuen Mysterien dem Kosmos zurückgeben, nachdem sie in seinem Ich zu Liebe geworden ist, die von nun an aus dem menschlichen Herzen, das sich dem «Fortschritt der Menschenseelen, ... dem Fortschritt der Welt»[25] zur Verwirklichung der großen Ziele der Weltentwicklung weihen will, in die Weltenfernen zurückstrahlt. Deshalb sollte in diesen Tagen der als «dodekaedrisches imaginatives Liebesgebilde» «der Welt nachgebildete, ins Menschliche herein versetzte dodekaedrische Liebesgrundstein» in die Herzen und Seelen der Anwesenden gelegt werden, wodurch die Grundlage für die neuen Ich-Mysterien geschaffen wurde; denn die Liebe ist «das Ergebnis der im Ich wiedergeborenen Weisheit».[26] So soll die gesamte Weltenweisheit der Vergangenheit, die durch die göttlich-geistige Welt vom alten Saturn an in die Weltentwicklung hineingelegt worden ist, in dem freien, von dem Christus-Impuls durchdrungenen Menschen-Ich heute wiedergeboren werden. Davon sprechen uns die an die Weltenweihnacht der Zeitenwende gerichteten Worte der Grundstein-Meditation, um in den Tiefen der Menschenseele jenen Liebesstein zu bilden, der durch die neuen Mysterien zum Grundstein der ganzen zukünftigen Evolution von der Erde bis zum Vulkan werden soll, wo die Weisheit der Vergangenheit, im Christus-durchdrungenen Menschen-Ich wiedergeboren, als Liebe das gestaltende Grundprinzip im Kosmos bilden soll.

Als Grundstein «der aus Welten-Menschenliebe seine Substanz, aus Welten-Menschenimagination seine Bildhaftigkeit, seine Gestaltung und aus Welten-Menschengedanken jenes Glanzeslicht hat»[27], so charakterisiert Rudolf Steiner das Wesen dieses «imaginativen Liebesgebildes», das in jenen Tagen in die Seelen der Anwesenden versenkt wurde. Aus dieser Charakteristik ersehen wir, daß besonders in drei seiner Elemente der Grundstein als einheitliches Ganzes eine harmonische Vereinigung von Makrokosmos und Mikrokosmos in der menschlichen Seele darstellt.

In dem Kapitel seines Buches, das der eigentlichen Betrachtung des Grundsteines gewidmet ist, hat Zeylmans van Emmichoven den Zusammenhang der drei makrokosmischen Elemente des Grundsteins mit den neun kosmischen Hierarchien, den Kräfte-Geistern, den Lichtes-Geistern und den Seelen-Geistern dargestellt. Die schöpferische Tätigkeit dieser hierarchischen Wesenheiten in der Form der Weltenliebe, der Weltenimagination und der Weltengedanken muß in unserer Zeit vom Menschen erkannt werden, damit er «die Dreiheit alles Seins: Weltenliebe, waltend in Menschenliebe, Weltenimagination, waltend in menschlicher Organisationsgestaltung, Weltengedanken, waltend geheimnisvoll untergründlich in Menschheitsgedanken»[28], in sich erfassen kann. Denn nur eine solche Erkenntnis kann den Menschen dazu bewegen, in Freiheit aus den Opferkräften seines Herzens den dodekaedrischen Liebesstein der neuen Mysterien in seine Seele zu versenken, d. h. das zu vollbringen, was seinen Ausdruck darin findet, daß er den ihn «überschattenden» hierarchischen Mächten seine Menschenliebe, Menschenimagination, Menschengedanken entgegenbringt, daß er sich als ein echter Mikrokosmos in die große Welt, in den Makrokosmos, in das große hierarchische Ganze eingliedert, daß er sich «als individuell freier Mensch im waltenden Götterwirken des Kosmos, als Weltenmensch, individueller Mensch im Weltenmenschen, wirkend als individueller Mensch im Weltenmenschen für die Weltenzukunft» erkennt, und den ihn überschattenden hierarchischen Mächten seine Menschenliebe, seine Menschenimagination, seine Menschengedanken entgegenbringt.

Wenn wir uns genauer vorstellen wollen, was hier unter «Weltenmensch» zu verstehen ist, dann können wir die Beschreibung heranziehen, die Rudolf Steiner beispielsweise in dem Vortrag vom 25. Mai 1924 in Paris (GA 239) gegeben hat, wo er davon spricht, daß der Mensch nach seinem Tode in der Sonnensphäre das Urbild seines physischen Leibes für die zukünftige Verkörperung in gemeinsamer Arbeit mit allen Hierarchien des Kosmos aus dem makrokosmischen Menschen, dem Adam-Kadmon, heraus schafft, indem er sich dergestalt in ihm erlebt, daß die inneren Planeten: Mond, Merkur und Venus, durch deren Sphäre die Seelengeister wirken, zu seinen Gliedern werden; die Sonne mit den in ihrer Sphäre wirkenden Lichtesgeistern zu seinem Herz-Lungen-System; zu seinem Erkenntnisorgan aber das, was in der Sonnensphäre als die äußeren Planeten: Mars, Jupiter, Saturn, erscheint, die die Tore für das Einwirken der höchsten Hierarchien, der Kräfte-Geister, bilden.

Aber dieses erhabene Erlebnis des makrokosmischen Menschen, das für den gewöhnlichen Menschen erst nach dem Tode erreichbar ist und in den Mysterien des Altertums nur während des dreitägigen Tempelschlafes erfahren werden konnte, vollzog sich in beiden Fällen außerhalb des Leibes, weit von allem Irdischen entfernt durch die Vereinigung der Seele mit der hohen Sonnensphäre. Doch durch das Erscheinen des Christus, des großen «Sonnenmenschen», und durch das Mysterium von Golgatha wurde die ganze Fülle des kosmischen Lebens in den Erdenbereich getragen. In Rudolf Steiners Worten: «So kann auch diejenige Gestalt, die durch das Mysterium von Golgatha gegangen ist, vor die menschliche Seele nur hintreten, wenn man zuerst eine Möglichkeit hat, aus der menschlichen Organologie heraus den kosmischen Menschen anzuschauen. Denn als kosmischer Mensch kam Christus von der Sonne. Er war bis dahin noch nicht Erdenmensch. Er kam als kosmischer Mensch heran.»[28a] Nun erst konnte der Impuls zum Wiederaufsteigen in den Makrokosmos *allen Menschen auf der Erde* geschenkt werden.[29]

Die Weltentwicklung vollzieht sich jedoch langsam. Wohl war dem Menschheitswerden nach dem Mysterium von Golgatha die Möglichkeit zu einem solchen Aufsteigen gegeben worden, doch konnte es damals nicht aus voller individueller Freiheit verwirklicht werden, denn diese sollte sich die Menschheit erst noch erkämpfen. Deshalb waren weitere neunzehn Jahrhunderte nötig, ehe die Menschen, nachdem sie durch den intensivsten Prozeß der Individualisierung innerhalb der materialistischen Kultur hindurchgegangen waren, nunmehr in der Neuzeit sich den Impuls zur inneren Freiheit in einem hohen Maße erringen konnten, um schließlich in der neuen Herrschaftsepoche des Sonnen-Erzengels Michael dazu reif zu werden, daß jeder einzelne sich auf der Erde und *aus vollkommen freiem Willen* durch die *bewußte* Vereinigung mit dem Christus-Impuls «als *individuell freier Mensch* im waltenden Götterwirken des Kosmos, als ... individueller Mensch im Weltenmenschen, wirkend ... im Weltenmenschen für die Weltenzukunft» finden kann.

Das ist auch der Grund, warum gerade heute, am Ende der dunklen Zeit des Kali-Yuga, sich die Götter wiederum aus dem Kosmos an die Menschheit wenden und ihre Stimme den Erdenmenschen in der Grundstein-Meditation erklingt, ihnen offenbarend, «was die Welt dem Menschenwesen und Menschenleben und Menschenwirken zu sagen hat»[30]: so tönt uns das große kosmische Wort des Vaters in dieser Meditation durch die Kräfte-Geister aus den Höhen entgegen; so erklingt das Wort des Sohnes durch die Lichtes-Geister von Ost nach West; das Wort des Geistes durch die Seelen-Geister aus den Tiefen der Welt! Und auf diesen dreifachen Ruf des Kosmos, der in den neuen Mysterien der Menschenseele erklingt, muß sie heute Antwort geben, Antwort durch den Willen zum Opferdienst, zum Handeln aus dem Geiste, wo die Seele aus der Weltensubstanz, «in der da wirkt und west und lebt der Geist, der aus den Höhen strömt und im Menschenhaupte sich offenbart»[30a], aus der «Christus-Kraft, die überall im Umkreise wirkt, die mit den Lüften webt, um die Erde kreisend, die in unserem Atemsystem wirkt und lebt», und, endlich, aus den Kräften der Tiefe, «die aus dem Erdeninnern heraufkommen», «die in unseren Gliedmaßen wirken», in sich den dodekaedrischen Grundstein bildet, den sie dann im «Seelen-Erfassen dem Welten-Dodekaeder als Menschen-Dodekaeder gegenüberstellen» kann. Dabei erscheinen in der Antwort der Menschenseele bei der Bildung des Menschen-Dodekaeders die drei Weltenkräfte in umgekehrter Reihenfolge als in dem Welten-Dodekaeder und nur die Makrokosmos und Mikrokosmos umfassende Christus-Kraft wirkt auf die gleiche Weise in beiden.

Zusammenfassend können wir sagen: In der Grundstein-Meditation haben wir auf der einen Seite den Ruf des Kosmos, der der Menschenseele erklingt. Da wirken die Vaterkräfte aus den Höhen, die Sohneskräfte aus dem Umkreis, die Geisteskräfte aus den Weltentiefen. Von der anderen Seite aber antwortet die Seele dem Kosmos, und ihre Antwort soll darin bestehen, daß sie den Menschen-Dodekaeder als ernstes Gelöbnis zum Opferdienst gegenüber dem wirkenden Welten-Dodekaeder in sich erschafft, den Menschen-Dodekaeder, der «aus dem Geist der Höhe» gebildet ist, «aus der Christus-Kraft des Umkreises, aus der Vaterwirksamkeit …, die aus den Tiefen strömt». Es schafft der Mensch den Menschen-Dodekaeder als Antwort auf den Anruf der Weltenkräfte in sich, wenn er sich so in die Welt stellt, daß in seinem Haupte, seinen Gedanken sich der Geist der Höhen offenbaren, in seinem Herzen der Christus herrschen, in seinem Tun die Vaterkraft aus den Weltentiefen wirken kann. Dies sollte die Antwort des Menschen auf den dreifachen Anruf des Kosmos sein. Wo das verwirklicht wird, haben wir den Beginn einer neuen Ära der Weltentwicklung, den Anfang des Geistesaufstiegs der Menschheit. Das steht als der Hauptrhythmus vor uns, in dem uns Rudolf Steiner die Grundstein-Meditation am 1. Tag gibt, der Rhythmus, der uns auf die Vorbedingungen zum Betreten des neuen Mysterienweges hinweist, den wir nun genauer betrachten wollen.

Am 1. Tag der Weihnachtstagung, am 25. Dezember 1923, beginnt Rudolf Steiner mit dem Lesen der ersten Abschnitte der Teile 1–3 der Meditation. Hier haben wir, darauf weist schon Rudolf Grosse in seinem Buch ‹Die Weihnachtstagung als Zeitenwende› hin, nach dem direkten dreimaligen Anrufen der Menschenseele, in zwölf Zeilen *(2–13)* den stetigen Prozeß der Verkörperung der Seele im physischen Leibe, wobei die Seele, die allmählich vom physischen Leib Besitz ergreift, sich zunächst mit den Gliedern verbindet *(I,2)*, sodann mit Herz und Lungen *(II,2)* und schließlich mit dem Kopf *(III,2)*.[31] Nachdem sie so in die

Erdensphäre eingetreten ist, kann sie nunmehr in der physischen Welt leben, und wenn sie die Erfahrungen des Erdenlebens in der rechten Weise durchmacht, dann führt dieses Erdenleben sie stufenweise durch die Welten des Raumes *(I,3)* und der Zeit *(II,3)* zur Ewigkeit *(III,3)*, indem er sie im Verborgenen für das wahre Erleben des Geistesmeereswesens *(I,4)* das Erfühlen des eigenen Seelenwesens *(II,4)*, das «Erschließen» der Weltgedanken vorbereitet *(III,4)*.

Die volle geistige Realität, die in diesen drei Zeilen zum Ausdruck kommt, wird die Seele, die nicht den Einweihungsweg betritt, erst nach ihrem Tod erleben. Jedoch kann die Seele diesen Weg betreten. Sie kann beginnen, bewußt an sich zu arbeiten, sich im Geist-Erinnern, Geist-Besinnen, Geist-Erschauen zu üben *(I, II, III,5–6)*. Hat aber die Seele den Entschluß gefaßt, der geistigen Welt entgegenzugehen, dann offenbart sich ihr das Mysterium vom Aufsteigen zum höheren Ich des Menschen durch Vergangenheit, Gegenwart und Zukunft *(I, II, III,7–11)*. Es enthüllt sich ihr das Geheimnis des Ich-Werdens im Laufe der Weltenzeiten. Und diese Erkenntnis gibt der Seele die Kraft, bewußt mit der Arbeit zu beginnen, die zu einer Befreiung von der Wirkung des Sündenfalls führen kann, indem sie sich stufenweise die Fähigkeit ewirbt, «wahrhaft zu leben», «wahrhaft zu fühlen» und «wahrhaft zu denken» *(I, II, III,12)*, das aber ist bereits ein Ergebnis der Umwandlung des menschlichen Astralleibes in das Geistselbst, in die Jungfrau Sophia nach der christlichen Terminologie. Damit wird der Mensch zu einem wahren Gottestempel, einem Gefäß des Heiligen Geistes, und er begreift sich in dem ewigen Aspekt seines Welten-Wesens, seines Seelen-Wirkens, seiner Geistes-Gründe *(I, II, III,13)* als Mensch, der ganz und gar durch seinen Leib, seine Seele und seinen Geist mit den höheren, übersinnlichen Welten verbunden ist.

Doch es wäre dieses bewußte Aufsteigen des Menschen in die höheren Welten nicht möglich, wenn die Kraft dazu allein aus dem Verlangen der Menschenseele kommen müßte. Eine wirkliche Einweihung kann nur dort stattfinden, wo der in die Höhen strebenden Menschenseele die geistige Welt selbst entgegenkommt. Wir haben schon mehrmals darauf hingewiesen, daß das im Altertum, in den vorchristlichen Zeiten, nur im Zustand des tiefen, «todähnlichen», dreitägigen Tempelschlafes geschehen konnte, wo die Seele, nachdem sie alle notwendigen vorbereitenden Stufen durchgemacht hatte, von den Priester-Hierophanten in einen solchen Zustand versetzt wurde, daß sich ihr die geistige Welt unmittelbar nähern konnte. Da jedoch seit dem Mysterium von Golgatha das makrokosmische Christus-Wesen in der Erdensphäre weilt und da mit dem

Jahre 1899 das neue lichte Zeitalter begonnen hat, so ist es nun möglich geworden, die Stimme des Makrokosmos *bewußt* zu vernehmen und *in voller Freiheit* den Eintritt in die übersinnlichen Welten zu erleben, d. h. zu erleben, wie die geistige Welt selbst der ganzen Menschheit in unserer Zeit unmittelbar entgegenkommt. Denn allein durch die Tat des Christus auf Golgatha kann die Seele heute in der Weltepoche der menschlichen Freiheit den Weg zur «Versöhnung mit Gott», d. h. zu der bewußten und freien Vereinigung mit den höheren Welten finden. Daß das von unserer Zeit an tatsächlich möglich ist, davon spricht uns vor allem der 4. Teil der Grundstein-Meditation.

Früher näherten sich die Götter der Menschheit nur in einem dumpfen hellsichtigen Bewußtsein, jetzt aber kann sich dem Menschen, der von der Christus-Sonne sein Herz erwärmen, seinen Kopf erleuchten läßt *(IV,14–19)*, die ganze Wesensfülle des göttlichen Weltenwortes offenbaren, das sich heute im zweiten Abschnitt von Teil 1–3 der Meditation an den vollbewußten Menschen wendet, wo in sieben aufeinander folgenden Zeilen *(14–20)* der Prozeß beschrieben wird, wie der Makrokosmos stufenweise zum Menschen herabsteigt, was die unerläßliche Voraussetzung jedes wahren Einweihungsweges ist.

Über drei Stufen kommt der nach höherer Erkenntnis strebenden Menschenseele der Makrokosmos entgegen. Zuerst offenbart er sich in seinem höchsten, überhierarchischen Aspekt: als Sphäre des Vaters, des Sohnes und des Geistes, als göttliche Trinität *(I, II, III,14–15)*, sodann als die göttliche Schöpferwelt der neun Hierarchien *(I, II, III,16–18)* und schließlich als die Stimme der Hierarchien, das den Menschen wachrufende Weltenwort, das ihm sein himmliches und irdisches Schicksal offenbart: seine Herkunft aus dem Göttlichen, seinen Sieg in Christus über den Tod auf der Erde, sein Erwachen zu neuem Bewußtsein durch die Vereinigung mit dem Geist: «Aus dem Göttlichen weset die Menschheit – In dem Christus wird Leben der Tod – In des Geistes Weltgedanken erwachet die Seele» *(I, II, III,19–20)*.

So ist das, was die Seele auf dem Einweihungsweg erlebt, der in den ersten Abschnitten der Teile 1–3 der Meditation beschrieben wird, nur dadurch möglich, daß der gesamte Makrokosmos daran teilnimmt, der in dem zweiten Abschnitt der genannten Teile zum Menschen herabsteigt, weshalb diese Abschnitte jedesmal mit dem Wort «denn» beginnen. Jedoch, die *innere* Verbindung der zwei Abschnitte dieser drei genannten Teile ist für das volle Bewußtsein des Menschen nur durch den Inhalt des 4. Teiles möglich. Das stellt Rudolf Steiner als das allumfassende Bild der neuen Einweihung an diesem ersten Tag der Weihnachtstagung vor uns hin, indem er uns das Ganze des Einweihungsweges in seinen mächtigen Rhythmen zeigt. So lenkt er unsere Aufmerksamkeit zunächst in den ersten Abschnitten des 1.–3. Teiles auf den mikrokosmischen Weg, den Weg von unten nach oben, zu den geistigen Welten, sodann führt er uns das Mysterium des Christus in der Menschheit vor Augen, das Mysterium, durch das der Zusammenhang der Menschenseele mit der Welt der Götter (1. Abschnitt des 4. Teiles), der durch den Sündenfall gestört worden war, wiederhergestellt wird. Und endlich erscheint für die Seele, die sich durch das Einleben in den zweiten Abschnitt des 4. Teiles der Meditation mit dem Christus-Impuls durchdrungen hat, das volle Bild des Einweihungsweges, die endgültige Vereinigung der Menschenseele mit den göttlich-geistigen Welten, des Mikrokosmos mit dem Makrokosmos, so wie es in dem *vollständig* gelesenen 1., 2. und 3. Teil der Meditation zum Ausdruck kommt.[32]

Wenn wir nun das Ganze der Rhythmen des 1. Tages betrachten, so sehen wir, daß es ihr Hauptziel ist, für den Menschen, der sich auf den neuen Mysterienweg vorbereitet, den Zusammenhang mit dem Christus durch das Verständnis seines allumfassenden Wirkens in der Weltentwicklung herzustellen. Denn er hat die reale Möglichkeit gebracht, den Makrokosmos und den Mikrokosmos, die Welt der Götter und die Welt der Menschen zu verbinden, in ihm ist «das Wort Fleisch geworden». Sich der vollen unendlichen Bedeutung dieser Tatsache des neuen Einweihungsweges bewußt zu werden ist die Aufgabe der Rhythmen dieses Tages.

Mit der Hinwendung zu den Elementargeistern der vier Weltrichtungen, die an das Ende jedes der drei ersten Teile der Meditation angefügt wurde, ruft Rudolf Steiner diese Elementargeister, durch deren Sphäre der Schüler am Anfang seines Geistesweges hindurchgehen muß, unmittelbar an. Diese Geister der vier Elemente haben den Christus-Impuls schon zur Zeit des Mysteriums von Golgatha in sich aufgenommen und können nun dem Menschen den rechten Weg zu ihm zeigen.

Die Anrufung in den drei Zeilen enthält jedoch noch ein weiteres Geheimnis, das Geheimnis des neuen Naturlebens, das heute in jedem Stein, in jeder Pflanze dem Menschen von dem großen Sonnen-Heiland der Welt sprechen will. Deshalb ist es ganz besonders die Aufgabe der modernen Geisteswissenschaft, eine neue Naturauffassung zu entwickeln, worauf Rudolf Steiner u. a. in dem Vortrag vom 17. Mai 1923 in Christiania hinweist: «Aber dazu müssen wir durch Geisteswissenschaft wiederum lernen, in jedem stofflichen Wesen ein Geistiges zu sehen,

Geister hinter dem Stein, Geistiges hinter der Pflanze, Geistiges hinter den Tieren, Geistiges hinter den Menschen, Geistiges hinter den Wolken, Geistiges hinter der Sonne. Wenn wir durch die Materie den Geist wiederum in seiner Wirklichkeit finden, dann öffnen wir unsere Menschenseele auch für die Stimme des Christus, der zu uns sprechen will, wenn wir ihn nur hören wollen» (GA 226). Und in dem 6. Vortrag desselben Zyklus, am 21. Mai, äußert sich Rudolf Steiner folgendermaßen: «Vor dem Mysterium von Golgatha hat die Menschheit die beseelte durchgeistigte Natur geschaut. Nach dem Mysterium von Golgatha muß die Menschheit danach streben, daß die beseelte, durchgeistigte Natur die Gefolgschaft des Christus bildet, daß die Naturgeister alle gesehen werden in der Gefolgschaft des Christus, denn ohne ihn können sie nicht gesehen werden.» Aber diese neue Beziehung zu der uns umgebenden Welt der Natur, die ganz von den Kräften des Christus durchdrungen ist, der sich in ihr als der wahre Geist der Erde zeigt und uns ihre Geheimnisse erkennen läßt, das ist das neue Wissen, das Rudolf Steiner das «Lesen in dem Buche der Natur» nennt. Dieses Wissen lebte nach seinen Worten in anderer, vorchristlicher Form in Aristoteles, in der folgenden Epoche, die im europäischen Mittelalter am vollständigsten in Erscheinung getreten ist, wurde dieses Wissen durch das «Buch der Offenbarung» ersetzt. Doch in unserer Zeit, nach dem Ende des Kali Yuga und mit dem Beginn der neuen Michael-Herrschaft, sollte es in einer erhabeneren und umfassenderen Form als bei Aristoteles in der anthroposophisch orientierten Geisteswissenschaft der Gegenwart wiederum aufleben.

Deshalb spricht Rudolf Steiner in dem Vortrag vom 1. August 1924 in Dornach davon, daß es notwendig ist, wiederum in dem Buche der Natur zu lesen, und daß das einer der wichtigsten Impulse unserer Epoche ist, der von dem führenden Zeitgeist Michael selbst ausgeht, denn es ist dieses Buch heute ein im tiefsten Sinne christliches Buch: «Und das ist der Impuls des Michael, die Menschen, nachdem die von ihm verwaltete Intelligenz unter sie gekommen ist, wieder dazu zu bringen, das große Buch der Natur wiederum aufzuschlagen, in dem Buche der Natur zu lesen» (GA 237). Und dann fährt Rudolf Steiner fort, indem er sich unmittelbar an die Anthroposophen wendet: «Eigentlich sollte jeder, der in der anthroposophischen Bewegung ist, fühlen, daß er sein Karma nur verstehen kann, wenn er erst weiß: *An ihn geht persönlich* die Aufforderung, wiederum in dem ‹Buche der Natur› geistig zu lesen, *die geistigen Hintergründe der Natur* zu finden, nachdem Gott die Offenbarung für die Zwischenzeit gegeben hat.» Aber in diesen »geistigen Hintergründen der Natur», d.h. in der Sphäre der Elementargeister der Erde, wirkt seit dem Mysterium von Golgatha das Christus-Wesen, das sich seit der Zeit mit der Erde verbunden hat:

«Das hören die Elementargeister
im Osten, Westen, Norden, Süden.»

Und als Ruf, dieses wahrhaft zu erkennen, als Ruf zu einem neuen Lesen in dem großen und heute tief durchchristeten «Buch der Natur» erklingt uns dreimal aus der Grundstein-Meditation entgegen:

«Menschen mögen es hören!»[33]

Aufgrund der Rhythmen dieses Tages kann die Seele, die die Bedingungen ihrer Einweihung erkannt hat, den Einweihungsweg unmittelbar beginnen. Sieben große Mysterienstufen sind mit den folgenden sieben Weihe-Rhythmen im Laufe von sieben Weihnachtstagen zu durchleben.

Den eigentlichen Einweihungsprozeß beginnt Rudolf Steiner am 26. Dezember, einem Mittwoch. Dieser Tag steht besonders unter dem Einfluß des Merkur, dessen Kräfte die zweite Hälfte der Erdenentwicklung nach dem Mysterium von Golgatha oder, mit anderen Worten, die Epoche der Verwirklichung des Christus-Impulses in der Erdensphäre und in der Menschheit tragen und durchströmen. Deshalb ist dieser Tag zum Durchschreiten der ersten Stufe des neuen Einweihungsweges besonders geeignet. An diesem Tag liest Rudolf Steiner die ersten Abschnitte der Teile 1–3 und gibt dann folgenden Rhythmus.

Zunächst werden die drei verschiedenen Tätigkeiten der Menschenseele auf ihrem Weg in die höheren Welten angesprochen, das

«Geist-Erinnern»
«Geist-Besinnen»
«Geist-Erschauen»[45]

dann die an jede von ihnen anschließenden Worte *(I, II, III,9–11)*:

«Das eigne Ich Im Gottes-Ich Erweset.»	«Das eigne Ich Dem Welten-Ich Vereinen.»	«Dem eignen Ich Zu freiem Wollen Schenken.»

Das Durchschreiten der ersten Stufe des Geistesweges soll die Menschenseele mit einer Vertiefung ihres Selbstbewußtseins beginnen, als Ausgangspunkt aber dieser Vertiefung sollen die drei verschiedenen, obengenannten Seelentätigkeiten dienen, wobei jede einzelne ein Beitrag zum Aufsteigen der Seele in die übersinnlichen Welten in Übereinstimmung mit dem Teil ist, in dem auf sie hingewiesen wird. Von drei Stufen der höheren Erkenntnis, die auf dem Weg der modernen Geistesschülerschaft erreicht werden können, spricht uns die Geisteswissenschaft. Sie nennt sie die imaginative, inspirative und intuitive Erkenntnis. Durch diese drei Stufen nun führt die Vertiefung jeder der drei Arten seelischer Tätigkeit den Schüler und offenbart ihm einen der drei Grundaspekte des göttlichen Seins.

Die erste Art seelischer Tätigkeit (das «Geist-Erinnern»), das im 1. Teil der Meditation enthalten ist, hat durch die in umgekehrter Reihenfolge durchgeführte tägliche Rückschau auf die Ereignisse des vergangenen Tages zunächst die Versenkung in die eigenen Seelentiefen zur Folge *(I,6)*. Nach und nach soll dann dieses Bild den Schüler zum Erleben des gesamten ätherischen Lebenspanoramas in der Imagination führen, später zum inspirativen Erleben seines vorgeburtlichen Seins im «waltenden Weltenschöpfer-Sein» *(I,7–8)* und schließlich in der Intuition zum Erleben der Evolution des Kosmos und der Menschheit bis zum alten Saturn, wo das eigne Ich des Menschen noch ganz in dem Gottes-Ich des Schöpfers allen Seins «erweste» *(I,9–11)*. So führt uns die Vertiefung der ersten Art von seelischer Tätigkeit zum Erkennen der Vatersphäre, in der die Geheimnisse der Weltenvergangenheit bewahrt werden.

Die zweite Art von Seelentätigkeit (das «Geist-Besinnen») offenbart uns, im 2. Teil, die Geheimnisse der Sphäre des Sohnes, insbesondere die Geheimnisse seines gegenwärtigen Wirkens im Erdenumkreis. Jedoch, so wie die Rückschau auf die Tagesereignisse als Vorbereitung für die Vertiefung der ersten Art von Seelentätigkeit diente, so ist es hier die Beschäftigung mit den geisteswissenschaftlichen Angaben, aus denen der Schüler eine neue Erkenntnis des Christus-Wesens schöpfen kann; und diese Erkenntnis ist die wichtigste Forderung unserer Zeit. Denn durch ein solches meditatives «Besinnen» auf die Christus-Wesenheit *(II,5)* erringt sich der Schüler mit der Zeit das wahre Seelengleichgewicht *(II,6)*. Das aber bedeutet, daß die luziferischen und ahrimanischen Kräfte durch das Erleben der realen Anwesenheit des Christus in der Seele ausgewogen werden können, wie das von Rudolf Steiner in der plastischen Gruppe dargestellt wurde. So führt das geisteswissenschaftliche «Besinnen» über den Christus allmählich zu einem realen Erleben seiner Wesenheit in der übersinnlichen Welt. Dabei zeigt sich der Christus dem Schüler heute zunächst in der Imagination in seiner ätherischen Gestalt. Auf der nächsten Stufe offenbart er sich in der Inspiration in seiner astralischen Gestalt als der große Sonnengeist (denn er ist der große Hüter der Schwelle), der aus der hohen Sonnensphäre heraus die «wogenden Welten-Werde-Taten» leitet *(II,7–8)* und den Seelen im nachtodlichen Leben hilft, den Weg aus der Seelen-Welt in die Welt des Geistes, aus der Monden- in die Sonnensphäre zu finden. Und endlich erscheint er dem Geistesschüler in der Intuition als das allumfassende Welten-Ich, als der höchste Repräsentant des vierten makrokosmischen Prinzips des Weltalls[34], in dessen Betrachtung in der Sphäre der Vorsehung die zwölf Bodhisattvas versunken sind, die aus diesem Anblick die Impulse für die Leitung der Menschheitsentwicklung schöpfen. Diese höchste intuitive Christus-Schau offenbart dem Schüler auch die kosmische Bedeutung des Mysteriums von Golgatha, durch das sich das Welten-Ich des Christus mit dem eigenen Ich jedes Menschen verbunden hat *(II,9–11)*, wodurch er ihm die Möglichkeit eröffnet hat, bis zu den höchsten Sphären des Makrokosmos aufzusteigen.

Die dritte Art von Seelentätigkeit (das «Geist-Erschauen»), das sich auf den 3. Teil der Meditation bezieht, enthüllt dem Geistesschüler das Geistgebiet, die Sphäre der Zukunft, in der die Ziele der Weltentwicklung erreicht werden sollen. Auf der Vorbereitungsstufe dieser Übung erlebt er das eigentliche Wesen des Meditierens, das nur in voller «Gedanken-Ruhe» vor sich gehen kann *(III,6)*. Eine solche Meditation führt ihn zunächst zu einem Denken mit dem ätherischen Gehirn, zum imaginativen Schauen des «Welten-Wesens-Lichtes» *(III,8)*, später zum Erleben der «Bewußtseins-Leere», die das Tor zur Inspiration ist, in der dem Geistesschüler dann Michael, der führende Geist unserer Zeit, entgegenkommt, der ihm «die ew'gen Götterziele» *(III,7)* offenbart, die auf die ferne Menschheitszukunft weisen, wo das eigene Ich des Menschen diese Götterziele aus freiem Wollen bewußt im Weltall verwirklichen wird *(III,9–11)*. Diese weit entfernte Epoche der Weltentwicklung offenbart sich dem Schüler in der Intuition als der künftige planetarische Zustand der Erde.

Das ist das allgemeine Bild des geistigen Weges, der sich durch die Vertiefung der drei Arten seelischer Tätigkeit eröffnet. Ihre Beziehung zu den genannten Einweihungsstufen läßt jedoch auch deutlich werden, daß sie den Geistesschüler, versenkt er sich bewußt in sie, mit der Zeit zu einer völligen Umwandlung des Denkens, Fühlens und Wollens führen können *(III, II, I, 12)*, die ihm dann die «Geistes-Gründe», das «Seelen-Wirken» und das «Welten-Wesen» des Menschen offenbaren *(III, II, I,13)*. So wird die alte Mysterienformel des «Erkenne dich selbst als Geist, Seele und Leib» in ihrer aus den Zeichen der Gegenwart heraus erneuerten Form für den Schüler ein persönlich erlebtes Wissen.

Aber da das Denken, Fühlen und Wollen im Menschen nur unter dem

Einfluß des Ich-Bewußtseins zu harmonischer Wechselwirkung gebracht werden können, so ist es ebenso berechtigt, von diesen drei Seelentätigkeiten in ihrer Gesamtheit zu sprechen. Und eine solche Betrachtung kann uns eine ganz besonders wichtige Eigenart des Rhythmus gerade dieses Tages enthüllen. Denn diese drei Arten seelischer Tätigkeit zusammengesehen, führen den Menschen in erster Linie zu wahrer Selbsterkenntnis, die das tiefste Mysterium des Menschen-Ich offenbar vor ihn hinstellt: sein vergangenes Sein im Schoße der göttlichen Welten; die folgende Loslösung von ihnen sowie das Wiederauffinden des Zusammenhanges, da es durch das Wirken des Christus-Impulses in der Erdensphäre dem Menschen-Ich abermals möglich geworden ist, sich mit dem Welten-Ich zu vereinen; und endlich der Hinweis auf die ferne Zukunft dieses Ich, wo es aus freiem Wollen mit den Göttern wird im Kosmos schaffen können *(I, II, III,9–11)*. So offenbart sich das Ich-Mysterium hier dem Schüler in seinem theologischen, seinem christologischen und seinem eschatologischen Aspekt.

Diese Erkenntnis des kosmischen und irdischen Schicksals des Menschen-Ich hat jedoch für den Schüler noch eine weitere Bedeutung. Dadurch, daß er das Geheimnis des Ich-Werdens von der niedersten zur höchsten Stufe schauen lernt, offenbart sich ihm auch das grundlegende Mysterium des Erdenseins: das Geheimnis des Todes. Denn bei der Einweihung erlebt der Schüler noch im physischen Leibe, was der Mensch im allgemeinen erst nach dem Tod erfährt: den Tod des niederen Ich um der Auferstehung im höheren willen. Das ist der Sinn des alten Mysterienwortes: «Wer nicht stirbt, bevor er stirbt, der verdirbt, wenn er stirbt.»[35] Mit der Tat des Christus auf Golgatha aber ist der ganzen Menschheit die Möglichkeit gegeben worden, durch die Vereinigung mit dem Christus-Impuls aus dem Reich des Todes, in das wir mit unserem niederen Ich versunken sind, noch im physischen Leibe wiedergeboren zu werden, aufzuerstehen in unser höheres Ich, in unser Geistselbst, für das Leben in der geistigen Welt. Das Geheimnis des Todes im Zusammenhang mit dem, was der Christus Jesus während des Mysteriums von Golgatha vollbrachte, das offenbart sich hier dem Geistesschüler.

Der Tod ist die Geburt des höheren Ich im Menschen[36], so wie der Kreuzestod auf Golgatha die Geburt des höheren Ich der ganzen Menschheit in der Erdensphäre war.[37] Allein die Erkenntnis dieses Mysteriums kann dem Schüler die Kraft geben, beim Eintritt in die geistige Welt nicht sein individuelles Ich zu verlieren, was sonst mit dem Schritt über die Todesschwelle verbunden ist. «Erkrafte dich, um in Christus zu sterben»

(In Christo morimur), – die Verwirklichung dieses Wortes ist für uns die erste Stufe des neuen Einweihungsweges.

Hieraus wird auch verständlich, warum Rudolf Steiner in der ‹Geheimwissenschaft im Umriß› diesen neuen Einweihungsweg ‹die Wissenschaft vom Gral› nennt, denn das Bild des Grales weist auf das Mysterium von der Entwicklung des höheren Ich im Menschen im Zusammenhang mit dem Christus-Impuls hin. Rudolf Steiner schreibt darüber in der ‹Geheimwissenschaft im Umriß›: «Wer dieses Symbol, wie es in Erzählung und Sage gegeben ist, seiner tieferen Bedeutung nach verstehen lernt, wird nämlich finden, daß es bedeutungsvoll das Wesen dessen versinnlicht, was oben die Erkenntnis der neuen Einweihung, mit dem Christus-Geheimnis in der Mitte, genannt worden ist. Die neuzeitlichen Eingeweihten können deshalb die ‹Eingeweihten des Grales› genannt werden. Zu der ‹Wissenschaft vom Gral› führt der Weg in die übersinnlichen Welten, welcher in diesem Buche in seinen ersten Stufen beschrieben worden ist.»[38]

In dem Zyklus über das Johannes-Evangelium spricht Rudolf Steiner mit folgenden Worten über dieses Thema: «Im Anfang war das Mysterium vom höheren Menschen-Ich; im Gral war es aufbewahrt; mit dem Gral blieb es verbunden, und im Gral lebt das Ich, das verbunden ist mit dem Ewigen und Unsterblichen wie das niedere Ich mit dem Vergänglichen und Sterblichen. Und wer das Geheimnis des Heiligen Gral kennt, der weiß, daß aus dem Holz des Kreuzes hervorgeht das lebendige sprießende Leben, das unsterbliche Ich, das symbolisiert ist durch die Rosen am schwarzen Kreuzesholz.»[39] Aus diesen Worten ersehen wir, daß das Gralsmysterium, in das wir mit dem Rhythmus dieses «ersten» Tages eintreten, uns zur wahren Erkenntnis des Ich-Mysteriums führt, das die Grundlage des weiteren Einweihungsweges ist und das sich uns als das Mysterium von Tod und Auferstehung, als der Übergang vom niederen, sterblichen Ich des Menschen zum höheren unsterblichen offenbart, bei dem dank der Christus-Kraft alle Früchte des niederen Ich im höheren bewahrt werden. Deshalb enthält diese Stufe auch das grundlegende Schwellenerlebnis, mit dem der Schüler, der für die Einweihung reif geworden ist, dadurch, daß er sich mit seinen höheren, seinem göttlichen Ich verbindet, bewußt in die geistige Welt eintreten kann.

So wird für den Geistesschüler noch im Leben auf der Erde das, was für den Menschen sonst das tragische Ereignis des Todes ist, zum bewußten Schwellenübergang, zum Eintritt in die höheren Welten, wo er erste Erfahrungen rein geistiger Natur macht. Mit solchen ersten Erfahrungen jenseits der Schwelle, die ebenso die ersten Erlebnisse der Seele nach dem

Tode sind, macht uns auch der Rhythmus dieses Tages bekannt. Dabei ist zu beachten, daß Rudolf Steiner auf den Zusammenhang gerade der ersten nachtodlichen Seelenerlebnisse mit dem von uns oben betrachteten Ich-Mysterium in zahlreichen Vorträgen hinweist, in denen er beispielsweise davon spricht, daß die Möglichkeit, das individuelle Ich im Menschen zu erleben, auf das engste damit zusammenhängt, daß der Erinnerungsstrom nicht unterbrochen wird und daß bei dessen Störung das individuelle Ich nicht richtig wahrgenommen werden kann. Besonders eingehend behandelt Rudolf Steiner diese Frage in dem letzten Vortrag des Zyklus «Anthroposophie – Eine Einführung in die anthroposophische Weltanschauung»(GA 234), in dem er von drei Phasen spricht, die die menschliche Erinnerung in ihrem Verhältnis zum Ich durchmacht.

Die erste Phase hängt mit dem gewöhnlichen irdischen Gedächtnis des Menschen zusammen. Es ist eine unabdingbare Voraussetzung für das Erleben unseres natürlichen irdischen Ich-Bewußtseins, daß der Gedächtnisstrom nicht unterbrochen wird. Und dieser Prozeß des richtigen Erinnerns der vergangenen Ereignisse kommt in dem Hinweis auf die erste Art seelischer Tätigkeit zum Ausdruck, dem «Geist-Erinnern». In den drei Tagen nach dem Tode erleben wir dann das gesamte Bild unserer Erinnerungen, das der Inhalt unseres irdischen Ich ist, als einheitliches räumliches Bild, in dem die Vergangenheit zur Gegenwart geworden ist. Darauf weist uns in der Grundstein-Meditation die zweite Art von Seelentätigkeit, das «Geist-Besinnen», hin. So führt uns der Rhythmus dieses Tages zu einem ersten wirklichen übersinnlichen Erlebnis jenseits der Schwelle.

Nun erleben wir aber im weiteren Verlauf dieses Prozesses, wie das ätherische Panorama des vergangenen Lebens und mit ihm unser irdisches Ich allmählich von uns fort in die Weiten des Kosmos hinausgeht. Wir erleben in dieser zweiten Phase real, wie «das, was wir während des Erdendaseins mit Hilfe der Erinnerungen als unser Selbst bezeichnet haben, das sich zerstreut hat in die Weiten des Weltenalls, wie das gewissermaßen vor uns selbst und für uns seine Nichtigkeit bewiesen hat. Und wären wir nur das, was in unseren Erinnerungen zwischen Geburt und Tod bewahrt werden könnte, wir wären ein Nichts nach wenigen Tagen nach unserem Tode.»[40]

Jedoch das Erlebnis des «Nichts», des Todes unseres niederen Ich, seine Auflösung in die Weiten des Weltenalls, dieses Erlebnis können wir nur durch die innere Verbindung mit dem Christus-Impuls, die wir uns auf der Erde errungen haben, in der richtigen Weise bestehen. Denn es kommt dasjenige, was in der zweiten Phase als unser niederes Ich von uns genommen worden ist, in der dritten Phase wiederum aus dem Kosmos zu uns zurück, doch nun als unser höheres Ich. Darüber sagt Rudolf Steiner in demselben Vortrag: «Es gibt kaum einen stärkeren Beweis für das Verbundensein des Menschen mit der Welt als den, der auftritt nach dem Tode dadurch, daß wir uns erst in bezug auf unser Innenleben genommen werden, um uns wieder gegeben zu werden aus der Welt.»

Zu diesem Wiedergewinnen des Ich aus den Kräften des Weltalls, zu unserem höheren Ich führt uns die Vertiefung der dritten Art von seelischer Tätigkeit, die im «Geist-Erschauen» zum Ausdruck kommt, im Erschauen des höheren Ich, dessen Erleben uns unmittelbar in die geistige Welt, in die Welt der Imaginationen, hineinführt und uns mit dem sogenannten astralischen Plan oder dem Seelenland bekannt macht, dessen Geheimnisse jedoch erst mit dem Rhythmus des folgenden Tages vor uns hintreten.

Zum Abschluß weist Rudolf Steiner noch an diesem Tag darauf hin, wie in der Menschenseele ein *moralisches Empfinden* entsteht, wenn sie das erlebt, was «aufsteigt vom Erweset, zu Vereinen, zu Schenken». Dieses moralische Empfinden kann aufleben, wenn wir das Entwicklungs-Mysterium des individuellen Ich, das diese Worte enthalten, betrachten, des Ich, das stufenweise zu voller moralischer Selbständigkeit aufsteigt, ausgehend von der Empfindungsseele, wo es noch in den Kräften des Gottes-Ich erweset *(I,9–11)*, über die Verstandes- und Gemütsseele, wo erstmals die Möglichkeit einer bewußten Vereinigung mit dem höheren Welten-Ich auftaucht *(II,9–11)*, bis zur Bewußtseinsseele, wo es seine endgültige Selbständigkeit erlangen kann, wenn es sich in voller Freiheit von dem Geistselbst überschatten läßt, das ihm die «ew'gen Götterziele» *(III,9–11)* schenkt, deren Abglanz wir auf der Erde als die Impulse unserer moralischen Phantasie erleben können. So haben wir es hier mit der moralischen Entwicklung des Menschen-Ich zu tun, das sich in die Weltensphäre der Freiheit dadurch bewußt erhebt, daß es erlebt, was aus «Erweset», zu «Vereinen» und «Schenken» «aufsteigt».[41]

An dem folgenden Tag, dem Donnerstag, dem 27. Dezember, wird der Schüler, der auf der vorhergehenden Stufe durch das Schwellenerlebnis hindurchgegangen ist, unmittelbar in die übersinnliche Welt geführt. An diesem Tag liest Rudolf Steiner zunächst nochmals die ersten Abschnitte des 1.–3. Teiles und gliedert dann den folgenden Rhythmus aus ihnen heraus, zunächst die neun Zeilen, die das Mysterium des Ich vor den Schüler hinstellen *(I, II, III,9–11)*:

«Das eigne Ich
Im Gottes-Ich
Erweset.»

«Das eigne Ich
Dem Welten-Ich
Vereinen.»

«Dem eignen Ich
Zu freiem Wollen
Schenken.»

Zu diesen Zeilen werden dann jeweils entsprechend hinzugefügt die Worte *(I,II,III,12–13)*:

«Und du wirst wahrhaft *leben* Im Menschen-Welten-Wesen.»

«Und du wirst wahrhaft *fühlen* Im Menschen-Seelen-Wirken.»

«Und du wirst wahrhaft *denken* In Menschen-Geistes-Gründen.»

Durch diesen Rhythmus betritt der Schüler jenes Gebiet des nachtodlichen Seins, in dem die Seele erwacht, nachdem der Ätherleib sich in die Weiten des Weltenalls aufgelöst hat. Das ist die Seelenwelt oder der astralische Plan. Hier verbringt die Seele nach dem Tode etwa ein Drittel der Zeit des vergangenen Lebens, indem sie alles in umgekehrter Reihenfolge erlebt, aber jetzt in seiner vollen Wahrheit, ohne jede Illusion, gleichsam von innen. Das ist ein tief wirkender Prozeß auf dem Wege zur geistig-realen Selbsterkenntnis. Alle Taten, die der Mensch vollbracht hat, alle Gefühle und Gedanken stehen in dieser Zeit in ihrer wahren Gestalt, in ihrer vollen Bedeutung für den ganzen Kosmos vor seiner Seele. Das Weltengeheimnis ihres vergangenen Lebens offenbart sich hier der Seele in eigenem Anschauen. Rudolf Steiner schildert diese Erlebnisse beim Erläutern der Rhythmen dieses Tages mit den folgenden Worten: «Diese Aussprüche ... sind wie die Aussprüche der Weltengeheimnisse, insofern diese Weltengeheimnisse in der Menschenseele auferstehen als menschliche Selbsterkenntnis.»[42] So zeigt sich dem Menschen nach dem Tode in der Seelenwelt der wahre Wert seines vergangenen Lebens, denn er sieht seine Beurteilung durch den gesamten Kosmos und erlebt diese Beurteilung als einen entscheidenden Akt auf dem Wege zur Erkenntnis des eigenen Wesens.

Aber der Rhythmus dieses Tages führt uns noch tiefer in die nachtodlichen Erlebnisse der Seele hinein. Das können wir verstehen, wenn wir die Vorträge von 1923 beachten, in denen Rudolf Steiner darstellt, wie in der ersten Epoche des Lebens nach dem Tode der Mensch bei seinem Durchgang durch die Seelenwelt mit den Wesenheiten der dritten Hierarchie, den Seelen-Geistern, in Berührung kommt.[43] Da stellen diese hohen Wesenheiten die Folgen alles dessen in mächtigen Bildern vor ihn hin, was er während des vergangenen Lebens getan, gefühlt, gedacht hat. Das ist das große Weltgericht über den Menschen, wo ihm die höheren Hierarchien offenbaren, in welchem Maße er in seinen Taten, Gefühlen und Gedanken noch nicht das nächste Ideal der Vollkommenheit erreicht hat, das Ideal des höheren Ich oder Geistselbst. So treten Engel vor ihn und zeigen ihm, bis zu welchem Grade er in seinem Erdenleben noch nicht vermochte, «wahrhaft [zu] *denken* in Menschen-Geistes-Gründen» *(III,12–13)*; darauf erscheinen Erzengel und zeigen ihm, wieweit es ihm noch nicht gelungen ist, «wahrhaft [zu] *fühlen* im Menschen-Seelen-Wirken» *(II,12–13)*; endlich aber nähern sich ihm Archai: sie stellen ein wahres Bild all seiner Lebenstaten vor ihn hin, und der Mensch sieht, wie weit er noch davon entfernt ist, «wahrhaft [zu] *leben* im Menschen-Welten-Wesen» *(I,12–13)*. Auch alle ihre Fehler und Vergehen vor den Nächsten, vor ihrem Volke, vor der ganzen Menschheit erkennt die Seele in diesen Imaginationen, die die Wesenheiten der dritten Hierarchie vor ihr erschaffen in ihrer wahren Gestalt. Ein solcher Anblick der eigenen Fehler und Unzulänglichkeiten sowie die Erkenntnis des Schadens, der durch sie dem ganzen Kosmos zugefügt wurde, erwecken in der menschlichen Seele das stärkste Streben, sie wiedergutzumachen, und es erwacht in ihr der Impuls zu weiterer Vervollkommnung.

Das ist das Wesentliche der Erfahrungen, die der Mensch beim Durchgang durch die Seelenwelt oder das Kamaloka macht, und davon sprechen uns die Rhythmen dieses Tages.

Für den Geistesschüler, der diese geistigen Prozesse auf seinem Einweihungsweg voll bewußt erlebt, entspricht diese Stufe der der imaginativen Erkenntnis, auf der er – ausgehend von der Erkenntnis des Ich-Mysteriums, die er auf der vorhergehenden Stufe errungen hat – mit der Arbeit an der Umwandlung seines Astralleibes in das Geistselbst beginnen muß. Dabei enthüllt sich dem Schüler, während er durch die Seelenwelt hindurchgeht, das Wesensgeheimnis des Astralleibes; denn es beginnt der dem Erdenzustand vorangegangene Mondzustand unseres Planeten, wo der astralische Leib dem Menschen als Ausgießung von den Geistern der Bewegung gegeben wurde, sichtbar zu werden. Eine solche Arbeit des Schülers am astralischen Leib führt durch wahres Denken, wahres Fühlen und wahres seelisches Leben, die sich in rechten Taten äußern *(III, II, I,12)*, allmählich zu seiner Reinigung. Diesen Prozeß fördern die Jupiter-Kräfte, die an dem Wochentag (dem Donnerstag) besonders stark wirken und dem Schüler einerseits bei seiner Arbeit an der Verwirklichung des Geistselbstes helfen, ihn andererseits aber mit dem Wesen der nächsten Verkörperung unserer Erde bekannt machen, mit dem zukünftigen Jupiter-Zustand, der schon jetzt auf dem astralischen Plan vorbereitet wird.[44]

In eine noch höhere Sphäre führt uns der Rhythmus, der am 28. Dezember, dem folgenden Tag, einem Freitag, gegeben wurde. An diesem Tag liest Rudolf Steiner wiederum die ersten Abschnitte der Teile 1–3. Er fügt jedoch dieses Mal jeweils die zwei ersten Zeilen aus dem 2. Abschnitt der entsprechenden Teile hinzu, wodurch er darauf hinweist, daß auf der vorhergehenden Stufe der imaginativen Erkenntnis die Erlebnisse zwar noch einen mehr oder weniger subjektiven Charakter haben konnten, der Schüler in diesem Augenblick jedoch das Reich des Objektiven betritt, wo die Geheimnisse des Makrokosmos sich ihm offenbaren wollen. Im einzelnen gibt Rudolf Steiner den folgenden Rhythmus: Zuerst die drei anthroposophischen *Grundübungen*[45]. «Übe Geist-Erinnern»; «Übe Geist-Besinnen»; «Übe Geist-Erschauen» *(I, II, III,5)*, an die entsprechend die folgenden Zeilen angefügt werden *(I, II, III,14–15)*:

«Denn es waltet der Vater-Geist der Höhen
In den Weltentiefen Sein-erzeugend.»

«Denn es waltet der Christus-Wille im Umkreis
In den Weltenrhythmen Seelen-begnadend.»

«Denn es walten des Geistes Weltgedanken
Im Weltenwesen Licht-erflehend.»

Das Wesen dieses neuen Rhythmus läßt sich am besten verstehen, wenn wir zunächst das weitere Leben der Seele nach dem Tode betrachten. Denn es tritt die Seele, wenn sie auf der vorhergehenden Etappe ihre Reinigung in der Seelenwelt beendet hat, nun in das Geisterland, in das niedere Devachan ein.

In dem Buch ‹Die Geheimwissenschaft im Umriß› und in verschiedenen Vorträgen beschreibt Rudolf Steiner, wie das niedere Devachan aus vier Gebieten besteht, durch die die Seele in dieser Zeit nacheinander hindurchgeht. Das erste Gebiet bildet das sogenannte «feste Land» der geistigen Welt, in ihm befinden sich die Urbilder alles Festen, Mineralischen, Kristallinen oder, mit anderen Worten, alles dessen, was wir für gewöhnlich auf der Erde mit dem Begriff des Räumlichen, Ausgedehnten, mit dem, was Schwere und Form hat, verbinden. Wenn wir uns nun, von einer solchen Charakteristik dieses Gebietes ausgehend, den menschlichen Leib betrachten, der ja als Mikrokosmos alle Naturreiche widerspiegelt, und uns fragen, welche Urbilder der Leibesglieder wir in diesem ersten Gebiet des niederen Devachan zu suchen haben, so zeigt es sich, daß wir hier vor allem die Urbilder unseres Gliedmaßensystems finden, d. h. die Urbilder des am Anfang des ersten Teiles der Meditation Angesprochenen *(I,2)*. Denn in diesem Gebiet erreichen die raumgestaltenden

Kräfte ihren höchsten und vollkommensten Ausdruck, der sich besonders in dem nur dem Menschenreich eigenen, außergewöhnlichen, in den Gliedmaßen konzentrierten Gleichgewicht zwischen Schwere und Leichte zeigt, dessen wichtigste Folge der aufrechte Gang ist, sowie die Fähigkeit, sich im Raum zu orientieren *(I,3)*.

Nachdem wir so den Zusammenhang zwischen dem «festen Land» des Geisterlandes und dem 1. Teil der Meditation hergestellt haben, können wir noch weiter gehen, denn aus dem genannten Teil ersehen wir, daß nicht nur die Kräfte des «ersten» Gebietes des niederen Devachan an der Bildung unserer Gliedmaßen beteiligt sind, sondern daß geistige Impulse in sie gelegt wurden, die bis zur kosmischen Vater-Sphäre hinaufreichen. Damit ergibt sich durch die Ausweitung unserer Betrachtung folgendes Gesamtbild: aus der höchsten Sphäre des Vaters, der in den Höhen waltet *(I,14)*, fließen ständig geistige Ströme als «Keim-Körper», als wesenhaft göttliche Urkräfte in das «feste Land» des niederen Devachan, um dort die Urbilder desjenigen zu formen, was dann auf der Erde, in den Weltentiefen, zu dem «Seinsgrund» *(I,15)* unserer Gliedmaßen und alles dessen wird, was in den vier Naturreichen Raum, Form und Gewicht hat. Und bei dieser großen, erhabenen Arbeit spielen die Geister der Form, wie schon ihr Name sagt, eine besonders wichtige Rolle.

Dann erhebt sich die Seele während ihres nachtodlichen Aufsteigens in das zweite Gebiet des niederen Devachan, das von Rudolf Steiner das «Meeres- und Flußgebiet» genannt wird. Dieses Gebiet enthält die Urbilder alles dessen, was auf der Erde Leben hat, d. h. einen ätherischen Leib. Deshalb sagt Rudolf Steiner in der ‹Geheimwissenschaft im Umriß› auch, daß der Vergleich mit dem Blutkreislauf im menschlichen Leibe – dem organischen Ausdruck seines ätherischen Lebens – noch besser sei als der mit der Vielgestaltigkeit der irdischen Meere und Ströme.[46] Diese Tatsache weist uns unmittelbar auf dasjenige System des menschlichen Leibes hin, das diesem Gebiete entspricht und das als physische Offenbarung der ätherischen Kräfte im Menschen sein Zentrum im Herzen hat. Davon spricht der 2. Teil der Meditation: «Menschenseele, du lebest in dem Herzens- ... -Schlage ...» *(II,2)*. Aber so wie in dem vorhergehenden Falle führt uns auch dieser Teil noch weiter bis zu der hohen Sohnessphäre, zu den geistigen Quellen der Ätherkräfte, die der Tätigkeit unseres Herzens und dem Blutkreislauf zugrunde liegen.

So entsteht hier das folgende Bild: Aus der hohen kosmischen Sphäre des Christus fließen unaufhörlich geistige Willensströme in die Erdenumgebung *(II,14)*. Sie formen auf ihrem Wege in das zweite Gebiet des niederen Devachan die Urbilder alles dessen, was auf der Erde zu den ätherischen Grundlagen des menschlichen Herz- und Kreislaufsystems und zu den Kräften wird, die den ätherischen Lebensprozessen in den Naturreichen von Pflanze, Tier und Mensch zugrunde liegen. Und es wirken bei all diesen lebendigen, rhythmischen, sich ständig wandelnden Prozessen *(II,15)* die Geister der Bewegung in besonderem Maße mit.

Dann erhebt sich die Seele noch höher auf ihrer nachtodlichen Wanderung. Sie befindet sich nun im dritten Gebiet des niederen Devachan, das Rudolf Steiner die «Atmosphäre» oder den «Luftkreis» der geistigen Welt nennt. Hier sind die Urbilder alles dessen, was auf der Erde die innere Fähigkeit zu fühlen und zu empfinden hat. Im Menschen entspricht diesem System dasjenige, das mit dem Atmungsprozeß zusammenhängt, in dem die Tätigkeit des astralischen Leibes im physischen Leib in Erscheinung tritt. Das physische Zentrum der Atmung aber bildet die Lunge. Deshalb heißt es in der Grundstein-Meditation im 2. Teil auch: «Menschenseele, du lebest in dem ... Lungen-Schlage» *(II,2)*.[47]

Vertiefen wir uns weiterhin in diesen 2. Teil der Meditation, dann entsteht das erhabene Bild, wie durch das Wirken des Christus-Willens im Umkreis kosmische Ströme aus der Sohnes-Sphäre *(II,14)* herabfließen, um die Urbilder des menschlichen Atmungssystems und der Lungen in ihrer astralischen Natur sowie die Urbilder aller seelischen Erlebnisse, die mit dem Tier- und Menschenreich zusammenhängen, in diesem dritten Gebiet des niederen Devachan zu bilden. Dabei kommt den Geistern der Bewegung hier ebenso bei der Gestaltung der Lungen wie vorher bei der Bildung des Herzens eine besondere Rolle zu.

Ungewöhnlich feine Details enthält die folgende Stelle des Rhythmus dieses Tages. Da heißt es: «... in den *Weltenrhythmen* Seelen-begnadend» *(II,15)*. Hier bezieht sich das Wort Rhythmus insbesondere auf das «Meeres- und Flußgebiet», von dem Rudolf Steiner in der ‹Geheimwissenschaft im Umriß› sagt, daß das «strömende Leben» dieses Gebietes wie ein geistiges Tönen[48], wie Musik wahrgenommen wird, d. h. als Rhythmus. Das Wort «Seelen-begnadend» bezieht sich dagegen mehr auf die «Atmosphäre» der geistigen Welt, das Gebiet der Urbilder alles seelischen Lebens, das, wenn es geklärt und gereinigt ist, die Segenskräfte des Christus selber empfangen kann.

Und endlich steigt die Seele in das höchste Gebiet des niederen Devachan auf. Hier befinden sich die Urbilder alles dessen, was der Mensch selbst auf der Erde erschafft, in erster Linie aus den Kopfeskräften *(III,2)*, insoweit der Kopf der Träger der schöpferischen Gedanken ist, die ihrerseits die letzte Stufe des Erdenabstiegs der Weltgedanken, der kosmischen Intelligenz Michaels sind[49] *(III,14)*. Hier in diesem letzten Gebiet des niederen Devachan schicken des Geistes Weltgedanken, die zu den Urbildern der irdischen Gedanken des Menschen werden sollen, ihr «Flehen» zu den Mächten des Lichtes *(III,15)* empor, die schon die Mächte des höheren Devachan sind, in deren Sphäre, wie Rudolf Steiner in der ‹Geheimwissenschaft im Umriß› sagt, das reinste göttliche Weisheitslicht waltet.[50]*

In diesem Gebiete empfängt die Seele nach dem Tode auch die ersten Impulse aus der jenseits der Saturnsphäre gelegenen Fixsternsphäre, aus der Sphäre der Ewigkeit, deren physisches Abbild der Kopf, das menschliche Gehirn ist, was physiologisch in seiner Unabhängigkeit von den irdischen Schwerekräften *(III,2)* zum Ausdruck kommt.

So entsteht durch den 3. Teil der Meditation das folgende erhabene Bild: Aus den kosmischen Geistessphären kommen die Weltgedanken in dieses vierte Gebiet des niederen Devachan herab, um dort zu den Urbildern der schöpferischen Gedanken des Menschen zu werden, der Gedanken, die auf der Erde mit Hilfe des Hauptes entstehen, dieses wunderbaren Baues, der ein Abbild der Weisheit unseres ganzen Kosmos ist. Und wie schon früher in den drei vorhergehenden Geistgebieten, so nehmen auch an dieser kosmischen Tätigkeit hierarchische Wesenheiten teil, hier besonders die Geister der Weisheit.

So zeigt uns der Rhythmus dieses Tages das Wesen der vier Weltenströmungen, die, durch die Mitwirkung insbesondere der zweiten Hierarchie, aus der Sphäre des Vaters, des Sohnes und des Geistes in die vier Gebiete des niederen Devachan herabströmen und die vier Naturreiche ins Dasein rufen, ihnen die Möglichkeit geben, zu sein und sich zu entwickeln. Die Seele selbst erlebt in diesen Bereichen des niederen Devachan, was die Früchte ihres vergangenen Lebens sind, die sie in ihren Hüllen gesammelt hatte und die sie nun stufenweise in Fähigkeiten für das künftige Erdenleben umwandelt.

Wenn der Geistesschüler im Laufe seiner Einweihung im Rhythmus dieses Tages bewußt in die vier Gebiete des niederen Devachan eintritt, dann gelangt er in das Reich der Inspiration, das Reich des göttlichen Rhythmus, und er kann die vier kosmischen Ströme als tönend erleben. Sie verwandeln sich für sein Wahrnehmen in eine mächtige, symphonisch zusammenklingende Sphärenmusik, deren Rhythmen man in den zwei ersten Gebieten mehr mit dem rhythmisch-musikalischen, in den zwei weiteren mit dem rhythmisch-sprachlichen Element auf der Erde verglei-

* Die Bedeutung dieser zwei besonders wichtigen Zeilen der Grundstein-Meditation *(III,14–15)* wird im nächsten Kapitel genauer betrachtet.

chen kann. Deshalb sagt Rudolf Steiner über den Rhythmus dieses Tages: «... wie aus dem *Weltenrhythmus* heraus gerade diese Worte ertönen.»[51]

In der Sphäre der Inspiration kann der Schüler sowohl das Geheimnis seines Ätherleibes, dessen Ursprung im niederen Devachan zu suchen ist, als auch den alten Sonnenzustand unserer Erde erkennen, wo der Ätherleib erstmals durch die Kyriotetes oder Geister der Weisheit der Menschheitsevolution eingegliedert wurde.

Hat der Geistesschüler diese neue Einweihungsstufe erreicht, so kann er von nun an in vollem Bewußtsein an der Umwandlung seines Ätherleibes in den Lebensgeist arbeiten. Dazu tragen auch die Venus-Kräfte wesentlich bei, die an diesem Wochentag – einem Freitag – besonders stark wirksam sind und die die Geheimnisse einer noch weiter entfernten Erdenverkörperung, des Venuszustandes, der schon heute auf dem niederen Devachan vorbereitet wird, vor dem Schüler offenbaren.[52]

Daß der *Name* des Christus *(II,14)* in diesem Rhythmus genannt wird, weist uns auf sein Wirken während der alten Sonnenepoche hin sowie auf seinen Zusammenhang mit dem Prinzip des Lebensgeistes und auf die Möglichkeit, ihm im Bilde des großen Hüters der Schwelle unmittelbar zu begegnen. Es muß der Geistesschüler auf seinem Einweihungsweg – wie die Seele, die auf ihren Wanderungen nach dem Tode in diese Sphäre aufsteigt, – eine solche Begegnung erleben; denn nur der Christus kann den richtigen Eintritt in die Sonnensphäre ermöglichen.[52a]

Der Rhythmus, der am Samstag, dem 29. Dezember, von Rudolf Steiner gegeben wurde, führt uns nun endgültig in die makrokosmische Sphäre des Seins. An diesem Tag liest Rudolf Steiner alle drei Teile der Grundstein-Meditation (nur die drei letzten Zeilen, die sich an die Elementargeister wenden, wurden ausgelassen; *I, II, III,21–23*), die in ihrer Gesamtheit uns ein Bild des Menschen geben, der als Mikrokosmos ganz und gar mit der großen Welt des Makrokosmos verbunden ist. Im Rhythmus dieses Tages haben wir wiederum die Dreiheit der geistigen Grundübungen *(I, II, III,5)*, aber jetzt in der Verbindung mit dem Hinweis auf alle neun auf dieser Stufe anwesenden und wirkenden göttlich-geistigen Hierarchien, die hier vollständig mit den Namen genannt werden, die der christlich-esoterischen Tradition entsprechen; wobei jede einzelne auch vom Standpunkt ihres Wirkens im Kosmos charakterisiert wird: so die erste Hierarchie der Seraphim, Cherubim und Throne durch die Worte: «Lasset aus den Höhen erklingen, was in den Tiefen das Echo findet» *(I,16–18)*; auf die folgende Hierarchie der Kyriotetes, Dynamis, Exusiai beziehen sich die Worte: «Lasset vom Osten befeuern, was durch den

Westen sich formet» (II,16–18); und das Wirken der dritten Hierarchie, der Archai, Archangeloi, Angeloi, wird durch die Worte charakterisiert: «Lasset aus den Tiefen erbitten, was in den Höhen erhöret wird» *(III,16–18).*

In den Erklärungen zu diesem Rhythmus betont Rudolf Steiner besonders, daß jede der drei genannten Arten kosmisch hierarchischen Wirkens auch ein Bild davon gibt, wie sich die einzelne Hierarchie mit ihrer Stimme in das große tönende Weltenwort eingliedert, das die gesamte kosmische Schöpfung umfaßt, gestaltet und belebt.

So tritt in diesem Rhythmus das erhabene Bild des großen, allumfassenden Wirkens des Christus als Makrologos vor uns hin, des Makrologos, in dem das kosmische Schaffen aller neun Hierarchien seine volle, harmonische Vereinigung und Vollendung findet, da sie zu dem all-einen Weltenwort des Kosmos zusammenklingen, dessen Wesensmittelpunkt die makrokosmische Offenbarung des Logos, des Christus ist.

Wenn wir uns so vorstellen, wie die Tätigkeit der ersten Hierarchie nach unten gerichtet ist, die der zweiten in den Umkreis von Osten nach Westen und die der dritten Hierarchie von unten nach oben, dann erhalten wir das Bild eines kosmischen Weltenkreuzes und erleben uns in seinem Mittelpunkt, zur gleichen Zeit aber auch in der Mitte des siebengliedrigen Einweihungsweges und im Zentrum der Weltevolution vom Saturn bis zum Vulkan, wie wir später noch sehen werden. So kann uns das kosmische Kreuz der drei hierarchischen Strömungen, die von den Sphären des Vaters, des Sohnes und des Geistes ausgehen, das Kreuz, das von den sieben Einweihungsrhythmen und sieben Stufen der Weltentwicklung umgeben ist, als ein großes Rosenkreuz-Zeichen erscheinen, als ein kosmisches Kreuz mit sieben Rosen.

Wenn wir uns nun wiederum der Betrachtung der Rhythmen im Zusammenhang mit dem nachtodlichen Leben der Seele zuwenden, dann können wir diese neue Stufe ihres Aufsteigens, die in dem Rhythmus dieses Tages enthalten ist, als den Übergang vom niederen zum höheren Devachan, aus dem Gebiet der Sphärenharmonie in das Gebiet des tönenden Weltenwortes charakterisieren. In ihm gewinnt die Seele die Ruhe des Seelenseins, indem sie sich dem nähert, was Rudolf Steiner «die große Stunde der Weltenmitternacht» genannt hat. Auch entfernt sie sich in dieser Zeit am weitesten von der Erde, während sie sich bei dem mächtigen Klingen des Weltenwortes bis zur Grenze zwischen dem höheren Devachan und noch höheren Welten erhebt, um hier in dieser höchsten Sphäre, die die menschliche Seele erreichen kann, vor dem Beginn ihres Absteigens zu einer neuen Verkörperung, etwas ganz und gar Außergewöhnliches zu erleben. Rudolf Steiner beschreibt das mit den folgenden eindrucksvollen Worten: «Und dann geht das Leben weiter. Wenn es schon in die Nähe der Mitte zwischen dem Tod und einer neuen Geburt kommt, dann tritt etwas Besonderes ein. So wie wir auf der Erde hier stehen – besonders in jenen Augenblicken, wo wir aufblicken ins Weltenall, wenn die funkelnden Sterne uns entgegenleuchten –, da empfinden wir oben die Erhabenheit des himmlischen Weltenbereiches; etwas viel Großartigeres empfinden wir nach unten schauend, wenn wir im Geisterreich sind. Denn da sehen wir, wie in merkwürdiger Weise die Wesenheiten der ersten Hierarchie, die Seraphim, Cherubim, Throne, in gegenseitiger Beziehung Taten verrichten. Mächtige Bilder geistigen Geschehens zeigen sich uns jetzt, wenn wir den Himmel, der nach unten liegt – denn das ist dann unser Himmel – betrachten. Wie wir jetzt im physischen Erdenleben die Schrift der Sterne nach oben blickend betrachten, so sehen wir, wenn wir dann nach unten blicken, die Taten der Seraphim, Cherubim, Throne. Und dasjenige, was zwischen ihnen vorgeht, was sich in erhabenen und großartigen Bildern enthüllt, von dem fühlen wir in diesem geistigen Dasein, wie es etwas zu tun hat mit dem, wie wir selber sind und sein werden. Denn jetzt fühlen wir: Dasjenige, was da geschieht unter den Seraphim, Cherubim, Thronen, das zeigt uns, welche Folgen unsere Taten aus dem vorigen Erdenleben im nächsten Erdenleben haben werden.»[53]

So enthüllen sich der Seele in dieser hohen Sphäre in der Mitternachtsstunde des Lebens nach dem Tode dadurch, daß sie das Wirken der Wesenheiten der ersten Hierarchie schaut, die im Kosmos die Weltensphäre des Vaters darstellt und die sich mit den zwei anderen Hierarchien bei ihrer Arbeit an der Ausgestaltung des künftigen Erdenlebens des Menschen vereinigt[54], indem sie sich mit ihnen als neungliedriger, die gesamte Weltenschöpfung umfassender Chor in die ganze Fülle des von Urbeginn tönenden ewigen Weltenwortes einfügt[55], die tiefen Grundlagen ihres irdischen Karma. Von dieser Zeit an beginnt die Seele an dieser erhabenen kosmischen Arbeit aller göttlich-geistigen Hierarchien selbst teilzunehmen, unter der Leitung der Seraphim, Cherubim, Throne, die durch die Sphäre der oberen Planeten an der Gestaltung des geistigen Urbildes des künftigen physischen Leibes aus den Kräften des Makrokosmos wirken, wobei die dritte Hierarchie das System der Sinnesorgane, die zweite Hierarchie das Nerven- und Blutkreislaufsystem und die erste Hierarchie das System der Muskeln und Knochen schafft.[56]

Der Geistesschüler, der die 4. Stufe seines Einweihungsweges erreicht hat, die in dem Rhythmus dieses Tages enthalten ist, tritt nun in die Welt der Intuition ein, wodurch es ihm möglich wird, sich den hierarchischen Wesenheiten, die ihm hier begegnen, auf eine rein innnerliche Weise zu nähern. In seinen Büchern und Vorträgen beschreibt Rudolf Steiner wiederholt, wie in der Imagination nur die äußere Gestalt dieser erhabenen Wesenheiten in Erscheinung tritt, in der Inspiration ihre Taten im Schoße des Kosmos und wie sie dem Geistesschüler erst in der Intuition ihr verborgenes Wesen offenbaren[57], so daß er auf dieser Stufe sozusagen ihres Anblickes von Angesicht zu Angesicht erwürdigt wird.[58] Deshalb werden sie als ein Hinweis auf eine solche Möglichkeit in dem Rhythmus dieses Tages mit ihren esoterischen Namen genannt.[59]

Und schließlich soll der Geistesschüler in dieser allumfassenden Sphäre des Weltenwortes, indem er die erste Hälfte seiner Einweihung vollendet, nun dem Christus selbst begegnen, die Christus-Wesenheit in der Intuition als den großen kosmischen Träger des Weltenwortes erleben. Nun steht aber die 4. Stufe des siebengliedrigen christlich-rosenkreuzerischen Einweihungsweges vor allem mit dem menschlichen Ich im Zusammenhang. Deshalb wird durch die Begegnung mit dem Christus in der Sphäre der Intuition das große Mysterienwort der neuen christlichen Einweihung «Nicht ich, der Christus in mir» für den Schüler zu einer inneren Realität. Von nun an ist die Christus-Wesenheit Urbild und Ziel aller seiner Bemühungen, und seine weitere geistige Entwicklung wird in der Nachahmung des großen makrokosmischen Weges des Christus Jesus verlaufen, während die tiefsten Geheimnisse der kosmisch-irdischen Schicksale des Christus sich nach und nach vor ihm zu offenbaren beginnen.

Als «das große menschliche Erdenvorbild»[60], als das Bild des künftigen «Vulkan-Menschen», zeigt sich der Christus, der auf der Erde erschienen ist, dem Geistesschüler. Und es wird das endgültige Ziel der Weltentwicklung: die Umwandlung des physischen Leibes in den Geistesmenschen durch die Tätigkeit des Christ-durchdrungenen Menschen-Ich und des Erden-Seins in den Vulkan-Zustand, der heute durch die geistigen Mächte unter der Führung des Christus in der Sphäre des höheren Devachan vorbereitet wird, zu einer bewußt erlebten Erkenntnis.

Aber neben dieser mächtigen Schau in die ferne Zukunft hier in diesem hohen Gebiet der Intuition weitet sich auch der Blick des Geistesschülers auf der einen Seite über alle seine vergangenen Leben aus, d. h. über seine ganze persönliche Vergangenheit und auf der anderen über die ganze Vergangenheit der Welt bis zur ersten Verkörperung unseres Planeten. «... wenn die Intuition auftaucht», sagt Rudolf Steiner, «dann schaut der

Mensch in vergangene Erdenleben zurück. Mit diesen vergangenen Erdenleben aber taucht zugleich vor dem Blick auf das Gesamtleben der Welt in ihrer Vergangenheit.»[61] Deshalb taucht hier die Weltvergangenheit unseres Kosmos bis zu ihren urältesten Quellen vor dem Geistesschüler auf, als die höchste Hierarchie der Seraphim, Cherubim, Throne auf dem alten Saturn den ersten Keim des physischen Leibes des künftigen Menschen legte.

So umfaßt der Blick des Geistesschülers auf dieser Stufe die ganze Weltentwicklung unserer Erde vom Saturn bis zum Vulkan[62], was besonders durch diejenigen Kräfte gefördert wird, die an diesem Tag (einem Samstag) dem Menschen auf das intensivste vom Saturn zuströmen, der, als der äußere Planet, mit den Grenzen seiner Bahn die gesamte Vergangenheit und Zukunft unseres Sonnensystems gleichsam umfaßt.

Auf diese während der Weltenmitternacht besonders stark wirkenden Kräfte des Saturn weist auch der Hüter der Schwelle im vierten Mysteriendrama den Geistesschüler, der es vermochte, diesen erhabensten Augenblick bewußt zu erleben, mit folgenden Worten hin.[63]:

«Erkennet eure Weltenmitternacht!
Ich halte euch im Bann gereiften Lichts,
das jetzt Saturn euch strahlt, bis eure Hüllen
in stärkrem Wachen, durch des Lichtes Macht
euch selbst erleuchtend, ihre Farben leben.»

Zu diesem tiefen Mysterium der Weltentwicklung, die sich vom physischen Leib des Menschen (zu dem auf dem alten Saturn der Grundstein gelegt wurde) über das Ich (das sich der Mensch auf der Erde erringt) bis zum Geistesmenschen (auf dem Vulkan) erstreckt, zu dieser umfassenden Entwicklung aus der Sphäre des Vaters (in der Vergangenheit), durch die Sphäre des Sohnes (in der Gegenwart) zur Sphäre des Geistes (in der Zukunft), wo die Menschheit sich als zehnte Hierarchie verwirklichen soll, führt uns die Dreiheit der Übungen vom Erinnern, zum Besinnen und Erschauen des Geistes, und davon sprechen uns die Rhythmen dieses Tages, die uns damit unendliche Horizonte der Weltentwicklung enthüllen.[63a]

Wenn wir uns nun, im Zusammenhang mit dem Rhythmus dieses Tages, abermals der Betrachtung des nachtodlichen Seelenseins während der Weltenmitternacht zuwenden, so ist noch ein außerordentlich wichtiges Erlebnis zu erwähnen, das die Seele hier durchmacht. Rudolf Steiner beschreibt es eingehend in dem Vortragszyklus «Inneres Wesen des Menschen und Leben zwischen Tod und neuer Geburt» (Wien, 1914, GA

153). In diesen Vorträgen wird zunächst davon gesprochen, daß in dem gegenwärtigen Entwicklungszyklus nur die Verbindung mit dem Christus, die der Mensch schon auf der Erde hergestellt und dann durch die Todespforte in die geistige Welt getragen hat, es ihm ermöglicht, sein Ich-Bewußtsein bis zur Weltenmitternacht zu bewahren. Wenn die Seele sich wirklich auf der Erde mit dem wahren Verständnis des Christus-Impulses und seiner Bedeutung für die gesamte Erdenentwicklung durchdrungen hat, wie wir das im Zusammenhang mit dem Rhythmus des 25. Dezember darstellten, so kann sie mit dem Rhythmus des folgenden Tages (26. Dezember) durch die Erkenntnis des Mysteriums vom Aufsteigen zum höheren Ich in der rechten Weise über die Schwelle des Todes gehen, sei es nach dem «natürlichen» Tod oder durch den Eintritt in die geistige Welt am Beginn des Einweihungsweges. In beiden Fällen bedarf die Seele, um sich in der geistigen Welt das Erleben ihres individuellen Ich zu bewahren, der Hilfe des Christus. Die Beziehung zu ihm kann sie jedoch nur auf der Erde aus voller innerer Freiheit herstellen. Mit anderen Worten, der Mensch, der die Schwelle des Todes überschreitet oder, was das gleiche ist, die Schwelle zur geistigen Welt während der Einweihung, muß «in Christus sterben» (in Christo morimur).

In dem Wiener Vortrag vom 12. April 1914 stellt Rudolf Steiner das folgendermaßen dar: «Richtig statten wir uns aus mit den Impulsen, die wir brauchen, indem wir durch die Pforte des Todes gehen [d. i. im Rhythmus vom 26. Dezember], wenn wir das rechte Verhältnis zum Christus finden [Rhythmus vom 25. Dezember]. In dem Augenblick, wo es ans Verlassen des physischen Leibes geht, sei es, indem wir in die geisteswissenschaftliche Entwicklung eintreten, sei es, daß wir wirklich durch die Pforte des Todes gehen, in dem Augenblick, wo es ans Sterben, ans Verlassen des physischen Leibes geht, kommt es darauf an, daß wir im gegenwärtigen Zeitenzyklus in der rechten Art derjenigen Wesenheit gegenüberstehen, die in die Welt gekommen ist, damit wir das Verhältnis zu ihr finden.» Im folgenden Vortrag vom 13. April führt Rudolf Steiner aus: «Dieses Durchdrungensein mit dem Christus-Substantiellen, das ist es, das uns in der Gegenwart bei dem Übergang aus dem physischen Leben in den Tod die Möglichkeit gibt, bis zur Weltenmitternacht hin die Erinnerung an unser Ich zu bewahren ...» Und am nächsten Tag wendet sich Rudolf Steiner nochmals demselben Gedanken zu: «Daß wir diese Erinnerung [an das Ich] bewahren können, dazu müssen wir in den Christus hineinsterben. So mußte der Christus-Impuls da sein: er erhält uns bis zur Mitternachtsstunde des Daseins die Möglichkeit, unser Ich nicht zu vergessen.»

Aber was geschieht, wenn die Menschenseele, da sie den Christus-Impuls auf der Erde bewußt in sich aufgenommen hat, beim Übergang über die Todesschwelle es vermag, in «Christus zu sterben» und dadurch ihr individuelles Ich bis zur Weltenmitternacht zu tragen? Nach den Worten Rudolf Steiners tritt das folgende ein: «Dann kommt in der Mitternachtsstunde des Daseins der Geist an uns heran. Nun haben wir die Erinnerung an unser Ich bewahrt. Wenn wir sie hineintragen bis zur Mitternachtsstunde des Daseins, bis dahin, wo der Heilige Geist an uns herankommt..., wenn wir diesen Zusammenhang [mit dem Ich] bewahrt haben, dann kann uns der Geist nunmehr bis zu unserer Wiederverkörperung leiten, die wir dadurch herbeiführen, daß wir unser Urbild in der geistigen Welt bilden.»

Wenn wir uns nun daran erinnern, daß nach den Hinweisen Rudolf Steiners der Heilige Geist dem Menschen die Wesenserkenntnis des Christus bringt, die in dem leibfreien Zustand nach dem Tode sich nur als ein *Miterleben* seines großen Weges äußern kann, dann nähern wir uns dem Verständnis des Mysteriums, das der zweiten Hälfte des nachtodlichen Daseins zugrunde liegt, und das etwa mit folgenden Worten beschrieben werden kann: Wenn die Seele durch ihren Zusammenhang mit dem Christus dem Heiligen Geist die Möglichkeit gibt, ihr «richtig» in der Weltenmitternacht entgegenzukommen, dann trägt der Heilige Geist sie auf solche Weise zu einer neuen Verkörperung hin, daß die weiteren *Stufen des Abstiegs zur Erdenwelt gleichsam zu einem mikrokosmischen Abbild des großen makrokosmischen Absteigens des Christus in die Erdensphäre zur Verkörperung im Leibe des Jesus von Nazareth werden.*

In der weiteren Darstellung werden wir sehen, welch helles Licht das Verständnis dieses Mysteriums auf das Wesen der folgenden Rhythmen der Weihnachtstagung werfen kann.[64] Jedoch bevor wir uns ihnen zuwenden, wollen wir, ausgehend von den soeben angeführten Tatsachen im Zusammenhang mit dem Leben der Seele nach dem Tode in der Mitternachtsstunde des Daseins, betrachten, wie diese Tatsachen auf dem Weg des Geistesschülers vom Standpunkt der entsprechenden Einweihungsstufe aus wahrgenommen werden. Was offenbart sich dem Geistesschüler, der auf seinem inneren Entwicklungsweg dem Christus in der Sphäre der Intuition begegnet ist und dadurch die Meisterstufe erreicht hat, wenn er nun bei seinem bewußten Begleiten der Seele auf ihren Wanderungen nach dem Tode schaut, wie der Heilige Geist in der Weltenmitternacht zu ihr herabsteigt? Es offenbart sich ihm das erhabene Geheimnis der Herkunft des Heiligen Geistes, der aus einer noch höheren Sphäre in das Gebiet des höheren Devachan herabsteigt. Und diese höchste Sphäre, die

die Seele gewöhnlich nach dem Tode noch nicht zu schauen vermag, erkennt der Eingeweihte auf dieser Stufe als die Weltensphäre der Bodhisattvas. In ihr schaut er das majestätische Kollegium der zwölf erhabenen Wesenheiten, die in den Anblick des Dreizehnten versunken sind. Dieser Dreizehnte aber, in dem der Eingeweihte den Christus erkennt, erscheint ihm hier in der Buddhi-Sphäre als das große makrokosmische Ich des ganzen Kosmos. Aus dieser leuchtenden Quelle, aus dieser geistigen Christus-Sonne *(IV,15)*, die sich in der Weltenmitte befindet, strömt, das Kollegium der Zwölf überschattend und sich durch sie nach unten ausgießend und in den unteren Sphären die «Seelen begnadend» *(II,14–15)*, der große Tröster, der Heilige Geist. Denn «es waltet das, was der Christus selber den Heiligen Geist genannt hat, als das Licht über der Loge der Zwölf. Der Dreizehnte ist der Führer der Loge der Zwölf...»[65]

So offenbart sich dem Eingeweihten das große Mysterium des Heiligen Geistes, der aus dem kosmischen Ich des Christus in die Buddhi-Sphäre, die Sphäre der Vorsehung, herabkommt und von dort durch das Kollegium der Zwölf nach «unten», in die Sphäre des höheren Devachan zu den Seelen strömt, die in ihm die Weltenmitternacht erleben, und der sie überschattet und weiter geleitet auf ihrem Weg hinab zu einer neuen Verkörperung.

Aber es offenbart sich der Heilige Geist nun auch selbst dem Eingeweihten als der allumfassende Geist der Erkenntnis des Kosmos und im besonderen der Wesenheit des Christus sowie alles dessen, was der Christus ursprünglich bei seinem Herabsteigen auf die Erde, später auf der Erde im Laufe der drei Jahre bis zum Mysterium von Golgatha und in dem darauffolgenden Menschheitswerden vollbracht hat. «Dieser Heilige Geist ist kein anderer als der, durch den auch begriffen wird, was der Christus eigentlich getan hat», heißt es in demselben Vortrag.

Man kann sagen, daß der Eingeweihte auf dieser Stufe gleichsam eine große kosmische Taufe durch den Geist erlebt, denn es kommt der Heilige Geist zu ihm herab, und die Erkenntnis dessen, was einmal als mystische Tatsache bei der Jordantaufe geschehen ist, als die Christus-Wesenheit in die drei Hüllen des Jesus von Nazareth einging und dabei die Kräfte ihres makrokosmischen Ich opferte[66], wird für ihn jetzt zu einem persönlich durchlebten Wissen. Und damit nähert er sich hier auch demjenigen in der Erkenntnis, was die heiligen Rishis schauten, als sie viele Jahrtausende vor dem Mysterium von Golgatha ihren Blick in die Weltenfernen richteten und sich sagten: Vishva-Karman, das makrokosmische Ich des Christus, es befindet sich noch jenseits der Grenzen unserer Sphäre.

Von nun an kann von dem Eingeweihten, der diese Stufe erreicht hat, gesagt werden, daß er vom Heiligen Geist «überschattet» wird oder von ihm «erfüllt» ist.[67] Jetzt spricht der Heilige Geist aus ihm und offenbart ihm und durch ihn der ganzen Menschheit stufenweise die weiteren Geheimnisse der übersinnlichen und irdischen Taten des Christus. Von dieser Zeit an kann der Eingeweihte unmittelbar aus der Sphäre des Heiligen Geistes durch das ihn inspirierende Kollegium der Bodhisattvas, besonders aber durch den Bodhisattva, der in unserem Entwicklungszyklus der führende ist, Weisheit schöpfen. Ein Ergebnis davon ist die neue und allumfassende Christus-Erkenntnis, die sich uns in den Rhythmen der folgenden Tage der Weihnachtstagung eröffnet.

Zum Abschluß der Betrachtung dieses 4. Rhythmus muß noch gesagt werden, daß jene erste Berührung mit dem Grals-Mysterium, die der Geistesschüler im Zusammenhang mit dem am Mittwoch, dem 26. Dezember, gegebenen Rhythmus haben konnte (es handelte sich da um das Wesen des Ich-Mysteriums, s. S. 245f.), sich jetzt dadurch in ein tiefes Erfassen jenes Mysteriums verwandelt, daß er das Geheimnis seines eigenen, höheren wahren Ich auf dieser Stufe endgültig zu erkennen vermag. So erscheint ihm hier die erhabene Grals-Imagination – die mit der göttlichen Ich-Substanz erfüllte und von dem Heiligen Geist in der Gestalt der Taube überschattete Schale – in ihrem Urbild, das sich nun in seinen zwei Aspekten darstellt: dem mit der Erde verbundenen makrokosmischen und dem mit dem Kosmos verbundenen mikrokosmischen.

Der makrokosmische Aspekt eröffnet sich dem Geistesschüler, wenn er das wahre Wesen der Jordantaufe erkennt, wo unter der Mitwirkung des Heiligen Geistes die große makrokosmische Christus-Wesenheit als Prinzip des höheren Ich jedes einzelnen Menschen und der ganzen Menschheit in die Hüllen des Jesus von Nazareth einging. Dabei bildeten die drei Hüllen des Jesus jene Schale, in die sich das makrokosmische Ich des Christus ergoß, wobei es sich mit dem Blute des Jesus in ähnlicher Weise verband, wie jeder Mensch bei der Verkörperung in seinem Blute die physische Grundlage seines Ich findet. Und dieses ganze Geschehen wird von dem Heiligen Geist überschattet, dem kosmischen Urbild des Geistselbst, in dessen Gestalt – nach den Worten Rudolf Steiners – der Christus in die Erdensphäre herabsteigt.[68]

Und wie ein himmlisches Abbild dieses großen makrokosmischen Ereignisses, das sich jedoch einmal auf der Erde vollzogen hat, so erscheint seine ständige mikrokosmische Wiederholung in den Weltenfernen. Denn auf die Seele jedes Menschen, der es vermag, in der gereinigten Schale seines Ich das «Durchdrungensein mit dem Christus-Substantiellen» bis an die oberen Grenzen des höheren Devachan zu tragen, d. h. der einen Funken der göttlichen Ich-Substanz des Christus bewahren kann, senkt sich in der Mitternachtsstunde des Daseins der Heilige Geist in der Gestalt der Taube herab, um diese Seele sodann zu einer neuen Verkörperung zu führen.

Der Eingeweihte, der diese Prozesse miterlebt, kann dadurch zu einem Schauen des Gral in sich gelangen und empfindet, wie sein Ich von dem Christus durchdrungen wird (d. h. der Kelch seines Ich von der Ich-Substanz des Christus), während der Heilige Geist ihn überschattet.[69] Denn die Geistestaufe, die er auf dieser Stufe durchmacht, sie kann nur als ein Grals-Abendmahl sich vollziehen.

Der Rhythmus, den Rudolf Steiner am Sonntag, dem 30. Dezember, gab, führt uns unmittelbar in das Zentrum des Sonnenmysteriums. Der Eingeweihte gelangt nun, nachdem er den Christus in der Sphäre der Kräfte-Geister erlebt hat, der höchsten Hierarchie, die im Kosmos die Weltenkraft des Vaters darstellt und die während der Weltenmitternacht als erste im Tönen des Weltenwortes erscheint, zum Erleben des Christus in seiner eigenen Sonnensphäre, in der Sphäre des Sohnes, wo er durch die zweite Hierarchie, die Lichtes-Geister, wirkt.

An diesem Tag liest Rudolf Steiner abermals die ersten Abschnitte der Teile 1–3 und gibt als Rhythmus die drei Übungen *(I, II, III,5)*, zu denen er, zum ersten Mal seit der Eröffnung der Weihnachtstagung, den ganzen 4. Teil «In der Zeiten Wende ... hinzufügt, um dann nochmals die letzten sechs Zeilen zu sprechen *(IV,20–24)*:

«Daß gut werde,
Was wir
Aus Herzen *gründen,*
Aus Häuptern zielvoll
Führen
Wollen.»

Dieser ganze Tag (Sonntag) ist auf diese Weise gleichsam von dem Leuchten der Geistes-Sonne *(IV,14–15)* durchdrungen, dem Welten-Geistes-Licht, wozu auch die Sonnenkräfte beitragen, die zu der Zeit besonders stark auf die Erde einwirken. So stellt der Rhythmus dieses Tages, der mit dem vollständigen Lesen des 4. Teiles beginnt, die tiefen Geheimnisse vor uns hin, die mit dem Zur-Erde-Herabsteigen der großen Sonnengottheit des Christus zusammenhängen *(IV,1–13)*.

Rudolf Steiner schildert in den Karma-Vorträgen die Erlebnisse jener menschlichen Seelen eingehend, die in der Epoche von Aristoteles und Alexander ihre von Michael inspirierte Erdenmission beendeten und sich während des Mysteriums von Golgatha in der hohen Sonnensphäre um Michael scharten, so daß sie gemeinsam mit vielen anderen geistigen Wesenheiten, die zu ihm gehören, das erhabene Bild schauen konnten, wie der Christus von der Sonne hinwegging. «Er geht fort! – das war das große Erlebnis»[70], so spricht Rudolf Steiner darüber.

Auf diesen Weggang des Christus von der Sonne, auf seinen makrokosmischen Weg zur Erde hinab und seinen Eintritt in ihre dunkle Sphäre weist uns der Sonnenrhythmus dieses Tages hin.[71] Dabei wird unsere Aufmerksamkeit zunächst auf den Prozeß gelenkt, wie der Weltengeist an der Zeitenwende in den irdischen Wesensstrom eintrat *(IV,1–3)*. Dann werden wir darauf hingewiesen, wie er das tiefe Nacht-Dunkel überwand *(IV,4–5)*, das durch das Wirken der ahrimanischen Kräfte in der Erdensphäre waltete, und wie er das trügerische nächtliche Licht Luzifers in den Menschenseelen *(IV,6–7)* zur gleichen Zeit in «taghelles Licht» verwandelte. Sodann wird unsere Aufmerksamkeit ganz besonders auf die zwei Hauptströmungen der alten, vorchristlichen Einweihung gelenkt, die sich beide nun in dem einen Mysterium der Christus-Sonne vereinigen: auf die Strömung der Liebe, die die Hirten repräsentieren, «die armen Hirtenherzen» *(IV,8–10)*, und auf die der Weisheit, die von den Magiern vertreten wird, «die weisen Königshäupter» *(IV,11–13)*. In diesen zwei Hauptströmungen führten die alten Eingeweihten auch den schweren Kampf gegen die gegnerischen Mächte Luzifers und Ahrimans.

Dieser Kampf muß in unserer Zeit fortgeführt werden. Deshalb sagt Rudolf Steiner: «Wenn wir nach und nach der anderen Hälfte der Entwicklung [d. h. nach dem Mysterium von Golgatha], teilhaftig werden sollen: Luzifer und Ahriman wieder zu überwinden, dann müssen wir uns durchdringen mit Weisheit und Liebe.»[72] Aber diese Liebe und Weisheit kann uns nur der Christus schenken, der seit dem Mysterium von Golgatha in der Erdensphäre weilt. Durch ihn erlangen wir die Möglichkeit, diese zwei Widersachermächte in das rechte Gleichgewicht zu bringen, und das ist eine Grundvoraussetzung für die weitere Entwicklung der ganzen Menschheit. Deshalb wenden wir uns im Rhythmus dieses Tages dem Christus selbst zu und bitten ihn, uns Liebe und Weisheit herabzusenden, «daß gut werde» – d. h. frei von den Versucher-Kräften Luzifers und Ahrimans – das, «was wir aus Herzen gründen, aus Häuptern zielvoll führen wollen» *(IV,20–24)*.

Jedoch diese zwei hauptsächlichen Mysterienströmungen des Altertums stehen außerdem noch in einer besonderen Beziehung zu den zwei

Stammbäumen des Lukas- und Matthäus-Evangeliums, die uns einerseits auf die Geburt der zwei Menschenwesen hinweisen, die die Träger der ganzen Fülle der Liebe und Weisheit in der Erdensphäre waren: auf die Geburt der nathanischen Seele und auf die Zarathustras, andererseits aber enthalten sie das Geheimnis, wie die vier Hüllen, in denen sich später die makrokosmische Christus-Wesenheit verkörpern sollte, auf der Erde bereitet wurden. Wobei im Matthäus-Evangelium die Vorbereitung des Stammbaumes des physischen und ätherischen Leibes geschildert wird, d. h. jener Glieder des Menschenwesens, die besonders eng mit der Vererbungsströmung zusammenhängen. Dieser Stammbaum, der bis zu Abraham zurückgeht, umfaßt auch die gesamte Geschichte des hebräischen Volkes, insoweit es seine Aufgabe war, diese zwei Hüllen des künftigen Messias vorzubereiten. Der Stammbaum des Lukas-Evangeliums hängt mehr mit der Vorbereitung der kosmischen Kräfte des astralischen Leibes und des Ich[73] zusammen, die später die Sonnenkräfte des Christus unmittelbar in sich aufnehmen sollten. Dieser Stammbaum geht bis zu Adam zurück, von ihm aber bis zu Gott selbst, und er umfaßt damit die gesamte Geschichte der Erdenmenschheit, von der Zeit an, da sie aus den göttlichen Kräften des ganzen Kosmos auf der Erde erschienen ist, bis hin zu den Ereignissen von Palästina.

So stellt der Rhythmus dieses Tages das große kosmische Bild des Christus vor uns hin, der in der hohen Sonnensphäre weilend darauf schaut, wie auf der Erde allmählich durch die Taten des Herzens *(IV,22)* und des Kopfes *(IV,23–24)* die zwei Leibes-Hüllen *(IV,8–13)*, die später dem großen Ziele seiner künftigen Verkörperung auf der Erde dienen sollen, vorbereitet werden. Während dieser Vorbereitungen umfaßt der Blick des Christus die ganze Evolution der Menschheit, deren Führung von der Sonne aus er dadurch realisiert, daß er ihr den Heiligen Geist sendet, der durch die Generationenfolge wirkt.[74] So harrt der Christus in großer Erwartung[75], bis unten auf der Erde die notwendigen Voraussetzungen dafür geschaffen worden sind, daß er auf sie herabsteigen und der Erdenentwicklung ihren wahren Sinn und ihr eigentliches Ziel geben kann. Denn: «Der Erdensinn war vor dem Mysterium von Golgatha auf der Sonne. Seit dem Mysterium von Golgatha ist der Erdensinn mit der Erde selbst vereinigt. Das möchte ... die Anthroposophie an die Menschheit heranbringen», sagt Rudolf Steiner darüber.[76]

Die Seele auf ihrer Wanderung nach dem Tode beginnt nun, nachdem sie den Höhepunkt ihres geistigen Daseins in der Welten-Mitternacht erlebt hat, wieder stufenweise zur Erde herabzusteigen. Bei diesem Abstieg leitet sie der Heilige Geist, durch dessen Inspiration ihr Weg zur neuen Verkörperung zu einer mikrokosmischen Wiederholung des makrokosmischen Weges der Christus-Wesenheit zur Verkörperung in einem Menschenleibe auf der Erde wird. Dadurch kann die Seele, die auf der ersten Stufe ihres Rückweges abermals die Sonnensphäre betritt, auf mikrokosmische Weise in ihr das erleben, was wir im Zusammenhang mit dem Rhythmus dieses Tages als den erhabenen Anblick beschrieben, den der Christus von der Menschheitsevolution hatte, als er in der Sonne weilte, während die Hüllen für seinen Abstieg zur Erde allmählich vorbereitet wurden. Etwas Ähnliches erlebt nun auch die Seele nach dem Tode. Wie Rudolf Steiner bezeugt, kann sie gerade während ihres zweiten Durchgangs durch die Sonnensphäre ihren Blick von dort hinabwenden, um sich einige Jahrhunderte vor ihrer Verkörperung mit jenem ätherisch-physischen Vererbungsstrom auf der Erde zu verbinden[76a], an dessen Ende einmal ihre eigene Leiblichkeit entstehen soll. Rudolf Steiner sagte darüber: «Früh bestimmt sich der Mensch hinein in die Generationenreihe, wenn er in der Weise, wie ich es geschildert habe, durch das Sonnensein geht».[77]

Das ist auch die Zeit, die derjenigen unmittelbar vorausgeht, in der die Seele beginnt, gemeinsam mit den Wesenheiten der zweiten Hierarchie in den unteren Bereichen der Sonnensphäre den ersten Keim ihres zukünftigen Astralleibes zu bilden. So schaut die Seele in dieser Zeit auf den unten dahinfließenden ätherisch-physischen Strom ihrer Vorfahren und gleichzeitig darauf, wie allmählich ihr neuer Astralleib aus den kosmischen Sonnenkräften gebildet wird, während sie auf dieser Stufe die Weiterentwicklung ihres Ich miterlebt, das jetzt die Möglichkeit erhält, alle ihre Erfahrungen in der geistigen Welt, die sie auf der Grundlage des vorhergehenden Erdenlebens sammeln konnte, dem sich neu bildenden Astralleib und späterhin auch den anderen Hüllen als ihre zukünftigen Fähigkeiten einzuprägen.

Was nun den Eingeweihten betrifft, so dringt dieser – wie das schon aus der vorhergehenden Betrachtung des Rhythmus dieses Tages hervorgeht – auf dieser Stufe in das eigentliche Wesen des Sonnenmysteriums des Christus ein. Er erkennt den Christus als den großen Sonnengeist in dem vollen Glanz der Kräfte seines kosmischen Astralleibes, den einstmals Zarathustra schon in seiner alten Form als die große astrale Sonnen-Aura, als den Ahura-Mazdao, schaute.[78]

Im Bilde des großen Hüters der Schwelle offenbart sich dem Eingeweihten auf dieser Stufe der Christus, der, ähnlich dem «Cherubim mit dem Flammenschwert» am Tor des Paradieses, am Tor der hohen Sonnensphäre steht und der der Seele hilft, wenn sie die Läuterung in der

Mondensphäre durchgemacht hat, den Übergang aus der Seelenwelt in das Sonnenland der Geister zu finden.[79]

In dem Maße nun, wie sich der Eingeweihte in dieses Gebiet einlebt, tauchen immer neue Aspekte des Sonnenmysteriums vor ihm auf. So kann sich ihm der Christus offenbaren, wie er von oben durch das Tor des hohen Sonnengeistes der Weisheit[80] in die Sonnensphäre eintritt oder auch als der Inspirator der sechs Elohim, des Pleroma[81], durch deren Tor er sodann, die Sonne verlassend, auf seinem Wege zur Erde in die Welten hinabsteigt, die unter der Sonnensphäre liegen.

Das Wesen der kosmischen Beziehungen zwischen dem Sohn und dem Vater, die in dem geistigen Zusammenhang zwischen der Sonne und dem sie umgebenden Weltall zum Ausdruck kommen, das Weilen des Sohnes im Schoße des Vaters, sein opfervoller Abstieg auf die Erde um der Rettung der Menschheit willen, das Opfer, das der Vater im Angesicht der gesamten geistigen Welt brachte, als er seinen eingeborenen Sohn dem Leiden und Tod hingab, und auch das Opfer des Christus Jesus auf der Erde, als er, in den Astralleib des Jesus von Nazareth eingehend, die makrokosmischen Kräfte seines sonnenhaften Astralleibes hingab, – das alles tritt als innere Erfahrung vor den Eingeweihten hin. Auch das Wesen der alten Sonnenmysterien mit ihrem uralt-ewigen Streben nach der Christus-Sphäre, mit ihren Erwartungen und Hoffnungen, und endlich die Erfüllung ihrer Hoffnungen in dem zentralen Mysterium der Erdenentwicklung: in der Geburt, dem Leben, dem Tod und der Auferstehung des Christus Jesus, – das alles wird dem Eingeweihten auf dieser Stufe offenbar. Die gesamte Weltgeschichte steht wie ein Weltenjahr vor ihm, die Geburt des Christus auf der Erde aber wie eine große «Welten-Weihe-Nacht.»[82]

Die Tatsache schließlich, daß der Eingeweihte das Wesen des astralischen Opfers des Christus erkennt und daß er auf dieser Stufe miterleben kann, wie die Seele nach dem Tode ihren Astralleib aus den astralischen Kräften der Sonnensphäre bildet – das macht es ihm nun möglich, mit der *realen Umwandlung seines eigenen Astralleibes in das Geistselbst zu beginnen.* So wird diese Arbeit, die auf der Stufe der imaginativen Erkenntnis noch einen nur vorbereitenden Charakter hatte, hier zu einem Prozeß des bewußten Umwandelns geistiger Substanzen, zu einer echten himmlischen Alchimie.

Zum Abschluß der Beschreibung dieses 5. Rhythmus der Weihnachtstagung ist noch zu beachten, daß der mit ihm beginnende Prozeß des stufenweisen Absteigens in die Erdensphäre – dessen Urbild, wie wir gesehen haben, der kosmische Weg des Christus selbst ist – zugleich ein

Bild dafür ist, wie die Anthroposophie als die neue Verkündigung der Weisheit des Michael-Christus allmählich von der Sonne auf die Erde herabkommt. Deshalb kann jeder Anthroposoph, der sich in den Rhythmus dieses Tages innerlich versenkt, in ihm die hohe inspirative Michael-Schule in der erhabenen Sonnensphäre, die erste Stufe der Anthroposophie, erleben, die Erinnerung aber an seine Teilnahme an dieser Schule kann durch die Arbeit an diesem Rhythmus geweckt werden.[83]

Der folgende Rhythmus, den Rudolf Steiner am 31. Dezember gab, einem Montag, dem Tag, der unter dem Zeichen des Mondes steht, führt uns unmittelbar in die ätherisch-elementare Umgebung der Erde, in die Monden-Sphäre. An diesem Tag liest Rudolf Steiner abermals die ersten Abschnitte der drei ersten Teile und auch, wie das vorhergehende Mal, den ganzen 4. Teil. Dann gibt er folgenden Rhythmus: Zuerst ertönt der unmittelbare Anruf an Christus *(IV,14–15)*:

> «Göttliches Licht,
> Christus-Sonne»,

dann werden erstmals seit dem Aufstellen der Rhythmen auf der Weihnachtstagung (diese Worte waren bis dahin nur einmal, im Rhythmus vom 25. Dezember, erklungen) die abschließenden Worte der drei ersten Abschnitte hinzugefügt *(I, II, III,21–23)*:

> «Das hören die Elementargeister von
> Osten, Westen, Norden, Süden:
> Menschen mögen es hören!»

So haben wir in diesem Rhythmus vor allem eine unmittelbare Hinwendung zu dem ätherischen Christus, der in unserer Zeit in der nächsten übersinnlichen Umgebung der Erde wirkt und der die elementarische Welt, die unserer Natur zugrunde liegt, allmählich umgestaltet. Auch können wir dieses Christus-Wirken damit in Zusammenhang bringen, daß, wie Rudolf Steiner sagt, seit 1899, dem Ende der dunklen Epoche des Kali Yuga, eine ganze Welt neuer Elementargeister in der Umgebung der Erde entstanden ist. Deshalb sieht für den modernen Hellseher, aber auch für den Menschen, der ein feines Empfinden für die Natur hat, diese seit dem Beginn des 20. Jahrhundertes innerlich ganz anders aus als zum Beispiel im 19. Jahrhundert, da sie von neuen Elementargeistern erfüllt ist, die den Sonnen-Christus in der Äthersphäre der Erde «hören und rühmen».[84]

Die Verbindung der Christus-Sonne mit den Elementargeistern in einem Rhythmus weist uns auch auf die nächste Stufe des Erdenabstiegs der Christus-Wesenheit zur Verkörperung in dem Leibe des Jesus von Nazareth hin, auf die Stufe seines Eintritts in die Mondensphäre, die unmittelbare geistige Umgebung der Erde, wo der Christus durch die dritte Hierarchie, die Seelen-Geister, wirkt, die im Kosmos die Sphäre des Heiligen Geistes darstellt.

Diese an die Erde grenzenden, übersinnlichen Gebiete durchdringt der Christus heute allmählich mit seinen Kräften, mit jenen Kräften, die einst Moses als die makrokosmischen Kräfte des Ätherleibes des Christus in dem Feuer und den Blitzen des Sinai als «Ejeh asher ejeh» (Ich bin der Ich-Bin) erschienen sind. Es war jedoch dem Eingeweihten in jener Zeit und sogar Moses nicht möglich, den Christus unmittelbar zu schauen, deshalb erblickte er ihn in dem Abbild des Mondengeistes Jahve, des Elohim, der, obwohl er der zweiten Hierarchie angehörte, sich opferte und in die Sphäre der dritten Hierarchie eintrat, wodurch seine besondere Beziehung zum Heiligen Geist[85] entstand.

Was nun die Seele nach dem Tode betrifft, so ist ihr Erleben auch auf dieser Stufe in der Mondensphäre dadurch, daß sie seit der Weltenmitternacht vom Heiligen Geist geleitet wird, ein mikrokosmisches Abbild des Christus-Weges zur Erde hin.

Sie tritt in dieser Zeit in den Bereich der dritten Hierarchie ein, und es beginnt für sie nun der Prozeß der Vorbereitung zur unmittelbaren Verkörperung auf der Erde, indem der neue Ätherleib in der Mondensphäre gebildet wird. Aber da eine bewußte Teilnahme an diesem Prozeß voraussetzt, daß der Lebensgeist schon bis zu einem bestimmten Grade herausgearbeitet worden ist, was nur durch eine intensive okkulte Entwicklung in dem vorhergehenden Erdenleben erreicht werden kann, so vollzieht sich dieser Prozeß im allgemeinen, ohne daß die Seele ein Bewußtsein davon hat. In der gegenwärtigen Epoche der Weltentwicklung helfen dabei der auf dieser Stufe in Schlaf versunkenen Seele hohe geistige Wesenheiten, die Rudolf Steiner Mondenlehrer nennt (im Osten werden sie auch Maharajas genannt).[86] Diese hohen Weisheitslehrer wohnten einst in ältesten Zeiten auf der Erde und waren damals die großen Führer der sich entwickelnden Menschheit. Später, nach der Trennung des Mondes von der Erde, folgten sie diesem und gründeten in seiner Sphäre eine Kolonie, von der aus sie heute den Seelen, die durch das Mondengebiet hindurchgehen und noch nicht die Reife erlangt haben, bewußt an dieser Arbeit teilzunehmen, bei der Bildung des neuen Ätherleibes helfen. Rudolf Steiner beschreibt diesen Prozeß in dem Vortrag vom 21. April 1924 in Dornach eingehend; er stellt hier dar, wie die Mondenlehrer, wenn sie den neuen Ätherleib aus ihrer Sphäre heraus bilden, alle Planeten des Sonnensystems in der Reihenfolge betrachten – die erstaunlicherweise die gleiche ist wie die Abfolge der Tage der Weihnachtstagung – und wie sie aus diesem Schauen der Planetensphäre die Kräfte gewinnen, die notwendig sind, um dem sich neu bildenden Ätherleib des Menschen die entsprechenden Fähigkeiten des Sprechens, des Sich-Bewegens, der Weisheit, der Liebe u. a. einzugliedern.[87] So bildet die Seele auf dieser Stufe ihrer nachtodlichen Wanderung, in Unbewußtheit versunken, unter der Führung der Mondenlehrer der Weisheit aus den Kräften aller Planetensysteme, d. h. aus dem Makrokosmos, ihren neuen Ätherleib.

Der Eingeweihte, der diese Stufe erreicht hat, erlebt durch die Rhythmen dieses Tages das Wirken des Christus in den elementarischen Ätherkräften der Erde. Durch dieses Wirken werden die vier Kategorien von Elementargeistern der vier Weltgegenden, die nach den Hinweisen Rudolf Steiners auf dem alten Mond in der Entwicklung zurückgeblieben sind und die dadurch die gesamte Weisheit der alten Mondenzeit in der Erde verkörpern, von dem Christus erlöst und auf den Entwicklungsweg zurückgeführt, aus dem sie durch ihr Zurückbleiben herausgerissen worden waren (GA 102). Damit wird für die ganze Erde die reale Möglichkeit eröffnet, auch in bezug auf die Natur einmal ihr endgültiges Ziel zu erreichen: aus einem Planeten der Weisheit ein Planet der Liebe zu werden. Denn dadurch, daß er sich mit der nächsten übersinnlichen Sphäre der Erde verbunden hat, bezieht der Christus auch die Elementargeister in den großen Impuls kosmischer Liebe, den er in die Erdenentwicklung gebracht hat, mit ein, was durch die folgenden Worte der Grundstein-Meditation zum Ausdruck kommt *(I, II, III,21–22)*:

«Das hören die Elementargeister
Im Osten, Westen, Norden, Süden.»

– sie *hören* den Sonnen-Christus *(IV,15)* in der Erdenumgebung.

So offenbart sich hier dem Eingeweihten das große Geheimnis, wie die Erde – durch die Vereinigung des Christus mit ihr – allmählich zur Sonne wird. Auf dieses Geheimnis weist uns der Rhythmus dieses Tages ebenfalls hin, indem er das Wirken der Naturgeister, die unter dem Einfluß des Mondes stehen, mit den Kräften der Christus-Sonne in Zusammenhang bringt, wobei schon die Verbindung der zwei Namen: des Christus, der seit dem Mysterium von Golgatha als Geist der Erde wirkt, und der Sonne, uns machtvoll auf diese große kosmische Zukunft unseres Planeten hinweist.

Mit dem Rhythmus dieses Tages ist jedoch noch ein weiteres Mysterium verbunden. Es ist das ein Mysterium der Mondensphäre, des Mondenlogos, von dem als einem Abglanz des großen Sonnenlogos die vorchristliche Weisheit der Menschheit inspiriert wurde. Heute ist es jedoch notwendig, nachdem durch das Mysterium von Golgatha der Sonnenlogos selbst in die Erdenentwicklung eingetreten ist, mit seiner Hilfe die Weisheit des Mondenlogos, die auch die gesamte alte Weisheit der Menschheit in sich birgt, wieder aufzunehmen und umzuwandeln. Die Geisteswissenschaft ist berufen, damit den Anfang zu machen. Rudolf Steiner spricht davon in dem Vortrag vom 29. August 1923 in Penmaenmawr: «Dasjenige, was einmal war, geht aber weiter, so daß nicht etwa die alte Mondenweisheit, der alte Mondenlogos aufhören kann, sondern daß er fortgehen muß; nur wird er erfaßt werden müssen von dem Sonnenwort, das nun auch, nach Verlust der letzten Erbschaft in der Gnosis, wiedergefunden werden muß.»[88]

Um aber heute das Sonnenwort wiederzufinden und seine Geheimnisse den Menschen zu enthüllen, ist es in der Einweihung notwendig, jene Stufe zu erreichen, die in der alten, vorchristlichen Einweihung die Stufe des *«Christophorus»* genannt wurde. Rudolf Steiner schildert diese Stufe der alten Einweihung in dem Dornacher Vortrag vom 21. April 1924[89], wo er die sogenannten «Monden-Sonnen-Mysterien» der vorchristlichen Epoche beschreibt, die darauf beruhten, daß der Schüler in das Geheimnis der Beziehung der Sonnenkräfte zu den Mondenkräften eindrang und gleichzeitig erkannte, wie der menschliche Ätherleib aus den Planetenkräften der Mondensphäre gebildet wird. «Und das war eben der Grad der Einweihung, durch den der Mensch ein Christus-Träger, das heißt, ein Sonnenwesen-Träger wurde, *nicht ein Sonnenwesen-Empfänger,* sondern ein Sonnenwesen-Träger. Wie der Mond selber, wenn er Vollmond ist, ein Sonnenlicht-Träger ist, so wurde der Mensch ein Christus-Träger, ein Christophorus.»[89]

Heute jedoch, nach dem Mysterium von Golgatha, kann der Eingeweihte nicht nur ein »Christus-Träger« werden, sondern auch ein «Christus-Empfänger», was für den Mysten des Altertums noch nicht möglich war, denn der Christus hatte sich damals noch nicht mit der Erde verbunden. Heute aber, nachdem dieses geschehen ist, nähert sich der Christus dem Menschen nicht mehr von außen, aus den Sonnen-Höhen, sondern aus dem Seeleninnern, aus dem Allerheiligsten, denn er ist seit dem Mysterium von Golgatha in dem höheren Ich jedes Menchen anwesend, so daß der Eingeweihte, der sich zu dieser Erkenntnis erhebt, ein wirklicher «Christus-Empfänger» wird.[89a]

Betrachten wir die weiteren Erlebnisse des Eingeweihten im Zusammenhang mit dem Rhythmus dieses Tages, so zeigt es sich, daß sich dem Eingeweihten, der auf dieser Stufe das Wirken des Christus in der Erdensphäre zu erkennen vermag, auch das Wesen der Verklärung des Christus auf dem Berge Tabor offenbart, als die Christus-Wesenheit ihre makrokosmischen Ätherkräfte opferte, die einst Moses auf dem Berge Sinai schaute, um sich endgütlig mit der Ätherhülle des Jesus von Nazareth zu verbinden. Daß der Eingeweihte auf dieser Stufe einerseits das ätherische Opfer des Christus erleben und andererseits erfahren kann, wie die Seele nach dem Tode unter der Führung der Mondenlehrer der Weisheit ihren neuen Ätherleib bildet, – das gibt ihm die Kraft, mit der *wesenhaften* Umwandlung seines Ätherleibes in den Lebensgeist zu beginnen (während diese Arbeit auf der Stufe der Inspiration einen mehr vorbereitenden Charakter hatte).

Der 6. Rhythmus, der das Mysterium des dritten, *ätherischen Opfers des Christus* enthält, wurde am 31. Dezember, dem letzten Tag des Jahres 1923, von Rudolf Steiner gegeben. Und man erkennt mit Erstaunen, wie dieser Rhythmus sich mit dem verbindet, was genau ein Jahr vorher, am 31. Dezember 1922, geschehen war – mit dem Brand des Goetheanum, in dessen Feuerelement damals die hingeopferten ätherischen Kräfte Rudolf Steiners in die Ätherfernen des Kosmos übergingen.

Aber dieser Rhythmus erinnert uns nicht nur an den Untergang des Goetheanum, sondern auch an seine Begründung, an den 20. September 1913, als Rudolf Steiner das Mysterium seiner Grundsteinlegung damit begann, daß er sich an die Elementargeister der vier Himmelsrichtungen wandte als an Geister, die schon von dem Christus durchdrungen sind, und sie aufrief, an dem Geschehen teilzunehmen.[90] Es wandte sich Rudolf Steiner auch am Anfang der Weihnachtstagung, am 25. Dezember, dem Tag, als die Grundstein-Meditation das erste Mal gelesen wurde, an sie, und er rief sie auch damals auf, an ihr teilzunehmen. Am 7. Tag, an dem Tag des Mondes, wendet er sich ihnen abermals zu, um schließlich das grundlegende Geheimnis ihrer Umwandlung, ihrer Verbindung mit der Wesenheit des Christus zu enthüllen.

Der angedeutete Zusammenhang mit dem Prinzip des ätherischen Opfers kann uns der geistigen Realität, die hinter dem Rhythmus dieses Tages steht, jedoch nur nahebringen, wenn wir das Folgende beachten. In dem 3. Kapitel dieses Buches (s. S. 104f.) sprachen wir davon, daß das Prinzip des ätherischen Opfers in unserem Kosmos tief verbunden ist mit dem Wesen und Wirken der nathanischen Seele, die bis zum Mysterium von Golgatha für alle Mysten des Altertums das kosmische Urbild des Christophorus war, die nach dem Mysterium von Golgatha jedoch zum kosmischen Urbild der entsprechenden Stufe der neuen Einweihung wurde. Denn seit der Zeit ist sie das wahre Urbild des «Christus-Empfängers», wie das auch der Apostel Paulus vor Damaskus schauen konnte, als ihm die nathanische Seele als die leuchtende Hülle des Auferstandenen erschien.[91] Auf das Geheimnis dieser neuen Beziehung der nathanischen Seele zur Christus-Wesenheit nach dem Mysterium von Golgatha weist uns der Rhythmus dieses Tages unmittelbar durch die zwei folgenden Zeilen hin, die als ein Ganzes gesprochen wurden *(IV,14–15)*:

«Göttliches Licht,
Christus-Sonne».

Zeylmans van Emmichoven weist in seinem Buch nach, daß von den fünf Malen, die das Wort «Licht» im 4. Teil der Grundstein-Meditation genannt wird, das Wort «Göttliches Licht» sich auf die nathanische Seele bezieht.[92]

So ist diese Seele selbst als rein ätherisches Wesen in dem 6. Rhythmus der Weihnachtstagung anwesend, und es erinnert uns der Montag – der Mondentag –, an dem der Rhythmus gegeben wurde, an die vergangene Verkörperung unseres Planeten und ihre Wiederholung in der lemurischen Epoche, als die ätherischen Kräfte der nathanischen Seele durch die guten Mächte des Kosmos vom weiteren Absteigen in die Erdensphäre zurückgehalten wurden. Die unmittelbare Gegenwart der nathanischen Seele an diesem Tage äußerte sich aber auch darin, daß Rudolf Steiner beim Lesen des 4. Teiles der Meditation einmal an Stelle des Wortes «zielvoll» das Wort *«lichtvoll»* sprach *(IV,24)*. Dadurch wurde die eigentliche Wirkungsweise der nathanischen Seele nach dem Mysterium von Golgatha als glänzende, lichterfüllte Hülle des auferstandenen Christus zum Ausdruck gebracht. (Siehe die Worte Rudolf Steiners auf S. 83.)

Als übersinnliches Urbild des Menschen, der von dem Christus ganz durchdrungen ist, tritt sie uns in diesen Zeilen entgegen und bewegt uns, dasjenige zu tun, was in der Welt der Elementargeister, die die Sonnenkräfte des Christus «hörten» und in ihr Reich aufnahmen, schon Wirklichkeit geworden ist, so daß sie die ganze Erdennatur mit ihnen durchdringen können.[93] Heute sollen auch die Menschen das aus freiem Willen vollbringen. Denn in unserer Zeit ist der Mensch aufgerufen, die Natur als ganz von dem Christus durchdrungen zu erleben, um durch diese Erkenntnis die Kraft und die Hilfe für den Weg zum Erwachen des Christus in der eigenen Seele zu gewinnen. Dazu ruft uns der Rhythmus dieses Tages auf *(I, II, III,23)*:

«Menschen mögen es hören».[94]

Zum Abschluß der Beschreibung auch dieses Rhythmus muß abermals betrachtet werden, daß der in ihm enthaltene Prozeß des fortgesetzten Absteigens, den die Seele auf ihrem Wege zu einer neuen Verkörperung durchmacht und der auf mikrokosmische Weise den makrokosmischen Weg der Christus-Wesenheit zur Verkörperung im Leibe des Jesus von Nazareth wiederholt, daß dieser Prozeß der stufenweisen Annäherung an die Erde zugleich ein Bild des weiteren Absteigens der Anthroposophie auf die Erde ist. Deshalb kann jeder Anthroposoph, der sich in den Rhythmus dieses Tages versenkt, in ihm die 2. Stufe ihrer übersinnlichen Vorbereitung erleben: jenen hohen imaginativen Kultus, der am Übergang vom 18. zum 19. Jahrhundert in der an die Erde angrenzenden übersinnlichen Sphäre stattfand, als die Anthroposophie als neue kosmische Weisheit von Michael-Christus endgültig für ihre folgende Verkörperung in der Menschheit vorbereitet wurde.[95]

Der folgende 7. Rhythmus, der von Rudolf Steiner am 1. Januar 1924, einem Dienstag, dem Tag des Mars, gegeben wurde, führt uns in das Mysterium der Erdenverkörperung des Menschen ein.

An diesem Tag las Rudolf Steiner die drei ersten Teile des Grundstein-Spruches vollständig, aber ohne das Anrufen der Elementargeister. Dann fügte er die folgenden Worte an und nannte sie einen «einfachen Rhythmus»:

«Du lebest in den Gliedern»; *(I,2)*
«Denn es waltet der Vater-Geist der Höhen,
In den Weltentiefen Sein-erzeugend.» *(I,14–15)*

«Du lebest in dem Herzens-Lungenschlage», *(II,2)*
«Denn es waltet der Christus-Wille im Umkreis,
In den Weltenrhythmen Seelen-begnadend.» *(II,14–15)*

«Du lebest im ruhenden Haupte», *(III,2)*
«Denn es walten des Geistes Weltgedanken,
Im Weltenwesen Licht-erflehend.» *(III,14–15)*

So weist uns dieser Rhythmus darauf hin, wie das große makrokosmische Urbild des Menschen, das in der Zeit der Weltenmitternacht in der geistigen Welt von allen neun Hierarchien aus den göttlichen Kräften des

Vaters, des Sohnes und des Heiligen Geistes geschaffen wurde (s. S. 257) sich bei der Verkörperung, gleichsam «erlöschend», in die Grundlage unseres irdischen physischen Körpers verwandelt, der aus dem Stoffwechsel-Gliedmaßen-System, dem rhythmischen System des Herzens und der Lunge und dem Kopf-Nerven-System besteht.

Dieses Resultat der unendlich erhabenen Arbeit des ganzen Kosmos – das Urbild des menschlichen physischen Leibes – ruht aber nur auf verborgene Art in ihm und wird erst in dem zukünftigen Jupiter-, Venus- und Vulkanzustand zur vollen Entwicklung und Erscheinung kommen. Einmal jedoch trat es in all seiner Fülle und Vollendung hervor, als der Christus drei Jahre in dem physischen Leibe des Jesus von Nazareth weilte, denn da war zum ersten Mal auf der Erde ein Leib entstanden, in dessen drei Systemen die makrokosmischen Kräfte des Vaters, des Sohnes und des Geistes voll in Erscheinung traten. So ist uns mit dem Sein des Christus auf der Erde das Urbild von Ziel und Vollendung der ganzen Erdenentwicklung gegeben worden.

Deshalb steht dieses Erdenleben des Christus Jesus wie der reinste Ausdruck der Gesetze des Makrokosmos vor uns: «Was da als ein Wesen auf der Erde wandelte, das sah allerdings wie ein anderer Mensch aus. Die wirksamen Kräfte darin aber waren die kosmischen Kräfte, die von Sonne und Sternen kamen; *sie dirigierten den Leib.* Und je nach der Gesamtwesenheit der Welt, mit welcher die Erde zusammenhängt, geschah das, was der Christus Jesus tat. Daher ist so oft die *Sternkonstellation* für die Taten des Christus Jesus in den Evangelien leise angedeutet.»[96] Auf einen solchen Einfluß der Sterne weist Rudolf Steiner auch hin, als er die Betrachtung der Rhythmen dieses Tages mit den folgenden Worten abschließt: «Wenn ich Ihnen so die Rhythmen im Zusammenklang aufschreibe, so ist es, weil darin wirklich ein Abbild liegt von Stern-Konstellationen. Man sagt: Saturn[97] steht im Löwen, Saturn steht im Skorpion. Davon hängen Rhythmen ab, die durch die Welt gehen. *Geistiges Ursprungsbild* liegt in solchen Rhythmen, wie ich sie aus unseren Sprüchen, die durchaus innerlich geistig-seelisch organisiert sind, im Laufe dieser Tage aufgeschrieben habe.»[98]

Diese Worte Rudolf Steiners sprechen ganz besonders konkret von demjenigen, was im Laufe der drei Jahre geschah, die der Christus in den drei Hüllen des Jesus von Nazareth auf der Erde weilte, als diese Hüllen so von der Christus-Wesenheit umgewandelt wurden, daß später durch die Auferstehung nach dem Mysterium von Golgatha wirklich ein «Geborenwerden eines neuen Gliedes der menschlichen Natur: eines unverweslichen Leibes»[99] stattfinden konnte. Mit anderen Worten: die Tatsache, daß der Christus in dem physischen Leibe eines Menschen weilte, bewirkte, «daß dieser physische Leib die *eigentliche Urform* des physischen Leibes herausgerettet hat zum Heile aller Menschen».[100] Er wurde damit vollständig von den Versucherkräften Luzifers und Ahrimans befreit und gemäß seiner »eigentlichen Urform» oder seinem «geistigen Ursprungsbild», von dem auch im Rhythmus dieses Tages gesprochen wird, wiederhergestellt.

Damit werden wir durch diesen Rhythmus im ganzen gesehen auf folgende Tatsachen hingewiesen: auf das dreijährige Leben der Sonnenwesenheit des Christus auf der Erde, das seine Vollendung erfuhr, als der Christus sich im Garten von Gethsemane endgültig mit dem physischen Leib des Jesus von Nazareth vereinigte; sodann auf das darauffolgende Mysterium von Golgatha, durch das der Christus die Erdensphäre mit seinem Wesen durchdrang, indem er das durchmachte, was Rudolf Steiner einen Prozeß der *Geburt* des Christus in der Erdensphäre nennt[101]; und schließlich werden wir in diesem Rhythmus auf seine Auferstehung in einem «unverweslichen Leibe» hingewiesen, der in seinen drei Systemen die reinste Erscheinung der Kräfte der göttlichen Dreifaltigkeit des Vaters, des Sohnes und des Geistes ist.

Für die Seele nach dem Tode, die, vom Heiligen Geist geführt, in dieser letzten Etappe ihrer nachtodlichen Wanderung auf mikrokosmische Weise den Prozeß wiederholt, durch den das makrokosmische Christus-Wesen sich mit dem physischen Leib des Jesus von Nazareth vereinigte, um nach dem Mysterium von Golgatha in der geistigen Erdensphäre wiedergeboren zu werden, für die Seele ist das die Epoche, da sie sich allmählich mit dem Keim ihres physischen Leibes im Mutterschoß verbindet. Bei der Geburt, durch das Betreten der Erdenwelt, erfährt diese Epoche dann ihren endgültigen Abschluß. Dabei gehen die Erlebnisse der Seele in dieser Etappe in noch stärker herabgedämpftem Bewußtsein vor sich als auf der vorhergehenden Stufe (der Bildung des Ätherleibes). Denn das bewußte Bilden des physischen Leibes wie auch die dem vorausgehende bewußte Wahl des Elternpaares setzt voraus, daß der Geistesmensch bis zu einem gewissen Grade herausgearbeitet wurde. Da das im allgemeinen beim Gegenwartsmenschen nicht der Fall ist, so führen hier noch höhere geistige Wesen als die Mondenlehrer der Weisheit – Rudolf Steiner nennt sie die Herren des Karma (Lipikas in der östlichen Literatur) – die tief in Schlaf versunkene Seele. Sie helfen ihr, den Übergang von der übersinnlichen Welt zurück zur sinnlichen auf die richtige Weise zu vollziehen.

Was nun den Eingeweihten betrifft, so erkennt er auf dieser Stufe seiner Einweihung das Wesen des vierten und größten Opfers des Christus, das darin besteht, daß er nach der Nacht im Garten von Gethsemane von den Vaterkräften verlassen wurde, die ihn bis dahin begleitet hatten[102], da er sie opferte, um sich endgültig mit dem Leib des Jesus von Nazareth zu vereinigen und um damit den großen Weg der Menschwerdung Gottes zu vollenden. Ebenso offenbart sich dem Eingeweihten auf dieser Stufe das eigentliche Wesen des Mysteriums von Golgatha und der folgenden Auferstehung.

Auf der anderen Seite kann er bewußt miterleben, wie die Seele nach dem Tode ihren neuen physischen Leib unter der Leitung der hohen Herren des Karma bildet. Die übersinnliche Erkenntnis dieser zwei Prozesse, der makrokosmischen Geburt des Christus in der Erdensphäre wie auch der mikrokosmischen Geburt des Menschen, ist die Voraussetzung dafür, daß er nun mit der *realen Umgestaltung seines physischen Leibes* in den Geistesmenschen beginnen kann. Durch diese Arbeit macht sich der Eingeweihte allmählich von der Führung der Herren des Karma frei, so wie er durch seine Arbeit am Lebensgeist auf der vorhergehenden Stufe sich von der unmittelbaren Führung durch die Mondenlehrer der Weisheit befreit hatte. Jetzt erhebt er sich nach den Worten Rudolf Steiners über das Karma.[103] Und wie der Christus durch das Mysterium von Golgatha das Karma der ganzen Menschheit auf sich genommen hat, so kann auch der Eingeweihte, der diese Stufe erreicht, das Karma anderer Menschen, vor allem aber seiner Schüler, auf sich nehmen.

Das große makrokosmische Bild des Kreuzes, das in dem Kreis der sieben Rosen des Einweihungsweges von den geistigen Strömen aus der Sphäre des Vaters, des Sohnes und des Geistes gebildet wird und das der Eingeweihte während der Weltenmitternacht schaute, muß bis zu einem gewissen Grade auf dieser Stufe realisiert werden. Seine Realisierung bedeutet, sich dem nähern, was man «Seligkeit in Gott» nennen kann.

Für die weitere Betrachtung des Rhythmus dieses Tages müssen wir einen Aspekt beachten, der ein Licht sowohl auf dasjenige werfen kann, was Rudolf Steiner an diesem letzten Tag der Weihnachtstagung vollbrachte, sowie auch auf den Gesamtcharakter der Tagung. Denn in diesem Rhythmus ist nicht nur ein Hinweis auf den «unverweslichen Leib» enthalten, der durch das Mysterium von Golgatha geboren wurde und der das Ziel der Erdenevolution ist, dessen Bedeutung für die gesamte Menschheit in der hohen christlichen Idee von der allgemeinen Auferstehung von den Toten seinen Ausdruck gefunden hat, sondern in diesem Rhythmus wird auch auf den besonderen Weg zum Erreichen dieses erhabenen Zieles hingewiesen.

Die Suche nach der neuen Isis, der göttlichen Sophia, nennt Rudolf Steiner diesen Weg[104]; als Schlüssel zu seinem Verständnis kann uns der Vortrag Rudolf Steiners vom 6. Januar 1918 dienen (GA 180). In diesem Vortrag wird von dem besonderen Geheimnis der plastischen Gruppe gesprochen, der das verborgene Bild der in Schlaf versunkenen neuen Isis zugrunde liegt[105], die das esoterische Bild des Menschen ist, der sich durch die Einweihung zu seinem höheren Ich erhebt und dadurch zum zweimal Geborenen oder zu dem «aus dem Geist Geborenen» wird. Dabei vollzieht sich dieser Prozeß so, wie das in der plastischen Gruppe dargestellt ist, d. h. durch die Vereinigung mit dem Christus-Impuls und die dadurch mögliche Überwindung der nicht «rechtmäßig» von oben und von unten wirkenden Kräfte Luzifers und Ahrimans. Wie das konkret vor sich geht, das sehen wir, wenn wir genauer betrachten, wie diese zwei Widersachermächte in den drei Gliedern des menschlichen Leibes wirken, von denen in der ersten Hälfte des Rhythmus dieses Tages gesprochen wird. Denn diese Widersachermächte haben, da der Mensch ihnen verfiel, in dem kosmischen Urbild, das durch alle neun Hierarchien einst aus dem Makrokosmos geschaffen wurde, Verfälschungen hervorgerufen. Mit anderen Worten, sie vor allem sind es, die verhindern, daß die drei Glieder des menschlichen Leibes das reine Abbild der makrokosmischen Kräfte des Vaters, des Sohnes und des Geistes sein können.

Wenn wir die Darstellung vom Wirken Luzifers und Ahrimans im Menschenwesen, wie sie uns im Zentralmotiv der plastischen Gruppe gegeben ist, als Grundlage nehmen, dann müssen wir sagen: In ihr erscheint uns einerseits Luzifer, wie er auf unrechtmäßige Weise versucht, unseren Kopf zu beleben, der, gemäß der «rechtmäßigen» Weltenlenkung, einen Sterbeprozeß durchmachen soll, um die Grundlage unseres freien, selbstbewußten Ich sein zu können; und andererseits erscheint Ahriman, der auf ebenso unrechtmäßige Weise versucht, das Element des Todes in unser Gliedmaßen- und Stoffwechselsystem zu bringen, wo, nach der rechtmäßigen Weltenführung, Leben herrschen soll.[106] Dabei wirkt Luzifer mehr durch das gewöhnliche Kopfbewußtsein, Ahriman dagegen in den unterbewußten inspirativen Kräften, die unseren Willen, der dem Stoffwechsel-Gliedmaßen-System zugrunde liegt, durchdringen: So will der erstere uns vor allem in die Sternenweiten des Kosmos locken und damit ganz von der Erde losreißen, der zweite dagegen uns an die Erde fesseln und uns nicht gestatten, daß wir uns zu etwas Höherem erheben. Nur das mittlere, rhythmische System des Herzens und der Lunge und das mit ihm verbundene imaginative Bewußtsein ist noch frei. Doch gerade diese Sphäre versuchen Luzifer und Ahriman in ihre Gewalt zu bekommen, um sich den Menschen endgültig zu unterwerfen, und zwar Luzifer von oben und Ahriman von unten, um das zu verwirklichen, was in dem (linken) seitlichen Motiv der plastischen Gruppe gezeigt wird. Rudolf Steiner schildert diese Situation folgendermaßen: «So wie der Mensch zunächst in der Welt steht, wird er seinem Kopfe nach von Luzifer gehalten, wird er seiner Stoffwechsel-Weisheit nach, der Gliedmaßen-Weisheit nach von Ahriman gehalten.»[107] Und er fährt fort: «Was da als der mittlere imaginative Zustand des Bewußtseins geschildert ist, das ist ebenso abhängig von unserer Herzorganisation mit dem menschlichen Rhythmus.» Aber was braucht dieser mittlere Teil des Menschenwesens, um sich mit einer solchen inneren Weisheit zu erfüllen, die es dem Menschen ermöglicht, auf rechtmäßige Weise die entstellenden Einflüsse Luzifers und Ahrimans zu überwinden, die von oben und von unten wirken? Dazu sagt Rudof Steiner weiter: «Wodurch kommt in diesen mittleren Teil unseres Menschenwesens die innere Logik, die innere Weisheit, Orientierungsfähigkeit hinein? Durch den Christus-Impuls, durch dasjenige, was in die Erdenkultur übergegangen ist durch das Mysterium von Golgatha ... Es gehört zu unserem Menschenwesen die Durchdringung mit dem Christus-Impuls.»

So weist uns der Rhythmus dieses Tages auf jenen geistigen Weg hin, den Rudolf Steiner den Weg der Suche nach der neuen Isis, der göttlichen Sophia nennt. Auf diesem Wege können wir das imaginative Bewußtsein erlangen, das wir mit den Kräften des ätherischen Christus durchdringen sollen, der uns heute entgegenkommt und der in uns aus dem mittleren rhythmischen Bereich des Herzens und der Lunge heraus das Gleichgewicht zwischen den von oben wirkenden luziferischen und den von unten wirkenden ahrimanischen Kräften herstellt. Das sind die ersten Voraussetzungen dafür, daß die Versuchermächte in den drei Systemen unseres Organismus überwunden werden können, d.h. daß unser physischer Leib allmählich in den unverweslichen Auferstehungsleib verwandelt wird, in dessen drei Systemen die ihnen zugrunde liegenden kosmischen Kräfte des Vaters, des Sohnes und des Geistes immer mehr hervortreten werden, da der lebende Christus in ihm wirkt.

Auf diesen geistigen Umwandlungsprozeß, der bis zum physischen Leib des Menschen gehen muß, werden wir auch durch die neue Isis-Legende hingewiesen, in der zum Ausdruck gebracht wird, wie die neue Isis die Umwandlung ihrer physischen Gestalt[108] dadurch erlebt, daß sie die Lehre des Johannes-Evangeliums, in dem die Lehre des kosmischen Logos, des Christus enthalten ist, hellsichtig (imaginativ) erkennt. Deshalb ist die plastische Gruppe, die den Menschheitsrepräsentanten zwischen Luzifer oben und Ahriman unten darstellt, in Wahrheit eine Darstellung der geistigen Worte, die der Hellseher heute über der schlafenden Isis lesen kann[109]:

> «Ich bin der Mensch.
> Ich bin die Vergangenheit, die Gegenwart und die Zukunft.
> Meinen Schleier sollte jeder Sterbliche lüften.»

Diese drei Zeilen können helfen, dem Geheimnis näherzukommen, das mit dem 7. Rhythmus einerseits und mit der Durchführung der gesamten Weihnachtstagung andererseits verbunden ist. Betrachten wir sie im Zusammenhang:

«Ich bin der Mensch» – diese Worte weisen uns auf das Bild des Menschen hin, der als Mikrokosmos aus den drei Systemen: dem Gliedmaßen-System, dem Herz-Lungen-System und dem Kopf-System besteht. Ihnen entsprechen in diesem Rhythmus die Worte:

> Du lebest in den Gliedern
> Du lebest in dem Herzens-Lungen-Schlage
> Du lebest in dem Haupte

und im Gesamttext der Meditation die ersten Abschnitte der Teile 1–3.

«Ich bin die Vergangenheit, die Gegenwart und die Zukunft» – diese Worte weisen uns, wenn wir Rudolf Steiners Vortrag vom 4. Juli 1924 in Dornach zum Verständnis heranziehen und wenn wir sie mit den drei ersten Teilen der Grundstein-Meditation in Zusammenhang bringen, auf jene makrokosmischen Kräfte hin, die den drei Systemen des Menschen als Mikrokosmos zugrunde liegen. So wirken die göttlichen Vaterkräfte aus der Vergangenheit durch die erste Hierarchie im Menschen. Sie bilden jene Raumeswelt, in der der Mensch auch in Zukunft seine Entwicklung durchzumachen hat. In der Gegenwart wirken die Kräfte des Sohnes, der die Entwicklung durch die zweite Hierarchie leitet, während er selbst von der Sonne zur Erde herabgestiegen ist und der Menschheit durch die Überwindung der Raumeskräfte aus der kosmischen Sphäre der Zeit den Impuls zum neuen Aufsteigen bringt, wodurch er für sie das Tor zur Sphäre der Zukunft öffnet, der Sphäre des ewigen Geistes, der durch die dritte Hierarchie im Innern der Wesen wirkt. Dem entsprechen im Rhythmus dieses Tages die Worte:

«Denn es waltet der Vater-Geist der Höhen
In den Weltentiefen Sein-erzeugend.»

«Denn es waltet der Christus-Wille im Umkreis
In den Weltenrythmen Seelen-begnadend.»

«Denn es walten des Geistes Weltgedanken
Im Weltenwesen Licht-erflehend.»

und die zweiten Abschnitte der Teile 1–3.[109a]

Beim Gegenwartsmenschen sind die zwei ersten Zeilen der Aussagen der neuen Isis jedoch noch nicht in den rechten Zusammenhang gebracht worden, denn der moderne Mensch verbindet in seinen drei Systemen Vergangenheit, Gegenwart und Zukunft unseres Kosmos noch nicht vollständig[110]; mit anderen Worten, er erscheint in ihnen noch nicht in seinem *ewigen,* die ganze Zeit umfassenden, dem Tod nicht unterworfenen Aspekte, der aus den reinsten Kräften des Vaters, des Sohnes und des Geistes besteht. Deshalb wird diese Vereinigung als eine Aufgabe vor uns hingestellt, und auf sie als die wichtigste Aufgabe unserer Zeit weist die dritte Aussage der neuen Isis: «Meinen Schleier sollte jeder Sterbliche lüften.» Der Weg zur Lösung dieser Aufgabe öffnet sich uns nur, wenn wir den Christus-Impuls in uns aufnehmen, der die Möglichkeit wieder auf die Erde gebracht hat, den Mikrokosmos und den Makrokosmos zu vereinigen, und davon spricht der 4. Teil der Grundstein-Meditation «In der Zeiten Wende ...», wo wir darauf hingewiesen werden, daß die Seele in ihrem Ich die Beziehung zu dem Christus *(IV,14–19)* herstellen soll, denn nach den Worten Rudolf Steiners ist es dem Erdenmenschen nur durch diese Beziehung möglich, «seinem sonst zerfallenden physischen Leib das Phantom einzufügen, das aus dem Grabe von Golgatha auferstanden ist»[111], mit anderen Worten: jenen «unverweslichen Leib», der in seinen drei Systemen aus den reinsten Kräften des Vaters, des Sohnes und des Geistes besteht, die im Laufe der Äonen von Saturn, Sonne, Mond und Erde an ihm gearbeitet haben und die der ganzen weiteren Entwicklung des Menschen durch die Äonen von Jupiter, Venus und Vulkan als Grundlage dienen sollen.

Damit haben wir im ganzen folgendes Bild: In der 1. Zeile der Worte über der schlafenden Isis werden wir auf den Menschen als Mikrokosmos hingewiesen; in der 2. Zeile auf die ihm zugrunde liegenden Kräfte des Makrokosmos, die seit dem Sündenfall nicht mehr vollkommen in ihm in Erscheinung treten können; und in der 3. Zeile wird die Forderung vor uns hingestellt, den Schleier zu heben, d. h. den Makrokosmos wieder vollständig im Mikrokosmos erscheinen zu lassen. Das letztere jedoch ist nur durch den Zusammenhang mit dem Christus-Impuls möglich, wovon im 4. Teil der Meditation gesprochen wird. Denn nur wenn wir uns mit dem Inhalt dieses Teiles innerlich verbinden, können wir den Schleier der Isis lüften oder, was dasselbe ist, sie *wecken.* Und das, was wir dann *hinter* diesem Schleier erblicken, ist die volle und harmonische *Vereinigung* des Mikrokosmos (Gliedmaßen – Herz – Kopf) *(I, II, III,2)* mit dem Makrokosmos (Vater – Sohn – Geist) *(I, II, III,14–15)* im Menschenwesen, und davon wird in dem abschließenden siebenten Rhythmus der Weihnachtstagung gesprochen.

So findet die Aufgabe, die am 25. Dezember, dem Tag der ersten Lesung der Grundstein-Meditation, vor uns hingestellt wurde, nach dem Durchschreiten des siebengliedrigen Einweihungsweges auf dieser letzten Stufe ihre Erfüllung, und wir sehen, daß der Weg, dessen Vollendung der 7. Rhythmus bildet, auch als *«das Lüften des Schleiers der neuen Isis, der göttlichen Sophia»* bezeichnet werden kann.

Wenn wir nun die Betrachtungen zu dem letzten Rhythmus der Weihnachtstagung zusammenfassen, so können wir sagen: durch diesen «einfachen» Rhythmus enthüllt sich uns das Wesen der *ganzen Weihnachtstagung* als langsames Heben des Schleiers der neuen Isis, und das wurde zum ersten Mal innerhalb der Menschheit als eine okkult-soziale Handlung und – gleichzeitig – als eine echte Mysterienhandlung vollzogen, durch die das Tor zum Tempel der neuen Mysterien geöffnet wurde, denn heute «sollte *jeder* Sterbliche» den Vorhang dieses Tempels «lüften»[112]:

Oh Mensch, erkenne dich selbst!

Ähnlich den zwei vorhergehenden Rhythmen weist auch dieser auf das Herabsteigen der Anthroposophie aus dem Kosmos hin. Am Ende einer langen übersinnlichen Vorbereitungsepoche soll sie nunmehr auf die Erde herabkommen und in die menschlichen Seelen eintreten. Darauf weist der siebente Rhythmus der Weihnachtstagung. In ihm wird von der Verkörperung der Anthroposophie unter den Menschen, die im Jahre 1902 mit der Begründung der deutschen Sektion der Theosophischen Gesellschaft begann, sowie von ihrer weiteren irdischen Entwicklung im Laufe von drei Jahrsiebten gesprochen. Dabei tritt sie im ersten Jahrsiebt (1902–1909) vornehmlich in das Gedankenleben der Menschen ein, um es mit wahrem Geisteslicht zu durchdringen; im zweiten Jahrsiebt (1910–1916) in die Gefühlssphäre, um es durch den Sohnesimpuls zu beleben (in der ersten Hälfte dieser Epoche erfolgen auch die ersten Mitteilungen über das neue Erscheinen des Christus im Ätherischen), und schließlich ergreift die Anthroposophie im dritten Jahrsiebt (1917–1923) den menschlichen Willen, ihn mit den Vaterkräften durchdringend, mit der Fähigkeit, umgestaltend in allen Sphären des irdischen Daseins zu wirken. Wenn wir uns nun bewußt machen, daß diese drei Systeme des menschlichen Organismus die physische Grundlage des Denkens, Fühlens und Wollens bilden, dann wird der Zusammenhang der Entwicklung der Anthroposophie auf der Erde mit dem genannten Rhythmus klar ersichtlich.

Was nun Rudolf Steiner betrifft, so war seine Tätigkeit in den erwähnten drei Jahrsiebten in erster Linie dem Ziel gewidmet, der Menschheit im Auftrag der geistigen Welt in der Form, die dem gegenwärtigen Bewußtsein angemessen ist, die große, bis dahin nur in besonderen, abgeschlossenen Mysterien-Zentren gepflegte, Vergangenheit, Gegenwart und Zukunft umfassende, göttliche Weisheit vom Menschen, *Anthropos-Sophia,* zu öffnen.[113] Und das ist seinem Wesen nach nichts anderes, als den Schleier von der neuen Isis, der göttlichen Sophia zu heben, über der die Worte: «Ich bin der Anthropos», stehen.[114]

Rudolf Steiner kam am Abend des 1. Januar 1924 ein letztes Mal auf die Grundstein-Meditation zurück; er las sie vollständig und schloß auf diese Weise den letzten Vortrag des Zyklus ab, den er im Laufe der Weihnachtstagung unter dem Titel «Die Weltgeschichte in anthroposophischer Beleuchtung und als Grundlage der Erkenntnis des Menschengeistes» gehalten hatte. Damit aber bezog er diesen Abend in den Strom der kosmischen Rhythmen ein, die mit der grundlegenden anthroposophischen Meditation zusammenhängen und die sich durch die ganze Weihnachtstagung hindurchgezogen hatten. Deshalb hat auch dieser letzte Abend eine besondere Bedeutung für uns, die sich uns erschließen kann, wenn wir uns vergegenwärtigen, daß in den vorhergehenden drei Rhythmen auch von dem kosmisch-menschlichen Werden der Anthroposophie und ihrer Entwicklung gesprochen wurde. So wies der Rhythmus des Sonntags (des «Sonnentages») auf die Vorbereitung der Anthroposophie im Bereich der Sonne hin; der Rhythmus des Montags (des «Mondentages») auf ihre weitere Entwicklung in der an die Erde angrenzenden übersinnlichen Sphäre (d. i. in der Mondensphäre); schließlich der letzte Rhythmus am Dienstag (dem «Marstage») auf ihre allmähliche Verkörperung im Laufe von 21 Jahren und ihre Verbreitung unter den Menschen auf der Erde (1902–23).

Wenn wir uns nun die ganze übersinnlich-irdische Entwicklung der Anthroposophie bewußt machen, so kann das auch auf das Geheimnis der letzten Versammlung der Weihnachtstagung am Abend des 1. Januar 1924 ein Licht werfen. Denn damals wurde nun nach den sieben Rhythmen ein achter gegeben, dessen Aufgabe es war, den Inhalt der vorhergehenden siebengliedrigen Entwicklung nach dem Gesetz der Oktave zusammenzufassen und auf eine höhere Stufe zu heben, so wie die Weihnachtstagung selbst die Entwicklung der anthroposophischen Bewegung der vergangenen Jahre umfassen und auf eine höhere Stufe heben sollte.[115] Deshalb sprach Rudolf Steiner vor dem letzten Lesen der Grundstein-Meditation am Abend des 1. Januar 1924 besonders nachdrücklich davon, daß die Weihnachtstagung ein wirklicher *Anfang,* daß sie «ein Weihefest... sein soll für nicht nur einen Jahresanfang, sondern für einen Welten-Zeitenwende-Anfang, dem wir uns widmen wollen zu hingebungsvoller Pflege des geistigen Lebens».[116] So können wir sagen: der 8. Rhythmus, in dem uns der volle Meditationstext in der Folge gegeben wurde, in der er danach in die Welt treten sollte, um dort das Tor zu bilden, das der Menschheit den Weg zu dem Tempel der neuen Mysterien öffnet, dieser Rhythmus ist in Wirklichkeit der *Rhythmus der Weihnachtstagung* selbst. Das ist auch der Grund, warum Rudolf Steiner gerade in dem Vortrag, den er bei dem letzten Zusammensein hielt, das eigentliche Geheimnis der Weihnachtstagung enthüllte: wie sie ihrem Wesen nach aus jenen Bereichen kommt, die jenseits der Schwelle liegen, und wie der Aufruf, ihre Impulse aufzunehmen, darüber sprachen wir schon eingehend am Anfang dieses Kapitels, ein Aufruf des Hüters der Schwelle selbst ist, vor dem die ganze Menschheit in unserer Zeit unbewußt steht.

Zu einem bewußten Erleben aber der Schwelle zur geistigen Welt soll uns die Vereinigung mit den Impulsen der Weihnachtstagung führen und in der geistigen Welt zu der bewußten Begegnung mit der Wesenheit, unter deren Zeichen die Weihnachtstagung durchgeführt wurde und mit deren Anrufung Rudolf Steiner damals ihren letzten Rhythmus beendete *(IV, 14–19)*:

> «Göttliches Licht,
> Christus-Sonne,
> Erwärme
> Unsere Herzen,
> Erleuchte
> Unsere Häupter!»

Nun können wir, nachdem wir die Rhythmen und neun Zusammenkünfte der Weihnachtstagung[117] betrachtet haben, genauer auf die wichtige Tatsache eingehen, daß die Weihnachtstagung gerade an einem Dienstag begann und endete, dem Tag des Mars, an dem die Einwirkung dieses

Planeten unseres Sonnensystems auf die Erdenereignisse besonders stark ist. Im Zusammenhang damit sind drei Gesichtspunkte zu beachten, auf die Rudolf Steiner hinweist, wenn er das Wirken der Marskräfte beschreibt, denn jeder steht in einer besonderen Beziehung zur Durchführung der Weihnachtstagung.

Als erstes ist zu beachten, daß der Planet Mars der Repräsentant des Weltenwortes in unserem Kosmos ist; die Wesenheiten, die ihn bewohnen, können «Bewahrer der Weltensprache» genannt werden. «Aber die für den Menschen wichtigsten Wesenheiten der geistigen Marsbevölkerung sind diejenigen, die eigentlich ihrer ganzen Natur nach bestehen aus ertönendem Weltenwort. Sie sind die Bewahrer desjenigen, was Weltensprache ist»[118], sagt Rudolf Steiner über sie. Die Mitwirkung dieser Wesenheiten war deshalb während der Weihnachtstagung sehr wichtig, ganz besonders an ihrem ersten und letzten Tag, als der volle Text der Grundstein-Meditation gelesen wurde. Denn diese ist doch in irdische Worte gefaßte «Himmelssprache» der Götter, die sich heute an den Menschen wenden, ist eine Äußerung des Weltenwortes selbst!

Der zweite Grund für die Bedeutung des Mars während der Weihnachtstagung ist in der besonderen Beziehung dieses Planeten zu unserer 5. nachatlantischen Epoche zu suchen. In dem Vortrag vom 17. November 1923 in Den Haag spricht Rudolf Steiner eingehend davon, daß in der alt-indischen Epoche die Mondenkräfte einen bestimmenden Einfluß auf die irdischen Ereignisse hatten; in der altpersischen die Merkurkräfte; in der ägyptisch-chaldäischen die Venuskräfte; in der griechisch-lateinischen die Sonnenkräfte und in der 5. nachatlantischen Epoche die Marskräfte. Deshalb war es notwendig, den Kräften dieses Planeten, der unsere ganze Epoche so stark bestimmt, die Möglichkeit zu geben, *zweimal* im Laufe der Weihnachtstagung, die mit den Schicksalen unserer 5. nachatlantischen Kulturepoche so tief verbunden ist, in Erscheinung zu treten.

Der dritte Grund schließlich ist darin zu suchen, daß der Planet Mars in unserem Kosmos der Träger des Elementes Eisen ist, das ursprünglich nicht auf der Erde vorhanden war und nur dadurch in sie hineinkommen konnte, daß der Mars zur Zeit des alten Lemurien, als die Erde noch aus Feuer bestand, durch sie «hindurchging» und sie mit diesem Element versah.[119] Seit dieser Zeit kann das Eisen im Blut wirken, um in ihm die physische Grundlage für die Entwicklung zum freien individuellen Ich abzugeben. Außerdem ist aus zahlreichen Vorträgen Rudolf Steiners bekannt, daß der Verwalter der Kräfte, die sowohl im Kosmos als auch im menschlichen Blute im Element des Eisens wirken, Michael selbst ist, der führende Geist unserer Zeit. Mit Hilfe dieses Eisens kämpft Michael mit den ahrimanischen Mächten, einmal in dem die Erde umgebenden Kosmos, zum anderen unter der unerläßlichen Mitwirkung des Menschen in seinem Blute.

Indem er sie in den Rahmen der kosmischen Marswirkungen einschloß, stellte Rudolf Steiner damit die *Weihnachtstagung unter die unmittelbare Führung Michaels,* dessen imaginativ-kosmisches Bild er uns in einem Vortrag, den er zweieinhalb Monate vor Beginn der Weihnachtstagung gehalten hat, so zeichnete: «Aber er erscheint mit dem weisenden Schwerte, durch das er auf die höhere Menschennatur hinweist. Er erscheint mit dem weisenden Schwerte, und wir stellen uns den Michael in der richtigen Weise vor, wenn wir auf kosmische Weise geschmolzen und geschmiedet das Eisen finden zu seinem Schwerte.»[120]

Mit dieser Gebärde des Schwertes, das aus dem Marseisen geschmiedet wurde und das zum höheren Ich des Menschen hinaufweist, zu dessen Erwachen uns die Weihnachtstagung führen will, in diesem Bilde können wir uns auch Michael vergegenwärtigen, der über der Weihnachtstagung im Übersinnlichen waltet und jeden der damals Anwesenden, aber auch jeden, der heute versucht, die Weihnachtstagung zu erleben, dazu anspornt, die Ziele dieser Tagung zu verwirklichen, der aber vor allem zu *Treue und Mut* ihren Impulsen gegenüber anspornt, denn Treue und Mut sind zwei michaelische Grundtugenden unserer Zeit. Und von ihnen spricht Rudolf Steiner in seinen letzten Abendvorträgen am 31. Dezember und 1. Januar: im ersten über die Treue dem Geist des Goetheanum gegenüber, der aus der hohen Michael-Sphäre in unsere Welt gekommen ist und auf dessen geistige Anwesenheit schauend Rudolf Steiner die Weihnachtstagung durchführen konnte; im zweiten über den Mut, sich zu der «Stimme aus dem Lande der Geister» zu bekennen und sie in die Welt zu tragen, die Stimme der Götter, die heute durch die Impulse der Weihnachtstagung, durch die Grundstein-Meditation, durch die Hochschule für Geisteswissenschaft zu den Menschen sprechen wollen.

Wir haben schon am Beginn dieses Kapitels darauf hingewiesen, daß das Besondere der Weihnachtstagung die Tatsache ist, daß wir in ihr dem vollen siebengliedrigen christlich-rosenkreuzerischen Einweihungsweg folgen können, der in jenen Tagen von Rudolf Steiner zum ersten Mal auf dem physischen Plan öffentlich unter den Menschen als eine okkult-soziale Handlung verwirklicht wurde. Deshalb ist es notwendig, wenn wir die Summe aus der Beschreibung der Bedeutung der Weihnachtstagung für das Mysterienwesen und den Einweihungsweg ziehen wollen, daß wir noch einmal das *Gesamtbild* aller sieben oben beschriebenen Rhythmen[121] vor unseren inneren Blick stellen, um damit in aller Klarheit zu sehen, wie sie diesen umfassenden, siebengliedrigen Weg der neuen westlichen Einweihung bilden. Dazu müssen wir uns jedoch zunächst noch einmal den letzten drei Tagen der Weihnachtstagung zuwenden und kurz ihre Rhythmen von einem weiteren Gesichtspunkt aus betrachten, wobei wir den einen ihnen allen gemeinsamen Aspekt auswählen: den Aspekt *des Opfers.*

Weiter oben, bei der Beschreibung der Rhythmen, haben wir bereits dargestellt, daß die einzelnen Rhythmen die verschiedenen Stufen des großen kosmisch-irdischen Opferweges der Christus-Wesenheit zu dem Mysterium von Golgatha hin zum Ausdruck bringen. So weist der Sonntagsrhythmus auf das Prinzip des *astralischen Opfers* des Christus vom kosmischen und vom irdischen Gesichtspunkt aus hin: vom kosmischen Aspekt auf den Opferabstieg des Christus aus dem Schoße des Vaters in die Sphäre der Sonne, wo er sich Zarathustra als ihre astralische Aura offenbarte; vom irdischen Aspekt: auf das stufenweise Einleben des Christus in den Astralleib des Jesus von Nazareth. – Der Rhythmus des Montags weist uns auf das Wesen des zweiten Opfers des Christus hin, auf das *ätherische Opfer.* Wir erkennen durch diesen Rhythmus, wie der Christus von der Sonne in die Ätherumgebung der Erde hinabstieg und auch wie er sich später mit dem Ätherleib des Jesus von Nazareth verbunden hat. – Der Rhythmus des Dienstags endlich stellt das Mysterium des *physischen Opfers* des Christus vor uns hin, seine Einsamkeit im Garten von Gethsemane, den endgültigen Verzicht auf seine makrokosmischen Kräfte und die vollständige Identifikation mit dem physischen Leib des Jesus von Nazareth.[122] Ebenso weist dieser Rhythmus auf das Mysterium von Golgatha und auf die Auferstehung hin, die das Phantom des physischen Leibes des Menschen rettete.

Nachdem wir so das Bild der drei großen Opfer des Christus, des astralischen, des ätherischen und des physischen uns vergegenwärtigt haben, wobei jedes der drei in seinem kosmischen und irdischen Aspekt in Erscheinung getreten ist, können wir uns fragen: Was ist die Bedeutung dieser drei Opfer für die weitere Menschheitsentwicklung?

Aus den verschiedenen Beschreibungen, die Rudolf Steiner uns gegeben hat, wissen wir, daß sich der Christus durch das Mysterium von Golgatha mit der ganzen zukünftigen Entwicklung der Erde und der Menschheit bis an das Ende der Weltentwicklung, d. h. bis zum Vulkanzustand verbunden hat, so daß das individuelle Ich-Bewußtsein jedes Menschen, das durch ihn auf der Erde errungen wurde, auch während aller zukünftigen Zustände von Jupiter, Venus und Vulkan voll erhalten werden kann. So schenkt der Christus dem Menschen-Ich die wahre Unsterblichkeit. In wie hohe Sphären des Weltendaseins es sich auch in der Zukunft erheben mag, durch seinen Zusammenhang mit dem Christus-Impuls wird es sich überall seine Individualität, sein individuelles Sein bewahren.

Im 3. Kapitel sprachen wir von jenen erhabenen Wesenheiten, die in unserer nachatlantischen Zeit die zukünftigen Entwicklungsstufen der Menschheit vorwegnehmen: von den Bodhisattva-Wesen, die gemeinsam mit einem Engelwesen ihren Astralleib in das Geistselbst umwandeln und damit in ihrer individuellen Entwicklung den zukünftigen Jupiterzustand vorausnehmen, wodurch ihr Bewußtsein sich bis zur Buddhi-Sphäre, der Sphäre der Vorsehung, erheben kann; von dem Buddha, der gemeinsam mit einem Archangelos-Wesen an der Umgestaltung seines Ätherleibes in den Lebensgeist arbeitet und dadurch bereits heute den Venuszustand vorausnimmt, während sein Bewußtsein bis zum Nirvana-Plan reicht[123]; und schließlich von noch höheren Wesen, die nach der östlichen Terminologie Dhyani-Buddhas genannt werden und die mit einer Wesenheit aus der Hierarchie der Archai[124] zusammen an der Umgestaltung ihres physischen Leibes in den Geistesmenschen arbeiten und damit den Vulkanzustand vorausnehmen, wobei ihr Bewußtsein in die hohe Sphäre über der des Nirvana reicht.

Aber das, was im Altertum nur diejenigen Wesen erreichen konnten, die die eigentliche menschliche Entwicklung weit übertrafen und die schon den Weg der kosmischen Evolution begonnen hatten, das ist seit dem Mysterium von Golgatha für *jeden* Menschen durch die bewußte Verbindung mit dem Christus-Impuls erreichbar geworden. Denn diese Möglichkeit, dem menschlichen Ich das ewige Sein zu verleihen, was vor allem bedeutet, daß das individuelle Bewußtsein auf *allen* Daseinsstufen erhalten bleiben kann, diese Möglichkeit hat die Christus-Wesenheit für die ganze Menschheit errungen und errungen nur durch ihren großen kosmisch-irdischen Opferweg. So ist dem Menschen durch des Christus astralisches Opfer die Möglichkeit gegeben worden, sein individuelles Bewußtsein während des Jupiterdaseins zu bewahren und es bis zur Buddhi-Sphäre zu entwickeln, um dort das große Mysterium vom Zusammenhang des Makrokosmos und des Mikrokosmos zu erkennen: im Mittelpunkt die geistige Christus-Sonne, die den gesamten Makrokosmos repräsentiert und, in seinen Anblick versunken, die zwölf Bodhisattvas, die das mikrokosmische Prinzip vertreten. In dem künftigen Jupiterdasein wird das auch darin zum Ausdruck kommen, daß sich der Jupiter abermals von der Sonne trennen und sich der Mikrokosmos abermals dem Makrokosmos gegenübergestellt finden wird, doch dem eigentlichen Geheimnis ihrer Beziehung wird sich der Mensch nähern, der den Christus-Impuls in sich aufgenommen hat und der mit seiner Hilfe seinen Astralleib in das Geistselbst verwandelt.

Das zweite, ätherische Opfer des Christus gibt dem Menschen die Möglichkeit, sein individuelles Bewußtsein auch während des Venusdaseins zu bewahren und es bis zur Sphäre des Nirvana zu entwickeln, wo es keine Trennung des Mikrokosmos vom Makrokosmos mehr geben, sondern wo eine vollständige und restlose Vereinigung mit ihm stattfinden wird. Doch auch bei einer solchen endgültigen Vereinigung mit dem Makrokosmos, die in der Venus-Epoche äußerlich durch die Aufhebung der Trennung von der Sonne zum Ausdruck kommen wird, besteht für den Menschen trotzdem die Möglichkeit, dank dem ätherischen Opfer des Christus sein individuelles Ich-Bewußtsein, das er bereits auf der Erde errungen hat, vollständig zu bewahren, wenn er den Prozeß der Umwandlung seines Ätherleibes in den Lebensgeist, von dem Christus-Impuls ausgehend, verwirklicht.

Und endlich gibt das letzte und bedeutendste Opfer des Christus – seine endgültige Vereinigung mit der physischen Hülle des Jesus, die ihn aus einem Gottes-Sohn zu einem Menschen-Sohn machte, sodann sein Tod auf Golgatha und die Auferstehung in dem reinsten Phantom des physischen Leibes – jedem Menschen die Möglichkeit, auch im Vulkan-Zustand sein Bewußtsein, das dann bis zu der Sphäre über dem Nirvana reichen wird, und ebenso dank der Teilnahme des Christus an dem Prozeß der Umwandlung des physischen Leibes in den Geistesmenschen, den Charakter des individuellen Ich zu bewahren. So ist seit dem Mysterium von Golgatha die ganze Weltenzukunft der Erdenentwicklung in dem Christus beschlossen. Aber diese Möglichkeit der individuellen Unsterblichkeit des Menschen-Ich in allen zukünftigen Entwicklungszyklen und auf allen Planen des Daseins, die sich durch die Verbindung mit der Christus-Wesenheit eröffnet, sie weist uns nicht nur in die entfernteste Zukunft der Welt und der Menschheit, sondern ebenso auf die unmittelbare Gegenwart hin. Auf diesen gerade für unsere Zeit so besonders wichtigen Aspekt der drei Christus-Opfer haben wir schon hingewiesen, als wir sagten: dasjenige, was früher nur solche Wesen erreichen konnten, die schon den kosmischen Entwicklungsweg betreten hatten: die Bodhisattvas, Buddhas und Dhyana-Buddhas[125], das ist nun, dank der Opfertaten des Christus, *jedem* Menschen möglich, der aus freiem Willen den Einweihungsweg gehen will, welcher sich durch die Anthroposophie der ganzen Menschheit in unserer Zeit eröffnet hat und als erstes zur unmittelbaren Vereinigung mit dem Christus führt, sodann gemeinsam mit ihm zum weiteren Aufsteigen auf immer höhere Plane des Weltenseins. Mit anderen Worten: die bewußte Vereinigung mit dem Christus in der modernen christlich-rosenkreuzerischen Einweihung kann schon jetzt in unserem gegenwärtigen Entwicklungszyklus den Boden dafür bereiten, daß der Mensch mit der Arbeit an der wesenhaften Umwandlung seiner drei niederen Hüllen in die höheren: das Geistselbst, den Lebensgeist und den Geistesmenschen, zu beginnen vermag.[126] Denn es ist durch die drei kosmisch-irdischen Opfer des Christus die Möglichkeit geschaffen worden, diese drei höchsten Stufen der individuellen geistigen Entwicklung (die Erkenntnis des Zusammenhanges von Makrokosmos und Mikrokosmos, das Einswerden mit dem Makrokosmos, die Seligkeit in Gott) zu den vier vorangehenden (den Stufen des Studiums, der Imagination, Inspiration, Intuition, die *in dieser Form,* wie sie in den Büchern und Vorträgen Rudolf Steiners beschrieben werden, auch nur durch das Mysterium von Golgatha für den Gegenwartsmenschen erreichbar sind; deshalb ist ihr Hauptziel das Erleben des Christus in der Sphäre der Intuition auf der 4. Stufe) hinzuzufügen, die vier Stufen der Erkenntnis mit den drei Stufen der Wesensumgestaltung[127], die auf dem Opferprinzip beruht und deren Verwirklichung zur Nachahmung des großen Opferweges des Christus führt, zu verbinden, wie wir das schon im 1. Teil bei der Beschreibung des Mysteriums von Rudolf Steiners Lebensweg gesehen haben.

So bildet dieser große kosmisch-irdische Opferweg des Christus die Grundlage dafür, daß in der Morgenröte der neuen Geistesepoche innerhalb der Menschheit, die ihr Ich-Bewußtsein voll entwickelt hat, der Anfang des christlich-rosenkreuzerischen Einweihungsweges gemacht werden konnte, des Einweihungsweges, der von Rudolf Steiner in dem 5. Kapitel seines Buches «Die Geheimwissenschaft im Umriß» vollständig und öffentlich dargelegt worden ist, der auf der Weihnachtstagung aber als sozial-okkulte Handlung verwirklicht wurde, wodurch der Grundstein der neuen Mysterien in der Menschheit gelegt worden ist.

Wenn wir uns nun wiederum der Frage zuwenden, die wir am Beginn dieser abschließenden Betrachtung stellten, so können wir die *sieben Einweihungsrhythmen der Weihnachtstagung* folgendermaßen als die *sieben Stufen des neuen christlich-rosenkreuzerischen Einweihungsweges* charakterisieren:

1. Es entspricht das Studium der Geisteswissenschaft, bei dem der Schüler, von seinem gewöhnlichen, wachen Ich-Bewußtsein ausgehend, sich zunächst der Urteilsfähigkeit bedient, die er in der physisch-sinnlichen

Welt erworben hat, dem 1. Rhythmus der Weihnachtstagung. In diesem wird die Erkenntnis des Ich-Mysteriums und das Erleben des «In Christo morimur» dadurch vorbereitet, daß der Schüler sich ein neues *Verständnis* des Christus-Impulses erwirbt, und das ist heute durch das Studium der Mitteilungen der Geisteswissenschaft möglich.

2. entspricht das Erreichen des imaginativen Bewußtseins dem 2. Rhythmus, in dem der Schüler in die Seelenwelt eintritt, wo er einen realen Prozeß der Selbsterkenntnis durchmacht.

3. entspricht das Lesen der verborgenen Schrift (d.h. die Inspiration) dem 3. Rhythmus, wo sich dem Schüler in der Sonnensphäre durch das Erleben der vier Sphären des niederen Devachan die kosmischen Urbilder der vier Naturreiche als ein einheitliches, in den kosmischen Rhythmen der Sphärenmusik erklingendes Weltenalphabet offenbaren, das er nun zu lesen vermag.

4. Die Arbeit am Stein der Weisen (d.h. die Intuition) entspricht dem 4. Rhythmus, wo der Schüler erkennt, wie der physische Leib des Menschen aus dem Kosmos hervorgegangen ist und wie er, davon ausgehend, damit beginnen kann, bewußt an der Vergeistigung seines physischen Leibes zu arbeiten.[128] «Denn jede Intuition wirkt unmittelbar auf solche Kräfte ein, die aus der übersinnlichen Welt bis in die sinnliche hineinwirken.»[129] – Auf dieser Stufe verwandelt sich auch die Weltenmusik für den Geistesschüler in das Weltenwort, indem sich ihm alle neun Hierarchien während der Weltenmitternacht in der Sphäre des höheren Devachan in ihren kosmischen Taten offenbaren.

5. Es entspricht die Erkenntnis vom Verhältnis des Mikrokosmos und des Makrokosmos dem 5. Rhythmus. Diese Einweihungsstufe ist für den Geistesschüler heute durch das kosmisch-irdische astralische Opfer des Christus erreichbar geworden. Sie kommt in der Erkenntnis der kosmischen Beziehung von Sonne und Erde und ihrer Verwandlung durch das Mysterium von Golgatha zum Ausdruck. Auf diese Stufe weist uns in dem genannten Rhythmus die Tatsache hin, daß hier die Übungen aufgeführt werden, die das eigentliche Wesen des Einweihungsweges ausdrükken, den der Schüler als Mikrokosmos durchmacht, und daß der ganze 4. Teil der Meditation gelesen wird, wo von dem makrokosmischen Weg des Christus von der Sonne zur Erde gesprochen wird, dem kosmischen Urbild jeder wahren irdischen Einweihung.

6. Das Einswerden mit dem Makrokosmos, es entspricht dem 6. Rhythmus. Diese Stufe ist für den Geistesschüler nur dank dem ätherischen Opfer des Christus möglich. Rudolf Steiner sagte, als er diese Stufe beschrieb, daß der Schüler anfängt, «sich wie mit dem ganzen Weltenbau

verwachsen zu fühlen, trotzdem er sich in seiner vollen Selbständigkeit empfindet. Es ist diese Empfindung ein Aufgehen in die ganze Welt, ein Einswerden mit derselben, aber *ohne* die eigene Wesenheit zu verlieren.»[130] Weiter betont Rudolf Steiner im Zusammenhang damit besonders: «Es ist bedeutsam, daß man dieses Einswerden nicht so zu denken hat, als wenn durch dasselbe das *Sonderbewußtsein* aufhören und die menschliche Wesenheit in das All ausfließen würde.»[131] In dem Rhythmus des 6. Tages weist die Beschreibung der Vereinigung der «Christus-Sonne» mit den Erdenelementen besonders deutlich auf diese Stufe hin, denn das ist das wahre Urbild des Einswerdens von Makrokosmos und Mikrokosmos.[132]
7. Die Seligkeit in Gott.[133] Diese Stufe, die dem 7. Rhythmus entspricht, bringt ein bewußtes Erleben des Menschen in dem umgestalteten physischen Leibe, der nun der reinste Ausdruck der Kräfte des Vaters, des Sohnes und des Geistes ist. Wie schon die genaue Betrachtung dieses Rhythmus gezeigt hat, muß das kosmische «Rosenkreuz», das der Geistesschüler während der «Weltenmitternacht» im 4. Rhythmus erlebte, bis zu einem gewissen Grad auf dieser Einweihungsstufe realisiert sein, denn es bringt das Ziel der Weltentwicklung zum Ausdruck. Und dahin führt die Verwirklichung der in Kreuzesform im Kosmos wirkenden Kräfte des Vaters, des Sohnes und des Geistes auf den sieben Stufen des neuen Einweihungsweges.

So steht die Weihnachtstagung als der wahre christlich-rosenkreuzerische Einweihungsweg der Gegenwart vor uns, der die Geburt des neuen, von Christus durchdrungenen Menschen zum Ziele hat und gleichzeitig die Erneuerung des alten Mysterienwesens «aus den Zeichen der Gegenwart heraus».[134]

Wenn wir nun den Inhalt dieses Kapitels dem gegenüberstellen, was in dem 1. Teil dieses Buches über das *Mysterium von Rudolf Steiners Lebensweg* dargestellt worden ist, dann ist es nicht schwer, den Zusammenhang zwischen den *sieben Einweihungsrhythmen* und den wichtigsten Stufen dieses großen Menschenlebens zu erkennen, das als wahres Urbild des neuen Einweihungsweges unserer Zeit voll mit dem übereinstimmen muß, was auf der Weihnachtstagung als sozial-okkulte Einweihungshandlung vollzogen wurde.

So kann man einen Zusammenhang zwischen dem 1. Rhythmus der Weihnachtstagung und dem 3. Lebensjahrsiebt Rudolf Steiners sehen. Dieses Jahrsiebt beginnt für ihn damit, daß er Kant kennenlernt, dessen Philosophie die Grundprobleme des Denkens und der Erkenntnis vor ihn hinstellt. Später, in der Mitte dieses Jahrsiebts, tritt durch die Begegnung mit dem Philosophen Fichte das Problem des Ich, das wichtigste der ganzen westlichen Entwicklung, vor Rudolf Steiner hin. Und am Ende des Jahrsiebts findet die Begegnung Rudolf Steiners mit seinem Lehrer statt. Von diesem Augenblick an nimmt seine geistige Entwicklung einen streng geregelten Charakter an, sie wird im eigentlichen Sinne zum Einweihungsweg. Was sich früher gleichsam natürlich entfaltete, es verwandelt sich von dieser Zeit an in den bewußt beschrittenen Weg der neuen christlich-rosenkreuzerischen Einweihung.

Weiter kann man einen Zusammenhang zwischen dem ersten Sonnenjahrsiebt von Rudolf Steiners Leben und dem 2. Rhythmus der Weihnachtstagung sehen. In diesem Jahrsiebt entwickelt sich die Empfindungsseele, die ein teilweise umgewandelter Astralleib ist und sich gleichsam zwischen ihm und dem Prinzip des Geistselbst befindet. Diese Zeit ist im Leben jedes Menschen besonders geeignet, sich in die Welt der Imagination zu versenken. Deshalb beschäftigt sich Rudolf Steiner während dieser ganzen Zeit auf die intensivste Weise mit den naturwissenschaftlichen und literarischen Werken Goethes, von denen einige, so z. B. die Lehre von der Urpflanze, aber auch die Bilder des «Märchens» oder der«Faust», unmittelbar in die imaginative Welt hineinführen. Die Beschreibung dieser seiner Lebensepoche beendet Rudolf Steiner mit den folgenden Worten: «So war ich denn als Siebenundzwanzigjähriger voller ‹Fragen› und ‹Rätsel› in bezug auf das äußere Leben der Menschheit, während sich mir das Wesen der Seele und deren Beziehung zur geistigen Welt in einer in sich geschlossenen Anschauung in immer bestimmteren Formen vor das Innere gestellt hatte ...»[135] Nun ist aus anderen Beschreibungen Rudolf Steiners bekannt, daß eine solche Anschauung der Beziehung der Seele zur geistigen Welt besonders durch das imaginative Bewußtsein erreicht werden kann, während für die Lösung der «Fragen» und «Rätsel» in bezug auf das äußere Leben der Menschheit bereits das höhere, inspirative Bewußtsein nötig ist, das dem Hellseher auch die Möglichkeit gibt, hinter die Kulissen des historischen Menschheitswerdens zu blicken.

Das 2. Sonnenjahrsiebt Rudolf Steiners, in dem der Mensch die Entwicklung der Verstandes- und Gemütsseele durchmacht, die ein teilweise umgewandelter Ätherleib ist und sich zwischen diesem und dem höheren Prinzip des Lebensgeistes befindet, steht mit dem 3. Rhythmus der Weihnachtstagung in Zusammenhang. In dieser Zeit vertieft sich Rudolf Steiner immer stärker in die Welt der Inspiration, wodurch seine Erkenntnis der imaginativen Welt noch klarer und umfassender wird. Dadurch kann er nun von seinen Arbeiten im Zusammenhang mit der Goetheschen Weltanschauung zur Formulierung eigener Ideen, zur Ausgestaltung seiner neuen Erkenntnistheorie übergehen, die den Menschen bereits an rein geistige Erfahrungen heranführt. Das geschieht in den Büchern ‹Wahrheit und Wissenschaft› und ‹Die Philosophie der Freiheit›.[136] Auf der anderen Seite treten die geistigen Grundlagen der Menschheitsentwicklung im letzten Drittel des 19. Jahrhunderts gerade im Erleben dieser Epoche in unmittelbarem übersinnlichem Erleben vor Rudolf Steiner hin. Es offenbart sich ihm die an die Erdenwelt angrenzende nächste geistige Sphäre, und er schaut den seit dem Ende der siebziger Jahre in ihr wirkenden Erzengel Michael. Bei der Beschreibung, die Rudolf Steiner von seinen Erlebnissen im Zusammenhang mit der Michael-Sphäre in dieser Zeit gegeben hat (s. Zitat auf Seite 46 im 2. Kapitel), können wir empfinden, wie das schauende, imaginative Bewußtsein ganz und gar von Inspirationen durchdrungen wurde. In seinen Büchern und Vorträgen spricht Rudolf Steiner mehrfach davon, daß die Imagination nur das äußere Bild der Wesen der geistigen Welt gibt, während in der Inspiration diese Wesen unmittelbar als Handelnde vor dem Hellseher erscheinen.[137]

Noch deutlicher ist der Zusammenhang des 3. Sonnenjahrsiebts im Leben Rudolf Steiners mit dem 4. Rhythmus der Weihnachtstagung. In dieser Lebensepoche entwickelt sich die Bewußtseinsseele, die durch ein teilweises Umwandeln des physischen Leibes entsteht und die in einem gewissen Maße auf den künftigen Geistesmenschen in der fernen Zukunft hinweist. Deshalb beginnt Rudolf Steiner gerade in dieser Epoche, sich in intensivster Weise in die Welt der Intuition einzuleben. Das äußert sich so, daß es ihm nach seinen eigenen Worten erst von dieser Zeit an möglich ist, das Geistige in der ihn unmittelbar umgebenden materiellen Welt zu erleben, d. h. es beginnt das eigentliche verborgene Wesen der sinnlichen Welt sich ihm von der Zeit an zu enthüllen. Darüber spricht Rudolf Steiner eingehend im 22. Kapitel seiner Autobiographie. Aus zahlreichen anderen Darstellungen Rudolf Steiners wissen wir, daß der Hellseher erst in der Intuition, die auf verborgene Weise auch im menschlichen Willen wirkt, das geistige Wesen der sinnlichen Welt erfassen kann. Jetzt steigt Rudolf Steiner in seiner inneren Entwicklung zu dieser Sphäre auf. Ganz klar stellt er das mit den folgenden Worten, die sich auf den Beginn seines 27. Lebensjahres beziehen, dar: «Ich fühlte, wie das Ideelle des vorangehenden Lebens nach einer gewissen Richtung zurücktrat und das Willensmäßige an dessen Stelle kam ... Der Wille nahm in dem Maße zu, als das Ideelle abnahm.»[138] Dieses allmähliche Eindringen in die Sphäre der Intuition führte ihn schließlich zu dem unmittelbaren Erleben der Christus-Wesenheit. Darauf weist er am Ende des 26. Kapitels seiner Autobiographie hin, und das bedeutete die Vollendung seiner «Lehrjahre».[139]

So sind die drei Sonnenperioden in Rudolf Steiners Leben wie ein ununterbrochenes Aufsteigen vom Erleben der Rosenkreuzer-Weisheit, durch die Sphäre des Erzengels Michael, bis zur Begegnung mit dem Christus. Und es stehen die drei großen Lehrer Rudolf Steiners vor uns: Christian Rosenkreuz, der führende Lehrer der westlichen Esoterik, der Erzengel Michael, der leitende Geist unserer Epoche, und endlich der Christus selbst, der Lenker der ganzen Erdenevolution, die Verkörperung des Weltenwortes, des Logos, der unseren gesamten Kosmos umfaßt und belebt.

Was die drei weiteren Rhythmen der Weihnachtstagung betrifft, die die makrokosmische Natur der drei übersinnlich-irdischen Opfer des Christus Jesus zum Ausdruck bringen, so ergibt sich ihr Zusammenhang mit den drei folgenden Jahrsiebten Rudolf Steiners und mit seinen drei Opfertaten, die er um 1907 und 1913 und schließlich Weihnachten 1923/24 vollbrachte, aus den vorangegangenen Ausführungen von selbst, und es bedarf keiner zusätzlichen Erklärungen.

So können wir sagen: Der Lebensweg des größten Eingeweihten unserer Zeit offenbart sich uns als Urbild des neuen Einweihungsweges. Und dieser Einweihungsweg befindet sich in vollständigem Einklang mit dem esoterischen Wesen der Weihnachtstagung.

Indem wir die Beschreibung der Weihnachtstagung als «Grund-legendes» Mysterium unserer Zeit beenden, können wir die Summe unserer Betrachtungen mit folgenden Worten ziehen: Im Geiste des umgekehrten Kultus vollzogen, steht die Weihnachtstagung heute als reine Mysterienhandlung vor uns. Sie gehört in ihrer sinnlich-übersinnlichen Realität der Sphäre des Unvergänglichen an und ist so in der tiefsten Bedeutung des Wortes eine *«mystische Tatsache»* für uns, die sich innerhalb der Menschheit ereignet hat und zu der Zugang zu finden und die zu verstehen heute die wichtigste Aufgabe jedes Anthroposophen ist, wenn er tatsächlich im Sinne von Rudolf Steiners Absichten und den hinter ihm stehenden geistigen Mächten arbeiten will, mit deren Willen die Weihnachtstagung in unsere Welt gekommen ist. Und wer das Wort, die Weihnachtstagung «sei nicht gelungen», heute ausspricht, der sieht nicht, daß er versucht, ein tief esoterisches Ereignis mit ganz alltäglichen, exoterischen Begriffen zu erfassen; denn wenn etwas eine *okkulte Tatsache* in der Welt ist, dann kann man sich dem nicht allein mit irdischem Vorstellungsvermögen nähern. Deshalb müssen wir einsehen, daß die Weihnachtstagung, die von der geistigen Welt selbst gewollt worden ist, nicht durch diesen oder jenen, der diese oder jene Meinung hat, abgetan werden kann. Nur in einem Sinne kann man von einem «Mißlingen» der Weihnachtstagung sprechen: das ist ihr Mißlingen in den Seelen einzelner Menschen, die zu ihr keinen Zugang finden konnten.

Wenn wir aber tatsächlich die Empfindung haben, daß die Impulse der Weihnachtstagung noch nicht in genügendem Maße in unserer Welt verwirklicht worden sind, dann sollte das unsere Entschlossenheit verstärken, intensiver in dieser Richtung zu arbeiten. Und wer heute mit offenem Herzen und ernstem Opferwillen ihre Impulse in sich aufnimmt und als Grundstein in seine Seele versenkt, der kann erleben: die Weihnachtstagung lebt. Sie ist hier! Sie ist unter uns und wirkt weiter... Ein wesentlicher Beweis für ihre Existenz in der Welt ist die Tatsache, daß die Anthroposophische Gesellschaft während all der vergangenen Jahre bestanden hat. Denn wer sich heute auf geisteswissenschaftlicher Grundlage mit dem Wirken der Kräfte bekannt macht, die der rechtmäßigen Entwicklung in der gegenwärtigen Welt entgegenarbeiten, der weiß, daß eine solche Einrichtung wie die Anthroposophische Gesellschaft nicht ohne die Hilfe der geistigen Welt auf die Dauer bestehen kann. Eine solche Hilfe aber sowie die Gegenwart *realer geistiger Mächte* in der Anthroposophischen Gesellschaft ist in erster Linie das Ergebnis der Weihnachtstagung, durch die die Gesellschaft selbst als ein einheitlicher lebendiger Organismus unmittelbar mit den Urquellen des neuen Geisteslebens verbunden ist, jenen Urquellen, aus denen als unmittelbare Folge der Weihnachtstagung in unserer Welt die Freie Hochschule für Geisteswissenschaft mit ihrer Kulmination in der ersten Klasse hervorgehen konnte, deren Inhalt mit dem Impulse der Weihnachtstagung identisch ist; denn das eine kann im esoterischen Sinne nicht von dem anderen getrennt werden. Deshalb sollten wir niemals vergessen, daß seit der Weihnachtstagung *jeder* Anthroposoph, der ihren Impuls, den *zentralen* anthroposophischen Impuls, aufrichtig in seine Seele aufgenommen hat und der ihn in die verschiedenen Spezialgebiete menschlicher Tätigkeit trägt: in die Pädagogik, die Medizin, die Wissenschaft, die Kunst, die soziale Bewegung usf., daß jeder Anthroposoph, der das voll bewußt tut, *bereits* esoterisch in der Welt wirkt und sich dadurch auf ganz unmittelbare Weise in den Strom der neuen Mysterien der Gegenwart eingliedert, denn sie sind schon auf der Erde.

In diesem Sinne lehrt uns das rechte Verständnis der Weihnachtstagung – und dazu möchte auch dieses Buch beitragen – die materialistischen Denkgewohnheiten, die wir durch den entstellenden Charakter der modernen Zivilisation angenommen haben, endlich überwinden. Sie ruft uns zu einem rein spirituellen, okkulten Wahrnehmen und Erleben der uns umgebenden Welt auf, denn sie selbst ist nicht etwas, das nur auf dem physischen Plan einmal stattgefunden hat, sondern sie ist ein *lebendiger Einweihungsimpuls,* dessen Früchte wir als erste Keime der künftigen michaelischen Kultur in alle Bereiche der menschlichen Tätigkeit und des menschlichen Lebens tragen können.

Als nie verlöschender Weihnachtsstern, der Stern der neuen Einweihung, steht die Weihnachtstagung heute in demselben Glanze vor uns wie vor mehr als einem halben Jahrhundert. Ihre Stimme spricht heute so wie damals zu demjenigen, der den Grundstein der neuen Mysterien in sein Herz legen will: Erweist euch dem Vertrauen der Götter würdig, folgt diesem Weihnachtsstern. Es wird euch dieser Stern zum Tempel der neuen Mysterien führen, zum Sonnentempel der neuen Mysterien des Michael-Christus.

Deshalb mögen am Ende dieses Kapitels die Worte Rudolf Steiners stehen[140], die er an die Herzen und Seelen aller wahren Anthroposophen in der Vergangenheit, Gegenwart und Zukunft gerichtet hat: «So, meine lieben Freunde, traget hinaus Eure warmen Herzen, in denen Ihr hier eingegründet habt den Grundstein für die Anthroposophische Gesellschaft, tragt hinaus diese warmen Herzen zu kräftigem, heilkräftigem Wirken in der Welt. Und Hilfe wird Euch werden, daß erleuchtet Eure Häupter dasjenige, was Ihr jetzt alle wollt zielvoll führen können. Das wollen wir uns heute in aller Kraft vornehmen. Wir werden doch sehen: Wenn wir uns dessen würdig erzeigen, wird ein guter Stern walten über demjenigen, was von hier aus gewollt wird. Folget, meine lieben Freunde, diesem guten Stern. Wir wollen sehen, wohin uns die Götter durch das Licht dieses Sternes führen werden.»

«Göttliches Licht,
Christus-Sonne,
Erwärme
Unsere Herzen,
Erleuchte
Unsere Häupter!»

6. Die Grundstein-Meditation

Den Mittelpunkt der Weihnachtstagung bildet die Grundstein-Meditation, die in den sieben Einweihungsrhythmen, die das Geheimnis des modernen Einweihungsweges zum Ausdruck bringen, in den Weihnachtstagen des Jahres 1923/24 in die Seelen der anwesenden Gesellschaftsmitglieder gelegt wurde. «Der Boden aber, in den sie als ein dodekaedrischer Liebesstein versenkt wurde, das waren die Herzen der Anthroposophen… in ihrem harmonischen Zusammenwirken, in ihrem guten, von Liebe durchdrungenen Willen, gemeinsam das anthroposophische Wollen durch die Welt zu tragen.»[1] Aber da diese Mysterienhandlung nicht nur dem Zeitlichen, sondern vor allem dem Unvergänglichen angehört, hat alles, was in jenen Tagen stattfand, auch heute noch seine Bedeutung. Auch heute können wir «das anthroposophische Wollen» nicht in der richtigen Weise «durch die Welt tragen», wir können es nicht in dem Geiste, der in jenen Weihnachtstagen in der Umgebung der Erde nach dem Willen der geistigen Welt durch Rudolf Steiner neu entstanden ist, in die Welt tragen, wenn wir nicht diesen dodekaedrischen Grundstein mit allem Ernst, aller Opfergesinnung und Selbsthingabe in den Boden unserer Seele legen, wenn wir ihn nicht in die Tiefen unserer Herzen versenken:

> «Daß gut werde,
> Was wir
> Aus Herzen gründen,
> Aus Häuptern
> Zielvoll führen wollen.»

Das, was zu Weihnachten 1923/24 in Dornach geschehen ist, das war in Wirklichkeit eine «zweite Geburt» für die Anthroposophische Gesellschaft. Durch diese Geburt wurde sie als ein einheitlicher Organismus mit den Quellen der anthroposophischen Bewegung, d. h. mit jener geistigen Sphäre verbunden, aus der sich seit 1879 der neue Offenbarungsstrom immer stärker und stärker durch die führenden Geistesmächte unseres Kosmos auf die Erde ergießt. Deshalb gibt es für uns, wenn wir wirklich wollen, daß die Anthroposophie ihre Aufgabe innerhalb der Menschheit erfüllen möge, keinen anderen Weg, als uns bewußt in den Dienst jener Mächte zu stellen, welche die Weihnachtstagung, das «Grund-legende» Mysterium unserer Zeit, durch Rudolf Steiner in unsere Welt gebracht haben.

So ist die Weihnachtstagung nicht nur ein Ereignis für uns, das einmal an einem bestimmten Zeitpunkt der Weltentwicklung stattgefunden hat, sondern sie ist der Ausgangspunkt eines realen geistigen Weges, der uns, die wir durch unser Karma zur modernen Geisteswissenschaft geführt worden sind, zu jenen Zielen leitet, welche die geistigen Mächte gesetzt haben, die hinter der Anthroposophie stehen und die sie aus der geistigen Welt inspirieren.

Die Weihnachtstagung ist gleichsam ein «neuer Bund» zwischen der Anthroposophischen Gesellschaft und den übersinnlichen Mächten, die die anthroposophische Bewegung führen. Ihnen sollen die Menschen ein inneres Treuegelöbnis leisten. Von diesem Treuegelöbnis gegenüber dem Geist des ersten Goetheanum, der als Prinzip der neuen Esoterik, der Grundlage der neuen Verbindung der Götter und Menschen, die Weihnachtstagung übersinnlich überschattete, sagte Rudolf Steiner in dem abschließenden Vortrag des Weihnachtszyklus am 1. Januar 1924 und ähnlich am 18. Juli in Arnheim: «Es liegt auch in einem gewissen Sinne ein Versprechen vor gegenüber der geistigen Welt. Dieses Versprechen wird in unverbrüchlicher Weise erfüllt werden ...»[2] Und die Begründung der Freien Hochschule für Geisteswissenschaft ist die Folge dieses Gelöbnisses – sie ist die Antwort der geistigen Welt auf dieses Treuegelöbnis, das jene leisteten, die den dodekaedrischen Grundstein in ihr Herz legten. Denn die Möglichkeit, eine solche Weihnachtstagung in unserer Zeit durchzuführen, entspringt der Tatsache, daß sich die Götter heute wieder an die Menschheit wenden, sie zu bewußter Mitarbeit aufrufend. Und heute ist alles auf den Menschen gestellt! Denn nachdem dasjenige, «was die Welt dem Menschenwesen und Menschenleben und Menschenwirken zu sagen hat»[3], auf der Weihnachtstagung erklungen ist, muß der Mensch selbst Antwort darauf geben!

Aber was vor gut sechzig Jahren zum ersten Mal in mächtigen kosmischen Worten erklang, das tönt uns seit jener Zeit noch immer mit unverminderter Kraft aus dem geistigen Umkreis der Erde entgegen und ruft uns auf, ihm bewußt Antwort zu geben. Und das kann nur in einer einzigen Form geschehen, in der Form, die uns die geistige Welt auf der Weihnachtstagung selbst offenbart hat. Sie besteht darin, den geistigen Mächten, die unsere Epoche leiten, das Treuegelöbnis zu leisten, daß wir die mächtigen Rhythmen der grundlegenden anthroposophischen Meditation – «Menschenseele ...», diesen dodekaedrischen Liebesstein in Opfergesinnung in unsere Seele, unser Herz versenken.

Wenn wir tatsächlich bereit sind, diese Antwort zu geben, wenn wir geloben, in Treue zu dienen, wenn wir im Lichte der besten Kräfte unserer Seele diesen Grundstein der Weihnachtstagung in unser Herz legen, dann werden wir in der Tat eine «zweite Geburt» erleben und können uns sagen, was einstmals viele sich sagten, die auf der Weihnachtstagung persönlich anwesend waren: Wahrhaftig, von nun an beginnt ein neues Leben für uns ...

Der dreifache Anruf der Grundstein-Meditation «Menschenseele ...» ist eine dreifache Anrede der die Erdenevolution leitenden geistigen Mächte an die Menschenseele in der Gegenwart. Und dieser dreifache Anruf des Menschen durch den geistigen Kosmos ist so gestaltet, daß er im tiefsten Sinne auch den Weg zur Erkenntnis dieses Kosmos und der in ihm wirkenden und regierenden geistigen Mächte enthält. Deshalb dürfen wir die Grundstein-Meditation auch als den realen Weg ansehen, der uns zur Verbindung mit diesen Mächten führt.

Wer aber sind diese Mächte? Zunächst erkennen wir sie als die Wesen, die die Anthroposophie auf der Erde erscheinen ließen, die im Leben Rudolf Steiners wirkten und die durch ihn die Entwicklung der Anthroposophie leiteten.

In den ersten zwei Kapiteln dieses Buches sprachen wir schon eingehend von jenen Wesenheiten, die an der Einweihung Rudolf Steiners beteiligt waren. Wir sahen, wie seine individuelle Entwicklung ein ununterbrochenes Aufsteigen war, von seiner Begegnung mit Christian Rosenkreuz unmittelbar vor dem Beginn der Sonnenperiode seines Lebens, über die Sphäre des Erzengels Michael am Ende dieser Periode, zur Begegnung mit dem Christus in der Sphäre der Intuition.

Die drei Jahrsiebte von 1902 bis 1923 – die Zeit von Rudolf Steiners Wirken als Menschheitslehrer – kann man die Epoche der Verwirklichung nennen. Am Anfang dieses Zeitraumes war der Rosenkreuzer-Impuls besonders stark. Er erlangte mit der «Geheimwissenschaft im Umriß» (1909) seine stärkste Wirksamkeit. Denn dieses Buch – das Fundament der modernen Wissenschaft vom Geiste – enthält die Quintessenz der Rosenkreuzer-Weisheit in ihren drei Aspekten: Die Bildung des Menschen sowie des Kosmos, die Weltentwicklung und den Erkenntnisweg. Seit 1910 tritt dann die Verkündigung des ätherischen Christus an die erste Stelle. Diese erreicht im Jahre 1914 mit den Vorträgen über das Fünfte Evangelium ihren Höhepunkt. Ende 1914 geht sie allmählich in das okkult-soziale Thema über, wo der Name des Christus nicht ganz so häufig genannt wird wie früher, die Vorträge und Zyklen insgesamt jedoch unter dem gemeinsamen Titel «Christus und das 20. Jahrhundert» zusammengefaßt werden könnten. Denn fast alle Vorträge dieser Zeit wollen ein Verständnis dafür wecken, wie der Christus-Impuls in der Gegenwart wirkt. Ungefähr vom Jahre 1917 an beginnt schließlich gleichzeitig mit der Begründung der anthroposophischen Tochterbewegungen der Übergang zum Michael-Thema, das sich dann bis zum Ende von Rudolf Steiners Erdenleben weiterentwickelt und in der 1. Klasse der esoterischen Schule seinen Höhepunkt erreicht. Das sind die geistigen Mächte, die am Werden der Anthroposophie in der Welt teil hatten, und dieselben Mächte wenden sich nun durch die Grundstein-Meditation an die Menschheit der Gegenwart, so daß die Arbeit an dieser Meditation im Geiste der Weihnachtstagung die Antwort des Menschen auf ihren Ruf ist, seinen Willen zum Ausdruck bringt, den Weg des Opferdienstes für diese Mächte anzutreten. Dabei sind das Rosenkreuzertum und der Michael-Impuls nur zwei besondere Erscheinungsformen der einen zentralen, die ganze Evolution umfassenden Christus-Kraft: das Rosenkreuzertum als neue Einweihung und der Michael-Impuls als neue Offenbarung (Michael – das Antlitz des Christus).

Auf die zentrale Kraft unseres ganzen Kosmos aber, welche der geistige Grund der Weihnachtstagung ist und welche in ihrem Impuls in der Welt wirkt, weist uns einmal die Tatsache hin, daß diese Tagung in den Weihnachtstagen stattfand, zum anderen ihre Beziehung zu der kosmischen Weihenacht, die fast zweitausend Jahre vorher stattgefunden hat, was Rudolf Steiner am 25. Dezember 1923 folgendermaßen darstellte: «Und wir können am besten erkraften jene Seelenwärme und jenes Seelenlicht, die wir brauchen, wenn wir sie beleben mit jener Wärme und mit jenem Licht, das in der Zeiten-Wende erstrahlet hat als das Christus-Licht in der Welten-Finsternis. Und wir wollen diese vor zwei Jahrtausenden stattgefundene Urweihenacht *in unserem Herzen, in unserem Sinn, in unserem Willen beleben*, damit sie uns helfe, wenn wir hinaustragen wollen in die Welt dasjenige, was uns entgegenglänzt durch das Gedanken-Licht des der Welt nachgebildeten, ins Menschliche herein versetzten dodekaedrischen Liebesgrundsteins.»[4]

Von diesem kosmischen Weihnachten, durch das das Christus-Licht als «taghelles Licht in Menschenseelen» erstrahlte *(IV,6–7)*, spricht uns vor allem der 4. Teil der Grundstein-Meditation. Und wenn wir uns heute bemühen, im Geiste des Grundimpulses der Weihnachtstagung dieses «taghelle Licht», das durch das kosmische Weihnachten in der Erdennacht entzündet wurde, in uns aufleuchten zu lassen, dann kann es sich, sie umwandelnd und neu belebend, in unseren Willen, in unser Fühlen und Denken ergießen. Und dann erleben wir in dem dreifachen Anruf der Menschenseele, daß es der Christus selbst ist, der sich in dreifacher Weise an sie wendet. Er schenkt ihr mit dieser Meditation eine umfassende Erkenntnis seiner Wesenheit und weckt ihren Willen im Namen der Geburt des neuen Menschen in sich, an der Umwandlung ihres Wollens, Fühlens und Denkens zu arbeiten.

So ruft uns der Christus auf der Grundlage der dreifachen Erkenntnis seiner Wesenheit zur dreifachen Umwandlung unseres Wesens in den drei ersten Teilen der Grundstein-Meditation auf. Im 1. Teil offenbart er sich uns aus der kosmischen Sphäre des Vaters[5] und gibt uns die Kraft, welche wir in der modernen Willenseinweihung, der neuen Rosenkreuzer-Einweihung, erlangen können. Im 2. Teil erscheint der Christus aus der Sphäre des Sohnes, aus der heraus er die Menschen durch die Einweihung des Fühlens mit kosmischer Liebe beschenkt. Und im 3. Teil nähert er sich uns aus der Sphäre des Geistes, indem er durch Michael wirkt, den führenden Geist unserer Zeit, der der Verwalter der kosmischen Intelligenz ist und uns durch die Einweihung des Denkens die Fülle der kosmischen Weisheit gibt. So zeigt sich uns in dem Zusammenwirken dieser drei Kräfte der alles umfassende Weg der christlichen Einweihung.[5a]

Nun wollen wir das Wesen dieser drei Kräfte noch genauer betrachten. Dafür ordnen wir den Meditationstext folgendermaßen: die drei ersten Teile nebeneinander und den 4. Teil unter den 2. Wenn wir den 2. und den 4. Teil auf diese Weise miteinander verbinden, so lassen wir uns von der Tatsache leiten, daß in ihnen der Christus-Impuls durch die zweimalige Nennung des Christus-Namens unmittelbar zum Ausdruck kommt*, allerdings in den zwei Aspekten, unter denen er der Menschheit heute, *in unserer Zeit,* wenn auch auf verschiedenen Wegen zugänglich ist. Im 2. Teil wird von jenem Aspekt des Christus gesprochen, der sich dem modernen Eingeweihten nur in der Sphäre des kosmischen *Willens* offenbart. Denn es weist uns das Wort «Wille» *(II,14)* in ihm auf die höchsten Gebiete der Intuition[6] hin, wo die unmittelbare Begegnung mit dem Christus nur möglich ist, nachdem ein langer und schwerer geistiger Weg zurückgelegt worden ist. Hier in diesen geistigen Höhen offenbart sich der Christus im Aspekt der Dreiheit von Vater, Sohn und Geist als der allumfassende Weltenlogos im Leuchten der ihm von Ewigkeit eigenen

* Wie schon gesagt, tritt der Christus-Impuls im 1. Teil *in der Form* des Rosenkreuzertums in Erscheinung, im 3. Teil *in der Form* der neuen Michael-Offenbarung.

makrokosmischen Kräfte. – Im 4. Teil hingegen wird davon gesprochen, wie der Christus durch das Mysterium von Golgatha in die Erdenentwicklung eingetreten ist und wie er seitdem in der geistigen Sphäre der Erde lebt, das aber tritt in unserer Zeit als Auferstehung im Ätherischen in Erscheinung. Wenn dann im 1. Abschnitt des 4. Teiles vor allem auf das Mysterium von Golgatha hingewiesen wird, das auf dem physischen Plan vor sich ging, so haben wir im 2. Abschnitt die unmittelbare Hinwendung der Seele zu dem Christus, so wie er in unserer Zeit in der Menschheit wirkt, zu dem ätherischen Christus, der das ätherische Golgatha erleidet.[7]

Im ganzen gesehen wird die Meditation, die aus vier Teilen besteht, bei einer solchen Anordnung zu einer dreigliedrigen:

1. Glied	*2. Glied*	*3. Glied*
1. Teil *1. Abschnitt* Menschenseele! Du lebest in den Gliedern ...	*2. Teil* *1. Abschnitt* Menschenseele! Du lebest in dem Herzens ...	*3. Teil* *1. Abschnitt* Menschenseele! Du lebest im ruhenden Haupte ...
2. Abschnitt Denn es waltet der Vater-Geist ...	*2. Abschnitt* Denn es waltet der *Christus-Wille* ...	*2. Abschnitt* Denn es walten des Geistes ...
	4. Teil *1. Abschnitt* In der Zeiten Wende ... *2. Abschnitt* Göttliches Licht *Christus-Sonne* ...	

Und wir können diese drei Glieder noch einmal folgendermaßen charakterisieren: Im 1. Glied (1. Teil) wendet sich uns der Christus durch die Erneuerung des Rosenkreuzertums aus der Vergangenheit zu; im 2. Glied (2. und 4. Teil) wirkt er unmittelbar in der Gegenwart, unseren ganzen Kosmos umfassend, von der höchsten Sphäre der Intuition bis zu der an die Erde angrenzenden ätherischen Sphäre, wo er – wie einst von Paulus – heute von jedem Menschen erlebt werden kann;[7a] und im 3. Glied (3. Teil) kommt uns der Christus aus der Zukunft entgegen, indem er uns durch seinen Boten, den Sonnen-Zeit-Geist Michael erscheint. So ist die Meditation eine dreigegliederte Offenbarung des Christus für die menschliche Seele.

Um uns nun noch mehr in diese in Wirklichkeit nicht auszuschöpfende Weisheitsschätze der wichtigsten anthroposophischen Meditation zu vertiefen, wollen wir jedes der drei Glieder gesondert betrachten. Wir werden dann erkennen, wie die oben genannte dreifache Form der Weltenführung bis in die kleinsten Einzelheiten und zugleich in harmonischer Einheit in ihnen in Erscheinung tritt.

Die Rosenkreuzer-Weisheit (1. Glied, 1. Teil), die ihren Quellen nach noch aus der Vatersphäre stammt, mußte nach dem Mysterium von Golgatha durch die Durchdringung mit dem Christus-Impuls erneuert werden. Dieses geschah – und das war zugleich der Beginn der Rosenkreuzerströmung in der Welt – durch die *Einweihung von Christian Rosenkreutz* in der Mitte des 13. Jahrhunderts, wie es Rudolf Steiner im Vortrag vom 27. September 1911 in Neuchâtel eingehend beschrieben hat. Damals wurde die Einweihung an Christian Rosenkreutz so vollzogen, daß sich zwölf überragende Individualitäten an einem Mysterienort Europas versammelten, von denen sieben die Weisheit der alten Atlantis in sich trugen, vier weitere die Weisheit der vier nachatlantischen Kulturen und der letzte das mehr intellektuelle Wissen der neueren Zeit.

Es verkörperten also elf von den zwölfen die gesamte vorchristliche Weisheit der Menschheit, der letzte dagegen die neueren wissenschaftlichen Erkenntnisse. Da aber, wie Rudolf Steiner besonders betont, die ganze Menschheit damals eine Epoche des Übergangs durchmachte, während der sogar Eingeweihten der Zugang zur geistigen Welt verschlossen blieb, schöpfte jeder einzelne aus dem Kollegium der Zwölf seine Erkenntnisse aus der *Erinnerung (I,5)* an seine vergangenen Erdenleben, als die höheren Welten für ihn noch zugänglich gewesen waren. Und so wurde die gesamte Weisheit der Weltentwicklung dem Dreizehnten verliehen, der sie bis in seinen physischen Leib hinein aufnahm und dadurch zu dem Erlebnis des Paulus vor Damaskus geführt wurde. Diese unmittelbare Begegnung mit dem Christus befähigte ihn nun, die aufgenommene Weisheit im Geiste des Christus-Impulses, wie dieser seit dem Mysterium von Golgatha in der geistigen Sphäre der Erde wirkt, umzuwandeln. Danach gab der Dreizehnte diese von den Christus-Kräften umgewandelte älteste Weisheit der Menschheit den Zwölfen zurück. Das war der geheime Anfang der Rosenkreuzerströmung. Ihr liegt die Christus-Offenbarung aus der kosmischen Sphäre des Vaters zugrunde, die wir in ihrer erneuerten Form im ersten Teil der Grundstein-Meditation noch zu betrachten haben.

Die weitere Entwicklung des Rosenkreuzertums ging dann so vor sich, daß Christian Rosenkreuz sich im 14. Jahrhundert wiederum verkörperte. In dieser Inkarnation gründete er, nachdem sich ihm das Erlebnis des

Paulus, diesmal in Damaskus selbst, wiederholt hatte und nachdem er sieben Jahre durch alle okkulten Zentren jener Zeit gewandert war, die eigentliche Rosenkreuzerströmung als westlichen christlichen Einweihungsweg in Europa. Damals legte er auch den Grund für jenen mittelalterlichen Geistesweg, den wir als *Alchimie* kennen und den Rudolf Steiner in dem Vortrag vom 28. September 1911 in Neuchâtel eingehend beschreibt. Dieser Weg bestand aus drei Stufen. Zunächst betrachtete der Alchimist den Salzbildungsprozeß. Die Versenkung in diesen Prozeß half ihm, die niederen Leidenschaften seines Astralleibes allmählich dadurch zu überwinden, daß er alle seine seelischen Kräfte auf höhere, geistige Ideen richtete, und das führte ihn nach langem Üben schließlich zum Erleben kosmischer Gedanken, der Gedanken der Götter. «Ich bete an hinter der Maja der Natur die Gedanken der Götter, der göttlich-geistigen Wesenheiten»[8], so sprach der Rosenkreuzer auf der ersten Stufe zu sich. – Auf der zweiten Stufe wandte er seine Aufmerksamkeit besonders dem Auflösungsprozeß zu, den die Rosenkreuzer Quecksilber- oder Merkurprozeß nannten. Durch die Vertiefung in diesen Prozeß, die der Reinigung seines Ätherleibes diente, wurde er fähig, immer höhere Stufen der Liebe zu durchleben. «Es hat die Liebe des Gottes draußen Jahrtausende lang so gewirkt, wie in meinem Innern die Liebe wirkt», so sprach er auf der zweiten Stufe zu sich. – Auf der dritten Stufe, der Krönung des Einweihungsweges, sollte der mittelalterliche Rosenkreuzer den Verbrennungsprozeß, den Schwefelprozeß erleben, der ihn mit Opfergesinnung gegenüber den höheren Mächten erfüllte und ihn befähigte, an der Reinigung des physischen Leibes, an seiner Umwandlung in den Zukunftsleib, in den Auferstehungsleib zu arbeiten. Diese Wandlung des eigenen physischen Leibes durch höchste Opferkräfte kann man die Arbeit am «Stein der Weisen» nennen, die Urbild und Ziel des Strebens jedes wahren mittelalterlichen Rosenkreuzers war. «Daher haben die Alchimisten immer betont, daß der menschliche Leib in Wahrheit besteht aus derselben Substanz, aus welcher der ganz durchsichtige, kristallhelle Stein der Weisen besteht»[9], sagte Rudolf Steiner in dem Zusammenhang.

So führten diese drei Stufen den mittelalterlichen Geistesschüler allmählich dahin, die großen makrokosmischen Prozesse, die im Kosmos die Gedanken, die Liebe, die Opfergesinnung der Götter darstellen, auf mikrokosmische Weise in seinem Innern zu vollziehen.

Es ist nicht schwer, diesen Weg in seiner erneuerten Form in der Grundstein-Meditation wiederzuerkennen, wo er jedoch, im Gegensatz zum Einweihungsweg der mittelalterlichen Alchimisten, auf rein *innerliche*, meditative Weise vor sich geht, ohne die Beobachtung äußerer Experimente. So führt uns der 3. Teil der Meditation dadurch zum Erleben der kosmischen Gedanken der Götter, daß sie in den Gedanken der Menschen wieder aufleben: «Und du wirst wahrhaft *denken* / In Menschen-Geistes-Gründen» *(III,12–13).* Gleichzeitig aber können wir uns durch diesen Teil in seiner Zweigliedrigkeit (1. und 2. Abschnitt) der ersten Stufe der Erkenntnis des Zusammenhanges von Mikrokosmos und Makrokosmos nähern. – Der 2. Teil führt uns hin zur kosmischen Liebe der Götter, die vom einzelnen Menschen zunächst durch die Vergeistigung der menschlichen Liebe nachzuerleben ist. «Und du wirst wahrhaft *fühlen* / Im Menschen-Seelen-Wirken» *(II,12–13).* Hier ist die gegenseitige Beziehung von Mikrokosmos und Makrokosmos schon tiefer geworden. – Im 1. Teil der Meditation schließlich werden wir dahin geführt, uns den höchsten Göttern opfernd hinzugeben. Das Prinzip des Opferdienstes, das hier im kosmischen *Erinnern (I,5)* bis zum Ur-Opfer der Throne auf dem alten Saturn hinaufgeht, welche die Substanz der Wärme oder des Feuers ausströmten, die der mittelalterliche Rosenkreuzer in den sulphurischen Verbrennungsprozessen betrachtete und die dem menschlichen physischen Leib als Grundlage diente («Aus dem Göttlichen weset die Menschheit» *(I,20)*, – dieses Opferprinzip tritt hier unmittelbar vor uns hin und sollte in unserem individuellen Dienen, in unserer individuellen opfernden Hingabe auf dem Altar der Welt seine Antwort finden. Dieses Opfer aber wird uns dem – der Zeit entsprechenden – rein innerlichen Prozeß der Umwandlung unseres physischen Leibes in den «Stein der Weisen» näherbringen. Wie im 6. Vortrag des Zyklus «Von Jesus zu Christus» ausgeführt wird, ist dieser ein Bild für das Phantom des menschlichen physischen Leibes, das durch den Christus Jesus während des Mysteriums von Golgatha für die ganze Menschheit gerettet wurde.

So enthält der 1. Teil der Grundstein-Meditation sowohl das geheimste Ideal des Strebens der Rosenkreuzer als auch das eigentliche Ziel ihres Einweihungsweges, wie es z. B. in dem Buch »Die chymische Hochzeit des Christian Rosenkreuz» dargestellt wird, wo die Umwandlung des menschlichen physischen Leibes in den neuen Auferstehungsleib durch die Aufnahme des Christus-Impulses Ziel und Höhepunkt des ganzen Einweihungsweges ist.

Wenn wir nun beachten, daß dieser Auferstehungsleib oder das Phantom seinem Wesen und seiner Substanz nach das Resultat des Wirkens aller höheren Hierarchien ist, von unserer Erdenepoche zurück bis zum Beginn des alten Saturn, wo die höchsten Geister der ersten Hierarchie *(I,16)*, um den Keim des menschlichen physischen Leibes zu bilden, einen ganzen Kosmos aus dem «Geistesmeereswesen» *(I,4)* schaffen mußten, –

wenn wir uns das bewußt machen, dann beginnen wir die Worte der Grundstein-Meditation zu verstehen, die gerade in diesem Teil vom Wirken des Vater-Geistes der Höhen sprechen, der durch die erste Hierarchie das Raumes-Sein *(I,3)* des Saturn als Grundlage für das Menschheitswerden in den Weltentiefen *(I,14–15)* erzeugte. «Aus dem Göttlichen weset die Menschheit» (ex deo nascimur) *(I,20)* – dieses Rosenkreuzerwort weist uns auf jenen ältesten Zustand unseres Kosmos hin, als der Ur-Keim des Phantoms des menschlichen physischen Leibes geschaffen wurde, der damals als ein großer Ur-Adam der Menschheit als ganzer angehörte und der sich in der Folgezeit während der Sonnen-, Mond- und Erdenäonen weiterentwickeln sollte. Denn bis zum Wirken der Vater-Kräfte auf dem alten Saturn geht die Schöpfung des Phantoms des physischen Leibes zurück. Die Rettung dieses Leibes durch den Christus Jesus während des Mysteriums von Golgatha brachte jedem Menschen die Möglichkeit – ausgehend von seinem Durchdrungensein mit dem Christus-Ich – an seinen Hüllen bis hin zum physischen Leib zu arbeiten und ihn allmählich entsprechend dem höchsten Ideal und dem eigentlichen Ziel des Rosenkreuzertums in den neuen Auferstehungsleib umzuwandeln.

Auch Rudolf Grosse weist in dem letzten Kapitel seines Buches über die Weihnachtstagung auf die Tatsache hin, daß der 1. Teil der Grundstein-Meditation auf verborgene Weise den Weg enthält, der durch die stetige Arbeit des Ich an der aufsteigenden Reihe seiner Hüllen bis zur vollständigen Umwandlung des physischen Leibes führt. Im einzelnen zeigt er dort den Zusammenhang auf zwischen den Zeilen des 1. Teiles der Grundstein-Meditation: «Und du wirst wahrhaft *leben* / Im Menschen-Welten-Wesen» *(I,12–13)* und der Rettung des Phantoms des physischen Leibes während des Mysteriums von Golgatha. Damals wurde durch die Tat des Christus Jesus jedem Menschen die Möglichkeit eröffnet, mit seinem Ich *wahrhaftig* in seinem physischen Leibe zu *leben,* in dem Leibe, der durch dieses Ich aus dem Reich des Todes, in das er durch die luziferische Versuchung gestoßen wurde, von nun an errettet werden kann, wenn sich das Ich mit dem Christus-Impuls verbindet. Denn dieses Phantom, zu dem die Throne auf dem alten Saturn den Grund legten und an dem in der folgenden Zeit die Geister der Weisheit auf der alten Sonne, die Geister der Bewegung auf dem alten Mond und die Geister der Form auf der Erde arbeiteten, diese gemeinsame Schöpfung der höchsten Hierarchien, in dem das menschliche Ich wegen der durch Luzifer hervorgerufenen Todeskräfte bis zum Mysterium von Golgatha nicht mehr leben konnte, dieses Phantom wurde von dem Christus in seinem ganzen ursprünglichen Wesen wiederhergestellt, denn es ist der wahre, unverwesliche Menschenleib, von dem jeder Mensch, der sein Ich mit der zur Auferstehung führenden Christus-Kraft durchdrungen hat, einen Keim in sich aufnehmen kann.

So führt uns diese Erkenntnis des wahren Menschenleibes, der ein Abbild der schöpferischen Tätigkeit der höchsten Hierarchien ist, aus deren Schoß – dem «Menschen-Welten-Wesen» *(I,13)* – er entstanden ist, auch zur Erkenntnis vom Zusammenhang der mikrokosmischen und makrokosmischen Kräfte in der Menschheitsevolution: der Herkunft der Menschheit aus den kosmischen Vaterkräften, dem Abfallen von ihnen durch die luziferische Versuchung und der Wiedervereinigung mit ihnen durch die Opfertat des Christus auf Golgatha. Durch sie wird dem individuellen Menschen durch die Umwandlung seines physischen Leibes die Möglichkeit gegeben, allmählich an der Fülle des kosmischen Lebens teilzuhaben *(I,12–13)*. Dieser erhabene Zustand ist die erste Vorwegnahme des künftigen Vulkanzustandes auf der Erde oder in den Worten der Meditation: «Das eigene Ich / Im Gottes-Ich / Erweset« *(I,9–11)*. Das entspricht der 7. und letzten Stufe des christlich-rosenkreuzerischen Einweihungsweges, die Rudolf Steiner «Seligkeit in Gott» nennt und mit denselben Worten charakterisiert wie den zukünftigen Vulkanzustand, in dem der Mensch in einem zum Geistesmenschen umgewandelten physischen Leib leben wird.

So weist uns der 1. Teil der Grundstein-Meditation in der unter dem Zeichen der Gegenwart erneuerten Form auf die Umwandlung des physischen Leibes, in dem das Menschen-Ich sich im «Menschen-Welten-Wesen» erlebt und in dem es ein makrokosmisches Leben «wahrhaft leben» kann. Das aber ist das endgültige Ziel der Weltevolution und das höchste Einweihungsideal des mittelalterlichen Rosenkreuzertums.

Zu dem oben Gesagten ist noch hinzuzufügen, daß dieser Rosenkreuzer-Arbeit an der Verwandlung des physischen Leibes, des Leibes, der sich im Gliedmaßensystem *(I,2)* am stärksten räumlich äußert, im System des dreigliedrigen sozialen Organismus das Gebiet des freien Geisteslebens entspricht.[10] Deshalb wollte Rudolf Steiner fast alle Bereiche des modernen Geisteslebens unter dem Zeichen des Rosenkreuzertums erneuern. Und er tat das, indem er die drei Hauptgebiete menschlicher Tätigkeit – Wissenschaft, Kunst und Religion[11] – harmonisch vereinigte und weiterentwickelte.

Nun wenden wir uns dem 2. Glied der Meditation zu und betrachten ihren 2. und 4. Teil gemeinsam. Eine solche Zusammenschau kann uns helfen, ihr Wesen noch tiefer zu verstehen. Im ganzen gesehen führt uns das 2. Glied der Grundstein-Meditation zu dem eigentlichen kosmisch-irdischen Mysterium des Christus Jesus. Hier kommen wir aus der Raumeswelt, die als Resultat der Opfertaten, welche die erste Hierarchie auf dem alten Saturn aus den Vaterkräften heraus vollbrachte, und die zugleich mit den ersten Keimen des physischen Leibes entstanden ist, zu der Welt der Zeit *(II,3)*, der Welt des Rhythmus, in das Sonnenreich des Sohnes *(II,14; 17–18)*, aus dessen Sphäre schon während des alten Sonnen-Zustandes dem Menschenwesen das rhythmische System des Herzens und der Lunge *(II,2)* eingegliedert wurde; seine mikrokosmischen Rhythmen bilden den makrokosmischen Pulsschlag und Atemrhythmus des ganzen Kosmos ab.[11a]

In dem Vortrag vom 4. Juni 1924 in Dornach beschreibt Rudolf Steiner das große Sonnenreich des Christus als die große kosmische Sphäre der Welten-Zeit. Deshalb kommt der Christus, indem er von der Sonne zur Erde herabsteigt, zur gleichen Zeit auch aus dem Reich der Zeit in das Reich des Raumes herab, um der ganzen Menschheit die Möglichkeit zu geben, sich wahrhaftig mit dem Strom der Weltenzeit zu verbinden. «Und indem sich das Menschenherz, die Menschenseele, der Menschengeist mit dem Christus verbinden, gewinnen sie wiederum den Strom der Zeit von Ewigkeit zu Ewigkeit.»[12]

Aber so wie der 1. Teil der Meditation uns die Aufgabe stellt, uns im *Geist-Erinnern* zu üben, durch das wir uns den Geheimnissen vom Wesen des physischen Leibes nähern können, die mit der Rettung seines Phantoms durch den Christus verbunden sind, so stellt sich uns jetzt die Aufgabe, Geist-*Besinnen* zu üben. Durch diesen rein zeitlichen Prozeß können wir allmählich die neue Erkenntnis des Christus, welche er uns heute durch die moderne Geistes-Wissenschaft schenkt und welche als die Grundforderung unserer Zeit vor uns steht, in unser Herz, in unsere Seele aufnehmen.

Wie im 2. Teil der Grundstein-Meditation betont wird, ist das Besondere dieser neuen Erkenntnis, daß sie *nur* durch das innere «Seelengleichgewicht» *(II,6)* erlangt werden kann. Die Erkenntnis vom Wesen dieses Gleichgewichtes ist eine der wichtigsten Offenbarungen des Christus im 20. Jahrhundert. Sie wurde von Rudolf Steiner in seiner plastischen Gruppe in künstlerische Form geprägt. In ihr tritt das Bild des Menschheitsrepräsentanten, des Christus Jesus, das innere Gleichgewicht zwischen den Widersachermächten Luzifer und Ahriman haltend, vor uns hin.

Sich im Geiste des 2. Teiles der Grundstein-Meditation im «Seelengleichgewicht» zu befinden, bedeutet vor allem, in der rechten Weise gegen die Kräfte Luzifers und Ahrimans in der eigenen Seele zu kämpfen;

mit anderen Worten: Es obliegt uns einerseits, gegen die Neigungen unseres Herzens, unseres Blutkreislaufs *(II,2)* anzugehen, durch die Luzifer, sie erregend, uns gleichsam von uns selbst zu «befreien», uns von allem Materiellen loszureißen versucht; physiologisch äußert sich das so, daß Luzifer die belebenden Kräfte unseres Blutes bis zum Gehirn wirken lassen möchte, um auf diese Weise die Tendenz zum Absterben, die Grundlage unseres wachen Ich-Bewußtseins, zu überwinden und uns an diesem Punkte auf unrechtmäßige Weise von den Erdenkräften zu befreien. Andererseits sollten wir den ertötenden ahrimanischen Tendenzen unserer Lungen *(II,2)* durch das verstärkte Hinaussetzen der Kohlensäure entgegenwirken, denn Ahriman will den Tod in unsere gesamte Organisation tragen, um dadurch die Vergeistigung unseres physischen Leibes zu verhindern und uns auf ewig an die Erdensphäre zu binden.

Dieses Gleichgewichtsprinzip, das dem neuen christlich-rosenkreuzerischen Einweihungsweg zugrunde liegt, kann nur dadurch verwirklicht werden, daß der Christus, neben all dem unendlich Bedeutungsvollen, das er durch das Mysterium von Golgatha in die Menschheitsentwicklung gebracht hat, auch die zwei hauptsächlichen Mysterienströmungen des Altertums im tiefsten Sinne harmonisch vereinigte, diese Strömungen, in denen die Eingeweihten stets, aber auf einseitige Weise, versucht hatten, die entwicklungsstörenden Kräfte Luzifers einerseits und Ahrimans andererseits zu überwinden. Denn das wahre Gleichgewicht zwischen diesen zwei Mächten konnte in der vorchristlichen Zeit nicht herbeigeführt werden. Diese Vereinigung der zwei hauptsächlichen Mysterienströmungen des Altertums, die es zum ersten Mal möglich machte, das rechte Gleichgewicht der luziferischen und ahrimanischen Kräfte bei der Einweihung herzustellen, wurde oben im Zusammenhang mit Rudolf Steiners Einweihungsweg (am Ende des 2. Kapitels) und im Zusammenhang mit dem 5. Rhythmus der Weihnachtstagung beschrieben. Jetzt wollen wir das oben Gesagte nochmals kurz wiederholen, aber in Verbindung mit dem 4. Teil der Grundstein-Meditation, wo *gleichzeitig* von den Hirten und den Magiern des Ostens gesprochen wird, von den Herzensmenschen und den Menschen der Lungen (des Hauptes)[13], die durch den Christus-Impuls ihre Vereinigung erlangen. Dabei repräsentieren die Hirten den Einweihungsweg durch die Versenkung in das eigene Innere (das Herz, das Urbild des Inneren), die Magier des Ostens aber den Weg nach außen in den Makrokosmos (die Lungen können dank der Atmung so wie der Kopf dank der Sinnesorgane als Urbilder für das Hinausgehen nach außen angesehen werden). Es sind diese zwei Einweihungswege jedoch auch ein Abbild der zwei von der Atlantis ausgehenden Wanderströme, des südlichen und des nördlichen Stromes, und das bedeutet zugleich: der Strömung der Liebe und der Strömung der Weisheit.*[13a]

Am vollständigsten repräsentieren diese zwei Strömungen der vorchristlichen Zeit die zwei Weltreligionen des Buddhismus und des Zarathustrismus. Und deshalb waren auch ihre Begründer an der Vorbereitung für das Zusammenfließen der zwei Strömungen in den Ereignissen von Palästina beteiligt und finden wir Hinweise auf ihr Mitwirken im 1. und 3. Evangelium. So erleben im Lukas-Evangelium die Hirten auf dem Felde, wie ihnen der Nirmanakaya des Buddha erscheint. Und im Matthäus-Evangelium begeben sich die drei Magier des Ostens, die esoterischen Schüler Zarathustras, auf den Weg, um ihrem Lehrer in seiner neuen Verkörperung ihre Verehrung darzubringen. Es ist deutlich, daß alle diese Ereignisse eng mit dem 4. Teil der Grundstein-Meditation verknüpft sind. Aber nicht nur mit ihm, sondern auch mit dem 2. Teil.

In der Weltentwicklung sind jedoch viele Kräfte wirksam. Deshalb vereinigen sich die zwei Strömungen nicht sogleich, sondern erst einige Zeit später, obwohl der Hauptimpuls zu ihrem Zusammenschluß durch die Ereignisse von Palästina in das Erdensein gekommen ist. Sie spiegeln damit bestimmte kosmische Ereignisse auf der Erde wider. So finden wir diese zwei Strömungen abermals in christlicher Zeit, wenn auch in erneuerter Form, nicht als nord-südliche Polarität, sondern als west-östliche: im Westen die Strömung der Artus-Ritter, die das letzte Aufflammen der Magiereinweihung darstellt, in welcher durch die Vereinigung mit dem Makrokosmos Erkenntnis gesucht wird; und im Osten die Gralsströmung, in welcher die durch den Christus-Impuls umgewandelte Hirteneinweihung zum Ausdruck kommt, in der auf dem inneren Wege Erkenntnis gesucht wird. Beide Strömungen hatten den Christus-Impuls auf ihre Art in sich aufgenommen, trotzdem entwickelten sie sich noch fast acht Jahrhunderte gesondert. Die okkulten Gründe für diese Tatsache seien im folgenden aufgeführt.

* Hier muß man beachten, daß die Gefahren, welche dem Schüler auf diesen zwei Wegen drohten, auch verschieden waren: im nördlichen Strom ging die Verführung mehr von Ahriman (dem Fürsten der Lüge, dem Verfälscher der Weisheit) aus, im südlichen dagegen von Luzifer (dem Fürsten des Egoismus, dem Zerstörer der wahren Liebe). Deshalb ist die unumgängliche Vorbedingung für die Vereinigung der zwei Wege in der christlich-rosenkreuzerischen Einweihung, daß durch die Aufnahme des Christus-Impulses das Gleichgewicht zwischen den beiden Kräften hergestellt wird, wie das in der plastischen Gruppe dargestellt ist. Von den Abirrungen, die bei einem einseitigen Vorgehen in unserer Zeit eintreten, sprachen wir bereits am Ende des 2. Kapitels dieses Buches.

In dem Vortrag vom 21. August 1924 in Torquay spricht Rudolf Steiner eingehend von diesen zwei Strömungen im Zusammenhang mit dem Erdenabstieg des Christus, in dessen Verlauf er seinen Lebensgeist in der Umgebung der Erde zurückließ, um sich dann im Osten mit seinem Geistselbst in den drei Hüllen des Jesus von Nazareth zu verkörpern. Aus dem Erleben dieser Elemente des Christus-Impulses entstanden dann später die zwei neuen Mysterienströmungen: Im Westen wirkten die Artusritter, die in der geistigen Umgebung der Erde den Lebensgeist des Christus schauten. Mit Hilfe der Impulse, welche sie von ihm aufnahmen, zähmten sie die astralische Wildheit der europäischen Völker in der damaligen Zeit. Von Osten her näherte sich das Geistselbst des Christus durch die Herzen und Seelen der Menschen, und das fand seinen esoterischen Ausdruck in der Gralsströmung. Weiter spricht Rudolf Steiner in diesem Vortrag davon, wie im Jahre 869, als auf der Erde das 8. Ökumenische Konzil stattfand, auf dem «der Geist abgeschafft wurde», in der übersinnlichen Welt das Geistselbst des Christus, das von Osten herankam, sich mit seinem Lebensgeist im Westen vereinigte, wodurch der letztere die Gestaltung erhielt, welche die notwendige geistige Grundlage für das wichtigste übersinnliche Ereignis des 20. Jahrhunderts war – das Erscheinen des Christus im Ätherischen.[14] Diese Vereinigung von Geistselbst und Lebensgeist des Christus trat auf dem physischen Plan in dem Zusammenschluß der Artus- und Gralsströmung bei der Einweihung Parzivals in Erscheinung.

Im 20. Jahrhundert erfolgt dann die Fortsetzung dieser Ereignisse mit der Grundsteinlegung des ersten Goetheanum am 20. September 1913 in Dornach, wo als Antwort auf die aus dem Osten erklingenden vier Evangelien der Erlösung das Fünfte Evangelium der Erkenntnis in der neuen Bewußtseinsseelen-Epoche vom Westen her ertönt.

Alle diese Ereignisse aber, durch die der Christus-Impuls allmählich unter dem Ost-West-Aspekt in die Menschheit eingetreten ist, werden in der Grundstein-Meditation mit folgenden Worten zum Ausdruck gebracht: «Lasset vom Osten befeuern, / Was durch den Westen sich formet» *(II,17–18)*.

Jedoch auch mit dem tiefsten Gehalt der Sonnenmysterien oder der Mysterien «des Todes und der Auferstehung», deren eigentliches Wesen in dem zweiten Rosenkreuzer-Ausspruch zum Ausdruck kommt: «In dem Christus wird Leben der Tod» (in Christo morimur), besteht eine innere Verbindung. Hüter der Geheimnisse dieser Mysterien im Schoße des Kosmos sind die Lichtes-Geister *(II,16)* der zweiten Hierarchie, die, nach der Darstellung Rudolf Steiners, innerhalb der Erdenentwicklung bis hin zu den rhythmischen Erscheinungen in der Natur wirken, was im Äußeren vor allem in den sichtbaren Bewegungen der Sonne von Ost nach West *(II,17–18)* zum Ausdruck kommt.

Aus dem oben Gesagten können wir ersehen, wie stark der 2. und 4. Teil der Grundstein-Meditation zusammenklingen. Ihre tiefste Beziehung jedoch besteht darin, daß sie die zwei wesentlichsten Aspekte der Christus-Wesenheit offenbaren, mit denen wir uns nun noch näher beschäftigen wollen. Denn eine solche Beschäftigung kann uns eine weitere Seite unserer Meditation näherbringen.

Beginnen wir abermals mit dem 2. Abschnitt des 2. Teiles: «Denn es waltet der Christus-Wille im Umkreis.» Wir sagten, daß das Wort «Wille» uns auf die hohe Sphäre der Intuition hinweist. Rudolf Steiner stellt in seinem Kommentar zu dieser Stelle der Meditation eine Beziehung zwischen dem Wirken des «Christus-Willens im Umkreis» und dem menschlichen Atmen her.[15] Das bewußte Erleben des Atmens aber sowie das Üben auf diesem Gebiete gehören in der Entwicklung des Geistesschülers zur Stufe der Intuition, wie das schon in der «Geheimwissenschaft im Umriß» dargestellt wird. Die Verbindung des Wortes «Wille» jedoch mit dem Christus-Namen weist uns zudem auf jene Begegnung mit dem Christus in der geistigen Welt hin, die am Ende des 5. Kapitels der «Geheimwissenschaft im Umriß» als das höchste Ziel des christlich-rosenkreuzerischen Einweihungsweges beschrieben wird.

Auf dem Einweihungsweg Rudolf Steiners konnten wir dieses Ereignis um die Jahrhundertwende wahrnehmen, und wir erkannten, wie eine solche unmittelbare Begegnung mit dem Christus in der Sphäre der Intuition, d. h. an der Grenze des höheren Devachan und des Buddhi-Planes (der Welt der Vorsehung) ihm auch die intuitive Schau der Beziehung zwischen der Christus-Wesenheit und der Wesenheit der Bodhisattvas ermöglichte. Das erhabene Bild der Zwölf, die den Dreizehnten schauen, trat um die Jahrhundertwende vor Rudolf Steiner. Daraus ersehen wir, daß das Erleben des Christus in der Intuition dem Eingeweihten auch die wahre Erkenntnis dessen eröffnet, wie da «waltet der Christus-Wille im Umkreis» der zwölf Bodhisattvas.

«Umkreis» entspricht hier dem Umkreis der Erde. Denn es ist der Erdenumkreis, in dem der Christus-Wille seine Erfüllung dadurch erfährt, daß die zwölf Bodhisattvas ihre Mission verwirklichen. In diesem Zusammenhang ist daran zu erinnern, daß die Seele während ihres Seins in der Welten-Mitternacht an der Grenze des höheren Devachan und des Buddhi-Planes sich mit den Kräften der ersten Hierarchie vereinigt, der Hierarchie, die im Kosmos vorzugsweise den Impuls des Welten*willens*

(s. S. 91) darstellt. Zur gleichen Zeit vollzieht sie aber auch den Abstieg bis zur Erdensphäre; und hier im Erdenumkreis nimmt sie an allen Prozessen teil, die am Entstehen und Erhalten der uns umgebenden irdischen, materiellen Welt beteiligt sind. Aus diesem Hinweis Rudolf Steiners, der in dem Vortrag vom 14. November 1923 in Den Haag (GA 231) enthalten ist, folgt, daß wir uns diese hohe (Buddhi-)Sphäre nicht als «räumlich» weit von der Erde entfernt vorstellen dürfen, sondern so, daß sie die Erdensphäre, die Erdenumgebung mit ihren übersinnlichen, physisch nicht wahrnehmbaren Kräften vollständig durchdringt.

Wollen wir nun unsere Betrachtung der Meditation noch weiter vertiefen, so kann uns die folgende Zeile des 2. Teiles helfen, die wir deshalb zu den oben genannten Worten hinzufügen:

> «Denn es waltet der Christus-Wille im Umkreis
> *In den Weltenrhythmen Seelen-begnadend.*»

Hier wird uns eine genaue okkulte Charakteristik gegeben, wie der Christus aus der hohen Sphäre der Bodhisattvas wirkt, wie er die Seelen der Menschen von dort her durch das Kollegium der Zwölf in den «Weltenrhythmen begnadet».

Mehrfach spricht Rudolf Steiner davon, daß die Mission der einzelnen Bodhisattvas darin besteht, daß sie abwechselnd ganze Epochen der Weltentwicklung leiten, in deren Verlauf diese erhabenen Wesenheiten sich im tiefsten Sinne als die Erfüller des Christus-Willens in der Erden-Sphäre erweisen, wobei dieser Prozeß für sie selbst zugleich Vorbereitung auf die Buddha-Würde bedeutet. Im ganzen aber umfaßt die Mission aller zwölf Bodhisattvas die gesamte Evolution unserer Erde.[16] Deshalb läßt sich das Wesen ihrer Tätigkeit am besten so beschreiben, daß man sagt: es hat dieses Tun seinen Ursprung in den reinen kosmischen Gesetzmäßigkeiten, die unsere Evolution bestimmen, d. h. «in den Weltenrhythmen». Andererseits wird mit dem Wort «Seelen-begnadend» das Wirken des Heiligen Geistes charakterisiert, der durch die kosmische Loge der Zwölf aus jener hohen Sphäre herabkommt und segensreich die Seelen der Menschen auf der Erde überleuchtet.

Wenn wir uns nun abermals dem 4. Teil der Meditation zuwenden und uns ins Gedächtnis rufen, daß in ihm von der unmittelbaren Hinwendung zu dem Christus *in unserer Zeit* die Rede ist, das aber bedeutet, zu dem ätherischen Christus, dann entsteht durch diese Zusammenschau des 2. und 4. Teiles ein wahrhaft umfassendes Bild des Wirkens der Christus-Wesenheit. Denn der Christus durchdringt alle geistigen Sphären von der

Welt der Vorsehung oder dem Buddhi-Plan (2. Teil) bis zu der uns am nächsten liegenden übersinnlichen Sphäre, durch welche er im 20. Jahrhundert in seinem umgewandelten Ätherleibe (4. Teil), der dem Wesen nach dem menschlichen Lebensgeist oder Buddhi verwandt ist, hindurchgeht.[17]

Dieses erhabene geistige Panorama, das sich aus der Zusammenschau des 2. und 4. Teiles ergibt, kann noch durch Angaben Rudolf Steiners, welche er in dem Vortragszyklus «Makrokosmos und Mikrokosmos» (GA 119) machte, vertieft werden. Dort wird eingehend davon gesprochen, wie die einzelnen makrokosmischen Sphären in die verschiedenen Organe des Menschen hineinwirken. So konnten unsere Sinnesorgane während der Erdenentwicklung nur dadurch entstehen, daß der geistige Strom aus der übersinnlichen, elementarischen Welt (der astralischen Welt), der uns unaufhörlich durchströmt, durch unsere geist-leibliche Organisation aufgehalten wurde; auf die gleiche Weise wurde durch das Aufhalten des Stromes aus der geistigen Welt (dem niederen Devachan) unser Nervensystem geschaffen; und unser menschliches Gehirn, der Träger unserer Gedanken und des Ich-Bewußtseins, wurde entsprechend durch das Aufhalten des Stromes aus der Vernunftwelt oder dem höheren Devachan gebildet.

Im gegenwärtigen Entwicklungszyklus braucht der Mensch jedoch nicht auf der Stufe des gewöhnlichen Gegenstandsbewußtseins, das an die Gehirntätigkeit gebunden ist, stehenzubleiben. Er kann den Weg der Geistesschülerschaft betreten und höhere Bewußtseinsorgane als das menschliche Gehirn in sich entwickeln. Er kann sich vom alltäglichen wachen Ich-Bewußtsein zum imaginativen Bewußtsein erheben. Für die Bildung der dazu notwendigen übersinnlichen Wahrnehmungsorgane hat er dann mit Hilfe der entsprechenden okkulten Übungen den Strom, der ihn aus einer noch höheren als der Vernunftwelt durchdringt, in sich aufzuhalten. Denn das, was auf den unteren Stufen die Natur für ihn getan hat, das muß der Mensch in bezug auf diese höchste Stufe selbst vollbringen. Die höchste Welt nennt Rudolf Steiner in diesem Zyklus die Welt der Urbilder (und das ist die Welt der Vorsehung oder der Buddhi-Plan). In ihr werden die Urbilder der Weltentwicklung bewahrt und nur aus ihr können die Kräfte erfließen, die geeignet sind, die imaginativen Erkenntnisorgane des Geistesschülers zu bilden. Im 6. Vortrag des genannten Zyklus äußert sich Rudolf Steiner folgendermaßen über diese Welt: «So daß wir in dem Augenblick, wo wir hindeuten können darauf, daß es in der Welt hellsichtiges Bewußtsein gibt, sagen müssen: Also muß es auch eine Welt geben, aus welcher die Kräfte fließen für das Hellseherorgan – und diese Welt nennt man in der Geisteswissenschaft die Urbilderwelt.

Das, was uns als *Imagination* vor Augen treten kann, ist ... ein Abbild der Urbilderwelt.»[18] Am Ende des 7. Vortrags wird hinzugefügt: «Zu zeigen werden wir haben, was der Mensch für Organe braucht, um in die *imaginative* Welt hineinzuschauen; zu zeigen werden wir haben, wie aus der Welt der ewigen Urbilder der Dinge diejenigen Kräfte herauskommen, die die Organe für die imaginative Welt formen, ebenso wie aus der Vernunftwelt die Kräfte kommen, die den Menschen ... zu einem geistig urteilenden Wesen machen.» Rudolf Steiner beschreibt dann im 8. Vortrag, wie der Geistesschüler auf dem Weg der modernen christlich-rosenkreuzerischen Einweihung «etwas tun muß, um eine höhere Welt aufzuhalten, um aus einer höheren Welt herein Kräfte zu bekommen, die sonst einfach durch ihn durchgehen. Denn die Kräfte der Urbilderwelt gehen einfach durch ihn durch. Er muß nun selber einen Spiegelungsapparat [für sie] schaffen. In dem Sinn, wie das der heutige Mensch kann und soll, schafft zunächst einen solchen Spiegelungsapparat die geisteswissenschaftliche Methode, welche in der Bearbeitung der Seele behufs der Erkenntnis der höheren Welten ausgeht von der sogenannten imaginativen Erkenntnis.»

Wenn wir uns nun erinnern, daß mit dem neuen Erscheinen des Christus im Ätherischen, von dem uns im 4. Teil der Meditation gesprochen wird *(IV,14–24)*, auch die ersten Keime der neuen hellseherischen Fähigkeiten der Menschen, die nach den Worten Rudolf Steiners *imaginative Fähigkeiten* sind, *auf natürliche Weise* beginnen werden aufzugehen, dann enthüllt uns die Meditation das Geheimnis ihres Entstehens. Denn der Christus, der den gesamten Kosmos von der Welt der Vorsehung bis zu der an die Erde grenzenden ätherischen Sphäre[19] umfaßt, erringt heute durch sein ätherisches Golgatha und seine ätherische Auferstehung die Kräfte der neuen imaginativen Hellsichtigkeit für die Menschheit. Er schenkt heute der ganzen Menschheit die Möglichkeit, gleichsam auf natürliche Weise in sich den durch sie hindurchgehenden übersinnlichen Strom aus der Buddhi-Welt, aus der Urbilder-Welt[20] aufzuhalten, damit jeder Mensch mit der Zeit seine geistigen Organe natürlich entwickeln könne, um sich zur Wahrnehmung der imaginativen Welt zu erheben.[21] Und das ist die große Tat, die der ätherische Christus im 20. Jahrhundert aus den Kräften vollbringt, die ihm eignen, da er dem Wesen nach auch der Buddhi-Sphäre angehört, was sich uns bei der Zusammenschau dieser zwei Teile (des 2. und 4. Teiles) der Grundstein-Meditation zeigt.

Dieser neue Impuls wird von unserer Zeit an immer stärker in der Menschheit wirken, bis hin zu jener weit entfernten Epoche, wo der neue Bodhisattva, um seine Mission zu beenden, den ihm in der Welt der

Vorsehung auferlegten Teil des Christus-Willens zu erfüllen, in 2500 Jahren kommen und der Menschheit die höchste Christus-Erkenntnis in der Sprache der Imagination verkünden wird.[21a]

So sollen bis zu dieser fernen Epoche die Worte der grundlegenden anthroposophischen Meditation, die durch die Weihnachtstagung in die Welt gekommen ist, in der Menschheit wirken, damit die Menschen, die mit ihr arbeiten, allmählich zu bewußten Helfern in diesem mächtigen, vom Christus-Willen getragenen Weltentwicklungsstrom werden können.

Deshalb endet die Grundstein-Meditation mit den Worten, die sich unmittelbar an den Christus wenden:

«Göttliches Licht,
Christus-Sonne ...»,

und wenn wir sie aussprechen, so müssen wir uns bewußt machen, daß sie nur aus der Tiefe der Seele zu dem Christus gesprochen werden können, die den dodekaedrischen Grundstein der Weihnachtstagung in den Boden ihres Herzens gelegt hat, den Grundstein, der, da er gleichzeitig auch ein Liebesstein ist, der Verwirklichung der Worte:

«Und du wirst wahrhaft *fühlen*
Im Menschen-Seelen-Wirken ...»

als Grundlage dient. Das aber bedeutet das unmittelbare Erleben der Christus-Wesenheit, die seit dem Mysterium von Golgatha im Innersten der Seelentätigkeit jedes Menschen anwesend ist.

Aus dieser neuen Beziehung zu dem Christus, die wir durch die Grundstein-Meditation gewonnen haben, wenden wir uns ihm nun zu und erbitten uns seinen Segen für das, was wir im Dienst der Weltentwicklung aus unseren Herzen, unseren Köpfen vollbringen wollen, wir erbitten uns den Segen des Christus: «Daß gut werde, was wir ... *zielvoll* führen wollen.»

Und diese Ziele, mit denen wir unser Tun bewußt durchdringen wollen, das sind die Ziele der geistigen Welt, die Ziele des Christus selbst. Von ihnen spricht uns die gesamte Anthroposophie; sie sind als ihre Quintessenz in der Grundstein-Meditation enthalten, und wir sollen ihnen heute jenes Gelöbnis der Treue und des Opferdienstes entgegenbringen, das allein uns das Recht gibt zu sagen: «Göttliches Licht / Christus-Sonne / Erwärme / Unsere Herzen / Erleuchte unsere Häupter ...»

Wenn wir uns nun bewußt machen, daß die Worte «Göttliches Licht» sich auf die nathanische Seele beziehen, dann erkennen wir, daß die vier Teile der Meditation eine viermalige Offenbarung des Christus durch vier verschiedene geistige Wesenheiten für die Menschenseele sind.

1. Teil	*2. Teil*	*3. Teil*
durch	durch	durch
das Rosenkreuzertum	das Kollegium der Bodhisattvas	den Geist unserer Zeit, Michael
	4. Teil	
	durch	
	die nathanische Seele	

So sind alle geistigen Mächte und Strömungen, von denen wir im ersten Teil des Buches erkannten, daß sie an der Entwicklung der Anthroposophie in der Welt teilhatten, auch in der Grundstein-Meditation gegenwärtig.

Zum Abschluß der Zusammenschau des 2. und 4. Teiles – des 2. Gliedes – ist noch zu beachten, daß der 2. Teil, da er mit dem rhythmischen System des Menschen zusammenhängt, dem Ausdruck des seelischen Lebens, im dreigliedrigen sozialen Organismus dem auf der Gleichheit beruhenden Rechtsleben entspricht. In esoterischer Hinsicht jedoch besteht das Problem der Gleichheit der Menschen vor dem Christus-Willen, der im Umkreis waltet, nur im 2. Teil der Meditation. Die Lösung erfährt das Problem dann im 4. Teil dadurch, daß der Christus nach seiner Auferstehung im Ätherischen zum Herrn des Karma wird. Mit den Worten Rudolf Steiners: «Darauf haben wir hingedeutet, daß der Christus erscheint auf der Erde in seinem Richteramt, gleichsam gegenüber dem leidenden Christus von Golgatha als der triumphierende Christus, als der Herr des Karma, der schon vorausgeahnt worden ist von denjenigen, die den Christus des jüngsten Gerichts gemalt haben ... In Wahrheit ist das etwas, was in dem 20. Jahrhundert beginnt und durchgeht bis zu dem Erdenende. Das Gericht beginnt von unserem 20. Jahrhundert ab, das heißt *die Ordnung des Karma*»[22]. Und dazu sollte uns die gemeinsame Arbeit an der Grundstein-Meditation ganz besonders anregen. Denn nur derjenige, der den Willen hat, selbstlos und hingebungsvoll sich darum zu bemühen, daß das Karma der Anthroposophischen Gesellschaft geordnet werden kann, und der bereit ist, die *Gleichheit* aller Anthroposophen vor der neuen Offenbarung des Christus, des Herrn des Karma[23], im 20. Jahrhundert zu leben, nur dem eröffnet sich in Wahrheit die Möglichkeit, sich mit den abschließenden Worten des 4. Teiles der Meditation an den Christus zu wenden.

In dem 3. Glied der Meditation (dem 3. Teil) offenbart sich uns der Christus aus der Sphäre des Heiligen Geistes, die zugleich die Sphäre der Ewigkeit ist und alle Früchte der Weltenzukunft enthält. Hier erscheint der Christus heute durch seinen Sonnen-Diener Michael, den führenden Geist unserer Zeit. Zum unmittelbaren «Geist-Erschauen», zum Erschauen des Michael-Geistes, wie er heute in den unteren Gebieten der astralischen Welt mit dem ahrimanischen Drachen kämpft, aber auch zu unserer bewußten Teilnahme an diesem Kampfe im Namen der «ew'gen Götterziele» führt uns die Arbeit an diesem Abschnitt der Grundstein-Meditation. Deshalb enthält er die tiefsten Geheimnisse der Michael-Sphäre, zu denen vorzudringen die wichtigste Aufgabe des anthroposophischen Geistesschülers ist.

Das ruhende Haupt, von dem am Anfang dieses Teiles gesprochen wird, ist, nach den Worten Rudolf Steiners, durch den Bau des menschlichen Gehirns ein Abbild der unser Planetensystem umgebenden Fixsternwelt, die als Ganzes eine erhabene Imagination der Ewigkeit ist. Wenn der Schüler durch die Übung zum geistigen Grund des Hauptes vordringt, dann zeigt sich ihm dieses als der Träger der «Weltgedanken», die zugleich die kosmischen Gedanken Michaels sind.

Denn seit 1879 können wir erwürdigt werden, «in Gedanken-Ruhe» beim Aufsteigen zum «reinen Denken» im Geiste der «Philosophie der Freiheit», wo das gewöhnliche irdische Denken in der Meditation in völlige Ruhe getaucht ist, den sich in die Menschheit ergießenden Strom der neuen Offenbarungen des Michael-Christus zu schauen:

«Wo die ew'gen Götterziele
Welten-Wesens-Licht
Dem eignen Ich
Zu freiem Wollen
Schenken.»

Das ist das wahre Wesen dieser Offenbarung. Denn es erscheinen «die ew'gen Götterziele», im «Welten-Wesens-Licht» in der gegenwärtigen Michael-Epoche zum ersten Mal während der ganzen Menschheitsentwicklung dem Menschen, der sein Denken vergeistigt und sich dadurch bewußt in das Gebiet der Weltenfreiheit erheben kann.

Bedeutende Geheimnisse der Michael-Sphäre stehen hinter diesen zwei Zeilen. Und um zu ihnen vorzudringen, wollen wir jede Zeile gesondert betrachten.

Worauf weist die erste, wo von den «ew'gen Götterzielen» gesprochen wird? Was ist hier unter «ew'gen Götterzielen» zu verstehen? In dem

Wiener Vortrag vom 10. April 1914 charakterisiert Rudolf Steiner sie auf die folgende Weise: «Den Göttern schwebte als das *Ziel ihrer Schöpfung* das Menschenideal vor, und zwar jenes Menschenideal, welches wirklich sich nicht so auslebt, wie jetzt der physische Mensch ist, sondern so, wie höchstes menschliches Seelengeistesleben in den vollkommen ausgebildeten Anlagen dieses physischen Menschen sich ausleben könnte. So schwebt als Ziel, als höchstes Ideal, als die Götterreligion den Göttern ein Bild der Menschheit vor. Und wie am fernen Ufer des Götterseins schwebt für die Götter der Tempel, der als höchste künstlerische Götterleistung das Abbild des göttlichen Seins im Menschenbilde hinstellt.»[24]

So schaut der Mensch die «ew'gen Götterziele» von Ewigkeit her in der Zeit zwischen dem Tod und einer neuen Geburt, um durch dieses Schauen in der geistigen Welt die Impulse für das rechte Ausgestalten seines Erdenlebens zu empfangen: «Je mehr wir in die zweite Hälfte der Zeit zwischen dem Tod und einer neuen Geburt hineinleben, desto deutlicher steht vor uns, so daß wir es nicht übersehen können, so daß es immer vor unserem geistigen Blicke ist, das hehrste Menschenideal, das Götterziel der Welten!... Drüben [im Geisterland] ist es unmöglich, daß der Mensch nicht das Götterziel schaut; denn das stellt sich ihm mit Sicherheit vor Augen.» Und dieses Welten-Götterziel, dieses höchste Menschenideal ist im Sinne von Rudolf Steiners Mitteilungen nichts anderes als das Bild des Menschen, der seine höheren, geistigen Glieder: das Geistselbst, den Lebensgeist und den Geistesmenschen entwickelt, der die Weltentwicklung vollendet hat und der sich als zehnte Hierarchie zusammen mit den übrigen neun Hierarchien in das majestätische Erklingen des Weltenwortes im Kosmos eingliedert.

Wenn in den vergangenen Epochen jedoch nur der Mysterienschüler – und nur durch ein herabgedämpftes Tagesbewußtsein – oder die Seele auf ihrer nachtodlichen Wanderung durch die geistige Welt dieses ideale Menschenbild als «Götterziele» schauen konnte, so ist nun der Anfang damit gemacht worden, daß es sich heute, in der neuen Michael-Epoche, dem freien Willen *(III,10)* jedes Menschen im hellen Licht seines wachen Ich-Bewußtseins *(III,9)* zeigen kann.[25] In dem Sinne sind diese «Götterziele» nichts anderes als das erste Erwachen der höheren Glieder, vor allem des Geistselbst als des nächsten geistigen Gliedes des Menschen, der die Freiheit in der Bewußtseinsseele errungen hat.

Diese ersten Strahlen aber des in der Bewußtseinsseele aufgehenden Geistselbst oder höheren Ich sind der Anfang dessen, was bei voller Entwicklung das auf der Erde verwirklichte Götterziel sein wird, wo «in den vollkommen ausgebildeten Anlagen des physischen Leibes des Menschen sich höchstes menschliches Seelengeistesleben ausleben kann», zunächst das Leben des Manas oder Geistselbst und später der höheren Wesensglieder. Und die ersten Anzeichen dieser heute gerade erst beginnenden neuen Entwicklung, die ersten Vorboten der Tatsache, daß die Menschen heute die ersten Strahlen der sie durchströmenden, leuchtenden «ew'gen Götterziele» in ihr Bewußtsein, in ihren freien Willen aufnehmen können, diese ersten Vorboten sind die Impulse der *moralischen Phantasie* im Sinne der «Philosophie der Freiheit». Diese Impulse, die aus individueller Freiheit entstehen, sind das Ergebnis der Tatsache, daß der Mensch heute

«die ew'gen Götterziele»,
das «Welten-Wesens-Licht»

durch die neue Michael-Offenbarung in sein Bewußtsein aufnehmen kann.

Nachdem wir so die erste der zwei Zeilen betrachtet haben, können wir uns der zweiten zuwenden und fragen: Was bedeutet das Wort «Welten-Wesens-Licht»? In dem bereits zitierten Vortrag vom 13. Januar 1924 in Dornach werden einige geisteswissenschaftliche Tatsachen angeführt, mit deren Hilfe diese Frage folgendermaßen beantwortet werden kann: das «Welten-Wesens-Licht», von dem im 3. Teil der Meditation gesprochen wird, es ist das Astrallicht, das die ganze Weltenschöpfung durchströmt und das die kosmische Weisheit der Götter und damit auch die «ew'gen Götterziele» substanziell enthält. Es ist der große Mittler zwischen der Sphäre der Götter und dem Bewußtsein der Menschen.

Aber auch das Verhältnis zu diesem Astrallichte hat sich heute, in der neuen Michael-Epoche, für den Menschen verändert. Denn von unserer Zeit an sollte der Mensch lernen, bewußt im Astrallicht zu lesen und aus freiem Willen im Sinne der «Götterziele» zu handeln. Dann wird Michael vor den Menschen hintreten und seine Taten in den Kosmos tragen, sie der hierarchischen Struktur der Welt eingliedern. Diesen Prozeß beschreibt Rudolf Steiner mit folgenden Worten: «Man hat anderen Wesenheiten aus der Hierarchie der Archangeloi gegenüber das Gefühl: von ihnen kommen die Impulse, das oder jenes zu tun; im größeren oder geringeren Grade kommen von ihnen die Impulse. Aber Michael ist derjenige Geist, von dem zunächst nicht Impulse kommen, weil seine wirklich repräsentative Herrschaftsperiode diejenige ist, die jetzt kommt, wo die Dinge aus der menschlichen Freiheit kommen. Wenn aber der Mensch aus seiner Freiheit heraus, angeregt durch das Lesen des Astrallichtes, bewußt oder unbewußt, dies oder jenes tut, so trägt Michael das, was menschliche Erdentat ist, in den Kosmos hinaus, daß es kosmische Tat wird. Er kümmert sich um die Folgen, andere Geister mehr um die Ursachen.»[26]

Das Wahrnehmen der «ew'gen Götterziele», die heute in den Strömen des Astrallichtes «dem eignen Ich / Zu freiem Wollen» aus der geistigen Welt geschenkt werden, ist diejenige Tätigkeit, die Michael in unserer Epoche von der Menschheit erwartet: «Denn das ist dasjenige, was man immer mehr und mehr erstreben lernt: gewissermaßen zu *sinnen,* um durchzustoßen bis zum astralischen Lichte, zu schauen die Geheimnisse des Daseins und dann vor Michael hinzutreten und den zustimmenden Blick zu bekommen, der einem sagt: Das ist richtig, das ist gerecht vor der Lenkung des Kosmos.»

Und das ist die Verwirklichung der Worte:

«Und du wirst wahrhaft *denken*
In Menschen-Geistes-Gründen.»

Nicht auszuschöpfende Perspektiven zeigen uns diese wenigen Worte der Grundstein-Meditation. Und doch führen uns die folgenden Zeilen noch weiter, so daß wir uns allmählich dem Zentrum des wichtigsten kosmisch-irdischen Michael-Mysteriums nähern können, das Rudolf Steiner in zahlreichen Vorträgen und Schriften in der letzten Epoche seines Wirkens nach der Weihnachtstagung dargestellt hat. Das Wesen dieses Mysteriums ist nach Rudolf Steiners Angaben das folgende. In der aufsteigenden Reihe der göttlich-geistigen Hierarchien, die unmittelbar an der Führung der Erdenmenschheit beteiligt waren, nahm Michael seit den ältesten Zeiten als der hervorragendste Sonnen-Erzengel dadurch eine besondere Stellung ein, daß ihm die Leitung der kosmischen Intelligenz, der Gesamtheit der kosmischen Gedanken der Hierarchien, insoweit sie mit dem Werden und der Entwicklung der Menschheit zusammenhängen, übertragen wurde. Michael war seit den ältesten Zeiten sozusagen der Mittler zwischen den höchsten geistigen Hierarchien und der sich entwickelnden Menschheit, indem er der «Götter Weltgedanken» *(III,14)* in die Häupter der Menschen hinabsandte. Aber seine Stellung im Kosmos änderte sich von Grund auf durch die Folgen des Mysteriums von Golgatha. Denn nachdem die Christus-Wesenheit die Sonne verlassen hatte, um sich mit der Erdensphäre zu verbinden, mußte auch die kosmische Intelligenz, in anderen Worten «der Götter Weltgedanken», deren Regent im Kosmos Michael war, der Christus-Wesenheit auf demselben Wege folgen. So sehen wir, wie die kosmische Intelligenz von diesem Augenblick an stufenweise zur Erde herabsteigt und schließlich in die Häupter der Menschen gesenkt wird. Denn die Menschen sollten sich die Fähigkeit erwerben, selbständig Gedanken zu entwickeln. Dieser Prozeß, der nach dem Mysterium von Golgatha begann, erstreckte sich bis zum 9. Jahrhundert, wo die ersten selbständigen Denker auf der Erde auftraten. Seit dieser Zeit befand sich auch die michaelische Intelligenz auf der Erde und konnte hier durch die individuelle Arbeit einzelner Persönlichkeiten – die in der Tätigkeit von Thomas von Aquino und Albertus Magnus ihren Höhepunkt erreichte – vorbereitet werden, mit dem Beginn der Bewußtseinsseelen-Epoche die Grundlage dafür zu bilden, daß nun jeder Mensch sich seine individuelle Freiheit erwerben kann.

Da aber die kosmische Intelligenz in den Köpfen der einzelnen Menschen mit dem irdischen Geschehen in Berührung kam, so war mit ihrem Abfallen von Michael und dem Abstieg in die Erdensphäre auch eine große Gefahr verbunden. Denn die ahrimanischen Mächte, deren Einfluß in dem Maße wuchs, wie sich die Menschheit der Epoche der Bewußtseinsseele näherte, drohten, sich diese Intelligenz anzueignen. «Michael ist die kosmische Intelligenz entfallen, sie ist hier auf der Erde; wollen wir den Michael nicht wieder zur Herrschaft über die Intelligenz kommen lassen!»[27] – so wurde die allgemeine kosmische Situation von der unterirdischen ahrimanischen Sphäre aus angesehen. Deshalb führten die ahrimanischen Mächte diesen Kampf zur Verwirklichung ihrer Absichten seit dem 13. Jahrhundert, der Zeit des Nominalismus, mit zunehmender Heftigkeit. Ganz besonders intensiv aber wurde er vor Beginn der Michael-Epoche, während des 19. Jahrhunderts, und er erreichte in unserer Zeit seinen Höhepunkt.

So gesehen steht die übersinnliche Tatsache, der Kampf um die kosmische Intelligenz auf der Erde, im Mittelpunkt der geschichtlichen Ereignisse der Gegenwart. Diese Situation bedingt auch die Aufgabe der Anthroposophie in der Gegenwart. Sie ist aufgerufen, die kosmische Intelligenz, die immer stärker in das Materiell-Ahrimanische versinkt und zur menschlichen Intelligenz wird, durch Spiritualisierung Michael wieder zurückzugeben. Denn als übersinnliche Wesenheit kann Michael nicht unmittelbar in die Erdensphäre eintreten, sondern er muß während seiner gegenwärtigen Herrschaftsepoche warten, bis die Menschen in Freiheit ihre Intelligenz selbst vergeistigen und sie dadurch dorthin tragen, wo er abermals ihre Leitung übernehmen kann. Dann wird er die Menschheit auf die rechte Weise zur Verwirklichung der «ew'gen Götterziele», der großen Ziele der göttlich-geistigen Hierarchien führen. Das ist die kosmische Aufgabe der anthroposophischen Bewegung in der Gegenwart. Sie wurde in die folgenden Worte der Grundstein-Meditation geprägt:

«Und du wirst wahrhaft *denken*
In Menschen-Geistes-Gründen.»

Dieses wahrhafte Denken in Menschen-Geistes-Gründen aber ist wesenhafte Spiritualisierung der menschlichen Intelligenz, so daß sie mit der Michael-Sphäre wieder verbunden werden kann.

Nachdem wir auf diese Weise das Michael-Mysterium anfänglich betrachtet haben, können wir zu den Zeilen des 3. Teiles der Grundstein-Meditation übergehen, die das Zentrale dieses Mysteriums aussprechen:

«Denn es walten des Geistes Weltgedanken
Im Weltenwesen Licht-erflehend.»

Hier entfaltet sich das eigentliche Wesen des Michael-Mysteriums wie eine erhabene kosmische Imagination vor uns. «Des Geistes Weltgedanken», die einstmals unter Michaels Führung in der hohen Sonnensphäre walteten, sie sind jetzt im Weltenwesen versunken. Das ist an erster Stelle das menschliche Haupt *(III,2)*, welches gleichsam die Quintessenz aller vorangehenden Welten von Saturn, Sonne, Mond enthält. In ihm aber «flehen» die «Weltgedanken» der Götter, von ihren Quellen abgeschnitten, durch den materialistischen Charakter der modernen Zivilisation immer stärker in den ahrimanischen Abgrund gedrängt, um «Licht»[28], um die Wiedervereinigung mit der kosmischen Lichtsphäre, mit der Sonnensphäre Michaels. Das aber kann nur durch Menschen herbeigeführt werden, die in Freiheit an der Vergeistigung ihrer Gedankenwelt arbeiten.

An dieser großen Aufgabe der Gegenwartsmenschheit sind auch die Geister der dritten Hierarchie, die Seelen-Geister, beteiligt:

«Archai, Archangeloi, Angeloi,
O lasset aus den Tiefen erbitten,
Was in den Höhen erhöret wird.»

Die Geister dieser Hierarchie sollen die Vermittler in dem Vergeistigungsprozeß sein, damit die aus «den Tiefen erbetenen», aus den Geistes-Gründen der Menschenhäupter aufsteigenden «Welt-Gedanken» der Götter wieder in den Höhen aufgenommen werden, in der richtigen Weise in die Geistessphäre, die Sonnensphäre Michaels eingehen können. Wo das geschieht, kann die Menschenseele gleichsam auf den Flügeln der vergeistigten Gedanken in diese hohe Sphäre eintreten, in ihr ein neues, kosmisches Bewußtsein annehmen; und dieses spricht: «In des Geistes Weltgedanken erwachet die Seele» (per spiritum sanctum reviviscimus).[29]

So wie die vorangehenden zwei Glieder der Meditation steht auch das zuletzt betrachtete 3. Glied (der 3. Teil) in einer besonderen Beziehung zu dem dreigliedrigen sozialen Organismus, und zwar entspricht ihm das auf der Brüderlichkeit beruhende wirtschaftliche Gebiet. Das aber ist jener Bereich menschlicher Tätigkeit, wo die ahrimanischen Mächte infolge der Wirtschaftstheorien des 19. Jahrhunderts und ihrer sozialen Auswirkungen heute besonders stark eingreifen können. Gerade in diese am stärksten ahrimanisierte Sphäre soll aber der michaelisch-christliche Impuls heute eindringen, bis hin zu ihren letzten Verzweigungen, wie z. B. dem Bankwesen.

Auch in rein geistigem Sinne kann die Arbeit an diesem Teil der Grundstein-Meditation die *brüderliche* Vereinigung der geistig strebenden Menschen in der Anthroposophischen Gesellschaft fördern, auch wenn die Mitglieder einst den verschiedensten, mitunter sogar sich gegenseitig bekämpfenden Mysterienströmungen angehörten. Denn die wahre Erkenntnis des Michael-Mysteriums, von dem in diesem Teil gesprochen wird, kann zur Überwindung nicht ausgelebter, entstellender Vergangenheitsimpulse führen. Das sichere Wissen um die gemeinsame Heimat *aller* Anthroposophen, um ihrer aller Zugehörigkeit zu der einen übersinnlichen Sphäre Michaels, zu seiner übersinnlichen Schule, deren irdisches Abbild die erste Klasse der Freien Hochschule für Geisteswissenschaft ist, sowie das Bewußtsein, gemeinsam an dem großen imaginativen Kultus am Übergang vom 18. zum 19. Jahrhundert teilgenommen zu haben: – das alles kann zur Grundlage der Brüderlichkeit aller wahren Anthroposophen auf der Erde werden und das Gefühl in ihnen wecken: «Ja, wir kennen uns, wir waren in geistigen Welten zusammen und haben in einem übersinnlichen Kultus mächtige kosmische Imaginationen zusammen gehabt!»[30] Diese Imaginationen wurden seitdem als Anthroposophie auf der Erde verkörpert. Und so wie wir damals in einem gemeinsamen brüderlichen Bund an ihrer Vorbereitung in der übersinnlichen Welt teilnahmen, so obliegt es uns heute, dieses übersinnliche Tun in dem brüderlichen Bund aller Anthroposophen auf der Erde fortzusetzen, gemeinsam an der Verwirklichung der uns gesetzten großen anthroposophischen Ziele zu arbeiten.

Zum Abschluß dieser Beschreibung der drei Glieder der Grundstein-Meditation ist noch auf den dreifachen Anruf der Elementargeister hinzuweisen. Hier kommt zum Ausdruck, daß diese Rufe bereits von den Elementargeistern des Ostens, Westens, Nordens, Südens gehört wurden. Nun jedoch sollen die Menschen sie hören:[31]

«Menschen mögen es hören!»

Nachdem wir diesen dreifachen Anruf des Christus an die suchende Menschenseele in der grundlegenden anthroposophischen Meditation – seinem vollständigsten Ausdruck heute – eingehender betrachtet haben, wollen wir noch einen weiteren Aspekt berühren, denn wir sollten nicht müde werden, diese Meditation von immer neuen Seiten zu betrachten. Dieser Aspekt kann uns helfen, sie nach der Beschäftigung mit ihren vier Hauptabschnitten als Ganzes, als einen einheitlichen lebendigen Organismus zu erleben. Dafür wollen wir uns in Erinnerung rufen, daß der Christus nicht nur als das wahre Ich jedes einzelnen Menschen auf die Erde herabstieg, sondern auch als das Ich der gesamten Menschheit: «Wie in jedem einzelnen Menschen das höhere Ich geboren wird, so wird in Palästina das höhere Ich der ganzen Menschheit, das göttliche Ich geboren.»[32]

Damit ist die Epoche der Bluts- und Volksverwandtschaft, der Sonderungen auf Grund der Abstammung beendet, denn der Christus wendet sich allein an das innerste Wesen des Menschen, an seinen ewigen und unsterblichen Kern, der unsichtbar jeden einzelnen Menschen mit der ganzen Menschheit verbindet. An die Zukunftsgemeinschaft, welche den Jupiterzustand vorwegnimmt, wo «kein Mensch glücklich sein kann, wenn neben ihm ein anderer unglücklich ist», wendet sich der Christus. Diese Begründung der neuen Gemeinschaft, der «neuen Erde» ist die Hauptaufgabe der Menschheit, die den Christus als ihr höheres Ich in sich aufgenommen und sich zu einem einheitlichen, lebendigen Organismus umgewandelt hat, der von dem Christus durchdrungen und beseelt wird.

Von dieser geisteswissenschaftlichen Realität, der Verwandlung der ganzen Menschheit durch die Christus-Kraft in eine einheitliche kosmische Wesenheit, die zugleich die Verwirklichung der intimsten Ahnungen des russischen Philosophen Wladimir Solowjow vom Gottmenschentum darstellt, sprach Rudolf Steiner besonders eindringlich in den Vorträgen vom 8. und 30. Mai 1914. Dort beschreibt er, wie der Christus allmählich seine Hüllen in der Gegenwartsmenschheit bildet: seinen physischen Leib aus allen Impulsen des menschlichen Gewissens; seinen Ätherleib aus den Gefühlen des Mitleids und der Liebe, die unter den Menschen leben; seinen Astralleib aus den Gefühlen der Verwunderung und des Staunens und aus dem wahren Glauben (der im Sinne des Apostels Paulus gleich der völligen Gewißheit der Erkenntnis ist), denn «Glaube, Verwunderung und Erstaunen sind die drei Seelenkräfte, welche uns über die gewöhnliche Welt hinausführen».[33]

So stellt Rudolf Steiner, indem er dieses Mysterium vom Eindringen des Christus-Impulses in die Menschheit enthüllt, die erhabenste Perspektive der zukünftigen Erde und Menschheit vor uns hin und gibt uns zugleich die Möglichkeit, *bewußt* und frei an dieser Entwicklung mitzuarbeiten. Denn die Anthroposophie ist nicht nur eine Weltanschauung, die zugleich auch eine Geistanschauung sein möchte, sondern sie ist eine reale *geistige Kraft*, die unser Gewissen weckt, unsere Liebe vertieft und vergeistigt, unser Staunen vor der göttlichen Weltenweisheit und unseren Glauben an sie stärkt. Deshalb haben wir in der Anthroposophie die ersten Strahlen dieser weitentfernten Zukunft vor uns, und es ist uns mit der Grundstein-Meditation die Möglichkeit gegeben worden, an ihrer Verwirklichung zu arbeiten. Die stärksten Impulse aber zu dieser Arbeit sollten wir in den einzelnen Teilen dieser Meditation suchen. So können wir unter diesem Aspekt die *Gewissensbildung* mit dem 1. Abschnitt der Meditation in Beziehung setzen, wo von dem physischen Leibe und besonders von den Gliedern gesprochen wird. In verschiedenen Vorträgen weist Rudolf Steiner darauf hin, daß das Entstehen des Gewissens – etwa im 4. Jahrhundert vor Christi Geburt – mit der Konfiguration, welche der physische Leib in jener Zeit annahm, auf das engste zusammenhängt. In dem Artikel vom 22. März 1925 in der Zeitschrift «Das Goetheanum» äußerte Rudolf Steiner unter dem Titel «Gedächtnis und Gewissen» zu dieser Frage: «Gewissensbildung spielt sich als rein seelisch-geistiger Vorgang ab, aber in der *Stoffwechsel-Gliedmaßen-Organisation*».[34]

Ähnlich sind die Gefühle des *Mitleids* und der *Liebe* mit dem 2. Teil der Meditation in Verbindung zu bringen, denn dort wird von der Erkenntnis der Vielgestaltigkeit des seelischen Lebens gesprochen, von dem «Seelenwesen» *(II,4)* und «dem wahren Fühlen im Menschen-Seelen-Wirken» *(II,12–13)*. Die Seele aber ist – wie Rudolf Steiner in dem vorletzten Vortrag des Zyklus «Offenbarungen des Karma» (GA 120) sagte – ihrem Grundwesen nach Liebe.

Das Gefühl der *Verehrung* und des *Staunens* gegenüber der Erkenntnis, das aber bedeutet, gegenüber «des Geistes Weltgedanken» *(III,14)*, in denen die «ew'gen Götterziele» erscheinen, sowie der wahre «Glaube», der erwacht, wenn der Mensch an der Reinigung seines Astralleibes innerlich arbeitet[35] – all das weist uns deutlich auf den 3. Teil der Meditation hin.

So sehen wir, wie die drei ersten Teile der Grundstein-Meditation uns die Möglichkeit geben, auf rein innerliche Weise an der *Bildung der Hüllen der Christus-Wesenheit* in der Erdenmenschheit zu arbeiten. Ihr 1. Teil trägt zum Entstehen des physischen, der 2. des ätherischen, der 3. des astralischen Leibes bei. Wenn die Hüllen gebildet sind, dann tritt der

Christus als das höhere Ich der Menschheit in sie ein, und davon spricht uns der 4. und letzte Teil der Meditation: «In der Zeiten Wende...»

Damit ist die Arbeit an der Grundstein-Meditation ein *bewußtes* Bauen an jenem großen *unsterblichen Individuum,* das Goethe einstmals unbestimmt schaute, welches das Bild der *ganzen* Menschheit ist, die – von dem Christus-Impuls durchdrungen und beseelt – im Kosmos als ein einheitliches Wesen erscheint, dessen physischer Leib aus allen Taten des menschlichen Gewissens, dessen Ätherleib aus den Gefühlen von Mitleid und Liebe, dessen Astralleib aus Verehrung, Staunen und Glauben gebildet, dessen Ich jedoch der Christus selbst ist, der «Menschheitsrepräsentant», der doch zugleich im Allerheiligsten jeder einzelnen Menschenseele wirkt. Denn «der Christus-Impuls kann über die ganze Menschheit hin gleich sein und ist doch für jeden einzelnen eine persönliche Angelegenheit».[36]

Die Synthese des Allgemeinen und des Individuellen erfährt damit ihre vollständigste und höchste Verwirklichung. Hier kann die Seele im freien schöpferischen Tun dem Kosmos zurückgeben, was sie einst am Ursprung allen Seins von ihm empfangen hat. Dafür ist der Pfingsttag, an dem die Apostel in den verschiedensten Zungen sprachen und doch von allen Menschen verstanden wurden, ein großes prophetisches Bild.

Dieser Prozeß der Vergeistigung der Menschheit ist jedoch ein langer und schwieriger, denn der Christus-Impuls hat zunächst keine Hüllen in der Menschheit. «Er muß daher erst durch die weitere Entwicklung der Erde eine Hülle bekommen, und wenn die Erde an ihrem Ende angekommen sein wird, dann wird der vollentwickelte Christus der Endmensch sein, wie Adam der Anfangsmensch war, um den sich die Menschheit in ihrer Vielheit gruppiert hat.»[37] «So wird die zukünftige Menschheitsevolution sich vollziehen durch das Zusammenarbeiten der moralischen Impulse der Menschen mit dem Christus-Impulse. Wie eine ganz große organische Gliederung sehen wir perspektivisch vor uns die Menschheit. Indem die Menschen verstehen werden, ihre Handlungen diesem großen Organismus einzugliedern, ihre Impulse durch ihre eigenen Taten wie Hüllen darum zu formieren, so werden die Menschen durch die Erdenentwicklung die Grundlage bilden für eine große Gemeinschaft, die durch und durch von dem Christus-Impulse durchzogen, durchchristet sein kann.» Deshalb «... befeuernd zu guten Taten, sogar zu intensiv moralischen Impulsen, ist der Gedanke: Du baust auf an diesem unsterblichen Individuum, du machst dich zum Gliede dieses unsterblichen Individuums.» Denn «... was du tust, um aufzubauen dieses große unsterbliche Individuum in der vorhin angeführten Weise, das tust du zur Fortentwicklung, zum Fortleben des ganzen Weltenorganismus.»

So führt uns die Grundstein-Meditation zur Vereinigung mit der ganzen Menschheit, in den göttlich-geistigen Makrokosmos, wo allein die Menschheit Unsterblichkeit und wahres Sein erlangen kann. Das erhabene Bild der Menschheit als «Gottmenschheit», von dem Christus durchdrungen, unter seiner Führung sich dem Ziele – der zehnten Hierarchie – nähernd, stellt die Grundstein-Meditation vor uns hin, und sie zeigt uns auch den Weg in ihren vier Teilen auf.

Doch diese große kosmische Menschheitszukunft kann, wie wir gesehen haben, nur durch den Zusammenklang des freien Wollens der einzelnen Menschen Wirklichkeit werden: aus den Impulsen ihres Gewissens, ihres Mitleids und ihrer Liebe, ihres Staunens und Glaubens und allem voran durch den Willen jedes einzelnen Menschen, den Christus-Impuls in sein Herz aufzunehmen, dem Christus sein niederes Ich, sein Sondersein, im Sinne der Worte des Apostels Paulus: «Nicht ich, der Christus in mir», zu opfern. Wie wir am Beispiel von Rudolf Steiners Lebensweg – dem Urbild der neuen christlich-rosenkreuzerischen Einweihung – gesehen haben, steht diese Opfertat im Zentrum des modernen Einweihungsweges, wenn er in der richtigen Weise gegangen wird, und sie ist zugleich auch sein Ziel. Deshalb ist es ebenso berechtigt, in der Grundstein-Meditation auch den Weg des *individuellen* Menschen zu sehen, der dadurch, daß er den Christus-Impuls in Freiheit in sich aufnimmt, die Kraft empfängt, an seiner eigenen Weltenzukunft zu bauen. Und damit stellt die Grundstein-Meditation ein mit nichts zu vergleichendes Bild vor uns hin.[38]

Denn wenn wir beachten, daß jeder der drei ersten Teile aus zwei Abschnitten besteht (dem mikrokosmischen und dem makrokosmischen), und wenn wir zu diesen sechs Abschnitten den 4. Teil hinzufügen, dann haben wir im ganzen einen *siebenteiligen* Text vor uns. Dabei kann es nach allem bisher Gesagten nicht schwer sein zu erkennen, daß die ersten Abschnitte der Teile 1–3, wo vom Raum *(I,3)*, von der Zeit *(II,3)* und der Ewigkeit *(III,3)* gesprochen wird, sich entsprechend auf das Entstehen und Wesen des physischen, ätherischen und astralischen Leibes beziehen. Denn die wesentliche Eigenheit des menschlichen physischen Leibes ist seine räumliche Ausdehnung sowie seine vertikale Orientierung *(I,2)*, welche durch die Organisation seiner Glieder bedingt ist, die das Kind schon in frühester Kindheit handhaben lernt und die nur dem Menschenreich eigen ist. Der Ätherleib als der Träger des Gedächtnisses lebt dagegen vollständig im Zeitenstrom. Deshalb nennt Rudolf Steiner ihn auch gelegentlich den «Zeitleib».[39] Er bildet die Grundlage für alle rhythmischen Prozesse des menschlichen Organismus *(II,2)*. Der Astralleib schließlich, als Träger des Denkens mit dem Kopf-Nerven-System verbunden, gehört substanziell zu dem großen astralischen Gebiet des Kosmos, zu der Sphäre der Weltgedanken, die sich, nach Rudolf Steiners Angaben, bis zu den Fixsternen erstreckt, welche die große Imagination der Ewigkeit in unserer Welt darstellen, deren mikrokosmisches Abbild die innere Gestalt des menschlichen Hauptes ist *(III,2)*.[40]

So haben wir in den fünf Zeilen der drei ersten Teile der Meditation nach dem Anruf «Menschenseele» (in den Zeilen *2–6* jedes Teiles) das Geheimnis unseres physischen, ätherischen und astralischen Leibes vor uns sowie den Weg zu ihrer Erkenntnis. Sodann kommt in diese Hüllen, die im Laufe der Entwicklung gebildet wurden, das menschliche Ich als die hohe Gabe der Geister der Form herab. Die folgenden fünf Zeilen der drei ersten Teile (die Zeilen *7–11*) enthalten nun den Weg des Ich von der Unfreiheit zur Freiheit: im 1. Teil sprechen sie uns vom Menschen-Ich, das noch vollständig im Gottes-Ich «erweset». Das ist das Bild des Ich, wie es verborgen in der Empfindungsseele ruht, vollkommen mit dem «Weltenschöpfer-Sein» verbunden. Sein Erwachen geschieht erst in der Verstandes- und Gemütsseele, der deshalb prinzipiell der Widerspruch zwischen dem werdenden Ich und dem Wesen der übrigen Welt eigen ist. Diese Kluft, die seitdem in der Menschheitsentwicklung vorhanden ist als die Kluft zwischen außen und innen, Materie und Geist, Wissenschaft und Religion usf., kann nur durch die Verbindung der Seele mit dem Christus überwunden werden. Denn der Christus hat durch das Mysterium von Golgatha den ursprünglichen «Welten-Werde-Taten» ihren eigentlichen Sinn und der einzelnen Menschenseele die Möglichkeit gegeben, sich in der Zukunft wiederum mit jenen göttlich-geistigen Welten zu vereinigen, von denen sie im Laufe der Evolution abgefallen ist, sich in die kosmische Einheit wieder einzugliedern. Davon sprechen uns die Zeilen *7–11* des 2. Teiles.

In der Bewußtseinsseele endlich tritt das menschliche Ich voll in Erscheinung, wird es wirklich frei (Zeile *7–11* des 3. Teiles). Diesem «eigenen Ich» des Menschen, seinem «freien Wollen» können sich nun die «ew'gen Götterziele» schenken. Ihre ersten Strahlen aber auf der Erde sind, wie wir schon sahen, die Impulse der «moralischen Phantasie», durch die der Mensch sich erstmals dem Verständnis dessen nähern kann, was es bedeutet, in dem ganzheitlichen Menschenwesen, das aus Geist, Seele und Leib besteht (Zeilen *12–13* dieser Teile), wahrhaft zu *denken,* wahrhaft zu *fühlen* und wahrhaft zu *leben.*

Aber der Mensch kann noch weiter gehen. Er kann in sein individuell frei gewordenes Ich die Christus-Wesenheit bewußt aufnehmen. In der

Meditation geschieht das dadurch, daß zu den ersten Abschnitten der Teile 1–3 der vierte Teil mit seinem eigentlichen Höhepunkt: der direkten Anrufung des Christus, hinzugefügt wird*:

«Göttliches Licht,
Christus-Sonne,
Erwärme
Unsere Herzen;
Erleuchte
Unsere Häupter...»

Mit diesen Worten wenden wir uns an den Christus, daß er in unser Ich, das aus freiem Opferwillen zu ihm hinstrebt, eingehen möge, damit nicht nur es, sondern der Christus uns leite,

«Daß gut werde,
Was wir
Aus Herzen gründen,
Was wir
Aus Häuptern
Zielvoll führen wollen.»

Von diesen Zielen, zu denen uns der Christus führt, wenn er sich mit unserem Ich verbunden hat, haben wir oben bereits gesprochen. Rudolf Steiner nennt als diese Ziele der Götter in der geistigen Welt, als ihre Religion: das göttliche Menschenideal, den Menschen, der sich zur Fülle seines kosmischen Seins entwickelt hat, der das Geistselbst, den Lebensgeist, den Geistesmenschen, seine höheren geistigen Wesensglieder, ins Leben gerufen hat.

Und dieses Ideal der Weltentwicklung, das Ziel der ganzen Erdenevolution, es ist für uns allein durch das Mysterium von Golgatha erreichbar geworden. In ihm konnte die ganze Menschheit das große Urbild des Gottmenschen[41] mit eigenen Augen schauen. Durch die folgende Vereinigung des Christus mit der Erde aber wurde die Möglichkeit geschaffen, dieses Ideal zu verwirklichen. Denn nur der Christus, der als einziger der Götter des Kosmos aus dem makrokosmischen in das mikrokosmische Sein hinabgestiegen ist und in ihm den Tod erfuhr und überwand, kann uns zum bewußten Wiederaufsteigen in den Makrokosmos führen. Nur

* D. h. hier ist die Meditation in der Abfolge und dem Rhythmus zu betrachten, in denen Rudolf Steiner sie zum ersten Mal am 25. Dezember 1923 auf der Weihnachtstagung gelesen hat.

er kann uns dahin führen, die Ziele der göttlich-geistigen Hierarchien zu verwirklichen, die höhere Dreiheit unseres Wesens zu entwickeln. Deshalb können wir nur dadurch, daß wir den Christus in Opfergesinnung in dem 4. Teil der Meditation in uns aufnehmen, mit den «mikrokosmischen» Abschnitten der drei ersten Teile die entsprechenden »makrokosmischen» verbinden, wobei jeder einzelne dieser Abschnitte aus sieben Zeilen besteht (*14–20* der ersten drei Teile) und mit dem Worte «Denn» beginnt.

Betrachten wir diese Abschnitte in umgekehrter Reihenfolge, so sehen wir, daß der letzte (der 2. Abschnitt des 3. Teiles) uns in unserem makrokosmischen Prinzip erweckt, das von der dritten Hierarchie gehütet wird, dem Prinzip des Geistselbst, das ein Same aus der Sphäre des Heiligen Geistes in uns ist. Der 2. Abschnitt (des 2. Teiles) weckt unser zweites makrokosmisches Prinzip, das von der zweiten Hierarchie getragen wird, unseren Lebensgeist, einen Abglanz der göttlichen Sohnessphäre. Und der 2. Abschnitt des 1. Teiles, er will unser höchstes kosmisches Prinzip, das von der ersten Hierarchie getragen wird, unseren Geistesmenschen, den wahren Gottessohn in uns zur Entwicklung bringen, einen Sproß der höchsten Vatersphäre.[42]

So führt uns der Christus-Impuls, von dem im 4. Teil gesprochen wird, allmählich in das makrokosmische Sein des Geistes, des Sohnes und des Vaters. Und das ist jene große Verkündigung der Wahrheit, die da

«... hören die Elementargeister,
Im Osten, Westen, Norden, Süden.»

und:

«Menschen mögen sie hören.»

Es ist die Grundstein-Meditation das irdisch-kosmische Bild des siebengliedrigen[43] Menschen[44], der *von dem Christus ganz durchdrungen* ist, des Menschen, der aus der Welten-Vergangenheit in die Welten-Zukunft geht und auf diesem Wege in der Welten-Zeit der Gegenwart den Christus finden kann.

ANTHROPOSOPHIE –
DIE WELTPFINGSTBOTSCHAFT

7. Die Michael-Epoche und das neue Gralsereignis

Die Betrachtung von Rudolf Steiners Lebensweg konnte uns zeigen, welche Bedeutung das Eindringen in die geistigen Grundlagen dieses großen Menschenlebens hat. Im Grunde genommen ist es nicht möglich, den anthroposophischen Erkenntnisweg richtig zu gehen, ohne im Lebensweg seines Begründers jenen Leitfaden zu sehen, mit dessen Hilfe allein die Ziele der Geisteswissenschaft erreicht werden können. Denn gerade das Bild *dieses* Lebens zeigt uns in überzeugender Weise, daß es auch heute im 20. Jahrhundert, dem Jahrhundert der Technik und des Materialismus, möglich ist, den neuen christlichen Einweihungsweg in voller Übereinstimmung mit seinem kosmischen Urbild zu gehen. Ja, das ist in der Tat in unserer Zeit möglich! Und damit ist der ganzen Menschheit ein Beispiel von ungewöhnlicher Kraft, von unschätzbarer Bedeutung gegeben.

Rudolf Steiner spricht in seinen Vorträgen wiederholt davon, daß alles Neue, welches der rechtmäßigen Weiterentwicklung der Menschheit dient, durch konkrete Individualitäten in die Erdenwelt gebracht wird. Denn erst wenn *eine* Individualität sich dieses Neue vollständig angeeignet, wenn sie es tatsächlich durchlebt hat, kann es als eine neue Möglichkeit, die für die weitere Entwicklung und Vervollkommnung errungen worden ist, dem allgemeinen Menschenleben durch die Hierarchien eingegliedert werden.

Hier herrscht ein strenges kosmisches Gesetz. Was die Götter zum Wohle der Menschheit schaffen und vorbereiten, das kann nur durch das opfervolle Handeln einer menschlichen Individualität, die sich der göttlichen Inspiration oder – traditionell gesprochen – «dem göttlichen Segen» zur Verfügung stellt, in das allgemeine Menschenleben hineingegeben werden.

Als Beispiel für das Hineintragen geistiger Impulse in die Erdenentwicklung kann uns das Leben des Buddha dienen. Von ihm sagt Rudolf Steiner, daß die große Lehre von Mitleid und Liebe, die in dem «achtgliedrigen Pfad» zum Ausdruck gekommen ist, durch den Begründer des Buddhismus *erstmals* auf der Erde erschienen sei. Dabei betont Rudolf

Steiner besonders, daß *vor* dem Buddha niemand diesen Weg hätte gehen können. Dadurch aber, daß der Gautama Buddha ihn in seinem Leben verwirklichte, wurde er zum geistigen Eigentum der ganzen Menschheit.[1] Seit der Zeit konnten ihn Abertausende gehen und die Menschheit auf diese Weise in ihrer Entwicklung vorwärtsbringen.

Wenn aber das Leben des Weltenalls von kosmischen Gesetzmäßigkeiten geprägt wird und diese auf allen Ebenen des Seins in Erscheinung treten, dann haben wir das Recht, den Lebensweg Rudolf Steiners auch von diesem Standpunkt aus zu betrachten. Und wir können sagen: In diesem Leben wurde zum ersten Mal während der Epoche der Bewußtseinsseele der christlich-rosenkreuzerische Einweihungsweg in seiner modernen Form durch eine menschliche Individualität vollständig verwirklicht. Damit aber wurde der Menschheit die Möglichkeit geschenkt, daß nun *jeder* einzelne Mensch diesem Weg aus freiem Willen auf seine eigene Weise folgen kann.

Nun wollen wir versuchen, den Tatbestand auch vom historischen Standpunkt aus zu betrachten. Da wird es notwendig sein, einen Blick auf die heutigen Formen des geistigen Lebens zu werfen, und zwar auf seine drei wichtigsten: auf die kirchlich-exoterische Form, welche die verschiedenen heutigen Kirchen repräsentieren; auf die freimaurerische, welche in Traditionen und Symbolen lebt, die heute kaum noch verstanden werden; und auf die östliche Esoterik aller Schattierungen, welche auf atavistischen Seelenfähigkeiten beruht, die im Schwinden begriffen sind, da sie ihr aus vergangenen Entwicklungsepochen der Menschheit eignen. Wenn wir diese drei Strömungen im Laufe der geschichtlichen Entwicklung betrachten, dann sehen wir, daß das Entstehen der Kirchen in die griechisch-lateinische Kulturepoche fällt und auf den Kräften der Verstandes- oder Gemütsseele beruht; daß das Freimaurertum auf die ägyptisch-chaldäische Epoche, die Zeit der Empfindungsseele, zurückgeht; und daß der östliche Okkultismus aus noch älteren historischen Epochen stammt, als Kräfte in der Menschheit wirksam waren, die der heutigen Zeit noch weniger gemäß sind.

Die Frage aber: kann ein geistiges Leben, das dem gegenwärtigen Entwicklungszyklus der Menschheit entspricht, heute entstehen, sie ist das Grundproblem unserer Zeit. Von seiner Lösung hängt die von den göttlich-geistigen Hierarchien vorbestimmte Zukunft der Menschheit ab.

Mit anderen Worten: Wird es gelingen, ein solches geistiges Leben zu inaugurieren, das ganz aus der Bewußtseinsseele hervorgeht, dem Gliede des Menschenwesens, in dem zum ersten Mal innerhalb der Entwicklung das selbstbewußte individuelle Menschen-Ich aufgehen will? Denn das freie Menschen-Ich kann den Übergang von der Bewußtseinsseele zum Geistselbst, von der physischen zur geistigen Welt vollziehen.

Auf diesem Wege drohen der Menschheit jedoch zwei Gefahren. Auf der einen Seite versucht Ahriman, das menschliche Denken an die materielle Welt zu fesseln, um alles Geistige von der Bewußtseinsseele fernzuhalten, damit das in ihr aufgehende Menschen-Ich, das sich dann nicht zum Licht des Geistselbst durchringen kann, auf ewig an die Materie gebunden bleibe.

Wenn die Seele jedoch nicht die Gefangene ihrer niederen Neigungen und Instinkte bleiben möchte, harrt ihrer eine andere Verführung. Denn die Kräfte Ahrimans können ihr in unserer Zeit so mächtig und Schrecken einflößend und das menschliche Denken als so stark in die Materie verstrickt erscheinen, daß sie an seiner Vergeistigung zweifelt und diese als eine zu schwierige Aufgabe ansieht. Dann mag sie in der Hinwendung zu den traditionellen Formen des Geisteslebens: – der kirchlichen, der freimaurerischen oder der östlichen – den einzigen Ausweg sehen. Aber hier begegnet die Seele, die sich weigert, bewußt an dem Kampf Michaels mit dem Drachen teilzunehmen, Luzifer, der überall dort lauert, wo der Versuch gemacht wird, Formen des Geisteslebens, die der Vergangenheit angemessen waren, unverändert in späteren Epochen beizubehalten.[2]

Das sind die zwei größten Gefahren, die heute der menschlichen Seele drohen. Wenn wir uns das mit dem rechten Ernst bewußt machen, dann können wir noch besser verstehen, was Rudolf Steiner für die Menschheit vollbrachte, als er durch die Erlösung des Denkens den Weg zur Vergeistigung der Bewußtseinsseele bahnte, als er zeigte, wie das freigewordene Ich des Menschen, wenn es sich dem Christus-Impuls hinopfert, den Übergang zum Geistselbst und später zu den höheren Gliedern des Menschenwesens vollziehen kann. Es war aber notwendig, daß dieser historische Übergang, wenn er später für die ganze Menschheit Geltung haben sollte, zunächst von einem Menschen und von der gegenwärtigen Entwicklungsstufe aus vollzogen wurde, vollzogen nicht aus den Kräften des ätherischen oder astralischen Leibes oder den Kräften der Empfindungs- oder Verstandesseele, sondern aus den reinsten Kräften des individuellen Ich, das in der Bewußtseinsseele wurzelt.

Erstmals seit dem Mysterium von Golgatha will der Christus heute unmittelbar in das bewußte Ich des Menschen eintreten, in das freie Ich, so wie es sich seit dem 15. Jahrhundert, dem Beginn der Bewußtseinsseelen-Epoche, entwickelt hat. Das, was sich während der Epoche der Verstandesseele gleichsam auf natürliche Weise vollzog – so wie bei Paulus auf dem Wege nach Damaskus[3] –, das ist heute in der Epoche der

Bewußtseinsseele durch einen Menschen bewußt vollbracht worden. Dadurch wurde uns ein Urbild geschenkt, nach dem heute jeder Mensch den Christus in sein Ich aufnehmen kann.

So hat Rudolf Steiner durch die «Heldentat» seines Lebens der ganzen Menschheit den *bewußten* Weg zu dem Christus eröffnet, den Weg durch den Wesensgrund des freien Ich. Aber daraus folgt auch, daß alles, womit wir es in der anthroposophischen Bewegung und der Anthroposophischen Gesellschaft zu tun haben, etwas *prinzipiell Neues* ist, das in keiner der vorhergehenden Epochen hätte in Erscheinung treten können. Es ist das Werk vollkommen neuer Bewußtseinskräfte, die in unserer Epoche für die ganze Menschheitsentwicklung errungen worden sind. Und es wird von einem neuen Licht erleuchtet, dem «taghellen Licht» *(IV, 6)*, das in der Welt leuchtet, seit das «lichte Zeitalter» und die Epoche des Erzengels Michael, des Sonnengeistes, begonnen hat. Für die Anthroposophen ist es besonders wichtig, sich *diesen* Charakter der modernen Geisteswissenschaft bewußt zu machen. «Siehe, ich mache alles neu!»[4] Diese Worte gelten in unserer Epoche ganz besonders für die Anthroposophie, denn wir sollten heute aus neuen Bewußtseinskräften auf die Zukunft hinarbeiten.

Auf diese besondere Stellung der Anthroposophie im Verhältnis zu den übrigen okkulten Strömungen weist vor allem der prinzipielle Unterschied zwischen den neuen Mysterien – zu denen Rudolf Steiner auf der Weihnachtstagung 1923/24 und in den folgenden Monaten den Grund legte – und den alten. Auf diesen Unterschied wurde, nach den Worten Rudolf Steiners, schon von dem Erzengel Michael in seiner hohen übersinnlichen Schule im 15./16. Jahrhundert hingewiesen: «Dann aber wurde auch auf die Zukunft hingewiesen, auf das, was neues Mysterienwesen werden sollte, auf all dasjenige, was nun nicht wie das alte Mysterienwesen in den Menschen hineinkam, der auf der Erde nicht die Intelligenz hatte, der daher in traumhafter Weise die übersinnlichen Welten erleben konnte, sondern auf dasjenige Mysterienwesen, das wir anfangen müssen zu verstehen auf anthroposophischem Gebiete, das mit der völligen Intelligenz der Menschen, mit der klaren, lichtvollen Intelligenz absolut vereinbar ist.»[5]

Gerade dieser grundlegende Unterschied zwischen den neuen und den alten Mysterien zeigt uns, daß in einem gewissen Sinne nichts von dem, was aus der Vergangenheit kommt, uns in der Gegenwart wirklich eine Hilfe sein kann. Denn jene Seelenkräfte, die den neuen Mysterien zugrunde liegen, waren in der Vergangenheit noch nicht in der Menschheitsentwicklung vorhanden. Natürlich kann sich jeder Anthroposoph mit einem gewissen Recht sagen: Einstmals war ich mit der oder jener Mysterientradition verbunden. Und das ist die Grundlage, auf der das Karma *aller* Menschen beruht, die heute aus tief in ihrer Seele wirkenden Impulsen zur Anthroposophie kommen. Doch, obwohl wir ohne diese Mysterienbegegnungen in der Vergangenheit in der Gegenwart nicht den Weg zur Anthroposophie fänden, so kann doch diese im Unterbewußtsein in uns ruhende Weisheit der Vergangenheit – sie mag aus noch so bedeutenden Verkörperungen hervorgehen – uns *nicht* vor Fehlern und Abirrungen heute schützen. Denn nur dasjenige, was wir uns *in diesem* Leben aus «klarer, lichtvoller Intelligenz» auf dem Wege zur neuen Einweihung erwerben, kann uns helfen, diese Fehler zu vermeiden.

Wenn wir aber in der richtigen Weise an diese wichtigste Aufgabe der *Gegenwart* herangehen, dann wird es uns auch gelingen, für die «rechtmäßige Wiedervereinigung» unserer Vergangenheit mit unserer Zukunft den Boden zu bereiten; denn wir sind heute nicht aufgerufen, alte Impulse wiederum aufleben zu lassen, sondern in Opfergesinnung neue zu begründen. Und dann wird auch der Lebensweg des größten Schülers des Christus Jesus, unseres Lehrers Rudolf Steiner, wie ein Leitstern in all seiner Kristallklarheit, seiner inneren Schönheit und ernsten Größe vor unserem inneren Blick stehen.

Nun wollen wir uns noch einmal jenem kosmischen Gesetz zuwenden, welches das Eintreten geistiger Impulse in die Erdensphäre regelt und von welchem wir zu Beginn dieses Kapitels sprachen. Es soll dabei ein besonders wichtiger Aspekt betrachtet werden, den Rudolf Steiner wiederum am Beispiel des letzten Bodhisattva, der ein Buddha wurde, so charakterisierte: «Damit hatte er jene *Menschenform* hingestellt, der die Menschen nachzustreben haben, um ihr ähnlich zu werden, so daß sie ebenso *aus sich selbst heraus* die Lehre vom achtgliedrigen Pfad finden, wie sie der Bodhisattva unter dem Bodhibaum aus sich selbst heraus gefunden hat.»[6] Aus diesen Worten ersehen wir, daß nur dann, wenn eine solche «Menschenform» entsteht, die allen Menschen als Urbild dienen kann, dasjenige, was eine Individualität errungen hat, zur wirkenden Kraft in der allgemeinen Entwicklung wird. Wenden wir aber dieses Gesetz auf das Leben Rudolf Steiners an, dann stellt sich uns die Frage: Wie haben wir das zu verstehen, daß im Laufe von Rudolf Steiners Leben jene «Menschenform» geschaffen wurde, der wir nachstreben können und die ein Urbild von etwas völlig Neuem ist, das heute in die Menschheit kommen will, von etwas, das *ohne* Rudolf Steiner nicht als «Menschenform» hätte in ihr entstehen können?

Zur Beantwortung dieser Frage wollen wir uns nochmals die geistigen Grundlagen von Rudolf Steiners Lebensweg, von seinem Auftreten als Lehrer des Okkultismus am Beginn unseres Jahrhunderts ins Gedächtnis rufen.

Im 3. Kapitel dieses Buches haben wir darauf hingewiesen, daß die drei Jahrsiebte der Tätigkeit Rudolf Steiners als Geisteslehrer mit jenen Lebensepochen zusammenfallen, in denen der Mensch nacheinander vom Licht seiner höheren geistigen Glieder überglänzt wird: so überleuchtet ihn sein Geistselbst vom 42.–49. Jahr, sein Lebensgeist vom 49.–56. Jahr, der Geistesmensch vom 56.–63. Jahr. Was aber beim gewöhnlichen Menschen in den unterbewußten Bereichen seines inneren Lebens vor sich geht, das erlebt der Eingeweihte vollbewußt, denn seine späteren Lebensepochen werden zu Wahrnehmungsorganen für die Weltgeheimnisse. Bei Rudolf Steiner war diese Entwicklung außerdem mit einer weiteren Tatsache verknüpft. Wir sahen, daß in der ersten, der Geistselbst-Epoche, der Einfluß der Bodhisattva-Wesenheit dominierte und sich bis in seinen Astralleib hinein erstreckte. Der Bodhisattva selbst jedoch, der bereits eine kosmische Evolution durchmacht, ist im eigentlichen Sinne nicht menschlicher, sondern engelhafter Natur. – In der Epoche des Lebensgeistes wurde dann die himmlische Wesenheit der nathanischen Seele, welche Erzengelnatur hat, in zunehmendem Maße dominierend. Sie wirkte bis in den Ätherleib Rudolf Steiners (s. 3. Kap.). – In der Epoche des Geistesmenschen schließlich trat der Einfluß Michaels, des führenden Zeitgeistes, besonders machtvoll hervor, und er wirkte bis hin zu Rudolf Steiners physischem Leib. Das bedeutet natürlich nicht, daß Michael nicht auch *vor* dieser Zeit auf ihn gewirkt hätte, denn der gesamte Geistesweg Rudolf Steiners war auf den Zusammenhang mit der michaelischen Sphäre begründet. Die Möglichkeit aber, bis zum physischen Leib Rudolf Steiners zu wirken, sie ergab sich für Michael erst mit dem Beginn des letzten, vollständigen Jahrsiebts seines Erdenlebens. Und allein dieses bewußte Erleben der tiefsten Verbindung mit der Wesenheit Michaels konnte Rudolf Steiner jene inneren Kräfte verleihen, die er für die Hingabe seines physischen Leibes auf der Weihnachtstagung benötigte.

Von diesem Augenblick an wurde die zweite Michael-Offenbarung im Leben Rudolf Steiners Wirklichkeit, so daß wir sagen können: der irdische Leib ist Wort geworden. Dieses Mysterium von Rudolf Steiners Lebensweg ist mit dem Entstehen dessen verbunden, was oben die «Menschenform» genannt wurde, die er für die Menschen «hinstellen» sollte und der «sie nachzustreben haben».

Auf dieses Geheimnis der «neuen Menschenform» wies Rudolf Steiner in dem Vortrag vom 3. August 1924 in Dornach selbst hin, als er sagte: «Aber Michaels Impulse sind stark, sind kräftig, und sie wirken vom Geistigen aus durch den ganzen Menschen; *sie wirken ins Geistige, von da aus ins Seelische und von da aus ins Leibliche des Menschen hinein.*[7]» Denn im Michael-Impuls «... wirkt das Geistige bis in die physische Organisation hinein». Und über mehrere Seiten geht Rudolf Steiner diesen Gedanken nach: «Jetzt ist die Intelligenz [Michaels] auf der Erde. Jetzt wird das tiefgreifend, jetzt greift es auch ein in das Irdische des Menschen. *Das Geistige bereitet sich vor, zum ersten Male rassenbildend zu werden.* Und die Zeit wird kommen, wo man nicht mehr wird sagen können: der Mensch schaut so aus, also gehört er dorthin, er ist ein Türke oder Araber oder Engländer oder ein Russe oder ein Deutscher; sondern man wird sagen müssen: der Mensch war in einem früheren Erdenleben dazu gedrängt, sich nach dem Geistigen im michaelischen Sinne zu wenden. So daß also unmittelbar physisch-schöpferisch, physisch-gestaltend dasjenige auftritt, was von Michael beeinflußt ist.» «Rassenbildend treten die Michael-Impulse auf.»

Diese rassenbildenden Impulse waren schon seit seiner letzten Herrschaftszeit von Michael in der geistigen Welt vorbereitet worden. Damit sie jedoch den Weg in die Erdensphäre, in die Menschheit finden, sich dort weiterentwickeln und allmählich verwirklichen konnten, mußten sie am Beginn *einmal*, wenn auch nur von *einem* Menschen, gelebt werden. Das entspricht den von den führenden geistigen Mächten für unsere Evolution aufgestellten Gesetzen. Auch sollte das allein aus den dieser Persönlichkeit eigenen Kräften geschehen. Ist für die geistigen Impulse einmal ein «Tor» gebildet worden, dann können sie in das Erdengebiet eindringen und hier nunmehr zum Besitz der *ganzen* Menschheit werden.

Auf diese Weise öffnete der Buddha einstmals die Pforten für den geistigen Impuls des achtgliedrigen Pfades und schenkte Aristoteles der Menschheit die Fähigkeit des logischen Denkens.[8] Nun sollte für die «rassenbildenden Impulse» Michaels das *menschliche* «Tor» geschaffen werden, durch das sie zu jenen Menschenseelen dringen können, die durch ihr Karma auf die eine oder andere Weise mit der Michael-Strömung verbunden sind. In der vorhergehenden Michael-Epoche hatten diese Impulse noch nicht bis in den menschlichen Leib hinein wirken können, da die michaelische Intelligenz damals noch nicht auf der Erde war.

Als nun Rudolf Steiner während der Weihnachtstagung das Karma der Anthroposophischen Gesellschaft auf sich nahm und dadurch die anthroposophische Bewegung und Anthroposophische Gesellschaft zu einem

Ganzen zusammenfügte, da gab er den michaelischen Impulsen, die die anthroposophische Bewegung im Übersinnlichen leiten, die Möglichkeit, unmittelbar in die Anthroposophische Gesellschaft, die eine irdische Vereinigung ist, einzuströmen. Damit zog ein Strom neuer Esoterik in sie ein. Das fand seinen Ausdruck in der Begründung der ersten Klasse der esoterischen Michael-Schule – einer direkten Fortsetzung des Grundimpulses der Weihnachtstagung. So hatte die Tatsache, daß Rudolf Steiner das Karma der Gesellschaft auf sich nahm, auch zur Folge, «daß die rassenbildenden Impulse Michaels» nun bis in den physischen Leib der Mitglieder der Anthroposophischen Gesellschaft wirken konnten. Damit war der Grundstein für eine Michael-*Gemeinschaft* auf der Erde gelegt. Von einer solchen im *irdischen* Sinne zu sprechen, ist vor der Weihnachtstagung aber nicht möglich gewesen; denn die Michael-Kräfte wirkten bis zu dieser Zeit nur übersinnlich in der anthroposophischen Bewegung.

Damit konnte sich dasjenige, was in den übersinnlichen Welten vom 16. Jahrhundert an in der Michael-Schule und am Beginn des 19. Jahrhunderts in dem großen imaginativen Kultus vorbereitet worden war, schließlich auf der Erde «verkörpern» und mit der neubegründeten Allgemeinen Anthroposophischen Gesellschaft zu einer geschichtlichen *Tatsache* werden. So haben wir seit der Weihnachtstagung eine Michael-Gemeinschaft *auf dem physischen Plan,* die sich von allen anderen Gemeinschaften in der Gegenwart oder auch der Vergangenheit von Grund auf unterscheidet. Es ist das eine Gemeinschaft, die nicht nur eine geistige, sondern eine *geistig-physische* Einheit bildet und die sich in der Zukunft mehr und mehr entwickeln wird bis hin zu äußerlich wahrnehmbaren «Rassen»-Merkmalen. Mit der Weihnachtstagung haben sich in Wirklichkeit *die Pforten zum Entstehen einer «Michael-Rasse» in der Welt geöffnet.* Das ist auch der Grund, warum Rudolf Steiner erst *nach* der Weihnachtstagung von diesen «rassenbildenden Impulsen» Michaels zu sprechen begann, denn bis dahin wirkten sie nicht unmittelbar im Erdgebiet.

Von diesem Standpunkt aus wollen wir noch einmal die Entstehungsgeschichte des anthroposophisch-michaelischen Impulses in der Menschheit betrachten, so wie er sich im Laufe von drei Jahrsiebten entwickelte, von der Begründung der deutschen Sektion der Theosophischen Gesellschaft im Jahre 1902 an bis zu ihrem Vollendungsjahr, dem Jahre der Weihnachtstagung 1923/24.

Wie wir bereits in den ersten Kapiteln sahen, war der Einweihungsweg Rudolf Steiners untrennbar mit der Entwicklung dieses Impulses verbunden. Das hatte mit seinem ersten Sonnenjahrsiebt (1882) begonnen und sich bis zum Jahr 1899 fortgesetzt, als Rudolf Steiner in der persönlichen

Begegnung mit der Christus-Wesenheit den Höhepunkt des christlich-rosenkreuzerischen Einweihungsweges erreichte, dessen Ziel wir am besten in die Worte fassen können: «Nicht ich, sondern der Christus in mir.» Während seiner geistigen Entwicklung in den drei Sonnenjahrsiebten seines Lebens vermochte Rudolf Steiner dann die Kräfte seines individuellen Ich so zu entfalten und zu reinigen, daß er am Ende der großen Sonnenepoche in der Lage war, diese Kräfte der Christus-Wesenheit, der zentralen Wesenheit unseres Kosmos, hinzugeben. Es hat sich Rudolf Steiner in seinen Vorträgen so oft auf dieses neue Mysterienwort bezogen, weil seine eigene Erfahrung, das erhabenste geistige Ereignis seines Lebens, hinter diesen Worten stand.

Aber was war das esoterische Ergebnis dieses Ereignisses? Durch es war das Ich Rudolf Steiners zu jener Pforte geworden, durch die sich nunmehr nicht nur der Wille eines individuellen Menschen, sondern der Wille und die Weisheit des göttlich-geistigen Kosmos in die Sphäre der Menschen ergießen konnte. Für das Eintreten der anthroposophisch-michaelischen Impulse in der Erdenwelt aber steht dieses Opfer am Ausgangspunkt.

In der Folgezeit kann man drei Epochen der Realisierung oder Verkörperung dieser Impulse deutlich unterscheiden. Die erste Periode (von 1902 bis 1909) bringt in der Hauptsache eine Inkarnation der Anthroposophie im astralen Element. Denn in dieser Zeit werden die Grundlagen der neuen Geisteswissenschaft in gedanklicher Form herausgearbeitet. Das ist die Epoche des Entstehens der Anthroposophie, wo sie von Mensch zu Mensch ganz individuell aufgefaßt wird.

In der zweiten Epoche – von 1910 bis 1916 – erreicht sie das ätherische Element. Als Folge davon ist sie nicht mehr nur die persönliche Angelegenheit der einzelnen Menschen, sondern kann sich in gemeinschaftlichen Tätigkeiten verkörpern.[8a] Denn das ätherische Element verbindet die Menschen miteinander, wie uns das auch die sich auf den menschlichen Ätherleib beziehenden Zeilen des mikrokosmischen Vaterunsers zeigen. So entstehen aus diesem Impuls die Mysteriendramen, die Eurythmie, das Goetheanum.

In der dritten Epoche schließlich – von 1917 bis 1923 – beginnt die Anthroposophie, sich im physischen Gebiet zu «verkörpern». Daraus gehen ihre Tochterbewegungen der sozialen Dreigliederung, Pädagogik, Medizin usf. hervor. Durch sie kann nun der anthroposophisch-michaelische Impuls unmittelbar in die irdische Kultur und damit in alle Bereiche des menschlichen Lebens hineinwirken.

So sehen wir, wie der anthroposophisch-michaelische Impuls durch das Ich Rudolf Steiners aus der hohen Sonnensphäre des Geistes zur Erde hinabsteigt, sich über drei Stufen verkörpernd. So wie das individuelle Ich des einzelnen Menschen nur durch die Berührung mit dem physischen Plan aufflammt, so konnte auch der esoterische Wesenskern der Anthroposophie, ihr Ich, erst voll in die irdische Entwicklung eintreten, als die anthroposophisch-michaelischen Impulse sich auf der Weihnachtstagung mit der irdischen Welt ganz verbunden hatten, als die anthroposophische Bewegung und Anthroposophische Gesellschaft eine Einheit geworden waren. Damals, im 21. Lebensjahre der Bewegung (von 1902–1923), wurde in Wahrheit das *Gruppen-Ich* der neuen Gemeinschaft der Michaeliten *geboren.* Dieses bildete ihren geistigen, sie alle vereinigenden Grund und konnte als neues «rassenbildendes Prinzip» bis in den physischen Leib jedes Anthroposophen wirken.

Es ist die Geburt des neuen Gruppen-Ich der Michaeliten als geistige Grundlage ihrer Gemeinschaft eines der Geheimnisse der Weihnachtstagung. Und wir sollten uns fragen: Welche okkulte Realität steht hinter den Worten: «Auf der Erde wird eine neue Rasse entstehen»? Es kann nur bedeuten, daß in der geistigen Welt ein übersinnliches Zentrum existiert, dessen Kräfte bis in das Erdengebiet wirken. Mit anderen Worten: das Entstehen einer neuen Rasse *auf dem physischen Plan* setzt ein Gruppen-Ich unabdingbar voraus. Dieses ist ihr Zentrum, das sie bildende, einigende und gestaltende Prinzip, aus dem heraus die rassenbildenden Kräfte in das Physische der Einzelwesen wirken und dadurch den «Leib» dieser Rasse bilden können. Denn in der *Einheitlichkeit* der rassenbildenden Merkmale bei den verschiedenen Individuen kommt ihr «Gruppen-Ich», das sie verbindende Prinzip, physisch zum Ausdruck. Dieses aber kann im Sinne der Geisteswissenschaft nur ein *Wesen* der geistigen Welt sein.

Wenn wir uns nun fragen: welches *Wesen* können wir in Zusammenhang bringen mit dem, was hier «Gruppen-Ich» der Michael-Gemeinschaft genannt wurde? Dann muß die Antwort lauten: diese Geburt des neuen «Gruppen-Ich», der übersinnlichen Grundlage der Michael-Gemeinschaft während der Weihnachtstagung im Erdengebiet, sie wurde dadurch herbeigeführt, daß die Michael-Kräfte unmittelbar in dieses Gebiet hineinzuwirken begannen. Das aber fand seinen Ausdruck in der Begründung der ersten Klasse der esoterischen Schule – darauf weist Rudolf Steiner mit aller Deutlichkeit hin – und in der Tatsache, daß diese unter der unmittelbaren Führung Michaels steht! Deshalb können wir mit Überzeugung sagen: *Michael selbst, der führende Geist unserer Zeit, wirkt heute als das «Gruppen-Ich» der Michael-Gemeinschaft, die zur Zeit der Weihnachtstagung auf der Erde geboren wurde.*

In dieser spirituellen Tat Michaels, die sein größter irdischer Schüler auf der Erde verwirklichte, ist das Geheimnis der neuen Michael-Mysterien verborgen, das Geheimnis, das mit dem Entstehen der neuen Rasse der Michaeliten zusammenhängt.*

Aus vielen Mitteilungen Rudolf Steiners wissen wir, daß die Christus-Wesenheit durch das Mysterium von Golgatha der Menschheitsentwicklung auf der Erde ihren wahren Sinn wiedergegeben hat. Es wurden ihr jene erhabenen kosmischen Ziele, welche einst vor den Göttern standen, als sie den Menschen schufen, in erneuerter Form gesetzt. Ohne das Eingreifen der Christus-Wesenheit wären diese Ziele auf ewig für die Menschheit unerreichbar geblieben, da sie in der lemurischen Epoche den luziferischen Kräften und in der atlantischen Epoche den ahrimanischen verfiel.

So ist alles, was durch den Christus Jesus auf der Erde geschah, die *volle* und wesenhafte Verwirklichung der großen kosmischen Götterziele, welche durch das Mysterium von Golgatha für die ganze Menschheit wiederum sichtbar wurden. Damit aber stehen sie als das göttliche Ideal der zukünftigen Entwicklung in einer noch erhabeneren Form vor uns.

Davon ausgehend können wir sagen: in dem Maße, wie der Lebensweg Rudolf Steiners auf mikrokosmische Weise den großen makrokosmischen Weg des Christus Jesus abzubilden vermochte, nahm er auch das «Welten-Wesens-Licht» *(III, 8)*, das Licht des Heiligen Geistes, in sich auf und setzte so den Anfang der freien und bewußten Verwirklichung der «ew'gen Götterziele» *(III, 7)*. Diese Verwirklichung aber ist die Nachfolge Christi in der unserer Zeit gemäßen Form, wie sie uns in dem modernen christlich-rosenkreuzerischen Einweihungsweg gegeben wurde. Und das «Welten-Wesens-Licht», die «ew'gen Götterziele», die im Lebensgang Rudolf Steiners wirkten, sie erreichten in der Weihnachtstagung ihren

* Um Mißverständnisse zu vermeiden, ist zu bemerken, daß mit den Worten «Rasse» oder «rassebildendes Prinzip» hier nur eine bestimmte rein okkulte Tatsache gemeint ist, die Tatsache, daß heute eine Gemeinschaft auf dem physischen Plan im Entstehen begriffen ist, deren «Gruppen-Ich» nicht ein Erzengelwesen ist, das bis in den Ätherleib wirkt, sondern ein Wesen aus der Hierarchie der Archai, das bis zum *physischen* Leib des Menschen wirkt. Man kann auch sagen, daß hier das Wort «Rasse» bedeutet, daß der Mensch einen geistigen Impuls so kraftvoll und bewußt in sein Ich aufzunehmen vermag, daß dieser durch alle seine Hüllen hindurch bis in seinen physischen Leib wirkt, dessen Vergeistigung nun beginnen kann. So haben wir es hier mit einem neuen geistigen «Rassen»-Begriff zu tun, der nichts mit dem alten gemein hat. Es wäre ein grober Fehler, diesen esoterischen Rassenbegriff mit dem sonst üblichen exoterischen zu verwechseln.

Höhepunkt. Denn damals konnte dieses Licht der höheren Welten sich zum ersten Mal in der Bewußtseinsseelen-Epoche, der neuen Epoche der menschlichen Freiheit durch die Pforte eines Menschen-Ich in das Erdengebiet ergießen, in das Bewußtsein einzelner Menschen, die in Freiheit den Impulsen der geistigen Welt folgen wollen *(III, 7–11)*:

«Wo die ew'gen Götterziele
Welten-Wesens-Licht
Dem eignen Ich
Zu freiem Wollen
Schenken.»

Und dieses niemals verlöschende Licht der Weihnachtstagung, in dem die «ew'gen Götterziele» wirken und das sich vor einem halben Jahrhundert in die Menschheit ergossen hat und seitdem im Bewußtsein eines jeden individuellen Menschen-Ich in «freiem Wollen» leben kann, es wirkt und waltet unter uns.

Die Erkenntnis vom Zusammenhang des Lebensganges Rudolf Steiners und des Wesens der Weihnachtstagung kann auch ein Licht werfen auf die zukünftige Entwicklung des anthroposophisch-michaelischen Impulses in der Welt in all seiner nicht auszuschöpfenden Bedeutung für die Menschheit, vor allem aber für diejenigen Seelen, die schicksalsmäßig mit dieser geistigen Strömung verbunden sind. Denn die Vertiefung in das Wesen von Rudolf Steiners Erdenleben, in dieses bedeutendste Mysterium des 20. Jahrhunderts, führt uns nicht nur in die Geheimnisse der Vergangenheit und der Gegenwart, sondern auch der Zukunft. In dem Sinne können wir im Geiste der grundlegenden anthroposophischen Meditation vom *ewigen Aspekt* dieses Erdenlebens sprechen. Vom «Erinnern» über das «Besinnen» zum «Erschauen» führt uns die Grundstein-Meditation, zum Erschauen jenes allumfassenden kosmischen Geistes, der sich uns im «Welten-Wesens-Licht» offenbart und uns die wahre Erkenntnis der «ew'gen Götterziele» schenkt. Wenn wir den Grundimpuls der Weihnachtstagung in unser Herz, in unsere Seele aufnehmen, dann können wir an der Verwirklichung dieser Ziele teilhaben, und das Verständnis von Rudolf Steiners Lebensweg kann dabei eine entscheidende Hilfe sein.

Wir haben gesehen, welch tiefes christliches Mysterium diesem Leben zugrunde liegt. Wir konnten uns ihm nur nähern, weil wir den Lebensweg Rudolf Steiners als Nachfolge des Christus Jesus erkannten. In ihm aber ist das Urbild aller Einweihungen zu suchen, die von rechtmäßigen Kräften heute ausgehen wollen. Denn so wie wir in der Urpflanze die wesentliche Idee jeder Pflanze haben, welche desto vollkommener ist, je vollständiger sie diese Grundidee ihres Urbildes abbildet, so war unser Leitgedanke bei der Betrachtung von Rudolf Steiners Lebensgang, daß der christliche Eingeweihte desto höher steht, je mehr sich sein Lebensweg dem makrokosmischen Weg des Christus Jesus, dem himmlischen Urbild jedes wahren Geistesweges nähert.

Eine solche Betrachtungsweise ermöglichte es uns, den Geheimnissen näherzukommen, die mit der Grundsteinlegung und dem Brand des ersten Goetheanum wie auch mit der Weihnachtstagung verbunden sind. Und sie half uns bei dem Versuch, der geistigen Bedeutung von Rudolf Steiners Krankheit und seinem tragischen Scheiden näherzukommen. Steht doch das Geheimnis dieses Fortgehens schon länger als ein halbes Jahrhundert, Lösung fordernd, als eine quälende Frage vor jedem Anthroposophen.

Es ließ uns diese Betrachtungsweise aber auch den Lebensweg Rudolf Steiners als einen Prozeß des stetigen geistigen Aufsteigens erfahren, so daß die Weihnachtstagung als Höhepunkt erkennbar wurde. Denn nun konnte das Übersinnliche sich unmittelbar in die irdischen Formen der Gesellschaft ergießen, die dadurch selbst esoterische Gestalt annahmen. Man kann sagen: Während der Weihnachtstagung wurde die Gesellschaft als einheitlicher Organismus an die Schwelle zur geistigen Welt geführt, und von diesem Augenblick an ging das übersinnliche Element unmittelbar in ihren weiteren Werde-Prozeß ein.

Dieses konnte aber nur dadurch geschehen, daß Rudolf Steiner sein Schicksal auf der Weihnachtstagung mit dem Schicksal der Gesellschaft verband, so daß der Geistesweg des Lehrers seitdem vom Weg der einzelnen Geistesschüler nicht mehr zu trennen ist. Denn es wurde der esoterische Strom der anthroposophischen Bewegung, deren Repräsentant Rudolf Steiner war, mit der Anthroposophischen Gesellschaft verbunden, das heißt mit der Gemeinschaft von *Schülern,* der es nun in der Gegenwart obliegt, Träger und Werkzeug der anthroposophischen Bewegung zu sein. Doch die so vereinigten Wege des Lehrers und der Schüler sind zu einer geistigen Einheit geworden, deren makrokosmisches Urbild wir in dem Verhältnis des Christus Jesus zu seinen Apostel-Schülern sehen können; mit anderen Worten: Wir haben allen Grund, *das Urbild der Beziehung Rudolf Steiners zur Anthroposophischen Gesellschaft nach der Weihnachtstagung, das aber heißt Rudolf Steiners zu seinen Schülern, in der des Christus Jesus zu seinen Aposteln zu suchen.*

Nur das Wissen um dasjenige, was einstmals von der Nacht im Garten von Gethsemane an bis zum Pfingstereignis als makrokosmischer Prozeß zwischen dem Christus Jesus und den Aposteln vor sich ging, kann uns eine Ahnung von der Geschichte der Anthroposophischen Gesellschaft in der Vergangenheit, Gegenwart und Zukunft vermitteln. Denn da die Anthroposophische Gesellschaft auf der Weihnachtstagung zu einer *esoterischen* Gesellschaft wurde, so muß sie nun die Erkenntnis ihrer zukünftigen Gesetze dort suchen, wo für alle kommenden Zeiten das kosmische Urbild derjenigen Gemeinschaft, die auf einem esoterischen Prinzip beruht, zu finden ist. Deshalb wollen wir uns nun in jenes große kosmisch-menschliche Drama der Geschichte der Beziehungen des Christus Jesus und seiner Apostel vertiefen, so wie diese im Fünften Evangelium dargestellt werden. *Und damit tritt auch das Urbild des Verhältnisses von Lehrer und Schüler in der neuen Einweihung vor uns hin.*

Im 3. Kapitel sprachen wir davon, wie das makrokosmische Christus-Wesen, als es nach der Taufe im Jordan mit seinem Ich in die drei Hüllen des Jesus von Nazareth eingegangen war, sich allmählich mit diesen Hüllen vereinigte und wie es seine kosmischen Kräfte hinopferte, so daß es im Laufe von drei Jahren aus einem Gottes-Sohn zum Menschen-Sohne wurde. Diese von tiefer Tragik erfüllte Menschwerdung Gottes sollten auch die Apostel, die nächsten Schüler des Christus Jesus, in gewissem Sinne erleben. Was aber für den Christus ein «Herabsteigen» war, das war für die Apostel ein Aufsteigen, denn die Opfer, welche das Christus-Wesen brachte, indem es in die dichteren Hüllen des Jesus einging, weckten in den Aposteln Kräfte, welche sie zu höheren Bewußtseinsebenen führten. So konnten sich die Apostel, da sie das astrale Opfer des Christus miterlebten, zum Wahrnehmen auf dem astralen Plan erheben und dank dem ätherischen Opfer des Christus ihr Bewußtsein bis zum Devachan erweitern.[9] Das bedeutet, daß die zwei ersten Stufen des Opferweges *bewußt* von den Schülern des Christus Jesus miterlebt wurden. So weit war es ihnen noch möglich, den Lehrer *in vollem Bewußtsein* zu begleiten, nicht so jedoch beim Abendmahl und dem Geschehen im Garten von Gethsemane. Während des Abendmahls sprach der Christus über das Wesen seines letzten und höchsten Opfers zu seinen Jüngern: von seiner Vereinigung mit dem physischen Leib des Jesus von Nazareth,[9a] dem Tod auf Golgatha und der Überwindung des Todes. Mit diesen prophetischen Hinweisen wollte der Christus Jesus seine Schüler darauf vorbereiten, daß sie ihm in der Zukunft bewußt folgen, ihn geistig auf seinem Kreuzweg bis zum Ende begleiten könnten. Für die Jünger bedeutete das, daß sie sich in ihrem geistigen Bewußtsein über die Sphäre des Devachan erheben mußten.[10] Wie uns aber die vier irdischen, besonders jedoch das fünfte himmlische Evangelium verkünden, reichten ihre Bewußtseinskräfte nicht bis in diese Höhen: sie versanken in «Schlaf» …

Und durch die Jahrhunderte tönt seitdem der Ruf des Christus: «Könnt ihr denn nicht eine Stunde mit mir wachen? Wachet und betet, daß ihr nicht den Gegenmächten verfallet: der Geist ist willig, aber das Fleisch ist schwach.»[11] Dreimal ruft der Christus Jesus sie auf, und dreimal versinken sie in Schlaf. Sie können sich nicht in dem Bewußtseinszustand halten, der ihnen die höchste Erkenntnis von der Christus-Wesenheit und der kosmischen Bedeutung des Mysteriums von Golgatha vermittelt hätte.

Im 9. Vortrag über das Markus-Evangelium äußerte sich Rudolf Steiner zu dieser Frage: «Daß der Christus Jesus von ihnen dieses Verständnis forderte, wird deutlich im Evangelium angedeutet... Was hätte nun geschehen können? Ein Zweifaches hätte geschehen können. Das eine wäre gewesen, daß die auserwählten Jünger wirklich durch all das, was sich nun als das Mysterium von Golgatha vollzogen hat, mit hindurchgegangen wären, *daß das Band zwischen den Jüngern und dem Christus bis zum Mysterium von Golgatha hin erhalten geblieben wäre.* Das wäre das eine gewesen, was hätte geschehen können.»[12] Und weiter sagte Rudolf Steiner: «Daß nicht dieses, sondern das andere geschehen ist, sehen wir insbesondere aus dem Markus-Evangelium ganz genau.» Aus diesen Worten Rudolf Steiners kann man entnehmen, daß die ganze nachchristliche Entwicklung der Menschheit anders verlaufen wäre, wenn die Verbindung des Christus mit seinen nächsten Schülern nicht abgerissen wäre. Doch das Weltenkarma waltete darüber. Es wäre möglich gewesen, daß die Apostel nicht eingeschlafen wären, und sie *sollten* doch einschlafen! Denn der Christus Jesus sollte während seines letzten und größten Opfers allein sein... Er wußte das, und trotzdem bereitete es ihm unermeßliche Schmerzen, daß die Jünger in Schlaf verfielen.

Rudolf Steiner beschreibt das Erleben des Christus Jesus im Garten von Gethsemane auf die folgende Weise: «Warum wird der Christus traurig? Er bebt nicht vor dem Kreuz. Das ist selbstverständlich. Er bebt zunächst davor: Werden die, welche ich da mitnehme, diesen Augenblick überstehen, in dem es sich entscheiden soll, ob sie mit mir in ihrer Seele gehen wollen, ob sie mit mir erleben wollen alles bis zum Kreuz? Daß ihr Bewußtseinszustand so wach bleibt, daß sie alles miterleben bis zum Kreuz, das soll sich entscheiden. Das ist der ‹Kelch›, der sich ihm naht. Und er läßt sie allein, daß sie ‹wach› bleiben können, das heißt in einem Bewußtseinszustande, in welchem sie mit ihm erleben können, was er erleben soll. Dann geht er und betet: ‹Vater, laß diesen Kelch an mir vorübergehen, doch nicht mein, sondern dein Wille geschehe.› Das heißt: Laß mich nicht noch erfahren, daß ich ganz allein stehe als der Menschensohn, sondern daß die andern mitgehen. Und er kommt zurück, und sie schlafen. Sie haben nicht jenen Bewußtseinszustand erhalten können. Und er macht den Versuch wieder, und sie haben ihn auch wieder nicht erhalten. Und er macht ihn noch einmal, und sie haben ihn auch wieder nicht erhalten. Daher war es für ihn klar, daß er nun allein dasteht, daß sie nicht mitmachen, was bis zum Kreuz hingeht. Der Kelch war nicht vorübergegangen! Er war zur einsamen, auch zur seeleneinsamen Vollbringung der Tat bestimmt. Die Welt hatte wohl das Mysterium von Golgatha, aber zur Zeit, da es geschah, noch nicht das Verständnis für dieses Ereignis. Auch nicht die Auserlesensten und Auserwählten konnten sich so weit aufrechterhalten.»[13]

So wurde die erste Möglichkeit, das Mysterium von Golgatha zu *verstehen,* nicht Wirklichkeit. Und seit der Zeit ist das Erleben «der kosmischen Einsamkeit» unlösbar mit der neuen Einweihung verbunden. Die Apostel verfielen in Schlaf. Und dieser Schlaf, so verkündet uns das Fünfte Evangelium, wurde tiefer und tiefer. Weder das Mysterium von Golgatha noch die Auferstehung nach drei Tagen noch die Lehren des Auferstandenen während der folgenden vierzig Tage – nichts von alledem vermochten die Jünger in vollem Bewußtsein mitzuerleben. Gleichsam von wunderbaren Träumen erfüllt war ihr «Schlaf».[14] Besonders tragisch aber wurde ihre Lage nach der Himmelfahrt, als sie das Empfinden hatten, von dem Christus *verlassen zu sein.* Und in ihrem tiefen Schmerz erlebten sie jetzt in unendlich schwächerer Form und auf menschliche Weise, was der Christus erlebt hatte, als sie ihn der völligen Einsamkeit im Garten Gethsemane überlassen hatten. Sie wurden von dem Erleben des Christus in Gethsemane während der zehn Tage zwischen Himmelfahrt und Pfingsten berührt. So waltete das Weltenkarma. Rudolf Steiner spricht am 17. Mai 1923 in Christiania auf folgende Weise darüber: «Und jetzt kam, nachdem die Jünger Christi diese Erfahrung gemacht hatten, über sie eine Trauer, die sich mit nichts vergleichen läßt, was an Trauer auf der Erde vorhanden sein kann... Die Schüler Christi haben nun in derjenigen Zeit, die uns durch die zehn Tage nach der Himmelfahrt angedeutet ist, ungeheuer viel gelitten, weil ihnen der Anblick des Christus entschwunden war. Und aus diesem Schmerz, aus dieser unendlichen Trauer ist dann dasjenige entsprungen, was wir das Pfingstgeheimnis nennen. Die Schüler Christi haben, nachdem sie für das äußere instinktive Hellsehen den Anblick Christi verloren hatten, ihn im Innern, in der Empfindung, in dem *Erlebnis der Trauer, durch den Schmerz wiederum gefunden.*»[15] «Und die Jünger Christi sagten jetzt, zehn Tage nachdem sie den äußeren Anblick des Christus verloren hatten: Wir haben das Mysterium von Golgatha gesehen. Das gibt uns die Kraft, wiederum unser unsterbliches Wesen zu fühlen. – Das wird symbolisch ausgedrückt durch die feurigen Zungen.»

Das waren, nach dem Fünften Evangelium, die wichtigsten Erfahrungen der Apostel in der Zeit zwischen dem Geschehen im Garten von Gethsemane und Pfingsten. Den Höhepunkt dieser Erlebnisse aber bildete die innere Erleuchtung des Pfingsttages: aus größtem Schmerz und tiefstem Leiden ging das *Welten-Fest der Erkenntnis* hervor. Rudolf Steiner verbindet in dem gleichen Vortrag diese Erlebnisse der Apostel, die zu dem Welt-Pfingst-Tag führten, mit der Erkenntnissuche auf dem anthroposophischen Geistesweg: «Alle wirkliche, große Erkenntnis ist aus dem Schmerz und aus der Sorge herausgeboren. Wenn man durch diejenigen Erkenntnismittel, die in der anthroposophischen Geisteswissenschaft beschrieben werden, den Weg in die höheren Welten zu gehen versucht, so kann man auch nur zu einem Ziele gelangen, wenn man durch den Schmerz hindurchgeht. Ohne daß man gelitten hat, vieles gelitten hat und dadurch frei geworden ist von dem Niederdrückenden des Schmerzes, kann man die geistige Welt nicht erkennen.» Diese Worte, aus der Erfahrung der modernen Einweihung zur Erklärung der inneren Erlebnisse der Jünger in der Zeit zwischen Himmelfahrt und Pfingsten gesprochen, ermöglichen es uns, in dem Erlebnis des Schmerzes eine bestimmte Etappe des Geistesweges zu sehen, eine Etappe, die wir auch in der Geschichte der Anthroposophischen Gesellschaft – dieser esoterischen Gemeinschaft – wiederfinden können.

Wenn wir nun die Ereignisse, wie sie uns das Fünfte Evangelium schildert, als kosmisches Urbild nehmen und im Sinne von Rudolf Steiners oben angeführten Worten die Entwicklungsgesetze der modernen esoterischen Gemeinschaft zu verstehen suchen, dann entsteht das folgende Bild.

Seit dem Brand des ersten Goetheanum war das Bewußtsein der Gesellschaftsmitglieder sehr herabgedämpft. Dieser Schlag erwies sich für die meisten von ihnen als zu stark, obwohl seine Hauptlast auf den Schultern Rudolf Steiners lag. Nachdem aber die Anthroposophische Gesellschaft es versäumt hatte, das «Haus des Wortes» durch ihre Wachsamkeit und innere Aktivität zu retten, konnte sie sich auch nach dem Brand nicht von dem Schlag erholen. Die Folge war ihr weiterer Verfall, der schließlich im Jahre 1923 zur Teilung der deutschen Gesellschaft führte. Deshalb wies Rudolf Steiner während seines einleitenden Vortrages auf der Weihnachtstagung darauf hin, daß die Ruinen des ersten Goetheanum, welche durch die Fenster zu sehen waren, auch ein Bild des Zustandes der Anthropsophischen Gesellschaft vor dem Beginn dieser Tagung seien. Es war ja die eigentliche innere Ursache des Zerfalles die Tatsache, daß die Mitglieder in einen immer tieferen Schlaf versanken. Das hatte dazu geführt, daß Rudolf Steiner sich in vollkommener Einsamkeit befand, obwohl er während des ganzen Jahres 1923 ungeheure Anstrengungen gemacht hatte, eine Änderung herbeizuführen, bis zu dem Augenblick – wenige Wochen vor dem Beginn der Tagung –, da er seinen Entschluß in bezug auf die anthroposophische Bewegung und Anthroposophische Gesellschaft faßte. Es hatte sich die Nacht im Garten von Gethsemane auf ihn herabgesenkt: «Könnt ihr nicht eine Stunde mit mir wachen?»[16] In vollkommener Einsamkeit mußte Rudolf Steiner den letzten Entschluß fassen. Die Schwere dieses «Gebetes um den Kelch» können wir nur ahnen ... Aber auch die Weihnachtstagung konnte dem Prozeß des Einschlafens nicht in genügendem Maße Einhalt gebieten. Das Verständnis ihrer Impulse, vor allem aber die aktive Bemühung, sie zu verwirklichen – das heißt esoterisch gesprochen, an dem Ausgleich des gemeinsamen Karma zu arbeiten – erwies sich als nicht ausreichend. Das war der eigentliche Grund, warum Rudolf Steiner nicht länger bei den Anthroposophen auf dem physischen Plan bleiben konnte, um hier seine Aufgabe weiterzuführen. Denn das notwendige Erwachen fand, trotz der grandiosen Tätigkeit Rudolf Steiners nach der Weihnachtstagung, nicht statt.

Man kann aber auch nicht sagen, daß in der Umgebung Rudolf Steiners keine Persönlichkeiten gewesen seien, die nicht zu wachen vermochten. Solche hat es natürlich gegeben. Es gab Schüler, die, wie Johannes, bewußt «unter dem Kreuz» standen, jedoch sehr viele versanken wie Petrus nach seinem dreimaligen Leugnen noch tiefer in Schlaf. Und es gab auch solche wie Thomas ... Im ganzen gesehen ist dasjenige, was Rudolf Steiner bis zum letzten Augenblick erhoffte, wenn er von seiner Genesung sprach, aber nicht eingetreten. Die Folge war das für die Mehrzahl der Anthroposophen so plötzliche und unerwartete Fortgehen Rudolf Steiners vom physischen Plan. Denn das Weltenkarma waltete über allem. Ita Wegman teilt in ihren Erinnerungen an die letzten Monate von Rudolf Steiners Erdenleben mit, daß die entscheidende Wende erst in den allerletzten Tagen eintrat.

Und nun, nachdem der Lehrer seine Schüler verlassen hatte, mußten die Anthroposophen etwas von der Einsamkeit, von dem Verlassensein erleben, durch die Rudolf Steiner vor der Weihnachtstagung durchgegangen war. Wie ein kosmisches Urbild dafür können wir die Erfahrung der esoterischen Gemeinschaft der Apostel empfinden, als sie sich nach der Himmelfahrt von ihrem himmlischen Lehrer verlassen fühlten.

Für die Apostel aber konnte sich noch etwas anderes ereignen. Es kam die Stunde, da sie schließlich in ihrer tiefen Einsamkeit zu sagen vermochten: «Wir haben das Mysterium von Golgatha gesehen. Das gibt uns die Kraft, wiederum unser unsterbliches Wesen zu fühlen. – Das wird symbolisch ausgedrückt durch die feurigen Zungen (Pfingsten).»[17] So konnten die Apostel, fünfzig Tage nach dem Mysterium von Golgatha und zehn Tage, seitdem der Christus für ihr Schauen nicht mehr erreichbar war, aus tiefstem Schmerz und Leid durch die Erinnerung («Wir haben... gesehen») an das Mysterium von Golgatha und dadurch, daß sie seine Impulse in sich aufnahmen («Es gibt uns die Kraft...»), ihr eigenes «unsterbliches Wesen» erfahren, das aber heißt, den neuen Christus-Geist in sich! Denn der Pfingstweg führt von «Erinnern» über «Besinnen» zum «Erschauen». Und wenn wir uns bewußt machen, daß die Zeit in okkulten Zusammenhängen eine ganz andere Bedeutung hat, dann können wir sagen: *Die Anthroposophische Gesellschaft hat seit dem Fortgang Rudolf Steiners bis zur Gegenwart eine Zeit erlebt, die derjenigen Epoche entspricht, welche die Apostel zwischen Himmelfahrt und Pfingsten durchmachten.* Unsere Aufgabe heute aber ist es, uns aus den besten Kräften unseres Wesens und aus Treue zur Anthroposophie um ein immer größeres *Verständnis* der Weihnachtstagung zu bemühen – indem wir die Erinnerung an sie pflegen. Und wir sollten ihre Impulse aufnehmen – das aber ist nur dadurch möglich, daß wir den dodekaedrischen *Liebesstein* der neuen Mysterien in unser Herz, in unsere Seele legen. Denn diese Impulse sind die Quelle der wahren, lebendigen übersinnlichen Kräfte, mit deren Hilfe allein wir jene hohe Aufgabe erfüllen können, die uns – Anthroposophen – heute gestellt ist.

Wenn wir alle unsere Kräfte dem Arbeiten in dieser Richtung widmen, dann dürfen wir hoffen, daß auf das Himmelfahrtsereignis, dem wir im obigen Sinne den Fortgang Rudolf Steiners vom physischen Plan vergleichen können, ein *Weltenfest der Erkenntnis* folgen wird. Darauf hat Rudolf Steiner mehrfach in seinen Karma-Vorträgen hingewiesen. Er sprach davon, daß die Anthroposophie am Ende dieses Jahrhunderts ihre *Kulmination* erfahren und ebenso einen neuen Entwicklungsimpuls erhalten soll. Das aber ist nur möglich, wenn der *Grundimpuls der Anthroposophie, wenn der Impuls der Weihnachtstagung verstanden, aufgenommen und verwirklicht wird.*

Deshalb können wir sagen: das *Erleben der Weihnachtstagung* ehedem und heute in all ihrer geistigen Realität, es ist das wahre *Pfingsten* für den Anthroposophen. Denn das Pfingstfest ist das Fest der Erkenntnis dessen, was sich einst *als Tatsache* im Irdischen ereignete, was aber damals noch nicht in seinem verborgenen Wesen erkannt werden konnte.

Die Weihnachtstagung ist unter uns! Wir sollten darum ringen, daß wir dahin vorzudringen vermögen, wo sie als eine unerschütterliche Realität existiert. Und die drei Grundübungen der Grundstein-Meditation können uns dahin führen: «Übe Geist-Erinnern» – suchen wir den Geist der Weihnachtstagung in der Erinnerung, dann können wir sie verstehen lernen. «Übe Geist-Besinnen» – das Besinnen auf den Geist der Weihnachtstagung kann uns helfen, ihre Impulse aufzunehmen; aufzunehmen vor allem als Gelöbnis gegenüber dem «guten Geist des Goetheanums», von dem Rudolf Steiner am Abend des 1. Januar 1924 so eindringlich sprach. «Übe Geist-Erschauen» – das Erschauen des Geistes der Weihnachtstagung, es gibt uns die Kraft, ihre Impulse in der Welt zu verwirklichen, denn durch ihn geschieht es, daß

«... die ew'gen Götterziele
Welten-Wesens-Licht
Dem eignen Ich
Zu freiem Wollen
Schenken.»

So ruft uns die Entwicklung der anthroposophischen Bewegung und der Anthroposophischen Gesellschaft, über deren geistige Grundlagen uns die Karma-Vorträge sprechen, zur Verwirklichung des Pfingstgeheimnisses auf. Dieses aber wird die *Kulmination der anthroposophischen Strömung* bringen. «Wir sehen einen mächtigen kosmisch-tellurischen Ruf an die karmischen Zusammenhänge der Mitglieder der Anthroposophischen Gesellschaft herangehen. Wir haben ja... [im letzten Vortrag] gehört, wie der sich *über das ganze 20. Jahrhundert* erstrecken wird und wie die *Kulmination* eintreten wird am Ende des 20. Jahrhunderts.»[18]

Um nun genauer zu betrachten, was Rudolf Steiner unter dieser Kulmination der anthroposophischen Entwicklung am Ende unseres Jahrhunderts versteht, wollen wir uns nochmals jenen Mysterien zuwenden, die mit den anthroposophisch-michaelischen Impulsen verbunden sind.

Oben haben wir schon auf die vier wichtigsten Etappen in der Verwirklichung dieser Impulse hingewiesen und sie mit den vier Gliedern des Menschenwesens, dem Ich, dem astralischen, ätherischen und dem physischen Leibe verglichen. Der anthroposophisch-michaelische Impuls als solcher stammt aus den höheren Welten, wo er durch drei übersinnliche Ereignisse vorbereitet worden ist.

Als erstes sandten die Wesenheiten der ersten Hierarchie die kosmische Intelligenz in die Häupter der Menschen hinab. Dadurch wurde der Mensch aus einem Herz-Menschen zu einem Kopf-Menschen, der seine Gedanken selbst hervorbringt.[19] Das geschah am Beginn des 15. Jahrhunderts, als esoterische Rosenkreuzer-Schulen auf der Erde eingerichtet wurden.[20] – Das zweite Ereignis war die Begründung der übersinnlichen Michael-Schule im 15. Jahrhundert, die länger als dreihundert Jahre bestand. An ihrem Ausgangspunkt fand auch das erste Ereignis statt, welches damals ihre Teilnehmer in der Sonnensphäre miterlebten. – Das dritte Ereignis schließlich ist der große imaginative Kultus, der am Übergang vom 18. zum 19. Jahrhundert in der an die Erde angrenzenden übersinnlichen Sphäre vollzogen wurde.[21] In Rudolf Steiners Worten: «Dasjenige, was in der Anthroposophie lebt, das ist angeregt, zunächst von der Michael-Lehrschule im 15./16. Jahrhundert und von jenem Kultus, der am Ende des 18. Jahrhunderts und am Beginn des 19. Jahrhunderts übersinnlich stattfand.»[22]

Dieser auf dreifache Weise gestaltete anthroposophisch-michaelische Impuls trat sodann am Übergang vom 19. zum 20. Jahrhundert in die Menschheit ein, um sich nach einundzwanzigjähriger Entwicklung endgültig mit der Weihnachtstagung auf dem physischen Plan zu verkörpern. Ausdruck dieser Tatsache aber ist das Entstehen der neuen Michael-Mysterien. In ihrer Begründung haben wir den Beginn der Verwirklichung dessen zu sehen, worauf Michael die ihn umgebenden Seelen in der übersinnlichen Schule als auf die wichtigste Aufgabe seiner zukünftigen Herrschaftsepoche hingewiesen hatte. Von dieser Aufgabe ist in diesem Buche schon mehrmals gesprochen worden. Sie besteht darin, daß die Michael entfallene kosmische Intelligenz ihm in den Seelen der seiner Sphäre die Treue haltenden Menschen zurückgegeben werden soll. Das aber kann heute durch die neuen Mysterien geschehen, deren Impulse alle Bereiche menschlicher Kultur und Tätigkeit durchdringen sollten.

In dem Vortrag vom 21. August 1924 in Torquay weist Rudolf Steiner auf einen weiteren wichtigen Aspekt dieser Aufgabe hin. Es wird hier über die *Artusströmung* und die *Gralsströmung*, die zwei esoterischen Strömungen des westlichen Geisteslebens, gesprochen. Dabei schildert Rudolf Steiner diese Strömungen so, daß ihr Zusammenhang mit dem Michaels-Geschehen in der Welt erkennbar wird. Im einzelnen stellt er dar, wie es sich bei der Artusströmung darum handelt, daß dort die noch kosmische Intelligenz Michaels die Artusritter aus himmlischen Höhen inspiriert. In der Gralsströmung dagegen haben wir es mit einem prophetischen Hinweis darauf zu tun, daß einmal die kosmische Intelligenz von den vom Christus-Impuls durchdrungenen menschlichen Seelen auf der Erde ergriffen und vergeistigt werden wird. Nachdem diese zwei Strömungen auf diese Weise als die zwei Pole beschrieben worden sind, welche die Entwicklung des westlichen Geisteslebens bestimmten, schildert Rudolf Steiner das größte Problem der Michael-Epoche folgendermaßen: «So finden wir, indem wir diese zwei Strömungen gewissermaßen nebeneinanderstellen, das große Problem, das dazumal gestellt worden ist, ich möchte sagen, durch dasjenige, was historisch vor den Menschen stand: die Nachwirkungen des Artus-Prinzips und die Nachwirkungen des Grals-Prinzips. Das Problem war gestellt: Wie findet nicht nur ein Mensch wie Parzival, sondern wie findet auch Michael selber den Weg von seinen Artus-Protektoren, die seine kosmische Herrschaft sichern wollen, zu seinen Gral-Protektoren, die ihm den Weg hinein in die Herzen bahnen wollen, in die Gemüter der Menschen, damit er die Intelligenz dort ergreifen kann? Und es schließt sich uns zusammen, was wie das große Problem unseres Zeitalters vor uns steht: daß durch die Michael-Herrschaft das Christentum in einem tieferen Sinn erfaßt werden soll... Zwischen diesen beiden Burgen [der Artus- und der Gralsburg] steht die mächtige Frage: Wie wird Michael der neue Impulsgeber für die Erfassung der Wahrheit des Christentums?»[23]

Um die Seelen auf die Lösung dieses Problems vorzubereiten, das 1879, mit dem Beginn der neuen Michael-Herrschaft, vor die Menschheit treten sollte, war in der hohen Sonnensphäre die Michael-Schule entstanden, in der er das esoterische Wesen der genannten Strömungen offenbarte: «Eine Michael-Schar bildete sich aus, die in übersinnlichen Regionen, in der geistigen Welt aufnahm jene Lehren der Michael-Lehrer aus der alten Alexander-Zeit, der Michael-Lehrer aus der Zeit der Grals-Tradition, der Michael-Lehrer auch, wie sie in solchen Impulsen wie dem Artus-Impuls vorhanden waren.»[24]

Aus diesen Worten Rudolf Steiners können wir entnehmen, daß außerordentlich viele und verschiedenartige Vertreter der unterschiedlichsten Strömungen, welche mit dem kosmischen Michael-Geschehen verbunden waren, an der übersinnlichen Schule teilnahmen. Denn neben den Platonikern der Schule von Chartres, den Aristoteliker-Dominikanern und jenen zwei Gruppen von Seelen, die sich nach Anthroposophie sehnten und von denen Rudolf Steiner mehrfach in den Karma-Vorträgen spricht, nahmen auch die Vertreter der Artus- und Gralsströmung sowie die Repräsentanten des wahren Rosenkreuzertums teil, denn sie bemühten sich, nach den Worten Rudolf Steiners, in ihrer spirituellen Arbeit Michael in der geistigen Welt zu begegnen.[25] Und allen diesen zahlreichen

Seelen, die die Hingabe an die Michael-Sphäre und das Bestreben gemeinsam hatten, auf der Erde ein neues michaelisches Christentum zu begründen, war diese große Aufgabe von Michael gestellt worden. Sie sollten in der neuen Michael-Epoche bewirken, daß sich nun in den Menschenseelen *etwas* vollziehen kann, was es nicht nur dem Menschen Parzival, sondern Michael selbst ermöglicht, den Weg von der Artus- zur Gralsströmung zu finden, den Weg zum neuen Beherrschen seiner Intelligenz in den Herzen und Seelen der Menschen.

Und dieses «Etwas» ist die große Grals-Imagination, die heute abermals in der neuen michaelischen Form vor die Menschheit hintreten soll. Die große Imagination der Schale, welche die Christus-Substanz birgt und göttliches Licht ausstrahlt, in dem der Heilige Geist im Bilde der Taube erscheint. Wir können diese Imagination auf die folgende Weise in ihrem neuen michaelischen Aspekt verstehen: In der fünften nachatlantischen Kulturepoche erlebt die Menschheit die Entwicklung der Bewußtseinsseele. In ihr tritt das selbständige, individuelle Menschen-Ich zum ersten Mal im Laufe der geistigen Entwicklung der Menschheit auf. Wenn aber der Mensch heute in voller Freiheit die neue Weisheit vom Menschen – Anthropos-Sophia – in sein Ich aufnimmt, dann kann er, darauf wird im Abschlußkapitel der «Geheimwissenschaft im Umriß» hingewiesen, in seinem Ich die Weisheit in Liebe verwandeln und diese wird dadurch jene eigentliche Seelensubstanz, in welcher der Christus sein und wirken kann. Doch es soll sich der Mensch der Anwesenheit des Christus in der Seele auch bewußt werden. Der erste Schritt zu diesem Ziele ist das Erkraften der Bewußtseinsseele, das nach Rudolf Steiners Worten «... dadurch geschieht, daß sie, die zunächst die Intellektualität aufnimmt, in dieses kälteste Seelenelement die warme Liebe einziehen läßt.»[26] Der weitere Fortschritt besteht sodann in der Umwandlung der Bewußtseinsseele in die imaginative Seele[27], die der Liebessubstanz, welche die Seele immer mehr erfüllt, Form zu geben vermag. In der Vereinigung der Liebessubstanz mit den gestaltenden Kräften der Imagination, durch welche diese Substanz als die Christus-Substanz von der Seele *erkannt* werden kann, tritt der Christus-Impuls in das menschliche Bewußtsein ein. Dadurch erwächst dem Menschen die Kraft, die es ihm ermöglicht, seine innere Welt allmählich zu vergeistigen, die michaelische Intelligenz zu erlösen. Diese erlöste Intelligenz aber beginnt als belebendes göttliches Licht aus der heiligen Schale zu leuchten. Ihre Substanz ist Liebe, ihre Form Imagination. Und diese leuchtende Intelligenz, die durch die Kraft des Christus-Impulses in der Bewußtseinsseele erlöst wurde, sie kann von Michael wiederum aufgenommen werden. Das aber wird durch den Heiligen

Geist bezeugt, der in dem leuchtenden Licht der heiligen Schale erscheint und dem, nach den Worten von Emil Bock, nicht der alte marianische, sondern ein michaelischer Charakter eignet.[28]

So kann heute die neue michaelische Grals-Imagination in der menschlichen Seele aufleben: eine heilige Schale, deren Substanz aus Liebe und deren Gestalt aus Imagination besteht, das Gedankenlicht aber, das sie verströmt, aus erlöster michaelischer Intelligenz. Und in diesem Gedankenlicht kann der neue michaelische Geist gefunden werden.[28a]

In unserer Zeit sollte in der Seele jedes Menschen dieses Gralserlebnis in seiner neuen michaelischen Form von Michael gefunden werden können, denn nur auf diese Weise vermag er den Weg zu «seinen Gral-Protektoren zu finden, die ihm den Weg in die Herzen und Seelen der Menschen bahnen wollen, damit er dort die Intelligenz ergreifen könne». Und zu denjenigen Erdenmenschen, die aufgerufen sind, an der Verwirklichung dieser großen Ziele teilzunehmen, gehören in erster Linie die Anthroposophen. Deshalb ist es ihre wichtigste Aufgabe, diese Weisheit vom Menschen (Anthropos-Sophia) in ihre Seele aufzunehmen, die ja nichts anderes ist als das neue «Wissen vom Gral», das heute in die Menschheit kommen will. Denn in der gegenwärtigen Bewußtseinsseelen-Epoche soll das «Wissen vom Gral» beginnen, aus einem verborgenen ein offenbares zu werden. In der «Geheimwissenschaft im Umriß», dem einzigen Buche, in dem nach Rudolf Steiners Worten ein vollständiger Abriß der Anthroposophie als Ganzes gegeben wurde[29], schreibt Rudolf Steiner darüber: «In dem Maße, als die Entwicklung der Menschheit die Erkenntnis des Grales aufsaugen wird, kann der Impuls, welcher durch das Christus-Ereignis gegeben ist, immer bedeutsamer werden. An die äußere Seite der christlichen Entwicklung wird sich immer mehr die *innere* anschließen. Was durch Imagination, Inspiration, Intuition über die höheren Welten in Verbindung mit dem Christus-Geheimnis erkannt werden kann, wird das Vorstellungs-, Gefühls- und Willensleben der Menschen immer mehr durchdringen. Das ‹verborgene Wissen vom Gral› wird offenbar werden; es wird als eine innere Kraft die Lebensäußerungen der Menschen immer mehr durchdringen.»[30]

Aus diesen Worten ersehen wir, wie durch die anthroposophisch orientierte Geisteswissenschaft das neue «Wissen vom Gral» sich allmählich in die Menschheit einleben und dadurch der Impuls, «welcher durch das Christus-Ereignis gegeben ist, immer bedeutsamer werden kann». Und das ist die Antwort auf die Frage: «Wie wird Michael der neue Impulsgeber für die Erfassung der Wahrheit des Christentums?» Zur gleichen Zeit jedoch wird auch die Lösung «des großen Problems unseres Zeitalters» sichtbar, des Problems, «daß durch die Michael-Herrschaft das Christentum in einem tieferen Sinn erfaßt werden soll».[23] Aber diese tiefere Erkenntnis des Christentums, welche von unserer Zeit an sich auch mit seinem äußeren Strome zusammenschließen soll, ist jener Weg der neuen christlichen Mysterien, auf dem die «Grals-Mysterien» in der vom führenden Zeitgeist erneuerten Form heute wiederum in der Menschheit erstehen sollen.

In dem Vortrag vom 26. Dezember 1952 ‹Streit um den Heiligen Geist› sagte Emil Bock über diese neue Gralsströmung heute: «Nicht nur die Exponenten der äußeren Geschichte im 9. Jahrhundert waren [in unserer Zeit] wieder da – die Gralsströmung ist in anderer Form auch wieder da. Das heißt, sie sollte da sein ... Heute muß die Gralslanze, die damals zur Krankheit führte – in dem krank gewordenen Denken –, zum Michaelsspeer umgewandelt werden: in diejenigen Gedankenformen, die uns die Anthroposophie erschließt.»[31] An der Verwirklichung dieser Aufgabe aber sollen im 20. Jahrhundert vor allem zwei Gruppen von Menschenseelen arbeiten. Rudolf Steiner charakterisierte sie als zur Strömung der Platoniker und zur Strömung der Aristoteliker gehörend.

Die Platoniker hatten ihre letzte entscheidende Inkarnation im 12. Jahrhundert. Sie gruppierten sich in der Hauptsache um die Schule von Chartres oder ihr ähnliche Stätten. Es lebten in ihnen Impulse, die aus ältester Mysterienweisheit stammten, einer Weisheit, welche sich noch unter dem Einfluß der Michael zugehörigen kosmischen Intelligenz befunden hatte. Man kann sagen, daß die Schule von Chartres die letzte Oase in Europa war, wo diese kosmische Intelligenz noch auf die richtige Weise gepflegt wurde. Damit gehörte diese Schule, esoterisch gesehen, der Artus-Strömung an.[32] Auf der anderen Seite war die Schule von Chartres eng mit dem jungen historischen Christentum verbunden. Es wurde hier voll mit der Tatsache gerechnet, daß der Christus-Impuls sich auf der Erde befindet und in den Herzen und Seelen der Menschen im Erdengebiet wirksam ist. Darin zeigte sich ihr Zusammenhang mit der Gralsströmung. «Sie ist schon in einer merkwürdigen Weise, diese Schule von Chartres ... hereingestellt mitten zwischen dem nordischen Artus-Prinzip und dem südlichen Christus-Prinzip»[33], sagte Rudolf Steiner über ihre besondere Stellung. So war schon im 12. Jahrhundert in der Schule von Chartres, besonders in ihren führenden Vertretern, wie eine Vorwegnahme der christlichen Mysterien der Zukunft eine gewisse harmonische Synthese des Christus-Impulses und des tiefsten Wesens der alten Mysterien, des historischen und des kosmischen Christentums, erreicht worden, – jedoch erreicht auf vorintellektualistische Weise.*

Bereits im folgenden Jahrhundert sollte dann eine ganz andere Epoche beginnen. Denn im 13. Jahrhundert erwies es sich als notwendig, eine neue intellektuelle Zeit einzuleiten, in welcher der Grund der zukünftigen Epoche der menschlichen Freiheit zu legen war. Deshalb sollten die Platoniker nun von den Aristotelikern in der Führung der irdischen Angelegenheiten abgelöst werden. Und diese waren seit dem Altertum mit der Michael-Sphäre verbunden. Sie hatten sich zur Zeit des Mysteriums von Golgatha in der geistigen Welt befunden und von dort aus das Fortgehen des Christus von der Sonne geschaut. Ebenso hatten sie in den vorhergehenden Jahrhunderten das Herabkommen der kosmischen Intelligenz beobachten und dank dieser Erlebnisse den starken Impuls entwikkeln können, diese Intelligenz in der Zukunft auf der Erde als individuelle Verstandeskraft des einzelnen Menschen zu pflegen.

So steht der große Übergang von der vorintellektuellen zur intellektuellen Entwicklung vor uns, welche die Aristoteliker im 13. Jahrhundert auf der Erde herbeiführten. Die meisten von ihnen gehörten dem Orden der Dominikaner und damit der sogenannten Scholastik an, welche bereits die individuelle menschliche Intelligenz pflegte, mit deren Wirksamkeit die Bewußtseinsseelen-Epoche im Jahre 1413 begann. Und obwohl die kosmische Intelligenz schon im 8., 9. Jahrhundert begonnen hatte, in die Erdensphäre einzudringen, so fand doch im *geistesgeschichtlichen* Sinne der Übergang von den kosmischen zu den irdischen Impulsen an der Wende vom 12. zum 13. Jahrhundert statt, als die geistige Führung der irdischen Angelegenheiten von den Platonikern zu den Aristotelikern überging.

Rudolf Steiner beschreibt eingehend, wie die Initiative von der einen Strömung der anderen übergeben wurde. Es geschah das auf einem übersinnlichen Konzil, an welchem Platoniker aus der Schule von Chartres teilnahmen, die sich gerade in die geistige Welt erhoben und künftige Dominikaner-Scholastiker, die im Begriffe waren, sich auf die Erde hinabzubegeben, um dort, im 13. Jahrhundert, ihre Aufgabe zu erfüllen. «Und da geschah es eben, daß die Lehrer von Chartres den Aristotelikern

* Es ist hier auf den mehr imaginativ-bildhaften Charakter der Seelentätigkeit der Platoniker hinzuweisen im Vergleich mit der mehr intellektuell-gedanklichen Tätigkeit der Aristoteliker. Dieser Unterschied wird deutlich, wenn man den «Anticlaudian» von Alanus ab Insulis mit den Werken des Thomas von Aquin vergleicht.

zunächst die Verwaltung der geistigen Erdenangelegenheiten übertrugen. Denjenigen also, die jetzt heruntersteigen sollten und gerade dazu geeignet waren, die Verwaltung des intelligenten Lebens, der *Eigenintelligenz* auf der Erde zu übernehmen, denen übertrugen die Platoniker, die eigentlich nur noch unter solchem Einfluß stehen konnten, daß *die Intelligenz vom Himmel aus verwaltet wird,* denen übertrugen diese Lehrer von Chartres die Verwaltung des geistigen Lebens auf der Erde.»[34] So beschreibt Rudolf Steiner dieses für das geistesgeschichtliche Werden der Gegenwartsmenschheit so bedeutungsvolle Ereignis. Dabei ist zu beachten, daß diese Begegnung der beiden Strömungen damals *nicht auf der Erde* stattfand, sondern in der geistigen Welt.

Das übersinnliche Konzil hatte jedoch noch eine besonders wichtige Folge: auf ihm wurde nicht nur der Beschluß gefaßt, daß das in der Schule von Chartres noch vollkommen kosmische Wirken der Intelligenz in der scholastischen Strömung ein rein menschliches werden sollte, um durch diesen Übergang von den Platonikern zu den Aristotelikern in der zukünftigen Bewußtseinsseelen-Epoche die Freiheit für die Menschheit zu erringen, sondern es wurde in diesem himmlischen Konzil im 13. Jahrhundert auch über die zukünftige Spiritualisierung der zur Erde herabgesunkenen kosmischen Intelligenz während der neuen Herrschaftsepoche Michaels «beraten».

Und diese Spiritualisierung ist notwendig, da seit dem Beginn der Bewußtseinsseelen-Epoche die große Gefahr besteht, daß die kosmische Intelligenz, die ursprünglich Michael verwaltete und die ihm entfallen ist, den ahrimanischen Mächten auf der Erde, die heute besonders stark wirken sollen, endgültig verfällt. Dann aber wäre es für das menschliche Ich, das in dieser Epoche die volle innere Freiheit gewinnen soll, nicht möglich, durch den auf das Geistige gerichteten Gebrauch der Intelligenz den Zugang zum Geistselbst zu gewinnen, und die Folge wäre, daß die menschliche Entwicklung hinfort in die ahrimanische Richtung abgelenkt würde. Um das abzuwenden, wurde auf dem übersinnlichen Konzil am Beginn des 13. Jahrhunderts beschlossen, am Ende des 20. Jahrhunderts auf der Erde durch gemeinsame Anstrengungen an der Spiritualisierung der menschlichen Intelligenz zu arbeiten, das aber heißt, sie Michael zurückzugeben. «Denn das ist die Abmachung jenes himmlischen Konzils im Beginne des 13. Jahrhunderts, daß sie miteinander erscheinen, die Aristoteliker und die Platoniker, und daß dahin gearbeitet werde, daß immer blühender und blühender die anthroposophische Bewegung im 20. Jahrhundert werde, damit am Ende dieses Jahrhunderts im Verein von Platonikern und Aristotelikern die Anthroposophie eine gewisse *Kulmi-*

nation in der Erdenzivilisation erlangen kann.»[35] Um dieses Zieles willen sollen sich die beiden Strömungen *erstmals* auf der Erde vereinigen, oder, in Rudolf Steiners Worten: «So daß vor dem Ablaufe des 20. Jahrhunderts, wenn die Zivilisation nicht in die völlige Dekadenz kommen soll, auf der Erde die Platoniker von Chartres und die späteren Aristoteliker zusammenwirken müssen ... Dahin zielt die anthroposophische Bewegung: beide in sich zu vereinigen.»[36]

Aber dieser endgültigen Vereinigung der zwei Strömungen sollte okkult-historisch noch etwas anderes vorausgehen. Schon im 13. Jahrhundert, als die Aristoteliker vornehmlich als Dominikaner auf der Erde tätig waren und sich die Mehrzahl der Platoniker in der geistigen Welt befand, wirkten sie ständig in irdisch-himmlischer Weise zusammen: «Und wiederum, als innerhalb der Dominikaner die Aristoteliker lehrten, da waren die nunmehr in der geistigen Welt weilenden platonischen Seelen, nachdem sie sich verständigt hatten mit den später heruntergekommenen aristotelischen Seelen, die inspirierenden Genien.»[37]

Das Zusammenwirken des Himmels und der Erde in jener Zeit erwies sich als ein Gegengewicht gegen die Tatsache, daß um 1250 nicht einmal die höchsten Eingeweihten hellsichtig zur geistigen Welt vordringen konnten, und es war auch die Quelle der besonderen Atmosphäre, in der allein die Begründung und Ausbreitung der Rosenkreuzerströmung möglich war.[38] Denn «Initiationsweisheit, Rosenkreuzerweisheit, wie sie sich dann ausbreitete, bestand ja darinnen, daß man einige Klarheit hatte über diese Verhältnisse».[39]

Wenn wir nun bedenken, daß nach den Worten Rudolf Steiners gerade in der Gralsströmung das Bestreben vorhanden war, «damit zu rechnen, daß die Intelligenz in der Zukunft auf der Erde gefunden werden müsse, daß sie nicht mehr vom Himmel herunterströmt»[40], dann können wir erleben, mit welcher Intensität das Gralsprinzip in den Seelengründen der Dominikaner-Scholastiker wirkte. Trotzdem konnten die Scholastiker nach dem Willen des Weltenkarma noch keinen *direkten* Zugang zu der esoterischen Gralsströmung finden.[41] Denn in dieser Zeit sollten sie mehr exoterisch und vollkommen öffentlich wirken. So hatte auch die Frage der Hochscholastik damals, als Thomas von Aquino starb[42], ihren Höhepunkt erreicht, die Frage: Wie kann der Christus in das menschliche Denken eintreten, in die michaelische Intelligenz, die, einstmals kosmischen Ursprungs, der Erbsünde auf der Erde verfallen ist. Das aber war ihrem Wesen nach die Frage Parzivals in ihrem michaelischen Aspekte: Wie findet Michael von der Artusströmung zur Gralsströmung (s. S. 358); wie kann Michael wiederum die Herrschaft über die Intelligenz erlangen;

wie kann der Übergang von der Epoche der Bewußtseinsseele zur Epoche des Geistselbst in der Menschheit vollzogen werden? Im 13. Jahrhundert, sechs Jahrhunderte vor dem Beginn der Michael-Zeit, sollte diese Frage gestellt werden, aber es war noch nicht möglich, sie zu lösen.[42a]

Am Anfang des 14. Jahrhunderts vereinigten sich dann die Aristoteliker abermals mit den Platonikern in der geistigen Welt. Die einen wurden von der Individualität des Thomas von Aquino geführt, die anderen von Alanus ab Insulis. Diese beiden geistigen Strömungen, die für das weitere Schicksal der kosmischen Intelligenz verantwortlich waren, nahmen an der übersinnlichen Michael-Schule im 15.–17. Jahrhundert in der Sphäre der Intuition teil und am Beginn des 19. Jahrhunderts an dem großen Kultus in der Sphäre der Imagination. So wurde in den übersinnlichen Bereichen unter der Führung Michaels durch *beide* Strömungen dasjenige vorbereitet, was dann auf der Erde *Anthroposophie* werden sollte.

Die Verwirklichung dieser Ziele aber auf der Erde vorzubereiten, oblag zunächst den Aristotelikern. Denn schon im 13. Jahrhundert waren sie erfahren im Umgang mit der irdischen Intelligenz. Sie hatten damals die Hauptrolle bei dem Übergang von der himmlischen zur irdischen Intelligenz gespielt und auch die Grundfrage der zukünftigen Michael-Epoche gestellt: die Parzival-Michael-Frage. Und so sollten sie auch jetzt, da die individuelle Freiheit als Folge ihres damaligen Wirkens in ausreichendem Maße im ersten Drittel der Bewußtseinsseelen-Epoche errungen war, den ersten Schritt in der umgekehrten Richtung tun: sie sollten den *Weg zur neuen Spiritualisierung der irdischen Intelligenz* bahnen. Und das tat Rudolf Steiner am Beginn des 20. Jahrhunderts zunächst auf eine mehr gedankliche Art in seiner «Philosophie der Freiheit». Über dieses Buch aber sagte er, daß es der Menschheit das «Wissen vom Gral» wiederum bringe, dessen Quellen in das 12./13. Jahrhundert zurückreichten. Auf diese Weise wurde Michael der Weg «von seinen Artus-Protektoren zu seinen Gral-Protektoren» auf der Erde bereitet.

Während dieser Zeit waren die Platoniker gemäß der übersinnlichen Abmachung vom 12./13. Jahrhundert in der geistigen Welt. Denn sie hatten keine solch reiche Erfahrung im Umgang mit der *irdischen* Intelligenz wie die Aristoteliker. Die Platoniker waren ja in ihrer letzten Verkörperung noch vollständig davon geleitet worden, «daß die Intelligenz vom Himmel aus verwaltet wird».[42b] Deshalb sollten sie warten, bis die Aristoteliker *am Ende* des 20. Jahrhunderts in der Epoche des Intellektualismus wieder den Weg zum Geist gebahnt haben, bis die Grundlagen für die Vergeistigung der Intelligenz gelegt sein würden, um dann den unerschöpflichen Reichtum ihrer Seelen in diesen Entwicklungsstrom hineinzugeben. Denn sie trugen die umfassende Synthese des Christentums und der alten Mysterien in sich, eine Synthese, welche in der Michael-Schule in den Impuls der neuen Mysterien umgewandelt worden war.

Während also auf der Erde die erste Etappe der Spiritualisierung der menschlichen Intelligenz auf dem Wege des Aufsteigens zur Michael-Sphäre vornehmlich von den Aristotelikern verwirklicht wurde, nahmen die Platoniker im Übersinnlichen geistig doch auch an dieser Arbeit teil. «Da auf der Erde sind ehrlich zur Anthroposophie strebend eine Anzahl von Seelen, welche den Michael-Strömungen immer nahegestanden haben; da sind in der übersinnlichen Welt eine Anzahl von Seelen, namentlich die Lehrer von Chartres, die zurückgeblieben sind. Zwischen denen, die hier in der sinnlichen Welt sind, und denen, die oben sind in der geistigen Welt, besteht die entschiedenste Tendenz, ihre Wirksamkeiten miteinander zu vereinen»[43], so charakterisierte Rudolf Steiner das Zusammenwirken dieser zwei Strömungen *am Anfang* des 20. Jahrhunderts, und noch deutlicher geschah das in dem Vortrag vom 13. Juli 1924: «Und *jetzt wirken* diejenigen Seelen, welche im 12. Jahrhundert gearbeitet haben in der großen Schule von Chartres, und jene, die mit ihnen verbunden waren durch eine der größten Geistgemeinschaften, aber in der übersinnlichen Welt im Beginn des 13. Jahrhunderts – die Geister von Chartres wirken jetzt mit denen zusammen, die mit ihnen verbunden dann den Aristotelismus gepflegt haben, gleichgültig ob die einen hier auf Erden wirken, die anderen noch nicht auf die Erde herunter können, ein neues spirituelles Zeitalter für die Erdenentwickelung intendierend. Jetzt gilt es ihnen, die Seelen zu sammeln, die seit langem mit ihnen verbunden sind, die Seelen zu sammeln, mit denen ein spirituelles Zeitalter begründet werden kann, um in verhältnismäßig kurzer Zeit auf irgendeine Weise innerhalb der sonst zugrunde gehenden Zivilisation die Möglichkeit herbeizuführen, daß zusammenwirken in Erdeninkarnationen die Geister von Chartres aus dem 12. Jahrhundert und die mit ihnen verbundenen Geister aus dem 13. Jahrhundert, damit sie im Erdensein zusammenarbeiten können, um die Spiritualität innerhalb der sonst in den Verfall, in den Untergang hineinsegelnden Zivilisation neu zu pflegen. Absichten, die sozusagen gepflegt werden *heute* – nicht auf der Erde also, sondern *zwischen Himmel und Erde,* möchte ich sagen –, Absichten habe ich Ihnen damit charakterisieren wollen.»[44]

Und indem die Weihnachtstagung von 1923/24 die Kulmination der anthroposophischen Entwicklung war, so nahmen an ihr nicht nur die Lehrer von Chartres, sondern auch viele andere Individualitäten übersinnlich teil und waren anwesend. Denn die Weihnachtstagung war die

Realisierung jenes Geschehens im Irdischen, dessen *Urbild* wir in der übersinnlichen Michael-Schule des 15.–16. Jahrhunderts suchen müssen, als Michael den zu ihm gehörenden Seelen die Geheimnisse der alten Mysterien offenbarte und sie dann auf die zukünftigen neuen Mysterien hinwies, welche mit der esoterischen Erneuerung des Christentums zusammenhängen und welche in seiner zukünftigen, 1879 beginnenden Herrschaftsepoche zur Erde kommen sollten. Das irdische Abbild dieses Prozesses entstand, als Rudolf Steiner auf der Weihnachtstagung den anwesenden Anthroposophen zuerst die Geheimnisse der alten Mysterien[45] erschloß und dann den Grundstein für die neuen Mysterien legte. Und wir können sagen: Da in den Rhythmen der Weihnachtstagung auch der Weg der Seele zwischen zwei Verkörperungen enthalten ist, so wandte sich Rudolf Steiner durch sie auch an alle Seelen, die mit dem Michael-Geschehen in der Menschheit verbunden sind, in welchem Gebiet der nachtodlichen Wanderung sie in dem Augenblick auch weilen mochten, und gab ihnen die Möglichkeit, geistig teilzunehmen. Wie hätte sonst der Zusammenschluß der geistigen Strömungen, von dem Bernard Lievegoed in seinem Buch schreibt[46], geschehen können, wenn ihre Repräsentanten nicht geistig an der Weihnachtstagung hätten teilnehmen können? Wenn sie nicht dort hätten anwesend sein können, wo innerhalb der Menschheit der Anfang damit gemacht wurde, jenes Geschehen zu verwirklichen, das diese Repräsentanten der verschiedenen Strömungen einstmals unter der Führung Michaels in seiner übersinnlichen Schule vorbereitet hatten? Rudolf Steiner schildert das folgendermaßen: «Und es entwickelt sich im Übersinnlichen die intensivste Vorbereitung der Michael-Impulse, die in unserem Zeitalter gewissermaßen vom Himmel auf die Erde getragen worden sind ... Anknüpfen muß man mit dem heutigen Zeitbewußtsein an dasjenige, was im Übersinnlichen sich in den letzten Jahrhunderten abgespielt hat.»[47]

Das Besondere der Weihnachtstagung, daß sie für *beide* Welten die gleiche große Bedeutung hatte und *in den zwei Welten* abgehalten wurde, das empfanden viele Teilnehmer damals. So schreibt Zeylmans van Emmichoven zurückschauend: «Doch konnte man bereits damals ahnen, daß auch die Nichtanwesenden, vielleicht auch die nicht auf dem physischen Plan lebenden Menschen, an dieser Grundsteinlegung teilhatten; sicher hörten ebensogut viele Seelen in der geistigen Welt zu, sowohl die schon Abgeschiedenen wie auch die noch nicht Geborenen.»[48]

Mit den Worten Rudolf Steiners: «In dem, was sich geistig abspielt, wirken ja nicht bloß etwa diejenigen Seelen, die auf Erden heute verkörpert sind, sondern andere Seelen, die heute zwischen dem Tode und einer neuen Geburt stehen und die Strahlen ihres Wirkens hereinsenden auf die Erde. *In unseren eigenen Taten liegen die Impulse solcher Seelen.* Das wirkt ja alles zusammen, geradeso wie die Erdentaten sich wiederum hineinerstrecken in das Himmelsgebiet und dort weiterwirken.»[49] Und als ein konkretes Beispiel für dieses Hereinwirken aus der geistigen Welt in das irdische Geschehen weist Rudolf Steiner auf das Besondere der Individualität von Brunetto Latini, des großen Lehrers von Dante, hin, der an der übersinnlichen Vorbereitung der Anthroposophie auf das Intensivste teilgenommen hatte.[50] «In vieler Beziehung ist ja jemand wie Brunetto Latini heute, trotzdem er nicht auf der Erde verköprert ist, in ungeheuer vielem darinnen, was auf Erden geschieht.»[51] Und Rudolf Steiner fährt fort: «Sie sehen aber daraus, wie innig verbunden das Erdenleben ist mit dem übersinnlichen Leben, wie man gar nicht eigentlich reden kann von einer von der Erdenwelt, von der sinnlichen Welt getrennten übersinnlichen Welt, denn alles, was sinnlich ist, ist zu gleicher Zeit übersinnlich durchdrungen; *alles, was übersinnlich ist, offenbart sich irgendwo oder irgendwann im Sinnlichen.* Und aufnehmen kann man eigentlich das Erdenleben nur, wenn man diese Dinge hinter dem Erdenleben sieht. – Das, meine lieben Freunde, soll der Zug sein, der in die anthroposophische Bewegung seit der Weihnachtstagung hineingekommen ist: daß in ganz unverhohlener, unbefangener Weise mit voller Erkenntnisbesinnung von den übersinnlichen Tatsachen gehandelt wird. Das soll der esoterische Zug sein, der durch die anthroposophische Bewegung geht. Erst dadurch wird es möglich sein, der anthroposophischen Bewegung ihren wirklichen spirituellen Inhalt zu geben.»

Wenn wir das im Bewußtsein haben, so können wir mit Überzeugung sagen, daß die Weihnachtstagung auch für die geistige Welt ein Zeichen dafür war, daß die Vergeistigung der irdischen Intelligenz, ihre Umwandlung in eine michaelische in der Menschheit möglich ist. Das aber ist *eine Erneuerung* der himmlischen Abmachung vom 13. Jahrhundert und der Beginn ihrer Verwirklichung. *Alle* jüngeren Mitglieder der Anthroposophischen Gesellschaft, die sich mit der anthroposophischen Bewegung verbunden wissen, können deshalb die Erinnerung ihrer Teilnahme an diesen irdischen Ereignissen im ersten Viertel unseres Jahrhunderts in sich wachrufen. Denn sie haben *alle* geistig oder physisch am Entstehen des anthroposophisch-michaelischen Impulses auf der Erde teilgenommen und ebenso an der Weihnachtstagung. Sie sollten, wenn sie jetzt auf die Erde kommen, sie zu verstehen und ihre Impulse zu verwirklichen suchen.

Der tiefere Grund, warum Rudolf Steiner mehrfach während der Weihnachtstagung und in der folgenden Zeit davon sprach, daß von dem Augenblick an ein vollkommen neuer Impuls in die anthroposophische Bewegung hineingekommen sei, um dessentwillen von einem «Anfang» gesprochen werden könne, ist in dieser Erneuerung der Abmachung des 13. Jahrhunderts und in der Tatsache zu suchen, daß der Beschluß, den Aristoteles und Alexander auf dem übersinnlichen Konzil von 869 faßten, auf der Weihnachtstagung verwirklicht wurde.[52] Denn wenn es nicht so wäre, wenn die menschliche Intelligenz noch nicht bis zu einem gewissen Grade auf der Erde vergeistigt werden könnte, dann wäre die Weihnachtstagung nicht möglich gewesen.[53]

Nach dieser vorbereitenden Betrachtung wollen wir uns nun der Frage nähern, die wohl das zentrale Geheimnis der Weihnachtstagung berührt. Sie hängt mit dem schon oben angesprochenen Problem zusammen, das nach Rudolf Steiner folgendermaßen formuliert werden kann: Wie findet nicht nur der Mensch Parzival, sondern Michael selbst von den Nachwirkungen des Artus-Prinzips zu den Nachwirkungen des Grals-Prinzips?[54] Wie findet er den Weg von der Verwaltung der Intelligenz im Kosmos zu ihrer Lenkung in den Herzen und Seelen der Menschen? Das ist die alte Parzival-Frage in erneuerter Form, die nun zur *michaelischen Grundfrage unserer Zeit* geworden ist und die uns auf den esoterischen Zusammenhang zwischen der Weihnachtstagung und dem Grals-Mysterium hinweist. Zwei Hauptaspekte haben wir bei der Betrachtung der Rhythmen der Weihnachtstagung im 5. Kapitel herausgearbeitet, zwei Entsprechungen: die eine mit dem vollständigen Zyklus des nachtodlichen Lebens der Seele zwischen zwei Verkörperungen; und die andere mit den sieben Stufen des christlich-rosenkreuzerischen Einweihungsweges, wie er in der «Geheimwissenschaft im Umriß» geschildert wird. Diese beiden Aspekte aber weisen auf das Grals-Mysterium hin! Am 7. Januar 1913 äußerte sich Rudolf Steiner folgendermaßen darüber: «Und dieses Mysterium vom Heiligen Gral kann dem modernen Menschen das geben, was ihn einführt in ein gerade für unsere Zeit richtiges Verständnis des Lebens zwischen dem Tode und einer neuen Geburt.»[55] Und in der «Geheimwissenschaft im Umriß» schreibt er: «Zu der ‹Wissenschaft vom Gral› führt der Weg in die übersinnlichen Welten, welcher in diesem Buche in seinen ersten Stufen beschrieben worden ist.»[56]

So erweisen sich die zwei Hauptaspekte der sieben Rhythmen der Weihnachtstagung als der Weg, der uns zur «Wissenschaft vom Gral» führt. So ist die einundzwanzigjährige Entwicklung der Anthroposophischen Gesellschaft in der Welt mit ihrer Kulmination in der Weihnachtstagung auch ein Bild dafür, wie das «verborgene Wissen vom Gral» unter dem Einfluß Michaels zu einem offenbaren wird. Denn heute erscheint nicht mehr der marianische, sondern der michaelische Geist in dem Lichte, das aus der heiligen Schale leuchtet. Mehr noch: diese neuen michaelischen Mysterien, sie sind ihrem tiefsten esoterischen Wesen nach vom Zeitgeist erneuerte Grals-Mysterien.

Auf diese Wechselbeziehung weist Rudolf Steiner in seinem Michaels-Brief «Gnosis und Anthroposophie» vom Januar 1925 hin. Dort spricht er, zwei Monate vor seinem Fortgehen aus dem Erdenleben, zum letzten Mal über das Gralsthema. Er stellt bei der Beschreibung der Entstehungsgeschichte der Gnosis dar, wie diese auf die dritte nachatlantische Kulturepoche zurückgeht, auf die Epoche der Empfindungsseele. Die esoterische Gnosis wurde, im Gegensatz zur exoterischen, deren Schriften in den ersten christlichen Jahrhunderten vernichtet worden sind, in streng geheimen, vor der Welt abgeschlossenen «Gnosis-Mysterien» gepflegt, die sich bis zur Zeit des Christentums und, in verwandelter Form, bis zum Mittelalter erhielten. (In dieser umgewandelten Form nennt sie Rudolf Steiner «Göttliche Mysterien».)

Das Weiterleben dieser auf die Zeit der Empfindungsseele zurückgehenden, verborgenen Mysterien schildert Rudolf Steiner als ein tiefes Geheimnis der Menschheitsentwicklung. Er verbindet diese Mysterien in dem obengenannten Brief mit dem Entstehen der Gralsströmung[57], wobei er ihre Eingeweihten als Menschen charakterisiert, welche noch in der vierten nachatlantischen Kulturepoche, in der Epoche der Verstandes- oder Gemütsseele, in der Lage waren, die Empfindungsseele in sich zu wecken, so daß «die Menschen, die das erlebten, diejenigen waren, die auch das Mysterium von Golgatha, als es sich vollzog, in seinem tiefen kosmischen Zusammenhange durchschauten».[58] So kann man von diesen Eingeweihten sagen, daß sie gleichsam zwei vollständig entwickelte Seelen in sich trugen: die Empfindungsseele und die Verstandes- oder Gemütsseele. Das heißt, sie waren durch die letzte mit ihrer historischen Epoche verbunden, durch die erste mit der kosmischen Weisheit der «Göttlichen Mysterien». Zu diesen Eingeweihten, welche «das Mysterium von Golgatha... in seinem tiefen kosmischen Zusammenhange durchschauten», gehörte Joseph von Arimathia. Er war aber auch der erste Gralshüter, der Hüter der heiligen Schale, welche, nach den Worten Rudolf Steiners, «das Geheimnis von Golgatha barg».[59]

Als es in der folgenden Zeit nicht genügend Menschen gab, die die Empfindungsseele in sich beleben und sich auf diese Weise dem kosmischen Gehalt der Grals-Mysterien nähern konnten, wurde der Gral von der Erde genommen und in die Obhut bestimmter Geistwesen gestellt. Sie sollten ihn später wiederum Menschen übergeben, nun aber nicht zu dem Ziele, daß er zur Erkenntnis anregen möge, sondern um solche Empfindungen oder seelische Erlebnisse zu wecken, die geeignet waren, den Übergang von der Verstandes- oder Gemütsseele zur Bewußtseinsseele vorzubereiten. Und dieser Übergang wurde esoterisch durch Parzival vollzogen, der zwei Seelen, die Verstandes- oder Gemütsseele und die Bewußtseinsseele, in sich entwickelt hatte.[60] Die erste, entsprechend der Epoche, in welcher er seine Aufgabe zu erfüllen hatte, und die zweite als prophetischen Hinweis auf die zukünftige Menschheitsentwicklung. Nach Parzival wurde der Gral dem Reich des Priesterkönigs Johannes zum Schutz übertragen. Dieses Reich aber dürfen wir nicht auf der Erde suchen, sondern in der geistigen Welt.[61] So wurde der Gral abermals durch die geistigen Mächte von der Erde genommen bis zu dem Augenblick, da seine Mysterien in der neuen Michael-Epoche wieder auf der Erde erscheinen sollten, bis zu der Zeit, da der Übergang von der Bewußtseinsseele zum Geistselbst vollzogen werden sollte.[62] Das geschah mit der Einweihung und durch die Tätigkeit Rudolf Steiners. In ihm wurde die michaelische Imagination vom Gral, welche die neue kosmische Christus-Erkenntnis enthält, Wirklichkeit. Er konnte den Weg zur Befreiung der irdisch gewordenen kosmischen Intelligenz bahnen und den Grund zum Übergang von der Bewußtseinsseele zum Geistselbst legen, so daß diesen Weg alle Menschen gehen können, die das neue michaelische Christentum in sich aufnehmen, welches heute in der Anthroposophie vor uns hintritt.

Auf diese Entwicklung weist Rudolf Steiner am Ende des Briefes «Gnosis und Anthroposophie» in verhüllter Form hin. Dort wird das Bild des Gral vor uns hingestellt, der «Welt-Bilder» birgt, in denen die «Geheimnisse von Golgatha» leben.[63] Diese Geheimnisse der kosmischen Christus-Erkenntnis wurden bald nach dem Mysterium von Golgatha von der Erde in die geistige Welt geholt. In der Epoche, welche die Entwicklung der Bewußtseinsseele vorbereiten sollte, wurden sie wiederum zur Erde getragen, jedoch dieses Mal nur als «Gefühls-Inhalt». Und in unserer Epoche, die das Geistselbst-Prinzip vorbereiten soll, ist diese kosmische Christus-Erkenntnis, welche in der göttlichen Schale gehütet wurde, wiederum auf die Erde gekommen. Denn jener Gehalt der Schale, welcher zunächst aus den Kräften der Empfindungsseele aufgenommen wurde, dann aus den Kräften der Verstandes- oder Gemütsseele, welche zur Bewußtseinsseele aufsteigt, er kann heute von den reinsten Kräften der Bewußtseinsseele, welche sich zum Geistselbst entwickelt, aufgenommen werden, «daß in unserem Zeitalter sich aus der Bewußtseinsseele im Lichte von Michaels Wirksamkeit ein neues volles Verständnis des Mysteriums von Golgatha entwickele. Anthroposophie strebt dieses neue Verständnis an.» Wenn wir diese Worte neben diejenigen stellen, welche am 7. Januar 1913 in Berlin gesprochen wurden, dann steht die ganze Folge der geistigen Ereignisse vor uns. «Alles, was zu dieser Verbreitung des Verständnisses des Christus-Impulses in unserer Zeit beitragen soll, das schließt sich für das Abendland zusammen in dem, was man nennen kann das Mysterium vom Heiligen Gral.»[63a]

So haben wir ein dreimaliges Auftreten des Grals-Impulses, entsprechend den drei verschiedenen Epochen der Weltentwicklung. Es ist mit drei historischen Persönlichkeiten verbunden, mit Joseph von Arimathia, Parzival und Rudolf Steiner.[64]

Und nun können wir die Frage stellen, die unmittelbar aus der vorhergehenden Betrachtung hervorgeht: Wie verhält sich das okkulte Geschehen der Weihnachtstagung zu dem erneuerten Grals-Mysterium, welches heute zu einem echten Michael-Mysterium werden soll, damit Michael die Intelligenz in den Herzen und Seelen der Menschen wiederum aufnehmen kann? Diese Frage läßt sich nur beantworten, wenn wir uns bewußt sind, daß den *neuen Mysterien, die auf der Weihnachtstagung ihren Anfang nahmen, dasjenige zugrunde liegt, was das eigentliche Zentrum des Grals-Mysteriums ist.*

Das erneuerte Bild des heiligen Grales, so wie wir es oben beschrieben haben, sollte heute aus den Tiefen der michaelischen Esoterik im Menschen selbst entstehen. Es sollte aus den Tiefen der neuen Offenbarung der Anthropos-Sophia, der Weisheit des Heiligen Geistes vom Menschen, entstehen. Und in diesem neuen Gralsbilde können wir drei gestaltende Grundelemente deutlich unterscheiden.

Das erste ist die *Liebessubstanz,* welche in dem Menschen-Ich geboren wird, das die neue anthroposophische Weisheit von der Welt und vom Menschen in Freiheit in sich aufnimmt. Damit jedoch diese Liebessubstanz, die das menschliche Ich erfüllt, auch zur Christus-Substanz werde, muß sie den Zugang zu den Quellen der Weltenliebe finden, welche dank des Mysteriums von Golgatha auf die Erde gekommen ist. So daß wir sagen können: Nur diejenige menschliche Liebe, die zu dem Mysterium von Golgatha hinstrebt, kann sich mit der Weltenliebe vereinigen, die seit den Ereignissen von Palästina gleich einem mächtigen kosmischen Strom durch unsere Welt strömt. Denn «das Ereignis von Golgatha ist eine freie kosmische Tat, die der Welten-Liebe entstammt und nur durch Menschen-Liebe erfaßt werden kann».[65] Damit also unsere Menschen-Liebe sich durch die Welten-Liebe befruchten lassen und dadurch den Christus-Impuls in sich aufnehmen kann, muß die Substanz des neuen Grales aus Welten-Menschen-Liebe bestehen.

Das zweite Element ist dasjenige, das es möglich macht, daß der Christus-Impuls, der in der Substanz der Welten-Menschen-Liebe wirkt, bewußt vom Menschen erfaßt werden kann. Zu diesem Ziele ist die Bewußtseinsseele allmählich auf dem inneren Entwicklungswege in die *imaginative Seele* umzuwandeln.

Diese kann sodann der Welten-Menschen-Liebe, welche durch das Ich strömt, Form verleihen, oder, was dasselbe ist, sie im Menschen-Innern wie in einer Schale auffangen. Denn dank der Michael-Herrschaft wird in unserer Epoche allmählich «in das allgemeine intellektuelle Menschheitsbewußtsein die Kraft der Imagination einziehen».[66] Aber diese zunächst rein menschlichen Imaginationen, welche durch die neue Imaginationsfähigkeit entstehen, müssen, wenn sie die Bewußtseinsseele tatsächlich in die imaginative Seele verwandeln sollen, in den Kosmos hinausgetragen werden, um den Weg zu den Welten-Imaginationen zu finden. In Rudolf Steiners Worten: «Was der Mensch von der Kraft des bewußten Imaginierens erlebt, das wird zugleich Welt-Inhalt. Daß dies so sein kann, ist ein Ergebnis des Mysteriums von Golgatha. Die Christus-Kraft prägt die Menschen-Imagination dem Kosmos ein.«[67] So werden die Menschen-Imaginationen mit den kosmischen Welten-Imaginationen verbunden. Und aus diesen Welten-Menschen-Imaginationen kann der Mensch in seiner Seele die Form für den durch sein Ich fließenden Strom der Welten-Menschen-Liebe bilden. Diese Welten-Menschen-Liebe aber, die die Christus-Substanz in sich birgt, kann in der Seele wie in einer Schale bewahrt und dadurch vom Bewußtsein erfaßt werden, so daß der Mensch sie wie eine geistige Sonne in seinem Innern zu erleben vermag. Das wird das grundlegende Erlebnis der neuen Michael-Epoche sein: «Das Sonnenhafte, das der Mensch durch lange Zeiten nur aus dem Kosmos in sich aufnahm, wird im Innern der Seele leuchtend werden. Der Mensch wird von einer ‹inneren Sonne› sprechen lernen. Er wird sich deshalb in seinem Leben zwischen Geburt und Tod nicht weniger als Erdenwesen wissen, aber er wird das auf der Erde wandelnde eigene Wesen als *sonnengeführt* erkennen.»[68]

An diesem Punkte berühren wir das tiefe Geheimnis der Gegenwart: die Möglichkeit einer *Begegnung mit dem ätherischen Christus* in der an die Erde grenzenden geistigen Welt.

Und dieses bewußte Erleben des Christus-Impulses in der menschlichen Seele, welcher in der Substanz der Welten-Menschen-Liebe lebt und in der Form der Welten-Menschen-Imagination wie in einer Schale aufgefangen wird, dieses Erleben, es vermag die zur Erde herabgestiegene und den Erdenkräften verfallene, ehemals himmlische Intelligenz Michaels wiederum zu vergeistigen. Dann aber können die irdischen Menschengedanken den Weg zu den Welt-Gedanken des Kosmos finden, zu der kosmischen Intelligenz, welche der Mensch in seinem Herzen als neues Erkenntnisorgan zu erleben vermag. Denn Michael «befreit die Gedanken aus dem Bereich des Kopfes; er macht ihnen den Weg zum Herzen frei; er löst die Begeisterung aus dem Gemüte los, so daß der Mensch in seelischer Hingabe leben kann an alles, was sich im *Gedankenlicht* erfahren läßt».[69] Dieses «Gedankenlicht», das aus den reinsten Welten-Menschen-Gedanken besteht, es bringt jenes leuchtende Strahlen der göttlichen Schale hervor, jenes himmlische Licht der erlösten Intelligenz, das als *Glanz* der geistigen Sonne sich nunmehr mit der geistigen, in der imaginativen Gestalt der Schale aufbewahrten Liebessubstanz zu einem einheitlichen Ganzen verbinden kann.

Wenn sich auf diese Weise im Innern der Menschenseele Menschen-Liebe mit Welten-Liebe, Menschen-Imagination mit Welten-Imagination, Menschen-Gedanken mit Welten-Gedanken verbinden, dann steht der heilige Gral vor uns, dessen Substanz Welten-Menschen-Liebe, dessen Gestalt Welten-Menschen-Imagination ist und der Gedanken-Licht ausstrahlt, das aus Welten-Menschen-Intelligenz, aus Welten-Menschen-Gedanken besteht.

Das ist der *michaelische Gral*, der auf der Weihnachtstagung 1923/24 zur Erde herabgekommen ist und der als «dodekaedrisches imaginatives Liebesgebilde» in die Herzen und Seelen der Menschen versenkt wurde, «... der aus Welten-Menschen-Liebe seine Substanz, aus Welten-Menschen-Imagination seine Bildhaftigkeit, seine Gestaltung und aus Welten-Menschengedanken jenes Glanzeslicht hat, das uns in jedem Augenblikke, wenn wir uns an diesen Augenblick erinnern, mit warmem, aber unsere Tat, unser Denken, unser Fühlen, unser Wollen anspornendem *Lichte* entgegenstrahlen kann».[70] Dieses uns entgegenströmende Licht ist jene glänzende, vergeistigte Intelligenz, in welcher der Geist wohnen kann, der neue michaelische Geist, der dann in dem «Gedanken-Licht» erscheint, das von dem «dodekaedrischen imaginativen Liebesgebilde» in unseren Seelen ausgeht, so wie im Altertum der Geist in der Gestalt der weißen Taube im glänzenden Lichte der heiligen Schale erschienen ist.

Von diesem tief bedeutsamen Ereignis spricht Rudolf Steiner zum Abschluß der wichtigsten Zusammenkunft der Weihnachtstagung, auf der das Mysterium der Grundsteinlegung der Anthroposophischen Gesellschaft in den Herzen und Seelen der Menschen stattfand. Rudolf Steiners Worte lauten: «Und höret es, meine lieben Freunde, also ertönen in Euren eignen Herzen! Dann werdet Ihr hier gründen eine wahre Vereinigung von Menschen für Anthroposophia, und werdet den *Geist*, der da waltet im leuchtenden *Gedankenlichte* um den dodekaedrischen Liebesstein, hinaustragen in die Welt, da, wo er leuchten und wärmen soll für den Fortschritt der Menschenseelen, für den Fortschritt der Welt.»[71]

So zeigt sich uns der Grundstein der Weihnachtstagung, welcher am 25. Dezember 1923 in der Gestalt eines «dodekaedrischen Liebessteines» in die Herzen und Seelen der Menschen, in den Boden der Bewußtseinsseele versenkt wurde, seinem verborgensten Wesen nach als der wahre Ausdruck des aus der gegenwärtigen Michaelsepoche erneuerten esoterischen Wesens des Grales.[72] Damit wird die Weihnachtstagung auf eine ganz besondere Weise zu einem *Grals-Ereignis* für uns, einem Ereignis, das nicht der Zeit unterliegt, sondern der Ewigkeit. Denn es kann heute das Grals-Erleben von jeder Seele erfahren werden, die aus freiem Willen, der Anthroposophie ergeben, diesen Grundstein in ihr Herz senkt. Und sie wird dann auch in den Kreis der michaelischen Gralsritter, der Gemeinschaft der modernen Hüter der heiligen Schale, des heiligen Steines, eintreten können.[73]

Unermeßliche geistige Horizonte eröffnet uns die Erkenntnis des Wesens der Weihnachtstagung, welche historisch betrachtet das *größte geistige Ereignis ist, das im 20. Jahrhundert auf dem physischen Plan stattgefunden hat.*

Aus den Hinweisen auf das esoterische Wesen der Weihnachtstagung, die wir in diesem Kapitel betrachteten, können wir aber auch ersehen, daß auf ihr der Anfang des Weges gemacht wurde, der die menschliche Intelligenz wieder mit der kosmischen verbinden kann. Und damit ist der erste Schritt zur Befreiung der Michael entfallenen Intelligenz aus der Bindung an das Ahrimanische geschehen.

Doch dieser Anfang war auch eine Herausforderung Ahrimans. Und so ist der Kampf um die michaelische Intelligenz in der Menschheit von diesem Augenblick an härter geworden, um am Ende des Jahrhunderts in die entscheidende Phase einzutreten: «Aber gerade diese Zeit [das Ende des Jahrhunderts] möchten die Ahriman-Geister am stärksten benützen, weil die Menschen von dem Intelligenten, das sie befallen hat, so befangen sind, weil die Menschen so unglaublich gescheit sind. Man hat ja schon Angst heute, einen gescheiten Menschen zu finden! Aber man muß diese Angst fortwährend haben, denn fast alle sind gescheit, so daß man aus der Angst über die Gescheitheit der Menschen gar nicht herauskommt. Und es ist so, daß diese Gescheitheit, die herangezüchtet wird, benützt wird von Ahriman. Wenn nun die Körper auch noch besonders dazu geeignet sind, daß das Bewußtsein heruntergetrübt werden kann, dann geschieht es eben, daß Ahriman selber in Menschengestalt inkorporiert auftritt.»[74]

So müssen wir heute damit rechnen, daß neben der Gralsströmung, die seit der Weihnachtstagung innerhalb der Menschheit vorhanden ist, auch die Klingsorströmung auftritt. In Klingsor haben wir nicht eine Inkarnation, sondern eine *Inkorporation* Ahrimans in die Verstandes- oder Gemütsseele im 9. Jahrhundert. Deshalb konnten sich die Folgen dieser Inkorporation noch nicht so störend auf die allgemeine Entwicklung auswirken, denn der Mensch näherte sich zu der Zeit erst der individuellen Intelligenz, deren volle Beherrschung nur in der Bewußtseinsseele möglich ist. In unserer Zeit dagegen ergibt sich für Ahriman, wenn er sich in der Bewußtseinsseele inkorporiert, zum ersten Mal die Möglichkeit, Michael seine Intelligenz in den menschlichen Seelen streitig zu machen. Rudolf Steiner charakterisiert dieses Vorgehen Ahrimans in der Bewußtseinsseele als «kalten Haß»[75] auf alles, was sich als rein Geistiges im Menschen aus individueller Freiheit entfaltet. Und diese Bedrohung erleben wir heute in immer stärkerem Maße. Diese geistigen «Erben Klingsors» treten heute schon manches Mal fast unverhüllt auf mit dem Bemühen, in der Menschheit Bedingungen herbeizuführen, die für eine Inkorporation Ahrimans in einer möglichst großen Zahl von Menschenseelen günstig sind. Denn sie wollen am Ende des Jahrhunderts den Versuch machen, dasjenige, was nach dem Willen der geistigen Mächte, die dem Christus-Impuls dienen, als Kulmination der anthroposophischen Entwicklung in der Welt geschehen *soll*, nicht zuzulassen und dadurch die *Inkarnation* Ahrimans zu Beginn des nächsten Jahrtausends vorzubereiten ...[75a]

Der Ernst der Lage sollte heute von jedem Anthroposophen so klar als möglich erkannt werden, ebenso aber auch die Tatsache, daß in diesem schwersten Kampfe – der jener Kampf Michaels mit dem Drachen sein wird, auf den viele Sagen und Legenden hinweisen – dem gemeinsamen Wirken der Platoniker und Aristoteliker auf der Erde am Ende des 20. Jahrhunderts eine sehr große Bedeutung zukommen wird. Denn durch ihr Wirken sollen die Impulse und Ziele der Weihnachtstagung, dieses wahre Gralsgeschehen, ihre volle Verwirklichung in der Welt erfahren.[76]

«Diejenigen Menschen, die heute [1924] in ehrlicher Weise die Anthroposophie aufnehmen, sie bereiten ihre Seele dazu vor, mit möglichster Abkürzung des Lebens zwischen Tod und neuer Geburt am Ende des

20. Jahrhunderts wiederum [auf der Erde] zu erscheinen und dann auch vereint zu sein mit jenen Lehrern von Chartres, die [in der geistigen Welt] zurückgeblieben sind ... Die anthroposophische Bewegung ist in ihrem Wesentlichsten dazu berufen, weiter zu wirken – und nicht nur in ihren bedeutsamsten, sondern *fast in allen ihren Seelen* wieder [auf der Erde] zu erscheinen mit dem Ende des 20. Jahrhunderts, *wo der große Anstoß für das geistige, für das spirituelle Leben auf Erden gegeben werden soll,* weil sonst endgültig die Erdenzivilisation in ihre Dekadenz hineinzieht, deren Eigenschaften sie ja heute so stark zeigt».[77] Rudolf Steiner fährt fort, indem er das Ende unseres Jahrhunderts in dem aufgezeigten Sinne eine «große Epoche» nennt: «Das ist es, was ich gerne möchte: aus solchen Untergründen heraus in Ihren Herzen, meine lieben Freunde, etwas von den Flammen anzünden, die wir brauchen, um das geistige Leben so stark schon jetzt innerhalb der anthroposophischen Bewegung zu machen, daß wir in der rechten Weise vorbereitet erscheinen, wenn jene große Epoche, mit [deren Beginn] wir wieder wirken werden auf Erden nach abgekürztem übersinnlichem Leben, wenn jene *große Epoche erscheint, bei der für die Rettung der Erde geradezu in ihren wichtigsten Gliedern auf dasjenige gerechnet wird, was Anthroposophen vermögen.*»

In diesen die Seele tief erschütternden Worten können wir, die Anthroposophen des Jahrhundertendes, einen Anruf des geistigen Kosmos erleben, einen Anruf, dessen Beginn, wie Rudolf Steiner mehrfach bezeugte, mit der Weihnachtstagung gegeben war und durch den uns dasjenige zugerufen wird, was wir in aller Bescheidenheit und doch mit dem vollen Bewußtsein der uns gesetzten Ziele aufnehmen sollen, daß die Menschheitsführung mit uns rechnet und *wir uns dieses Vertrauens wert erweisen sollen.* «Bewußtsein soll der wahre Anthroposoph haben, daß es sich heute darum handelt, teilnehmend hineinzuschauen und *mitzuarbeiten* an dem Kampf zwischen Ahriman und Michael.»[78]

Und Rudolf Steiner spricht dann weiter von den Aufgaben der Anthroposophen im Zusammenhang mit dem herannahenden Ende des Jahrhunderts, an dem auch die anthroposophische Entwicklung in der Welt durch das gemeinsame Ringen der auf der Erde vereinigten beiden geistigen Strömungen kulminieren wird. «Bis dahin [bis zum Ende des Jahrhunderts] wird vorbereitet sein durch anthroposophische Spiritualität dasjenige, was dann aus der Gemeinsamkeit [von Platonikern und Aristotelikern] heraus verwirklicht werden soll als die *völlige Offenbarung* dessen, was übersinnlich durch die genannten Strömungen vorbereitet worden ist ... Der Anthroposoph ... sollte sich klar sein darüber, wie er berufen ist, schon jetzt [1924] vorzubereiten, was immer mehr und mehr als

Spiritualität sich ausbreiten soll, bis die *Kulmination* kommen wird, wo die wahren Anthroposophen wieder dabei sein werden, aber vereinigt mit den anderen [Platonikern], am Ende des Jahrhunderts.» Diese Vereinigung wird notwendig sein, «um an dem Kulminationspunkte die größtmögliche Ausbreitung der anthroposophischen Bewegung zu erreichen»[79]; «um dann dasjenige, was sie [die Anthroposophen] jetzt tun können im anthroposophischen Dienst der Michael-Herrschaft, zur *Kulmination,* zum vollen Ausdruck zu bringen [an der Wende vom 20. zum 21. Jahrhundert], ... um dasjenige voll zu machen, was Anthroposophie will»[80]; um die anthroposophische «... Bewegung mit einer *viel spirituelleren Kraft fortzusetzen»*.[81] «Denn das, ... was heute nur wie durch kleine Fenster hereinschaut, muß in der Zukunft durch jene Verbindung zwischen den Führern der Schule von Chartres und den Führern der Scholastik eine Einheit werden, wenn die spirituelle Erneuerung, die auch das Intellektuelle in das Spirituelle heraufführt, mit dem Ende des 20. Jahrhunderts eintritt.»[82] Mit diesen Worten weist Rudolf Steiner in aller Deutlichkeit darauf hin, wie die notwendige *Kulmination* der anthroposophischen Entwicklung am Ende des Jahrhunderts unmittelbar von der Zusammenarbeit der Vertreter der zwei oben genannten Strömungen abhängt.

Deswegen müssen die Aristoteliker, die wieder zur Erde zurückkehren, und die Platoniker nun beginnen, *gemeinsam* zu wirken. Die Aristoteliker – das sind jene Seelen, die am Beginn unseres Jahrhunderts an dem ersten Schritt der Spiritualisierung der menschlichen Intelligenz beteiligt gewesen waren, die damals den Weg vom Irdischen zum Kosmischen mit bahnten und die diese Arbeit heute noch intensiver weiterführen sollen. Und die Platoniker, sie werden, gemäß der himmlischen Absprache im 13. Jahrhundert, heute auch zur Erde kommen und ihre reiche Erfahrung der alten Mysterien mitbringen. Es wird aber diese Erfahrung in ihren Seelen tief mit dem christlichen Impuls verbunden und ganz und gar von dem Erleben der kosmischen Intelligenz Michaels durchdrungen sein, so daß sie gemeinsam mit den Aristotelikern und auf der Grundlage des von diesen Erreichten an der endgültigen Spiritualisierung der menschlichen Intelligenz und der Grundlegung der neuen michaelischen Kultur zu arbeiten vermögen, «damit die im 8. Jahrhundert Michael nach der Weltordnung mit Recht entsunkene kosmische Intelligenz innerhalb der Erdenmenschheit wiederum [von ihm] gefunden werde».[83]

In dem Zusammenhang sollten wir die Weihnachtstagung heute auch so verstehen, daß sie eine Bekräftigung der Vereinigung von Aristotelikern und Platonikern ist, daß durch sie eine feste Grundlage für deren gemeinsames Arbeiten in den nächsten Jahrzehnten und besonders von den neunziger Jahren an geschaffen wurde.[84] Dieses gemeinsame Arbeiten aber wird nur durch die Verwirklichung des Pfingstfestes innerhalb der Anthroposophischen Gesellschaft möglich sein, des Weltenfestes der *Erkenntnis* und der *Einigung* geistig strebender Menschen. Die Grundlage dieser Einigung wird die Erkenntnis ihres gemeinsamen Karma sein, aus dem die ihnen gemeinsame Aufgabe innerhalb der Menschheit hervorgehen wird, deren Verwirklichung dazu führen soll, daß das Zentrum der neuen Mysterien, das als Mittelpunkt der anthroposophischen Bewegung vor mehr als einem halben Jahrhundert begründet wurde, nun vollendet werde!

Über diese Vollendung äußerte sich Rudolf Steiner auf die folgende Weise: «Und nach dieser Abmachung [zwischen Platonikern und Aristotelikern] muß aus dem, was anthroposophische Bewegung ist, etwas hervorgehen, was seine *Vollendung* vor dem Ablaufe dieses Jahrhunderts finden muß»[85], «um unter der Führung dieser beiden Arten von geistigen Wesenheiten [den Führern der Schule von Chartres und den Führern der Scholastiker] dann den letzten, ... geheiligten Impuls zu geben für die weitere Entwicklung des geistigen, des spirituellen Lebens auf der Erde».[86]

Auf den Zusammenhang zwischen der Weihnachtstagung und der Kulmination der anthroposophischen Entwicklung am Ende unseres Jahrhunderts weist aber auch die Tatsache hin, daß Rudolf Steiner über die Geheimnisse der himmlischen und irdischen Schicksale der Aristoteliker und Platoniker in Vergangenheit, Gegenwart und Zukunft sowie über ihre Vereinigung *auf der Erde* von unserer Zeit an, gemäß ihrer Abmachung im Übersinnlichen, erst *nach* der Weihnachtstagung offen sprechen konnte, «als die Dämonen [die Gegner Michaels] schweigen mußten, welche vorher die Dinge nicht haben aussprechen lassen».[87]

So ist das wichtigste Geheimnis der zukünftigen Entwicklung der anthroposophischen Bewegung durch die Weihnachtstagung für die Anthroposophen zugänglich geworden. Das heißt, sie weist uns darauf hin, *wie dasjenige, was während der Weihnachtstagung im Lichte des michaelischen Impulses als ein Same in die Seelen gelegt wurde, am Ende des Jahrhunderts als Kulmination der anthroposophischen Entwicklung in der Welt aufgehen und Frucht tragen soll.* Das wiederum wird in der Vollendung der neuen Mysterien, die bereits auf der Erde bestehen, seinen Ausdruck finden. Das Wesen dieser Mysterien aber ist «mit der völligen Intelligenz der Menschen, mit der klaren, lichtvollen Intelligenz absolut vereinbar».[88]

Vergleichen wir nun diese Charakteristik der neuen Mysterien mit den Worten Rudolf Steiners über die moderne «Wissenschaft vom Gral» in dem letzten Kapitel der «Geheimwissenschaft im Umriß», dann sehen wir, welche Folgerichtigkeit und Konsequenz in der ganzen Entwicklung der anthroposophischen Bewegung herrscht: «Zu der ‹Wissenschaft vom Gral› führt der Weg in die übersinnlichen Welten, welcher in diesem Buche in seinen ersten Stufen beschrieben worden ist. Diese Erkenntnis hat die Eigentümlichkeit, daß man ihre Tatsache nur *erforschen* kann, wenn man sich die Mittel dazu erwirbt, wie sie in diesem Buche gekennzeichnet worden sind. Sind sie aber erforscht, dann können sie gerade durch die im 5. Zeitraum zur Entwicklung gekommenen Seelenkräfte verstanden werden»[89], das heißt mit Hilfe jener individuellen Intelligenz verstanden werden, die in den neuen Mysterien vergeistigt werden soll, die zu einer «klaren, von hellem Intelligenzlichte erfüllten», spiritualisierten Intelligenz werden soll, die wiederum Träger der kosmischen Impulse Michaels zu sein vermag. Denn nur im «Gedankenlicht» dieses Impulses kann die Vereinigung der zwei Strömungen geschehen. Rudolf Steiner sprach in seinen Karma-Vorträgen von dieser Vereinigung als von einer «Michael-Prophetie»[90], deren Erfüllung bei dem großen Kampfe Michaels mit dem Drachen heute von entscheidender Bedeutung sein wird.

«Entscheidend muß dasjenige werden, was Menschenherzen mit dieser Michael-Angelegenheit der Welt im Laufe des 20. Jahrhunderts tun. Und im Laufe dieses 20. Jahrhunderts, wenn das erste Jahrhundert nach dem Kali-Yuga verflossen sein wird, wird die Menschheit entweder am Grabe aller Zivilisation stehen oder am Anfange desjenigen Zeitalters, wo in den Seelen der Menschen, *die in ihrem Herzen Intelligenz mit Spiritualität verbinden,* der Michael-Kampf zugunsten des Michael-Impulses ausgefochten wird.»[91] «Denn es steht heute die Menschheit vor einer großen Eventualität: vor der Eventualität, entweder in den Abgrund hinunterrollen zu sehen alles, was Zivilisation ist, oder es durch Spiritualität hinaufzuheben, fortzuführen im Sinne dessen, was im Michael-Impuls, der vor dem Christus-Impuls steht, gelegen ist.»[92]

Aber diese Spiritualisierung der Zivilisation im Sinne des «Michael-Impulses, der vor dem Christus-Impuls steht», kann nur dann geschehen, wenn sich, nach den Worten Rudolf Steiners, genügend Seelen auf der Erde finden, welche diesen im «Gedankenlichte» wirkenden Michael-Impuls, diesen *«Michael-Gedanken»* aufnehmen und ihn «treu im Herzen in innerer Liebe bewahren», damit er sich aus einem solchen Michael ergebenen Herzen in die Welt ergieße und die anthroposophische Arbeit durchdringe, belebe, vergeistige. So klingt der Ruf aus der geistigen Welt durch das 20. Jahrhundert, sich an den Willen der Anthroposophen wendend: «Nimm den die ahrimanischen Mächte besiegenden Michael-Gedanken in dich auf, jenen Gedanken, der dich kräftig macht, Geisterkenntnis hier auf Erden zu erwerben, damit du die Todesmächte besiegen kannst.»[93] Den «Michael-Gedanken» aufzunehmen, der seit der Weihnachtstagung in voller Offenheit vor uns steht, der in den Welten-Menschen-Rhythmen der Grundstein-Meditation offenbart wird, in den Karma-Vorträgen, den Michael-Briefen und der in der ersten Klasse der Freien Hochschule für Geisteswissenschaft seine erhabenste Verkörperung fand, diesen Michael-Gedanken nicht nur in sein Herz und seine Seele aufzunehmen, sondern ihn auch im *Handeln* wirksam werden zu lassen, damit es esoterisch werde, das ist heute die wichtigste Aufgabe jedes Anthroposophen. Davon wird das Schicksal der neuen Mysterien abhängen, und das bedeutet: das Schicksal der ganzen menschlichen Kultur.

Hiermit sind alle Anthroposophen angesprochen, denen eine sehr wichtige Rolle in den entscheidenden Ereignissen des Jahrhundertendes zukommen wird und die sich als die Vertreter der wiederum zur Erde zurückkehrenden Aristoteliker oder der mit ihnen herabsteigenden Platoniker erkennen sollten; denen es heute obliegt, *gemeinsam* im Geiste des Grundimpulses unserer Zeit, im Geiste des Michael-Christus-Impulses auf der Erde zu wirken, zu wirken in der Erinnerung an die *gemeinsame* kosmische Vergangenheit, an ihr gemeinsames übersinnlich-michaelisches Karma, dessen Geheimnis unlösbar mit dem geistigen Wesen der Weihnachtstagung verbunden ist, durch die allein es zu einer *bewußten* Kraft in unseren Seelen werden kann.

Mögen wir in uns den «Michael-Gedanken» beleben, daß er in uns zum tönenden Weltenwort werde, welches sich aus dem Licht-Kleid Michaels ergießt, aus dem Licht-Kleid, in dem er als der große Führer der neuen Mysterien vor uns hintritt und uns, die wir den dodekaedrischen Liebesstein in unser Herz legen wollen, mit seinem «weisen Winken», seiner Geste aufruft: das Pfingstfest wiederum zu erleben als die Welt-Botschaft der Anthroposophie; der uns aufruft, das «Liebe-Wort» in unsere Seelen aufzunehmen, damit der «heilige Welten-Wille», in dem *der Wille des ätherischen Christus lebt,* auf der Erde verwirklicht werde.

Das ist jene *Kulmination* der Anthroposophie, welche am Ende dieses Jahrhunderts als ein Welt-Pfingst-Tag, als das wahre Fest des Heiligen Geistes eintreten soll, des Geistes, der mit der Offenbarung der Geheimnisse des michaelischen Grales so tief verbunden ist und dessen Imagination heute in den Seelen der Menschen Realität werden will.

Wir sind aufgerufen, an dieser Kulmination bewußt mitzuwirken, in der Gewißheit, daß damit die Absichten von Michael-Christus verwirklicht werden.

Weisung und Wegzehrung, die Wachheit und Verantwortlichkeit wekken, kann die michaelische Offenbarung sein, die am Vorabend des Michael-Tages 1924 aus der verwandelten Äthersphäre der Erde, wo im 20. Jahrhundert der ätherische Christus wirkt, durch Rudolf Steiner, seinen größten irdischen Schüler, erklang:

«Aber das ist es, was aus den Worten *heute* zu Eurer Seele sprechen möge: Daß Ihr diesen Michael-Gedanken aufnehmet im Sinne desjenigen, was ein Michael-treues Herz empfinden kann, wenn, angetan mit dem Lichtesstrahlenkleide der Sonne, Michael erscheint, der zunächst weist und deutet auf dasjenige, *was geschehen soll,* damit dieses Michael-Kleid, dieses Lichtkleid, zu den Wellen der Worte werden kann, die die Christus-Werte sind, die die Welten-Worte sind, die Welten-Logos in Menschen-Logos wandeln können. Deshalb seien meine Worte *heute* an Euch diese:

Sonnenmächten Entsprossene,
Leuchtende, Welten begnadende
Geistesmächte; zu Michaels Strahlenkleid
Seid ihr vorbestimmt vom Götterdenken.

Er, der Christusbote, weist in euch
Menschentragenden, heil'gen Welten-Willen;
Ihr, die hellen Ätherwelten-Wesen,
Trägt das Christuswort zum Menschen.

So erscheint der Christuskünder
Den erharrenden, durstenden Seelen;
Ihnen strahlet euer Leuchte-Wort
In des Geistesmenschen Weltenzeit.

Ihr, der Geist-Erkenntnis Schüler,
Nehmet Michaels weises Winken;
Nehmt des Welten-Willens Liebe-Wort
In der Seelen Höhenziele wirksam auf.»

ANHANG

Grundstein-Meditation

(I,1) Menschenseele!
Du lebest in den Gliedern,
Die dich durch die Raumeswelt
In das Geistesmeereswesen tragen:
Übe *Geist-Erinnern*
In Seelentiefen,
Wo in waltendem
Weltenschöpfer-Sein
Das eigne Ich
Im Gottes-Ich
Erweset;
Und du wirst wahrhaft *leben*
Im Menschen-Welten-Wesen.

(I,2) Denn es waltet der Vater-Geist der Höhen
In den Weltentiefen Sein-erzeugend.
Seraphim, Cherubim, Throne,
(Ihr Kräfte-Geister)
Lasset aus den Höhen erklingen,
Was in den Tiefen das Echo findet;
Dieses spricht:
Ex deo nascimur.
(Aus dem Göttlichen weset die Menschheit.)
Das hören die Elementargeister
Im Osten, Westen, Norden, Süden:
Menschen mögen es hören.

Der hier wiedergegebene Text der Grundstein-Meditation entspricht dem Wortlaut, den Rudolf Steiner am Schluß des letzten Vortrags der Weihnachtstagung, am Abend des 1. Januar 1924, gesprochen hat. Die in Klammern hinzugefügten Zeilen sind der Fassung entnommen, die am 13. Januar 1924 in dem «Nachrichtenblatt» des «Goetheanum» veröffentlicht wurde.

(II,1) Menschenseele!
Du lebest in dem Herzens-Lungen-Schlage,
Der dich durch den Zeitenrhythmus
Ins eigne Seelenwesensfühlen leitet:
Übe *Geist-Besinnen*
Im Seelengleichgewichte,

Wo die wogenden
Welten-Werde-Taten
Das eigne Ich
Dem Welten-Ich
Vereinen;
Und du wirst wahrhaft *fühlen*
Im Menschen-Seelen-Wirken.

(II,2) Denn es waltet der Christus-Wille im Umkreis
In den Weltenrhythmen Seelen-begnadend.
Kyriotetes, Dynamis, Exusiai,
(Ihr Lichtes-Geister)
Lasset vom Osten befeuern,
Was durch den Westen sich gestaltet;
Dieses spricht:
In Christo morimur.
(In dem Christus wird Leben der Tod.)
Das hören die Elementargeister
Im Osten, Westen, Norden, Süden:
Menschen mögen es hören.

(III,1) Menschenseele!
Du lebest im ruhenden Haupte,
Das dir aus Ewigkeitsgründen
Die Weltgedanken erschließet:
Übe *Geist-Erschauen*
In Gedanken-Ruhe,
Wo die ew'gen Götterziele
Welten-Wesens-Licht
Dem eignen Ich
Zu freiem Wollen
Schenken;
Und du wirst wahrhaft *denken*
In Menschen-Geistes-Gründen.

(III,2) Denn es walten des Geistes Weltgedanken
Im Weltenwesen Licht-erflehend.
Archai, Archangeloi, Angeloi,
(Ihr Seelen-Geister)
O lasset aus den Tiefen erbitten,
Was in den Höhen erhöret wird;
Dieses spricht:
Per spiritum sanctum reviviscimus.
(In des Geistes Weltgedanken erwachet die Seele.)
Das hören die Elementargeister
Im Osten, Westen, Norden, Süden:
Menschen mögen es hören.

(IV,1) In der Zeiten Wende
Trat das Welten-Geistes-Licht
In den irdischen Wesensstrom;
Nacht-Dunkel
Hatte ausgewaltet,
Taghelles Licht
Erstrahlte in Menschenseelen;
Licht,
Das erwärmet
Die armen Hirtenherzen;
Licht,
Das erleuchtet
Die weisen Königshäupter.

(IV,2) Göttliches Licht,
Christus-Sonne,
Erwärme
Unsere Herzen;
Erleuchte
Unsere Häupter;
Daß gut werde,
Was wir
Aus Herzen gründen,
Aus Häuptern
Zielvoll führen
Wollen.

Anmerkungen und Ergänzungen

Die Zitate aus dem Werk Rudolf Steiners sind durch die Bibliographienummern der Gesamtausgabe (GA) der Rudolf-Steiner-Nachlaßverwaltung, Dornach/Schweiz, nachgewiesen. Die Titel der entsprechenden Bände sind im Literaturverzeichnis (S. 482 ff.) aufgelistet. Hervorhebungen in den Zitaten sind vom Autor.

1. Die Lehrjahre

1 Matth. 3, 2. Übersetzung von E. Bock.
2 F. Rittelmeyer: Meine Lebensbegegnung mit Rudolf Steiner, Stuttgart 1980, S. 102.
3 GA 26, Nr. 1, 17. 2. 1924.
4 GA 243, 16. 8. 1924.
5 s. Anm. 49, 3. Kap.
6 Rudolf Steiner/Marie Steiner von Sivers, Briefwechsel und Dokumente 1901–1925, GA 262; darin: Aufzeichnungen von Barr.
7 GA 243, 16. 8. 1924.
8 ebd.
9 GA 240, 1. 6. 1924.
10 Rudolf Steiner: Die Erziehung des Kindes vom Gesichtspunkt der Geisteswissenschaft, Dornach 1978, S. 37.
11 GA 28, 1. Kap.
12 GA 158, 11. 4. 1912.
13 GA 102.
14 GA 148, 2. 10. 1913.
15 Eine autobiographische Skizze, Vortrag v. 16. 2. 1913; in: Briefe, Band I, Dornach 1955.
16 ebd.
17 GA 28, 1. Kap.
18 Vgl. GA 136 und GA 110.
19 GA 28, 1. Kap., auch für folgende Zitate.
20 GA 235, 23. 3. 1924.
21 GA 28, 2. Kap., auch für folgende Zitate.
22 GA 235, 23. 3. 1924.
23 s. Anm. 15.
24 GA 28, 2. Kap., auch für folgende Zitate.
25 GA 174a, 17. 2. 1918.
26 Im 9. Vortrag der Theosophie des Rosenkreuzers (GA 99) beschreibt Rudolf Steiner die Wesen, die zur Hierarchie der Archai gehören, als Wesen, die aus

den folgenden sieben Gliedern bestehen: Ich, Geistselbst, Lebensgeist, Geistesmensch als die niedere Vierheit und den Heiligen Geist, den Sohn (Logos) und den Vater als die höhere Dreiheit.

27 Rudolf Steiner spricht öfter darüber, daß von allen vier Naturreichen nur der Mensch mit seinem Ich unmittelbar der Erdensphäre angehört. (Dies ist auch der Grund seiner Individualisierung.) Schon die Tiere gehören mit ihrem Ich als Gruppen-Ich dem Astralplan an; und die Pflanzen und Mineralien haben ihr Ich entsprechend auf dem niederen und höheren Devachanplan. (Siehe GA 93a, 30. 10. 1905.)

28 GA 28, 3. Kap.

29 GA 262, 1. Teil.

30 GA 28, 3. Kap.

31 GA 262, 1. Teil.

32 GA 28, 3. Kap., auch das folgende Zitat.

33 GA 262, 1. Teil.

34 ebd.

35 Über Schröer spricht Rudolf Steiner ausführlich in GA 238, 23. 9. 1924. Siehe auch E. Bock «Rudolf Steiner. Studien», 2. Vortrag.

36 GA 262, 1. Teil.

37 GA 28, 5. Kap., auch für folgende Zitate.

38 Anm. 14.

39 Siehe das Vorwort von Edouard Schuré zu seiner französischen Übersetzung von Rudolf Steiners Buch: ‹Das Christentum als mystische Tatsache›, das 1907 aufgrund persönlicher Gespräche mit Rudolf Steiner in Barr im Elsaß geschrieben wurde. Auszüge davon sind bei J. Hemleben: ‹Rudolf Steiner›, Hamburg 1973, angeführt.

40 Über den luziferischen Charakter der öffentlichen Meinung spricht Rudolf Steiner in GA 141, 12. 1. 1913.

41 GA 28, 3. Kap.

42 Anm. 39.

2. *Die große Sonnenperiode*

1 GA 262, 1. Teil.

2 ebd.

3 GA 28, 23. Kap.

4 GA 107.

5 GA 171, 17. 9. 1916.

6 GA 262, 1. Teil.

7 GA 28, 5. Kap.

8 GA 28, 11. Kap.

9 GA 28, 7. Kap.

10 GA 28, 11. Kap., auch für folgende Zitate.

11 GA 28, 8. Kap.

12 GA 28, 5. Kap.

13 GA 28, 8. Kap.
14 GA 28, 10. Kap.
15 Die Bedeutung des Jahres 1888 in Rudolf Steiners innerer Entwicklung, als den Kräften Ahrimans der erste bedeutende Schlag zugefügt wurde, führte er selbst in seinem Notizbuch im Jahre 1924 an. Die entsprechenden Seiten wurden von R. Grosse in «Die Weihnachtstagung als Zeitenwende», Dornach 1977, S. 126–127, veröffentlicht.
16 GA 28, 7. Kap.
17 GA 240, 18. 7. 1924.
18 GA 28, 8. Kap.
19 ebd. 19. Kap.
20 ebd. 17. Kap.
21 GA 184.
22 GA 174a, 17. 2. 1918.
23 GA 240, 12. 8. 1924.
24 GA 174a, 17. 2. 1918.
25 GA 103, 12. Vortrag.
26 GA 240, 19. 7. 1924.
27 ebd.
28 GA 28, 17. Kap.
29 GA 240, 12. 8. 1924.
30 GA 28, 16. Kap.
31 GA 28, 22. Kap., auch für folgende Zitate.
32 GA 28, 23. Kap.
33 GA 28, 24. Kap.
34 GA 262, Teil 1.
35 ebd.
36 GA 28, 30. Kap.
37 GA 28, 27. Kap.
38 GA 28, 26. Kap.
39 GA 13, Taschenbuchausg., S. 292.
40 Dieses Datum kann man vor allem dann annehmen, wenn man davon ausgeht, daß Rudolf Steiner schon im Verlauf des Winters 1900–1901 im Salon des Grafen Brockdorff in Berlin einen Vortragszyklus hält, in den die Resultate seines neuen Erlebnisses des Wesens des Christentums schon vollständig einfließen. Diese Vorträge wurden dann von Rudolf Steiner zu dem Buch ‹Die Mystik im Aufgange des neuzeitlichen Geisteslebens› (GA 7) umgearbeitet.
41 GA 233.
42 GA 130.
43 Siehe ‹Die Geheimwissenschaft im Umriß›. Bis zur 4. Auflage endet eines der Unterkapitel des 5. Kapitels mit folgenden Worten: «Es ist jedoch ‹Arbeit mit dem Stein der Weisen› jede wirkliche Intuition. Denn eine jede greift unmittelbar in die Kräfte ein, welche aus der übersinnlichen Welt heraus bis in die Sinnliche wirken.» (4. Aufl. 1913 Leipzig.) In späteren Auflagen fehlen diese Worte an der entsprechenden Stelle.
44 GA 112, 7. 6. 1909.
45 GA 152, 27. 5. 1914.
46 GA 130, 27. 9. 1911.

47 GA 130.

48 F. Rittelmeyer: Meine Lebensbegegnung mit Rudolf Steiner, Stuttgart 1980.

49 Anm. 46, 18. 12. 1912.

50 Anm. 48.

51 GA 129, 24. 8. 1911.

52 Später wurde die geistige Summe der Beziehungen der zwei großen Menschheitslehrer von Rudolf Steiner selbst in der Imagination zum Ausdruck gebracht, die er nach der Weihnachtstagung auf die Frage seiner Beziehung zu Christian Rosenkreutz gab. Siehe dazu die Anmerkung 136 im 3. Kapitel.

53 GA 152, 7. 3. 1914.

54 GA 226, 20. 5. 1923.

55 Hier muß man besonders hervorheben, daß Rudolf Steiner weniger von dem Nachahmen des Christus spricht, sondern in erster Linie von dem Christus-*Dienen*. (Ersteres gehört in die traditionelle christliche Einweihung.) Die Gründe dafür waren mit dem tiefen Geheimnis verbunden, daß das, was einmal von der Menschheit in der geistigen Entwicklung erreicht wurde, nicht verschwindet, sondern weiterlebt, indem es sich entwickelt und aufsteigt nach den Gesetzen der lebendigen Metamorphose in die höheren Sphären des Seins. Schon im ersten Kapitel dieses Buches wurde gezeigt, daß der Weg der christlich-rosenkreuzerischen Einweihung sich gewissermaßen in zwei Hälften teilt. Zuerst macht der Schüler eine Entwicklung durch, die als eigentliches Ziel hat, ihn zu einer persönlichen übersinnlichen Begegnung mit dem Christus hinzuführen. Die zweite Hälfte ist die Verwirklichung der Folgen der Begegnung. In diesem Sinne kann man von der ersten Hälfte des Weges als von einem wirklichen «dem Christus-*Dienen*» sprechen, welches schließlich zum bewußten Erleben seines Wesens in der geistigen Welt führt und sich dann in der Erfüllung der Worte: «Nicht ich, sondern Christus in mir» ausdrückt. In diesen Worten liegt ihrerseits die wahre Erkenntnis des Verhältnisses vom Makrokosmos und Mikrokosmos: des makrokosmischen Ich des Christus und des mikrokosmischen Ich des Menschen. In diesem Moment erreicht der Eingeweihte auch den Höhepunkt seines *dienenden Weges*, und jetzt kann er, der bewußt in sich das Christus-Prinzip durchlebt hat, in seinem Leben eine freie Spiegelung des Christus-Lebens nachvollziehen. Von da an wird der dienende Weg in seiner höchsten Form fortgesetzt. Er wird allmählich zum nachahmenden Weg. So haben wir es mit einer geistigen Metamorphose zu tun, in der sich der traditionelle christliche Einweihungsweg auf einer höheren Stufe wiederholt und in einer Form, die schon der Stufe der menschlichen Freiheit entspricht. Dabei bekommen die Worte Rudolf Steiners (GA 112, 14. Vortrag) besondere Bedeutung: in der traditionellen christlichen Einweihung trat die *unmittelbare* Wahrnehmung des Mysteriums von Golgatha zu Beginn der 4. Stufe ein, was seinerseits in der christlich-rosenkreuzerischen Einweihung dem Erleben der Christus-Wesenheit in der Sphäre der Intuition (d. h. auch auf der 4. Stufe) entspricht. Das letztere wurde von Rudolf Steiner am Ende des 26. Kapitels des Lebensganges beschrieben. Man kann hier jedoch auf all diese Zusammenhänge nur ganz kurz hinweisen. Auf der anderen Seite begann der Schüler in der traditionellen christlichen Einweihung sofort mit der Nachahmung, und das setzte als unumgängliche Bedingung voraus, daß er sich von der Welt abwandte. In der heutigen christlich-rosen-

kreuzerischen Einweihung jedoch fängt der Schüler mit dem bewußten *Dienen* an, das von dem wirklichen *Verständnis* der Christus-Wesenheit ausgeht, wie es uns heute in der Geisteswissenschaft entgegentritt. In diesem Sinne ist solches Dienen, das vom Verständnis ausgeht, in der heutigen Zeit *jedem* Menschen guten Willens möglich, und es ist auch in dieser Form nur möglich, wenn man von der vollen individuellen Freiheit ausgeht. Erst auf den höheren Stufen, wo der Schüler schon die Stufe des Lehrers erreicht hat, kann sein «dem Christus Dienen» zur Nachfolge Christi werden, wobei es sich damit als die höchste Erscheinungsform der menschlichen Freiheit erweist, von der aus der Eingeweihte im Geiste des kosmischen Prinzips der Liebe und des Opfers wirkt. Der Weg des Dienens gibt auf diese Art dem Schüler die Möglichkeit, die für ihn unentbehrlichen geistigen Kräfte zu sammeln, um sie dann auf einer höheren Stufe frei opfern zu können zum Wohle der Welt. Über ein solches Opfer von Kräften, die durch die individuelle Entwicklung auf den höheren Stufen der Einweihung erreicht werden, spricht Rudolf Steiner im letzten Kapitel des Buches ‹Wie erlangt man Erkenntnisse der höheren Welten› als dem wichtigsten Prinzip des neuen geistigen Weges. Dank dieses Buches wird das Dienen auf natürliche Weise auch zur Nachahmung des Christus, denn selbst der große makrokosmische Weg des Christus ist nichts anderes als der Weg des ständigen kosmischen Opfers, das aus reiner Liebe und Mitleid zur Welt vollbracht wird. (Zum Abschluß kann man hinzufügen, daß man die entsprechende Metamorphose in der christlich-rosenkreuzerischen Einweihung auch durchmachte, ebenso wie die Grundprinzipien der esoterischen Regulation des Atmens, wie sie z. B. im östlichen Yoga praktiziert wird. Im letzteren steht die Arbeit am bewußten Erleben des Atems am Anfang des Weges; in der christlich-rosenkreuzerischen Einweihung gehört sie zu der inneren meditativen Übung, die erst mit der 4. Stufe der Intuition einsetzt, aber dann ist solche Arbeit auch geeignet, an der Umwandlung des irdisch-physischen Leibes in den Geistesmenschen mitzuwirken.)

56 GA 15.

57 GA 148, 3. 10. 1913.

3. *«Der Weg des Menschheitslehrers»*

1 ‹Mein Lebensgang›, GA 28, 27. Kap.

1a Diese Gliederung der Entwicklung der anthroposophischen Bewegung in drei Siebenjahresepochen, wie sie in der anthroposophischen Literatur oft entsprechend den drei letzten vollen Siebenjahresperioden des Erdenlebens von Rudolf Steiner vorgenommen wird (s. Vortrag von Rudolf Steiner vom 6. 2. 1923 in Stuttgart, GA 257), kann noch durch den Vergleich dieser Epochen mit den drei Systemen des menschlichen Organismus und den drei Seelenfähigkeiten folgendermaßen vertieft werden:

1902–1909	Kopf-System	Denken
1910–1916	Rhythmisches System	Fühlen
1917–1923	Gliedmaßen-System	Wollen

2 GA 28, 30. Kap. und 31. Kap.

3 Aufzeichnungen von Barr III (GA 262).

4 ebd.

5 Der Terminus «Anthroposophie» als Benennung für die von Rudolf Steiner eingeschlagene Geistesrichtung (im Unterschied zu «Theosophie») erscheint schon ganz zu Beginn seiner Vortragstätigkeit. Bereits im Herbst 1902 hält Rudolf Steiner in Berlin den Zyklus «Von Zarathustra bis Nietzsche. Entwicklungsgeschichte der Menschheit anhand der Weltanschauungen von den ältesten orientalischen Zeiten bis zur Gegenwart oder *Anthroposophie*». Am Anfang des folgenden Jahres vollendete Rudolf Steiner sein 42. Lebensjahr.

6 GA 28, 31. Kap.

7 GA 110, 1. und 12. 4. 1909.

8 GA 158, 11. 4. 1912.

9 GA 112, 30. 6. 1909.

10 Siehe Anm. Nr. 7.

11 Nach Rudolf Steiner (‹Mein Lebensgang›, 31. Kap.) war dieser Ausschluß die Folge seiner Weigerung, die Mitglieder des Ordens «Stern des Ostens» in die deutsche Sektion der Theosophischen Gesellschaft aufzunehmen. Dieser Orden sah seine Aufgabe darin, die Wiederverkörperung des Christus in der Person des Hindu-Jünglings Krischnamurti zu verkünden. Diese Verkündigung des «neuen Messias» war im geistigen Sinne vor allem der Versuch von seiten bestimmter okkulter Kreise des Ostens, dem aufsteigenden neuen christlichen Okkultismus des Westens entgegenzuwirken. In einem Brief, in dem er sich auf ihm bekannte Tatsachen stützte, schrieb Schuré 1913 darüber: «Dieses Vorgehen war in Wirklichkeit nichts anderes als eine Antwort von Adyar auf die Geburt der christlichen Esoterik, und ich bin überzeugt, daß wir von dem zukünftigen Propheten (Krischnamurti) ohne dieses letztere niemals gehört hätten» (zitiert aus dem Buch: Rihouet Coroze ‹Biographie Rudolf Steiners›, Triades, Paris 1973, S. 220). Jedoch hatte dieses Vorgehen auch noch tiefere Hintergründe. So sagt Edouard Schuré in dem oben zitierten Brief, noch im Jahre 1908 sei von keiner Erscheinung des Messias innerhalb der Theosophischen Gesellschaft die Rede gewesen. Jedoch wurde er sofort in allen Zweigen der Theosophischen Gesellschaft bekannt, nachdem er im *Oktober 1909* in Benares einer ganzen Versammlung offiziell vorgestellt worden war, die ihn einstimmig als den genannten anerkannte. Wenn wir jetzt damit vergleichen, was Rudolf Steiner in völlig anderem Zusammenhang gerade über die geistige Bedeutung des Jahres 1909 spricht, so verdeutlichen sich die wirklichen okkulten Hintergründe all' dieser Geschehnisse. So sagt er im Vortrag vom 6. 2. 1917 (GA 175): «und der Okkultist kann geradezu darauf hindeuten, wie *seit dem Jahre 1909* ungefähr, in deutlich vernehmbarer Weise, sich vorbereitet dasjenige, was da kommen soll; daß wir seit dem Jahre 1909 innerlich in einer ganz besonderen Zeit leben. Und es ist heute möglich, wenn es nur gesucht wird, dem Christus ganz nahe zu sein, den Christus in ganz anderer Art zu finden, als ihn frühere Zeiten gefunden haben.» So wurde im Jahr der Erscheinung des ätherischen Christus in der *übersinnlichen* Sphäre, nahe der physischen Welt, von bestimmten okkulten Kreisen auf der Erde, der Versuch gemacht, dieses allerwichtigste Ereignis des 20. Jahrhunderts zu verfälschen.

12 Nur wenige der Repräsentanten des Okkultismus konnten im 19. Jahrhundert noch in sich die Kräfte finden, sich zu der neuen Offenbarung durchzuringen. Zu diesen wenigen gehörte z. B. Edouard Schuré. Möglicherweise aus diesem Grunde schätzte Rudolf Steiner sein Werk am Anfang so hoch.

13 GA 28, 36. Kap.

14 GA 116, 25. 10. 1909.

15 ebd.

16 GA 28, 30. Kap.

17 Wenn man das oben Gesagte nicht in Betracht zieht, scheint es völlig unbegreiflich, warum Rudolf Steiner die beiden ersten und größten seiner rein okkulten Zyklen gerade der Beleuchtung des Verhältnisses der Christus-Wesenheit zum Wesen des Buddha widmete, da er bis zu dieser Zeit nirgends den Buddha im okkulten Sinne erwähnte. In diesem Zusammenhang ist es wohl kaum nötig zu erwähnen, daß es unmöglich ist, den Buddha wirklich zu begreifen ohne vollständige Kenntnis seiner Mission als Bodhisattva.

18 Über diese Verbindung der Bodhisattvas mit der Engelhierarchie, d. h. mit der Mondensphäre, spricht Rudolf Steiner im Vortrag vom 29. 8. 1923 in Penmaenmawr (Wales) (GA 227), indem er dort die Bodhisattvas «Monden-Abgesandte» nennt; er sagt ferner: «... so, daß ... durch die Mondenabgesandten, die im Oriente Bodhisattvas genannt worden sind, eben die Sonnenweisheit auch zu den Menschen der Erde ... hat kommen können».

19 Über die Inspiration, die der Bodhisattva von dem Erzengel erhält, spricht Rudolf Steiner am 16. 4. 1909: «Diejenigen Persönlichkeiten, die bis in ihren Ätherleib hinein beseelt sind, die einen Erzengel in sich tragen in der nachatlantischen Zeit, die nennt man Bodhisattvas» (GA 110).

19a Im Vortrag vom 20. 9. 1909 (GA 114) sagt Rudolf Steiner: «Das war nun der Übergang vom Bodhisattva zum Buddha, daß jetzt zum ersten Male ein solcher Leib vorhanden war, in den der Bodhisattva sozusagen *ganz hineinsteigen* und innerhalb dieses Leibes seine Fähigkeiten entwickeln konnte.» (S. auch Vortrag vom 16. 9. 1909.)

20 GA 110, 16. 4. 1909.

21 Über diese Entfernung des Engels vom Bodhisattva, nach Erlangung der letzten Stufe des Buddha (d. h. der Stufe des Geistselbst), spricht Rudolf Steiner am 20. 5. 1913: «Die individuelle Führung der Menschen unterliegt den Angeloi, den Engelwesen. Wenn *ein Mensch* vom Bodhisattva zum Buddha wird, dann wird sozusagen sein Engel frei. Solche Engelwesen sind es dann, die nach Erfüllung ihrer Mission aufsteigen in die Reiche der Erzengelwesen» (GA 152).

22 Im Vortrag vom 18. 4. 1909 bezeichnet Rudolf Steiner den Leib des Nirmanakaya als geläuterten und ins Geistselbst umgebildeten Astralleib; er sagt: «Kurz, Sie sehen, wir haben damit geschildert eine besonders hohe Wesenheit, die im eminentesten Sinn weit gekommen ist, dadurch, daß sie das ganze Geistselbst entwickelt hat. Diese Wesenheit wird nun in der östlichen Wissenschaft Nirmanakaya genannt ...» (GA 110).

23 Von daher stammt die im Okkultismus bekannte Formel: «Buddha-Merkur», welche sich auch bei Blavatsky findet. Sie wird vielleicht zum Teil aus den folgenden Worten Rudolf Steiners in seinem Vortrag vom 12. 4. 1909 verständlich: «Hätte man im Zusammenhang verstehen können, was Dionysius

der Areopagite und was die anderen heiligen Rishis gesehen haben, so hätte man sozusagen gehört, von der einen Seite den Mond benennen, von den anderen Mysterien hätte man die Welt der Engel benennen hören, und man hätte gewußt: Das ist dasselbe. Man hätte das Wort Merkur von der einen Seite gehört und von der anderen das Wort Erzengel und gewußt: Das ist dasselbe...» (GA 110).

24 Vortrag von Adolf Arenson, gehalten am 30. 3. 1930 in Stuttgart.

25 GA 131, 14. 10. 1911.

26 GA 113, 31. 8. 1909.

27 Diese Konsequenz in der inneren Entwicklung Rudolf Steiners entspricht vollkommen der Tradition des esoterischen Christentums, gemäß der die wichtigste Folge der bewußten Begegnung mit dem Christus das Erleben des Heiligen Geistes ist, der von dem Christus gesandt wird. Und das führt zur Berührung mit der Sphäre der Bodhisattvas, die in ihrer Zwölfheit den «Leib des Heiligen Geistes» in der Welt der Vorsehung bilden.

28 «Die Christus-Tat und die widerstrebenden geistigen Mächte Luzifer, Ahriman, Asuras», vom 22. 3. 1909, in GA 107.

29 S. insb. GA 113, 31. 8. 1909, und auch GA 116, 25. 10. 1909.

30 Rudolf Steiner spricht darüber auch in folgenden Worten: «Und so viel der Mensch am astralischen Leib geläutert, gereinigt und veredelt hat (d. h. in das Geistselbst verwandelt), so viel nennt man im esoterischen Christentum den Heiligen Geist im Menschen. Man könnte auch sagen, wenn man sich theosophisch ausdrückt: derjenige Teil des Astralleibes, der vom Ich aus gereinigt ist, heißt im esoterischen Christentum: der vom Heiligen Geist ergriffene Teil des astralischen Leibes« (GA 117, 25. 3. 1907).

31 S. GA 103, 13. 5. 1908.

32 GA 117, 26. 12. 1909.

33 GA 42/245, S. 99.

33a GA 113, 31. 8. 1909.

34 Seine hervorragende Stellung in dieser Versammlung können wir aus den Worten Rudolf Steiners fühlen, wenn er den Buddha den «intimsten Schüler und Freund des Christian Rosenkreuz» nennt. (GA 130, 18. 12. 1912.) Siehe auch GA 141, 22. 12. 1912.

35 GA 123, 10. 9. 1910.

36 GA 28, 37. Kap.

37 GA 262, Anm. zum Brief Nr. 28.

38 In jener Zeit fand infolge des Beginns des russisch-japanischen Krieges diese Reise nicht statt. Später 1912–1913 wurde die Reise wieder abgesagt, da unter dem Druck der orthodoxen Synode Rudolf Steiner keine Einreisegenehmigung nach Rußland gegeben wurde.

39 Diese Worte muß man nicht so verstehen, daß der *ganze* Inhalt der anthroposophischen Lehre von diesem Bodhisattva ausgeht. Der Bodhisattva wirkt von nun an überwiegend durch den Astralleib Rudolf Steiners. Durch seine anderen Leiber wirken andere Weltenkräfte. Ebenso hören auch die Einflüsse aus der Sphäre Michaels und aus der Sphäre des Christian Rosenkreuz nicht einen Augenblick auf. So daß in den verschiedenen Epochen im Leben Rudolf Steiners diese verschiedenartigen geistigen Wesenheiten mit verschiedener Intensität auf ihn einwirken. Das bedeutet, daß in jeder Epoche ein *überwie-*

gender Einfluß auftreten kann, manchmal auch gleichzeitig mehrere Einflüsse. Die sich abwechselnden Einflüsse lassen sich unterscheiden, wenn man sich bekannt macht mit der Entwicklung der Grundthemen, die durch die ganze Vortragstätigkeit Rudolf Steiners gehen. Dabei muß man auch beachten, daß *alle* diese hohen Führer der Menschheit ihre Weisheit aus der einen Quelle, der kosmischen Weisheit des Heiligen Geistes schöpfen, aber jeder von ihnen nur einen Aspekt derselben vertritt.

40 Bei der oben angeführten Darstellung dürfen wir uns nicht über die Tatsache wundern, daß durch Rudolf Steiner so verschiedenartige und so hohe geistige Kräfte und Menschheitsführer wirken. In seinem Falle ist es nicht nur möglich, sondern völlig unumgänglich. Wir müssen uns nur den ganzen Umfang der geistigen Weisheit, welche dank der Erdentätigkeit Rudolf Steiners in die Welt kam, klar vorstellen. Wo finden wir noch etwas Ähnliches in der gesamten äußeren Geschichte der Entwicklung der Menschheit? «Schon ästhetisch ist der Anblick dieses umfassenden, Geist und Materie umspannenden Weltbildes etwas ganz Gewaltiges. Man kann von der Geistesgeschichte der Menschheit etwas wissen und muß gerade dann die Frage stellen: wo hat denn die Menschheit schon einmal etwas Ähnliches erlebt? Aristoteles, Thomas von Aquin – hier war noch mehr...» (Fr. Rittelmeyer, Stuttgart 1980, a.a.O.). Diese Worte Rittelmeyers weisen auf den Platz Rudolf Steiners in dem geistigen und kulturellen Leben der westlichen Menschheit hin. Alle grundlegenden Probleme dieser Menschheit: die Probleme um den Christus, das individuelle Ich, die Freiheit des Willens, das Wesen des Denkens, die Wissenschaft, die Kunst, die Religion – all' diese Fragen finden wir zusammengefaßt bei Rudolf Steiner wie in einem umfassenden Zentrum, und aus ihm strahlen sie in sechstausend Vorträgen, in Dutzenden von Büchern und Aufsätzen in die Welt. Das ganze Bild des geistigen Lebens der Menschheit und des Kosmos steht vor uns. *Zum ersten Mal* kommt es in die Welt, und wir müssen sagen: woher kann es kommen, wenn nicht von jenen, die in Wahrheit dieses geistige Leben der Menschheit führen, verwirklichen und ihm Richtung geben? Wir können uns innerlich nicht vollkommen als Anthroposophen bezeichnen, wenn wir nicht begreifen, daß der Bodhisattva, wenn Rudolf Steiner z. B. in seinen Vorträgen von ihm sprach, neben ihm war, daß alle großen Lehrer der Menschheit – Christian Rosenkreutz, Manes, Skythianos, Zarathustra, Buddha – wenn er von ihnen sprach, vor seinem geistigen Auge standen und ihn segneten in seinem Dienst für sie und die Menschheit, indem sie ihm ihr eigenes Wesen offenbarten. Das ist die *geistige Realität*, die jeder Anthroposoph unbedingt erkennen muß. Daraus folgt aber auch die große *Verantwortung* jener, die jetzt das Werk Rudolf Steiners auf der Erde fortsetzen, die Verantwortlichkeit *jedes* Anthroposophen, die er unmittelbar vor der geistigen Welt hat und in erster Linie vor denjenigen hohen geistigen Wesenheiten, die durch ihren großen Vertreter die neue geistige Offenbarung auf die Erde sandten. Das Schicksal dieser Offenbarung ist nun unabänderlich mit dem Schicksal der ganzen Menschheit verbunden.

41 GA 175, 6. 2. 1917.

42 Rudolf Steiner wies in seinen späteren Mitteilungen über das Fünfte Evangelium häufig darauf hin, daß gerade in Basel in dem Zyklus über «Das Lukas-Evangelium» (GA 114) mit diesen Mitteilungen begonnen worden war.

43 GA 113, 31. 8. 1909.

44 Adolf Arenson, Vortrag gehalten in Stuttgart am 30. 3. 1930.

45 GA 130, 4. 11. 1911.

46 GA 118, 25. 1. 1910.

46a Wesentlich ist auch die Tatsache, daß gerade im Jahre 1910, als die Inspirationen des Bodhisattva besonders stark und bedeutsam waren, Rudolf Steiner in Stuttgart den Vortragszyklus über «Okkulte Geschichte» hielt, wo er zum ersten Mal offen auf seine eigene Vergangenheit hinwies. Dieses Thema behandelte er (und im wesentlichen ohne Veränderungen) außerdem in dem Zyklus, den er während der Weihnachtstagung und in den Karma-Vorträgen hielt.

47 GA 120, 28. 5. 1910.

48 Über diesen Zusammenklang können uns auch die folgenden Worte Rudolf Steiners im Vortrag vom 20. 11. 1911 (GA 130) eine Vorstellung geben, die im Anschluß an den Hinweis gesprochen wurden, es sei in unserer Zeit unumgänglich, neue Quellen des Christentums zu finden. «Und nach diesem Ziel hin sehen wir zusammenfließen die geistige Strömung, die ausgeht von Jeshu ben Pandira, und jene, die im Beginn des 13. Jahrhunderts an Christian Rosenkreutz anknüpft ... So wirken zusammen die Strömung des Maitreya-Buddha mit der abendländischen Strömung, die anknüpft an Christian Rosenkreutz.«

49 Einen wesentlichen Platz im Lebensgang Rudolf Steiners nimmt auch jener kosmische Rhythmus ein, über den er im Vortrag vom 18. 5. 1924 (GA 236) spricht. In diesem Vortrag erwähnt er zwei außerordentlich wichtige Perioden im Leben des Menschen, welche er die Epoche der «karmischen Forderungen» und die Epoche der «karmischen Erfüllungen» nennt. Die erste Zeit erstreckt sich von der Geburt bis zum 21. Jahre, die zweite vom 28. bis zum 49. Jahre. Wenn wir jetzt in jeder dieser Epochen die Aufmerksamkeit besonders auf den Anfang, die Mitte und das Ende richten, dann ergibt sich folgender Rhythmus im Leben Rudolf Steiners:

Karmische Forderungen:

1861 Geburt Rudolf Steiners an der Grenze von West und Ost, fünfte und sechste Kulturepoche. So war schon selbst durch den Ort seiner physischen Geburt die Mission Rudolf Steiners vorgezeichnet: Die Grundlagen zu legen für den allmählichen Übergang der Menschheit von der Kultur der Bewußtseinsseele zur Kultur des Geistselbst.

1872 Eintritt in die Realschule und nicht in das Gymnasium in Wiener-Neustadt, was später den Zugang Rudolf Steiners zum Christentum bestimmte (GA 240, 18. 7. 1924).

Etwa

1881 Treffen Rudolf Steiners mit seinem Lehrer, dessen Gesandter der Kräutersammler war.

Karmische Erfüllungen:

1889 Erste Reise Rudolf Steiners nach Deutschland, wo er drei Städte besucht: Weimar, Berlin und München. Alle diese Städte spielen im Schicksal Rudolf Steiners eine besondere Rolle. In Weimar verbringt er das ganze fünfte Jahrsiebt seines Lebens, das für seine innere Entwicklung besonders wichtig ist. Berlin und München werden später zwei wichtige Zentren der anthroposophischen Tätigkeit (GA 28, 38. Kap.).

Etwa
1899 Erleben des Christus in der Sphäre der Intuition (GA 28, 26. Kap.).
1910 Beginn der Verkündigung der Wiederkunft Christi.

50 Man kann schon aus den Beschreibungen, die Rudolf Steiner zu dieser Tatsache gibt, sehen, daß Goethe, der in seinem künstlerischen Werk viele Ideen der Anthroposophie im voraus ahnte (deshalb diente Rudolf Steiner z. B. als Grundlage für das erste Mysteriendrama sein Märchen), seine letzte Verkörperung gerade in der Jupitersphäre vorbereitete (GA 239, 9. 6. 1924).

51 GA 123, 2. 8. 1910.

52 Wesentlich ist auch, daß diese Vorträge gerade in Basel gehalten wurden, d. h. in der Nähe von Dornach, wo er anläßlich der Grundsteinlegung des ersten Goetheanum zum ersten Mal den Ausdruck «Fünftes Evangelium» verwendete. Hier wurde auch das makrokosmische «Vaterunser» gesprochen, welches nach den Worten Rudolf Steiners dessen Anfang bildet.

52a GA 114, 18. 9. 1909.

53 GA 175, 6. 2. 1917.

54 GA 142, 1. 1. 1913.

55 Siehe über die drei vorchristlichen Opfer der nathanischen Seele: GA 152.

56 Luk. 1, 2.

57 Erster Korintherbrief 15, 45 f.

58 GA 114, 18. 9. 1909.

59 Diese Annahme wird im Vortrag vom 6. 7. 1909 (GA 112) bestätigt, wo es heißt: Lukas habe in gewisser Weise der Menschheit, ihrer damaligen Entwicklungsstufe entsprechend, das Evangelium des Paulus gegeben. Außerdem weist auf den besonderen Zusammenhang des Evangelisten Lukas mit Paulus die Tatsache hin, daß gerade Lukas die «Apostelgeschichte» schrieb, deren Ereignisse in erster Linie das Leben des Apostels Paulus berühren.

60 Und solchem Verständnis dieser Evangelienworte darf jene Tatsache nicht im Wege sein, daß in ihnen von der nathanischen Seele in der Mehrzahl gesprochen wird: «wie uns das gegeben haben ...» (Luk. 1,2), denn, wie aus dem Vortrag vom 30. 12. 1913 (GA 149) hervorgeht, kann man an die nathanische Seele ebenso in der Mehrzahl hinweisen, und das wird durch ihre Rolle in unserem Kosmos bestätigt, wo sie als Urbild der ganzen Menschheit auftritt. (In diesem Zusammenhang muß man auch erwähnen, daß die Hirten auf dem Felde den Nirmanakaya des Buddha in der Gestalt einer Schar von Engeln sahen.)

61 GA 114, 16. 9. 1909.

62 Vortrag vom 19. 9. 1914, Dornach 1943.

63 Rede bei der Grundsteinlegung des Goetheanum, zitiert in GA 42/245, S. 128 f.

64 Über diesen besonderen Zusammenhang zwischen dem Lukas- und dem Johannes-Evangelium spricht auch der Titel des Vortrags-Zyklus von Rudolf Steiner: ‹Das Johannes-Evangelium im Zusammenhang mit den anderen Evangelien, *insbesondere* mit dem Lukas-Evangelium› (GA 112). Es war notwendig, vor der Darstellung der Geheimnisse des Fünften Evangeliums (in GA 114) besonders den Zusammenhang zwischen den zwei oben genannten Evangelien zu beleuchten.

65 Siehe GA 148, 2. 10. 1913.

66 Siehe GA 104, 30. 6. 1908.

67 GA 42/245, S. 129.

68 Hier werden von uns vor allem zwei Evangelien betrachtet: Das Lukas- und das Johannes-Evangelium, als das Evangelium des Jesus und das Evangelium des Christus. Diese umfassen in ihrer Gesamtheit die *ganze* Erdenevolution vom Mond bis zum Jupiter, vom alten bis zum neuen Adam, vom Planeten der Weisheit bis zum Planeten der Liebe. Aber in diese Polarität gehören auch die beiden anderen Evangelien: Das Evangelium des Matthäus ist auch in oben genanntem Sinn verbunden mit dem Vergangenen, aber es geht nicht so weit in die Vergangenheit: Sein Stammbaum reicht nur bis Abraham zurück. Das Evangelium des Markus weist in gleicher Weise in die Zukunft, aber nicht ganz bis zum Jupiter. Deshalb umfaßt das Fünfte Evangelium als das Evangelium der Ewigkeit alle vier Evangelien.

69 Darüber, daß die Seele des nathanischen Jesus nicht nur Träger der Liebe und des Opfers war, sondern auch der *kosmischen Weisheit* der ganzen Menschheitsevolution, spricht Rudolf Steiner im Vortrag vom 1. 1. 1913 (GA 142) in folgenden Worten: «Deshalb hat aber diese Seele noch alle Weisheit, die erlebt werden konnte durch Saturn-, Sonnen- und Mondenzeit...». Und weiter fährt er fort: «Dieser Lukas-Jesusknabe hatte keine besondere menschliche Erkenntnis und Wissenschaft, sondern trug die göttliche Weisheit und göttliche Opferfähigkeit in sich.» Und schließlich teilt Rudolf Steiner in demselben Vortrag auch mit, daß seit den alten Zeiten die in die Mysterien Eingeweihten immer mit der damals in den geistigen Welten weilenden Wesenheit der nathanischen Seele Umgang hatten. Später dann, als diese sich selbst auf der Erde in der Persönlichkeit des nathanischen Jesus-Knaben verkörperte, ging in ihn mit dem 12. Lebensjahr das Ich des Zarathustra über. Damit verband sich mit der kosmischen auch die ganze auf der Erde erworbene Weisheit, wie sie in dem Ich des bedeutendsten Eingeweihten der Erdenentwicklung gesammelt werden konnte. Auf diese Weise wurde auf der Erde ein Gefäß für die Wesenheit des Christus geschaffen, für den Repräsentanten des kosmischen Prinzips der Liebe, ein Gefäß, das die ganze kosmische und irdische Weisheit der menschlichen Entwicklung aufbewahrte.

70 GA 13, TB-Ausgabe, S. 308.

71 GA 42/245.

72 Die folgende Darlegung setzt voraus, daß der Leser mit den geisteswissenschaftlichen Ausführungen zum «Vaterunser», dem grundlegenden christlichen Gebet (GA 96, 28. 1. 1907) und mit der Darstellung der drei vorchristlichen Christus-Opfer durch die nathanische Seele bekannt ist (GA 152).

73 Im Vortrag vom 1. 6. 1914 (GA 152) in Basel äußert sich Rudolf Steiner über diese drei vorchristlichen Opfer des Christus durch die nathanische Seele noch in folgender Weise: «und gewissermaßen haben wir drei Mysterien von Golgatha, von denen wir sagen müssen, daß sie noch nicht auf dem physischen Plan sich vollzogen haben. Das vierte erst hat sich auf dem physischen Plan abgespielt und ist dasjenige, von dem uns die Evangelien und die Paulinischen Briefe Kunde geben.»

74 Auf diese Annäherung weist Rudolf Steiner auch hin, indem er darüber spricht, daß die drei vorchristlichen Opfer durch die nathanische Seele auf verschiedenen Ebenen des Seins geschahen: «so näherte sich der Christus

allmählich der Erde. In der Devachanwelt war die erste und zweite Vorstufe, in der Astralwelt die dritte und in der physischen Welt das Ereignis von Golgatha» (GA 152, 30. 3. 1914).

75 Über das erzengelartige Wesen der nathanischen Seele spricht Rudolf Steiner mehrmals in verschiedenen Vorträgen der ersten Hälfte des Jahres 1914, die in dem Band «Vorstufen zum Mysterium von Golgatha» (GA 152) gesammelt sind, aber vielleicht besonders klar am Anfang des Vortrags vom 7. 3. 1914 in Pforzheim: «Und bei all' diesen vorbereitenden Ereignissen zu dem Mysterium von Golgatha war es wiederum dieselbe Wesenheit, die dann als nathanischer Jesusknabe geboren worden ist, die durchdrungen worden ist von der Christus-Wesenheit. Das ist ja das Wesentliche an dem Mysterium von Golgatha, daß diese Jesus-Wesenheit, die herangewachsen ist als der nathanische Knabe, durchdrungen worden ist von der Christus-Wesenheit. Aber auch bei den drei früheren Ereignissen war diese spätere nathanische Jesus-Wesenheit da, nur war sie nicht als physischer Mensch inkarniert. Sie lebte als geistige, als *erzengelartige* Wesenheit in den geistigen Welten. Und in den geistigen Welten ist sie als in Vorstufen des Mysteriums von Golgatha während der lemurischen Zeit und zweimal während der atlatischen Zeit durchzogen worden von der Christus-Wesenheit.»
Im weiteren *unterstrich* Rudolf Steiner, als er das letzte Mal über dieses Thema in Basel sprach (am 1. 6. 1914), *besonders* in diesem Vortrag gerade die *erzengelartige* Natur des Wesens, das Teil hatte an den drei kosmischen Vorstufen des Mysteriums von Golgatha. Und schließlich sind die mehrmaligen Hinweise Rudolf Steiners, insbesondere im Zyklus ‹Das Lukas-Evangelium› (GA 114, 18. 9. 1909), noch eine weitere Bestätigung für die *erzengelartige* Natur der nathanischen Seele: Er weist hin auf ihren besonderen Zusammenhang gerade mit denjenigen kosmischen *ätherischen* Kräften, welche in der lemurischen Epoche durch die geistige Führung des Kosmos zurückgehalten, vor dem verführerischen Einfluß Luzifers geschützt und in der Mutterloge für die zukünftige Entwicklung der Menschheit bewahrt wurden. In diesem Sinne ist die nathanische Seele Repräsentant der reinsten *ätherischen* Kräfte im Kosmos, was ihrer *erzengelartigen* Natur, das heißt, der Natur desjenigen hierarchischen Wesens entspricht, das über den Lebensgeist verfügt, den umgewandelten *Ätherleib*. In diesem Zusammenhang spielt auch die Tatsache eine Rolle, daß im Lukas-Evangelium bei der Verkündigung Mariä ein Erzengel erscheint.

76 Gerade so beschreibt Rudolf Steiner diesen Prozeß. Er sagt: «Da drang der Schmerzensschrei der gequälten Menschheit hinauf zu jenem Geisteswesen der nathanischen Seele. Er, der Schrei, trieb es hin zu dem Sonnengeist, so daß es sich von dem Christus durchdringen lassen durfte» (GA 152, 5. 3. 1914).

77 Joh. 1,18.

78 Siehe GA 233, 25. 12. 1923.

79 Siehe GA 110, 17. 4. 1909.

80 Siehe GA 201, 18. 4. 1920.

81 Siehe GA 122, 22. 8. 1910.

81a Über den Christus als den Träger des makrokosmischen Prinzips des Welten-Ich siehe besonders den Vortrag vom 9. 1. 1912 in München und auch die Anmerkungen zum Vortrag vom 28. 11. 1911 in Stuttgart (beide in GA 130).

82 Siehe GA 123, 12. 9. 1910.
83 Siehe in diesem Zusammenhang über die Beziehung des Jehova mit dem Heiligen Geist Vortrag vom 1. 4. 1907 (GA 96).
84 Rudolf Steiner spricht eingehend über diese drei Stufen der Annäherung des Christus zur Erde, z. B. in GA 112, 24. 6. 1909.
85 Siehe über die Beziehung der Prinzipien von Vater, Sohn und Geist zu den vergangenen Zuständen unseres Kosmos in den Epochen von Saturn, Sonne und Mond, GA 99, 2. 6. 1907.
86 Hier muß man unterscheiden, daß die nathanische Seele auch über ein Ich verfügt, das wahrhaft anderer Natur ist als das menschliche; denn das menschliche Ich wurde so, wie wir es kennen, nur dank der Erfahrungen vieler Leben auf der Erde, wodurch die nathanische Seele nicht hindurch ging. Ihr Ich ist in diesem Sinne ein reiner Funke der göttlichen Substanz der Geister der Form. Rudolf Steiner drückt das in den folgenden Worten aus: «Also wir haben es mit einer bloß Ich-ähnlichen Seele zu tun, die durchaus natürlich, als sie in den Körper des Jesus eindringt, wie ein Ich wirkt; aber alles das, was sie darstellt, ist doch anders als ein anderes gewöhnliches Ich» (GA 142, 1. 1. 1913).
Aber noch bestimmter äußert sich Rudolf Steiner darüber: «Was von den Geistern der Form heruntergeströmt worden ist, das fließt nun fort; nur wurde gleichsam etwas zurückbehalten, gleichsam ein Ich, das nun bewahrt wurde vor dem Eingehen in die fleischlichen Inkarnationen – ein Ich, das nicht immer als Mensch wiedererschien, ... ein Ich, das noch in derselben Lage war wie – wenn wir jetzt biblisch sprechen wollten – das Ich des ‹Adam› *vor* seiner ersten irdischen fleischlichen Verkörperung. Ein solches Ich war immer vorhanden» (GA 131, 12. 10. 1911).
87 GA 148, 5. 10. 1913.
88 Von einem etwas anderen Gesichtspunkt kann man die vier Stufen des Hinaufstiegs in dem zweiten Teil des makrokosmischen Vaterunsers vom physischen Leib zum ätherischen, zum Astral-Leib und zum Ich in Zusammenhang bringen mit der folgenden Beschreibung Rudolf Steiners GA 130, 21. 9. 1911 in Milano. «Jene Individualität, welche die Christus-Individualität war, die war nur drei Jahre auf Erden, in dem Körper des Jesus von Nazareth, und kommt nicht wieder in einem physischen Leibe; nur in der fünften Kulturepoche im Ätherleib, in der sechsten Kultur-Epoche im Astralleib und in der siebten Kultur-Periode in einem großen, kosmischen Ich, das gleich einer großen Gruppenseele der Menschheit ist.» Ferner führt er am 4. 11. 1911, GA 130, in Leipzig, diese höhere Erscheinung des Christus in den künftigen Epochen an im Zusammenhang mit den verschiedenen Sphären des Kosmos. So offenbart sich der Christus in ätherischer Gestalt in unserer Zeit auf dem Astralplan. In der sechsten Epoche wird er in astraler Gestalt in der Sphäre des niederen Devachan sichtbar werden und schließlich in der siebenten Epoche im Bild des großen makrokosmischen Ich in der Sphäre des höheren Devachan.
89 Vortrag vom 22. 9. 1913, Dornach 1943.
90 Die Erinnerung Marie Steiners, veröffentlicht im Mitteilungsblatt vom 16. 8. 1925, zitiert ebd., S. 28.
91 Aus den Erinnerungen von Nelly Grosheintz-Laval über das Gespräch Rudolf Steiners mit ihrem Mann, Dr. Grosheintz, in Basel nach dem ersten Besuch Dornachs, zitiert nach R. Grosse «Die Weihnachtstagung ...»

92 GA 148, 4. 10. 1913.
93 Rede bei der Grundsteinlegung des Goetheanums, zitiert nach GA 42/245.
94 ebd.
95 22. 9. 1913, Dornach, 1943.
96 Von dieser geheimnisvollen «Beziehung zwischen Bau und Baumeister» spricht auch Zeylmans van Emmichoven in seinem Buch «Der Grundstein»: «Für dieses Goetheanum als Wesen, an der Grenze der ätherischen und physischen Welt gebaut, hatte Rudolf Steiner die formenden Kräfte aus hohen geistigen Welten herabgeholt, und man kann sagen, daß auch die Kräfte seiner eigenen Ätherhülle mithineingebaut waren. Als der Bau seinen Feuertod erlitt, wurden mit dem Werk auch Rudolf Steiners Lebenskräfte getroffen.»
97 GA 262, Brief 210, siehe auch die Anmerkung Nr. 133 zum 3. Kapitel.
98 Vielleicht hielt Rudolf Steiner aus diesem Grund genau vier Monate vor der Grundsteinlegung in Stuttgart am 18. und 20. 5. zwei Vorträge mit dem Titel: «Der Michael-Impuls und das Mysterium von Golgatha» (GA 152).
99 Das Mysterium der Grundsteinlegung des ersten Goetheanum am 20. 9. 1913 in Dornach. Der stenographierte Text ist zum ersten Mal bei Grosse (a.a.O.) abgedruckt.
100 Worte Rudolf Steiners aus dem Aufsatz vom 18. 3. 1923 (GA 36).
101 Am Ende des Jahres 1914 arbeitete Andrej Belyj zusammen mit seiner Frau, der Künstlerin Assja Turgenieff, an dem Kapitell der Säule des Jupiter und am Anfang des Jahres 1915 an dem Kapitell des Mars in der großen Kuppel des Goetheanum; in dem beschriebenen Moment sind diese Formen schon auf die Säulen gesetzt; sie beendeten die Schnitzarbeiten unmittelbar oben auf dem Baugerüst.
102 Andrej Belyj ‹Epopeja Ja›, 1. Teil ‹Rückkehr in die Heimat›, Almanach ‹Zapiski Mečtatelja› Nr. 1, ‹Alkonost›. Petersburg 1919.
103 Rudolf Steiner sagt dieses z. B. über die geistigen Impulse Lev Tolstojs in GA 197, 8. 11. 1920, und Vladimir Solovieffs in GA 177, 14. 10. 1917.
104 GA 260, S. 55.
105 Im Zusammenhang mit der hier angeführten Einteilung des Lebensweges in neun Jahrsiebte, die den neun kosmischen Grundrhythmen entsprechen, muß man auch bemerken, daß alle diese Jahrsiebte unter sich auch noch verbunden sind durch innere Gesetzmäßigkeiten, die jedoch den kosmischen Gesetzmäßigkeiten entsprechen. Das wird dadurch sichtbar, daß bestimmte Perioden (Jahrsiebte) sich auf besonders enge Weise mit anderen verbunden zeigen, als ob sie sich in ihnen gewissermaßen wiederholten, aber auf einer höheren Ebene. Man kann im Grunde drei Arten solcher gegenseitigen Zusammenhänge verfolgen. So treten bestimmte Gesetzmäßigkeiten des ersten Jahrsiebts auf irgendeine Weise im sechsten wieder auf und dann auf noch höherer Ebene im neunten. In diesem Sinne gehören auch das zweite, fünfte und achte Jahrsiebt zusammen; und schließlich, – das dritte, vierte und siebte. Bei der Ausführung wurde der Versuch gemacht (bis jetzt nur auf die allervorläufigste Weise) diese Gesetzmäßigkeiten festzustellen, obwohl bei einer gründlicheren Bekanntschaft mit den einzelnen Epochen im Lebensgang Rudolf Steiners sie alle auf recht offensichtliche Art hervortreten. Eine genauere Beschreibung ist hier nicht möglich, da sie eine völlig eigene Untersuchung gefordert hätte, die den Rahmen dieses Buches sprengen würde.

106 GA 240, 20. 7. 1924.

107 Diese neue Wechselbeziehung der Götter und Menschen in der Epoche der Freiheit drückte Angelus Silesius noch im 17. Jahrhundert in folgenden Worten aus: «Nichts ist, als Ich und Du; und wenn wir zwei nicht sein: so ist Gott nicht mehr Gott, und fällt der Himmel ein.» – «Gott mag nicht ohne mich ein einzigs Würmlein machen: erhalt ich's nicht mit ihm, so muß es straks zerkrachen.» – «Ich weiß, daß ohne mich Gott nicht ein Nu kann leben: werd ich zunicht, er muß von Not den Geist aufgeben.» (GA 7, S. 138 f.).

108 Matth., 18,20.

109 Luk. 22,46.

110 Matth. 22,37–39, und Mark. 12,29–31.

110a S. z. B. Vortrag vom 3. 11. 1905 und Notizen von der ES vom 9. 10. 1907 (GA 42/245) und besonders von der ES vom 5. 12. 1907.

110b Im Vortrag vom 2. 4. 1923 (GA 223/229) spricht Rudolf Steiner davon, daß für die wahre Erkenntnis des Trinitätsprinzips der «Michael-Gedanke» die Grundlage bildet.

111 GA 194, 22. 11. 1919, und weiter 23., 30., 22. 11. 1919.

112 Hier muß man anmerken, daß Rudolf Steiner diese zweite Offenbarung Michaels schon wesentlich früher empfing (1911), jedoch in dieser Zeit noch nicht unmittelbar aus der Sphäre des Michael selbst, sondern durch den in seinem Astralleib wirkenden Bodhisattva. Rudolf Steiner sagt (GA 130, 21. 9. 1911) darüber. «Und würde es für ihn einen Johannes-Evangelisten geben, so würde der noch anders sprechen müssen, als der Johannes-Evangelist von dem Christus sprach. Da heißt es: ‹und das Wort ist Fleisch geworden›; der Johannes-Evangelist des Maitreya-Buddha würde sagen müssen: und das Fleisch ist Wort geworden.»
Aus dem Vergleich dieser beiden Zitate aus den Vorträgen von 1911 und 1919 sind die Stufen jenes aufsteigenden Weges der inneren Entwicklung deutlich zu sehen, welche Rudolf Steiner in dieser Zeit durchmachte.

113 GA 120, 28. 5. 1910.

114 Darüber, daß der Impuls zur Verwirklichung der Dreigliederung des sozialen Organismus in der gegenwärtigen Menschheit unmittelbar von der michaelischen Sphäre ausgeht, spricht Rudolf Steiner am 2. 4. 1923, GA 223/229.

115 Im Zusammenhang mit dem Jahr 1921 als dem Jahr der Vorbereitung zur Gründung der Christengemeinschaft muß man folgende Anmerkung machen. Wenn wir als Ausgangspunkt das Jahr 1910 nehmen, das Jahr der ersten Erscheinung des ätherischen Christus in der Menschheit, das bedeutendste Ereignis des 20. Jahrhunderts, so erhält man, wenn man 11 Jahre zurückgeht, das Jahr 1899, über welches schon viel im Zusammenhang mit dem Lebenslauf Rudolf Steiners gesprochen wurde. Geht man jedoch 11 Jahre weiter, so erhält man das Jahr 1921, in dessen Sommer und Herbst Rudolf Steiner zwei seiner ersten Zyklen für die Priester hielt. Damit war die Voraussetzung geschaffen für die folgende Gründung der Christengemeinschaft im September 1922 in Dornach.

116 GA 37/260a, 12. 4. 1924 und 16. 4. 1924.

117 Zitiert nach Grosse a.a.O., S. 65.

118 Aufsatz Rudolf Steiners vom 18. 3. 1923 (GA 36).

119 Darüber, daß das Goetheanum vor allem von den Anthroposophen die

innere Verteidigung braucht, die in der Fähigkeit besteht, wirklich für die anthroposophischen Angelegenheiten auf der Erde einzutreten, spricht Rudolf Steiner in folgenden Worten: «Ich möchte sagen, wir dürften eigentlich keine Freude, keine Befriedigung haben an dem Bau, wenn wir nicht zu gleicher Zeit alle Kraft daransetzen würden, für die anthroposophische Sache einzutreten. Denn der Bau würde die Veranlassung sein für die Zerstörung unserer Sache, wenn sich nicht genügend verteidigende Kraft finden würde» (GA 184, 20.9. 1918).

120 «Rudolf Steiner und die Zivilisationsaufgaben der Anthroposophie – ein Rückblick auf das Jahr 1923». Reden und Antworten auf Fragen (GA 259, Ausgabe 1943, S. 15–16).

121 Assja Turgenieff: Erinnerungen an Rudolf Steiner und die Entstehungszeit des Dornacher Baues, Stuttgart 1972, S. 101 f.

122 GA 260. Rede Rudolf Steiners bei der Eröffnung der Weihnachtstagung am 24. 12. 1923. – An anderer Stelle äußert Rudolf Steiner diesen Gedanken auf die folgende Weise: «Und heute stehen wir vor unserem furchtbaren Unglück, haben in Dornach die herzzerschmetternde Ruine des Goetheanums vor uns, und wir haben vor uns auch die Anthroposophische Gesellschaft; wenn sie auch der Zahl der Mitglieder nach unendlich vergrößert worden ist in der letzten Zeit, wir haben die Anthroposophische Gesellschaft ohne innere Festigkeit, auch mit etwas Ruinenhaftem in sich» (GA 257, 23.1.1923).

123 Zeylmans van Emmichoven, «Der Grundstein». Von dieser Möglichkeit, sich von der Anthroposophischen Gesellschaft zu lösen und andere Wege zur Verwirklichung der anthroposophischen Impulse in der Welt zu suchen, was Rudolf Steiner zur Zeit der Delegiertenversammlung in Stuttgart (Februar 1923) ganz besonders intensiv erwog, sprach er selbst später im Vortrag vom 4. 3. 1923 (GA 257).

124 GA 260, S. 34.

125 GA 229, 15. 10. 1923.

126 Die Impulse für die Erschließung des alten Mysterienwesens wurden durch Rudolf Steiner unmittelbar aus der Michael-Schule gegeben. Er spricht darüber in folgenden Worten: «In einer großartigen anschaulichen Weise ... in übersinnlichen Inspirationen [in der Michael-Schule] wurde geschildert dasjenige, wovon ich in der Lage war, hier öfter den Abglanz zu geben, indem ich altes Mysterienwesen schilderte» (GA 237, 1. 8. 1924).

127 GA 240, 20. 7. 1924.

128 So wie einstmals in der hohen übersinnlichen Michael-Schule «die alte Initiationsweisheit», die Grundlage «der großen Initiaten-Lehren», am Anfang noch einmal «durchgenommen» wurde, so wurde auch auf der Weihnachtstagung zunächst das Wesen der alten Mysterien (s. Zyklus «Mysteriengestaltungen») dargestellt und dann der Grundstein für die *neuen* Mysterien gelegt. Damit ist die Weihnachtstagung das wahre irdische Abbild der geistigen Ereignisse der übersinnlichen Michael-Schule.

129 GA 240, 18. 7. 1924.

130 ‹Genesis›, 1. Buch Mose 1,3 f.

131 GA 260, S. 14.

132 Siehe die beiden Oster-Vorträge Rudolf Steiners in Berlin vom 25. 3. und 1. 4. 1907 (GA 96) und Vortrag vom 2. 12. 1906 (GA 97).

132a In ihrem Aufsatz «In Erinnerung an die Weihnachtstagung» (26.4. 1925) schreibt Ita Wegman über die Erkrankung von Rudolf Steiner: «Dann wurde der Meister krank. Erst war es nur eine körperliche Erschöpfung, dann zeigte es sich, daß die Krankheit tiefere Ursachen hatte, Karma wirkte sich aus. Vom Januar 1925 an sprach er nicht mehr von Erschöpfung, sondern von Karmawirkungen» («An die Freunde»). Siehe auch die Worte, die Rudolf Steiner einigen Anthroposophen als Antwort auf ihre Frage nach seiner Erkrankung im Juli 1924 in Arnheim gab (mitgeteilt von Pieter de Haan, veröffentlicht in H. P. van Manen, «Christussucher und Michaeldiener»).

133 All das oben Gesagte widerspricht dem nicht, daß zu Beginn der Erkrankung Rudolf Steiners auch die äußere Vergiftung eine Rolle gespielt haben kann. Insbesondere weisen darauf die abschließenden Worte im folgenden Ausschnitt aus dem Brief Rudolf Steiners an Marie Steiner vom 15.10. 1924 hin: «M. l. M, ich sagte Dir ja schon vor längerer Zeit, wie seit Januar 1923 die Verbindung der höheren Glieder meiner Wesenheit mit seinem physischen Körper nicht mehr voll war; ich verlor gewissermaßen im Leben im Geistigen den unmittelbaren Zusammenhang mit meiner physischen Organisation. Nicht mit der physischen Welt, im Gegenteil: die gesunde Beurteilungsmöglichkeit dieser wurde immer stärker und auch umfassender. Aber gerade weil im Geistigen auch für die physische Welt so alles ohne die geringste Beirrung abging, versuchen es die Gegenmächte mit dem physischen Leib» (GA 262, Brief Nr. 210). Zu diesen Worten Rudolf Steiners kann man noch die Beschreibung vom Beginn seiner Erkrankung am letzten Tag der Weihnachtstagung (dem 1.1. 1924) hinzufügen, welche Ilona Schubert, die persönlich Zeuge dieser tragischen Ereignisse war, in ihrem Buch «Selbsterlebtes im Zusammensein mit Rudolf Steiner und Marie Steiner» gibt; und auch den dichterischen Abschluß des Nachworts von Marie Steiner zur ersten Ausgabe der Autobiographie von Rudolf Steiner. Es ist hier jedoch besonders zu betonen, daß die Notwendigkeit, das Karma der Gesellschaft zu ordnen, zu verbessern, und das Unvermögen der Mitglieder, mit der erforderlichen Intensität diese Aufgabe in Angriff zu nehmen, erst ein solches Geschehen *möglich* machte. Als Folge dieses Nicht-Wollen-Könnens war der physische Leib Rudolf Steiners nach der Weihnachtstagung ohne den notwendigen Schutz gegenüber den ihm ständig auflauernden dunklen Mächten, und für solch eine Situation haben wir ein makrokosmisches Vorbild: Christus, der zuläßt, daß er verraten wird, und um ihn seine schlafenden Jünger.

133a Wenn gesagt wird: «Rudolf Steiner nahm das Karma der Anthroposophischen Gesellschaft auf sich» oder «er nahm die Folgen der Fehler ihrer einzelnen Mitglieder auf sich», dann ist nicht das persönliche Karma der Anthroposophen gemeint – und das muß mit aller Entschiedenheit betont werden –, sondern ihr Karma in bezug auf die geistige Michaelströmung, die im 20. Jahrhundert als anthroposophische Bewegung in die Welt kam. Für diesen Zusammenhang haben wir auch ein makrokosmisches Urbild in der im Vortrag vom 15.7. 1914 (GA 155) beschriebenen Beziehung des Prinzips des persönlichen Karma zu dem objektiven Prozeß der Erlösung der ganzen Menschheit durch den Christus Jesus.

Denn der Christus nimmt, indem er durch das Mysterium von Golgatha geht, nicht das persönliche Karma des einzelnen Menschen auf sich, welches dieser in der Folge seiner Inkarnationen selbst gemäß dem Gesetz der Weltengerechtigkeit ausgleichen muß, sondern die *objektiven* Folgen der menschlichen Taten für den gesamten geistigen Makrokosmos.

134 Wenn wir diese Synthese vom Standpunkt der esoterisch rosenkreuzerischen Tradition charakterisieren, müssen wir sagen: Rudolf Steiner ist es bei der Weihnachtstagung gelungen, auf dem *sozialgeschichtlichen* Plan die Ströme Abels und Kains zu einem Strom zu vereinigen.

135 An dieser Stelle ist nicht die Rede von jenen irdischen Schwierigkeiten, welche im Vorstand nach dem Tod Rudolf Steiners auftraten und von deren Folgen für die ganze weitere Entwicklung der Anthroposophischen Gesellschaft und der anthroposophischen Bewegung in der Welt. Zugrunde lag diesen Schwierigkeiten jenes komplizierte und noch nicht überwundene individuelle Karma der Anthroposophen, von dem Rudolf Steiner in seinen Karma-Vorträgen sprach. Hier jedoch geht es um die Gründung des Vorstandes und der Sektionen als spirituelle Wirklichkeit höherer Ordnung. Obwohl sich das Irdische und Geistige parallel entwickeln, dürfen sie jedoch keinesfalls miteinander verwechselt werden. Deshalb läßt sich nicht begreifen, wenn man sich nicht den rein esoterischen Charakter dieser Einrichtungen bewußt macht, warum Rudolf Steiner sowohl während der Weihnachtstagung selbst als auch nach ihr so viel Zeit und Kraft für ihre Organisation zur Verfügung stellte, ebenso wie für die Verbreitung eines richtigen Verständnisses von Charakter und Realität ihrer Wechselwirkung unter den Anthroposophen (GA 240).

136 Zu dieser Zeit erreichte Rudolf Steiner in seiner individuellen Entwicklung auch jene Stufe der Einweihung, die von Christian Rosenkreutz im 15. Jahrhundert, wenn auch in einer seiner Zeit entsprechenden Form, erreicht worden war und die später in mehr bildhafter Weise in dem Buch von Valentin Andreä ‹Die chymische Hochzeit des Christian Rosenkreuz anno 1459› beschrieben worden ist. Dies wirft auch ein Licht auf die folgende Imagination, die Rudolf Steiner gab, als er nach der Weihnachtstagung über das Verhältnis von Anthroposophie und Rosenkreuzer-Strömung gefragt wurde: links steht Christian Rosenkreutz in einer blauen Stola, rechts Rudolf Steiner in einer roten; in dieser Imagination stehen sie *nebeneinander* (s. B. C. J. Lievegoed, «Mysterienströmungen in Europa und die neuen Mysterien»).

137 Grosse, a.a.O., S. 144.

138 GA 37/260a, 23. 5. 1924.

139 ebd., 22. 6. 1924.

140 ebd., 18. 7. 1924.

141 ebd., 12. 8. 1924.

142 ebd., 24. .8. 1924. Ein letztes Mal auf die Weihnachtstagung im Vortrag vom 5. 9. 1924 in Dornach hinweisend, faßt Rudolf Steiner die Entwicklung der vergangenen acht Monate auf die folgende Weise zusammen: «Das aber darf gesagt werden, nachdem wir jetzt viele Monate unter den Wirkungen der Weihnachtstagung stehen, *uns bemühen, treu zu bleiben dem, was wir dazu-*

mal mit der spirituellen Grundsteinlegung der Anthroposophischen Gesellschaft gemeint haben, das dürfen wir uns sagen: Dasjenige, was [als geistige Offenbarung] geflossen ist seit Jahren, es fließt in reicherem Maße weiter. Und wir dürfen auch sagen, daß die Herzen sich noch mehr aufgeschlossen haben allüberall, wo der mehr esoterische Zug, der seit der Weihnachtstagung durch alles, was anthroposophische Arbeit ist, fließt, wo dieser mehr esoterische Zug eben da ist. Fassen Sie die ganze Bedeutung dieses Wortes, wie ich es aus den Erfahrungen der letzten Monate heraus zu sprechen habe, in Ihrem Herzen auf, meine lieben Freunde!» (GA 37/260a, 5. 9. 1924).

143 GA 240, 12. 8. 1924.

144 GA 194, 22. 11. 1919.

145 Hier muß man anmerken, daß die eigentliche Besonderheit der plastisch architektonischen Form des ersten Goetheanum darin besteht, daß ihre Betrachtung den Menschen allmählich zum wirklichen Sehen karmischer Zusammenhänge leiten sollte. Im Vortrag vom 27. 4. 1924 sagt Rudolf Steiner folgendes: «Und unter allem anderen, was schon hervorgehoben worden ist, war gerade dieses Goetheanum, dieser Goetheanumbau mit der Art und Weise, wie in ihm immer mehr und mehr Anthroposophie getrieben worden wäre, die Erziehung zum karmischen Schauen. Diese Erziehung zum karmischen Schauen, sie muß in die moderne Zivilisation herein» (GA 236).

146 Über die Notwendigkeit des Karma-Ausgleichs innerhalb der Anthroposophischen Gesellschaft: «Aber wie kommt es denn, daß auch die Kräfte vorhanden sind, die bewirken, daß wirklich heute sich Menschen zusammenfinden, unter rein geistigen Prinzipien, die sonst fremd sind in der heutigen Welt? Wo liegen die Kräfte vom Sich-Zusammenfinden? Die liegen darin, daß durch den Eintritt der Herrschaft des Michael ... von Michael hereingebracht wird die Kraft, die bei denjenigen, die mit ihm gegangen sind, wiederum des Karma in Ordnung bringen soll. So daß wir sagen können: Was vereinigt die Mitglieder der Anthroposophischen Gesellschaft? Das vereinigt sie, daß sie ihr Karma in Ordnung bringen sollen!» (GA 237, 8. 8. 1924).

147 Aus der ganzen Ausführung folgt auch, daß der Eintritt in die Anthroposophische Gesellschaft ein ernster karmischer Entschluß ist, obwohl nach den Statuten der Anthroposophischen Gesellschaft für solch einen Schritt fast nichts gefordert wird außer der Anerkennung der Berechtigung des Impulses der Weihnachtstagung (§ 1 der Statuten), jedoch ist das im okkulten Sinn eine ernste, das Schicksal des Menschen tief beeinflussende Entscheidung, wenn es bewußt geschieht. Rudolf Steiner äußert sich selbst mit folgenden Worten darüber: «in die Anthroposophische Gesellschaft kann man nicht hereinkommen, wenigstens kann man nicht so hineinkommen, daß dieses Hineinkommen ganz ehrlich und die Seele tief ergreifend ist, ohne daß das Schicksal im wesentlichen tief beeinflußt ist» (GA 237, 3. 8. 1924). In diesem Sinne liegt ein tiefes Unverständnis der Weihnachtstagung und folglich des wesentlichen Kerns der Anthroposophie vor, wenn man sich ziemlich intensiv mit der Anthroposophie beschäftigt und es vorzieht, nicht in die Anthroposophische Gesellschaft einzutreten. Gewiß, das Karma der Anthroposophischen Gesellschaft ist schwierig, aber der Anthroposoph, der das Wesentliche der Weihnachtstagung versteht, weiß, daß seitdem Rudolf Steiner selbst in der

geistigen Welt an erster Stelle dieses Karma trägt; wer nicht wünscht, dieses mit ihm zu teilen, kann sich kaum als seinen wahren Schüler bezeichnen und damit auch nicht als Diener jener geistigen Mächte, die durch Rudolf Steiner die Anthroposophie ins Leben gerufen haben.

148 GA 227, 29. 8. 1923.

149 Die folgenden Worte Rudolf Steiners handeln davon, daß die neuen Mysterien *schon* seit der Weihnachtstagung auf der Erde sind, da der Weihnachtsimpuls auch der Impuls der neuen Mysterien ist (GA 233, 22. 4. 1924). «Wir müssen ja sagen: Es ist schon so, daß, wenn jener Impuls, der durch die Weihnachtstagung von hier, vom Goetheanum, ausgegangen ist, wirklich sich einlebt in der Anthroposophischen Gesellschaft, dann die Anthroposophische Gesellschaft, indem sie weiter hinführt zu den Klassen, die einzurichten sind – zum Teil hat diese Einrichtung ja schon begonnen –, die Grundlage sein wird für das weitere Mysterienwesen. Es muß das weitere Mysterienwesen bewußt gepflanzt werden durch diese Anthroposophische Gesellschaft.» Aus diesen Worten Rudolf Steiners kann man auch fühlen, daß er selbst nur den Grund legen konnte zu den neuen Mysterien. Die mögliche Vollendung jedoch hing nicht nur von ihm ab, sondern auch von den Mitgliedern der Anthroposophischen Gesellschaft selbst; und so blieb es bis zum heutigen Tag.

150 Ein trauriges Symptom für das mangelnde Vorbereitetsein einiger Anthroposophen auf das kommende Wirken Rudolf Steiners ist das heute verbreitete «Suchen» nach seiner neuen Inkarnation. Diese Tatsache spricht von einem wesentlichen Unverständnis des wirklichen Tatbestandes und weist auch auf eine noch nicht ganz ausgelebte Neigung zu bestimmten Formen des Materialismus hin.

Das Wirken Rudolf Steiners am Ende des Jahrhunderts ist eine tief geheimnisvolle Frage, und man sollte sich bewußt werden, daß sich seine Tätigkeit im Äußeren dann nicht so fortsetzen kann, wie sie am Anfang des Jahrhunderts war. Rudolf Steiner hat in Büchern und fast 6000 Vorträgen einen geistigen Schatz hinterlassen, dessen rechte Aneignung in einem genügend großen Kreis von Anthroposophen noch weit von ihrer Verwirklichung entfernt ist, das letztere aber wird weitere Impulse in dieser Richtung erst möglich machen. Was den eigentlichen esoterischen Impuls im Sinne der Begründung des neuen Mysterienzentrums von 1923/24 betrifft, so kann er in weiteren Kreisen der Anthroposophischen Gesellschaft nur in dem Maße verwirklicht werden, in dem die in der Weihnachtstagung und der unmittelbar aus ihr entspringenden ersten Klasse der Freien Hochschule für Geisteswissenschaft gegebenen Impulse verstanden und verwirklicht werden.

Wenn aber dieses Verständnis bis zum Ende dieses Jahrhunderts ungenügend bleiben sollte, dann ist zu beachten, daß Rudolf Steiner, als er von der Möglichkeit der Gründung einer zweiten Klasse sprach, die Zahl ihrer Teilnehmer auf 36 beschränkte (GA 37/260a: Das Gespräch Rudolf Steiners mit Graf Polzer-Hoditz, 11. 11. 1924). In diesem Zusammenhang können die folgenden Worte Rudolf Steiners als eine wirkliche Grundlage für den richtigen Zugang dienen:

Wer stets zum Geiste strebt,
Der darf unverzagt hoffen,

daß er zur rechten Zeit
nicht ohne des Geistes Führung ist.

(Wahrspruchwort, GA 40).

Im Geiste dieser Worte nicht über mögliche Formen dieser Führung mutmaßen, sondern mit allen Kräften unserer Seele «zum Geiste streben» – das ist unsere wichtigste Aufgabe. Und wenn wir sie ausreichend erfüllen, dann können wir sicher sein, daß wir «*nicht ohne* des Geistes Führung» sein werden!

150a Von diesem Weiterwirken der Weihnachtstagung spricht Rudolf Steiner z. B. mit den folgenden Worten «Sie [die Weihnachtstagung] bekommt erst ihren Inhalt von dem Leben auf den verschiedenen Gebieten der Gesellschaft, sie ist erst eine Wirklichkeit durch das, was durch sie geschieht, was fortwährend im Leben der Anthroposophischen Gesellschaft durch sie geschieht. Die Weihnachtstagung wird erst real durch das, was aus ihr weiter wird.. Ob sie als Weihnachtstagung für das Leben wirksam sein wird, hängt davon ab, ob sie fortgesetzt wird» (GA 37/260a 6. 2. 1924).

150b Von diesem «neuen Bündnis», das auf der Weihnachtstagung mit den geistigen Mächten geschlossen wurde, welche die anthroposophische Bewegung in der geistigen Welt führen, spricht Rudolf Steiner mit den folgenden Worten, indem er gleichzeitig darauf hinweist, daß dieses «neue Bündnis» eine *reale Kraft* ist, welche die sich nach der Weihnachtstagung verstärkenden Angriffe der Gegenmächte auf die anthroposophische Bewegung abzuwehren vermag: «Aber es steht durchaus zu hoffen, daß *die Kräfte des Bündnisses, das wir durch die Weihnachtstagung mit guten geistigen Mächten schließen durften,* in der Zukunft imstande sein werden, alle diejenigen gegnerischen Mächte auf geistigem Gebiete, die sich doch der Menschen auf Erden bedienen, um ihre Wirkungen zu erzielen, alle diese gegnerischen Mächte aus dem Felde zu schlagen.» (GA 37/260a, 23. 5. 1924).

151 S. dazu: Mark. 14, 51/52 und 15, 34; sowie GA 139, 23. 9. 1912.

152 GA 211, 2. 4. 1922 Dornach; 13. 4. 1922 Den Haag; 15. und 24. 4. 1922 London.

4. Das irdische und das übersinnliche Goetheanum

1 GA 96, 28. 1. 1907.

2 Einen Hinweis auf das erste Opfer Rudolf Steiners können wir im 26. Kap. seiner Autobiographie finden. Auf das zweite Opfer wird in verschiedenen Vorträgen hingewiesen, die in der Zeit von 1910 bis 1913 gehalten wurden und teilweise im dritten Kapitel dieses Buches angeführt sind. Sie sind auch gesammelt in dem Vortrag von A. Arenson zum 5. Todestag Rudolf Steiners am 30. 3. 1930 in Stuttgart.

3 In seiner Rede zur Eröffnung der Weihnachtstagung sprach Rudolf Steiner folgende Worte: «Anknüpfen wollen wir heute an dasjenige, woran wir so sehr gern angeknüpft hätten schon 1913. Da wollen wir den Faden wiederum aufnehmen, meine lieben Freunde, und wollen als obersten Grundsatz in

unsere Seele einschreiben für die anthroposophische Bewegung, die ihre Hülle haben soll in der Anthroposophischen Gesellschaft, daß alles in ihr geistgewollt ist, daß sie sein will eine Erfüllung desjenigen, was die Zeichen der Zeit mit leuchtenden Lettern zu den Herzen der Menschen sprechen» (GA 260, S. 30). Diese Worte, die sich vor allem auf die Gründung der selbständigen Anthroposophischen Gesellschaft am 3. Februar 1913 beziehen, können, was ihren mehr inneren Gehalt betrifft, auf die Grundsteinlegung des ersten Goetheanum bezogen werden, die am 20. September 1913 in Dornach stattfand.

4 S. auch Daniel van Bemmelen: «Das erste Goetheanum als Menschheitsbau», Dornach 1975.

5 Zeylmans van Emmichoven, a.a.O., S. 32.

6 Im Vortrag vom 6. 9. 1918 (GA 184) nennt Rudolf Steiner die Mysterien der Geburt und des Todes Mysterien des Mondes und der Sonne. Dabei verbindet sich der Mond mit den Impulsen der Vererbung, die bei der Geburt wirken, und die Sonne mit dem Erwachen des individuellen Bewußtseins, das stets mit den Sterbeprozessen verbunden ist. In diesem Zusammenhang war die Kenntnis der Mondenmysterien im alttestamentarischen Volk besonders tief, da es ja seine Mission war, die irdischen Hüllen für die spätere Verkörperung des Christus vorzubereiten (s. GA 123, 4. 9. 1910). Es wurden deshalb die Eingeweihten des altjüdischen Volkes von Jehova, dem Mondengott, inspiriert. Und der Christus konnte, als er in die für ihn vorbereiteten Hüllen des Jesus heruntersteig und so die wahrhafte Erkenntnis vom Mysterium des Todes auf die Erde brachte, am allerwenigsten gerade vom jüdischen Volk verstanden werden, denn dieses hatte bis dahin nur ein Bewußtsein vom Mysterium der Geburt entwickelt.

6a Im Vortrag vom 15. 4. 1922 (GA 211) spricht Rudolf Steiner eingehend davon, daß selbst die Götter der höheren Hierarchien das Geheimnis des Todes nicht kannten, sondern nur das Geheimnis der Geburt, das sie der Menschheit in den Mysterien mitteilten. Rudolf Steiner stellt das folgendermaßen dar: «Von der Geburt wußten diese geistig-göttlichen Lehrer der Menschheit, nicht aber von dem Tode ... Die Götter sahen gewissermaßen, während sie früher nur sprechen konnten von dem Mysterium der Geburt zu den Erdenmenschen, wie die Erde allmählich entwuchs denjenigen Kräften, die sie selber hineingelegt hatten, und wie der *Tod die Seele ergreifen würde.*»

7 Im Zusammenhang damit gewinnen die Worte Rudolf Steiners im Vortrag vom 27.8.1924 (GA 240) besondere Bedeutung: Danach kam der Christus mit seinem Geistselbst auf die Erde (s. Anm. Nr. 121, 5. Kap.), worauf auch bei der Taufe im Jordan das Bild der Taube (Symbol des Heiligen Geistes) hindeutet.

7a Diese Offenbarung vom wahren Antlitz des Todes durch den Christus Jesus als Mysterium der Vereinigung mit dem höchsten kosmischen Leben, das heißt dem kosmischen Reich des Vaters allen Seins, beschreibt Rudolf Steiner mit besonders bedeutungsvollen Worten im Vortrag vom 6. 7.1909 (GA 112).

8 Darüber, daß der Christus den wahren Impuls der Zeit von der Sonne auf die Erde brachte, siehe 4. 6. 1924, GA 236.

9 S. GA 103, 12. Vortrag, und GA 96, 25. 3. 1907.

10 Einen Hinweis auf den den Formen des Goetheanum eingeprägten Charakter der Metamorphose des Denkens: seine Auferstehung vom Toten und Festgewordenen zum Lebendigen, Bewegten erhalten wir, wenn wir das folgende in

Betracht ziehen: Im Vortrag vom 28. 6. 1914 (GA 286) charakterisiert Rudolf Steiner das Wesen der künstlerisch architektonischen Gedanken, die diesem Bau zugrunde liegen, folgendermaßen: «Wir gehen in Verehrung in den Geist ein, auf daß wir eins werden mit dem Geiste, der sich ausgießt um uns herum in den Formen, weil um uns herum die Geister der Form sind, und der in Bewegung kommt, weil hinter den Geistern der Form die Geister der Bewegung stehen, das ist der *neue* baukünstlerische Gedanke!»
Diese Worte Rudolf Steiners muß man nun mit dem Inhalt des Vortrages vom 20. 1. 1914 (GA 151) vergleichen, dessen Titel lautet: «Der Aufstieg vom starren zum bewegten Gedanken als Aufstieg vom Reich der Geister der Form zum Reich der Geister der Bewegung.» Rudolf Steiner weist in diesem Vortrag insbesondere auch auf Goethe als auf denjenigen, der als erster in der Neuzeit in seiner Lehre von Urpflanze und Urtier den Versuch machte, vom erstarrten Gedanken zum beweglichen überzugehen. Wenn wir uns jetzt in diesem Zusammenhang daran erinnern, daß Rudolf Steiner in seinem Vorwort zu der Kürschnerschen Ausgabe von Goethes Naturwissenschaftlichen Schriften seine epochalen Worte schrieb: «Das Gewahrwerden der Idee in der Wirklichkeit ist die wahre Kommunion des Menschen» (GA 1, 6. Aufsatz); wenn wir uns ferner klar machen, daß das «Gewahrwerden der Idee» nur demjenigen möglich ist, der zu einem lebendigen, beweglichen Denken gekommen ist, dann nähern wir uns noch um einen Schritt mehr dem Verständnis dessen, was das Goetheanum mit seinen architektonisch plastischen Formen der Menschheit offenbaren sollte.

11 Im Vortrag vom 18. 5. 1924 (GA 236) spricht Rudolf Steiner ausführlich darüber, daß wir zum wirklichen Verständnis der Ewigkeit nur durch die gemeinsame Betrachtung der beiden wichtigsten Prinzipien kommen können, die mit dem geistigen Sein des menschlichen Wesens verbunden sind: Der Ungeborenheit und der Unsterblichkeit. Dabei bildet das erste Prinzip den verborgenen Kern der Mysterien der Geburt und das zweite denjenigen der Mysterien des Todes. Doch die gemeinsame Betrachtung führt uns unmittelbar in das Wesen der Mysterien der Ewigkeit.

12 Erster Korinther-Brief 3,16 und 6,19.

13 GA 260, 31. 12. 1923.

14 Die beiden Seitenflügel des rosa Südfensters, in denen die Metamorphose des Westportals des ersten Goetheanum dargestellt ist in dem Antlitz des «idealen Menschen», der die Kräfte der Sonne in sich trägt, kennzeichnen das Goetheanum als denjenigen Bau, der in seinen Formen das himmlische Urbild des Menschen darstellt.

15 GA 286, 7. 6. 1914.

16 ebd. 17. 6. 1914.

17 GA 232, 2. 12. 1923.

18 Grosse, a.a.O., S. 67.

19 12. 12. 1911, zitiert nach Daniel van Bemmelen: «Das erste Goetheanum als Menschheitsbau», Dornach 1975.

20 GA 275, 30. 12. 1914.

21 Siehe Anmerkung 14 zu diesem Kapitel. Hier ist es auch wichtig zu bemerken, daß bei dem Antlitz, das auf dem rechten Seitenflügel des Fensters aus der Metamorphose des Westportals des Goetheanums entstanden ist, an der Stelle

der zweiblättrigen Lotusblüte, d. h. an jener Stelle, wo sich beim Menschen der Ätherleib mit dem physischen Leib verbindet, eine aufblühende Pflanzenform dargestellt ist. Sie ist ein Bild des Ätherleibes, der in unserer Zeit von neuem im Bereich des Kopfes beginnen soll, sich vom physischen Leib zu lösen, was mit der Zeit in breiten Kreisen der Menschheit zu einer natürlichen ätherischen Hellsichtigkeit führen soll. Dasjenige, was sich vor allem dem Menschen durch solch ein natürliches Erwachen der imaginativen Schau eröffnet, ist im zentralen Motiv des von uns betrachteten Fensters gezeigt.

22 Über die Tatsache, daß der menschliche Ätherleib hauptsächlich im flüssigen Elemente wirkt, s. Vortrag vom 1. 2. 1924, GA 234 und Anmerkung 47 zum 5. Kapitel. Im Vortrag vom 31. 12. 1922 (GA 219) sagt Rudolf Steiner darüber: «Dasjenige, was das Blut in uns kreisen läßt, was die anderen Säfte in uns in Bewegung bringt, ist der ätherische Organismus.»

23 Im Vortrag vom 31. 12. 1922 (GA 219) sagt Rudolf Steiner darüber: «Insofern die Sternenwelt ruhendes Wesen ist, zum Beispiel sich in den Bildern des Tierkreises ruhig im Weltenraum zur Erde verhält, insofern ist der Mensch zusammenhängend mit seinem physischen Organismus mit diesen Formgebilden des Weltenraumes.» Doch über den Charakter dieser Verbindung des menschlichen physischen Leibes mit den 12 Sternbildern siehe das zentrale Motiv des blauen Südfensters im Goetheanum. Diese Verbindung wurde von Rudolf Steiner auch von einem etwas anderen Gesichtspunkt am 7. 6. 1912 (GA 137) beschrieben.

24 Der Zusammenhang des Ätherleibes mit den 7 Grundplaneten offenbart sich besonders in Rudolf Steiners Vortrag vom 21. 4. 1924 (GA 233): Dort ist die Rede davon, wie in der Mondensphäre unmittelbar vor der Verkörperung des Menschen auf der Erde die Mondenlehrer der Weisheit seinen neuen Ätherleib aus den Kräften der sieben Planeten bilden. S. Anm. Nr. 87, 5. Kap.

25 Über den zeitlichen Charakter der Grundgesetzmäßigkeit des Ätherleibes, s. Anm. 39 zum 6. Kap.

26 Über die tiefere Wechselbeziehung der Zahlen 12 und 7 siehe insbesondere den letzten Vortrag GA 113. Hier kann man nur anmerken, daß die Gesetzmäßigkeit, die in der Zahl 7 begründet liegt, mit den Mysterien der Zeit (Sonne) verbunden ist und die Gesetzmäßigkeit der Zahl 12 mit den Gesetzmäßigkeiten des Raumes (Mond).

27 S. auch Andrej Belyj: ‹Epopeja Ja›, Anm. 102 zum 3. Kap.

28 Daniel van Bemmelen, a.a.O., Kapitel: «Das erste Goetheanum als Haus der Anthroposophie».

29 S. Anm. 80 und 81a zum 3. Kap.

30 Eine derartige architektonisch-plastisch-malerische Lösung des Raumes der kleinen Kuppel, wo alles auf der Zwölfheit aufgebaut ist, in die als 13. der Christus aus der makrokosmischen Sphäre des Ich hereintritt, erschließt uns auch das Geheimnis der 12 Throne, die den «Menschheitsrepräsentanten» im Zentrum umgeben. Gerade in dieser mächtigen, sinnlich-übersinnlichen Imagination eröffnet sich das Bild des erhabenen Kollegiums der 12 Bodhisattvas, deren gemeinsame Mission die ganze Erdenentwicklung umfaßt (dargestellt in der Malerei der kleinen Kuppel), die feierlich auf den 12 Thronen sitzen und unentwegt den 13. im Zentrum anschauen, d. h. den Christus selbst. Lenken wir jetzt unsere Aufmerksamkeit darauf, daß in der äußeren Peripherie des von

der östlichen Seite gebildeten Kreises mit 12 Säulen und 12 Thronen das Rednerpult stand, von dem aus die Anthroposophia, die Weisheit des Heiligen Geistes über den Menschen verkündet werden sollte, dann nähern wir uns um einen weiteren Schritt dem Verständnis des tiefen Mysteriums der Menschheit, das im ersten Goetheanum, dem wahrhaftigen «Tempel des neuen Geisteslebens», verborgen war.

31 Hier ist noch zu zeigen, daß dieses Prinzip der 12 und der 7, wie das schon von Zeylmans angemerkt wurde, auch in der Grundstein-Meditation enthalten ist: Die ersten Abschnitte der Teile 1–3 bestehen aus 12 Zeilen (nicht mitgezählt die Anrede an die Menschenseele); die zweiten Abschnitte dieser Teile aus 7 Zeilen, zu denen dann dreimal die Anrede an die Elementargeister (in drei Zeilen) hinzukommt.

32 S. Anm. 35 zu diesem Kap.

33 GA 42/245, S. 126.

34 Der vollständige Text im Notizbuch Rudolf Steiners lautet (GA 286):
«Die Menschen brauchen zunächst nur zu *wollen*
im Weiterschreiten von Säule zu Säule
Das *Gefühl* für das Leben erwacht im rechten Sinne,
wenn sie die Säulen verstehn
In der Kuppel = die Seele
In den Formen = der Leib
Wille – vorrückend
Gefühl – aufsteigend
Denken – abschließend.»

35 S. Anm. 108 zum 5. Kap.

35a Man kann auch sagen, daß im ersten Goetheanum der Versuch unternommen war, auf prophetische Weise ein *neues Naturreich* vorwegzunehmen, das im Laufe der natürlichen Entwicklung erst mit der fünften Runde (dem fünften Reich) der Erde allmählich entstehen und seine wahre Vollendung auf dem Jupiter erlangen soll. Darüber spricht Rudolf Steiner im Vortrag vom 26. 10. 1905, die Mission des Menschen in der vierten und fünften Runde charakterisierend: «Der Mensch erlöst in der vierten Runde das Mineralreich, wenn er es zum Kunstwerke gestaltet haben wird. Dann geht alles durch ein Pralaya hindurch, es ist dann kein Mineralreich mehr da, sondern die ganze Erde ist dann eine Pflanze geworden. Der Mensch wird dann um eine halbe Stufe höher gehoben, und alles andere mit ihm; zum Beispiel wird der Kölner Dom in der fünften Runde als Pflanze aufgehen... Der Kölner Dom wächst nachher als Pflanzenwelt hervor aus dem, was dann Boden sein wird» (GA 93a).

36 Zitat nach Grosse, a.a.O., S. 32 f.

37 In allen Grundelementen kann man auch einen Zusammenhang dieser Urkunde mit der Grundstein-Meditation, die von Rudolf Steiner auf der Weihnachtstagung 1923/24 gegeben wurde, empfinden. So haben wir in diesem Dokument im Zentrum das 12fache Bild des Menschen, welches sich, fügt man die ersten Buchstaben der Rosenkreuzer-Sprüche hinzu, offensichtlich in 3 Teile gliedert, so daß die Buchstaben E.D.N. sich vorwiegend auf den Gliedmaßen-Menschen beziehen; er trägt die Seele durch die Raumeswelt in das Geistesmeereswesen. Die Buchstaben P.S.S.R. beziehen sich auf das

Haupt des Menschen, welches der Menschenseele die Weltgedanken der Götter aus Ewigkeitsgründen erschließt. Die Buchstaben des mittleren Bereiches aber stellen ein Bindeglied zwischen dem Bereich des Kopfes und dem Bereich der Gliedmaßen dar – in ihm schneiden sich beide Kreise, die man gedanklich um die beiden Dodekaeder ziehen kann; – die Buchstaben I.C.M. gehören zu Herz und Lunge des Menschen, welche die Menschenseele durch den Zeitenrhythmus ins eigene Seelenwesensfühlen leiten, in die Tiefen, wo auch die Begegnung des Menschen mit dem Christus sich verwirklicht. Das Weltenwort, das hier in den zweiten Abschnitten der Teile 1–3 der Meditation durch die Sphären aller neun Hierarchien erklingt, findet seinen imaginativen Ausdruck in den wunderbaren, musikalisch-plastischen und ätherisch-kraftvollen Linien. Sie umgeben das kosmische Urbild des Menschen im Zentrum, in dessen drei Systeme das Weltenwort – ausgesprochen von den Hierarchien aus den Sphären des Vaters, des Sohnes und des Geistes – die Sätze einprägt: Ex deo nascimur; In Christo morimur; Per spiritum sanctum reviviscimus. So wandelt das Weltenwort das Bild der menschlichen Seele um in das Bild des Menschen der Zukunft: Er soll die Mission der Erde und der Menschheit im Kosmos erfüllen, indem er in seinem Innern diese Sprüche verwirklicht. Die folgenden Worte des Dokumentes, sofern sie mit dem Willen, der Welten-Seele und dem Welten-Ich verbunden sind, weisen uns auch deutlich auf die drei ersten Teile der Grundstein-Meditation hin und die Tatsache, daß das Reich der Elemente am Ende erwähnt wird, auf die drei Endzeilen des ersten, zweiten und dritten Teiles der Meditation: «Das hören die Elementargeister...» usw. Hier haben wir keine Möglichkeit, uns in dieses Dokument zu vertiefen, deshalb sind wir gezwungen, uns auf diese flüchtigen Anmerkungen zu begrenzen, die dem Leser nur eine Richtung für weitere selbständige Überlegungen geben können. Was jedoch den vierten Teil der Meditation betrifft, so finden wir seine Darstellung nicht unmittelbar in der Urkunde, und diese Tatsache hat einen tiefen Sinn. Gerade die drei ersten Teile der Meditation sind eine Anrede der Götter des Kosmos an die Menschenseele, in welcher sie ihr verkünden, was sie schon in den abgelaufenen Epochen der Weltentwicklung in den Menschen hineingelegt haben. Doch der vierte Teil ist mit der Antwort des Menschen selbst verbunden; und diese Antwort besteht darin, daß die Menschenseele, indem sie von der absoluten Freiheit ausgeht, den Christus-Impuls in sich aufnimmt, der im vierten Teil enthalten ist. In diesem Sinne war die Errichtung des Goetheanum nur der erste Schritt; der zweite Schritt sollte das werden, was es in den Menschenseelen erwecken konnte. Dies aber konnte nicht von Anfang an als *unausweichlich* in den Bau hineingelegt werden, sondern als Impuls, der in Freiheit in den Seelen erwachen sollte. Die Betrachtung des Goetheanum und die Arbeit an der Verwirklichung seiner Mission in der Welt sollten in der menschlichen Seele den Impuls hervorrufen, der später in den vierten Teil der Grundstein-Meditation hineingelegt wurde. (Er ist künstlerisch plastisch in der Skulpturgruppe, die im Osten des fertigen Goetheanums stehen sollte, ausgedrückt.)

38 GA 153, 14. 4. 1914.

39 Die Worte sind aus den Briefen von Margarita Woloschina (Sobaschnikova) angeführt, die von ihr 1914 aus Dornach nach Rußland geschrieben wurden und die sich in den Händen des Autors befinden. Margarita Woloschina war

selbst bei der Rede Rudolf Steiners am 14. 4. 1914 in Wien anwesend, und die von ihm damals gesagten Worte über das Goetheanum (siehe Anm. 38 zu diesem Kapitel) lauten in ihrem Brief folgendermaßen: «Es [das Goetheanum] ist wahrhaftig die Verkörperung des Wesens, welchem wir dienen.»

40 GA 260, S. 112.

41 Schlußworte Rudolf Steiners, GA 260, 1. 1. 1924.

42 GA 219, 31. 12. 1922.

43 GA 194, 22. 11. 1919.

44 S. Anm. 38 zu diesem Kapitel.

45 S. Anm. 43 zu diesem Kapitel.

46 In dieser Tat Rudolf Steiners haben wir auch ein auf höchster Stufe verwirklichtes Prinzip wahren Manichäertums; es besteht in der Umwandlung des Bösen ins Gute.

47 GA 260, 31. 12. 1923.

48 Im Vortrag vom 12. 4. 1909 (abends) in Düsseldorf (GA 110) spricht Rudolf Steiner ausführlich über das Wesen des Feuer- oder Wärmeelementes als der Grundlage der sichtbaren Welt und als Vermittler zwischen «der Welt der Leiber und der Welt der Seelen». Insbesondere gebraucht er folgende Worte: «Daher sagte die alte Geisteswissenschaft und mit ihr die neue Geisteswissenschaft: Die *Wärme* und das *Feuer* ist dasjenige, wo das Materielle beginnt, seelisch zu werden.»

49 GA 260, 31.2. 1923.

50 Siehe Assia Turgenieff, ‹Erinnerungen an Rudolf Steiner und die Entstehungszeit des Goetheanums›, Stuttgart 1972, Kapitel: Silvester 1922.

51 Matth. 3,11.

52 Zur Vermeidung von Mißverständnissen muß man hier bemerken, daß Rudolf Steiner während des Vortrages, in dem er sich im Prozeß der geistigen Forschung auf der anderen Seite der Schwelle befand, die Flamme «mit dem Bewußtsein der Engel» in ihrem übersinnlichen Aspekt sah, welcher sich unserer irdischen Vorstellungsart nicht ergibt. Doch nach dem strengen Gesetz der geistigen Welt, über das Rudolf Steiner nicht nur einmal in seinen Vorträgen spricht, kann das auf solche Weise in den höheren Welten Erlebte nicht unmittelbar in das alltägliche menschliche Bewußtsein herübergetragen werden, weil dieses sich im derzeitigen Entwicklungszyklus von den Gesetzen der irdischen Welt und nicht der geistigen leiten lassen muß. Für die irdische Welt auf dieser Seite der Schwelle war der Brand des Goetheanum die größte Tragödie, die auch Rudolf Steiner als solche im Verlauf dieser furchtbaren Silvesternacht in seinem «menschlichen Bewußtsein» erlebte.

53 Im Vortrag vom 31. 12. 1922 (GA 219) sagt Rudolf Steiner: «So ist spirituelle Erkenntnis eine wirkliche Kommunion, der Beginn eines der Menschheit der Gegenwart gemäßen kosmischen Kultus ...»

54 GA 219, 31. 12. 1922.

55 GA 232, 2. 12. 1923.

56 GA 260, 31. 12. 1923.

57 GA 232, 2. 12. 1923.

58 GA 233, 26. 12. 1923.

59 Eine besonders intime Darstellung der ephesischen Mysterien gab Rudolf Steiner im Vortrag am 14. 8. 1924 (GA 243). Aus dieser Beschreibung kann

man die Atmosphäre erspüren, die an diesem für die ganze Entwicklung der Menschheit so wichtigen Einweihungsort herrschte.

60 GA 233, 29. 12. 1923.

61 GA 233, 26., 27. und 28. 12. 1923.

62 GA 232, 14. 12. 1923.

63 GA 233, 29. 12. 1923.

64 GA 8, Kap. «Plato als Mystiker».

65 Dieser Wesensunterschied zwischen der Philosophie von Plato und der von Aristoteles ist in wunderbarer Weise auf dem raphaelischen Fresko der «Schule von Athen» in der Camera delle Segnatura durch die nach oben, zu den ätherischen Weiten des Kosmos weisende Hand des alten, in die Mitte des Bildes schreitenden Philosophen und die zur Erde weisende Hand seines jüngeren Gefährten dargestellt. Ebenso zeigt sich dieser Unterschied in den Werken, die sie in der Hand halten: der eine den «Timaios», einen der tiefsten Dialoge des Platon, der fast eine ganze Enzyklopädie der alten Mysterien-Weisheit enthält, in der vor allem die Rede von der geistigen Herkunft und Entwicklung unseres Kosmos ist; und der andere die «Ethik» des Aristoteles, ein Werk, das in erster Linie vom richtigen Verhalten des Weisen im Erdenleben handelt.

Darüber, daß eine der möglichen Interpretationen dieser Fresken es nahelegt, sie mit der vorchristlichen (antiken) Entwicklungsepoche der Menschheit in Verbindung zu bringen, siehe Vortrag vom 5. 5. 1909 (GA 284/285).

66 GA 187, 25. 12. 1918.

67 Die Lehre von der Reinkarnation erläutert Platon besonders ausführlich in seinen Dialogen «Phaidros» (246a–249d) und «Der Staat» (614–621b). Im übrigen ist aus seiner Beschreibung klar ersichtlich, daß wir es dabei mit einer alten Form dieser Lehre zu tun haben. Doch die Idee der vorgeburtlichen Existenz der Seele als Grundlage für die Lehre der Wiedergeburt entwickelt Platon vollständiger in den Dialogen «Menon» (81b–86b) und «Phaidon» (72e–77d), wo er bemüht ist, sie durch den Beweis zu erhärten, daß jegliche Welterkenntnis ihre Quellen in der *Erinnerung* der Seele an ihr vorweltliches Dasein hat.

Hier muß man jedoch anmerken, daß als charakteristische Besonderheit dieser alten Lehre über die Wiederverkörperung eine klare Vorstellung des individuellen Ich fehlte, welches als unsterblicher Kern des Menschen durch seine verschiedenen Inkarnationen geht. Daher stammt auch die Möglichkeit für den Menschen, welche auch Platon bestätigt, sich im nächsten Leben im Leib eines Tieres zu verkörpern (siehe «Der Staat» 620a–620d). Noch stärker tritt diese Besonderheit der alten Lehre über die Wiederverkörperung im Osten auf. Zum Beispiel finden wir im Buddhismus überhaupt keinen Hinweis auf das individuelle Ich. Und daraus ist die negative Beziehung des Buddhismus zu der irdischen Welt im Ganzen entstanden, das heißt zu jener Welt, in der allein sich das Bewußtsein des individuellen Ich entwickeln kann.

Von der anderen Seite erscheint gerade bei Aristoteles ein wirkliches Interesse für die physische Welt. Deshalb ist er nicht nur der Vater des irdischen Denkens (Logik), sondern in gewissem Sinne auch der Gründer der irdischen Wissenschaft; in dieser Beziehung ist Aristoteles der wahre Vorbote des späteren Christentums. Denn Christus sollte auf die Erde kommen und in jedem Menschen das Licht des ewigen unsterblichen Ich entzünden, dann durch seine folgende Verbindung mit der Erde ihr ihren wahren Sinn geben und auch ihren unendlichen Wert für die Menschheit zeigen; er besteht darin, daß seit dem Mysterium von Golgatha die Erde der kosmische Leib des Christus ist; durch die Tätigkeit des von dem Christus durchdrungenen menschlichen Ich muß er mit der Zeit vergeistigt werden. Damit eine solche Beziehung zur Erde entstehen konnte, war es jedoch unumgänglich, sie noch vor Beginn der christlichen Ära vorzubereiten. Und das war nur durch eine Absage an die Lehre von der Wiederverkörperung in ihrer alten Form, mit der ihr eigenen Mißachtung alles Irdischen, möglich, denn «das ist schon so, daß es in der Entwicklungsnotwendigkeit der Menschheit lag, daß eine Weile das Bewußtsein von den wiederholten Erdenleben zurückging, damit der Mensch sich daran gewöhne, ernst und intensiv das eine Erdenleben zu nehmen» (GA 187, 1. 1. 1919).

68 GA 187, 28. 12. 1918.

69 ebd. 25. 12. 1918.

70 GA 18, 1. Band. Siehe diese Worte in GA 115, Auflage 1931, Anm. S. 184.

71 Aristoteles widerlegt den Grundbeweis Platons, den dieser für die vorgeburtliche Existenz der Seele anführt («Das irdische Wissen ist die Erinnerung an das vorgeburtliche Sein» – s. Anm. 67 zu diesem Kapitel) in der «Ersten Analytik» (67a 21) und in der «Topik» (111b 27). Dadurch weist Aristoteles die Lehre des vorgeburtlichen Daseins überhaupt zurück.

72 GA 115, 12. 12. 1911.

73 In seinem Buch «Die Rätsel der Philosophie» (GA 18) sagt Rudolf Steiner dazu: «Eine Vorexistenz der Seele vor dem Erdenleben nimmt Plato an, nicht aber Aristoteles.»

74 ebd. 1. 1. 1919. Rudolf Steiner spricht diesen Gedanken öfters – auch in anderen Vorträgen – aus.

75 GA 115, 12. 12. 1911.

76 ebd., 13. 12. 1911.

77 S. GA 131, 14. 10. 1911; und GA 130, 2. 12. 1911.

78 Jene Tatsache, daß Aristoteles damals dafür sorgen mußte, daß die Wiederverkörperungslehre in ihrer alten vorchristlichen Form aus der esoterischen Tradition des Westens verschwand, bedingte wiederum, daß Rudolf Steiner zu Beginn des 20. Jahrhunderts diese Lehre von neuem in das ganze kulturelle Leben der Menschheit bringen mußte, jedoch jetzt in der neuen, christlichen Form. – Darin sehen wir die reale Erfüllung des großen kosmischen Gesetzes, nach dem jede Individualität, die einmal etwas im Auftrag der Weltenführung vollbracht hat, nach einer bestimmten Zeit eine entsprechende Handlung als Folge vollbringen muß, aber so, daß sie jetzt wie vom entgegengesetzten Pol der ersten Handlung auszugehen scheint. Die Wirkungsweise dieses großen kosmischen Gesetzes erklärt Rudolf Steiner in folgenden Worten am Beispiel der Mission Abrahams: «Genauso wie der Geist des Moses geherrscht hat im abgelaufenen Zeitalter bis zu uns, so beginnt nunmehr der Geist des Abraham zu walten, um gleichsam, nachdem er damals [3. vorchristliches Jahrtausend] die Menschheit hereingeführt hat in ein Gottesbewußtsein innerhalb der sinnlichen Welt, die Menschheit aus demselben nun wiederum herauszuführen. Denn das ist ein urewiges Weltengesetz, daß sozusagen eine jede Individualität

eine bestimmte Tat periodisch mehrmals, vor allen Dingen zweimal zu tun hat, das eine Mal wie als das Gegenteil vom anderen. Was Abraham sozusagen der Menschheit heruntergebracht hat in das physische Bewußtsein herein, das wird er für sie wiederum hinauftragen in die geistige Welt hinein.» (GA 118, 6.3. 1910). Das hier erwähnte «Weltgesetz» wirft auch ein ganz besonderes Licht auf die Worte, die Rudolf Steiner W. J. Stein gegenüber im Jahr 1922 in Den Haag sagte, daß es in diesem Leben seine Mission sei, die Lehre von Reinkarnation und Karma praktisch auszuarbeiten. Siehe «W. J. Stein/Rudolf Steiner, Dokumentation», Dornach 1985, S. 295 und auch die dieses Thema ergänzenden Worte Rudolf Steiners in der Anmerkung 164 (ebd.). Über die Bedeutung der Erkenntnis von Reinkarnation und Karma für die anthroposophische Weltanschauung spricht Rudolf Steiner besonders deutlich in dem Vortrag vom 5.3. 1912 (GA 135).

79 S. GA 135, 21.2. 1912 und 5.3. 1912.

80 Über den luziferischen Charakter der altgriechischen Kultur s. GA 120, 28.5. 1910.

81 In diesem Zusammenhang ist auch Aristoteles' Definition der Tragödie als moralische Katharsis der Seele charakteristisch, die in der Überwindung des Egoismus (in dem Luzifer wirkt) durch Mitleid und der Furcht (in der Ahriman wirkt) durch Furchtlosigkeit besteht.

82 GA 240, 19.7. 1924.

83 ebd., 20.7. 1924.

83a S. Albert Stöckel: «Lehrbuch der Geschichte der Philosophie», Mainz 1889.

84 GA 237, 1.8. 1924.

85 Diese Absage des Aristoteles an die Lehre der Wiederverkörperung, deren Einfluß wesentlich dazu beitrug, daß dieselbe äußerlich aus der exoterischen Kultur Europas verschwand, besagt jedoch nicht, daß sie auch aus der esoterischen Tradition des Westens vollkommen herausgenommen wurde. Es ist diese Entwicklung in Europa jedoch so weiter gegangen, daß auch die Schüler der Rosenkreuzerschulen im Mittelalter nichts von der Reinkarnation wußten, sondern daß das Wissen um sie damals nur zu den *höchsten* Stufen der Einweihung gehörte und streng geheim gehalten wurde (s. GA 131, 6.10. 1911). Ein interessantes Beispiel in dem Zusammenhang ist das erste große Werk von H. P. Blavatsky, «Die entschleierte Isis», das aus rosenkreuzerischer Inspiration geschrieben wurde und in dem der Gedanke der Wiederverkörperung vollständig fehlt.

86 Rudolf Steiner sagt nicht nur einmal in seinen Vorträgen, daß der seelische Zustand der alten Griechen auf ihrer besonderen Erinnerungsfähigkeit begründet war. Siehe z.B. in diesem Zusammenhang den Vortrag vom 10.12. 1912 (GA 141).

87 GA 126, 1.1. 1911.

88 GA 240, 14.8. 1924.

89 Die Individualität des Aristoteles hatte bis zu seiner Verkörperung im 13. Jahrhundert als Thomas von Aquin noch eine kurze Verkörperung zu Beginn des 9. nachchristlichen Jahrhunderts. An sie erinnert Rudolf Steiner im Vortrag vom 14.8. 1924 in Torquay (GA 240). Siehe darüber genauer den Vortrag von Emil Bock vom 27.2. 1952 mit dem Titel: «Ephesus und die Gralsburg» (s. E. Bock, a.a.O.).

90 GA 240, 18. 7. 1924.

91 Zur Vermeidung von Mißverständnissen sei hier unterstrichen, daß wir es bei den Persönlichkeiten Alexanders des Großen und Albertus Magnus' mit zwei verschiedenen Individualitäten zu tun haben, die beide, jedoch in völlig verschiedenen Epochen, besonders eng mit der Individualität verbunden waren, welcher dieses Kapitel gewidmet ist: Aristoteles – Thomas von Aquin. Deshalb erinnert Rudolf Steiner, wenn er von Aristoteles spricht, gewöhnlich an Alexander und wenn er von Thomas von Aquin spricht, erwähnt er ihn oft zusammen mit Albertus Magnus.

92 GA 237, 8. 8. 1924.

93 GA 240, 19. 7. 1924.

94 Das deutsche Wort «Besinnen» kommt von dem Hauptwort «Sinn». Das bedeutet gleichzeitig: Bedeutung, Gefühl (Erlebnis) und Sinnesorgan. So weist das Wort «Besinnen» auf jenen inneren Prozeß hin, bei dem das Denken sich selbst durch das denkende Subjekt erlebt, empfindet und ihm gleichzeitig als eine Art Sinnesorgan dient, was in der reinsten Form bei dem bewußten «Denken über das Denken» in Erscheinung tritt, von dem Thomas von Aquino mehrfach in seinen Werken spricht.

95 GA 240, 19. 7. 1924.

96 GA 240, 27. 8. 1924.

97 Im Vortrag vom 14. 8. 1924 in Torquay (GA 240) charakterisiert Rudolf Steiner das Treffen zwischen Aristoteles und Alexander einerseits, Harun al Raschid und seinem Ratgeber andererseits im Jahre 869 in der geistigen Welt als einen «Geisteskampf».

97a Im Vortrag vom 8. 8. 1924 (GA 287) spricht Rudolf Steiner von einem weiteren wichtigen Ereignis, das um das Jahr 869 in der geistigen Welt stattfand. Dieses Ereignis hing mit dem Abfall einer Reihe Wesen aus der Hierarchie der Angeloi von der Michaelsphäre zusammen. Die Folge dieser Teilung in «michaelische» und «antimichaelische» Engel kam auch in dem Gegensatz zwischen Aristoteles und Alexander einerseits und Harum al Raschid sowie seinem Ratgeber andererseits zum Ausdruck, als sie sich im Jahr 869 in der geistigen Welt trafen, wo Aristoteles und Harun al Raschid ebenso wie die mit ihnen jeweils verbundenen Menschenseelen aus der Inspiration von Engeln wirkten, die eine gegensätzliche Stellung in bezug auf die Michaelsphäre einnahmen.

98 GA 240, 14. 8. 1924.

99 In der Zwischenzeit lag noch eine kurze Inkarnation im 9. nachchristlichen Jahrhundert, die eine ganz besondere Bedeutung hatte, siehe Anmerkung Nr. 89 zu diesem Kapitel.

100 GA 240, 19. 7. 1924.

101 ebd.

102 GA 74, 23. 5. 1920.

103 Im Zusammenhang mit diesem für die ganze Weltenentwicklung außerordentlich wichtigen Jahr 1250, über das Rudolf Steiner in den allerverschiedensten Zusammenhängen nicht nur einmal in seinen Vorträgen wie auch im 2. Kapitel des Buches, ‹Die geistige Führung...› (GA 15) spricht, ist es unumgänglich, wenn auch nur kurz auf die komplizierte geistig-physische Konstellation dieses Jahres hinzuweisen. Über eine seiner Besonderheiten

wurde schon gesprochen: Das Jahr 1250 war das Jahr, als es für kurze Zeit sogar für die höchsten Eingeweihten absolut unmöglich war, auf dem physischen Plan eine Erleuchtung aus der geistigen Welt zu empfangen. Rudolf Steiner spricht darüber so: «In der Mitte des 13. Jahrhunderts war plötzlich kein Hellsehen mehr da. Es trat für alle Menschen eine geistige Finsternis ein, sogar die erleuchtetsten Geister, die höchstentwickelten Persönlichkeiten, auch die Eingeweihten hatten damals keinen Zugang mehr zu den geistigen Welten ... für eine kurze Zeit konnten auch diese Geister nicht unmittelbar hineinblicken in die geistige Welt» (GA 130, 27. 9. 1911).
Jedoch unmittelbar *nach* dieser kurzen Periode der Verdunkelung folgt die Epoche eines neuen geistigen Lebens für die westliche Menschheit. «Als das Jahr 1250 heranrückte, begann eine neue Art der Führung zu den übersinnlichen Welten» (GA 15). Deshalb verbindet Rudolf Steiner gerade mit dieser Zeit den Anfang der Begründung der «Neuen Kultur» in der Menschheit, die sich damals in zwei Richtungen vorbereitete: die exoterische im Aufblühen der Hochscholastik in der zweiten Hälfte des 13. Jahrhunderts und die esoterische in der Gründung der Rosenkreuzer-Strömung durch die Einweihung des Christian Rosenkreuz bald nach 1250 (s. GA 130, 27. 9. 1911).
Alle diese Ereignisse waren ihrerseits auch mit bedeutenden himmlischen Geschehnissen verbunden, die eine Beziehung zu dem Jahr 1250 hatten und unmittelbar von dem hierarchischen Kosmos ausgingen. Von dort her unterscheiden wir zu jener Zeit zwei Arten des Einflusses auf die Erdenmenschheit: Die erste ist verbunden mit der geistigen Evolution der Archai (Geister der Persönlichkeit). Ihnen hatten etwa im 4. nachchristlichen Jahrhundert die Geister der Form (Exusiai) die Verwaltung der kosmischen Weltgedanken übergeben. Dank dieser Übergabe begann die Gedankenwelt des Menschen allmählich einen mehr individuell persönlichen Charakter anzunehmen. Die Gedanken fingen allmählich an, Eigentum des Menschen selbst zu werden. Nach den Worten Rudolf Steiners vollendete sich dieser kosmische Prozeß, der noch in den letzten vorchristlichen Jahrhunderten angefangen und eine Art von Kulmination im 4. Jahrhundert erlebt hatte, erst gegen das 13. Jahrhundert (s. GA 222, 16. 3. 1923). Infolgedessen konnten die Archai, wenn auch nur eine kurze Zeitlang, etwa seit dem Jahr 1250, auf die Gedankenwelt der Menschen einwirken; und darüber hinaus vermochten sie zur unmittelbaren Bildung der individuellen menschlichen *Persönlichkeit* die Impulse zu geben, was später seinen äußeren Ausdruck in der europäischen Renaissance fand. Dann ließen sie für einige Zeit von der unmittelbaren Führung der Menschheit ab und überließen den Erzengeln das Tätigkeitsfeld (s. GA 130, 29. 1. 1911).
Doch infolge der aufgezeigten Teilnahme der Archai an der geistigen Führung der Menschheit konnten sie selbst so weit in ihrer eigenen Entwicklung fortschreiten, daß sie etwa zu Beginn des 20. Jahrhunderts begannen, vom Rang der Geister der Persönlichkeit zum Rang der Exusiai oder Geister der Form aufzusteigen. Als Geister der Form senden sie bereits eine neue Offenbarung auf die Erde, die uns vor allem in der anthroposophisch orientierten Geisteswissenschaft in der Gegenwart entgegenkommt. «Und nehmen wir sie lebendig auf, diese Geisteswissenschaft, von der ich gesprochen habe als der Offenbarung der Geister der Persönlichkeit, die als Schöpfer neu eingrei-

fen, nehmen wir sie für unsere Zeit nicht bloß als Menschenwerk, sondern, wie ich sagte, als von Himmelshöhen geoffenbart.. Rettung kann nur kommen, wenn Menschenseelen sich finden, die dem Geist entgegengehen, der sich in der neuen Weise durch die Geister der Persönlichkeit offenbaren will, die aus bloßen Zeitgeistern Schöpfer werden wollen. Es gibt keinen anderen Ausweg», so sagt Rudolf Steiner (GA 187, 3. 12. 1918; s. auch 28. 12. 1918). So haben wir hier eine Art des Einwirkens des hierarchischen Kosmos auf das irdische Geschehen, dessen Anfang etwa in der Zeit des Aristoteles liegt. Am 16. 4. 1923 sagte Rudolf Steiner: «... während diese Übergabe [der Weltgedanken] eben lange Zeiten hindurch gespielt hat. Sie hat sich schon in den vorchristlichen Zeiten vorbereitet und war erst vollendet im 12., 13., 14. nachchristlichen Jahrhundert; das 4. Jahrhundert ist sozusagen nur der *mittlere Zeitpunkt*» (GA 222).

Wenn das 4. Jahrhundert «der mittlere Zeitpunkt ist», so fällt der Anfang dieses Prozesses auf das 5., 4. Jahrhundert vor Christi Geburt, d. h. etwa die Epoche des Aristoteles und von ihr aus entwickelt sich der Prozeß weiter durch das 4. nachchristliche Jahrhundert und die Zeit um 1250 , und dann, nach einer Pause, setzt er sich fort als Erscheinung der anthroposophisch orientierten Geisteswissenschaft auf der Erde zu Beginn des 20. Jahrhunderts.

Die zweite Art der geistigen Einwirkung auf die Erde, etwa um 1250, ist von anderem Charakter. Sie betrifft Wesen einer noch höheren Hierarchie, die Geister der Form. Im Vortrag vom 31. 12. 1910 (GA 126) spricht Rudolf Steiner darüber, daß eine besonders starke Wirkung dieser Geister auf die physische Evolution der Erde und am wenigsten auf das innere Wesen des Menschen in der Epoche der großen atlantischen Katastrophe stattfand. Und eine solche besondere Konstellation muß einmal in der Geschichte der Menschheit ihren Gegenpol finden, d. h. es mußte die Zeit kommen, da diese Geister stark auf die innere Entwicklung des Menschen wirken konnten und ganz schwach nur auf die physische Evolution der Erde. Das geschah um 1250. Gerade deshalb schien jene Zeit besonders geeignet für die Einweihung des Christian Rosenkreuz, die auf diese Weise in der Periode der maximalen Wirkung der Geister der Sonne (Exusiai) auf das innere Wesen des Menschen vollzogen wurde.

Zu allem oben Gesagten ist noch hinzuzufügen, daß um die Zeit von 1250 auch die Erdachse ihre Stellung geändert hat, worüber Rudolf Steiner in den Vorträgen vom 29. 1. 1911 (GA 130) und 31. 12. 1911 (GA 126) spricht.

Schließlich ist es zum Abschluß dieser Betrachtung unumgänglich zu bemerken, daß Rudolf Steiner, wenn er all diese Geschehnisse beschreibt, die sich auf das Jahr 1250 beziehen, besonders ihren inneren Zusammenhang mit den beiden schon erwähnten Richtungen in der menschlichen Evolution unterstreicht: Mit den Strömungen der Hochscholastik und des Rosenkreuzertums, das seinen Anfang in dieser Zeit nimmt; denn in ihnen haben wir die zwei Grundpfeiler «der neuen spirituellen Kultur» der ganzen Menschheit, die in unserer Zeit, mit Beginn der neuen Epoche des Michael, eine endgültige Vereinigung in der heutigen Menschheit finden müssen, und das vor allem in der Anthroposophischen Gesellschaft selbst.

104 Über den Charakter dieses tief dramatischen Kampfes der Repräsentanten

der Hochscholastik mit dem arabisierten Aristotelismus siehe insbes. GA 237, 1.7.1924.

105 Über die Aufgabe der fünften nachatlantischen Epoche im Zusammenhang mit der Entwicklung der Bewußtseinsseele als einer Begegnung mit dem Bösen spricht Rudolf Steiner im 4. und 5. Vortrag des Zyklus «Geschichtliche Symptomatologie» (GA 185).

106 S. GA 137, 6.6.1912.

107 Am 12.10.1918 (GA 184) weist Rudolf Steiner darauf hin, daß der ahrimanische Impuls, der durch Roger Bacon wirkte, seine Quellen in der Akademie von Gondischapur hat.

108 GA 74, 23.5.1920.

109 Im Vortrag vom 1.7.1924 in Dornach (GA 237) spricht Rudolf Steiner über die Bedeutung der Tätigkeit der Lehrer der Hochscholastik in Vorbereitung der kommenden Epoche der Bewußtseinsseele. «Die europäische Bevölkerung war in ihrer Totalität im 10., 11., 12. Jahrhundert keineswegs durchaus befähigt, eine solche Anschauung, wie die der Persönlichkeiten, die ich charakterisiert habe [gemeint sind die arabischen Philosophen], einfach über sich ergehen zu lassen, denn die Entwicklung der Bewußtseinsseele wäre dann ausgeblieben. Wenn es auch sozusagen im Ratschluß der Götter bestimmt war, daß diese Bewußtseinsseele sich entwickele, so war es doch so, daß sich diese Bewußtseinsseele nicht aus der Eigentätigkeit der europäischen Menschheit in ihrer Totalität heraus hat entwickeln können, sondern es mußte gewissermaßen ein Impuls kommen, der dahin ging, die Bewußtseinsseele besonders zu entwickeln.» Aus dem weiteren Inhalt dieses Vortrages folgt, daß dieser Impuls, «der dahin ging, die Bewußtseinsseele besonders zu entwickeln im ‹Einklang› mit dem Ratschluß der Götter» – der Impuls der Hochscholastik war.

110 GA 26, Aufsatz vom 12.10.1924.

110a Gemeint sind zwei Wege, auf denen die aristotelische Lehre in der Folgezeit verbreitet wurde. Den einen Weg nahmen in der Hauptsache die Werke von Aristoteles, die mit der Naturerkenntnis zusammenhingen. Alexander der Große verbreitete sie in Asien und Afrika, von wo sie vom 11. Jahrhundert an vor allem infolge der Kreuzzüge wieder nach Europa zurückkamen. Diese Werke von Aristoteles waren dann die Grundlage der mittelalterlichen Alchimie. Den zweiten Weg nahmen vor allem die logischen Werke von Aristoteles. Sein Schüler Theophrast verbreitete sie in Süd- und Zentraleuropa, wo sie eine entscheidende Rolle beim Entstehen der Scholastik spielten. Wenn wir jedoch zwei ihrer Hauptvertreter nehmen: Thomas von Aquino und Albertus Magnus, so sehen wir, daß diese bereits im 13. Jahrhundert die Vereinigung der beiden Strömungen in beachtlichem Maße erreichten, denn beide beschäftigten sich nicht nur mit den logischen, sondern auch mit den naturphilosophischen Schriften, soweit sie ihnen zu der Zeit zugänglich waren, d.h. sie widmeten sich in der Praxis nicht nur der denkerischen Tätigkeit, sondern auch der Alchimie. (S. Zeylmans van Emmichoven ‹Der Grundstein›, Kap.: Vom Stein der Weisen zum Liebesstein.)

111 GA 233, 29.12.1923.

112 In diesem Sinn weisen folgende Worte Rudolf Steiners in besonders tiefer

Weise auf das Wesen des neuen michaelischen Christentums: «Deshalb betont man, wenn man auf dem Standpunkt unserer Geisteswissenschaft steht, so häufig den Christus-Impuls, weil der Christus-Impuls in der geraden Linie des gestaltenden Denkens liegt» (GA 187, 1. 1. 1919).

113 GA 240, 19. 7. 1924.

114 S. Anm. 136 zum 3. Kap.

115 Deshalb – und das sollte von den Anthroposophen recht verstanden werden – wurde der Zyklus, den Rudolf Steiner während der Weihnachtstagung hielt und in dem er von diesem Geheimnis für die ganze Anthroposophische Gesellschaft sprach: *«Die Weltgeschichte in anthroposophischer Beleuchtung und als Grundlage der Erkenntnis des Menschengeistes»* genannt.

115a In dem Zusammenhang ist auch die Tatsache von Bedeutung, daß Rudolf Steiner gerade in dem *Kölner* Vortragszyklus «Die Bhagavad-Gita und die Paulusbriefe» (GA 142) besonders eindringlich von der geistigen Aufgabe Thomas von Aquinos spricht, der Aufgabe, die harmonische Vereinigung des Christentums und des Aristotelismus herbeizuführen; oder anders gesagt, die Vereinigung des Christus-Impulses und des Extraktes der alten Mysterienweisheit, wie sie in der Philosophie von Aristoteles enthalten ist (s. Vortrag vom 28. 12. 1912).

116 GA 233, 31. 12. 1923.

117 GA 233, 22. 4. 1924.

118 Aus dem Charakter des ganzen Vortrages (13. 1. 1924) kann man das Gefühl bekommen, daß dieser «Hohe Geist» der Erzengel Michael selbst war.

119 GA 233, 13. 1. 1924.

119a Hier muß auch bemerkt werden, daß alles, was mit Hilfe des Wärmeäthers in das Astrallicht eingeschrieben wird, später, wie schon gesagt, aus der Sphäre jenseits des Tierkreises zurückkommt. Diese Sphäre ist aber zugleich die makrokosmische Ich-Sphäre, die Sphäre, aus der einstmals der Christus zur Erde kam (s. S. 161).

120 Hier ist auch daran zu erinnern, daß gerade die Formen des ersten Goetheanum nach den Worten Rudolf Steiners (s. Anm. 145, 3. Kap.) bei den Menschen, die es betrachteten, eine Entwicklung von wahrhaftigem Erleben und wesenhafter Durchdringung des Karma ermöglichen sollten, und wir verstehen, daß durch den auferstandenen und aus den Fernen des Kosmos zurückgekehrten *Geist des Goetheanum* besonders jene karmischen Forschungen, die Rudolf Steiner nach der Weihnachtstagung durchführte, möglich wurden. Die Tatsache aber, daß nach den Worten Rudolf Steiners diese karmische Forschung mit der Entdeckung tiefer Geheimnisse der michaelischen Sphäre verbunden war, stimmt mit der von uns schon angeschauten Teilnahme Michaels selbst am kosmischen Schicksal des ersten Goetheanum nach dem Brand völlig überein.

121 GA 233, 13. 1. 1924.

122 GA 233, 22. 4. 1924.

123 ebd.

124 Rede Rudolf Steiners bei der Grundsteinlegung des ersten Goetheanum (GA 42/245).

125 GA 260, abschließende Worte Rudolf Steiners.

1 «Die Weihnachtstagung zur Begründung der Allgemeinen Anthroposophischen Gesellschaft 1923/24», GA 260, 24. 12. 1923, Seite 27.

2 Auch die folgenden Worte, die Rudolf Steiner am Tag der Grundsteinlegung der «Allgemeinen Anthroposophischen Gesellschaft» sprach, weisen hin auf diese Beziehung der Führung Michaels zu dem Wesen der Weihnachtstagung: «So durften die Griechen glauben, zu treffen den ganzen Menschen nach Geist, Seele und Leib, wenn sie das Wort ertönen ließen, das uralte Sonnenwort, das Apollo-Wort: ‹Erkenne Dich selbst!› Wir aber müssen sagen, wenn wir aus den *Zeichen der Zeit* in der richtigen Weise erneuern dieses Wort: Oh Menschenseele, erkenne Dich selbst in Deinem wesenden Weben, in Geist, Seele und Leib» (GA 260, S. 57). In diesen Worten haben wir als erstes den Hinweis auf das esoterische Wesen der Sonnenmysterien des alten Griechenland, welche damals ihre Offenbarung unmittelbar aus der Sonnensphäre des Michael erhielten. (Darin liegt auch der Grund, warum ihre Blüte gerade in der vorhergehenden Epoche seiner kosmischen Herrschaft lag.) Zweitens weisen diese Worte uns auf die Erneuerung der alten Mysterien hin, die ausgeht von den ‹Zeichen der Zeit›. Dieser Ausdruck ‹Die Zeichen der Zeit› stimmt überein mit dem Titel von Rudolf Steiners Vortrag vom 17. 2. 1918 in München: «Die Zeichen der Zeit. Der Kampf Michaels und seine Widerspiegelung auf der Erde» (GA 182); er ist ein okkulter Terminus, der mit dem zeitgenössischen Mysterium Michaels zusammenhängt. Was jedoch die Ergänzung zu dem alten Mysterienwort «Erkenne Dich selbst», durch die Worte: «in Deinem wesenden Weben in Geist, Seele und Leib», betrifft, so weist auch diese auf die unmittelbare Inspiration Michaels hin, denn gerade Michael erweckt den Menschen in unserer Epoche zum dreifachen Erleben seiner selbst in Übereinstimmung von Geist, Seele und Leib. (S. GA 223/229, 2. 4. 1923 und GA 194, 30. 11. 1919).

3 Zeylmans van Emmichoven: a.a.O., Seite 27.

4 GA 260, Seite 266.

5 Die genannte Beziehung der vier Worte, welche den esoterischen Gehalt der Weihnachtstagung charakterisieren, mit den vier Teilen der Grundstein-Meditation entspricht der Aufgliederung dieser Meditation, wie sie auf Seite 304 vorgenommen wird.

6 Im Vortrag vom 18. 7. 1924 in Arnheim beschreibt Rudolf Steiner, indem er über die Vereinigung der anthroposophischen Bewegung und der Anthroposophischen Gesellschaft durch die Weihnachtstagung spricht, auch deren Wesen in folgenden Worten: «Bis zu dieser Weihnachtstagung konnte ich immer unterscheiden zwischen der anthroposophischen Bewegung und der Anthroposophischen Gesellschaft: Die letztere sollte gleichsam die irdische Projektion von etwas darstellen, das in den geistigen Welten in einer gewissen Strömung des geistigen Lebens vorhanden ist. Was hier auf der Erde gelehrt wird, was hier als anthroposophische Weisheit mitgeteilt wird, das sollte eben der Abglanz dessen sein, was in geistigen Welten gemäß der Entwicklungsphase der Menschheit in den gegenwärtigen Zeiten erfließt. Dann war die Anthroposophische Gesellschaft gewissermaßen die Verwalterin desjenigen, was da als anthroposophisches Lehrgut durch die anthroposophische Bewegung floß» (GA 240, 18. 7. 1924).

7 GA 260a, 7. 6. 1924.
8 ebd., 6. 2. 1924.
9 GA 260, Seite 45.
10 ebd., S. 58.
11 GA 103, 22. 5. 1908.
12 Auf *richtige* Weise, d. h. zum Wohl der Erdenentwicklung, wurde der Schritt in die höheren Welten von den Eingeweihten in den Mysterien *immer* nur durch ihre Vereinigung mit dem Christus-Impuls erreicht. Bis zum Mysterium von Golgatha vollzog sich das, indem die Eingeweihten in die Sonnensphäre aufstiegen, denn allein das gab ihnen die Möglichkeit, jene kosmische Weisheit, die sie in den vorchristlichen Zeiten nur durch die Hand Luzifers empfangen konnten, zum Wohl der Erdenentwicklung einzusetzen. Rudolf Steiner darüber in folgenden Worten: «Gerade wenn man an den Menschheitsursprung zurückgeht, dann findet man, daß die Quellen für die heidnischen Weisheiten immer in luziferischen Wesenheiten zu suchen sind... Die luziferischen Wesenheiten impfen dem Menschen ihre Weisheit ein, aber sie wollen, daß er dadurch von der Erde abzweigt und nicht die Erdenentwicklung durchmacht. Die Erde will Luzifer ihrem Schicksal überlassen, von den Menschen unbevölkert sein lassen; er will die Menschheit für ein besonderes, dem Christus-Reiche fremdes Reich gewinnen. Die Weisen der alten Zeiten, die die Urweisheit aus Luzifers Händen empfangen haben, die mußten also die Verpflichtung übernehmen, nicht dem Luzifer nachzugeben, sondern seine Weisheit zu empfangen, aber sie im Dienste der Erdenentwicklung zu gebrauchen. Das ist es, was im wesentlichen durch die Mysterien der vorchristlichen Zeiten ja auch geleistet worden ist» (GA 191, 15. 11. 1919). Das Letztere konnte jedoch, wie bemerkt wurde, von den Eingeweihten nur in diesen Mysterien durch eine Verbindung mit dem Christus-Impuls in der Sonnensphäre erreicht werden.
13 Über die Tatsache, daß die wichtigste Forderung der neuen Epoche Michaels, die unbedingte Einbeziehung des Initiationsprinzips in die Grundprinzipien der zeitgenössischen Zivilisation ist (was nur durch die Verwirklichung der sozial wirkenden Esoterik in der Menschheit möglich ist), spricht Rudolf Steiner im Vortrag vom 13. 1. 1924 in Dornach in folgenden Worten: «Es muß wiederum die Welt dazu kommen können, das Einweihungsprinzip als solches unter die Zivilisationsprinzipien aufnehmen zu können. Denn nur dadurch kommt eben das zustande, daß der Mensch hier auf Erden in seiner Seele etwas ansammelt, mit dem er hintreten kann vor Michael, so daß der zustimmende Blick ihn trifft: Das ist weltgerecht. – Dann wird dadurch der Wille befestigt, der Mensch eingegliedert in den geistigen Fortgang der Welt. Dann wird dadurch der Mensch ein Mitarbeiter desjenigen, was durch Michael, jetzt beginnend in der Michael-Epoche, in die Menschheits- und Erdenentwicklung eingefügt werden soll.»
14 S. GA 158.
15 Hier kann man noch daran erinnern, daß Rudolf Steiner im Vortrag vom 13. 1. 1924 (GA 223) sagt, daß es sogar Christian Rosenkreuz vor Beginn der neuen Epoche Michaels nur durch ein herabgedämpftes Bewußtsein möglich war, aus dem Kosmos Rückstrahlungen zu bekommen, die durch den Wärmeäther in das astrale Licht eingeschrieben worden waren, und erst seit 1879 ist es

möglich, dasselbe im vollen Wachbewußtsein durch die bewußte Begegnung mit Michael in der geistigen Welt zu erleben.

16 GA 233, 29.12.1923.

16a Oben (S. 221) wurde gesagt, daß eine wesentliche Aufgabe der Anthroposophen seit der Weihnachtstagung darin besteht, die Bedingungen für ein gemeinsames Wirken der verkörperten und der nicht verkörperten Menschen, die durch ein gemeinsames anthroposophisch-michaelisches Karma verbunden sind, in der Anthroposophischen Gesellschaft zu schaffen (Genaueres über die Beteiligung der nichtverkörperten Seelen an der Weihnachtstagung im siebenten Kapitel). Dieser Aspekt ist bei der Einweihung des Lazarus auch real wirksam. Denn nach den Worten Rudolf Steiners wurde im Verlaufe der Einweihung seine Wesenheit «von oben» bis zur Verstandesseele von der in den geistigen Welten weilenden Entelechie Johannes des Täufers, die damals übersinnlich im Kreise der Apostel als ihre Gruppenseele wirkte, durchdrungen (siehe Vortrag vom 28. 9. 1924 sowie die Erklärung, welche Rudolf Steiner Ludwig Noll dazu gab. GA 238, außerdem Vortrag vom 20. 9. 1912, GA 139).

17 GA 260, 1. 1. 1924, S. 261.

18 GA 37/260a, 18. 1. 1924.

19 GA 10, Kap. «Der Hüter der Schwelle».

20 Über diesen Übergang aus der Seelenwelt in das Geisterland als Aufstieg aus der Sphäre des Mondes in die der Sonne spricht Rudolf Steiner in folgenden Worten: «Nun müssen wir, wenn wir den Rücklauf vollendet haben [durch das Erleben des letzten Erdenlebens in der Zeit des Kama-Loka], wenn wir also wiederum an dem Ausgangspunkt angekommen sind, dann müssen wir jenen Übergang finden, den ich in meiner ‹Theosophie› angedeutet habe, mit dem Übergang von der Seelenwelt in das Geisterland. Aber das ist ja damit verknüpft, daß wir den Mondenbereich verlassen und innerhalb des Kosmos in den Sonnenbereich einziehen» (GA 226, 17. 5. 1923).

21 Die 4. und 7. Stufe in einer solchen Formulierung enthalten nur die früheren Auflagen der «Geheimwissenschaft». (S. auch GA 99, 6. 6. 1907.) In der letzten Auflage (1925) wird die vierte Stufe in folgenden Worten formuliert: «Das Sicheinleben in die geistige Umgebung (entsprechend der Intuition)» und die siebente: «Das Gesamterleben der vorherigen Erfahrungen als eine Grundseelenstimmung» (‹Die Geheimwissenschaft›, Dornach 1979 TB, Seite 291).

22 Die hier angeführte Wechselbeziehung der vier ersten Stufen des christlich-rosenkreuzerischen Weges der Einweihung und der vier niederen Glieder des menschlichen Wesens kann man auch von einem anderen Gesichtspunkt aus betrachten, und zwar, wenn man beim Geistesschüler den Prozeß des Aufstiegs zur wahren Erkenntnis seines höheren Ich anschaut, das gewöhnlich von uns durch drei seiner Hüllen getrennt ist. In diesem Fall entspricht die 1. Stufe des christlich-rosenkreuzerischen Weges der Erkenntnis des Ich in seiner Spiegelung im *physischen Leib* durch die astralen und ätherischen Hüllen. Beim Erreichen des imaginativen Bewußtseins kann der Schüler schon auf dem astralen Plan (in der Welt der Elemente) sein höheres Ich in seiner Spiegelung im *Ätherleib* durch die astrale Hülle erleben. Ferner kann der Schüler beim Erlangen des inspirativen Bewußtseins, nachdem er auf das niedere Devachan

gelangt ist (die Welt der Wandelsterne), dort sein höheres Ich erleben, das sich im *Astralleib* spiegelt. Und schließlich kann er, nachdem er sich in das höhere Devachan (die Welt der Fixsterne) erhoben hat, sein *höheres Ich* erleben, sozusagen von «Antlitz zu Antlitz», und den in ihm seit dem Mysterium von Golgatha wirkenden Christus erkennen. (Deshalb ist auch das Wort «Intuition», sogar in seinem gewöhnlichen Gebrauch, immer mit irgend etwas ganz Intimem im Menschen verbunden, so wie bei geistiger Erkenntnis sich nur in der Intuition das wahre Antlitz des menschlichen Ich offenbart – sein Allerheiligstes.)

Eine solche Aufeinanderfolge in der Wechselbeziehung der Einweihungsstufen mit den Hüllen des menschlichen Wesens entspricht vollkommen der Reihenfolge, die in seinem allmählichen Aufstieg vom Niederen zum Höheren gegeben ist (physischer Leib – Ätherleib – Astralleib – Ich ...), wie das z. B. in der «Theosophie» Rudolf Steiners ausgeführt wird. Doch die Reihenfolge, die im 5. Kapitel gegeben ist (Ich, Astralleib, Ätherleib, physischer Leib) entspricht derjenigen «der Verwandlung» der Hüllen *im Gang der okkulten Entwicklung,* die im 5. Kapitel der «Geheimwissenschaft» beschrieben ist. – So müssen wir hier in Betracht ziehen, daß wir es in beiden Fällen nur mit verschiedenen Aspekten ein und desselben Prozesses zu tun haben. Im ersten Fall geht die Betrachtung von der Entwicklung des Schülers aus, der, als Erkenntnis*subjekt,* am allmählichen Erwachen des Bewußtseins in den Hüllen arbeitet. Im zweiten Fall (der weiter oben in dieser Anmerkung beschrieben ist) wird die Beschreibung vom Aspekt des Erkenntnis*objektes* geführt: vom höheren Ich im Menschen, zu dessen unmittelbarer Wahrnehmung sich der Schüler allmählich erheben soll als zu dem höheren Ziel seines geistigen Weges. Eine besonders ausführliche Darstellung dieses Aufsteigens des Schülers vom physischen Leib durch den Ätherleib und Astralleib zum höheren Ich im Prozeß der neuen Einweihung kann man auch im 4. und 5. Vortrag des Zyklus «Anthroposophie», GA 234, finden, wo Rudolf Steiner beschreibt, wie wir durch das gewöhnliche Denken nur die festen Bestandteile des menschlichen Organismus begreifen, durch die imaginative Erkenntnis unseren Ätherleib, der im sogenannten Flüssigkeitsmenschen wirkt (d. h. in den flüssigen Bestandteilen unseres Organismus); durch die inspirative Erkenntnis unseren Astralleib, der im «Luftmenschen» wirkt, und schließlich offenbart sich uns durch die intuitive Erkenntnis das Wesen unseres wahrhaften «Ich», das seinen äußeren Ausdruck im «Wärmemenschen» findet (s. auch die von Rudolf Steiner mehrfach dargestellte Einweihung, die dem Weg entspricht, den Brunetto Latini durchzumachen hatte; z. B. im Vortrag vom 13. 7. 1924, GA 237, ferner im Vortrag vom 28. 7. 1922, GA 214, und siehe auch die Anmerkung 88 zum 3. Kapitel dieses Buches).

23 Über diesen Zusammenhang der Prinzipien des Geistes, des Sohnes und des Vaters mit den höheren Gliedern des menschlichen Wesens: dem Geistselbst, Lebensgeist und Geistesmenschen in der christlichen Esoterik, s. den Vortrag vom 25. 3. 1907, GA 96.

24 S. die Anm. 124 zu diesem Kapitel.

25 GA 260, S. 62.

26 «Die Geheimwissenschaft» (GA 13).

27 GA 260, S. 58.

28 ebd., Seite 56.
28a GA 243, 22. 8. 1924.
29 Es muß auch bemerkt werden, daß die Seele des Verstorbenen den großen makrokosmischen Menschen, der aus dem Wirken aller neun Hierarchien hervorgeht, auch in der vorchristlichen Zeit nicht ohne die Hilfe der auf der Sonne weilenden Christus-Wesenheit erleben konnte. – Auf diese Weise wird dasjenige, was damals der Christus durch seine opfervolle Vereinigung mit der Erdensphäre den Menschen in der Sonnensphäre als ihr Selbsterleben in dem großen makrokosmischen Menschen gab, jetzt auch dem im physischen Leib verkörperten Menschen durch seine völlig *freie* Vereinigung mit dem Christus-Impuls auf der Erde erreichbar. (S. GA 239, 25. 5. 1924.) Diese Möglichkeit, welche von dem Christus für die ganze zukünftige Entwicklung erkämpft wurde und die nur ganz allmählich, von der Freiheit ausgehend, verwirklicht werden kann in der Menschheit, weist uns auch auf das große Ziel der ganzen Erdenevolution hin. Das wird durch die Betrachtung des abschließenden 7. Rhythmus der Weihnachtstagung in der weiteren Ausführung sichtbar werden.
30 GA 260, S. 60.
30a GA 260, S. 57. f.
31 S. auch den Vortrag vom 14. 6. 1924 (GA 239).
32 Eine solche Komposition des ersten Tages-Rhythmus' gibt uns auch ein Bild dessen, wie durch den Christus-Impuls im 4. Teil sich in der neuen Einweihung zwei Hauptmysterienwege des Altertums vereinigen: Der Weg durch die Versenkung in die Seele (der Weg des Buddha, welcher den Hirten erscheint) – er hat mehr Beziehung zu den ersten Abschnitten der Teile 1–3 –; auf der anderen Seite der Weg durch die Versenkung in die Geheimnisse des Makrokosmos (der Weg des Zarathustra, repräsentiert durch seine Schüler, die Magier aus dem Osten) – er hat mehr Beziehung zu den zweiten Abschnitten jener Teile.
33 Den angeführten Anruf der Elementargeister kann man auch im Zusammenhang mit jener Stelle aus der neuen Isis-Legende (GA 180, 6. 1. 1918) sehen, wo darüber gesprochen wird, wie Isis ihren Sohn, den Typhon zerrissen hatte, in seiner wahren Gestalt zurückbekam. Rudolf Steiner beschreibt dies in folgenden Worten: «Aber es kam der Tag, da konnte sie ihn in seiner wahren Gestalt, in seiner echten Gestalt von den Händen einer Reihe von Geistern, die *Elementargeister* der Natur waren, entgegennehmen, konnte ihn zurückerhalten von Elementargeistern der Natur ...» Und weiter spricht Rudolf Steiner darüber, daß dank dieser wunderbaren Rückkehr des Sohnes Isis zur Hellsichtigkeit kam, welche ihr dann «... die tiefste Bedeutung ... desjenigen, was im Johannes-Evangelium als der Logos bezeichnet wird», eröffnete; «es ging ihr die johanneische Bedeutung des Mysteriums von Golgatha auf. Durch diese Kraft ergriff die Macht der Kuhhörner die papierene Krone und wandelte sie in eine wirkliche Goldkrone aus echter Weisheit um».
34 S. Anm. 81a zum 3. Kap.
35 GA 40, Credo: ‹Der Einzelne und das All›.
36 Hier muß man anmerken, daß, obwohl der Prozeß der Geburt des höheren Ich nach dem Tode in jedem Menschen stattfindet, doch die verschiedenen Seelen gemäß ihrer inneren Struktur durch dieses Ereignis mit verschiedenen Bewußtseinsgraden hindurchgehen, so daß zum Beispiel diejenige Seele, die

im Verlauf des ganzen Erdenlebens fast ausschließlich in sich materialistische Vorstellungen genährt hatte, ihn fast völlig ohne Bewußtsein erleben kann.

37 S. Anm. 32 zum 6. Kap.

38 «Die Geheimwissenschaft» (GA 13).

39 GA 112, 24. 6. 1909. In diesem Vortrag spricht Rudolf Steiner auch über die Zusammenhänge zwischen der Grals- und der Rosenkreuzer-Strömung: «Die, welche sich Johannes-Christen nannten und das Rosenkreuz zu ihrem Symbolum hatten, die sagten: Gerade das, was für die Menschheit wiedergeboren ist [in den palästinensischen Ereignissen] als das Geheimnis von dieser Menschheit höherem Ich, das ist bewahrt worden. Das ist bewahrt worden von jener engeren Gemeinschaft, die von dem Rosenkreuzertum ihren Ausgang genommen hat. Sinnbildlich ist diese Kontinuität angedeutet: Jene heilige Schale, aus der der Christus Jesus gegessen und getrunken hat mit seinen Jüngern, die man den ‹Heiligen Gral› nennt und in der das Blut, das aus der Wunde floß, aufgefangen wurde durch Joseph von Arimathia, sie ist, wie erzählt wird, durch Engel nach Europa gebracht worden. Ihr wurde ein Tempel gebaut, und die Rosenkreuzer wurden die Bewahrer dessen, was da war in dem Gefäße, das heißt dessen, was das Wesen des wiedergeborenen Gottes ausmachte. Das Mysterium von dem wiedergeborenen Gotte waltete in der Menschheit: das ist das Gralsmysterium.»
Auch die folgenden Worte Rudolf Steiners über das Mysterium des Heiligen Gral sind außerordentlich wichtig sowohl im Sinne einer noch stärkeren Vertiefung in das Wesen der gegenseitigen Beziehung von Gralsströmung und Rosenkreuzerströmung als auch insbesondere für die Erkenntnis der wahren Rolle des Gralsmysteriums bei der Offenbarung der Geheimnisse des übersinnlichen Lebens der Seele zwischen Tod und neuer Geburt, wie dieses in den sieben Grundrhythmen der Weihnachtstagung enthalten ist: «Alles, was zu dieser Verbreitung des Verständnisses des Christus-Impulses in unserer Zeit beitragen soll, das schließt sich für das Abendland zusammen in dem, was man nennen kann das Mysterium vom Heiligen Gral. Und innig hängt das Mysterium vom Heiligen Gral auch mit solchen Dingen zusammen, wie sie auseinandergesetzt worden sind: mit der Erteilung der Mission für den Mars an Buddha durch Christian Rosenkreuz (GA 141, 22. 12. 1912 und GA 130, 18. 12. 1912). *Und dieses Mysterium vom Heiligen Gral kann dem modernen Menschen das geben, was ihn einführt in ein gerade für unsere Zeit richtiges Verständnis des Lebens zwischen dem Tode und der neuen Geburt*» (GA 141, 7. 1. 1913).
Im Zusammenhang mit diesen letzten Worten kann man auch daran erinnern, daß Rudolf Steiner am 23. 7. 1922 darstellt, daß die wirklichen Hüter des Grals in der übersinnlichen Welt ausgewählte Seelen der Toten sind (GA 214).

40 GA 234, 10. 2. 1924.

41 Diese drei Stufen im allmählichen Aufsteigen des Menschen in die Sphäre der Freiheit sind schon vollkommen im 9. Kap. der «Philosophie der Freiheit» enthalten.

42 GA 260, S. 98.

43 GA 227, 29. 8. 1923; GA 231, 14. 11. 1923 und insbesondere GA 239, 31. 3. 1924 und 9. 6. 1924.

44 S. GA 13, Kap. 6: «Gegenwart und Zukunft der Welt- und Menschheits-Entwickelung».

45 Im Zusammenhang mit den ersten drei Rhythmen ist das Folgende zu beachten: Die drei anthroposophischen Grundübungen, wie sie in der Grundstein-Meditation formuliert sind (I, II, III, 5), treten erst im Rhythmus des dritten Tages auf. Sie fehlen im Rhythmus des zweiten Tages vollkommen, und im Rhythmus des ersten Tages sind sie nicht als Übung, sondern als Charakteristik von drei verschiedenen Arten seelischer Tätigkeiten des Menschen gegeben, die als «Geist-Erinnern», «Geist-Besinnen», «Geist-Erschauen» dargestellt werden. Eine solche Verkürzung der genannten Zeilen der Meditation im ersten Rhythmus und ihr gänzliches Fehlen im zweiten hat eine tiefe Bedeutung. Denn es entspricht der erste Rhythmus, (wie das noch gezeigt werden wird), der *ersten Stufe* des christlich-rosenkreuzerischen Einweihungsweges, die das Studium der Mitteilungen der modernen Geisteswissenschaft, ausgehend von den gewöhnlichen menschlichen Erkenntnisfähigkeiten, beinhaltet. Diese Stufe *geht* dem Beginn der eigentlichen esoterischen Praxis *voraus* (der Konzentration, Meditation und Kontemplation). Deshalb sind die genannten Zeilen der Meditation im ersten Rhythmus nicht in der Form von Seelenübungen gegeben, wie das in der Meditation selbst der Fall ist (I, II, III, 5), sondern in der Form, welche diejenige Art von seelischen Tätigkeiten (seelischen Prozessen) charakterisiert, die den Geistesschüler allmählich zu unmittelbaren Erfahrungen in den übersinnlichen Welten führen. Dann tritt, wie gesagt, kein Hinweis mehr auf diese Zeilen im zweiten Rhythmus auf, während er im dritten Rhythmus vollständig erscheint. Das hängt damit zusammen, daß der zweite Rhythmus uns in die Welt der Imagination führt, der dritte aber in die Welt der Inspiration. In seinen Vorträgen weist Rudolf Steiner mehrfach darauf hin, daß seit Beginn des 20. Jahrhunderts das imaginative Schauen allmählich bei Menschen auftreten wird, und zwar auf natürliche Weise ohne die vorangehenden Übungen, die bei der okkulten Schulung durchgeführt werden. Das wird hauptsächlich in drei Richtungen vor sich gehen: als Schau der Aura und der elementaren Welt; als Schau karmischer Folgen einer vollbrachten Handlung in Bildern; und als Begegnung mit dem ätherischen Christus. Auf dieses deutet in ungewöhnlicher Weise gerade das Fehlen der Übungen am zweiten Tag. Ihr erneutes Auftreten in den Rhythmen des dritten Tages und auch im weiteren entspricht den Hinweisen Rudolf Steiners darauf, daß es zwar möglich ist, echte Imaginationen unter bestimmten Bedingungen zu empfangen, ohne die richtige okkulte Entwicklung durchlaufen zu haben, aber unmöglich, auf diese Weise wahre Inspirationen zu erhalten, in deren Sphäre der Schüler auf der dritten Stufe eintritt. Denn das, was als «geistiges Hören» ohne okkulte Vorbereitung aufgenommen wird, kann, ohne den Weg der Geistesschülerschaft betreten zu haben, nicht richtig verstanden werden (GA 350, 18. 7. 1923). Im Sinne der nachtodlichen Existenz der Seele weist dieses Fehlen der Übungen im Rhythmus des zweiten Tages auch darauf hin, daß der richtige Eintritt nach dem Tode in die Sphäre der Sonne, deren niedere Bereiche des geistigen Wirkens sich noch in der Welt der Imagination befinden, d. h. in der Seelenwelt (siehe Vortrag vom 1. 4. 1913, GA 141), im gegenwärtigen Zyklus der Erdenentwicklung mit den eigenen Kräften des Menschen nicht möglich ist ohne die Hilfe des auf der Erde von ihm aufgenommenen Christus-Impulses.

46 In der ‹Geheimwissenschaft› heißt es: «Dem geistigen Auge ist das Leben ein

strömendes Wesen, das wie Meere und Flüsse das Geisterland durchsetzt. Besser noch ist der Vergleich mit dem Kreislauf des Blutes im Leibe. Denn während sich die Meere und Flüsse in der Sinnenwelt als unregelmäßig verteilt darstellen, herrscht in der Verteilung des strömenden Lebens im Geisterland eine gewisse Regelmäßigkeit, wie im Blutkreislauf».

47 Auf diese beiden Wechselwirkungen einerseits zwischen dem Bereich «Meere und Flüsse» des niederen Devachan, das die Urbilder des Ätherischen (Lebendigen) enthält, und der Organisation unseres Blutkreislaufes (des Herzens), d. h. des «Flüssigkeitsmenschen» in uns und auf der anderen Seite zwischen dem «Luftkreis» des niederen Devachan, der die Urbilder des Astralischen enthält (des Gefühlsmäßigen) und der Organisation unserer Lungen, d. h. des «Luftmenschen» in uns, weisen die folgenden Äußerungen Rudolf Steiners hin: «Das sind die Dinge, die uns zunächst führen konnten zu den drei Gliedern der Menschennatur, zum physischen Leib, Ätherleib, Astralleib, die sich äußern durch den Luftmenschen, den Flüssigkeitsmenschen, den festen Menschen, die in den Gebilden des festen Menschen, in den sich verwandelnden Gestalten des Flüssigkeitsmenschen, in dem, was den Menschen durchzieht als eine innere im Gefühle erlebbare Musik, ihre physischen Gegenbilder haben.» (GA 234, 1. 2. 1924); und «so kann man wirklich in dem Stofflichen, in dem festen, erdigen Stofflichen das Physische sehen, in dem Flüssigen, namentlich wie seine Wirkung im Menschen ist, das Ätherische; in dem Luftförmigen schon das Astralische» (ebd., 2. 2. 1924).

48 Wörtlich in der ‹Geheimwissenschaft› stehen bei der Beschreibung des zweiten Bereichs des niederen Devachan die Worte: «Eben dieses ‹strömende Leben› wird gleichzeitig wie ein geistiges Tönen wahrgenommen.»

49 In der ‹Geheimwissenschaft› beschreibt Rudolf Steiner in folgenden Worten den Charakter der vier Bereiche des Geisterlandes: «Man denke sich den Gedanken, wie er im Menschen vorhanden ist, herausgehoben aus diesem Menschen als tätiges handelndes Wesen, mit einem eigenen Innenleben begabt, so hat man eine schwache Verbildlichung dessen, was das vierte Gebiet des Geisterlandes erfüllt.» Siehe auch Anm. Nr. 28 zum 6. Kap.

50 In der ‹Geheimwissenschaft› schreibt Rudolf Steiner: «Was in der 5. Region vorhanden ist, darf mit dem physischen *Licht* verglichen werden. Es ist in seiner ureigenen Gestalt sich offenbarende *Weisheit*».

51 GA 260, S. 128.

52 S. Anm. 44 zu diesem Kap.

52a Dazu, daß im nachtodlichen Dasein der Christus der Führer der Seelen aus der Monden- in die Sonnensphäre ist, s. z. B. Vortrag vom 14. 9. 1922 (GA 215) und vom 28. 8. 1923 (GA 227).

53 GA 239, 31. 3. 1924.

54 Im Vortrag vom 8. 6. 1924 spricht Rudolf Steiner in folgenden Worten über die Teilnahme *aller* neun Hierarchien an der Bildung des menschlichen Karma: «Wenn man ein menschliches Schicksal überblickt, dann sieht man darinnen das Walten zunächst höherer Wesenheiten des Vor-Sonnendaseins, der Angeloi, Archangeloi, Archai; das Walten höherer Wesenheiten des Sonnendaseins, Exusiai, Dynamis, Kyriotetes; der Wesenheiten, die das ganze Karma ausarbeiten, das vorzugsweise das Mars-Karma ist, der Throne; das Walten derjenigen, die ausarbeiten das Jupiter-Karma, der Cherubim; das Walten derjenigen

Wesenheiten, die mit dem Menschen an einem solchen Karma zusammenarbeiten, das das Saturn-Karma ist, der Seraphim. Wir schauen also dadurch, daß wir das Bild des Schicksals, ein Menschenkarma, vor uns haben, in diesem Menschenkarma die waltenden Hierarchien. Dieses Menschenkarma ist ja zunächst ein Hintergrund, ein Vorhang, wie ein Schleier. Schauen wir hinter diesen Schleier, dann weben und arbeiten und wirken daran Archai, Archangeloi, Angeloi; Kyriotetes, Dynamis, Exusiai; Seraphim, Cherubim, Throne» (GA 239).

55 Dieses grandiose Bild der Wirkung aller neun Hierarchien in der Stunde der Weltenmitternacht, wie es aufgenommen wird von dem Eingeweihten im Moment der Betrachtung der Mitternachtssonne, beschreibt Rudolf Steiner besonders ausführlich im Vortrag vom 27. 6. 1924 (GA 236).

56 S. GA 231, 13. 11. 1923; und Anm. 59 zu diesem Kapitel (vergleiche auch den Vortrag vom 2. 3. 1924, GA 235).

57 S. z. B. die ‹Geheimwissenschaft›, TB S. 265 (GA 13).

58 Den Ausdruck «von Angesicht zu Angesicht» benutzt Rudolf Steiner bei der Beschreibung des Eins-Seins der Seele mit den geistigen Hierarchien in der Sphäre der Intuition (höheres Devachan) im Vortrag vom 17. 5. 1923, GA 226.

59 Gerade eine derartige Aufzählung der Namen aller neun Hierarchien im Rhythmus des gegebenen Tages spricht uns auch davon, daß dieser Rhythmus uns heraufführt in die Sphäre der Intuition. Denn durch das Zeugnis Rudolf Steiners im Vortrag vom 23. Juli 1922 (GA 214) öffnet die imaginative Erkenntnis den Zugang zur Sphäre der dritten Hierarchie; die inspirative zur Sphäre der zweiten, und erst die intuitive zur Sphäre der ersten Hierarchie. Daraus folgt, daß die gemeinsame Betrachtung *aller* neun Hierarchien nur in der intuitiven Erkenntnis möglich ist, d. h. aus der Sphäre der Intuition. In dem gegebenen Rhythmus weist in diese Sphäre auch die Beschreibung der Wirkung des Weltenwortes im Kosmos, welches sich – nach den Worten Rudolf Steiners in der «Theosophie» – dem Eingeweihten erst beim Übergang aus dem niederen Devachan in das höhere offenbart und ihn zur «Grenze der drei Welten» führt. (S. ‹Theosophie› die letzten zwei Absätze des Kapitels ‹Das Geisterland›). Darüber jedoch, daß dieser Übergang von der kosmischen Musik (dem kosmischen Rhythmus) zum Weltenwort auch ein Übergang ist aus der Sphäre der Inspiration zur Sphäre der Intuition, spricht Rudolf Steiner mehrmals z. B. im Vortrag vom 13. 11. 1923 (GA 231) in folgenden Worten: «Nun schreiten wir weiter von der Inspiration zur Intuition. Da entsteht aus der Weltenmusik noch etwas ganz besonderes: ... die Weltenmusik verwandelt sich in die Sprache der ganzen Welt. Was man zusammenfassen sollte unter dem Worte Weltsprache, kosmische Sprache, das wird hörbar. Man faßte es in früheren Zeiten zusammen unter dem ‹Weltenwort›. Das Weltenwort wird hörbar.»
Und weiter, indem Rudolf Steiner in diesem Vortrag die Sphäre der Intuition charakterisiert, fährt er fort: «Dringen wir dann von da weiter [aus der Sphäre der Inspiration] bis zur Intuition vor und schauen wir, wie aus der Formung der Welt des Weltenwortes, der Weltensprache, gewoben wird das menschliche Muskel- und Knochensystem, dann kommen wir zur ersten Hierarchie, zu den Cherubim, Seraphim und Thronen. Wir sind dann ungefähr auch bei demjenigen Moment zwischen Tod und neuer Geburt angelangt, der in der

Mitte steht, den ich in meinen Mysteriendramen beschrieben habe als die ‹Mitternachtsstunde des Daseins›.» (Im Vortrag jedoch vom 25.5. 1924, GA 239, in Paris nennt Rudolf Steiner die ‹Mitternachtsstunde des Daseins› auch ‹Mitternachtshöhe›.) Und dann vollendet Rudolf Steiner die in diesem Vortrag angeführte Beschreibung des großen Bildes der gemeinsamen Handlung aller neun Hierarchien mit folgenden Worten: «So haben wir die Möglichkeit zu schildern, wie die hierarchische Ordnung aufsteigt von der dritten zur zweiten, zur ersten Hierarchie. Wenn wir das beschreiben, was da wirkt, was da enthalten ist im Außerirdischen und auf das Irdische wirkt, so entsteht vor uns, indem wir auf die Taten dieser Hierarchien hinschauen, ein merkwürdiges Bild. Wir schauen auf die hierarchische Ordnung, schauen unten die arbeitenden Wesenheiten der dritten Hierarchie, die Engel, die Erzengel und Urkräfte; wir schauen dann die Wesenheiten der zweiten Hierarchie, die Exusiai, Kyriotetes und Dynamis, und wir schauen, wie das alles zusammen arbeitet und zusammen wirkt im Kosmos. Wir schauen dann auf die Wesenheiten der ersten Hierarchie, auf die Cherubim, Seraphim und Throne. Und jetzt erst entsteht vor uns das begreifbare Bild des menschlichen Körpers: auf der einen Seite die Ordnung der Hierarchien, die wir bis zu ihren Taten verfolgen, und die Taten lassen wir vor unser geistiges Auge treten – der *Mensch* steht da.»

60 ‹Die Geheimwissenschaft›, TB S.292 (GA 13).

61 GA 227, 30.8. 1923.
Hier muß man jedoch anmerken, daß das angedeutete Erleben der Vergangenheit, das seine Höhen in der Erkenntnis des alten Saturn in der Sphäre der Intuition erreicht, in der *ganzen* Zeit während der ersten Hälfte des nachtodlichen Lebens vor sich geht. So eröffnete sich während der vorhergehenden Stufen der Inspiration und Imagination (niederes Devachan und Astralplan) entsprechend die Erkenntnis der alten Sonne und des alten Mondes. In seinen Vorträgen weist Rudolf Steiner öfters auf diesen Zusammenhang des nachtodlichen Daseins mit der vergangenen Weltentwicklung hin, z.B. im Vortrag vom 28.10. 1912 in Milano: «Wenn Sie die Schilderung nehmen, die von mir oftmals gegeben worden ist als Schilderung des Lebens von Saturn, Sonne und Mond, dann haben Sie darin den Verlauf des Weges, den man tatsächlich nach dem Tode geistig durchlebt. Merkwürdig ist nur, daß man nicht in der Reihenfolge des kosmischen Entstehens die Sache erlebt: Saturn, Sonne, Mond, sondern zuerst das Mondensein erlebt, dann das Sonnen- und zuletzt das Saturn-Dasein. Wenn sie alles das, was von mir als solche Schilderung in der ‹Akasha-Chronik› gegeben worden ist, durchlesen und vom Monde weiter zurückgehen, so haben sie die Welt, welche die Seele erlebt auf dem Wege, den sie zurücklegt nach dem Tode» (GA 140).

62 S. Anm.44 zu diesem Kapitel.

63 Viertes Mysteriendrama ‹Der Seelen Erwachen›; sechstes Bild; erster Monolog des Hüters der Schwelle.

63a Eine weitere Bestätigung des oben Gesagten ist in der Tatsache zu sehen, daß sich die menschliche Seele, nach den Worten Rudolf Steiners, nach dem Tode in der geistigen Welt allmählich mit dem Geistselbst, sodann dem Lebensgeist und schließlich, während der Weltenmitternacht, mit dem Geistesmenschen gleichsam als neuen Hüllen umkleidet (s. GA 168, 18.2. 1916 und GA 208,

21.10. 1921), mit den Hüllen, deren erste Keime in den Epochen des alten Saturn, der alten Sonne und des alten Mondes von den höheren Hierarchien gelegt wurden (GA 11). Ein ähnlicher Prozeß geht auch bei der Einweihung vor sich. Denn indem er bewußt in die höheren Welten eintritt, erhält der Geistesschüler dort die Möglichkeit, mit den drei genannten höheren Wesensgliedern des Menschen in Berührung zu kommen und auf diese Weise eine reale Vorstellung der künftigen Erdenzustände Jupiter, Venus, Vulkan zu erhalten, wie das auch im Zusammenhang mit den Rhythmen des 27., 28., 29. Dezember beschrieben wurde.

64 Mit dem bisher Gesagten kann man auch das Folgende in Zusammenhang bringen. Im Vortrag vom 10. 4. 1914 in Wien (GA 153) spricht Rudolf Steiner darüber, daß gerade in der Zeit der *zweiten Hälfte* des nachtodlichen Daseins, das heißt nach der Weltenmitternacht (was dem 5., 6. und 7. Rhythmus der Weihnachtstagung entspricht) die Seele des Verstorbenen, indem sie auf ihrem Weg zur Erde vom Heiligen Geist geführt wird, in der geistigen Welt das Ideal des Menschen als großes kosmisches Ziel der Götter wahrnimmt (s. die Worte Rudolf Steiners, die auf Seite 320f. angeführt sind). Dieses Ideal des Menschen ist zugleich auch die höchste «Götter-Religion» in der geistigen Welt und es ist dasjenige, was der Christus als erster auf die Erde brachte. In diesem Sinn haben wir im 7. Rhythmus einen Hinweis auf die Verwirklichung jenes Ideals des Menschen, das nach Rudolf Steiners Worten «das Abbild des göttlichen Seins im Menschenbilde» darstellt, und der dahinführende Weg ist im 5. und 6. Rhythmus gegeben (s. die Betrachtung der drei erwähnten Rhythmen weiter unten in diesem Kapitel).

65 GA 107, 22. 3. 1909.

66 Rudolf Steiner weist auf diesen tief opfervollen Charakter der Jordan-Taufe im 10. Vortrag des Zyklus ‹Das Johannes-Evangelium . . .› hin (GA 112).

67 Diesen Zustand der «Überschattung» durch den Heiligen Geist beschreibt Rudolf Steiner ausführlich am 4. 6. 1924, GA 236.

68 GA 240, 27. 8. 1924, und Anm. 121 zu diesem Kapitel.

69 Solch ein Zustand der «Überschattung» durch den Heiligen Geist (s. Anm. 67 zu diesem Kapitel) ist ein echtes Vorwegnehmen des Jupiterseins, auf welches Rudolf Steiners Ausführung des siebten apokalyptischen Siegels ebenfalls hinweist (s. GA 284/285). In ihr ist unten ein durchsichtiger Würfel dargestellt, der den Zustand des zukünftigen Jupiters symbolisiert, was einst vom Evangelisten Johannes im Bild des ‹Neuen Jerusalem› geschaut wurde (vgl. ‹Die Offenbarung des Johannes› 21, 2 und den 12. Vortrag des Zyklus ‹Die Apokalypse des Johannes›, GA 104). Oben befindet sich das Bild der Heiligen Schale, die aus der Umgestaltung des Astralleibes (die Schlange ist unten um den Würfel herum) durch den Menschen in das Geistselbst entsteht, welcher dann zum wahren Behältnis des Heiligen Geistes wird (Bild der Taube).

70 GA 240, 19. 7.1924.

71 Hier muß man anmerken, daß im Rhythmus dieses Tages, wo die Rede vom Heruntersteigen des Sonnengeistes des Christus von der Sonne auf die Erde ist und von seinem Eintreten «in den irdischen Wesensstrom», wir auch einen Hinweis auf das Herunterkommen der kosmischen Intelligenz Michaels in die Erdensphäre haben, sofern das Herabkommen des Christus und das der kosmischen Intelligenz unter sich verbunden sind. Darüber spricht Rudolf

Steiner in folgenden Worten: «Verbunden war mit diesem Herabsteigen des Christus auf die Erde dieses, daß nun Michael mit den Seinen nicht nur diesen Abschied des Christus von der Sonne sah, sondern er sah vor allen Dingen wie ihm, dem Michael, die Herrschaft über die kosmische Intelligenz allmählich entfällt» (GA 237, 28. 7. 1924). Und an anderer Stelle spricht Rudolf Steiner so: «In der neueren nachchristlichen Zeit trat aber nun die bedeutsame Tatsache auf, daß nach dem Mysterium von Golgatha allmählich Michael die Verwaltung über die Intelligenz entfiel, daß sie ihm verloren ging... Und wir sehen, wenn wir in die geistige Welt hineinschauen, dieses Heruntersinken der Intelligenz von der Sonne auf die Erde, das sich vollzieht so bis gegen das achte nachchristliche Jahrhundert hin» (GA 240, 21. 8. 1924).
Wenn wir jetzt unsere Aufmerksamkeit auf den an diesem Tag im ganzen gelesenen 4. Teil der Meditation richten, so finden wir in den ersten fünf Zeilen den Hinweis auf das Herabkommen des Christus-Impulses in die Erdensphäre und in den beiden weiteren Zeilen (6–7) den Hinweis auf das darauffolgende Herabkommen der Intelligenz Michaels in die Seelen der Menschen. Zumal, wie das schon Zeylmans van Emmichoven bemerkte, die Worte «taghelles Licht» sich auf den Erzengel Michael beziehen (s. Anm. 92 zu diesem Kapitel).

72 GA 120, 28. 5. 1910.

73 GA 123, 5. 9. 1910.

74 GA 123, 4. 9. 1910.

75 Über diese große kosmische «Erwartung» des Christus spricht Rudolf Steiner z. B. am 9. 1. 1912 (GA 130).

76 GA 226, 17. 5. 1923.

76a Dazu, daß der Begriff der Vererbung nicht nur auf Eigenschaften des physischen Leibes, sondern *bis zu einem gewissen Grade* auch auf Eigenschaften des Ätherleibes anwendbar ist, s. Vortrag vom 5. 6. 1909 (GA 112). Auf den Astralleib ist der Vererbungsbegriff dann überhaupt nicht anwendbar.

77 GA 231, 17. 11. 1923.

78 Wie Zoroaster den Christus vor allem durch die Offenbarung der Kräfte seines makrokosmischen Astralleibes im Bild der großen astralen Aura der Sonne wahrnahm, darüber sprechen die folgenden Worte Rudolf Steiners: «So könnte man im Sinne Zarathustras sagen, er lehrte die, welche seine Jünger waren: Ihr müßt Euch klar sein, daß hinter dem physischen Sonnenlichte ein geistiges Licht ist. Wie hinter dem physischen Menschen sein Astralisches, die Aura ist, so ist hinter der Sonne die große Aura» (GA 123, 12. 9. 1910). «So spricht sie [die Legende], wenn sie vom astralischen Leib der Sonne spricht, von Ahura-Mazdao.»

79 GA 227, 28. 8. 1923.

80 GA 136, 11. 4. 1912.

81 GA 103, 20. 5. 1908.

82 S. GA 26, Artikel zum Neuen Jahr 1925.

83 In die übersinnliche Schule Michaels im 14.–16. Jahrhundert weist uns in diesem Rhythmus der Zusammenhang mit der Wesenheit der Sonnenmysterien, deren Inhalt, nach den Worten Rudolf Steiners im Vortrag vom 28. 7. 1924, von neuem in dieser Schule auflebte: «Da [in der übersinnlichen Schule Michaels] wurde alles das wieder lebendig in übersinnlichen Welten, was einstmals in den *Sonnen-Mysterien* als Michael-Weisheit gelebt hat» (GA 237).

Sodann fährt Rudolf Steiner in diesem Vortrag fort: «Meine lieben Freunde, diejenigen Seelen, die dazumal in der übersinnlichen Schule des Michael waren, sie nahmen Teil an den Lehren, die ich Ihnen eben flüchtig skizziert habe, die bestanden in der Wiederholung dessen, was in den *Sonnenmysterien* seit alten Zeiten gelehrt worden war...». Ferner spricht Rudolf Steiner im Vortrag vom 1. 8. 1924 (GA 237) darüber, daß die Lehre vom Sündenfall in der übersinnlichen Schule eine Lehre von besonders intimem Inhalt war. Und in diesem Zusammenhang gibt der 4. Teil der Meditation, der an diesem Tag im Ganzen gelesen wurde, ein wunderbares Bild mit seinem Hinweis in der 6.–7. Zeile auf den Herabstieg der kosmischen Intelligenz Michaels in die Seelen der Menschen (s. Anm. 82 zu diesem Kapitel). Für das Verständnis dieses Aspektes im 4. Teil der Meditation müssen wir jedoch unbedingt daran erinnern, daß nach dem Zeugnis Rudolf Steiners seit Beginn des 14. Jahrhunderts diese kosmische Intelligenz, die schon in die Seelen der Menschen gekommen und so der Sphäre Michaels entfallen war, in starkem Maße von den ahrimanischen Kräften ergriffen worden war. Deshalb ist die Hauptaufgabe der neuen Herrschaft Michaels in unserer Zeit (und darauf wurde prophetisch von Michael in seiner übersinnlichen Schule hingewiesen) die Spiritualisierung dieser Intelligenz, ihre Erlösung aus der Sphäre des «Sündenfalls» (s. auch GA 74), wohin sie durch ihre Herabkunft in die Seelen der Menschen geraten war. Diese Aufgabe kann aber nur erfüllt werden, wenn das Licht der Christus-Sonne unsere Herzen und unsere Häupter durchdringt (14–19). Nur das letztere kann dann als Grundlage für das dienen, was uns unmittelbar im Rhythmus dieses Tages gegeben ist: dort wird über die drei Übungen gesprochen, die den Schüler in der neuen Einweihung zur wirklichen Befreiung der irdisch gewordenen michaelischen Intelligenz führen, indem er diese aus der Sphäre des Sündenfalls emporhebt in den Bereich des spirituellen Lebens; damit aber kann sie in den Herzen und in den Häuptern der Menschen dasjenige werden, was sich von hier aus als wahrhaftig *Gutes* in die Welt ergießt:

«Daß gut werde,
Was wir
Aus Herzen gründen,
Aus Häuptern
Zielvoll führen wollen».

In der Erfüllung dieser Worte erschließt sich vor uns ein Weg, der den Willen zur wirklichen Überwindung der Folgen des Sündenfalls in der Menschheit erweckt. Dieses letztere ist die wahre Verwirklichung der Absichten Michaels auf der Erde, der sich jetzt nicht nur an die Wahrnehmung des Menschen wendet, sondern vor allem an sein Wollen, und der ihn zu dem aufruft, von dem Rudolf Steiner in folgenden Worten spricht: «Nimm den die ahrimanischen Mächte besiegenden Michael-Gedanken in Dich auf, jenen Gedanken, der Dich kräftig macht, die Geisteserkenntnis hier auf Erden zu erwerben, damit Du die Todesmächte besiegen kannst (GA 223, 1. 4. 1923). Und weiter erklärt Rudolf Steiner: «...aufzunehmen die Michael-Kraft, d. h. aufzunehmen die Kraft der geistigen Erkenntnis in die Willenskräfte», in das, was wir «zielvoll führen wollen». Und schließlich muß man hier auch auf das hinwei-

sen, was Rudolf Steiner im Vortrag vom 28. 6. 1924 darüber sagt, daß zur Zeit des Wirkens der Michael-Schule in der übersinnlichen Welt die Seelen, die an ihr teilnahmen, «teilnahmen an einem gewaltigen Ereignis, das sich nur nach langen Zeiträumen innerhalb der Entwicklung unseres Kosmos wiederholt» (GA 237). Rudolf Steiner beschreibt dieses «gewaltige Ereignis» mit folgenden Worten: «In diesem Zeitalter [dem ersten Drittel des 15. Jahrhunderts], zeigte sich die Erde für die Geister im Übersinnlichen umtobt von gewaltigen Blitzen und Donnern. Das war, daß die Seraphim, Cherubim und Throne die kosmische Intelligenz überleiteten in dasjenige Glied der menschlichen Organisation, das die Nerven-Sinnes-Organisation ist, die Kopf-Organisation.» An diesem grandiosen Ereignis nahm damals nach den Worten Rudolf Steiners auch die zweite Hierarchie teil: die Exusiai, Dynamis, Kyriotetes. Und all das wurde sichtbar für die Mitglieder der übersinnlichen Schule, in welcher auch «alle diejenigen Wesenheiten aus der Hierarchie der Angeloi, Archangeloi, Archai, die zur Michael-Strömung gehörten, teilnahmen» (27. 8. 1924, GA 240).
So konnten hier die Menschenseelen, die mit dem Michael-Strom verbunden waren, aus der Sphäre der Sonne in Blitz und Donner das Wirken aller neun Hierarchien im Zusammenhang mit diesem großen kosmischen Ereignis sehen, das die notwendige Bedingung für die Entstehung der himmlischen Anthroposophie und in gewissem Sinne eine Voraussetzung für das erste Stadium ihrer Vorbereitung in der übersinnlichen Schule war. Über dieses gewaltige übersinnliche Ereignis spricht der vorangehende 4. Rhythmus der Weihnachtstagung, wo alle neun Hierarchien vor uns hintreten. So daß jeder Anthroposoph, der sich in das Wesen dieses Rhythmus versetzt, sich erinnern kann an dieses gewaltige Bild, das er damals in Donnern und Blitzen erlebte; über die Notwendigkeit, diese Erinnerung in den Anthroposophen zu wekken, spricht Rudolf Steiner: «Verstanden sollte das werden, denn diese Blitze und Donner, meine lieben Freunde, sollten Begeisterung werden in den Herzen, in den Gemütern der Anthroposophen!» (GA 137).

84 Über diese Geburt der neuen Elementargeister in der Umgebung der Erde nach 1899 an der Schwelle vom 19. zum 20. Jahrhundert spricht Rudolf Steiner im Vortrag vom 19. 9. 1911 (GA 130); und weiter spricht er in seinem Vortrag davon, daß alle diese Ereignisse, sowohl die Naturereignisse (die Geburt neuer Elementargeister) als auch die moralischen (die im 20. Jahrhundert damit beginnen, daß der Mensch die karmischen Folgen seiner Handlungen sieht), – «daß alle diese Ereignisse sich um das zukünftige Christus-Ereignis gruppieren.» Und diese Worte weisen hin auf den unmittelbaren Zusammenhang, der zwischen der Geburt dieser neuen Elementargeister der Natur und der Erscheinung des Christus im Ätherischen besteht.

85 S. GA 96, 1. 4. 1907.

86 S. Anm. 103 zu diesem Kapitel.

87 Im Vortrag vom 21. 4. 1924 führt Rudolf Steiner folgende Beziehung zwischen den Wochentagen (d. h. den Planetensphären) und den Fähigkeiten, die dem neu sich bildenden Ätherleib eingeprägt werden, an (GA 233):

Mars	Dienstag	Sprache
Merkur	Mittwoch	Bewegung
Jupiter	Donnerstag	Weisheit

Venus	Freitag	Liebe, Schönheit
Saturn	Samstag	Innere Seelenwärme
Sonne	Sonntag	Schützende Kräfte
(Mond)	(Montag)	

(Die den Tagen der Woche entsprechenden Planetennamen wurden vom Verfasser hinzugefügt.) Wenn man jetzt in Betracht zieht, daß in diesem Schema die Fähigkeiten des Ätherleibes den Planeten entsprechen, dann kann man, beginnend mit dem Mars, der am Dienstag besonders wirksam ist, das heißt an jenem Tag der Woche, mit dem der eigentliche Mysterienteil der Weihnachtstagung begann, und weiter fortschreitend bis zur Sonne (Sonntag) auch die Entsprechung dieser Fähigkeiten des Ätherleibes mit den sieben ersten Tagen der Weihnachtstagung sehen. Hier können wir auf diese Beziehungen nur ganz oberflächlich hinweisen, da die Untersuchung tieferer Verbindungen uns von dem Ziel, das uns in diesem Kapitel gestellt ist, zu weit abführen würde. Es läßt sich von diesem Gesichtspunkt aus die Weihnachtstagung jedoch auch als Weg zu einer allmählichen Umwandlung des Ätherleibes des Menschen aus den Kräften des ganzen planetarischen Kosmos betrachten, so daß in ihn der ätherische Christus eintreten kann!

88 GA 227, 19. 8. 1923.

89 GA 233, 21. 4. 1924.

89a Über den Unterschied, der zwischen der Stufe des «Christus-Trägers» (Christophoros) in den alten Mysterien und des «Christus-Empfängers» in den neuen besteht, spricht Rudolf Steiner auch – jedoch ohne den zweiten Begriff zu erwähnen – im Vortrag vom 27. 12. 1918 (GA 178). Hier ist die Rede davon, wie der Mensch schon in der alten Einweihung, wenn auch ziemlich undeutlich, erlebte, daß er «von oben» durch sein höheres Ich überleuchtet wird. Dieses Erlebnis konnte er dann beim Aufsteigen in den Makrokosmos mit sich nehmen, um so dort zum Christophoros – zum Träger des kosmischen Christus zu werden. Zur Zeit der Ereignisse von Palästina war jedoch auch dieses undeutliche Erleben des höheren Ich endgültig verloren gegangen. Der Mensch erwies sich als innerlich leer, was für ein Bewußtsein der individuellen Freiheit unabdingbar notwendig war.
Ein vollständig neuer Impuls für die gesamte folgende Entwicklung wurde sodann durch das Mysterium von Golgatha gegeben. Durch es kam die Möglichkeit in die Welt, sich auf der Erde selbst mit dem höheren Ich zu vereinigen. Das kann durch das bewußte Aufnehmen des Christus-Impulses geschehen, der es dadurch, daß er die «Leere» des Ich erfüllt, dem Menschen möglich macht, allmählich das Ziel der neuen Mysterien zu erreichen: ein «Christus-Empfänger» zu werden.

90 Siehe die Mysterien-Worte, die von Rudolf Steiner bei der Grundsteinlegung des ersten Goetheanum in Dornach am 20. 9. 1913 ausgesprochen und zum ersten Mal von Rudolf Grosse in ‹Die Weihnachtstagung als Zeitenwende› veröffentlicht wurden.

91 S. Anm. 54 zum 3. Kap. dieses Buches.

92 Zeylmans van Emmichoven: ‹Der Grundstein›, Kap. «Der Fünfstern und die Christus-Sonne».

93 Aus dem Rhythmus des erwähnten Tages, wo von der Vereinigung der Christus-Sonne mit der Sphäre der Elementargeister der Erde gesprochen wird,

folgen alle Gedanken, die in unserem Kommentar angeführt sind, auf unmittelbarste Weise. So daß auf der einen Seite die Elementargeister der Erde als Hüter der Weisheit des alten Mondes in der Erdensphäre auch die Hüter des Mondenlogos sind, welcher gerade im Rhythmus dieses Tages sich in die Christus-Sonne, d.h. in den Sonnenlogos verwandelt. Auf der anderen Seite wird hier das Erlösungsgeheimnis der Elementargeister selbst offenbar: Dank der Tätigkeit des Christus im ätherischen Umkreis der Erde sind seit diesem Moment die Elementargeister in der Natursphäre wahre Christus-Empfänger geworden. Diese beiden tief bedeutsamen Ereignisse, die schon in der elementaren Welt vollbracht wurden, müssen durch bewußtes Verstehen für die Menschen zum Urbild ihrer eigenen Entwicklung werden, worauf uns die Worte der Meditation hinweisen: «Menschen mögen es hören».

94 Eine besonders genaue Darstellung des Lebens der Seele zwischen Tod und neuer Geburt in der Periode ihres Verweilens in der geistigen Welt nach dem Erleben der Mitternachtstunde des Seins erfolgt beim Vergleich des inneren Duktus in den Rhythmen von Samstag, Sonntag und Montag mit der Beschreibung des nachtodlichen Lebens der Seele, wie sie von Rudolf Steiner im 2. Vortrag des Zyklus, der 1923 in Oslo mit dem Titel «Menschenwesen, Menschenschicksal und Weltentwickelung» gegeben wurde (GA 226). In diesem Vortrag legt Rudolf Steiner insbesondere die folgenden stark unterschiedlichen drei Stufen des allmählichen Abstiegs der Seele von den geistigen Höhen vor der neuen physischen Verkörperung dar:

1. Am Anfang weilt die Seele im höchsten geistigen Reich (im höheren Devachan), wo sie sich als Geist unter Geistern sozusagen von Angesicht zu Angesicht mit den Geistern der höheren Hierarchien erlebt. In dieser Sphäre arbeitet sie zusammen mit ihnen, aber auch mit anderen menschlichen Seelen an der Schaffung des kosmischen Urbildes ihres physischen Leibes und an der Ausarbeitung ihres zukünftigen Karma. Dieser Zustand der Seele nach dem Tode entspricht genau dem 4. Rhythmus der Weihnachtstagung für den Samstag, den Tag des *Saturn.*

2. Dann steigt die Seele herunter in die nächste, die eigentliche Sonnensphäre (oder genauer in die niederen Sphären des Sonnenreiches, die dem Sein im niederen Devachan entsprechen), wo die Wahrnehmung der einzelnen Wesen der göttlich-geistigen Hierarchien sich allmählich verwandelt in das Wahrnehmen einer einzigen Sonnen-Geistigkeit. Rudolf Steiner bezeichnet diesen Zustand als «Offenbarung der geistigen Wesen» (im Unterschied zum unmittelbaren Erleben derselben in der vorangehenden Stufe). Infolge dieser teilweisen Verdunkelung des geistigen Horizontes verstärkt sich in der Seele ihr Erlebnis von sich selbst, und als Folge davon wird zum ersten Mal ein Interesse für die irdische Welt erweckt. Das kommt darin zum Ausdruck, daß die Seele jetzt, «... wenn die geistige Welt zur Offenbarung wird, ein merkwürdiges Interesse an gewissen Generationenfolgen bekommt». So schaut sie aus der Sonnensphäre auf dieser 2. Stufe auf die Generationenreihe hinab, «... an deren Ende dann die eigenen Eltern stehen, die einen gebären werden, wenn man wiederum hinabsteigt zur Erde». Dann steht die Seele vor dem Übergang aus dem Sonnenbereich in den Mondenbereich, und in diesem Übergang spielt nach den Worten Rudolf Steiners das Christus-Wesen eine wichtige Rolle. So entspricht die Beschreibung des Erlebens dieser Stufe im ganzen dem

5. Rhythmus der Weihnachtstagung, der am Tag der *Sonne,* am Sonntag, gegeben ist.
3. Und schließlich steigt die Seele auf der 3. Stufe in die eigentliche Mondensphäre herab (in das Seelenland oder den Astralplan), wo sie sich mit dem moralischen Resultat ihres vergangenen Erdenlebens verbindet; dementsprechend muß sie nun aus der Substanz des Weltenäthers ihren neuen Ätherleib bilden. Diese Erlebnisse der Seele in der Mondensphäre entsprechen dem 6. Rhythmus der Weihnachtstagung, der am Montag, dem Tag des *Mondes,* gegeben wurde.
Dem 7. Rhythmus, der am Dienstag gegeben wurde, entspricht das Mysterium der Verkörperung der Seele im physischen Erdenleib selbst, in dem besonders die Kräfte des *Mars* wirken, die mit dem Element des Eisens im menschlichen Blut verbunden sind, welches auf seine Weise die physiologische Grundlage für das menschliche Ich bildet, dem eigentlichen Mittelpunkt des verkörperten Menschen.

95 Auf den Zusammenhang des gegebenen Rhythmus mit dem übersinnlichen Kultus als 2. Phase der himmlischen Vorbereitung der Anthroposophie weisen insbesondere folgende Äußerungen Rudolf Steiners über den Inhalt dieses Kultus hin. So sagt er im Vortrag vom 8. 7. 1924 (GA 237), in dem er die Erlebnisse beschreibt, welche im Zusammenhang mit der Teilnahme am imaginativen Kultus eine der zwei Gruppen der menschlichen Seelen hatte, die dann auf der Erde an der anthroposophischen Bewegung teilnahmen: «Da fanden sich vor einer Art übersinnlichem Kultus, der da bestand in mächtigen Imaginationen, eben auch diese Seelen ein, denen man vorzugsweise in diesem überirdischen Kultus das Sonnengeheimnis Christi in mächtigen Imaginationen vor Augen stellte.» Aus diesen Worten sehen wir, daß der wichtigste Inhalt dieses Kultus das Sonnengeheimnis des Christus war. Dieses wird auch durch folgende Worte Rudolf Steiners über den übersinnlichen Kultus bekräftigt: «Dort wurde in mächtigen imaginativen Bildern ausgestaltet, was die Michael-Schüler damals in der übersinnlichen Lehrschule gelernt haben» (28. 7. 1924, GA 237).
Und wie schon in der Anmerkung 83 dieses Kapitels gezeigt wurde, waren, was die Schüler Michaels in der übersinnlichen Schule vor allem lernten, die Geheimnisse der Sonnenmysterien, in deren Zentrum immer das «Sonnengeheimnis des Christus» stand. Zu diesem muß man die folgenden Worte Rudolf Steiners hinzufügen: «Am Ende des 18. und zu Beginn des 19. Jahrhunderts schwebt eigentlich unmittelbar angrenzend ganz in der Nähe – natürlich ist das qualitativ gemeint – der physisch-sinnlichen Welt ein übersinnliches Geschehen, das darstellt übersinnliche Kultushandlungen, mächtige Bilder-Entwicklungen des geistigen Lebens, der Weltenwesenheiten, der Wesenheiten der Hierarchien im Zusammenhange mit den großen Ätherwirkungen des Kosmos und mit den menschlichen Wirkungen auf der Erde» (GA 238, 16. 9. 1924). So sehen wir aus allen Worten Rudolf Steiners, die hier angeführt wurden, daß dieser imaginative Kultus einmal in der der Erde am nächsten liegenden übersinnlichen Umgebung vor sich ging (d. h. in der Sphäre der Elementargeister) und daß sein Mittelpunkt das «Sonnengeheimnis des Christus» war, d. h. wir haben es hier zu tun mit jenen beiden Charakteristiken, welche genau dem Rhythmus dieses Tages entsprechen.

96 GA 15, S. 15.

97 An den Saturn wird hier deshalb erinnert, weil gerade dieser Planet als Rest des alten Saturns eine besondere Beziehung zur Entstehung des menschlichen physischen Leibes hat.

98 GA 260, S. 240.

99 GA 131, 11. 11. 1911.

100 ebd., 12. 11. 1911.

101 GA 148, 3. 10. 1913.

102 GA 139, 23. 9. 1912.

103 Rudolf Steiner schreibt in der «Geheimwissenschaft» über die Bildungsprozesse des ätherischen und physischen Leibes, die die Seele vor der Geburt durchmacht und die in den zwei letzten Rhythmen betrachtet werden: «An diesen beiden Angliederungen könnte sich mit Bewußtsein nur ein solches Ich beteiligen, welches von sich aus die im Ätherleib und physischen Leib verborgen schaffenden Kräfte: den Lebensgeist und den Geistesmenschen erzeugt hat. Solange der Mensch nicht soweit ist, müssen Wesenheiten, die weiter in ihrer Entwicklung sind als er selbst, diese Angliederung leiten.» Über die bewußte Arbeit des Geistesschülers in dieser Richtung spricht Rudolf Steiner im Vortrag vom 24. 10. 1905 in Berlin (was jedoch nur in unvollständigen Wiedergaben erhalten ist) in folgenden Worten: «Durch die Arbeit unseres höheren Ich gestalten wir die uns von den Göttern gegebenen vergänglichen Leiber um und schaffen uns ewige Leiber. Der Chela, der seinen Ätherleib veredelt [so daß er erhalten bleibt], verzichtet allmählich auf die Marajas. Der Meister, bei dem auch der physische Leib erhalten bleibt, kann auf die Lipikas verzichten. Er steht über dem Karma. Das müssen wir als den Fortschritt des Menschen in seinem Inneren bezeichnen» (GA 93a).

104 Über diesen Weg schreibt Zeylmans van Emmichoven im letzten Kapitel seines Buches ‹Der Grundstein›.

105 Über das Eintauchen der neuen Isis in den Schlaf siehe Anm. 108 zu diesem Kapitel.

106 Die Wirksamkeit Luzifers und Ahrimans im Kosmos und den menschlichen Hüllen ist ungewöhnlich schwierig und vielseitig. Hier wird nur ein Aspekt betrachtet, der von Rudolf Steiner im Vortrag vom 23. 11. 1919 (GA 194) beschrieben wird.

107 GA 194, 28. 11. 1919. Das imaginative Bild der Wesen, denen Luzifer und Ahriman den Menschen ähnlich machen wollen, kann man im Vortrag vom 15. 7. 1923 (GA 225) finden.

108 GA 180, 6. 1. 1918.

109 ebd.

109a Wenn hier und früher in diesem Kapitel gesprochen wurde über Vergangenheit, Gegenwart und Zukunft im Zusammenhang mit den drei ersten Teilen der Grundstein-Meditation und einzelnen Zeilen derselben, so muß man folgendes beachten. Die Grundstein-Meditation wie auch jede wirkliche Meditation hat die Aufgabe, den Menschen ausschließlich zur Erfahrung des Geisterlebens in der *Gegenwart* zu führen. Wenn wir deshalb in Verbindung mit der Grundstein-Meditation von Vergangenheit und Zukunft sprechen, so ist ihr übersinnliches Einstrahlen in das geistig Gegenwärtige gemeint; mit anderen Worten, derjenige höhere Zustand, in dem Vergangenheit und Zukunft im unmittelbar Übersinnlichen *Geist-Gegenwart* werden.

110 Aus der angeführten Beschreibung, die auf der allgemeinen Komposition der Grundstein-Meditation beruht, folgt die Beziehung des Gliedmaßensystems vor allem zur Vergangenheit, des rhythmischen Systems zur Gegenwart und des Kopf-Systems zur Zukunft. In Ergänzung zu diesem kann man auch anmerken, daß der Zusammenhang des Gliedmaßen-Systems mit der Vergangenheit auf den besonders stark in ihm wirkenden Kräften der Erde beruht, welche in ihrem jetzigen Aspekt das Ergebnis der vergangenen Entwicklung unseres Kosmos ist. Das Kopf-System ist im Gegensatz dazu mehr mit der Zukunft verbunden. Denn die Gedanken, die Bilder der äußeren Welt, die in ihm entstehen, sie werden später, wenn der Mensch durch die Todespforte gegangen ist, zu Keimen des zukünftigen Kosmos (s. GA 162, 24. 5. 1915). Das mittlere System dagegen ist mit der Gegenwart verbunden, da es Vergangenheit und Zukunft im menschlichen Organismus durch einen ständigen Rhythmus zu harmonischem Zusammenwirken bringt. Hier ist nun noch zu erwähnen, daß Rudolf Steiner auch auf einen anderen Gesichtspunkt für die Betrachtung dieser Beziehungen hinweist. Macht man sich z. B. bewußt, daß der Kopf des Menschen in der einen Inkarnation die Metamorphose seiner Gliedmaßen in der vorhergehenden Inkarnation ist, dann kann man das Kopf-System mehr mit der Vergangenheit in Beziehung setzen und das Gliedmaßen-System mit der Zukunft. Ein solcher Standpunkt ist absolut richtig; er ist jedoch ein wesentlich anderer als der der Grundstein-Meditation, und in unserem Zusammenhang ist der letztere besonders wichtig.

111 GA 131, 11. 10. 1911.

112 Die Schritte des nachtodlichen Daseins der Seele bei ihrem Abstieg zur Erdenverkörperung, die in der Anmerkung 94 auf Grund der Hinweise von Rudolf Steiner im Vortrag vom 17. 5. 1923 (GA 226) angeführt wurden, werden von ihm am Ende jenes Vortrags mit den drei Grundfähigkeiten des Kindes in Verbindung gebracht, welche es bis zum völligen Erwachen des individuellen Ich in sich erwirbt: mit dem aufrechten Gang, dem Sprechen und dem Denken. Dabei ist die erste Fähigkeit das psychische Abbild der höheren übersinnlichen Erlebnisse auf der ersten Stufe, auf der die Seele als geistiges Wesen unter anderen geistigen Wesen in der Sphäre des oberen Devachan lebt; die zweite Fähigkeit entspricht der zweiten Stufe, wenn die Seele, indem sie in die Sphäre des niederen Devachan heruntergeht, nur die Offenbarung der geistigen Wesen aufnimmt; und schließlich ist die dritte Fähigkeit das Ergebnis der Abbildung in der physischen Welt des von der Seele unmittelbar vor der Geburt in der Sphäre des Mondes (d. h. auf dem astralen Plan) Erlebten. – Dabei muß man jedoch in Betracht ziehen, daß das Herübertragen dieser hohen übersinnlichen Erlebnisse der Seele zwischen Tod und neuer Geburt in die physische Sphäre, wo sie in Aufrichtekraft, Rede und Denken des Kindes erscheinen, nach den Worten Rudolf Steiners im heutigen Entwicklungszyklus nicht durch den Menschen allein vor sich geht, sondern durch die Wesen der höheren Hierarchien, die ihm am nächsten sind, also durch die Archai, die Archangeloi und die Angeloi (s. 18. 5. 1923). Auf der anderen Seite spricht Rudolf Steiner im Vortrag vom 7. 5. 1914 (GA 152) über die oben erwähnten drei Fähigkeiten des Kindes als Spiegelungen der drei vorchristlichen Taten des Christus auf dem physischen Plan durch

die nathanische Seele; denn «in Lemurien stand der physische Leib vor einer Gefahr, dann in Atlantien die Ätherorgane und die astralischen Organe» (30. 3. 1914, GA 152). Und nur dadurch, daß der Christus mit Hilfe der ihm zur Verfügung gestellten ätherischen Kräfte der nathanischen Seele die Gefahr vom physischen Leib abwandte, kann das Kind jetzt seine Fähigkeit des Aufrichtens verwirklichen. Weil der Christus in uralter Zeit durch die nathanische Seele die Gefahr von den ätherischen Organen abwandte, lernt das Kind heute sprechen. Und durch die urzeitliche Heilung der «astralen Organe» lernt es heute denken (denn der geistige Aspekt der Sprache ist im Ätherleib verwurzelt, das Denken aber im Astralleib).
Ziehen wir nun in Betracht, daß diese drei vorchristlichen Taten des Christus in den übersinnlichen Sphären auch die Etappen seiner Annäherung an die Erde ausdrücken. Darüber spricht Rudolf Steiner in folgenden Worten: «So näherte sich der Christus allmählich der Erde. In der Devachanwelt war die erste und zweite Vorstufe, in der Astralwelt die dritte und in der physischen Welt das Ereignis von Golgatha» (ebd.). Aus allem, was oben gesagt wurde, geht deutlich ein Zusammenhang einerseits zwischen den drei Etappen des nachtodlichen Daseins der Seele hervor, wie sie entsprechend in den Sphären des höheren und des niederen Devachan und auf dem Astralplan (oder in der Mondensphäre) verlaufen, und andererseits den drei himmlischen Opfern des Christus durch die nathanische Seele, die damals in denselben geistigen Sphären gebracht wurden. Außerdem finden sowohl das Erleben der Seele zwischen Tod und neuer Geburt als auch die drei Opfer des Christus durch die nathanische Seele ihren physischen Ausdruck in ein und derselben Erscheinung: in der kindlichen Aneignung der Fähigkeiten vom aufrechten Gang, vom Sprechen und Denken in den ersten drei Jahren des Lebens.
Und so wie für das Wesen des Christus diese drei Opfer drei Etappen seiner Annäherung an die Erde sind, so liegt darin ein weiterer Beweis dafür, daß der Weg des Herabkommens der Menschenseele zur neuen Geburt die mikrokosmische Wiederholung des makrokosmischen Weges Christi in Richtung zur Erde ist, zur Vollbringung des Mysteriums von Golgatha. Deshalb können wir auch davon sprechen, daß sich im 4., 5. und 6. Rhythmus der Weihnachtstagung das Wesen aller drei himmlischen Opfer des Christus durch die nathanische Seele spiegelt. So haben wir im 4. Rhythmus, der uns in die Sphäre des höheren Devachan emporhebt, gleichzeitig den Hinweis auf die erste opfervolle Handlung des Christus durch die nathanische Seele, die aus dieser hohen Sphäre vollbracht wurde, wodurch der physische Leib des Menschen in der Epoche der Lemuris gerettet wurde. Sein Urbild befindet sich im höheren Devachan, und seine Keime wurden von den Hierarchien noch in der Zeit des alten Saturn gelegt. Deshalb wurde der Rhythmus dieses Tages auch am Samstag, dem Saturntag, gegeben. – Dann werden wir im 5. Rhythmus, der dem niederen Devachan entspricht (der eigentlichen Sonnensphäre), auf das zweite opfervolle Wirken des Christus durch die nathanische Seele hingewiesen, welches aus dieser zweiten geistigen Sphäre vollbracht wurde. Dieses Opfer rettete zu Beginn der atlantischen Epoche die «Lebensorgane» des Menschen, deren Urbild sich im niederen Devachan befindet und deren Keim noch in der Zeit der alten Sonne gelegt wurde. Deshalb wurde auch der Rhythmus dieses Tages am Tag der Sonne, dem

Sonntag, gegeben. – Und schließlich haben wir im Rhythmus des 6. Tages, der sich schon auf die nächste geistige Umgebung der Erde bezieht (die Mondensphäre), den Hinweis auf das dritte opfervolle Wirken des Christus durch die nathanische Seele, dem es zu verdanken ist, daß die seelischen Organe des Menschen gerettet wurden; ihr Urbild befindet sich auf dem astralen Plan und ihre Keime wurden noch auf dem alten Mond gelegt. Deshalb wird der Rhythmus dieses Tages unter dem Zeichen des Mondes gegeben, d. h. am Montag. – Der 7. Rhythmus, zum Schluß, gibt uns das Bild des vierten und wichtigsten Opfers Christi durch die nathanische Seele, die sich am Anfang unserer Zeitrechnung als Jesus von Nazareth verkörperte und mit deren physischer, ätherischer und astralischer Hülle das hohe Sonnenwesen des Christus sich in seinem dreißigsten Lebensjahr verbunden hat, um im Namen der Rettung des menschlichen Ich einen solchen physischen Leib zu schaffen, der in seinen drei Grundsystemen, dem Hauptes-, dem rhythmischen und dem Gliedmaßen-System, der reinste Ausdruck der Impulse des Vaters, des Sohnes und des Geistes werden konnte, was seinerseits die Voraussetzung dafür war, daß auf der Erde zum ersten Mal ein menschliches Wesen entstand, aus dessen astralem, ätherischem und physischem Körper die Kräfte Luzifers und Ahrimans vollständig vertrieben waren. Denn nur der Astralleib, der sich bis zum Geistselbst entwickelte, kann die Kopf-Organisation des Menschen zum reinen Ausdruck des makrokosmischen Prinzips des Geistes machen; und nur der ätherische Leib, der sich bis zum Lebensgeist entwickelt hat, kann die rhythmische Organisation des Menschen zum reinen Abbild des makrokosmischen Prinzips des Sohnes machen. Und schließlich kann nur der physische Leib, der zum Geistesmenschen umgewandelt ist, bis zu seinen Gliedmaßen das reine Abbild der makrokosmischen Kräfte des Vaters werden.
So bildete der Christus allmählich im Verlauf von drei Jahren, nachdem er als höchstes makrokosmisches Ich in die drei Hüllen des Jesus von Nazareth getreten war und aus ihnen Luzifer und Ahriman vertrieben hatte, mit *seinem Ich* den Astralleib des Jesus um in das Geistselbst, den Ätherleib in den Lebensgeist und den physischen Leib in den Geistesmenschen, den Leib der Auferstehung, und er übertrug *jedem* menschlichen Ich die Kraft, sich im Verlauf aller zukünftigen Äonen in Jupiter, Venus und Vulkan immer weiter aufwärts zu entwickeln, vom irdischen menschlichen Ich bis zur letzten Auferstehung im Geistesmenschen. So liegt, wenn das Prinzip des Ich auch im siebenten Rhythmus nicht unmittelbar genannt wird, doch um so mehr seine aufsteigende und abbildende Wirkung *bis zum physischen Leib hin* diesem letzten Rhythmus der Weihnachtstagung zugrunde. (Siehe über den Zusammenhang des Auferstehungsleibes (Phantom) mit dem Prinzip des Ich in dem Zyklus «Von Jesus zu Christus», GA 131, 10. 10. 1911.) Und wenn wir mit einem Blick die ganze zukünftige Evolution der Erde betrachten, können wir innerlich zu diesem Rhythmus die Worte des Christus hinzufügen: «Wahrlich, wahrlich, ich sage euch: Wer an mich glaubt, der wird die Werke auch tun, die ich tue» (Joh. 14, 12).

113 Der Terminus «Anthroposophie» ist auch schon 1902 erschienen, d. h. ganz zu Beginn von Rudolf Steiners öffentlichem Wirken als Lehrer (s. Anm. 5 zum 3. Kapitel).

114 Im Zusammenhang mit den in den beschriebenen sieben Rhythmen enthaltenen Hauptstufen der Wanderung der Seele zwischen Tod und neuer Geburt durch die Sphären des geistigen Kosmos muß man noch folgendes anmerken: In seinen verschiedenen Vorträgen spricht Rudolf Steiner oft über den Einfluß der luziferischen und ahrimanischen Kräfte auf den Menschen im nachtodlichen Dasein auf diese Weise, daß gleich nach dem Durchgang durch die Todespforte dem Menschen insbesondere Luzifer sich nähert und unmittelbar vor der neuen Verkörperung auf der Erde Ahriman (s. z. B. 17. 3. 1913, GA 150, und bes. 24. 11. 1923, GA 232). Die Spiegelung dieses Zusammenhangs finden wir entsprechend in den beiden ersten und den beiden letzten Rhythmen der Weihnachtstagung, wo auch die Rede ist von der wirklichen Überwindung der Versuchungskräfte Luzifers und Ahrimans in der Erdenentwicklung. So weist uns der 1. Rhythmus auf die Unausweichlichkeit hin, den Kräften Luzifers in der menschlichen Seele entgegenzuarbeiten. In diesem Rhythmus wird von der Erkenntnis der Mysterien des Ich durch okkulte Übungen gesprochen, und zwar von seiner Entwicklung von der Unfreiheit zur Freiheit, d. h. von derjenigen Entwicklung, auf die die luziferischen Geister ständig versuchen, Einfluß zu nehmen. Dabei versuchen die letzteren, die sich vor allem *im Astralleib* des Menschen aufhalten, von dort auf das menschliche Ich auf zweierlei Art einzuwirken. Zuerst treten sie als unversöhnliche Gegner der menschlichen Freiheit auf, mit der sie kämpfen, indem sie im Menschen «die von innen aufsteigenden Wünsche, Begierden und Leidenschaften» wecken, durch deren starken Schleier im Astralleib das menschliche Ich sich dann nicht zur wirklichen inneren Freiheit durchringen kann. Dieser ersten Versuchung Luzifers muß der Mensch durch seine *moralische Entwicklung* entgegenwirken, durch die Arbeit an der Überwindung seiner niederen sinnlichen Natur. Auf diese moralische Entwicklung als auf das Hauptmittel des Kampfes mit Luzifer auf dieser Stufe weist Rudolf Steiner in seinem Kommentar zum 1. Rhythmus hin, wo er über die Notwendigkeit der «moralischen Empfindung» spricht in dem Aufstieg von «Erweset» *(I,11)* zu «Vereinen» *(II,11)* und zu «Schenken» *(III,11)*. Das ist auch jene goldene Regel der wahren Geheimwissenschaft, über die im Buch ‹Wie erlangt man Erkentnisse der höheren Welten?› gesprochen wird: «Wenn Du einen Schritt vorwärts zu machen versuchst in der Erkenntnis geheimer Wahrheiten, so mache zugleich drei vorwärts in der Vervollkommnung Deines Charakters zum Guten.» – Wenn die luziferischen Kräfte auf diese Weise in bestimmtem Maße von dem Geistesschüler in ihrer verbreiteteren Form überwunden sind, in der sie versuchen, die ganze Menschheit zu verführen, einschließlich auch der Menschen, die den Weg der okkulten Entwicklung nicht betreten haben, tritt Luzifer an den Geistesschüler mit viel kräftigerer und feinerer Verführung heran. Davon eine Vorstellung erhalten kann nur der Mensch, der den Weg der okkulten Entwicklung betreten hat. Hier tritt Luzifer schon nicht mehr als Gegner der Freiheit auf, sondern als großer Verführer zur Freiheit, der bemüht ist, den Menschen zur bösen Anwendung der Freiheit zu verführen durch ihre Anwendung zu eigenen egoistischen Zielen. Das ist die Verführung zu Stolz (Mangel an Demut), gegründet in esoterischem Sinn auf dem Mangel an wahrer Selbsterkenntnis, zu welcher den Geistesschüler nicht zuzulassen Luzifer in jeder Weise

bestrebt ist. Über diese schon rein okkulte Verführung kündet auch die Szene der Verführung des Jesus Christus in der Wüste, die Rudolf Steiner in Übereinstimmung mit dem Fünften Evangelium folgendermaßen beschreibt: «Zuerst begegnete die Christus-Wesenheit im Leibe des Jesus von Nazareth in der Einsamkeit Luzifer, Luzifer, wie er waltet und wirkt, wie er an die Menschen herankommt, wenn sie ihr Selbst überschätzen, zu wenig Demut und *Selbsterkenntnis* haben» (5. 10. 1913, GA 148). Auf die Überwindung dieser zweiten Form der luziferischen Versuchung weist der 2. Rhythmus der Weihnachtstagung, wo wieder die Rede ist von der Erkenntnis der Mysterien des menschlichen Ich. Aber jetzt geht diese Erkenntnis durch eine bedeutende Vertiefung hindurch und wird nicht nur zu einer Grundlage der moralischen Entwicklung, wie das in dem vorhergehenden Rhythmus der Fall ist, sondern auch zu einer Grundlage wahrhaftiger «Selbsterkenntnis», über die Rudolf Steiner in seinem Kommentar zu diesem 2. Rhythmus spricht. Das letztere führt allmählich den Geistesschüler zur wirklichen Überwindung aller unrechtmäßig wirkenden Kräfte Luzifers, d. h. desjenigen Geistes, der den Menschen immer zu Illusionen in bezug auf sein Inneres führt. Indem er auf diese Weise durch wahre Selbsterkenntnis im Sinne des 2. Rhythmus die Möglichkeit erreicht, wahrhaft zu denken, zu fühlen und zu leben *(I, II, III,12)*, kommt der Schüler zu einer bestimmten Stufe der Reinigung seines Astralleibes (das heißt zu seiner Umwandlung in das Geistselbst – siehe die Beschreibung dieses Rhythmus in diesem Kapitel), was auch die endgültige Überwindung der Verführungskräfte Luzifers in ihm bewirkt.
Was jedoch den 6. und 7. Rhythmus der Weihnachtstagung betrifft, so weisen sie uns, sofern bei ihnen die Rede ist von den Erlebnissen der menschlichen Seele unmittelbar vor dem Herabstieg auf die Erde, auf den Weg der Überwindung der Kräfte Ahrimans in der Erdenentwicklung. Dabei muß man in Betracht ziehen, daß Luzifer den Menschen mehr von innen, aus den Tiefen seiner eigenen Seele verführt, Ahriman dagegen mehr von außen: Durch die ihn umgebende Welt der Natur oder unmittelbar durch seinen physischen Leib. Von diesem Standpunkt aus gibt uns auch der 6. und 7. Rhythmus der Weihnachtstagung ein allumfassendes Bild des Weges, auf dem es möglich ist, wirklich alle unrechtmäßig wirkenden Kräfte Ahrimans zu besiegen. Aber während der Mensch schon, ausgehend von seinen eigenen Seelenkräften, in unserem gegenwärtigen Entwicklungszyklus die Versuchung Luzifers überwinden kann, kann er entsprechend Ahriman nur überwinden mit Hilfe des in seine Seele aufgenommenen Christus-Impulses. Nicht wir selbst, sondern nur der Christus in uns kann Ahriman letztendlich besiegen. Seine völlige Überwindung nur mit den eigenen Kräften ist für den Menschen bis jetzt nicht möglich; Rudolf Steiner charakterisiert diese Situation mit folgenden Worten: «Ahriman ist zunächst durch die Wirksamkeit der höheren Hierarchien für den Rest der Erdenentwicklung bis zum Vulkan hin nicht vollständig aus dem Feld zu schlagen. Es wird niemals unmöglich sein, durch rein geistige Anstrengung die innere Versuchung des Luzifer zu besiegen: Die von innen aufsteigenden Wünsche, Begierden, Leidenschaften, was aufsteigt an Stolz, Hochmut, an Übermut. Luzifer läßt sich, wenn er allein den Menschen angreift, durch Geistiges besiegen. Auch wenn Luzifer

und Ahriman beide zusammen, von innen heraus den Menschen angreifen, so läßt sich durch geistige Mittel der Sieg erringen. Wenn aber Ahriman allein ist, versenkt er seine Wirksamkeit in das materielle Geschehen der Erdenevolution. Da ist er nicht ganz aus dem Felde zu schlagen, Ahriman, Mephisto, Mammon – es decken sich ja diese Begriffe –, sie stecken im Gelde, in alledem, was mit dem äußeren natürlichen Egoismus zu tun hat. Indem immer notwendig ist, daß sich dem Menschenleben etwas von dem beimischt, was äußerlich materialistisch ist, muß der Mensch mit Ahriman rechnen» (18. 12. 1913, GA 148). In diesem Sinne gibt uns der 6. Rhythmus die Möglichkeit der Überwindung der Kräfte Ahrimans in unserem Ätherleib. Das wird erreicht durch das wirkliche Erlebnis, wie seit den Zeiten des Mysteriums von Golgatha die Kräfte der Christus-Sonne in den Elementarreichen der Erde herrschen, d. h. in jener geistigen Sphäre, die bis zum Mysterium von Golgatha in größtem Maße von Ahriman ergriffen war. Nur auf diesem Weg können wir zu einer wirklichen Vergeistigung unserer Erde beitragen, ihrer allmählichen Umwandlung von einem Planeten in einen Stern, und über diese große Zukunft der Erde spricht Rudolf Steiner in seinem Kommentar zu diesem Rhythmus wie über «den Sinn der ganzen Erdenentwicklung». Durch das In-sich-Aufnehmen des Christus-Impulses müssen wir von neuem um uns herum die ganze Natur sehen lernen, die mit dem Geist durchdrungen ist. In jedem Stein, in jeder Wolke, in jeder Pflanze müssen wir sehen lernen, wie seit den Zeiten des Mysteriums von Golgatha die Christus-Substanz in ihnen wirkt. Denn nur eine solche Auffassung der äußeren Natur als von dem Christus völlig durchdrungen, kann die Kräfte Ahrimans in unserem ätherischen Leibe fesseln. Im Hinblick darauf ist er bemüht, uns die ganze Natur vorzustellen als seelenlosen und toten Mechanismus; das findet entsprechend seinen äußeren Ausdruck in dem Bemühen Ahrimans, den Impuls des Todes in den Äther-Leib des Menschen hineinzutragen und seine zukünftige Umwandlung in den Lebensgeist nicht zuzulassen.

Der 7. Rhythmus weist uns hin auf die *endgültige* Überwindung der unrechtmäßig wirkenden Kräfte Ahrimans in der Erdenentwicklung. Das kann sich bei dem gewöhnlichen Strom der Evolution erst auf dem Vulkan vollziehen, wenn es auf der von der ganzen Menschheit erreichten Stufe des Geistesmenschen möglich sein wird, einen solchen physischen Leib zu besitzen, dessen drei Systeme das reine Abbild der makrokosmischen Kräfte des Vaters, des Sohnes und des Geistes sind. Wer jedoch in sich aufnimmt die in dem Christus-Impuls enthaltenen Kräfte der Auferstehung, wer innerlich teilnimmt am «unvergänglichen Leben», dem Auferstandensein aus dem Grabe Golgathas, wer in sich jenes «geistige Ursprungsbild» errichtet, über das Rudolf Steiner in dem Kommentar zum 7. Rhythmus spricht, dem ist es in unserer Zeit schon möglich, an der Umwandlung der verzerrenden Kräfte Ahrimans im physischen Leib zu arbeiten.

Wenn wir uns daran erinnern, daß im 4. Rhythmus der Weihnachtstagung die Rede ist vom kosmischen Christus, den der Schüler auf dieser Stufe seiner Einweihung von «Angesicht zu Angesicht» als sein wahres Ich erlebt, und von der allumfassenden Wirkung des Christus im Kosmos als «Welten-Wort», worüber Rudolf Steiner sich in seinem Kommentar zum 4. Rhythmus

äußert, so offenbart sich uns die allgemeine Komposition aller sieben Rhythmen der Weihnachtstagung als verbunden mit dem esoterischen Wesen der plastischen Gruppe, dem Bild der neuen Isis, der göttlichen Weisheit (s. die Beschreibung des 7. Rhythmus) und mit dem Inhalt des rosa Nordfensters des Goetheanum.
So kann man von dem betrachteten Gesichtspunkt aus auch die bedeutenden Zusammenhänge verfolgen zwischen den sieben Rhythmen der Weihnachtstagung und den sieben apokalyptischen Siegeln, die von Rudolf Steiner dem Münchner Kongreß gegeben wurden. Wir haben jedoch keine Möglichkeit, an dieser Stelle zu verweilen.
Was den 3. und 5. Rhythmus betrifft, muß man folgendes anmerken: Im 3. Rhythmus fehlt der unmittelbare Hinweis auf die Gegenwirkung gegen die Kräfte Luzifers, denn in diesem Bereich, der mit dem unseren Kosmos durchdringenden Weltenrhythmus verbunden ist, herrscht der Erzengel Michael. Er bringt aus der hohen Sonnensphäre heraus während unserer Epoche den «inneren Rhythmus in der Seele» in Übereinstimmung mit dem «Weltenrhythmus», indem er durch die drei okkulten Übungen ein Bewußtsein für die im Weltganzen herrschende Trinität weckt. Dadurch offenbart sich uns das «... Erleben der Geist-Welt, die den *Weltenrhythmus in und außerhalb des Menschen* so zu ihrer Sphäre hat, wie der Mensch die Erdenwelt mit ihren physischen Wesen und Vorgängen. Zu dieser Geistwelt nun gehört alles, was im gegenwärtigen kosmischen Augenblicke *durch Michael* geschieht. Ein Geist wie Michael bringt dasjenige, was sonst im luziferischen Gebiet liegen würde, dadurch in das der rein menschlichen Entwicklung – die von Luzifer nicht beeinflußt ist – daß er *die rhythmische Welt zu seinem Wohnplatz erwählt»* (GA 26; s. auch Anm. 120). Dieser michaelische Aspekt ist auch bei den zwei vorhergehenden Rhythmen gegeben. Im 1. Rhythmus wird davon gesprochen, was die Seele «aus dem Weltenrhythmus heraus rhythmisiert», wodurch in ihr der eigene «innere Rhythmus» als sein Abbild entsteht, der Rhythmus, welcher aufsteigend vom ‹Erweset› zu ‹Vereinen›, zu ‹Schenken›, ... übergeht in die moralische Empfindung», die das Denken, Fühlen und Wollen des Menschen mit neuem Licht durchdringt. Im 2. Rhythmus kommt der michaelische Aspekt darin zum Ausdruck, daß in ihm nicht nur von der gewöhnlichen Selbsterkenntnis die Rede ist, sondern von der «aus den Zeichen der Zeit notwendigen Selbsterkenntnis». (Über den Zusammenhang von «Zeichen der Zeit» mit dem Michael-Impuls siehe Anm. 2).
Der 5. Rhythmus, der mit der «Zeitenwende» verbunden ist, spricht auch davon, wie der Christus durch das Mysterium von Golgatha jene Verdunkelung des höheren Bewußtseins überwunden hat, die durch die Macht Ahrimans, des Sonnendämon, hervorgerufen worden war und in der die Seelen nach dem Tode in der geistigen Welt bis zum Ereignis des Mysteriums von Golgatha weilten. In der «Geheimwissenschaft» finden wir in diesem Zusammenhang folgende Beschreibung: «Und als sich das ‹Mysterium von Golgatha› vollzogen hatte, als der ‹Tod des Kreuzes› erlitten war, da erschien der Christus in jener Welt, in welcher die Seelen nach dem Tode weilen, und wies die Macht Ahrimans in ihre Schranken. Von diesem Augenblick an war das Gebiet, das von den Griechen ein ‹Schattenreich› genannt worden war, von jenem Geistesblitz durchzuckt, der seinen Wesen zeigte, daß wieder Licht in

dasselbe kommen sollte. Was durch das ‹Mysterium von Golgatha› für die physische Welt erlangt war, das warf sein Licht hinein in die geistige Welt.» In der Grundstein-Meditation entsprechen diesem Ereignis insbesondere die Worte:

> «Nachtdunkel hatte ausgewaltet;
> Taghelles Licht
> Erstrahlte in Menschenseelen.»

Wenn wir jetzt die Tatsache in Betracht ziehen, daß im Menschen die ahrimanischen Kräfte mehr im Willen wirken (GA 194, 28. 11. 1919), so verstehen wir, daß nur die Aufnahme der Christus-Sonne in uns bis zu dieser Sphäre, zur wirklichen Überwindung der Kräfte des Sonnendämons führen kann. Das muß seinen Ausdruck in dem wahren Wirken des Guten finden; den Impuls dazu finden wir im 5. Rhythmus:

> «Daß *gut werde,*
> Was wir
> Aus Herzen gründen,
> Aus Häuptern
> Zielvoll führen
> wollen.»

Im ganzen kann man die hier angeführte Darstellung auf folgende Weise zusammenfassen:

4. Rhythmus
«Weltenwort»
Kosmischer Christus;
in ihm wird die Tätigkeit aller neun Hierarchien, die im Kosmos den großen makrokosmischen Menschen, den Anthropos, bilden, zur Einheit.

3. Rhythmus *«Weltenrhythmus»* Sonnensphäre (Michael)	5. Rhythmus *«Zeitenwende»* Sonnensphäre (Christus)
2. Rhythmus *«Selbsterkenntnis«* (Überwindung des Einflusses der Kräfte Luzifers auf das Ich des Menschen).	6. Rhythmus *«Sinn der Erdenentwicklung»* Vergeistigtes Erleben der Erde: dadurch wird sie zum Stern. (Überwindung der Kräfte Ahrimans durch den Christus-Impuls in dem ätherischen Leib des Menschen.)
1. Rhythmus *«Moralische Empfindung»* (Überwindung der Kräfte Luzifers im Astralleib des Menschen).	7. Rhythmus *«Geistiges Ursprungsbild»* (Überwindung der Kräfte Ahrimans im physischen Leib des Menschen durch den Christus-Impuls).

Vermag der Mensch sich tatsächlich mit der im 4. Rhythmus enthaltenen Offenbarung des «Weltenwortes» zu durchdringen, dann erschließt sich ihm die Möglichkeit, die übrigen sechs Rhythmen auf eine vollkommen neue Weise aufzufassen. Dann kann seine durch das «Weltenwort» in ihm erfaßte «moralische Empfindung» (1. Rhythmus) ihn allmählich zum Erleben des «geistigen Ursprungsbildes» (7. Rhythmus) führen; weiter kann die rechte «Selbsterkenntnis» (2. Rhythmus) ihm unter dem Einfluß des «Weltenwortes» den «Sinn der Erdenentwicklung» (6. Rhythmus) enthüllen; und schließlich wird das Leben im «Weltenrhythmus» (3. Rhythmus), vom Erklingen des «Weltenwortes» durchströmt, ihn zum Schauen des Mysteriums der «Zeitenwende» (5. Rhythmus) führen.

115 Wenn wir den ganzen 21jährigen Weg des Werdens der Anthroposophie in der Welt, von der Gründung der deutschen Sektion der Theosophischen Gesellschaft im Jahre 1902 bis zur Weihnachtstagung im Jahre 1923 in sieben Stufen gliedern, so erhalten wir sieben dreijährige Perioden, die in gewissem Sinne den sieben Stufen der Entwicklung der Anthroposophie bis zur Weihnachtstagung entsprechen. Wenn wir dann das mittlere Jahr dieser drei Jahre mit dem in ihm vorkommenden Ereignis anschauen, so erhalten wir folgendes Bild:

1904 Beginn der eigentlichen esoterischen Arbeit in der deutschen Sektion der Theosophischen Gesellschaft, die auf die zukünftige Gründung des neuen Ich-Mysteriums in der westlichen Menschheit gerichtet ist.

1907 Münchner Kongreß. Der Beginn der Durchdringung des Astralleibes Rudolf Steiners durch den führenden Bodhisattva unserer Zeit.

1910 Beginn der Verkündigung des ätherischen Christus durch Rudolf Steiner. Erstes Mysteriendrama «Die Pforte der Einweihung».

1913 Grundsteinlegung des ersten Goetheanum, Vortrag über das Fünfte Evangelium.

1916 Beginn der sozialen Themen in der Vortragstätigkeit Rudolf Steiners, die unter dem Thema «Christus und das 20. Jahrhundert» gesehen werden kann.

1919 Beginn der Entwicklung der Tochterbewegungen der Anthroposophie und vor allem der Dreigliederungsbewegung als einziges Mittel zur Rettung Europas vor der herannahenden Katastrophe.

1922 Kongresse in Stuttgart, Wien, Dornach, Berlin. Gründung der Christengemeinschaft. Tod des ersten Goetheanum und seine Auferstehung als Geist, der in der Folgezeit die Weihnachtstagung 1923/24 überglänzte.

116 GA 260.

117 Im Grunde genommen müßte man hier von zehn Sitzungen sprechen, wenn man zu den neun oben beschriebenen auch den Tag der Eröffnung der Weihnachtstagung am 24. 12. 1923 dazurechnen will. Da jedoch der eigentliche Mysterienteil der Weihnachtstagung am 25. 12. mit «der Grundsteinlegung der Allgemeinen Anthroposophischen Gesellschaft *durch* Rudolf Steiner» begann und im weiteren mit den Rhythmen der anthroposophischen Meditation vor sich ging, legten wir unserer Ausführung gerade diese neun Sitzungen zugrunde, da an diesen Tagen die Worte der Grundstein-Meditation erklangen.

118 GA 231, 17. 11. 1923.
119 GA 99, 4. 6. 1907.
120 GA 223/229, 15. 10. 1923. Das oben Gesagte ist auch eine Antwort auf die Frage: warum wurde auf der Weihnachtstagung die Grundstein-Meditation im Verlaufe der *ganzen* Zeit jeden Tag in einem bestimmten *Rhythmus* gegeben? Die Antwort lautet: Es war dadurch die Möglichkeit geschaffen, daß sich *Michael selbst unmittelbar an der Weihnachtstagung beteiligen konnte.* Denn *«Michaels Welt ist diejenige, die sich im Rhythmus offenbart»* (GA 26). Dieser Hinweis Rudolf Steiners kann auch ein neues Licht auf seine Worte vom 18. 1. 1924 über die Weihnachtstagung werfen: «... wenn Sie zurückdenken an diese Weihnachtstagung, so werden Sie sich sagen müssen: Es ist da etwas gewesen, was aus der geistigen Welt heraus selber kam.» Und «... für so etwas wie unsere Weihnachtstagung ist man ja nicht angewiesen auf dasjenige, was innerhalb des Erdenbereiches geschieht» (GA 37/260a).
121 Wenn man zu den dargelegten letzten drei Rhythmen im Laufe der Tage der Sonne, des Mondes und des Mars (Sonntag, Montag, Dienstag) das hinzufügt, was Rudolf Steiner im Vortrag vom 27. 8. 1924 in London anführte, wo er ausführlich beschrieb, wie der Christus auf dem Weg seines Herabkommens zur Erde in der Sonnensphäre seinen Geistesmenschen zurückließ, in der Erdumgebung (d. h. in der Mondensphäre) seinen Lebensgeist und schließlich durch die Taufe im Jordan in die Hülle des Jesus von Nazareth mit seinem Geistselbst eintrat, dann können wir mit diesen drei letzten Rhythmen der Weihnachtstagung auch die Vorstellung von Geistesmensch, Lebensgeist und Geistselbst, die höhere Dreiheit des Menschen, verbinden. Und wir können eine Verbindung zu dem herstellen, was Zeylmans van Emmichoven von einem etwas anderen Gesichtspunkt aus im Zusammenhang mit diesen Rhythmen sagt: wir können in der Gesamtheit der sieben Rhythmen die Weihnachtstagung im ganzen als makrokosmisches wie auch als mikrokosmisches Vaterunser erleben. Darüber genauer im 3. Kapitel.
122 S. Anm. 102 zu diesem Kapitel, und auch das 7. Kapitel dieses Buches.
123 Auf diesen Zusammenhang des Bodhisattva mit dem Astralleib und des Buddha mit dem Ätherleib im Prozeß der Arbeit am Geistselbst bzw. am Lebensgeist weisen auch die beiden unten folgenden Aussagen Rudolf Steiners hin: «Alle anderen großen Führerwesenheiten (außer Christus) verkörperten sich so, daß ihre geistige Wesenheit mit dem Astralleib vereint war. Wenn wir uns bemühen, die Wesenheiten der Bodhisattvas zu verstehen, kommen wir dazu, daß ihr geistiger Teil, der auf der Erde wirkte, sich in die höheren Welten erhob und nur mit dem Astralleib vereint war» (18. 4. 1910, GA 118); und: «Am Ende seiner hohen Laufbahn wird ein Bodhisattva ein Buddha und braucht nicht mehr einen physischen Körper anzunehmen. Die Buddhastufe schließt den Zyklus seiner Inkarnationen ab, er tritt in eine neue höhere Evolution über. Sein unterstes Wesensglied ist dann nicht mehr ein physischer Körper, sondern ein Ätherleib, und er ist fortan nur dem hellsichtigen Auge wahrnehmbar» (13. 4. 1910, GA 118).
124 Über die Dhyani-Buddhas spricht Rudolf Steiner in GA 110, 16. 4. 1909. Zu den Wesen, welche die Stufe des Dhyani-Buddha erreicht haben, gehört z. B. der *Manu* jeder neuen «Wurzelrasse». Ein letzter solcher war der höchste Führer des atlantischen Sonnenorakels (s. GA 13 und GA 109/111).

125 Der Charakter, der diesen Wesen von bereits kosmischer Evolution eigen ist, drückt sich darin aus, daß sie einen unmittelbaren Zusammenhang mit dem Christus schon auf völlig anderen Ebenen des Seins haben (s. 12. 6. 1912, GA 137).

126 Hier muß uns nicht wundern, daß so viele verschiedene Wesenheiten, die auf völlig verschiedenen Stufen der Entwicklung stehen, an ein und demselben hohen Prinzip ihres Wesens arbeiten können. So beginnt der Geistesschüler z. B. das Prinzip des Geistselbst schon ab der zweiten Stufe des christlich-rosenkreuzerischen Weges der Einweihung (der imaginativen Erkenntnis) bewußt zu entwickeln, dann geht er über zur *wesenhaften* Entwicklung dieses Gliedes auf der fünften Stufe (Erkenntnis des Zusammenhangs von Mikrokosmos und Makrokosmos). Der Bodhisattva arbeitet an seinem Geistselbst auf noch höherer Stufe, die vollständige Verwirklichung dieses Prinzips erlangt jedoch erst ein Wesen aus der Hierarchie der Engel. Die Möglichkeit so vieler Entwicklungsstufen dieses Prinzips hängt damit zusammen, daß für seine *vollständige* Verwirklichung ein *ganzes kosmisches Äon* nötig ist, das Äon des Jupiters. (Alles oben Gesagte behält seine Bedeutung auch für die beiden anderen höheren Prinzipien: den Lebensgeist und den Geistesmenschen.)

127 Der Unterschied, der entsprechend im christlich-rosenkreuzerischen Weg enthalten ist, zwischen den vier ersten Stufen, die mehr erkenntnismäßigen Charakter haben, und den drei folgenden Stufen, die schon mit der eigentlichen Umwandlung der Hüllen verbunden sind, finden wir auch in den sieben Grundstufen der nachtodlichen Wanderung der Seele zwischen zwei Verkörperungen. So sind die ersten vier Stufen mehr mit dem Erleben der geistigen Ergebnisse des letzten Erdenlebens verbunden und die drei letzten mit der *wesenhaften* Bildung der neuen Hüllen (Astralleib, Ätherleib, physischer Leib) für die neue Inkarnation aufgrund der Erfahrung, die in der geistigen Welt auf den vier ersten Etappen gesammelt wurde.

128 S. darüber Genaueres im 6. Kap. dieses Buches.

129 S. Anm. 43 zum 2. Kap. dieses Buches.

130 GA 13, TB S. 290–291.

131 Im Zusammenhang mit diesen Worten Rudolf Steiners muß man auch besonders unterstreichen, daß nur seine Verbindung mit dem Christus-Impuls dem Schüler helfen kann, das «Sonderbewußtsein» auf dieser Stufe zu bewahren.

132 Im Zusammenhang mit diesem grundsätzlichen Unterschied des westlichen und östlichen Weges der Einweihung kann man auch an die vielen Beschreibungen dieses Zustandes bei alten und zeitgenössischen östlichen Autoren erinnern, welche immer als unumstößliche Bedingung für die Vereinigung des Menschen mit dem Makrokosmos die absolute Auflösung des menschlichen Ich, des «Sonderbewußtseins» als Träger seines individuellen Seins voraussetzen (vergleiche die Beschreibung der Extasen des Ramakrischna usw.).

133 An dieser Stelle ist die Aufzählung der sieben Stufen des christlich-rosenkreuzerischen Weges der Einweihung in der sechsten (1916) und nicht in der letzten Auflage der «Geheimwissenschaft» wiedergegeben (s. Genaueres darüber in Anm. 21 zu diesem Kapitel).

134 Deshalb kann auch heute jeder Anthroposoph, der sich innerlich in diese

sieben Grundrhythmen der Weihnachtstagung hineinlebt, in sich die Weihnachtstagung als wirklichen Einweihungsweg der Gegenwart auferstehen lassen, wie er in unserer Zeit von Michael selbst gewollt ist. Und wie einstmals Olaf Åsteson in den Weihnachtstagen den Eintritt in die geistige Welt noch im traumhaften Bewußtseinszustand erlebte und wie auch viele Eingeweihte in den Weihnachtstagen durch ähnliche Erfahrungen gingen, die nach dem Zeugnis Rudolf Steiners zu derselben Mysterien-Strömung gehörten, so können auch wir, aber jetzt mit *völlig wachem Bewußtsein,* an jeder Weihnacht immer von neuem jenen Weg der Einweihung einschlagen, der uns in den sieben Rhythmen gegeben wurde, solange bis er in uns völlig lebendig wird und uns die wirklichen Tore zum Tempel der neuen Mysterien öffnet. In diesem Sinne kann die Weihnachtstagung in der Seele jedes Anthroposophen jede Weihnacht verwirklicht werden, wenn nur in ihm der Wille zu wirklichem Opferdienst und innerer Entwicklung lebt.

135 GA 28, 8. Kap.

136 Der inspirative Charakter der «Philosophie der Freiheit» drückt sich auch in ihrer Verbindung mit dem Ätherleib aus, aus dessen *umgewandelten* Kräften sie geschrieben wurde. Rudolf Steiner wies darauf insbesondere in einem Arbeiter-Vortrag am 28. 7. 1923 (GA 350) in folgenden Worten hin: «Er [der Leser] muß sich Seite für Seite, ganz von Anfang an, daran gewöhnen, zurückzugehen zu seinem Ätherleib, um solche Gedanken überhaupt haben zu können, wie sie in diesem Buche sind.»
Mit diesen Worten zeigt Rudolf Steiner selbst, daß die Gedanken, die von ihm in der «Philosophie der Freiheit» dargelegt sind, von dem seiner selbst bewußten Erleben im Ätherleib ausgehen, was nur beim Erreichen der Stufe der Inspiration möglich ist. Wesentlich früher, im Vortrag vom 9. 2. 1905, weist Rudolf Steiner auch auf die «Philosophie der Freiheit» als geistigen Weg hin, der den Schüler von seinem irdischen Ich zu seinem höheren Ich oder zum Bewußtsein des Manas führt und durch dieses zu dem noch höheren Bewußtsein des Buddhi – mit anderen Worten: von dem gewöhnlichen gegenständlichen Bewußtsein durch das imaginative zu dem inspirativen: «Was ich jetzt dargestellt habe, finden Sie dort [in der «Philosophie der Freiheit»] in den Begriffen der abendländischen Philosophie ausgedrückt. Sie finden dort die Entwicklung des Seelischen vom Kama zum Manasleben! Ich habe dort Ahamkara das ‹Ich› genannt, Manas das ‹höhere Denken›, reines Denken, und die Buddhi, um noch nicht auf den Ursprung hinzuweisen, die ‹moralische Phantasie›. Das sind nur andere Ausdrücke für ein und dieselbe Sache» (GA 53, 9. 2. 1905). Und schließlich spricht Rudolf Steiner im 22. Kap. der Autobiographie «Mein Lebensgang», indem er auf seine innere Entwicklung im Verlauf der Weimarer Periode (zweites Sonnenjahrsiebt) zurückblickt, über die von ihm zu jener Zeit erreichten drei Stufen der Erkenntnis, die in der Beschreibung klar den Stufen des wissenschaftlichen, imaginativen und inspirativen Erkennens folgen. In diesem Sinn kann man auch die «Philosophie der Freiheit» als Buch, das aus «inspirierter Imagination» geschrieben ist, genauer bestimmen, soweit in ihr die Imaginationen des ersten Sonnenjahrsiebts durch Inspirationen aus dem zweiten Jahrsiebt bereichert werden.

137 S. z. B. die «Geheimwissenschaft», S. 261, und auch die Anm. 56 zu diesem Kapitel.

138 «Mein Lebensgang», 22. Kap.

139 Hier muß man besonders hervorheben, daß dieser Zusammenhang zwischen dem Durchschreiten der Sphären von Imagination, Inspiration und Intuition mit den drei Sonnenjahrsiebten in Rudolf Steiners Leben nicht im absoluten Sinne zu verstehen ist. So hatte z. B. Rudolf Steiner im ersten Sonnenjahrsiebt und sogar früher ganz sicher bestimmte Inspirationen und sogar Intuitionen. Hier ist nur die Rede von kosmischen Tendenzen bestimmter Perioden *jedes* Menschenlebens, insofern sie besonders die Entwicklung geistiger Erkenntnisse bestimmter Art auf dem Einweihungsweg begünstigen.
Über die Möglichkeit, die verschiedenen Einweihungsstufen nicht nur streng nach ihrer Reihenfolge zu durchschreiten, spricht Rudolf Steiner in dem vorletzten Kapitel der «Geheimwissenschaft im Umriß». Er sagt dort: «Diese Stufen brauchen aber nicht etwa so gedacht zu werden, daß sie nacheinander durchgemacht werden ... Es kann zum Beispiel ganz gut sein, daß man erst einige Imaginationen in sicherer Art gewonnen hat und doch schon Übungen macht, welche die Inspiration, die Intuition oder die Erkenntnis vom Zusammenhange des Mikrokosmos und Makrokosmos in den Bereich des eigenen Erlebens ziehen.»

140 GA 260, S. 269.

6. Die Grundstein-Meditation

1 GA 260, S. 58.

2 GA 240, 18. 7. 1924.

3 GA 260, S. 60.

4 ebd., S. 59.

5 Auf diese Christus-Offenbarung aus der Sphäre des Vaters weisen auch die Worte des Evangeliums hin: «Niemand hat Gott je gesehen, der eingeborene Sohn, der in des Vaters Schoß ist, der hat es uns verkündet» (Joh. 1, 18).

5a Von einem ganz besonderen Standpunkt spricht Rudolf Steiner über Einweihungen des Willens, des Fühlens und des Denkens in dem Vortrag vom 14. 11. 1909 (GA 117), sie unmittelbar verbindend mit der Entstehung der Evangelien. So war das Markus-Evangelium aus der Offenbarung der Willenseinweihung geschrieben, das Lukas-Evangelium aus der Offenbarung der Fühlenseinweihung und das Johannes-Evangelium aus der Denkens-(Sophia-)Einweihung. Was nun das Matthäus-Evangelium betrifft, so geschieht in ihm die harmonische Verbindung von allen drei Einweihungen, aber in «abgeschwächter» Art (GA 117, 2. 11. 1909).
Denn die Aufmerksamkeit des Evangelisten Matthäus ist besonders auf die Abstammung des *physischen Leibes* des Jesus von Nazareth gerichtet (GA 123, 12. 9. 1910) und dadurch bis zu einem bestimmten Grad die *Vergangenheit* der Menschheitsentwicklung in sich spiegelnd. Das in der Akasha-Chronik sich befindende Fünfte Evangelium aber ist mit der zukünftigen Entwicklung der Menschheit verbunden, welche infolge des in der geistigen Welt rückläufigen Zeitenstromes auch die Gegenwart ständig durchdringt.

So haben wir das folgende Verhältnis der fünf Evangelien zu der Grundstein-Meditation:

I. Teil	– Markus-Evangelium
II. Teil	– Lukas-Evangelium
III. Teil	– Johannes-Evangelium
IV. Teil (Zeile 1–13)	– Matthäus-Evangelium
IV. Teil (Zeile 14–25)	– Fünftes Evangelium (Akasha-Chronik)

Auf diese Weise sehen wir, daß der Inhalt der Grundstein-Meditation insgesamt nicht nur aus denselben Gebieten der geistigen Welt stammt, aus denen die vier Evangelisten geschöpft haben, sondern auch mit der kosmischen Sphäre der Akasha-Chronik – der großen Urquelle aller übersinnlichen Erkenntnisse der Ereignisse von Palästina – unmittelbar verbunden ist.

6 Rudolf Steiner spricht mehrmals darüber, daß die wahre Erkenntnis des Denkens, Fühlens und Wollens den Menschen entsprechend in die Sphären der Imagination, Inspiration und Intuition hinaufführt. In diesem Sinn entspricht die Sphäre der Intuition auch derjenigen des Wirkens des kosmischen Willens. Besonders deutlich weist Rudolf Steiner im Vortrag vom 3. 7. 1921 (GA 205) im Zusammenhang mit der Beschreibung des nachtodlichen Lebens der Seele als Prozeß ihres allmählichen Aufsteigens aus der Sphäre der Imagination durch die Sphäre der Inspiration in die der Intuition auf diese Tatsache hin. Dabei entspricht das Weilen in der Sphäre der Intuition («im Erklingen des Welten-Wortes») dem Erleben der «Weltenmitternacht». Der Weg der Seele zurück zur Erde beginnt dann damit, daß die Intuition, nach der Aussage Rudolf Steiners in dem genannten Vortrag, vom *Weltenwillen* durchdrungen wird. Dieser Willensimpuls dringt sodann in dem Maße, in dem die Seele hinabsteigt, in ihr inspiratives und imaginatives Dasein, sie zu einer neuen Verkörperung vorbereitend. Daraus folgt, daß der im II. Teil der Meditation angesprochene «Wille», hier der kosmische Wille des Christus, zu dieser hohen Sphäre des geistigen Daseins – der intuitiven – gehört.

7 Rudolf Steiner bezeichnet die neue Christus-Erscheinung des 20. Jahrhunderts im Ätherischen als Ergebnis dessen, daß Christus eine «Erneuerung des Mysteriums von Golgatha» in den geistigen Welten erlebt (20. 5. 1913, GA 152). Jedoch spricht Rudolf Steiner in besonders bedeutenden Worten über diese «Wiederholung des Mysteriums von Golgatha» im 20. Jahrhundert im Vortrag vom 2. 5. 1913 (GA 152). Dort beschreibt er, wie das Bewußtsein des Christus in der Engelsphäre als Resultat der geistigen Folgen des Materialismus im 19. Jahrhundert so etwas wie einen «geistigen Tod» durchmachte, eine Aufhebung des «Bewußtseins», um dann von neuem aufzuerstehen als neues Christus-Bewußtsein in den Seelen der Menschen zu Beginn des 20. Jahrhunderts. Deshalb sagt Rudolf Steiner in diesem Vortrag: «Zweimal schon ist der Christus gekreuzigt worden: das eine Mal physisch in der physischen Welt im Anfang unseres Zeitalters und ein zweites Mal im 19. Jahrhundert spirituell in der beschriebenen Weise. Man könnte sagen, die Menschheit erlebte die Auferstehung seines Leibes in der damaligen Zeit; sie wird die Auferstehung seines Bewußtseins vom 20. Jahrhundert an erleben.» Das letztere beschreibt Rudolf Steiner als Erlebnis der neuen Christus-Erscheinung im Ätherischen durch den Menschen.

7a Die genannten zwei Möglichkeiten, die Christus-Wesenheit zu erleben – in der Sphäre der Intuition durch die Einweihung und auf «natürliche Weise» in der an die Erde grenzenden Ätherwelt –, sind in den zwei rosa – eigentlich pfirsichblütfarbenen – Glasfenstern des ersten Goetheanum dargestellt. So haben wir im Südfenster die Erlebnisse des modernen Einweihungsweges: im linken Teil das Aufsteigen des Menschen in die Welt der Imagination; rechts in die Welt der Inspiration und in der Mitte in die der Intuition. Im letztgenannten Teil ist ein Mensch dargestellt, der, tief in Meditation versunken, in der Intuition die Weltenmitternacht erlebt. Und unten sehen wir das Bild der in der Materie wirkenden Todeskräfte. Aus ihrem Reich steigt der Mensch zum Erleben seines wahren Ich auf, in dem die Kräfte des kosmischen Christus wirken.

Im Nordfenster ist im mittleren Teil die Begegnung mit dem ätherischen Christus dargestellt (die pflanzlichen Gestalten weisen auf die an die Erde grenzende Ätherwelt). Zu diesem Erlebnis gelangt der Mensch nicht durch okkulte Entwicklung, sondern die sich ihm gleichsam auf natürliche Weise erschließende Fähigkeit des ätherischen Hellsehens. Auf diese Eigentümlichkeit des ätherischen Hellsehens weist die Gestalt seines *hinter* dem Menschen stehenden Schutzengels, der den Menschen zu dem geschilderten Erlebnis führt, dessen karmische Voraussetzungen Rudolf Steiner im Vortrag vom 14. 4. 1914 (GA 153) beschreibt. Auf den seitlichen Teilen sind sodann die Folgen des irdischen und ätherischen Mysteriums von Golgatha für die künftige Weltentwicklung dargestellt (vgl. GA 145, 28. 3. 1913).

8 GA 130, 28. 9. 1911.

9 GA 131, 10. 10. 1911.

10 Auf diese Beziehung der Dreigliederung des sozialen Organismus und der Dreigliederung des menschlichen Organismus wies Rudolf Steiner im Vortrag vom 24. 6. 1920 (GA 197) hin. Dabei ist noch zu beachten, daß wir in der vorliegenden Betrachtung bei dem Vergleich der Grundstein-Meditation mit der Dreigliederung des sozialen Organismus von den *ersten Abschnitten* der Teile I, II, III ausgehen. Man kann jedoch einen analogen Vergleich auch von den *zweiten Abschnitten* ausgehend durchführen. Dann führt der in ihnen enthaltene Hinweis auf die Sphären des Vaters, des Sohnes und des Geistes in Verbindung mit den drei Rosenkreuzerworten zu anderen Beziehungen hin (s. Vortrag vom 25. 12. 1918, GA 187).

11 Im Zusammenhang mit dieser Verwirklichung des großen Ideals wahrhaftigen Rosenkreuzertums aus einer wirklichen Synthese von Wissenschaft, Kunst und Religion muß man bemerken, daß den Weg zu dieser Synthese auch die Grundstein-Meditation im ganzen zeigt. In dieser gehen diese drei wichtigsten Sphären menschlicher Tätigkeit in ihren drei ersten Teilen zuerst durch den Prozeß der inneren Vergeistigung, um dann im 4. Teil durch den Christus-Impuls, den Grundimpuls der Erdenentwicklung, ihre höchste Synthese zu erreichen. So haben wir es im 3. Teil mit einer Wissenschaft zu tun, die Geisteswissenschaft wird, die dem Menschen von der großen kosmischen *Weisheit* der Welt spricht. Im 2. Teil wird die Kunst beseelt, welche dann im Menschen durch das Miterleben der göttlichen *Schönheit* in der Welt zum Erwecker der wahrhaftigen Liebe wird. Und schließlich erlangt die Religion durch den 1. Teil von neuem ihren ursprünglichen Sinn, sie wird zur «Religion», der direkten *Verbindung* mit den höheren Welten, aus denen der

Mensch dann die Impulse zu wirklich moralischem Handeln empfängt («Und Du wirst wahrhaft *leben* ...»), den Antrieb zum freien Schaffen des wahrhaft *Guten.* – Indem diese drei Grundsphären des menschlichen Handelns: Wissenschaft, Kunst und Religion durch diesen Prozeß innerer Vergeistigung hindurchgehen, finden sie ihre höhere Synthese durch den Christus-Impuls im 4. Teil. So erreicht die Geisteswissenschaft in den ersten dreizehn Zeilen (1–13) die höchste Stufe, indem sie der Menschheit die Weisheit über den Christus (Christosophie) offenbart. Die nächsten sechs Zeilen (14–19) sprechen von der vergeistigten Kunst, die, nachdem sie im Wirken des Christus das mächtige Prinzip der Verwandlung und Vergeistigung der Materie aufgenommen hat, die neue Schönheit der Welt offenbart, die von dem göttlichen Licht der Christus-Sonne durchstrahlt wird. Und schließlich haben wir in den letzten fünf Zeilen (20–24) das höchste Prinzip der Religion, das den Willen des Menschen bis zu der Fähigkeit umgestaltet, sich der Welt selbst zu opfern, im Namen der in ihr zu verwirklichenden großen Ziele des göttlich-geistigen Kosmos, die durch den Christus Jesus zur Erde gebracht wurden.

So führt uns der 4. Teil der Grundstein-Meditation zum wirklichen Erwachen der Christus-Weisheit, der Christus-Liebe und der christlichen Fähigkeit zum Opfer, als den wahren Grundlagen der erneuerten Wissenschaft, Kunst und Religion.

11a Über die Entsprechung von menschlichem und kosmischem Rhythmus s. GA 175, 13. 2. 1917 und GA 201, 16. 4. 1920.

12 GA 236, 4. 6. 1924.

13 Über die Verbindung des Atmens (Lungen) und Denkens (Kopf) spricht Rudolf Steiner besonders ausführlich im Vortrag vom 10. 5. 1924, in dem er darauf hinweist, daß das Denken in gewissem Sinne das verfeinerte Atmen sei (GA 236).

13a Die Beziehung Luzifers und Ahrimans zur Liebe und Weisheit ist hier auf der Grundlage der Äußerungen Rudolf Steiners im Vortrag vom 28. 5. 1910 (GA 120) dargestellt. Es gibt aber auch noch eine andere Beziehung, wenn man beachtet, daß Luzifer das Prinzip des Heiligen Geistes entstellt (das der Weisheit), und Ahriman das Prinzip des Sohnes (der Liebe). Siehe auch den Weihnachtsaufsatz des Jahres 1924 in GA 26.

14 B. C. Lievegoed: ‹Mysterienströmungen in Europa und die neuen Mysterien›, Stuttgart 1979, 6. Kap. «Die Vereinigung der vier Mysterienströme in der Weihnachtstagung».

15 Rudolf Steiner spricht darüber in seinen Kommentaren zum Text der Grundstein-Meditation am 25. 12. 1923 (GA 260).

16 Rudolf Steiner sagt im Zusammenhang damit: «Zwölf Bodhisattvas umgeben eine solche Wesenheit, wie es der Christus ist, und wir können überhaupt nicht von mehr als zwölf reden, denn wenn die zwölf Bodhisattvas ihre Mission erreicht haben, haben wir die Zeit des Erdenseins erschöpft» (25. 10. 1909, GA 116).

17 Auf das wesentliche Geheimnis in dieser Beziehung weist auch die Tatsache hin, daß schon in der alten Philosophie Indiens für dieses 6. Glied der menschlichen Wesenheit (den umgewandelten Ätherleib) und für die höhere überdevachanische Sphäre, welche die substantielle kosmische Sphäre des Lebensgei-

stes ist, ein und dieselbe Bezeichnung genommen wurde: *Buddhi* (der Leib des Buddhi und die Sphäre des Buddhi).

18 GA 119, 26. 3. 1910.

19 Jene Tatsache, daß im 2. Glied der Grundstein-Meditation (2. und 4. Teil) die Wirksamkeit des Christus von der geistigen Sphäre, die der Erde am nächsten ist, bis hin zur Sphäre der Bodhisattvas oder der Welt der Buddhi betrachtet wird, deutet darauf hin, daß im gegenwärtigen Zyklus der Weltentwicklung vor allem diese vier übersinnlichen Welten an der Evolution der Menschheit teilnehmen: die astrale oder elementare Welt, das niedere Devachan (geistige Welt) das höhere Devachan (Welt der Vernunft) und die Welt der Vorsehung (sie ist die Welt der Urbilder) (s. 26. 3. 1910, GA 119). Diese letzten jedoch erschöpfen keineswegs das Wesen des Christus selbst, der aus noch höheren Welten in sie herunterstieg. Über sein Herabsteigen aus den Welten, die über der Sphäre der Vorsehung liegen und auch über der Sphäre des Nirwana, spricht Rudolf Steiner am Ende des Vortrages vom 25. 10. 1909, in dem er auch den ganzen Unterschied zwischen einerseits dem mikrokosmischen Wesen des Bodhisattva und Buddha offenbart, die ihrer Würde entsprechend in die beiden Sphären von unten herauf gestiegen sind, und andererseits dem makrokosmischen Wesen des Christus, das in ihre Sphäre aus den kosmischen Höhen herabstieg, die unsere Vorstellung schon nicht mehr erreicht (GA 116).

20 Das Wesentliche dieses Prozesses wird uns klarer, wenn wir uns daran erinnern, daß der Strom, der den Menschen aus der Welt des Buddhi oder der Welt der Vorsehung durchdringt, der Strom des Heiligen Geistes ist (s. Beschreibung des 4. Rhythmus der Weihnachtstagung im 5. Kap. dieses Buches). So gibt der Christus infolge seines Durchgangs durch das ätherische Golgatha im 20. Jahrhundert der ganzen Menschheit die Möglichkeit, auf natürliche Weise in sich den Strom des Heiligen Geistes aufzuhalten und allmählich dazu zu bringen, daß im Laufe der nächsten 2500 Jahre immer mehr und mehr Menschen durch die Ausgießung des Geistes in die Welt der Imaginationen hineinwachsen können. Damit wird für die gesamte Menschheit vorbereitet, was damals die Apostel, unsere Epoche vorwegnehmend, am Pfingstfest durch die Flammen des «individualisierten Heiligen Geistes» über ihren Häuptern erlebten (s. 15. 5. 1910, GA 118, und 7. 5. 1923, GA 224).
So kann man noch von einer anderen Seite versuchen, das Verständnis dieses Prozesses zu vertiefen, indem man sich dabei auf das von Rudolf Steiner im Vortrag vom 14. 4. 1914 (GA 153) Gesagte stützt, wie die irdische und nachtodliche Existenz des Menschen verlaufen muß, damit er in der nächsten Inkarnation für eine «natürliche» Anschauung der Welt der Imagination für würdig befunden werden und in ihr dem ätherischen Christus begegnen kann. In diesem Vortrag spricht Rudolf Steiner genau darüber, daß der Mensch, der in unserer Zeit im Laufe seines Erdenlebens den Impuls des Christus mit solcher Kraft in sich aufnimmt, daß das Wort «In Christo morimur» für ihn zu einem völlig realen Erlebnis wird, daß dieser dann den Christus-Impuls auch hinübertragen kann durch die Pforte des Todes. Und dann begleitet Er die Seele des Verstorbenen im Verlauf des ganzen folgenden Aufstiegs in die geistigen Welten so, daß im Augenblick der weitesten Entfernung von der Erde, in der Zeit der Weltenmitternacht, wenn die Seele sich bis zu den höchsten Grenzen des oberen Devachan erhebt und vom Heiligen Geist aus

der Sphäre des Buddhi überschattet wird, daß dann der Christus-Impuls sich mit dem Strom des Geistes verbindet, der die Seele auf ihrem Weg hinunter auf die Erde zu einer neuen Inkarnation begleitet und ihn bis zu dem Maße verstärkt, daß er dann mit dem Menschen durch die Geburt in das Erdendasein eintreten kann. Infolgedessen wird ein solcher Mensch schon wie vom Heiligen Geist im Verborgenen überschattet geboren; er wird durch dessen Wirkung früher oder später zum Schauen in der imaginativen Sphäre und in ihr zur unmittelbaren Begegnung mit dem ätherischen Christus geführt. So sehen wir auch hier den Christus-Impuls, der unseren ganzen Kosmos von der der Erde am nächsten liegenden geistigen Sphäre bis zur Welt des Buddhi umfängt. Von dort aus verstärkt er den Strom des Geistes im Menschen so, daß er später im menschlichen Bewußtsein auf der Erde aufgehalten werden und in ihm als die Welt der wahren Imagination auftreten kann.

21 Deshalb verbindet Rudolf Steiner in seinem Kommentar zum 1. Tag der Weihnachtstagung am 25. 12. diesen 2. Teil der Meditation mit den *Urbildern* des Weltenseins (d. h. unmittelbar mit der Welt der Urbilder oder des Buddhi) auf der einen Seite und mit der *Weltenimagination* auf der anderen Seite; insbesondere sagt er: «... so wird man die Urbilder des Weltenseins erfassen, wenn man in sich fühlt den geheimnisvollen Übergang zwischen Weltenrhythmus und Herzensrhythmus und durch diese wiederum den Menschenrhythmus, der geheimnisvoll, seelisch-geistig sich abspielt zwischen Lunge und Herz» (GA 260, S. 56). Dann charakterisiert er von neuem diesen 2. Teil und verbindet in ihm insbesondere das rhythmische System des Menschen mit der «Weltenimagination», die in der menschlichen Imagination wieder lebendig werden soll. Dabei benutzt er sogar einen solchen Ausdruck wie «das Urbild der Imagination» (ebd., S. 58). Vergleicht man diesen Ausdruck nun mit demjenigen, was Rudolf Steiner im Zyklus ‹Makrokosmos und Mikrokosmos› (GA 119) über den Zusammenhang der Welt der Urbilder (Buddhi) und der imaginativen Erkenntnis sagt (s. Zitate aus diesem Zyklus auf Seite 316f.), so kann ein klares Bild entstehen.

21a Der neue Bodhisattva muß auf der Erde nur einen *Teil* des «Christus-Willens» aus der Welt der Vorsehung erfüllen, denn *ganz* kann dieser «Christus-Wille» auf der Erde nur dann verwirklicht werden, wenn die Mission des letzten der zwölf Bodhisattvas zu Ende kommt: «Und erst wenn der letzte zum Christus gehörige Bodhisattva seine Arbeit getan haben wird, wird die Menschheit empfinden, was der Christus ist; dann wird sie von einem *Willen* beseelt sein, *in dem der Christus selber lebt*» (GA 116, 25. 10. 1909. Vgl. mit Anm. 16).

22 GA 130, 2. 12. 1911.
Das Wirken des Christus als Herrn des Karma charakterisiert Rudolf Steiner im Vortrag vom 2. 12. 1911 folgendermaßen: Es wird der Christus auf den Ausgleich im Karma verschiedener Menschen so wirken, daß dieses auf die beste Weise mit der Entwicklung der *ganzen* Menschheit zusammenstimmen kann (GA 130; s. auch 14. 11. 1911, GA 131). Nach dem Zeugnis Rudolf Steiners am Ende des Vortrages vom 22. 10. 1906 ist ein derart unmittelbarer Einfluß auf das Erdengeschehen jedoch nur aus der Sphäre des Buddhi oder der *Vorsehung* möglich. Denn die eigentliche Rolle der Vorsehung in der Welt besteht darin, daß sie die einzelnen Taten dem Ganzen der Welt im Sinne der

rechten Weiterentwicklung eingliedert. So wirkt der «Christus-Wille», über den im 2. Teil der Meditation gesprochen wird, von Beginn des 20. Jahrhunderts an im Umkreis der Erde als wahre Vorsehung in der Welt der Menschen. Er gibt jedem Menschen die Möglichkeit, im Prozesse des Ausgleichs seines individuellen Karma auf die bestmöglichste Weise das Wohl der Menschheit zu fördern.

23 Daß der Christus vom 20. Jahrhundert an zum Herrn des Karma wird, hängt unmittelbar mit dem Auftreten des natürlichen imaginativen Hellsehens zusammen, und dieses wiederum kann entstehen, da es der Christus dem Menschen in der Gegenwart ermöglicht, den Strom des Heiligen Geistes aus der Welt der Vorsehung in seiner Seele aufzuhalten (s. Anm. Nr. 20). Der Zusammenhang dieser zwei Ereignisse wird noch durch die Tatsache bestätigt, daß eine der ersten Erfahrungen des neuen Hellsehens das Erleben des eigenen Karma und vor allem der karmischen Folgen der eigenen Taten sein wird (s. Vortrag vom 14. 10. 1911, GA 131).

Um nun das Verständnis dieses bedeutenden Mysteriums unserer Zeit noch weiter zu vertiefen, wollen wir uns dem im 5. Kapitel behandelten 4. Rhythmus der Weihnachtstagung zuwenden, wo beschrieben wurde, wie die Seele während der Weltenmitternacht schaut, wie ihr eigenes Karma durch die Tätigkeit aller neun Hierarchien, die sich ihr in dem einheitlichen Erklingen des Weltenwortes offenbart (s. Anm. 54 zum 5. Kap.), geschaffen wird. Dabei geht dieser Prozeß, der sich über die ganze zweite Hälfte des nachtodlichen Lebens erstreckt, so vor sich, daß das Karma, das in der Sphäre der ersten Hierarchie ausgearbeitet wird, in die Sphäre der zweiten Hierarchie und schließlich in die der dritten übergeht. In dieser Sphäre geht die menschliche Seele bei der Vorbereitung zur Verkörperung auf der Erde nacheinander durch die Reiche der Archai, Archangeloi und Angeloi, die das von den höheren Hierarchien ausgearbeitete Karma den vier Wesensgliedern des Menschen einfügen (s. Genaueres in den Aufsätzen vom 18. und 25. 1. 1925, GA 26). Als letzte beteiligen sich die Wesen aus der Hierarchie der Angeloi an dieser erhabenen Arbeit. Sie sind die Mittler zwischen dem makrokosmischen Karmaweben und dem Menschen. Diese ihre besondere Stellung kommt auch darin zum Ausdruck, daß sie nicht nur das Karma dem Menschen endgültig eingliedern, sondern noch Größeres vollbringen: sie begleiten den Menschen im Laufe seines Erdenlebens als «Schutzengel».

Aber gerade in diesem «letzten Glied» des großen hierarchischen Ganzen im Zusammenhang mit dem menschlichen Karma geht «in dem Zeitraum zwischen der Begründung des Christentums und dem Bewußtseinszeitalter» (dessen Höhepunkt das Jahr 869 bildet) eine verhängnisvolle Teilung vor sich. Sie besteht darin, daß eine ganze Anzahl von Engelwesen die Michaelsphäre verläßt – das heißt die Sphäre der «guten» Hierarchien – und sich in Opposition zu ihr begibt (s. Anm. Nr. 97a zum 4. Kap. und Vortrag vom 8. 8. 1924, GA 237). Aus diesem Grund entsteht vom Jahr 869 an bis in unsere Zeit eine immer größere Unordnung in den karmischen Beziehungen der Menschen. Mit anderen Worten: das von den höheren Hierarchien gemeinsam ausgearbeitete Karma kann sich infolge der «Spaltung» innerhalb des letzten hierarchischen Gliedes (im Reiche der Engel) nicht auf die rechte Weise in der Menschheit ausleben.

Und in diese tief tragische Situation tritt heute der ätherische Christus ein. Er ist als Träger der ganzen Fülle des Weltenwortes (s. Beschreibung des vierten Rhythmus) durch das Mysterium von Golgatha mit dem Karma der ganzen Menschheit verbunden. Heute jedoch wirkt er als ätherischer Christus in der an die Erde grenzenden übersinnlichen Welt in der «äußeren Gestalt» eines *Engels* (s. Vortrag vom 2. 5. 1913, GA 152), wodurch er den Zugang zu den karmischen Beziehungen jedes *einzelnen* Menschen gewinnt. (Im 3. Kapitel des Buches «Die geistige Führung des Menschen und der Menschheit» (GA 15) spricht Rudolf Steiner auch davon, daß der Christus in unserer Zeit durch die *gesamte* Engelhierarchie *im ganzen* wirkt.) So tritt der Christus als Herr des Karma in der gegenwärtigen Herrschaftsepoche des Michael in erster Linie dort auf, wo die karmischen Beziehungen ganz besonders chaotisch geworden sind, und das ist im Engelreich der Fall, so daß er es den Menschen von unserer Zeit an durch sein heilendes Wirken ermöglicht, an dem Ausgleichen ihres Karma dadurch zu arbeiten, daß sie allmählich eine bewußte Beziehung zu ihm erlangen. Ein Tor zu einer solchen *bewußten* Beziehung zum Karma aber bildet die Anthroposophie.

24 GA 153, 10. 4. 1914.

25 Das Ideal des Menschen als eines Wesens, das Geistselbst, Lebensgeist und Geistesmenschen entwickelt hat, wird heute insbesondere aus der kosmischen Sphäre des Michael geschenkt, weil Michael selbst als der führende Geist unserer Zeit (Archai), der diese drei höheren Glieder vollständig entwickelt hat, nach den Worten Rudolf Steiners zugleich unmittelbar mit der menschlichen Freiheit zu tun hat (GA 233, 13. 1. 1924).

26 GA 223, 13. 1. 1924.

27 GA 240, 19. 7. 1924.

28 Spricht man über die «Weltgedanken» oder die «kosmische Intelligenz», so muß man nicht etwas Abstraktes in Betracht ziehen, sondern immer ein Zusammenwirken realer geistiger Wesen (s. darüber den Vortrag vom 8. 8. 1924, GA 237).

29 Im Zusammenhang mit den in der Grundstein-Meditation in den ersten drei Teilen enthaltenen Rosenkreuzer-Sprüchen kann man auch die drei großen kosmischen Anrufe der Offenbarungen anführen, die der Menschheit auf der Erde gegeben wurden und von denen Rudolf Steiner am 30. 11. 1911 (GA 127) und am 2. 12. 1911 (GA 130) spricht. Die erste Offenbarung oder der erste Anruf war die Stimme, die Moses auf dem Sinai erklang, als ihm die großen Geheimnisse der Sphäre des Vaters offenbart wurden, insbesondere die Schöpfungsgeschichte, d. h. der Ursprung des Menschen aus dem Schoße Gottes, – jene Offenbarung, die Moses dann in der Genesis zum Ausdruck brachte und worüber der erste Rosenkreuzerspruch zu uns spricht: Ex deo nascimur. Die zweite Offenbarung war diejenige Johannes des Täufers, der den zukünftigen Christus verkündete, den Christus, der den Tod besiegen sollte, um damit das Licht des wahrhaftigen Lebens in die Finsternis des Erdenseins zu bringen. Davon spricht auch der zweite Rosenkreuzer-Spruch: In Christo morimur. Schließlich der dritte Aufruf, die Offenbarung der modernen Geisteswissenschaft für die ganze Menschheit, als neue Verkündigung des Geistes, die heute die wahre Erkenntnis des Christus-Wesens bringt, die für die weitere Erdenentwicklung wesensnotwendig ist. Aber diese neue Christus-Erkenntnis ist in

unserer Epoche vor allem mit der Tätigkeit Michaels, des führenden Geistes unserer Zeit, verbunden, denn von ihm, der das «Antlitz Christi» ist, kommt heute dieses neue Verständnis des Mysteriums von Golgatha zu der Menschheit herab und führt sie unmittelbar zum Sonnenmysterium des lebendigen Christus. Rudolf Steiner spricht darüber in folgenden Worten: «Michael ist vorzugsweise Sonnengeist. Daher ist er auch derjenige Geist, der in unserer Epoche namentlich die Aufgabe hat, das Christentum nach seiner Wahrheit wesentlich zu vertiefen. Man kann geradezu sagen, Christus stamme aus der Sonne. Das Sonnenwesen Christi – ich habe das ja oftmals ausgeführt – hat durch den Leib des Jesus auf Erden gelebt, lebt in übersinnlicher Art seither mit der Menschenwelt zusammen. Die Menschheit muß aber erst allmählich reif werden, das ganze Mysterium, das mit dem Christus zusammenhängt, in die Seele aufzunehmen. Ein wesentlicher Teil dieser Vertiefung wird in unserem Michael-Zeitalter eintreten müssen» (21. 8. 1924, GA 240). Das letztere ist jedoch nur möglich durch Vergeistigung des Gedankenlebens der heutigen Menschen, die durch die Anthroposophie erreicht wird und zum allmählichen Erwachen des Menschen in der geistigen Welt führt, das heißt, in «des Geistes-Weltgedanken», die in sich die «ewigen Götterziele» enthalten. Und darauf weist uns der dritte Rosenkreuzer-Spruch hin: Per spiritum sanctum reviviscimus.

Was jedoch den 4. Teil betrifft, so ist in ihm die Rede unmittelbar von der Christus-Sonne selbst, die als die eigentliche Kraft in allen drei Aufrufen oder Offenbarungen wirkt. So sandte der Christus in alten Zeiten aus den Höhen der Sonnensphäre dem Moses die erste Offenbarung durch seinen Mondendiener Jahwe. Danach nähert sich der große Sonnengeist selbst der Erde und im Mysterium von Golgatha verwirklicht er durch Überwindung des Todes die zweite Offenbarung, die Johannes der Täufer verkündet hatte. Und endlich, in unserer Zeit der Herrschaft Michaels und nach dem Ende des dunklen Zeitalters des Kali-Yuga, sendet der Christus durch die Geisteswissenschaft die neue Verkündigung des Geistes zur Erde, die uns als wahres Licht der Geistessonne die wirkliche Erkenntnis des Christus und des Mysteriums von Golgatha bringt.

30 GA 240, 18. 7. 1924.

31 Im Zusammenhang mit der oben angeführten Betrachtung der Grundstein-Meditation muß man bemerken, daß ihre drei oben beschriebenen Glieder, die aus vier Teilen bestehen, auch eine unmittelbare Beziehung zu den drei christlichen Festen haben: Weihnachten, Ostern, Pfingsten. Man muß nur an einige Äußerungen Rudolf Steiners über diese Feste erinnern, um diesen Zusammenhang zu spüren. So charakterisiert er im Vortrag vom 15. 5. 1910 (GA 118) Weihnachten als Feiertag der Erinnerung an das Vergangene, aus der die Hoffnung für die Gegenwart und die Zukunft geboren wird. Ostern bezeichnet er als Fest, das uns in der Gegenwart durch das Mysterium von Golgatha die Möglichkeit zu einem inneren Geist-Erwachen gibt. Und schließlich spricht uns Pfingsten von der Zukunft, wo wir durch unsere Einigung mit dem Christus-Impuls uns zu einer inneren Anschauung des Geistes erheben können; sie kann uns als «individualisierter Heiliger Geist» (15. 5. 1920, GA 118) nicht nur die neue Erkenntnis des Christus offenbaren, sondern den Christus selbst zu der eigentlich wirkenden Kraft unserer Seele machen. In diesem Sinne erläutert Rudolf Steiner, wenn er diese drei Feste charakterisiert, daß das Jahr

in seinem Verlauf uns offenbart, was wir als Menschen waren, sind und werden können. – Rudolf Steiner verbindet Weihnachten mit der Erde, Ostern mit der Welt der Wandelsterne, mit Sonne und Mond, und Pfingsten mit der Welt der Fixsterne und dem, was hinter ihnen liegt, – mit der Sphäre des freien Ich. Dann verbindet er im Vortrag vom 4. 6. 1924 (GA 236) Weihnachten mit der Welt des Raumes, der geboren ist aus den Kräften des Vaters; Ostern – mit der Sphäre der Zeit, der kosmischen Sphäre des Sohnes, aus der Christus herabsteigt auf die Erde; Pfingsten – mit der Sphäre der Ewigkeit, aus der die Kräfte des Geistes wirken. Und schließlich weist Rudolf Steiner in demselben Vortrag direkt darauf hin, daß das tiefste Wesen dieser christlichen Feste in diese drei Rosenkreuzer-Sprüche hineingelegt worden ist, wo von der Geburt aus dem Vater, der Überwindung des Todes in Christus und dem zukünftigen Erwachen im Geiste gesprochen wird. Wenn wir jetzt alle angeführten Tatsachen mit den drei ersten Teilen der Grundstein-Meditation in Beziehung setzen, erhalten wir folgendes Bild:

In dem 1. «Weihnachts»-Teil geht es um die Erdensphäre. Im menschlichen Organismus entspricht ihr das Gliedmaßen-System (2), das bei jeder neuen Inkarnation zuerst entsteht. Weiter ist in ihm die Rede von dem irdischen Raum (3), der durch den Vater geboren wird (14–15). In ihn tritt in Richtung von oben nach unten (17–18) der Menschheits-Repräsentant (20), die nathanische Seele, ein. Dort auch wird sie durch ihre Vereinigung mit dem Christus-Wesen das wahrhaftige Leben finden (12). Und auf die Tatsache der Beweglichkeit des diesem Teil entsprechenden Feiertages weist insbesondere das Wort «erweset» in der elften Strophe hin.

In dem 2. «Oster»-Teil geht es um die Sphäre der Wandelsterne, die sich in unserem rhythmischen System (2) spiegelt und vor allem um die Sphäre der Sonne (17–18) als großer kosmischer Zeitensphäre (3); denn Ostern, dieses bewegliche Fest, ist mit der Lage der Gestirne verbunden. In diesem Feiertag der Herabkunft der kosmischen Liebe (12) durch das Opfer auf Golgatha, das die neue Vereinigung von Mensch und Welt (9–11) durch Überwindung des Todes (20) bewirkte, ist auch die Erfüllung aller Sonnenmysterien des Altertums enthalten.

Schließlich geht es im 3. «Pfingst»-Teil um die ewige Sphäre des Geistes (3), die sich in unserem Haupte spiegelt (2); ebenso um das Aufsteigen in jene Sphäre (17–18) durch die Entwicklung des wahren Denkens (12), durch das die Seele in «des Geistes Weltgedanken» erwachen und die in diesem der Menschheit herabgesandten «ewigen Götterziele» (7) erleben kann – und das ist das wahrhaftige Pfingst-Erleben, das Fest der «freien Individualität» (9–10). Der Hinweis jedoch in diesem 3. Teil auf zwei kosmische Richtungen: von unten nach oben (17–18) im makrokosmischen und von oben nach unten (7–11) im mikrokosmischen Abschnitt, weist auch hin auf die zwei besonders im Zusammenhang stehenden Feste: Himmelfahrt und Pfingsten. So haben wir in diesen drei Teilen der Grundstein-Meditation die drei christlichen Hauptfeste, durch deren Erleben im Jahreslauf die ganze Menschheit, die den Evolutionsweg zur allgemeinen menschlichen Einweihung geht, für das allmähliche Hineinwachsen in die geistige Welt durch das rhythmische Erleben der Mysterien von Geburt, Tod und Auferstehung vorbereitet wird. Die Ursache dafür jedoch, warum uns hier vor allem die Feiertage der aufsteigenden Jahreshälfte gezeigt werden, das heißt der Zeit, «wenn die Sonne sich nach Norden bewegt», erklärt Rudolf Steiner im Vortrag vom 4. 6. 1924 in folgenden Worten: «Versteht man jene Beziehung des Physischen zum Seelischen des Menschen und zum Überphysischen, welche die Freiheit in sich schließt, deren der Erdenmensch teilhaftig wird auf der Erde, dann versteht man in den Zusammenhängen zwischen Weihnachts-, Oster- und Pfingstfest *den freien Menschen auf der Erde»* (4. 6. 1924, GA 236). Was jedoch die andere Hälfte des Jahres betrifft, die nach der Bestimmung Rudolf Steiners in diesem Vortrag mit dem menschlichen Karma verbunden ist, an dessen Bildung alle göttlich-geistigen Hierarchien teilnehmen (s. darüber die Anm. 54 zum 5. Kap.), so ist auch sie verborgen in der Grundstein-Meditation vorhanden, und zwar in dem Hinweis in den zweiten Abschnitten ihrer drei ersten Teile auf das gemeinsame Handeln aller neun Hierarchien in unserem Kosmos. Einen etwas anderen Charakter hat in diesem Zusammenhang der 4. Teil («In der ZeitenWende...»). Denn in ihm ist unter dem Gesichtspunkt, wie wir ihn jetzt einnehmen, die Rede nicht von dem allgemeinen, sondern von dem *individuellen* Einweihungsweg, der weder unmittelbar mit dem Rhythmus des Jahres noch mit dem allgemeinen Evolutionsprozeß verbunden ist und auf den wir nur ganz kurz hinweisen können. So wie der Eintritt des Welten-Geistes-Lichtes in den «irdischen Wesensstrom» die Vereinigung des Sonnenwesens des Christus mit der dunklen Sphäre der Erde als Ausgangspunkt der neuen Zeiten erscheint, so liegt auch der neuen christlichen Einweihung dieses große Geschehen der ganzen Erdenentwicklung zugrunde, worüber die ersten sieben Zeilen des 4. Teiles sprechen. Sie gehören zur tiefsten *Erkenntnis* vom Wesen des Christus-Sonnen-Mysteriums: Das Weihnachts-Mysterium (1–3), das Oster-Mysterium (4–5) und das Pfingst-Mysterium (6–7). So daß wir auf Grund dieser allumfassenden Erkenntnis des Christus-Impulses in seinem Wirken im Kosmos, auf der Erde und in der Menschheit dann in Richtung der Vereinigung der beiden Hauptmysterienströme zu arbeiten beginnen: Der Hirtenströmung (durch das Innere) und der Königsströmung (durch das Äußere). Davon sprechen die folgenden sechs Zeilen (8–13).

Denn ein und dasselbe Christus-Licht, das in der Zeitenwende in Menschenseelen erstrahlte, durchdrang sowohl die Herzen der Hirten als auch die Häupter der Könige (Magier). Diese innere Arbeit an der Vereinigung beider Ströme zu einem Einweihungsweg als höhere Synthese bereitet uns allmählich vor und gibt uns die Hoffnung auf die unmittelbare persönliche Begegnung mit dem Christus in der geistigen Welt. Über diese Begegnung als inneren Höhepunkt des gesamten Geistesweges sprechen die weiteren sechs Zeilen des 4. Teiles (14–19). Und wenn diese geschehen ist, dann können die Ergebnisse eines solchen individuellen Christus-Erlebnisses hinausgetragen werden in die Welt und dort zu sozial wirkenden Kräften im Sinne der Entwicklung der ganzen Menschheit werden, weil sie von dem Christus-Impuls durchdrungen ist. Auf die Möglichkeit einer derart sozial heilsamen Wirkung des Christus-Impulses in der Menschheit weisen uns die letzten Zeilen des 4. Teils hin:

«Daß gut werde,
Was wir aus Herzen gründen,
Aus Häuptern
Zielvoll führen wollen.»

Außerdem wirkt die Verwirklichung dieser Worte bis hinein in das Karma jedes einzelnen Menschen wie auch der ganzen Menschheit.

32 GA 112, 24. 6. 1909.

33 GA 155, 30. 5. 1912.

34 GA 26, Artikel 22. 3. 1925.

35 S. GA 130, 2. 12. 1911.

36 GA 194, 23. 11. 1919.

37 GA 55, 30. 5. 1914.

38 Hier muß man anmerken, daß die Synthese vom Allgemeinen und Individuellen, auf die oben (S. 329) hingewiesen wurde, wie sie in der auf der Weihnachtstagung gegebenen Grundstein-Meditation enthalten ist, zugleich die Synthese zweier grundlegender christlicher Mysterien-Prinzipien ist, die in den Worten des Christus: «Dort, wo zwei oder drei in meinem Namen zusammen sind, bin ich mitten unter ihnen» (Matthäus 18,20) und in den Worten des Apostels Paulus: «Nicht ich, sondern der Christus in mir» (Galater-Brief 2,20) ausgedrückt sind. Von diesen beiden Prinzipien betrifft das erste die ganze Menschheit und findet seine höchste Verwirklichung in dem schon von uns betrachteten Prozeß des Bauens an «dem unsterblichen Individuum»; das zweite ist jedoch mit der individuellen Einweihung verbunden, deren Höhepunkt das unmittelbare Erleben des Christus im Ich des Menschen ist. (Eine Betrachtung dieses individuellen Einweihungsweges, wie er in der Grundstein-Meditation enthalten ist, folgt in diesem Kapitel.) In diesem Sinne ist die wichtigste Besonderheit der ganzen Weihnachtstagung die Tatsache, daß sie als erste einen Grundstein legte und als wahres Urbild erschien für die höhere Synthese der beiden hier angeführten Mysterien-Prinzipien in der Menschheit. Der Weg zu dessen Erreichung liegt vor allem in der *gemeinsamen* Arbeit der Anthroposophen an der Grundstein-Meditation. Das letztere ist jedoch *nur* möglich durch ein wahrhaftiges Verständnis der Weihnachtstagung selbst, worüber im vorigen Kapitel genauer gesprochen wurde.

39 GA 226, 16. 5. 1923. Am 2. 2. 1924 (GA 234) spricht Rudolf Steiner so darüber: «Der Ätherleib ist ein Zeitorganismus. Der physische Leib ist ein Raumesorganismus.»

40 Diese Beziehung des physischen, ätherischen und astralischen Leibes zu dem jeweils 1. Abschnitt von Teil 1–3 der Meditation kann man noch durch den in diesen Teilen enthaltenen Hinweis auf die drei Systeme des menschlichen Organismus vertiefen: Das Gliedmaßen-System, das Herz-Lungen-System (rhythmische) und das Kopf-System (I, II, III – 2), die ihrerseits die physiologischen Grundlagen des menschlichen Willens (Lebens), des Gefühls und des Denkens bilden (I, II, II – 12). Die letzteren jedoch, wie das aus vielen Angaben Rudolf Steiners folgt (z. B. 1. 10. 1911, GA 130), gewinnen ihre Impulse jeweils aus dem höheren und niederen Devachan und der astralen Welt, d. h. aus jenen kosmischen Sphären, aus denen die Kräfte für die Bildung unserer physischen, ätherischen und astralischen Leiber fließen (siehe 26. 5. 1907, GA 99 und 20. 11. 1907, GA 100).

So kann man auch, wenn man sich in die 1. Abschnitte der Teile 1–3 einzeln vertieft, diesen Zusammenhang fühlen. So weist der 1. Abschnitt des 1. Teiles auf das Gliedmaßen-Stoffwechsel-System, d. h. auf jenen Bereich des menschlichen Organismus hin, mit dem das Wesen des Phantoms des menschlichen

physischen Leibes in besonderem Maße verbunden ist. Denn jene Prozesse der Aschenbildung und der Salzauflösung, die Rudolf Steiner am 11. 10. 1911 (GA 131) als Prozesse schildert, die im Phantom entstehen, gehören unbedingt zum Gliedmaßen-Stoffwechsel-System. Auf diese Verbindung zwischen dem Phantom des menschlichen physischen Leibes und dem 1. Abschnitt des 1. Teiles der Grundstein-Meditation weisen auch die Zeilen 12–13 hin, über die schon auf S. 307 dieses Kapitels gesprochen wurde.
Über den Zusammenhang des Ätherleibes und des 1. Abschnittes von Teil 2 der Grundstein-Meditation spricht der in ihm enthaltene Hinweis auf den Rhythmus des «Herzens-Lungen-Schlages» (2), welcher insbesondere mit der Bewegung der Sonne verbunden ist. Rudolf Steiner beschreibt nicht nur einmal (s. z. B. GA 175 und GA 201), daß er völlig den kosmischen Rhythmen entspricht. Der Grund dieser Entsprechung der kosmischen Rhythmen und der Rhythmen des menschlichen Organismus hat seine Wurzeln im ätherischen Leib, worüber Rudolf Steiner in einem Artikel 1925 schreibt: «Im Ätherleib herrscht fortwährende Beweglichkeit, die ein Spiegelbild ist der sich während des menschlichen Erdenlebens ändernden Sternkonstellationen. Schon den Veränderungen des Himmels von Tag und Nacht entsprechend [d. h. der Bewegung der Sonne] gestaltet sich der Ätherleib» (GA 26). In der Meditation weisen auf diese sich ändernden Sternkonstellationen die Zeilen 3 und 7–8 hin. Ferner spricht Rudolf Steiner über den Ätherleib am 7. 5. 1925: «Der Ätherleib ist eigentlich etwas, was fortwährend nicht nach der Erde strebt, sondern fortwährend hinauf nach der Sonne strebt. Wir sind ja als Menschen so konstituiert, daß unser physischer Leib Erdenschwere hat [dies äußert sich vor allem in unserem Gliedmaßen-System; so wie das System des Herzens und der Lungen die Erdenschwere durch den Rhythmus überwindet, so überwindet sie das Haupt-System, das Gehirn, weil dieses in der Gehirnflüssigkeit schwimmt] und unser ätherischer Leib fortwährend nach der Sonne strebt.» Sodann fügt Rudolf Steiner hinzu: «Der ätherische Leib des Menschen strebt zu Christus hin, indem er sonnenwärts strebt» (beide Zitate: 7. 5. 1923, (GA 224). Und über dieses tiefe Geheimnis des Ätherleibes spricht auch der 2. Teil der Meditation, soweit in seinem 1. Abschnitt auf den Ätherleib hingewiesen wird. Dieser strebt ständig zum Makrokosmos, zur Sphäre der Sonne, zu dem Christus, d. h. im Sinne der Grundstein-Meditation zum 2. Abschnitt des 2. Teiles, wo von der Sonne (17–18) und von dem Christus (14) gesprochen wird. Auf diesen besonderen Zusammenhang des menschlichen Ätherleibes mit der Sonne weisen auch die Worte Rudolf Steiners aus dem letzten Vortrag im Zyklus «Das Matthäus-Evangelium» hin: «In diesem Ätherleib lebt auch, was der Sonne angehört. Da tönt herein, was als die Sphärenharmonie tätig war, dasjenige, was hinter dem bloßen Physischen wahrnehmbar von den Göttern ist. Daher können wir von ihm sagen: Im Ätherleibe leben hohe Götter, und gerade solche, die verwandt sind den Sonnengöttern» (GA 123), das heißt, die zweite Hierarchie, die Lichtes-Geister (16), welche die führenden Geister sind im Bereich der Sphäre der Sonne und der Planeten. Diesem Bereich entspricht die Welt der Inspiration oder der Sphären-Harmonie. Und schließlich spricht der 1. Abschnitt des 3. Teiles über den Astralleib, der nach den Worten Rudolf Steiners (19. 5. 1908, GA 103) der «Lichtkörper» ist; darauf weist uns in der Grundstein-

Meditation insbesondere die 8. Zeile hin (vgl. auch in diesem Kap. S. 322 ff.).

41 S. GA 13, TB S. 292.

42 S. Anm. 23 zum 5. Kap.

43 Wenn wir hier in Betracht ziehen, daß die in der Grundstein-Meditation enthaltenen sieben Glieder der menschlichen Natur auch selbst ein Bild der ganzen Welt-Evolution vom Saturn bis zum Vulkan sind, und wenn wir uns an alles erinnern, was in diesem Buch gesagt wurde über den Zusammenhang dieser Meditation mit der nachtodlichen Existenz der Seele und mit dem neuen siebengliedrigen christlich-rosenkreuzerischen Einweihungsweg, so können wir wirklich empfinden, wie in diesem allumfassenden Text die ganze Quintessenz der drei anthroposophischen Grundwerke enthalten ist: «Geheimwissenschaft», «Theosophie» und «Wie erlangt man Erkenntnisse der höheren Welten», die in sich drei Grundaspekte der Anthroposophie vertreten: die geistige Evolution, das Wesen des Menschen und den Weg der Erkenntnis, der seinerseits neue Impulse gibt für die Entwicklung des menschlichen Denkens, Fühlens und Wollens. Deshalb erscheint in der Grundstein-Meditation fürwahr das Wesen der ganzen Anthroposophie als tiefste Weisheit über den Menschen, als Anthropos-Sophia.

44 Aus dem oben Dargelegten folgt, daß die Grundstein-Meditation uns auch ein Bild des neungliedrigen Menschen gibt, dessen einzelne Glieder auf folgende Weise mit den ihnen entsprechenden Zeilen der Meditation verbunden sind:

I.	Physischer Leib	1. Teil	Zeile 2–6
II.	Ätherleib	2. Teil	
III.	Astralleib	3. Teil	
IV.	Empfindungsseele	1. Teil	Zeile 7–11
V.	Verstandes- oder Gemütsseele	2. Teil	
VI.	Bewußtseinsseele	3. Teil	
	Das Resultat der vollentwickelten Empfindungsseele	1. Teil	Zeile 12–13
	Das Resultat der vollentwickelten Verstandes- oder Gemütsseele	2. Teil	
	Das Resultat der vollentwickelten Bewußtseinsseele	3. Teil	
VII.	Geistselbst	3. Teil	Zeile 14–20
VIII.	Lebensgeist	2. Teil	
IX.	Geistesmensch	1. Teil	

Der 4. Teil enthält in sich das verborgene Wesen des menschlichen Ich, in welches der Christus eintritt, wodurch er in der Welten-Gegenwart die Weltvergangenheit und Weltenzukunft vereinigt.

1 GA 114, 16. und 17.9. 1909.

2 Hier ist zu bemerken, daß unter den drei Grundformen des geistigen Lebens, die in der gegenwärtigen Menschheit als Erbe der vergangenen Epochen existieren: der kirchlichen, der freimaurerischen und der östlichen, die «reineren Erscheinungsformen» gemeint sind. Das heißt jene Formen, die Rudolf Steiner während seines Lebens, ausgehend von den geistigen Quellen der Anthroposophie, zu erneuern versuchte. In den sogenannten «esoterischen Stunden» (E.S.) wurde von Rudolf Steiner der Versuch unternommen – besonders in den frühen Stunden –, den östlichen Okkultismus, der in der Theosophischen Gesellschaft gepflegt wurde, im Sinne der christlichen Esoterik umzuwandeln; in der kultischen Handlung (s. GA 28, 36. Kap.) – «die freimaurerische Symbolik»; und schließlich in den Jahren 1921/22 den kirchlichen Kultus und das Ritual durch die Gründung der Christengemeinschaft. In unserer Zeit jedoch arten die «reinen Formen» der überkommenen Geistigkeit immer mehr in etwas völlig anderes aus. Die Kirche wird immer mehr vom Jesuitismus verführt und verwandelt sich auf diese Weise allmählich in ihr Gegenteil (s. 22.9. 1918, GA 184). Das Freimaurertum, politische Ziele verfolgend, entartet immer mehr in einen okkulten Materialismus allerfinsterster Art (s. 20. und 22.1.1917, GA 174), und im Osten entwickeln sich immer mehr private und dem Christentum tief feindliche okkulte Interessen (s. GA 262, Teil 3 und Vortrag vom 18.11.1917, GA 178). Denn allgemeine menschliche Interessen gibt es nur dort, wo der Christus-Impuls im Zentrum steht.

3 Im 14. Vortrag über «das Johannes-Evangelium» (GA 112) und auch im 10. Vortrag des Zyklus «Das Matthäus-Evangelium» (GA 123) spricht Rudolf Steiner darüber, daß der Beginn der Hellsichtigkeit bei dem Apostel Paulus in der Zeit des Ereignisses von Damaskus deshalb möglich war, weil er eine Frühgeburt war, d.h. er trat früher in die physische Welt, als die Frist bei Menschen gewöhnlich beträgt. Der Apostel Paulus spricht darüber selbst in dem ersten Korinther-Brief 15, 8 (übersetzt v. E. Bock).

4 Die «Offenbarung des Johannes», 21, 5.

5 GA 237, 1.8. 1924.

6 GA 114, 20.9. 1909.

7 GA 237, 3.8. 1924.

8 Im 3. Vortrag über «Das Lukas-Evangelium» (GA 114) führt Rudolf Steiner als Beispiel neben Buddha auch Aristoteles an, da diese beiden Individualitäten zwei *entgegengesetzte* Strömungen in der Menschheitsentwicklung darstellen (s. GA 139, 4. Vortrag und Anm. 67 zum 4. Kap. dieses Buches). Insgesamt illustrieren gerade diese beiden Beispiele besonders deutlich die *Allgemeingültigkeit* jenes kosmischen Gesetzes, aufgrund dessen die geistigen Impulse in die Erdensphäre eintreten können. Über dieses Gesetz spricht Rudolf Steiner auch in dem Vortrag vom 13.4. 1940 (GA 118): «Es herrscht vielfach die Ansicht, dieselben Fähigkeiten seien in mehr oder minder hohem Grade stets vorhanden gewesen. Das ist jedoch durchaus nicht der Fall. Es sind im Laufe der Evolution immer neue Fähigkeiten hinzugekommen, und jedesmal, wenn die Menschheit reif wurde, mit einer neuen Gabe ausgestattet zu werden, mußte die neue Fähigkeit einmal zuerst *in einem großen Menschen inkarniert*

werden. In ihm manifestierte sie sich zuerst, und er legte dann die Keime in die Seelen, die da bereit waren.»

8a Über die Beziehung des astralischen Elementes und des Ich mit der individuellen Entwickelung des Menschen und dem ätherischen Element mit der sozialen Entwickelung siehe auch GA 123, 12. 9. 1910.

9 S. GA 123, 10. Vortrag. In ihm sagt Rudolf Steiner, daß die beiden ersten Stufen der übersinnlichen Erlebnisse der Apostel dem imaginativen Bewußtseinszustand (die Speisung der Fünftausend und der Gang auf den Wassern) und dem inspirativen Bewußtseinszustand (Verklärung) entsprechen.

9a Dieses Geheimnis seiner Vereinigung mit dem physischen Leib des Jesus von Nazareth offenbart der Christus seinen Jüngern durch das Mysterium der Kommunion während des Abendmahles. In ihm sind das Brot und der Wein ein Hinweis auf die Vereinigung des Christus mit dem Fleisch und Blut des Jesus. Denn nur dank dieser kann sich der Christus nach dem Mysterium von Golgatha mit dem «Leib» der Erde selbst vereinigen (Joh. 13–18) sowie mit dem Fleisch und Blut eines jeden Menschen auf ihr.

10 Jetzt mußten die Apostel auf der 3. Stufe das intuitive Bewußtsein erlangen, um bis zur Buddhi-Sphäre aufzusteigen und in dieser das ewige kosmische Urbild der Zwölf, die den Dreizehnten umgeben, zu erleben.

11 Das Matthäus-Evangelium 26, 40–41.

12 GA 139, 23. 9. 1912.

13 ebd.

14 GA 148, 2. 10. 1913.

15 GA 226, Vortrag vom 17. 5. 1923.

16 Matthäus-Evangelium 26, 40 (Übersetzung E. Bock).

17 S. Anm. 15 zu diesem Kapitel.

18 GA 237, 1. 8. 1924.

19 Rudolf Steiner spricht über dieses übersinnliche Ereignis genauer am 28. 7. 1924, GA 237 (s. auch Anm. 83 zum 5. Kap.).

20 Im Vortrag vom 28. 7. 1924 sagt Rudolf Steiner darüber in Dornach: Dieses Ereignis «war im ersten Drittel des 15. Jahrhunderts, es war in der Zeit, als hinter den Kulissen der neuzeitlichen Entwicklung die Rosenkreuzer-Schule begründet worden ist» (GA 237). Die Gründung der Rosenkreuzer-Schulen geschah zu dieser Zeit unter der Führung des Christian Rosenkreuz selbst, welcher nach seiner Einweihung etwa 1250 sich von neuem 1378 verkörperte und bis 1484 im physischen Leib wirkte (s. auch GA 262, Teil II).

21 Siehe die Beschreibung des 5. und 6. Rhythmus der Weihnachtstagung im 5. Kap. dieses Buches, und auch die Anm. 83 und 95 zum 5. Kap. So können wir den *ganzen* kosmisch-irdischen Weg des Entstehens der Anthroposophie verfolgen, wie er aus sieben großen Etappen besteht, die den sieben Gliedern des menschlichen Wesens entsprechen: Das übersinnliche Ereignis zu Beginn des 15. Jahrhunderts, welches in der Sphäre der ersten Hierarchie stattfand, d. h. in der Sphäre der Intuition (höheres Devachan), entspricht dem Geistesmenschen; die Sonnenschule Michaels im 15.–16. Jahrhundert, die in der Sphäre der Inspiration (niederes Devachan) stattfand, entspricht dem Lebensgeist und schließlich entspricht der imaginative Kultus auf dem Astralplan am Ende des 18. Jahrhunderts, zum Beginn des 19. Jahrhunderts dem Geistselbst. So entsprechen die drei höheren himmlischen Etappen der Vorbereitung der

Anthroposophie den drei höheren Gliedern der menschlichen Wesenheit. Die vier Etappen ihrer Erdenentwicklung, die auf Seite 344 ff. in diesem Kapitel betrachtet wurden, entsprechen den vier niederen Gliedern der menschlichen Wesenheit: dem Ich, dem astralischen, ätherischen und physischen Leib. Auf diese Weise steht die *ganze* Entwicklung der Anthroposophie von dem kosmischen Ereignis zu Beginn des 15. Jahrhunderts bis hin zur Weihnachtstagung 1923/24 vor uns, sie stellt einen konsequenten Herabstieg des geistigen Impulses von der Sphäre des höheren Devachan bis zur endgültigen Verkörperung auf der Erde als ein in sich vollkommenes siebengliedriges Ganzes dar, das als *lebendiges Wesen* erscheint und durch das Wirken der neuen Mysterien auf der Erde allmählich auf den Weg der aufsteigenden Entwicklung treten muß. Von der Anthroposophie nicht nur als einem lebendigen Wesen, sondern als einem «unsichtbaren *Menschen*» (das heißt einem Wesen, das aus *sieben* Prinzipien besteht) spricht Rudolf Steiner folgendermaßen: «Anthroposophie ist an sich ein unsichtbarer Mensch, der unter sichtbaren Menschen herumgeht, und dem gegenüber man... die denkbar größte Verantwortung hat, der wirklich genommen werden muß als unsichtbarer Mensch, genommen werden muß als etwas Daseiendes, den man befragen muß bei den einzelnen Handlungen des Lebens, was er dazu sagt... es ist durchaus notwendig, daß alles, was geschieht, sozusagen unter Anfrage des *Menschen Anthroposophie* geschieht. Das gehört zu den Lebensbedingungen: die Anthroposophie als ein lebendes Wesen anzusehen.» (GA 258, 16. 6. 1923).

22 GA 238, 16. 9. 1924. Von dem übersinnlichen Ereignis in der Sphäre der ersten Hierarchie zu Beginn des 15. Jahrhunderts ist hier nichts erwähnt, da es dem Wesen nach als der verborgene Kern der übersinnlichen Schule Michaels vorzustellen ist.

23 GA 240, 21. 8. 1924.

24 ebd.

25 Über diesen Zusammenhang des Michael-Impulses mit dem Wesen des Rosenkreuzertums, siehe genauer den Vortrag vom 13. 1. 1924 in Dornach (GA 233) und auch den Artikel «Hemmungen und Förderungen der Michael-Kräfte im aufkommenden Zeitalter der Bewußtseinsseele» («Das Goetheanum», 6. 12. 1924, GA 26).

26 GA 26: «Weihnachtsbetrachtung: Das Logos-Mysterium».

27 S. GA 145, 29. 3. 1913, wo Rudolf Steiner darüber spricht, wie bei der okkulten Entwicklung die Bewußtseinsseele allmählich in die imaginative Seele umgewandelt werden muß, die Verstandes- und Gemütsseele in die inspirative Seele, die Empfindungsseele in die intuitive Seele. Siehe darüber auch den 2. Vortrag des Zyklus «Theosophie des Rosenkreuzers» (GA 99), wo Rudolf Steiner sagt, daß in der Bewußtseinsseele aufsteigt das Geistselbst; in der Verstandes- oder Gemütsseele der Lebensgeist; in der Empfindungsseele der Geistesmensch (vgl. das in Anm. 44 zum 6. Kap. dieses Buches Gesagte).

28 S. Emil Bock: «Rudolf Steiner. Studien zu seinem Lebensgang und Lebenswerk», Stuttgart 1961, Vortrag für Mitglieder der Anthroposophischen Gesellschaft vom 26. 12. 1952. Über die Beziehung des Michael-Prinzips und des Prinzips des Heiligen Geistes, siehe auch das über den 3. Teil der Grundstein-Meditation im 6. Kap. dieses Buches Gesagte.

28a Dieses Bild des neuen michaelischen Grales kann noch konkreter werden, wenn wir es mit dem vergleichen, was Rudolf Steiner in dem Vortrag «Die Ätherisation des Blutes. Das Eingreifen des ätherischen Christus in die Erdenentwicklung» (GA 130) sagt. Hier wird von zwei grundlegenden geistigen Strömungen gesprochen, die den menschlichen Organismus nach zwei Richtungen hin durchziehen. Die eine Strömung ist die mikrokosmische (Rudolf Steiner nennt sie auch eine «intellektuelle»). Sie geht vom Herzen zum Haupte. Das ist die Strömung des ätherisierten menschlichen Blutes. Die zweite Strömung ist die makrokosmische (Rudolf Steiner nennt sie die «moralisch-willenshafte»); sie geht vom Kopf zum Herzen, indem sie während des Schlafes aus dem Makrokosmos in das menschliche Haupt eindringt. In der ersten, der mikrokosmischen Strömung, wirkt seit dem Mysterium von Golgatha auch das ätherische Blut des Christus *als Substanz*. Dieses kann sich, nach den Worten Rudolf Steiners, jedoch nur dann mit dem ätherisierten Blut des Menschen verbinden (das heißt dem Menschen bewußt werden), wenn dieser die moderne Geisteswissenschaft aufnimmt. Geschieht das, dann gelangt der Mensch allmählich in die *imaginative* Welt und kann dort die Begegnung mit dem ätherischen Christus erleben. Diese Begegnung erleuchtet und vergeistigt ihrerseits die intellektuelle, mikrokosmische Strömung, so daß diese beginnt, das reinste Gedanken-*Licht* der erlösten Intelligenz auszustrahlen. Und dann kann diesem von unten nach oben strahlenden *Licht*, das von der *Substanz* des ätherisierten Christus-Blutes ausgeht, der Substanz, die durch die *gestaltende Kraft der Imagination* dem Menschen bewußt wird, es kann diesem Licht durch die zweite vom Haupte zum Herzen gehende, makrokosmische Strömung der michaelische *Geist*-Impuls, der Impuls Michaels selber in das menschliche Wesen hineindringend entgegenkommen. Denn Michael «befreit die Gedanken aus dem Bereich des Kopfes; er macht ihnen den Weg zum Herzen frei» (GA 26). So begegnen sich im Menschen der Michael-Impuls, der von außen, aus dem Makrokosmos kommt, und der Christus-Impuls, der aus der Tiefe der menschlichen Seele aufsteigt. Und es kann der Mensch fühlen, wie sein «Blick nach der Außenwelt [in den Makrokosmos] geistig auf Michael, [sein] Blick nach dem Innern der Seele [in den Mikrokosmos] geistig auf Christus fällt» (GA 26). In dieser Vereinigung des Christus-Impulses mit dem Michael-Impuls haben wir auch die harmonische Vereinigung des Grals- und des Artus-Prinzips in der menschlichen Seele.

Im ganzen gesehen weist uns die obige Beschreibung auf den tiefen Zusammenhang hin, der zwischen der Gralsströmung und der Vorbereitung des neuen Erscheinens des Christus im Ätherischen besteht. Ist doch der Beginn der Gralsmysterien selbst auf das engste mit den Geheimnissen des ätherischen Kosmos verbunden. Darüber spricht Rudolf Steiner im Vortrag vom 1. 10. 1922 (GA 216) mit den folgenden Worten: «Denn die Schauungen, die auch das Geheimnis von Golgatha in der Art einschlossen, wie ich es gerade vorhin wiederum charakterisiert habe [in bezug auf die Gralsströmung], bezogen sich auf das Ätherische des Kosmos.» In dem oben erwähnten Vortrag vom 1. 10. 1911 wird dann von dem anderen Aspekt dieses Mysteriums gesprochen: vom Wirken des ätherisierten Blutes des Christus im Menscheninnern (vgl. damit die Charakteristik der Gralsströmung im Vortrag vom 27. 8. 1924, GA 240). So führen die Gralsmysterien den Menschen zunächst dahin, sich des ätherisierten Christus-Blutes in sich bewußt zu werden (das kommt in den Legenden dadurch zum Ausdruck, daß das Schauen des Grales die physischen Kräfte belebt und stärkt), und später zum Schauen der Geheimnisse des ätherischen Kosmos. Das letztere eröffnet dem Menschen *in unserer Zeit* den Zugang zum Erleben des ätherischen Christus.

29 S. «Die Geheimwissenschaft», Vorwort zur 16.–20. Aufl., geschrieben am 10. 1. 1925.

30 GA 13, Kapitel «Gegenwärtige und zukünftige Welt- und Menschheitsentwickelung». Wenn wir hier auch in Betracht ziehen, daß der Weg in die übersinnlichen Welten, der in der «Geheimwissenschaft» beschrieben wird, der zeitgemäße *rosenkreuzerische* Weg ist, so können wir doch die wunderbare Harmonie und Kontinuität empfinden, die zwischen der Gralsströmung und der Rosenkreuzerströmung im westlichen Geistesleben besteht (s. auch den letzten Vortrag in «Theosophie des Rosenkreuzers», GA 99).

31 Emil Bock, a.a.O., S. 346.

32 Über diese innere Verbindung der Schule von Chartres mit der Artus-Strömung spricht Rudolf Steiner in folgenden Worten: «Und deshalb war es denn auch, daß, ich möchte sagen, über der Schule von Chartres noch etwas schwebte von jenem Sonnen-Christentum, das als Michaels-Ritter die Helden der Artus-Tafelrunde als Impulse in die Welt zu setzen versuchten» (21. 8. 1924, GA 240).

33 GA 240, 21. 8. 1924.

34 ebd., 19. 7. 1924.

35 ebd.

36 ebd., 18. 7. 1924.

37 GA 238, 12. 9. 1924. In diesem Vortrag sagt Rudolf Steiner, daß im 12. Jahrhundert etwas Ähnliches stattfand, als die Aristoteliker, die sich in der geistigen Welt befanden, die auf der Erde lebenden Platoniker der Schule von Chartres inspirierten.

38 Am 13. 7. 1924 sagt Rudolf Steiner: «In diese geistige Atmosphäre hinein konnte ja auch nur das echte Rosenkreuzertum wirken» (GA 237).

39 GA 237, 18. 7. 1924.

40 GA 240, 21. 8. 1924.

41 Über die Unmöglichkeit für die dominikanischen Scholastiker, sich im 13. Jahrhundert *bewußt* den Grals-Mysterien zu nähern, spricht Rudolf Steiner in folgenden Worten: «Manches Bedeutsame spielte sich da ab. Es war zum Beispiel, als einer der Scholastiker-Lehrer heruntergestiegen war aus der geistigen Welt, um dann den Aristotelismus im christlichen Sinn zu verbreiten, bei diesem Heruntersteig – das Karma wollte es so – noch nicht möglich, im vollen Sinn dasjenige zu verbinden mit der Seele, was der tiefere Inhalt des ‹Grals-Prinzips› war» (21. 8. 1924, GA 240).

42 Eine derartige karmische Konstellation (s. GA 74, 23. 5. 1920) kann auch ein Licht werfen auf die ganz besondere Bedeutung der Verkörperung des Thomas von Aquin im 9. Jahrhundert, zu einer Zeit, in der er sowohl die Artus-Strömung als auch die Grals-Strömung kennenlernen konnte, jedoch noch *vor* ihrer Vereinigung durch das Wirken Parzivals, die etwas später im selben Jahrhundert stattfand (s. Anm. 89 zum 4. Kap.). Durch ein derartiges Erleben des Wesens beider Ströme *vor* ihrer Vereinigung konnte Thomas von Aquin

dann später den notwendigen geistigen Impuls für die eigentliche Fragestellung der mittelalterlichen Scholastik im 13. Jahrhundert bekommen.

42a S. «Die Geheimwissenschaft», Kap. «Die gegenwärtige und zukünftige Welt- und Menschheits-Entwickelung».

42b GA 240, 19. 7. 1924.

43 GA 238, 16. 9. 1924.

44 GA 237, 13. 7. 1924.

45 S. Zyklus GA 232, der unmittelbar vor der Weihnachtstagung gehalten wurde, und den Zyklus GA 233, zur Zeit der Weihnachtstagung gehalten.

46 B. C. I. Lievegoed: ‹Mysterien-Ströme in Europa und die neuen Mysterien›, Stuttgart 1979. In diesem Buch spricht Lievegoed über die Vereinigung der vier Hauptmysterienströme während der Weihnachtstagung: des michaelischen (Norden), des rosenkreuzerischen (Süden), der Artus-Strömung (Westen), der Grals-Strömung (Osten).

47 GA 238, 12. 9. 1924.

48 Zeylmans van Emmichoven: ‹Der Grundstein›, S. 28.

49 GA 238, 12. 9. 1924.

50 Im Vortrag vom 19. 7. 1924 (GA 240) weist Rudolf Steiner u. a. auf die Teilnahme Brunetto Latinis am imaginativen Kultus Ende des 18. Jahrhunderts und zu Beginn des 19. Jahrhunderts hin. Über eine solche Beteiligung von Seelen, die sich noch in der geistigen Welt befinden, an den irdischen Angelegenheiten (d. h. an der Entwicklung der Anthroposophie auf der Erde im ersten Viertel des 20. Jahrhunderts) sprechend, hebt Rudolf Steiner ganz besonders das übersinnliche Wirken der Individualität von Julian Apostata (im Vortrag vom 16. 9. 1924) und von Novalis (im Vortrag vom 28. 9. 1924) hervor (beide Vorträge in GA 238).

51 ebd. In den Karma-Vorträgen bezieht sich Rudolf Steiner besonders häufig gerade auf die Individualität Brunetto Latinis (1220–1294), und er beschreibt auch mehrmals, was die eigentliche Folge jenes Sonnenstiches war: eine Einweihung in die Weltengeheimnisse, die unter dem Einfluß der in jener Zeit in der geistigen Sphäre Europas noch wirkenden übersinnlichen Ausstrahlung der Schule von Chartres geschah (s. z. B. im Vortrag vom 18. 7. 1924, GA 240, und vom 12. 9. 1924, GA 238). Im Vortrag vom 16. 8. 1924, GA 243, weist Rudolf Steiner auch auf seine unmittelbare Begegnung mit Brunetto Latini in der geistigen Welt im Verlauf seiner übersinnlichen Forschungen hin. Alle diese Tatsachen können für uns eine ganz andere Bedeutung gewinnen, wenn wir in Betracht ziehen, daß der große Lehrer Dantes, Brunetto Latini, der seine Einweihung im Geiste der Schule von Chartres erhalten hatte, im 13. Jahrhundert lebte und so Zeitgenosse nicht der Lehrer der Schule von Chartres war, sondern der dominikanischen Scholastiker, und vor allem des Thomas von Aquin (1225–1274). In diesem Zusammenhang darf man auch nicht völlig ausschließen, daß der große Dominikaner und der letzte Repräsentant der Schule von Chartres sich in Paris getroffen haben mögen, wo Thomas von Aquin viele Jahre an der Universität unterrichtete und Brunetto Latini sieben Jahre in Verbannung lebte. Die Vorträge des Thomas von Aquino hatten in Paris großen Erfolg, und Brunetto Latini hat auf jeden Fall einige Male an ihnen teilnehmen können. Es ist auch interessant festzustellen, daß Dante, der der «Göttlichen Komödie» die Erkenntnisse zugrunde

legte, die er von Brunetto Latini erhalten hatte, versuchte, sie auf originelle Weise auch mit der Lehre des Thomas von Aquino zu verbinden, wodurch er gleichsam prophetisch die Möglichkeit der Vereinigung des Platonismus und Aristotelismus, die erst in einer späteren Zeit zustande kommen sollte, auf der Erde vorwegnahm.

52 Rudolf Steiner weist im Zusammenhang mit jener wichtigen Versammlung im Jahre 869 von Aristoteles und Alexander auf der einen und Harun al Raschid mit seinem Ratgeber auf der anderen Seite auf die bedeutende Tatsache hin, daß an dieser auf Seiten des Aristoteles auch viele Ritter der Artusrunde teilnahmen, die sich zu jener Zeit in der geistigen Welt befanden. Was jedoch den Einfluß dieser Auseinandersetzung letztlich auf die folgende Entwicklung des europäischen Geisteslebens betrifft, so kann man sie bis hin zur Lehre der Schule von Chartres verfolgen, und dann noch weiter durch Brunetto Latini bis hin zu Dantes «Göttlicher Komödie». Denn in allen diesen Lehren wirkten – nach den Worten Rudolf Steiners (10. 9. 1924) – auf inspirierende Weise die Ausstrahlungen jener geistigen Versammlung von 869 (s. Anm. 51 zu diesem Kap.).

53 An dieser Stelle muß man daran erinnern, daß Zeylmans van Emmichoven in seinem Buch ‹Der Grundstein› den Übergang vom «Stein der Weisen» zum «Liebesstein», den Rudolf Steiner auf der Weihnachtstagung vollzog, als Übergang vom Prinzip des Hexagramms zu dem des Pentagramms charakterisiert, und er weist auch hin auf ihn als Übergang von der Wirkung des menschlichen Ich von außerhalb seines Wesens zum Wirken des menschlichen Ich innerhalb desselben. (Siehe das Kapitel seines Buches ‹Der Grundstein›: «Vom ‹Stein der Weisen› zum ‹Liebesstein› ».) Eine solche Charakteristik kann in ihrem michaelischen Aspekt auch als Übergang von der kosmischen Intelligenz verstanden werden, die Michael einst im Kosmos verwaltete, zur menschlichen Intelligenz, die jeder Mensch selbst in seinem Innern verwaltet. Jedoch spricht Rudolf Steiner, indem er den «Grundstein» charakterisiert, nicht von einem einfachen Pentagramm, sondern vom «Dodekaeder», einer Figur, die aus zwölf Fünfecken besteht, d. h. vom Pentagramm in seinem makrokosmischen Aspekt, in seiner Beziehung zu den zwölf Richtungen des Weltenraums. Auf diese Weise haben wir es hier schon nicht mehr nur mit dem Erleben der Intelligenz im Innern des Menschen zu tun (Pentagramm), sondern mit ihrem allmählichen Aufsteigen zurück in den Makrokosmos, in die Sonnensphäre Michaels, d. h. mit ihrer wahren Vergeistigung.

Auf der anderen Seite haben wir hier auch, auf Grund der Worte Rudolf Steiners, die auf Seite 357 ff. dieses Kapitels angeführt sind, den Beginn des michaelischen Übergangs vom Artus-Prinzip zum Grals-Prinzip. In diesem Zusammenhang jedoch gibt es noch einen Aspekt dieser beiden Prinzipien, und man kann auch, von ihm ausgehend, von ihrer Synthese sprechen, zu der auf der Weihnachtstagung der Grund gelegt wurde. So charakterisiert Rudolf Steiner im neunten Vortrag des Zyklus «Geschichtliche Symptomatologie» (GA 185) beide Strömungen als jeweils mit dem sozialen und individuellen Element verbunden. Im weiteren kann man diese beiden Elemente auch, obwohl in einer etwas anderen Form, in der Grundseelenstimmung der Platoniker und Aristoteliker wiederfinden. Deshalb müssen gerade durch ihre gemeinsame Tätigkeit das soziale und das individuelle Prinzip am Ende des

20. Jahrhunderts ihre höhere endgültige Synthese finden, das ist eine unausweichliche Bedingung für die weitere Entwicklung der heutigen Menschheit.

54 Über die wahre «Nachwirkung des Grals-Prinzips» in unserer Zeit (s. die Worte Rudolf Steiners auf Seite 357 ff. dieses Kapitels) spricht Rudolf Steiner in folgenden Worten: «Das [das Aufnehmen der geistigen Erkenntnis in die Bewußtseinsseele] gehört zu den Ergebnissen der neueren Mysterien; das sind die gewichtigen, bedeutsamen Ergebnisse, die aufgenommen werden müssen aus den heutigen Mysterien, die eine *Nachwirkung des Gralsmysteriums* sind» (6. 2. 1913, GA 144).

55 GA 141, 7. 1. 1913.

56 ‹Die Geheimwissenschaft›, Kap. «Die gegenwärtige und zukünftige Welt- und Menschheitsentwickelung».

57 Am 6. 2. 1913 weist Rudolf Steiner auch in folgenden Worten auf den ursprünglichen Zusammenhang des Gralsmysteriums mit der Weisheit der 3. nachatlantischen Periode hin (Epoche der Empfindungsseele): «Im Aufstieg des heiligen Gral kann empfunden werden, was im alten Ägypten heruntergetaucht ist. In diesem Aufsteigen des heiligen Gral steht vor uns alles das, was nachchristliches Wiedererneuern des alten Mysterienwesens ist» (GA 144).

58 «Anthroposophische Leitsätze», GA 26, Artikel «Gnosis und Anthroposophie».

59 ebd.

60 Da Parzival noch in der 4. nachatlantischen Epoche lebte, hatte er in sich die vollkommen entwickelte Verstandes- und Gemütsseele, aber prophetisch war er zu dieser Zeit schon Träger der Bewußtseinsseele, und darin bestand seine besondere Einweihung. Rudolf Steiner weist darauf z. B. in folgenden Worten hin: «Und das, was sich in der Bewußtseinsseele abspielen muß, das ist ausgedrückt in all dem, was sich um die Gestalt des Parzival herumkristallisiert» (6. 2. 1913, GA 144).

61 GA 149, 2. 1. 1914.

62 In seinen Vorträgen sagt Rudolf Steiner öfters, daß gerade in unserer Zeit die Grundlagen für die zukünftige Epoche des Geistselbst (6. nachatlantische Epoche) gelegt werden, d. h. es muß der Beginn des Übergangs von der Bewußtseinsseele zu dem nächsthöheren der menschlichen Wesensglieder gemacht werden. Im Vortrag vom 6. 2. 1913 spricht Rudolf Steiner darüber in folgenden Worten: «Was heute schon mehr vergeistigt ist, was übergegangen ist in eine Weisheit, die überall hingebracht werden kann – weil wir jetzt schon am Übergange zur 6. Kulturepoche stehen, wo diese Dinge nicht mehr an Orte gebunden sind –, das war in jener mittelalterlichen Zeit [Epoche des Parzival] ... noch an gewisse Örtlichkeiten gebunden (6. 2. 1913, GA 144).

63 GA 26, S. 211.

63a GA 141, 7. 1. 1913.

64 Im letzten Vortrag des Zyklus: «Christus und die geistige Welt ...» (GA 149) stehen die Worte: «... daß jedes Mal, wenn ein Gralskönig, ein wirklich berufener Hüter des Gral stirbt, auf dem heiligen Gral der Name seines würdigen Nachfolgers erscheint. *Da soll er gelesen werden, d. h. aufgefordert werden dazu, die Sternenschrift in neuer Gestalt wieder lesen zu lernen. Versuchen wir, meine lieben Freunde, uns würdig zu machen, diese Sternenschrift in neuer Gestalt wieder lesen zu lernen;* versuchen wir es, sie so lesen zu

lernen, wie sie uns jetzt gegeben werden muß. Denn im Grunde ist es nichts anderes als ein Lesen der Sternenschrift, wenn wir versuchen, uns die menschliche Evolution in Saturn-, Sonnen-, Mond-, Erden- bis zur Vulkanentwicklung auseinanderzulegen... Betrachten wir es als ein erneuertes Suchen nach dem Gral, was wir in unserer Anthroposophie pflegen dürfen...» In diesen tief bedeutenden Worten müssen wir zuerst die Tatsache feststellen, daß in ihnen die Rede ist von der Notwendigkeit *in unserer Zeit*, aus der Sternenschrift *den Namen des neuen Gralshüters* zu lesen. Denn *mit diesem neuen Namen* kann nicht der Name Parzival gemeint sein, denn dieser wurde *schon längst gelesen.* Hier ist die Rede von dem *neuen Namen*, der noch gelesen *werden muß.* Auf diese Frage, die zu jener Zeit aus der allerinnersten Entwicklung der Anthroposophie im Verlauf von schon zwei Jahrsiebten gestellt wurde, konnte damals im Jahre 1914 noch keine endgültige Antwort gegeben werden. Diese Antwort konnte jedoch nach neun Jahren zur Zeit der Weihnachtstagung 1923/24 gegeben werden, als im Ergebnis der Versenkung des «dodekaedrischen Liebessteins» in die Herzen und Seelen der Anthroposophen das Geheimnis des *neuen Namens* deutlich werden konnte.
So können wir sagen: die drei oben genannten Namen entsprechen drei ganz *verschiedenen* geistigen Individualitäten. Und der in diesem Zusammenhang angeführte Name Rudolf Steiners weist darauf hin, daß er es ist, der in den Zeichen der okkulten oder Sternenschrift auf «Ganganda Greida», der «hinwandelnden Wegzehrung» heute gelesen werden kann, so wie das in bezug auf Parzival und seine Einweihung im 9. Jahrhundert in dem oben aufgeführten Vortragszyklus gesagt wird. Was Parzival für das 9. Jahrhundert vollbrachte, das vollbrachte Rudolf Steiner für das 20. Jahrhundert als sein geistiger Nachfolger. Und damit ist die Antwort auf die Frage nach dem wahren *Mysteriennamen* Rudolf Steiners gegeben. Denn der Mysterienname ist nicht der Name der Individualität irgendeines hohen Lehrers, sondern er bezeichnet eine *geistige Würde!* – Auf den Mysteriennamen Rudolf Steiners als den neuen Hüter des michaelischen Gral weist auch die Imagination, die Albert Steffen in seiner «Gedenkrede» beschreibt, die in dem Buch «In Memoriam Rudolf Steiner» veröffentlicht ist (Dornach 1925).

65 GA 26, Leitsatz 143.

66 ebd., Artikel «Die Freiheit des Menschen und das Michael-Zeitalter».

67 ebd.

68 ebd., Artikel «Die menschliche Seelenverfassung vor dem Anbruch des Michael-Zeitalters».

69 ebd., Artikel «Im Anbruch des Michael-Zeitalters».

70 «Die Weihnachtstagung 1923/24», GA 260. An dieser Stelle möge es dem Autor gestattet sein, eine mehr persönliche Anmerkung zu machen. Nach seiner Überzeugung ist es nicht möglich, in Worten der menschlichen Sprache eine genauere und tiefere Wesenserklärung des heiligen Grals selbst zu geben, als das von Rudolf Steiner in den Worten getan wurde, die das Wesen des «dodekaedrischen imaginativen Liebesgebildes» charakterisieren. Dadurch werden zwei Weltgeheimnisse sogleich wahrhaft konkret und der Seele unendlich nahe: Das Wesen des Grals wird für sie erreichbar und verständlich. Und das Wesen des «dodekaedrischen Liebessteines» gewinnt fast den Charakter

der sinnenfälligen Wirklichkeit und erweist sich damit als ein außerordentlich bedeutender Meditationsinhalt.

71 ebd.

72 Unter diesem Aspekt gewinnt die Mysterien-Kult-Handlung der Grundsteinlegung der Allgemeinen Anthroposophischen Gesellschaft am 25. 12. 1923 in Dornach eine ganz besondere Bedeutung. In ihr lassen sich auch vier aufsteigende Stufen unterscheiden. Hier kann man auf diese nur ganz kurz hinweisen. So beginnt die 1. Stufe mit dem Lesen der 1. Abschnitte der Teile 1–3 der Grundstein-Meditation, in denen sich das esoterische Wesen der drei Systeme ausspricht, die das physische Wesensglied des Menschen darstellen. Ferner entsteht aus den in diesen drei Systemen mikrokosmisch wirkenden Kräften des Geistes, des Sohnes (Christus) und des Vaters durch ihre bewußte Vereinigung in der «gestaltenden Substanz» (GA 260, Ausg. 1963, S. 57) der menschlichen Seele das Bild des neuen michaelischen Grales als «dodekaedrisches imaginatives Liebesgebilde», welches das «Gedankenlicht» der vergeistigten Intelligenz erstrahlen läßt. – Auf der 2. Stufe folgt die Hinwendung zur «Urweihenacht», zu der großen «Zeitenwende» (GA 260, S. 59), und es erklingt der 4. Teil der Meditation. In diesem Wirken haben wir den Prozeß der «Einweihung» des Grals, seine unmittelbare Vereinigung mit dem Impuls der Christus-Sonne, die in unserer Zeit aus der Äthersphäre der Erde wirkt. – Dadurch können sich auf der 3. Stufe mit den mikrokosmisch in den drei Systemen des menschlichen Organismus wirkenden Kräften die diesen im Kosmos entsprechenden makrokosmischen Kräfte vereinigen. «Es sei hingestellt so, *wie es wirkt im Kosmos, damit auf unseren Stein,* den wir in den Boden unserer Herzen nunmehr versenkt haben...» (GA 260, S. 60), sagt darüber Rudolf Steiner, und dann erklingen im ganzen alle drei ersten Teile der Meditation, in denen die vollständige Vereinigung des Mikrokosmos (der drei Systeme des menschlichen Organismus) und des Makrokosmos (der Kräfte des Vaters, des Sohnes, des Geistes und der ihnen dienenden neun göttlichen Hierarchien) erfolgt. – Schließlich haben wir auf der 4. Stufe, dem Höhepunkt der gesamten Mysterien-Kult-Handlung, in dem «Gedankenlichte», das von dem «dodekaedrischen Liebesstein» ausgeht, das Erscheinen des Geistes, der von den Anthroposophen hinausgetragen werden soll «in die Welt, da, wo er leuchten und wärmen soll für den Fortschritt der Menschenseelen, für den Fortschritt der Welt» (GA 260, S. 62).
Und man kann in diesen vier Mysterien-Stufen auch den allmählichen Aufstieg vom Geistig-Physischen zum Ätherischen, Astralen und schließlich zum Ich-Prinzip erleben.

73 Die mittelalterlichen Autoren, die noch mit der wahren Tradition der Gralsströmung verbunden waren, charakterisieren in ihren Werken, die diesem Thema gewidmet sind, auf verschiedene Art jenes geheimnisvolle «Ding». So bestimmt Chrestien de Troyes den Gral als «Kelch», Wolfram von Eschenburg als «Stein», Robert de Boron als «Zeichen». Dabei ist bedeutsam, daß auch Rudolf Steiner in den folgenden Worten den «Grundstein» als «Zeichen» charakterisiert: «Und aus diesen drei Kräften: aus dem Geist der Höhe, aus der Christus-Kraft des Umkreises, aus der Vater-Wirksamkeit, der schöpferischen Vatertätigkeit, die aus den Tiefen strömt, wollen wir in diesem Augenblick in unseren Seelen den dodekaedrischen *Grundstein* formen, den wir in

den Boden unserer Seelen senken, damit er da sei zum starken *Zeichen* in den kräftigen Gründen unseres Seelenseins und wir in der Zukunft des Wirkens der Anthroposophischen Gesellschaft auf diesem festen Grundstein stehen können» (GA 260, S. 57).
Auch noch ein anderer Aspekt der Weihnachtstagung weist uns in unmittelbarer Weise auf das Gralsereignis als auf ihren tieferen Gehalt hin. Für das Verständnis dieses Aspektes muß man die Worte Rudolf Steiners in Betracht ziehen, die in Anm. 64 angeführt sind, daß sozusagen der Schlüssel zu den verborgensten Geheimnissen des heiligen Gral in unserer Zeit nur durch das Lesen in der Sternenschrift gefunden werden kann. Und man muß diese Worte dann mit seinen anderen Worten vergleichen, die am letzten Tag der Weihnachtstagung gesprochen wurden: «Wenn ich Ihnen so die Rhythmen im Zusammenklange aufschreibe, so ist es, weil darin wirklich ein Abbild liegt von Sternkonstellationen» (GA 260, S. 240). Aus dieser Äußerung Rudolf Steiners wird klar, daß alle sieben Grundrhythmen der Weihnachtstagung nichts anderes darstellen als das *neue Lesen der Sternenschrift,* das auf dem Weg der modernen christlichen Einweihung heute erlernt werden kann. Die Tatsache aber, daß diese Worte, die das Wesen aller sieben Rhythmen charakterisieren, von Rudolf Steiner als Erläuterung zum 7. Rhythmus gesagt wurden, weist uns auf die ganz besondere Beziehung gerade dieses 7. Rhythmus zum Geheimnis des neuen michaelischen Gral hin. Denn so wie das «dodekaedrische imaginative Liebesgebilde» aus den in den drei Systemen des menschlichen Organismus *mikrokosmisch* wirkenden Kräften des Geistes, des Sohnes (Christus) und des Vaters geschaffen wurde (siehe Beschreibung des Rhythmus, gegeben am 25. 12. 1923), so haben wir im 7. Rhythmus, der die 7. und höchste Stufe der Welten- und der individuellen Entwicklung ausdrückt, das *makrokosmische* Wirken der Kräfte des Vaters, des Sohnes (Christus) und des Geistes in den drei Systemen des menschlichen Organismus (s. den Rhythmus, der am 1. 1. 1924 gegeben wurde) als Vollendung und Ziel der ganzen Weltevolution (vgl. damit auch das 7. apokalyptische Siegel, wo als Kulmination der ganzen siebengliedrigen Einweihung die neue «rosenkreuzerische» Imagination des Gral gegeben ist).

74 GA 237, 4. 8. 1924.

75 GA 26.

75a S. GA 191, 1. 11. 1919.

76 Hier muß man noch auf ein tiefes Mysterium hinweisen, das mit der Weihnachtstagung als Grals-Ereignis verbunden ist. Es kann in vollkommener Klarheit vor uns hintreten aus der Zusammenstellung zweier Vorträge von 1909, in denen die Fragen der «spirituellen Ökonomie» betrachtet werden. Im Vortrag vom 7. 3. 1909 sagt Rudolf Steiner, daß so wie in den vergangenen Jahrhunderten in der Menschheit vielfältige in der geistigen Welt aufbewahrte Abbilder des ätherischen und des astralen Leibes des Christus Jesus wirkten, so soll, beginnend mit unserer Zeit, eine Anzahl von Menschen, indem sie in ihre Seele die neue Erkenntnis des Christus aufnehmen, wie sie jetzt der Menschheit durch die anthroposophisch orientierte Geisteswissenschaft gegeben wurde, sich allmählich dazu vorbereiten, in das eigene Ich einen Abdruck der in der übersinnlichen Welt bewahrten Abbilder des Christus-Ich aufzunehmen. Gerade in der Vorbereitung solcher Menschen besteht auch eine

wichtige Aufgabe der Geisteswissenschaft. Rudolf Steiner: «Das gehört zu der inneren Mission der spirituellen Weltenströmung [Anthroposophie], die Menschen dazu vorzubereiten, ihr Seelisches so reif zu machen, daß nun auch eine immer größere und größere Anzahl von Menschen ein Abbild der Ich-Wesenheit des Christus Jesus in sich aufnehmen kann.» Denn «es warten diese geprägten Abbilder der Christus Jesus-Individualität, daß sie aufgenommen werden von den Seelen, sie warten!» (7. 3. 1909, GA 109/111). Am 11. 4. 1909 sagt Rudolf Steiner, daß diese Abbilder, die von dem Abdruck des Christus-Ich in den Hüllen des Jesus stammen, in der geistigen Welt aufbewahrt werden als heiligstes Zentrum des Grals-Mysteriums, dessen Geheimnisse in unserer Zeit zum Gut breiterer Kreise entsprechend vorbereiteter Menschen werden sollen. In diesem Zusammenhang fährt Rudolf Steiner fort: «Wenn sich die Seelen zum Verständnis solcher Geheimnisse [es sind die Grals-Mysterien-Geheimnisse gemeint, als Mysterien des göttlichen Blutes, die Träger des Christus-Ich-Abbildes] anfachen lassen durch die Geisteswissenschaft, wenn unsere Seelen sich einleben zu solchem Verständnis, so werden die Seelen reif, im Anblick jener heiligen Schale das Mysterium von dem Christus-Ich, von dem ewigen Ich, zu dem jedes Menschen-Ich werden kann, kennenzulernen. Da ist es dieses Geheimnis – hierbei nur sollen sich die Menschen rufen lassen durch die Geisteswissenschaft, dieses Geheimnis als Tatsache zu verstehen, um das Christus-Ich im Anblick des heiligen Gral zu empfangen» (GA 109/111).

In diesem Sinne können wir auch das Mysterium der Grundsteinlegung des «dodekaedrischen Liebessteines» der Allgemeinen Anthroposophischen Gesellschaft in die Herzen und Seelen der Menschen auf der Weihnachtstagung als Beginn einer völlig bewußten Arbeit für die beschriebene Zukunft charakterisieren. Denn, wenn wir in der Seele die Menschenliebe mit der Weltenliebe vereinigen, die Menschenimaginationen mit den Weltenimaginationen, die Menschengedanken mit den Weltgedanken, so bereiten wir uns darauf vor, in einem bestimmten Moment unseres Lebens (in dieser oder erst in der nächsten Inkarnation) würdig zu werden, ein Abbild des makrokosmischen Christus-Ich in unser Ich aufzunehmen. Und das ist jener reale Weg, den heute jeder Anthroposoph betreten kann, der das «dodekaedrische imaginative Liebesgebilde» in seine Seele und in sein Herz gelegt hat und der im Geiste des Impulses der Weihnachtstagung, des grundlegenden christlichen Impulses unserer Zeit, wirkt (vgl. mit dem Gesagten das in Anm. 72 zu diesem Kap. Angeführte).

77 GA 238, 16. 9. 1924.

78 GA 237, 28. 7. 1924.

79 ebd., 8. 8. 1924.

80 GA 240 14. 8. 1924.

81 ebd., 27. 8. 1924.

82 ebd., 18. 7. 1924.

83 ebd., 19. 7. 1924.

84 In ‹Die Weihnachtstagung als Zeitenwende› im Kapitel «Das Jahr 869 und seine Rhythmusfolge» weist R. Grosse auf die beiden Zeitenströme hin, die besonders wesentlich für das 20. Jahrhundert sind. Da ist einmal der Rhythmus, der mit dem Jahre 869 verbunden ist, als auf dem 8. ökumenischen Konzil der Geist abgeschafft wurde. Nimmt man als Wendepunkt den Beginn

unserer 5. nachatlantischen Epoche, so erhalten wir in gleichen Abständen die folgende Reihe: 869 – 1413 – 1957. In das Jahr 1957 mußten so im geistigen Sinne die Folgen des Jahres 869 fallen. Diesem möglichen Durchbruch der dunklen Kräfte wirkte der Impuls der Weihnachtstagung entgegen, der genau 33 Jahre zuvor entstand. Nehmen wir jetzt als Wendepunkt das Jahr 1957, so können wir durch den 33-Jahre-Rhythmus den Zeitpunkt erhalten, von dem an die Weihnachtstagung allmählich ihre geistige Vollendung finden muß: 1924 – 1957 – 1990. Daraus folgt, daß zu Beginn der letzten zehn Jahre des 20. Jahrhunderts sich dem neuen Lichtimpuls die Möglichkeit eröffnen soll, in die Erdenentwicklung einzutreten.

85 GA 240, 18. 7. 1924.

86 ebd., 20. 7. 1924.

87 ebd., 12. 8. 1924.

88 GA 237, 1. 8. 1924.

89 ‹Geheimwissenschaft›, Kap. «Die gegenwärtige und zukünftige Welt- und Menschheitsentwickelung».

90 GA 240, 27. 8. 1924.

91 ebd., 19. 7. 1924.

92 ebd., 27. 8. 1924.

93 GA 223, 1. 4. 1923.

Literaturverzeichnis

Die folgende Liste der Werke Rudolf Steiners umfaßt die im vorliegenden Buch zitierten Schriften und Vorträge und ist nach der Bibliographienummer der Gesamtausgabe geordnet.

1 Goethes Naturwissenschaftliche Schriften (Einleitungen)
4 Die Philosophie der Freiheit. Grundzüge einer modernen Weltanschauung – Seelische Beobachtungsresultate nach naturwissenschaftlicher Methode
7 Die Mystik im Aufgange des neuzeitlichen Geisteslebens und ihr Verhältnis zur modernen Weltanschauung
8 Das Christentum als mystische Tatsache und die Mysterien des Altertums
9 Theosophie. Einführung in übersinnliche Welterkenntnis und Menschenbestimmung
10 Wie erlangt man Erkenntnisse der höheren Welten?
13 Die Geheimwissenschaft im Umriß (TB Dornach 1979)
15 Die geistige Führung des Menschen und der Menschheit. Geisteswissenschaftliche Ergebnisse über die Menschheits-Entwickelung
18 Die Rätsel der Philosophie in ihrer Geschichte als Umriß dargestellt
21 Von Seelenrätseln
23 Die Kernpunkte der sozialen Frage in den Lebensnotwendigkeiten der Gegenwart und Zukunft
24 Aufsätze über die Dreigliederung des sozialen Organismus und zur Zeitlage 1915 bis 1921
26 Anthroposophische Leitsätze. Der Erkenntnisweg der Anthroposophie – Das Michaelmysterium
28 Mein Lebensgang
40 Wahrspruchworte
53 Ursprung und Ziel des Menschen. Grundbegriffe der Geisteswissenschaft
74 Die Philosophie des Thomas von Aquino
83 Westliche und östliche Weltgegensätzlichkeit. Wege zu ihrer Verständigung durch Anthroposophie
93a Grundelemente der Esoterik
96 Ursprungsimpulse der Geisteswissenschaft. Christliche Esoterik im Lichte neuer Geist-Erkenntnis
99 Die Theosophie des Rosenkreuzers
102 Das Hereinwirken geistiger Wesenheiten in den Menschen
103 Das Johannes-Evangelium
104 Die Apokalypse des Johannes
105 Welt, Erde und Mensch, deren Wesen und Entwickelung, sowie ihre Spiege-

lung in dem Zusammenhang zwischen ägyptischem Mythos und gegenwärtiger Kultur
107 Geisteswissenschaftliche Menschenkunde
109/111 Das Prinzip der spirituellen Ökonomie im Zusammenhang mit Wiederverkörperungsfragen. Ein Aspekt der geistigen Führung der Menschheit
110 Geistige Hierarchien und ihre Wiederspiegelung in der physischen Welt. Tierkreis, Planeten, Kosmos
112 Das Johannes-Evangelium im Verhältnis zu den drei anderen Evangelien, besonders zu dem Lukas-Evangelium
113 Der Orient im Lichte des Okzidents. Die Kinder des Luzifer und die Brüder Christi
114 Das Lukas-Evangelium
115 Anthroposophie – Psychosophie – Pneumatosophie
116 Der Christus-Impuls und die Entwickelung des Ich-Bewußtseins
117 Die tieferen Geheimnisse des Menschheitswerdens im Lichte der Evangelien
118 Das Ereignis der Christus-Erscheinung in der ätherischen Welt
119 Makrokosmos und Mikrokosmos. Die große und die kleine Welt. Seelenfragen, Lebensfragen, Geistesfragen
120 Die Offenbarungen des Karma
121 Die Mission einzelner Volksseelen im Zusammenhang mit der germanisch-nordischen Mythologie
122 Die Geheimnisse der biblischen Schöpfungsgeschichte. Das Sechstagewerk im 1. Buch Moses
123 Das Matthäus-Evangelium
124 Exkurse in das Gebiet des Markus-Evangeliums
125 Wege und Ziele des geistigen Menschen. Lebensfragen im Lichte der Geisteswissenschaft
126 Okkulte Geschichte. Esoterische Betrachtungen karmischer Zusammenhänge von Persönlichkeiten und Ereignissen der Weltgeschichte
127 Die Mission der neuen Geistesoffenbarung. Das Christus-Ereignis als Mittelpunktsgeschehen der Erdenevolution
128 Eine okkulte Physiologie
129 Weltenwunder, Seelenprüfungen und Geistesoffenbarungen
130 Das esoterische Christentum und die geistige Führung der Menschheit
131 Von Jesus zu Christus
136 Die geistigen Wesenheiten in den Himmelskörpern und Naturreichen
137 Der Mensch im Lichte von Okkultismus, Theosophie und Philosophie
138 Von der Initiation. Von Ewigkeit und Augenblick. Von Geisteslicht und Lebensdunkel
139 Das Markus-Evangelium
140 Okkulte Untersuchungen über das Leben zwischen Tod und neuer Geburt
141 Das Leben zwischen dem Tode und der neuen Geburt im Verhältnis zu den kosmischen Tatsachen
142 Die Bhagavad Gita und die Paulusbriefe
144 Die Mysterien des Morgenlandes und des Christentums
145 Welche Bedeutung hat die okkulte Entwickelung des Menschen für seine Hüllen – physischer Leib, Ätherleib, Astralleib – und sein Selbst?
146 Die okkulten Grundlagen der Bhagavad Gita

148 Aus der Akasha-Forschung. Das Fünfte Evangelium
149 Christus und die geistige Welt. Von der Suche nach dem heiligen Gral
150 Die Welt des Geistes und ihr Hereinragen in das physische Dasein. Das Einwirken der Toten in die Welt der Lebenden
151 Der menschliche und der kosmische Gedanke
152 Vorstufen zum Mysterium von Golgatha
153 Inneres Wesen des Menschen und Leben zwischen Tod und neuer Geburt
158 Der Zusammenhang des Menschen mit der elementarischen Welt. Kalewala. Olaf Åsteson. Das russische Volkstum. Die Welt als Ergebnis von Gleichgewichtswirkungen
169 Weltwesen und Ichheit
174 Zeitgeschichtliche Betrachtungen, Zweiter Teil
174a Mitteleuropa zwischen Ost und West
175 Bausteine zu einer Erkenntnis des Mysteriums von Golgatha. Kosmische und menschliche Metamorphose
176 Menschliche und menschheitliche Entwickelungswahrheiten. Das Karma des Materialismus
177 Die spirituellen Hintergründe der äußeren Welt. Der Sturz der Geister der Finsternis
178 Individuelle Geistwesen und ihr Wirken in der Seele des Menschen
180 Mysterienwahrheiten und Weihnachtsimpulse. Alte Mythen und ihre Bedeutung
182 Der Tod als Lebenswandlung
184 Die Polarität von Dauer und Entwickelung im Menschenleben. Die kosmische Vorgeschichte der Menschheit
185 Geschichtliche Symptomatologie
187 Wie kann die Menschheit den Christus wiederfinden? Das dreifache Schattendasein unserer Zeit und das neue Christus-Licht
191 Soziales Verständnis aus geisteswissenschaftlicher Erkenntnis
194 Die Sendung Michaels. Die Offenbarung der eigentlichen Geheimnisse des Menschenwesens
197 Gegensätze in der Menschheitsentwickelung. West und Ost – Materialismus und Mystik – Wissen und Glauben
201 Entsprechungen zwischen Mikrokosmos und Makrokosmos. Der Mensch – eine Hieroglyphe des Weltenalls
211 Das Sonnenmysterium und das Mysterium von Tod und Auferstehung. Exoterisches und esoterisches Christentum
213 Menschenfragen und Weltenantworten
214 Das Geheimnis der Trinität. Der Mensch und sein Verhältnis zur Geistwelt im Wandel der Zeiten
215 Die Philosophie, Kosmologie und Religion in der Anthroposophie
217 Geistige Wirkenskräfte im Zusammenleben von alter und junger Generation. Pädagogischer Jugendkurs
219 Das Verhältnis der Sternenwelt zum Menschen und des Menschen zur Sternenwelt – Die geistige Kommunion der Menschheit
222 Die Impulsierung des weltgeschichtlichen Geschehens durch geistige Mächte
223 Der Jahreskreislauf als Atmungsvorgang der Erde und die vier großen Festeszeiten

224 Die menschliche Seele in ihrem Zusammenhang mit göttlich-geistigen Individualitäten. Die Verinnerlichung der Jahresfeste
225 Kulturphänomene. Drei Perspektiven der Anthroposophie
226 Menschenwesen, Menschenschicksal und Welt-Entwickelung
227 Initiations-Erkenntnis. Die geistige und physische Welt – und Menschheitsentwickelung in der Vergangenheit, Gegenwart und Zukunft, vom Gesichtspunkt der Anthroposophie
229 Das Miterleben des Jahreslaufes in vier kosmischen Imaginationen
230 Der Mensch als Zusammenklang des schaffenden, bildenden und gestaltenden Weltenwortes
231 Der übersinnliche Mensch, anthroposophisch erfaßt
232 Mysteriengestaltungen
233 Die Weltgeschichte in anthroposophischer Beleuchtung und als Grundlage der Erkenntnis des Menschengeistes
233a Mysterienstätten des Mittelalters. – Rosenkreuzertum und modernes Einweihungsprinzip – Das Osterfest als ein Stück Mysteriengeschichte der Menschheit
234 Anthroposophie. Eine Zusammenfassung nach einundzwanzig Jahren. Zugleich eine Anleitung zu ihrer Vertretung vor der Welt
235 Esoterische Betrachtungen karmischer Zusammenhänge, Band I
236 Esoterische Betrachtungen karmischer Zusammenhänge, Band II
237 Esoterische Betrachtungen karmischer Zusammenhänge, Band III: Die karmischen Zusammenhänge der anthroposophischen Bewegung
238 Esoterische Betrachtungen karmischer Zusammenhänge, Band IV: Das geistige Leben der Gegenwart im Zusammenhang mit der anthroposophischen Bewegung
239 Esoterische Betrachtungen karmischer Zusammenhänge, Band V
240 Esoterische Betrachtungen karmischer Zusammenhänge, Band VI
243 Das Initiaten-Bewußtsein. Die wahren und die falschen Wege der geistigen Forschung
42/245 Anweisungen für eine esoterische Schulung. Aus den Inhalten der «Esoterischen Schule»
257 Anthroposophische Gemeinschaftsbildung
258 Die Geschichte und die Bedingungen der anthroposophischen Bewegung im Verhältnis zur Anthroposophischen Gesellschaft. Eine Anregung zur Selbstbesinnung
260 Die Weihnachtstagung zur Begründung der Allgemeinen Anthroposophischen Gesellschaft 1923/24. Grundsteinlegung, Vorträge und Ansprachen, Statutenberatung
260a Die Konstitution der Allgemeinen Anthroposophischen Gesellschaft und der Freien Hochschule für Geisteswissenschaft. Der Wiederaufbau des Goetheanum
262 Rudolf Steiner / Marie Steiner-von Sivers: Briefwechsel und Dokumente 1901 bis 1925
275 Kunst im Lichte der Mysterienweisheit
284/85 Bilder okkulter Siegel und Säulen. Der Münchner Kongreß Pfingsten 1907 und seine Auswirkungen
286 Wege zu einem neuen Baustil

330/331 Neugestaltung des sozialen Organismus
350 Rhythmen im Kosmos und im Menschenwesen. Wie kommt man zum Schauen der geistigen Welt?

Bildnachweis

Die Abbildungen auf den Seiten 2, 144 und 216 hat dankenswerterweise der Philosophisch-Anthroposophische Verlag am Goetheanum, Dornach/Schweiz, zur Verfügung gestellt.

Nachwort zur zweiten Auflage

Bei der Vorbereitung der zweiten Auflage dieses Buches hielt es der Verfasser nicht für notwendig, irgendwelche entscheidenden Änderungen vorzunehmen. Außer einigen präzisierenden und ergänzenden Einzelheiten ist ihr Inhalt im wesentlichen der gleiche geblieben. Dies entspricht auch der Überzeugung des Verfassers von der Richtigkeit der in dem Buche geäußerten Gedanken sowie davon, daß sein Standpunkt angemessen und begründet ist.

Nur zwei Erklärungen sollen angefügt werden. Sie erscheinen dem Verfasser für das Verständnis einiger in dem Buche erwähnter Fragen sowie seiner allgemeinen Einstellung wichtig.

Die erste Erklärung betrifft den Begriff des «Opfers», seine Bedeutung in der geistigen Entwicklung des Menschen und die Frage, wie dieser Begriff in der vorliegenden Arbeit angewendet wird. Da ist vor allem zu beachten, daß die Bereitschaft, auf dem geistigen Wege Opfer zu bringen, die Fähigkeit ist, die vom Standpunkt der die Menschheit führenden Meister der Weisheit und des Zusammenklanges der Empfindungen von allem Anfang an als das Wichtigste beim Schüler gilt. «Sie [die weißen Okkultisten] stellen daher *die selbstlose Hingabe und Opferwilligkeit* allen anderen Fähigkeiten voran», schreibt Rudolf Steiner am Schluß des Buches «Wie erlangt man Erkenntnisse der höheren Welten?». Diese Forderung der Lehrer der weißen Loge geht jedoch zu einer noch höheren Quelle zurück, und zwar zu dem großen Hüter der Schwelle, von dem Rudolf Steiner sagt: «Entschließt er [der Eingeweihte] sich, den Forderungen der höheren Lichtgestalt zu folgen, dann wird er beitragen können zur Befreiung des Menschengeschlechts. *Er bringt seine Gaben dar auf dem Opferaltar der Menschheit.*» Dabei müssen wir die angeführten Worte vor allem auf Rudolf Steiner selbst beziehen, der im Vorwort der fünften Ausgabe seines Buches schreibt: «Es kann ja *keinen Teil* innerhalb des Mitgeteilten geben, mit dem die Seele des Mitteilers nicht innig verbunden bliebe, und der nicht etwas enthielte, das an dieser Seele fortdauernd arbeitet.» Mit anderen Worten: In diesem Buche ist kein Teil, der vom Verfasser nicht unmittelbar *erlebt* wurde.

Erinnern wir uns nun daran, daß gemäß der «Geheimwissenschaft im Umriß» sich der Christus selbst, den Rudolf Steiner in einem seiner Vorträge einmal als das «große Opfer» (GA 102, 27. 1. 1908) charakterisiert, in der Gestalt des großen Hüters der Schwelle allmählich dem Eingeweihten offenbart, so wird uns die Forderung des Hüters, «seine Gaben auf dem Opferaltar der Menschheit darzubringen», zum Hinweis auf den wahren Weg der «Imitatio Christi» in dem Sinne, wie das in der vorliegenden Arbeit beschrieben wurde.

Was aber kann der Eingeweihte dann als «seine Gaben» auf dem Opferaltar der Menschheit darbringen? – Nur das, was sein eigen ist, denn nur ein solches Opfer kann ein wahres Opfer sein.

Und was ist des Menschen wirkliches Eigentum? Nur eines: der geistige Inhalt seines Ich sowie das, was er aus dem geistigen Inhalt seines Ich in seine Hüllen tragen, das heißt, von seinem Ich ausgehend, in letzteren umwandeln konnte. Dieser von ihm selbst umgewandelte Teil seiner Hüllen ist nun auch sein eigen. Alles andere in ihm ist eine Gabe der Götter.

So kann der Eingeweihte allein die geistigen Kräfte seines Ich und der von ihm bereits umgewandelten Teile seiner Hüllen als *seine Gabe* auf dem Opferaltar der Menschheit darbringen. Dieses hohe Opfer, das der Beginn des okkulten Weges der Imitatio Christi ist, vermag er jedoch nur zu bringen, wenn das Erleben des «wahren Ich» für ihn zur unmittelbaren Realität *in der Intuition* geworden ist.

Denn das Erkennen des wahren Ich in der Intuition, das aber bedeutet zugleich die *Vereinigung* mit ihm – darin besteht ja das Wesen der intuitiven Erkenntnis –, ist für den Eingeweihten nur in der opfervollen Hingabe all dessen möglich, was bis dahin der Inhalt seines irdischen Ich, seiner irdischen Persönlichkeit war. (Von einem solchen Opfer des Ich und seiner Beziehung zu dem Opferweg des Christus Jesus spricht Rudolf Steiner auch in dem Vortrag vom 13. 11. 1921. GA 208.) In dieser Tat haben wir wahrhaftig eine Art von «Sprung über den Weltenabgrund», der zwischen den zwei Christus-Worten liegt, die einstmals vom Kreuz auf Golgatha herab erklangen: «Mein Gott, mein Gott, warum hast Du mich verlassen?» (Luther, Mark. 15, 34) und «Vater, in Deine Hände gebe ich meinen Geist» (Luk. 23, 46). Da aber der Mensch nur in seinem wahren Ich die Vereinigung mit der Christus-Wesenheit unmittelbar erlebt, so wird alles, was gesagt wurde, für ihn im tiefsten, esoterischen Sinne zur Verwirklichung der Worte: «Nicht ich, der Christus in mir». Und in dem Augenblick, da diese Worte für den Eingeweihten zur geistigen Realität geworden sind, läßt der Christus sein erloschenes, irdisches Ich-Bewußtsein, seine irdische Persönlichkeit wiederum auferstehen (den genannten Prozeß dürfen wir uns selbstverständlich nicht als in der Zeit verlaufend vorstellen), so wie einst an der Zeitenwende der Christus nach der Kreuzigung auf Golgatha das Bewußtsein des Jesus von Nazareth abermals in der geistigen Welt auferweckte.

Auf diese Weise schenkt der Christus dem Menschen das Leben seines Ich von neuem, jedoch so, daß alles Bessere, Geistigste in seiner Persönlichkeit schon während seiner irdischen Inkarnation in die geistige Welt aufzusteigen vermag. Das ist bis zu einem gewissen Grad ein Abbild dessen, was jeder Mensch nach dem Tode erlebt, wenn ihm zunächst sein Ich genommen, dann aber wiederum zurückgegeben wird, nun aber mit der Fähigkeit begabt, bewußt in den höheren Welten zu leben (siehe Seite 247). Der Eingeweihte jedoch erhält sein irdisches Ich von der Christus-Wesenheit selbst zurück. Ein realer Akt des Todes und der Auferstehung vollzieht sich in seiner Seele, wenn die Kräfte seines irdischen Ich-Bewußtseins wiederum durch die Macht seines wahren Ich auferweckt wird, so daß er die Möglichkeit erhält, gleichzeitig sowohl in seinem höheren als auch seinem gewöhnlichen Ich zu weilen. Obwohl noch immer ein Erdenmensch, so wie alle anderen Erdenmenschen, hat er nunmehr die Fähigkeit, in jedem Augenblick seines Lebens vollbewußt als Geistesforscher in die geistige Welt einzutreten. Das, was früher zwei einander ausschließende Seelenzustände waren – das Schauen in der geistigen Welt und das Denken in kristallklaren Begriffen –, wird jetzt *gleichzeitig* möglich. Denn dank der realen Verbindung mit der Christus-Wesenheit kann in dem menschlichen Bewußtsein, der konkreten menschlichen Persönlichkeit, nicht der kleinste «Teil» verloren gehen: «Das ist gerade der Fortschritt, der durch das Christentum gemacht ist, daß die *Persönlichkeit* mitgenommen wird ins Ewige» (GA 264).

Dieser Prozeß wiederholt sich auch mit den Hüllen des Eingeweihten. Dank des Opfers der in ihnen gesammelten geistigen Kräfte, dank der Tatsache, daß sie «auf dem Altar der Menschheit hingegeben wurden», dringt der Christus-Impuls, vom Ich ausgehend, auch in sie. Infolgedessen werden die Hüllen des Eingeweihten gleichsam «geistig durchsichtig», und es können die verschiedensten Wesenheiten der geistigen Welt bis zu den höchsten Hierarchien durch sie sprechen, während sein eigenes Ich-Bewußtsein, der Charakter seiner ganzen Persönlichkeit in all ihrer individuellen Einmaligkeit vollständig erhalten bleibt. Denn in wie hohe Sphären ein solcher Eingeweihter von nun an auch eindringen mag und wie erhabene geistige Wesenheiten sich auch durch ihn offenbaren mögen, sein Ich-Bewußtsein wird auf allen Ebenen des Weltenseins infolge der einmal gewonnenen unmittelbaren Beziehung zu der Christus-Wesenheit immer erhalten bleiben. Rudolf Steiner weist auf diesen Zustand folgendermaßen hin: «Wenn das höhere Selbst vollständig Besitz ergriffen hat vom Menschen, die Persönlichkeitshülle also gefallen ist, dann kann durch ihn der *ganze Chor der höheren Geister sprechen*, so wie vorher durch ihn die sinnliche Welt spricht...» (GA 264).

Ebenso charakterisiert Rudolf Steiner diesen Zustand in den Schlußworten eines Mantrams, das nach seinem mehrfachen Zeugnis in esoterischen Stunden unmittelbar von den Meistern der Weisheit und des Zusammenklanges der Empfindungen stammt. «... auf daß durch mich wirken die Geister / Und ich werde das *selbstbewußte* Werkzeug / Ihrer Taten...» (GA 245). Der Sinn beider Zitate wird uns verständlich, wenn wir uns bewußt machen: Unter allen höheren Wesenheiten der geistigen Welt vermag im menschlichen Ich, ohne es auszulöschen oder ihm Schaden zu bringen, *allein der Christus zu wirken.* Die anderen geistigen Wesenheiten können zum Heile der Welt und der Menschheit nur durch die *Hüllen* des Menschen wirken.

Das oben Gesagte konnte man in höchstem Maße an Rudolf Steiner selbst erleben. Diejenigen, die am Anfang unseres Jahrhunderts das Glück hatten, ihm auf dem physischen Plan zu begegnen, sie können das völlig bezeugen: Die einmalige Wärme und Menschlichkeit seiner irdischen Persönlichkeit und ihre vollkommene Verwandlung – nicht ihr Verschwinden, sondern ihre höchste Vergeistigung! – in dem Augenblick, da das wahre Ich in ihr aufleuchtete, das «dem ganzen Chor der höheren Geister» von den verschiedenen Meisterindividualitäten bis zu den hierarchischen Wesenheiten die Möglichkeit eröffnete, durch seine Hüllen zu sprechen und zu wirken. (Auf das in diesem Buche beschriebene «Opfer» von Hüllen weist Rudolf Steiner selbst am Anfang des Vortrags vom 18. 12. 1913, GA 148, hin.)

In diesem Sinne sollten wir in aller Klarheit die Persönlichkeit von Rudolf Steiner und jene geistigen Wesenheiten, die *durch* ihn wirkten, unterscheiden. Eine solche Unterscheidung ist hier absolut notwendig. Denn eine Verwechslung wäre in diesem Falle ein Zeichen dafür, daß die Art, wie der Christus-Impuls in der *modernen* Einweihung wirkt, nicht verstanden wird.

Die Schwierigkeiten aber, die heute einem solchen Verstehen entgegenstehen, hängen damit zusammen, daß in der Persönlichkeit von Rudolf Steiner *erstmals* eine Art von Einweihung inmitten der Menschheit und für die Menschheit verwirklicht wurde, die als solche überhaupt erst mit dem Ende des Kali-Yuga und dem Beginn der neuen Michael-Herrschaft möglich wurde. Denn selbst für die erhabensten Menschheitslehrer waren bestimmte wichtigste Eigenschaften der modernen Einweihung in den vorigen Jahrhunderten noch nicht erreichbar (s. GA 233a, 13. 1. 1924). Deshalb wäre es ein großer Fehler, wollte man die Einweihung Rudolf Steiners auf der Grundlage von Vorstellungen beurteilen, die an der älteren Art von Einweihung gewonnen wurden.

Die zweite Erklärung betrifft eine Frage, die sich folgendermaßen formulieren läßt: Waren dem Verfasser, als er dieses Buch schrieb, die verschiedenen Schwierigkeiten während des Lebens und nach dem Tode Rudolf Steiners für die Verwirklichung des Impulses der Weihnachtstagung auf der Erde bekannt? Diese Frage kann der Verfasser mit aller Entschiedenheit bejahen. Die Tatsache jedoch, daß er die *irdischen* Schwierigkeiten, die mit der Realisierung des Impulses der Weihnachtstagung als dem grundlegenden anthroposophischen Impuls verbunden sind, fast nicht berührt (genauer gesagt nur von einem bestimmten Aspekt aus berührt), ist tief begründet. Sie ist darin begründet, daß der Standpunkt, von dem aus der Verfasser das genannte Thema in seiner Arbeit betrachtet, nicht ein äußerlich-historischer, sondern ein *okkulter* ist. Und das bedeutet, daß von Anfang an der Schwerpunkt bei der Realität des konkreten geistigen Impulses und nicht bei dem ihn umgebenden physischen Schein zu liegen hatte in dem Sinne wie allein eine «historische» Betrachtung der Ereignisse von Palästina, ohne zu der hinter ihnen stehenden geistigen Wirklichkeit vorzudringen, niemals zu einem wahren Verständnis ihrer Stellung und Bedeutung für die ganze Menschheitsentwicklung führen könnte.

Damit wird der ganze Komplex der Probleme, die mit der Verwirklichung der Impulse der Weihnachtstagung verbunden sind, von Anfang an in dem Bereich gesehen, wo der exoterische Begriff des «Gelingens» oder «Nichtgelingens» seine Bedeutung vollständig verliert, und wo die einzige *Realität* die «mystische Tatsache» des immer wirkenden *lebendigen Geistimpulses* ist, der aus dem stammt, was zu Weihnachten 1923 in Dornach geschah und was nur im Werden erfaßt werden kann. Denn dieses Geschehen ist nicht irgendein «vergangenes», sondern ein *geistig gegenwärtiges*, zu dem jeder Anthroposoph in *jedem* Augenblick seines Lebens den Zugang finden kann, wenn er bei dieser Frage nur den okkulten Standpunkt wahrt, der in diesem Falle allein richtig ist.

Über diesen okkulten Standpunkt schreibt Rudolf Steiner selbst in «Wie erlangt man Erkenntnisse der höheren Welten?»: «Der Geheimschüler muß lernen, über einen Mißerfolg nicht zu verzagen. Er muß zu dem Gedanken fähig sein: ‹Ich will vergessen, daß mir diese Sache schon wieder mißglückt ist, und aufs neue versuchen, wie wenn nichts gewesen wäre.› So ringt er sich durch zu der Überzeugung, daß die Kraftquellen in der Welt, aus denen er schöpfen kann, unversieglich sind. Er strebt immer wieder nach dem Geistigen, das ihn heben und tragen wird, wie oft auch sein Irdisches sich als kraftlos und schwach erwiesen haben mag. Er muß fähig sein, der Zukunft entgegenzuleben, und in diesem Streben sich durch keine Erfahrung der Vergangenheit stören zu lassen.» Denn der verkörperte Mensch kann niemals absolut sicher sein, daß jeder von ihm innerlich erfaßte geistige Impuls *sogleich* in der entsprechenden physischen Realität adäquat «verkörpert» werden kann. Deshalb erwartet die geistige Welt nicht eine schnelle und vollständige Verwirklichung, sondern ein stetiges *Streben* zu diesem Ziele und unverbrüchliche *Treue* ihm gegenüber. Rudolf Steiner spricht darüber in dem Vortrag am Vorabend des Michael-Tages von 1923, diese innere Haltung als die einzige dem Michael-Willen entsprechende bezeichnend:

«Dieses Sich-Aufschwingen dazu, daß man von den Gedanken über das Geistige so erfaßt werden kann wie durch irgend etwas Physisches in der Welt: das ist Michael-Kraft! Vertrauen haben zu den Gedanken des Geistigen, wenn man die Anlage dazu hat, sie überhaupt aufzunehmen, so daß man weiß: Du hast diesen oder jenen Impuls aus dem Geistigen. Du gibst dich ihm hin, du machst dich zum Werkzeug seiner Ausführung. Ein erster Mißerfolg kommt – macht nichts! Ein zweiter Mißerfolg kommt – macht nichts! Und wenn hundert Mißerfolge kommen – macht nichts! Denn kein Mißerfolg ist jemals ausschlaggebend für die Wahrheit eines geistigen Impulses, deren Wirkung innerlich durchschaut und ergriffen ist. Denn erst dann hat man Vertrauen, das richtige Vertrauen zu einem geistigen Impuls, den man in einem bestimmten Zeitpunkt faßt, wenn man sich sagt: Hundert Male habe ich Mißerfolg gehabt, das kann mir aber höchstens beweisen, daß für mich in dieser Inkarnation die Bedingungen zur Realisierung dieses Impulses nicht gegeben sind. Daß dieser Impuls aber richtig ist, das schaue ich durch seinen eigenen Charakter. Und wenn es auch erst nach der hundertsten Inkarnation sein wird, daß für diesen Impuls die Kräfte zu seiner Realisierung mir erwachsen – nichts kann mich überzeugen von der Durchschlagskraft oder Nichtdurchschlagskraft eines geistigen Impulses als dessen eigene Natur. – Wenn Sie sich dies im Gemüte des Menschen als das große Vertrauen für irgend etwas Geistiges ausgebildet denken, wenn Sie sich denken, daß der Mensch felsenfest halten kann an etwas, was er als ein geistig Siegendes durchschaut hat, so festhalten kann, daß er es auch dann nicht wegläßt, wenn die äußere Welt noch so sehr dagegen spricht, wenn Sie sich dies vorstellen, dann haben Sie eine Vorstellung von dem, was eigentlich die Michael-Kraft, die Michael-Wesenheit von dem Menschen will, denn dann erst haben Sie eine Anschauung von dem, was das große Vertrauen in den Geist ist... Und wenn auf diese Weise das Vertrauen zu dem Geistigen eine solche Seelenverfassung begründet, daß man in die Lage kommt, dieses Geistige als so real zu empfinden wie den Boden unter unseren Füßen, von dem wir wissen, daß, wenn er nicht da wäre, wir mit unseren Füßen nicht auftreten könnten, dann haben wir ein Gefühl in unserem Gemüte von dem, was eigentlich Michael von uns will» (GA 223).

Im Geiste dieser Worte Rudolf Steiners sieht der Verfasser die innere Begründung und Notwendigkeit für den Standpunkt, den er in seiner Darstellung eingenommen hat. Denn dieses Buch will nicht von der Treue im abstrakten Sinne sprechen, sondern von der Treue zu einem *konkreten lebendigen Geist*, der in der anthroposophischen Bewegung wirkt und der durch die Weihnachtstagung in der Allgemeinen Anthroposophischen Gesellschaft seine Verwirklichung sucht. Und von der Verwirklichung *dieses Geistes* in der heutigen Welt hängt die Zukunft der Anthroposophie auf der Erde und mit ihr die Zukunft der gesamten spirituellen Kultur der Menschheit ab.

Die neue Generation von Anthroposophen aber, welche eine vollkommen andere *Erfahrung* aus ihrer Teilnahme an der anthroposophischen Bewegung *vor* der Geburt mit sich bringt, kann den rechten Weg in die Zukunft und die Möglichkeit, die aus der geistigen Welt mitgebrachten Impulse zu realisieren, nur im Sinne der angeführten Worte Rudolf Steiners finden. Denn diese Worte, die *seinen* Willen unmittelbar zum Ausdruck bringen, der von ihm in die Herzen dieser neuen Generation gelegt wurde, sie sind gleichzeitig die Offenbarung des Michael-Willens, der sich an uns, die Anthroposophen des Jahrhundertendes, wendet und der nur durch uns seine Verwirklichung auf der Erde finden kann.

Stuttgart, Dezember 1985 *Sergej O. Prokofieff*

Rudolf Steiner Thementaschenbücher

1 Wege der Übung
12 Vorträge, ausgewählt und herausgegeben von Stefan Leber. 170 Seiten.

2 Sprechen und Sprache
7 Vorträge, ausgewählt und herausgegeben von Christoph Lindenberg. 170 Seiten.

3 Zur Sinneslehre
8 Vorträge, ausgewählt und herausgegeben von Christoph Lindenberg. 155 Seiten.

4 Vom Lebenslauf des Menschen
12 Vorträge, ausgewählt und herausgegeben von Erhard Fucke. 256 Seiten.

5 Erde und Naturreiche
10 Vorträge, ausgewählt und herausgegeben von Hans Heinze. 224 Seiten.

6 Naturgrundlagen der Ernährung
9 Vorträge, ausgewählt und herausgegeben von Kurt Th. Willmann. 171 Seiten.

7 Ernährung und Bewußtsein
8 Vorträge, ausgewählt und herausgegeben von Kurt Th. Willmann. 190 Seiten.

8 Geschichtserkenntnis
Zur Symptomatologie der Geschichte. 6 Vorträge, ausgewählt und herausgegeben von Christoph Lindenberg. 169 Seiten.

9 Wiederverkörperung
Zur Idee von Reinkarnation und Karma. 10 Vorträge, ausgewählt und herausgegeben von Clara Kreutzer. 214 Seiten.

10 Gesundheit und Krankheit
8 Vorträge, ausgewählt und herausgegeben von Otto Wolff. 192 Seiten.

11 Spirituelle Psychologie
11 Vorträge, ausgewählt und herausgegeben von Markus Treichler. 310 Seiten.

12 Elemente der Erziehungskunst
Menschenkundliche Grundlagen der Waldorfpädagogik.
9 Vorträge, ausgewählt und herausgegeben von Karl Rittersbacher. 192 Seiten.

13 Soziale Frage und Anthroposophie
Zur Neugestaltung des gesellschaftlichen Organismus.
10 Vorträge, ausgewählt und herausgegeben von Dietrich Spitta. 320 Seiten.

14 Christologie
Anthroposophie – ein Weg zum Christusverständnis.
12 Vorträge, ausgewählt und herausgegeben von Heten Wilkens. 286 Seiten.

VERLAG FREIES GEISTESLEBEN